夢占逸旨

夢占逸旨
몽 점 일 지

夢符 金載斗 譯注

明 · 陳士元 著

다산글방

번역의 연기(緣起)

역자(譯者)에게는 묘묘도인(渺渺道人)이라는 스승 같은 벗이 있다. 어느 날 묘묘도인이 역자 몽부(夢符)에게 물었다.

묘묘도인   이보게 몽부!

기러기는 발자국을 남길 뜻이 없고 물은 그림자를 간직할 마음이 없다.
鴈無遺蹤之意 水無留影之心。   《拈頌》

그런데도 어찌하여 책을 썼나?

몽부   나그네를 대함에 있어 평생 동안 한 마디도 안 했으나 그대를 위해 오늘 선상(禪牀)에 앉았노라.
待客平生無一語 爲君今日坐禪牀。   《浮休禪師集》

천지는 나와 같은 뿌리이고 만물은 나와 한몸이로다.
天地與我同根 萬物與我一體。   《肇論》

나는 장차 속진세계(俗塵世界)를 마음 깊게 받들려 한다. 이것을 바로 이름하여 부처의 은혜를 갚음이로다.
將此深心奉塵刹 是即名爲佛恩。   《拈頌》

색(色)을 빌어 마음을 밝히고 물(物)에 의탁하여 이치를 나타내도다.
借色明心 附物顯理。 《潙山錄》

상(相)은 없고 공(空)도 없으며 공(空) 아님도 없음이 바로 여래(如來)의 진실상(眞實相)이로다. 본공(本空)은 지극히 텅 비어 일물(一物)도 없으나 인연(因緣)에 따라 상(相)을 나타내도다.
無相無空無不空 卽是如來眞實相 本空至虛無一物 對緣垂示萬般形。
《拈頌》

묘묘도인   동기와 방법은 충분히 알았네. 그러나 자네는 깨어있을 때의 일도 잘 알지 못하면서 꿈속의 일을 어찌 설명하려고 하는가?

몽부   타인이 머무르고 있는 곳에 나는 머물지 않으며 타인이 사용하는 곳을 나는 사용치 않노라.
他人住處我不住 他人用處我不用。 《圓悟錄》

어리석은 자 앞에서는 꿈 이야기를 하지 마라.
癡人面前 不得說夢。 《書狀》

길이 같아야 비로소 아느니라.
同道方知。 《潙山錄》

묘묘도인   좀 더 구체적 방법론이군. 자! 그러면 꿈의 당위적(當爲的)인 진리성(眞理性)을 설명해주게.

몽부   빈손에 호미를 쥔 채 물소 위에 올라탄 채 걸어서 다리 위를 지나니 다리는 흐르는데 물은 흐르지 않는구나.
空手把鋤頭 步行騎水牛 入從橋上過 橋流水不流。
《佛祖歷代通載·券第九傳大士》

물속의 해가 하늘 위의 해이고 눈 안에 있는 눈동자가 앞에 있는 사람이로다.
水底金烏天上日 眼中瞳子面前人。 《續傳燈錄》

밝고 밝으며 명료하게 알 때는 밝게 아는 것이 아니고 어둡고 어두워 모르는 곳을 모름지기 곧바로 꾸짖노라.
了了了時無可了 玄玄玄處直須呵。 《碧巖錄》

묘묘도인　만상(萬象)과 삼라(森羅)가 일법(一法)의 인증(印證)이로다.
萬象及森羅 一法之所印。 《碧巖錄》

완전한 마음의 형상이요 완전한 형상의 마음이로다.
全心之相 全相之心。 《宏智錄》

몽부　밝고 밝으니 깨달을 법(法)이 없는데 깨달았다면 도리어 혼미한 사람이로다. 두 발 길게 뻗고 누워 잠드니 거짓도 없고 또한 참도 없도다.
明明無悟法 悟了却迷人 長舒兩脚睡 無爲亦無眞。 《碧巖錄》

끝으로 몽학(夢學)에서 일지(逸旨)를 제시한 원저자(原著者)인 진사원(陳士元) 선생께 존경과 깊은 감사를 드리고 번역과정에서 헌신적인 노고를 아끼지 않은 독지가(篤志家) 한미숙(韓美淑) 님께 심심한 감사를 드린다.

2023년 10월 OO일
김 재 두

차례(次例)

개요(槪要)

■ 소개와 총람(總覽)

　본서는 제목《몽점일지(夢占逸旨)》가 나타내는 바와 같이 꿈을 점칠 수 있는 뛰어난 가르침이라고 단정 짓고 싶다.

　본서는 중국 명(明)나라 세종(世宗) 때인 1562년에 진사원(陳士元)이 저술한 꿈에 관한 이론과 실용을 겸한 몽서(夢書)이다.

　저자 진사원(陳士元)은 응성(應城:지금의 湖北省 夏口縣의 서북지역) 사람으로 자(字)는 심숙(心叔)이다. 가정(嘉靖:明의 世宗의 年號로 1522~1566)년간에 진사(進士)가 되었고 관직은 난주지주(灤州知州)까지 이르렀다. 저서는《몽점일지(夢占逸旨)》,《몽림원해(夢林元解)》,《역상구해(易象句解)》,《오경이문(五經異文)》,《맹자잡기(孟子雜記)》,《황사(荒史)》,《고속자략(古俗字略)》,《명의(名疑)》,《성회(姓匯)》,《성휴(姓觿)》등이 있다.

　진사원은 자신이 꾼 영몽(靈夢)에서 얻은 깨달음을 몽학이론(夢學理論)의 근간으로 삼아 이에 동기를 부여하여 내편(內篇)10편과 외편(外篇) 20편을 편찬(編纂)하였다.

　본서의 몽례(夢例)는 총 773건으로 사례 669건과 의학적인 설명을 위한 104건으로 대별(大別)되어 있다.

　몽자(夢者)의 수는 635명으로 소설 속의 인물 6명 중 가공인(架空人)으로 추정되는 3명을 빼면 632명이 실존인물이다. 이 중 제왕(帝王)이 90명, 문인(文人) 26명, 승도(僧道) 7명, 여인 92명인데, 이 중 황후나 비빈이 75명이고 태몽이 85건이다. 평민은 남녀 15명이고 기타는 모두 역대의 관리들이다. 주목할 사실은 평민이 15명에 불과하다는 점인데, 이는 저자가 문헌적으로 고증할 수 있는 인물 위주로 인용했다는 것을 의미한다. 본서에서 인용한 서적은 311종이고 인용례는 783건이며 인용한 시(詩)는 29수(首)이다.

■ 내편과 외편의 인용문헌

내편은 이론 부분(理論部分)으로, 유불선(儒佛仙), 제자백가(諸子百家)의 꿈이론과 역대 왕조의 꿈에 관한 제도(制度)를 설명하고 있다.

유가(儒家)의 정전류(正典類)는 《주례(周禮)》, 《주례점몽주(周禮占夢注)》, 《주례주(周禮注)》, 《상서홍범(尙書洪範)》, 《시경(詩經)》, 《시전(詩箋)》, 《춘추(春秋)》, 《춘추위(春秋緯)》, 《좌전(左傳)》22회, 《백호통(白虎通)》, 《예기(禮記)》, 《국어(國語)》, 《효경(孝經)》, 《주역대전(周易大全)》 등이다.

불가류(佛家類)는 《금강경(金剛經)》, 《반야심경(般若心經)》, 《전등록(傳燈錄)》 등이고 선가류(仙家類)는 《운급경(雲笈經)》이다.

제자백가류(諸子百家類)는 장자(莊子) 13회, 열자(列子) 8회, 회남자(淮南子), 주자(朱子), 주자(周子), 노자(老子), 왕충(王充), 양주(楊朱), 양자(楊子), 정자(程子), 한비자(韓非子), 공자(孔子), 광성자(廣成子), 맹자(孟子), 초목자(草木子), 부자(符子) 등의 22가(家)이다.

외편에서 인용한 정사류(正史類)는 《상서(商書)》, 《주서(周書)》, 《주서태서(周書泰書)》, 《주서문경(周書文儆)》, 《주서무경(周書武儆)》《주서정오(周書程寤)》, 《전국책(戰國策)》, 《사기(史記)》 11회, 《한서(漢書)》 11회, 《후한서(後漢書)》 7회, 《삼국지(三國志)》 6회, 《진서(晉書)》 42회, 《남사(南史)》 12회, 《북사(北史)》 4회, 《송서(宋書)》, 《남제서(南齊書)》 14회, 《양서(梁書)》 12회, 《진서(陳書)》, 《위서(魏書)》 7회, 《제서(齊書)》 4회, 《당서(唐書)》 30회, 《오대사(五代史)》 5회, 《송사(宋史)》 45회, 《금사(金史)》, 《요사(遼史)》, 《원사(元史)》 11회, 《제왕세기(帝王世紀)》 10회로 40종에서 254건을 인용하였다.

야사잡기류(野史雜記類)는 125종에서 186건을 인용하였으니 《태평광기(太平廣記)》 16회, 《백공육첩(白孔六帖)》 13회, 《유명록(幽明錄)》 16회, 《유양잡조(酉

陽雜俎)》10회,《계신록(稽神錄)》4회 등이 대표적이다.

기타 지리지(地理志) 8종, 전기(傳記) 6종, 문집(文集) 3종, 운서(韻書) 3종, 시화집(詩話集) 5종, 직관기(職官記) 2종, 역서(曆書) 2종, 그리고 다보(茶譜), 기결(棋訣), 세시기(歲時記), 씨족대전(氏族大全), 위선서(爲善書) 등에서까지 채록(採錄)하여 참고로 인용하였다.

특히 몽서(夢書)인 《몽준(夢雋)》과 동양의학의 정전(正典)인 《소문경(素門經)》과 《영추경(靈樞經)》을 중요시하여 병몽(病夢)의 원인을 두 의서(醫書)에서 인용한 것은 점몽(占夢)에 있어 의학적인 지식이 중요함을 피력(披歷)한 것이다.

■ 내편과 외편의 내용

내편의 이론은 꿈의 원인과 발생을 논함에 있어 우주(宇宙)의 발생시초(發生始初)인 태허(太虛)와 무극(無極)을 논하였다는 점이 서구(西歐)의 정신의학, 심리학과 출발부터 다르다고 하겠다. 서구의 학문 중에서 꿈에 관한 학문은 정신의학, 심리학이라고 할 수 있는데 이는 꿈을 인간의 정신현상, 생리현상, 병리현상으로 보고 있는 서구인의 과학적 사고방식의 소산이라고 볼 수 있다. 꿈이 인간의 정신현상이라면 왜 서구의 철학계에서는 다루지 않는 것일까? 이는 서구인의 기본적 보편의식의 한계라고 규정지을 수밖에 없다.

내편의 〈진재편(眞宰篇第一)〉에서는 태허(太虛), 무극(無極)에서 우주의 주재자(主宰者) 진재(眞宰)가 생겼고 진재는 지도(至道)의 궁극임을 광성자(廣成子)에서 인용하였다. 진재에서 사람이 생겼으니 사람의 근본적인 정신과 육체는 진재이고 진재의 '고요히 깊으며 어둡고 모양이 없으며 형상도 없다. 엉키어 자욱하며 흐리면서도 아름답다. 그 기운은 흩어졌다가 모여 잠긴다.' 이러한 본질과 작용을 파악함으로써 정신, 혼백(魂魄), 기(氣)의 청탁, 천지(天地)의 기(氣) 등의 혼섭(混攝)으로 이루어지는 꿈을 알 수 있다고 하였다. 또한 꿈과 같은 근원인 혼백과 부귀수요(富貴壽夭)와의 관계를 불교적인 인과론(因果論)에서 접근한 것은 유관(有關)되는 분야를 제시한 것으로 인정할 만하다.

〈장류편(長柳篇第二)〉에서는 꿈에 관한 문헌으로 《황제장류점몽 11권(黃帝長柳占夢十一卷)》, 《감덕장류점몽 20권(感德長柳占夢二十卷)》을 제시하였으며 주(周)나라에서는 삼조(三兆), 삼역(三易), 삼몽(三夢)을 관장하는 태복(太卜)이라는 관직을 두었다고 기술하였음은 역(易), 점(占) 등이 당시에는 보편화된 정설(定說)로 관민(官民)이 신뢰하고 있었음을 알 수 있다. 〈장류편(長柳篇)〉은 몽점(夢占)의 당위성(當爲性)을 제시한 편(篇)으로 큰 의미를 갖는다. 그 당위성은 〈진재편〉에서 이론적 근거를 시작하였고 〈장류편〉에서는 문헌적 근거와 사서(史書)에 의한 주(周)나라의 관제(官制), 《상서홍범(尙書洪範)》에서 궁리(窮理)하라고 한 것 등의 점(占)의 효능을 들어 확고히 하였다.

〈주야편(晝夜篇第三)〉에서는 고금(古今)과 주야(晝夜)는 주야(晝夜)와 호흡(呼吸) 같은 것으로 비유하였고 사계절, 난세(亂世), 치세(治世)도 주야에 비유하였다. 그리하여 소우주(小宇宙)인 인간이 대우주(大宇宙)와 동근동기(同根同氣)로서 감응하여 천지의 상서(祥瑞)를 꿈으로 알 수 있고 또한 상서로운 상징의 출현으로써도 알 수 있다고 하였다. 그러한 상징으로 경성(景星), 기거(器車), 요성(妖星), 이양(夷羊) 등의 길악(吉惡)의 표징(表徵)이 나타남은 표징으로서의 꿈과 동일한 의미를 지닌다고 하였다. 그리고 이러한 상서(祥瑞)와 요얼(妖孼)이 인간의 정신과 감촉되어 나타나는 꿈의 원리를 설명하였다.

〈중점편(衆占篇第四)〉에서는 모든 역법(易法)의 시원(始源)이 되는 하도(河圖)와 낙서(洛書)를 제시하였고 몽점이라고 하더라도 하도, 낙서의 역이론(易理論)에 정통해야만 몽의(夢義)를 정해(正解)할 수 있다고 하였다. 그리하여 점몽자라면 하도, 낙서의 본뜻인 성명(性命)의 이치를 확고히 이해하고 있어야 한다고 하였다.

〈종공편(宗空篇第五)〉에서는 종공생(宗空生)과 통미주인(通微主人)이라는 가상의 인물을 설정하여 대화체로 꿈에 대해 논하였다. 꿈의 본질에 대해 허깨비, 이슬, 번개, 물거품, 그림자 등의 무상성(無常性)을 설명하였고 다른 한편으로는 헌원씨(軒轅氏), 요(堯), 순(舜), 우(禹), 탕(湯), 걸(桀), 주(紂), 문왕(文王), 태공(太公), 공자(孔子), 여절(女節), 태사(太姒), 이윤모(伊尹母), 공자모(孔子母) 등의 정사

(正史), 정전(正典)의 예를 들어 숙명(宿命)의 예시성과 진리성으로 전자(前者)에 대비(對比)시켰다. 그리고 이상의 제왕(帝王), 성인(聖人)외에도 공경(公卿), 제후(諸侯), 장수(將帥), 문사(文士), 서인(庶人)에 이르기까지 숙명적 예시성과 권선징악(勸善懲惡)적인 진리성을 열거하였다.

〈성인편(聖人篇第六)〉에서는 성인(聖人)의 표범(標範)으로 공자(孔子)를 내세워 성인(聖人)의 의식세계를 설명하고 성인(聖人)의 꿈을 규정지었다. 즉 장자(莊子)의 '성인(聖人)은 꿈이 없다'는 학설을 정면으로 부정하였으니 이론적 근거로서 공자가 꿈꾼 주공(周公), 양 기둥 사이에 걸터앉은 내용을 들었다. 그러나 이는 진사원(陳士元)의 성인관(聖人觀)이며 유가(儒家)의 성인관(聖人觀)일 뿐 이견(異見)을 가진 장자(莊子), 열자(列子)의 성인관을 그르다고 단정 지을 수는 없다.

〈육몽편(六夢篇第七)〉에서는 꿈의 원인을 정신적인 여섯으로 분류하였으니 정몽(正夢), 악몽(惡夢), 각몽(覺夢), 오몽(寤夢), 희몽(喜夢), 구몽(懼夢)이다. 그리고 꿈의 원인을 깨어있을 때의 형체의 접촉에 따라 여덟으로 나누었으니 고각(故覺), 위각(爲覺), 득각(得覺), 상각(喪覺), 애각(哀覺), 낙각(樂覺), 생각(生覺), 사각(死覺)이다. 이상의 육몽(六夢)과 팔각(八覺)은 원인이 다른 인간의 정신현상이나 이것만으로 꿈을 파악하는 것은 충분하지 못하니 점몽자는 세시(歲時), 천지의 운회(運會), 음양의 기(氣)를 파악, 관찰, 변별하여 참고해야 한다. 즉 점몽자는 우선 인사(人事)에 밝아야 하고, 그 이전에 음양철학(陰陽哲學)을 터득하고 있어야 하며 이에 못지않게 하늘 같은 능력을 지녀야 할 당위성을 강조하였다. 그리하여 꿈에 영향을 주는 오행(五行)과 천간(天干), 지지(地支)의 구성 원리와의 관계를 설명하였다. 천지의 운회는 음양(陰陽)의 교회(交會)로써 설명하면서 간지(干支)로써 표현하였고 간지를 오행에 배당하여 상극(相剋)의 관계를 설명하였다. 일월(日月)과 28수(二十八宿)의 운전(運轉)관계를 설명하여 역법(易法)의 근간을 설명하였고, 오성(五星)의 움직임에 따라 상서(祥瑞)와 요악(妖惡)을 감별하는 방법을 합(合), 산(散), 범(犯), 수(守), 능(陵), 역(歷), 투(鬪), 박(拍), 혜(彗), 패(孛), 비(飛), 유(流)의 변화로 구분하였다. 일월(日月)을 점치는 방법으로서는 박(薄), 식(食), 훈(暈), 적(適), 배(背), 휼(鐍), 포(抱), 이(珥), 잠(珸), 예(蜺)의 변화에 의함을 제시하였다. 마지막으로 이상의 꿈, 각성시의 의식, 천지의 운회, 세시, 음양의 기(氣), 일월(日月)의 징후를 감별하는 방법에 있어서 단서(端緒)로써 연역(演繹)할 것을 강조하였다.

〈고법편(古法篇第八)〉에서는 꿈은 사회적 지위와 유관하며 흉인(凶人)이 길몽(吉夢)을 꿨어도 흉(凶)이라 하였다. 길인(吉人)은 흉몽(凶夢)을 꿨어도 흉(凶)이 피해간다는 구절을 보면 운명 또한 바꿀 수 있음을 시사(示唆)한다. 이러한 논리의 바탕 위에 몽점을 하면 안 되는 경우 다섯과 징험하지 않는 경우 다섯을 들었다. 그러므로 커다란 깨달음을 얻은 자만이 진정한 몽점사(夢占師)라고 말하였다. 그리고 대각자(大覺者)의 능력은 부종(剖宗), 영규(領竅), 습관(襲窾), 중칙(重勅)하여 천지의 움직임을 영도할 수 있는데 그 대표적 예로 황제(黃帝)를 들었다.

〈길사편(吉事篇第九)〉에서는 길사(吉事)에는 반드시 상서(祥瑞)가 있으니 이것을 점(占)으로써 미리 알 수 있으며 몽점도 그중 중요한 방법임을 《주서정오(周書程寤)》, 《사기(史記)》, 《문징(文徵)》, 《무징(武徵)》 4편(四篇)을 전거(典據)하여 천명(闡明)하였다. 그리고 예를 들어 천명(天命)을 받아 왕위에 오름과 나쁜 징조를 사방으로 흩어버리는 주대(周代), 한대(漢代)의 관제의례(官制儀禮)를 소개하였다. 그중에 악몽(惡夢)을 쫓는 방법도 기술하였으니, 기여조(鶀鵷鳥)를 먹는 법, 야간축귀주(夜間逐鬼呪), 신서울률(神荼鬱壘) 등의 양법(禳法) 등이 열거되어 있다.

〈감변편(感變篇第十)〉에서는 꿈의 원인을 구단(九端)으로 나타냈으니 기성(氣盛), 기허(氣虛), 사우(邪寓), 체체(體滯), 정일(情溢), 직협(直叶), 비상(比象), 반극(反極), 여요(厲妖)이다. 기성, 기허, 사우는 육체의 상태가 꿈으로 나타나는 경우이고 체체는 잠자리와 그 주변의 상황, 정일은 평소의 감정상태, 직협은 꿈에 본 것이 현실에 그대로 나타나는 경우이다. 그러나 이것도 조짐이 나타난 것을 원인으로 보아야 한다. 비상은 비슷한 내용이 꿈에 나타나는 경우이고 반극은 꿈이 현실과 반대인 경우이고 여요는 귀신의 저주인 경우이다.

그리고 본편(本篇)에서는 왕부(王符)의 《몽렬편(夢列篇)》을 전재(轉載)하여 꿈의 종류와 그에 따른 원인을 왕부가 사서(史書)에서 전거(典據)하였음을 제시하고 있음은 몽학(夢學)의 학문적 근거를 좀 더 확실하게 하려는 뜻으로 간주된다.

외편(外篇)은 〈천자편(天者篇)〉, 〈일월편(日月篇)〉, 〈뇌우편(雷雨篇)〉, 〈산천편(山川篇)〉, 〈형모편(形貌篇)〉, 〈식의편(食衣篇)〉, 〈기물편(器物篇)〉, 〈재화편(財貨篇)〉, 〈필묵편(筆墨篇)〉, 〈자화편(字畵篇)〉, 〈과갑편(科甲篇)〉, 〈신괴편(神怪篇)〉, 〈수명편(壽命篇)〉, 〈봉조편(鳳鳥篇)〉, 〈수군편(獸群篇)〉, 〈용사편(龍蛇篇)〉, 〈구어편(龜魚篇)〉, 〈초목편(草木篇)〉, 〈시보편(施報篇)〉, 〈범유편(泛喩篇)〉의 20편으로 그 내용은 몽점의 사례들이다. 제목에서 알 수 있듯이 하늘, 해, 달, 우뢰, 비, 산, 강 등의 꿈이 어떤 결과를 가져왔는가를 설명하였다.

그리고 〈시보편(施報篇)〉에서는 악인악과(惡因惡果), 선인선과(善人善果)의 인과응보(因果應報)의 법칙을 명시(明示)함으로써 삼강오륜(三綱五倫)의 정도(正道)를 걸어야만 하는 인간의 삶의 방향을 제시하였다.

〈범유편(泛喩篇)〉에서는 넓은 비유와 넓은 평론이 간략한 설명만 못하다고 하면서도 간략함만이 능사(能事)가 아님을 주장한 것은 광범위한 비유와 설명, 간략 어디에도 집착하지 않은 시중(時中), 중도(中道)를 터득함이 학자의 본분이며 이러한 중도(中道)는 점몽에서도 예외일 수 없음을 마지막으로 주장하였다.

범례(凡例)

1. 본서는 중화서국(中華書局)에서 1985년에 발행한 《총서집성초편(叢書集成初編)》 중 《몽점일지(夢占逸旨)》를 완역(完譯)하였다.
2. 원문(原文)의 큰 자는 종문(宗文)이고 작은 자는 주문(注文)이므로 번역문도 이에 따라 종문은 큰 자로, 주문은 작은 자로 구성하였다.
3. 직역(直譯)을 원칙으로 하되 지나치게 간략(簡略)한 문장은 이해를 돕기 위해 의역(意譯)하였다.
4. 원문(原文) 중의 오자(誤字)는 인용한 원전(原典)을 근거로 바로 잡았다.
5. 원문(原文) 중의 인명(人名), 서명(書名)을 중점적으로 주소(注疏)하였으며 지명(地名)이나 관직명(官職名) 등은 번다함을 피하기 위하여 주소(注疏)를 가급적 생략하였다. 그러나 내용의 이해에 꼭 필요한 지명과 관직명에는 주소(注疏)를 달았다.
6. 색인(索引)을 구성함에 있어서는 몽자(夢者)의 성명(姓名)과 서명(書名)을 위주로 하였으므로 5의 예를 따랐다. 또한 꿈속에 등장하는 중요인물 명칭을 수록(收錄)하였다. 또한, 몽점(夢占)을 위하여 필요한 사물(事物), 동물(動物), 신불(神佛), 초목(草木), 세간사(世間事)의 명칭을 수록하였으니 각 편(各篇)의 명칭과 함께 참고하기 바란다.
7. 서명(書名)은 《 》로 나타내었는데 인명(人名)이 서명인 경우는 《 》로 표시하지 않았다.
8. 주소(注疏) 중의 불교용어, 문장 중의 로마자(字)는 범어(梵語)이다.
9. 본서 총 8권에 있어서 각 권(各券) 앞에 선시(禪詩)를 한 편씩 삽입하여 놓았는데, 이는 역주자(譯注者)가 임의로 선정한, 꿈을 내용으로 한 시(詩)들이다.
10. 응용편(應用篇)은 역주자가 독자들의 해몽(解夢)을 돕기 위해 본서를 쉽게 찾아볼 수 있도록 꿈을 종류별로 나누어 구성하였다.
11. 색인(索引)의 쪽수는 종문(宗文)의 쪽수이다.

자서(自序)

嘉靖壬戌之秋、八月旣望、陳子坐蒲陽軒中、睠月色之漸高、忻桂華之始放、感盈虧之轉穀、念榮瘁之循環、於是擧酒命酌、興發成酣、枕簟載淸、隕然就寢。夢晧眉之老叟、披霞服而降庭、授予一函、金文眩目、宛蝌頭之古篆、欲宣誦而未能、藏襲袖間、猶恐遺脫、獲茲奇玩。心復生疑、乃再拜問叟曰、予與君遇、無乃夢乎。叟笑曰、何遇非夢、何夢非眞。忽起譙聲、予遂驚寤、晨興唱歎、是何祥也、硏思終日、莫得其緖。嗟夫、夜之遇叟也、其眞也耶、晨之唱歎也、其夢也耶。將詢兆於占人、慨煇經之墜地。輒據見聞之末、撰茲內外之篇、用述徵悰、題爲逸旨。拂常隱語、豈追醉夢之譏。遁世朽夫、聊增嚟譚之助爾。

가정임술(嘉靖壬戌)[1]년 가을, 8월16일. 나[2]는 대청마루 위에 부들자리를 깔고 그 위에 앉아 있었다. 달을 바라보니 월색(月色)은 점점 높아가서 계화(桂華)[3]가 막 비추이기 시작하니 흥겨움이 더하였다. 만월(滿月)이 서서히 모습을 바꾸어 이지러질 무렵이었다. 번영과 쇠망의 순환은 취흥에 겨워 대작(對酌)할 때는 맛있던 술도 흥이 다하면 초 맛으로 변함과 같은 이치라는 생각이 드는 것이었다. 그러다가 삿자리 베개를 베고 맑은 기분으로 누우니 바로 잠이 들었다.

꿈속에 빛나게 흰 눈썹을 한 노인이 신선(神仙)의 옷을 입고 뜰에 내려왔다. 나에게 상자 하나를 주기에 열어보니 책 한 권이 들어있었는데 금색문자(金色文字)여서 눈이 어지러운 중에도 어렴풋이 보이는 것이 과두(蝌蚪)[4] 모양의 옛 전자(篆字)[5]였다. 당연히 궁금하여 즉석에서 읽고 싶었으나 그럴 수 없어 소매 안에 간직하였으나 빠뜨려 잃을까 걱정되었다. 그리고 이러한 기이(奇異)한 보물을 갑자기 갖게 됐다는 사실에 대해 의문이 생겼다. 그리하여 노인에게 재배(再拜)하고 여쭙기를, "노인장과 저와의 만남이 꿈은 아니겠지요?" 노인이 웃으며 답하기를, "어찌하여 만남을 꿈이 아니라고 하랴? 왜 꿈을 참이 아니라고 하는가?"

이때 홀연히 일으켜 깨우는 소리가 들려 놀라 잠에서 깨어나니 새벽이 밝아오고 있었다. 나는 감탄하여 "이것은 어떠한 상서(祥瑞)인가?"하고 중얼거렸다. 그런 뒤 종일토록 연구하고 사색하여도 꿈의 의미를 알 수 없었다. 그러다가 문득 깨달았으니,

"아! 밤에 노인을 만남은 진실이었으며 새벽에 감탄한 것은 꿈이었구나! 장차 점사(占師)에게 꿈의 징조를 묻게 된다면 어찌 부끄러운 얼굴빛을 감추지 않을 수 있으랴?"

그 순간 나는 지난 밤 꿈속에서 노인과의 만남을 계기로 하여 몽서(夢書)를 저술하기로 결심하고 노인의 철언(哲言)을 지표(指標)삼아 지금까지 보고 들은 바를 작은 부분까지 정리하고 미묘한 경계(境界)까지 논술하여 내외편(內外篇)을 찬(撰)하여 《몽점일지(夢占逸旨)》[6]라고 서명(書名)을 정하였다.

나는 본서를 편찬함에 있어 흔하게 쓰는 은어(隱語)를 떨쳐버렸는데 취몽인(醉夢人)[7]의 헛소리야 어찌 배제(排除)하지 않을 수 있겠는가?

천하의 은둔군자(隱遁君子)들은 본서를 읽으시고 껄껄 웃으며 조언을 하시라!

1) 가정임술(嘉靖壬戌): 明의 世宗 때로 1562년.

2) 나: 陳士元, 본서의 저자.

3) 계화(桂華): 달의 精氣. 仙道에서는 月華라고 한다. 달에는 계수나무가 있다는 전설로 인하여 계화라는 명칭이 생겼다.

4) 과두문(蝌蚪文): 중국 고대 문자체 중 하나이다. 上古시대에 붓과 먹이 발명되지 않았을 때 숯으로 쓴 문자이다. 머리모양이 크고 둥글며 꼬리는 가늘고 길어서 올챙이 모양과 같다고 해서 붙여진 이름이다.

5) 옛 전자(古篆字): 옛 書體의 하나이다. 大篆과 小篆이 있는데 大篆은 周宣王 때 太史가 만들었고 小篆은 秦의 丞相인 李斯가 만들었다.

6) 《몽점일지(夢占逸旨)》: 꿈을 점칠 수 있는 뛰어난 가르침이라고 字義에 의한 語釋을 할 수 있다. 逸은 '놓일 일[縱也]', '숨을 일[遁也]', '허물 일[失也]', '놓을 일[放也]', '편안할 일[安樂也]', '뛰어날 일[優也]', '달아날 일[奔也]'로 해석할 수 있으나 '뛰어날 일'로 봄이 타당하다. 旨는 '가리킬 지'로 해석한다.

7) 취몽인(醉夢人): 취한 듯하고 꿈에 빠져 있는 듯 의식이 혼미한 사람.

内篇

내편

明 · 吳承恩

色色原無色
空空亦非空
靜喧語默本來同
夢裡何勞說夢
有用用中無用
無功功裡施功
還如果熟自然紅
莫問如何修種

명 · 오승은

색(色)이다 물(物)이다 말들 하나 원래는 색(色)이란 없는 것이고
공(空)이다 없음이다 따지나 이 역시 공(空)은 아니다.
가만히 있고 소리치고 말하고 침묵함이 본래 같은 것이거늘
어찌하여 꿈속에서 꿈을 설법(說法)하는가?
쓸모 있는 것을 쓰는 중에 쓸모없음이 있고
공(功) 없음의 공(功) 속에는 공(功) 베풂이 있도다.
때 되면 열매 익어 자연스레 붉어지나니
어떠한 수도(修道)를 하였느냐고 묻지를 말라.

오승은(吳承恩, 1500~1582)
明代의 山陽人. 字는 汝忠, 號는 射陽山人. 嘉靖年間에 貢生이 되었다가 長興縣丞을 역임하였다. 저서는
《西遊記》.

卷之一 內篇

1. 진재편 眞宰篇第一

眞宰窈冥、無象無形、渹濛渾穆、氣數斯涵。

진재(眞宰)는 고요히 어둡고 깊으며 모양이 없으며 형상도 없다. 엉키어 자욱하며 흐리면서도 아름답다. 그 기운은 자주 흩어졌다가 모여 잠긴다.

> 莊子曰、若有眞宰、而持不得其朕。廣成子曰、窈窈冥冥、至道之極。淮南子曰、古未有天地之時、窈窈冥冥、茫茫漠閔、渹濛澒洞、莫知其門。
>
> 장자(莊子)[1]가 말하기를, 진재(眞宰)[2]는 있는 듯 없는 듯하며 그 조짐(兆朕)[3]을 알 수 없다.
> 광성자(廣成子)[4]가 말하기를, 고요하고 고요하며 어둡고 어두운 것이 지극한 도(道)의 궁극(窮極)이다.
> 회남자(淮南子)[5]가 말하기를, 아주 옛적, 천지가 있기 전에는 고요하고 고요하며 어둡고 어두우며 크면서도 그 형체가 이루어지지 않아 모든 것을 알 수 없다. 또한 엉키어 자욱하며 크고 텅 비었으며 그 문(門)도 알 수 없다.

氣判陰陽、數苞終始。

기(氣)로써 음양을 판별(判別)할 수 있고 수(數)는 끝과 시작을 나타내는 타래이다.

> 周子曰、太極動而生陽、靜而生陰。列子曰、太易者、未見氣也、亦無形疇、易變而爲一、一變而爲七、七變而爲九、九者究也、乃復變而爲一。老子

曰、道生一、一生二、二生三、三生萬物、萬物負陰而抱陽。

주자(周子)[6]가 말하기를, 태극(太極)이 동(動)하여 양(陽)을 생(生)했고 정(靜)하여서는 음(陰)을 생(生)하였다.
열자(列子)[7]가 말하기를, 태역(太易)이라 함은 아직 기(氣)가 나타나기 전이니 무형(無形)의 범주(範疇)에 속한다. 태역(太易)에서 변화가 생겨 하나가 생기고 하나가 변하여 일곱이 되고 일곱이 변하여 아홉이 된다. 아홉이란 궁극(窮極)이고 궁극이 다시 변하여 하나로 돌아온다.
노자(老子)[8]가 말하기를, 도(道)에서 하나가 생겼고 하나에서 둘이 생겼고 둘에서 셋이 생겼고 셋에서 만물이 생겼다. 만물은 음(陰)을 지니고 있으면서 양(陽)을 감싸고 있다.

天旋地凝、兩間定位、而人物生矣。

하늘이 운행(運行)하고 땅은 응결(凝結)되니 둘 사이에 정(定)한 위치가 있게 됨으로써 사람과 만물(萬物)이 생겼다.

> 淮南子曰、天運地滯、輪轉而無廢。禮統曰、天地元氣之所生、萬物之祖也。
>
> 회남자(淮南子)가 말하기를, 하늘은 운행(運行)하고 땅은 응결(凝結)되어 있으면서 둥글게 돌면서 멈추지 않는다.
> 《예통(禮統)》에 이르기를, 천지(天地)는 원기(元氣)의 소생이며 만물의 시조(始祖)이다.

人保沖和、肖乎天地、精神融貫、無相鑿也。

사람은 충화(沖和)를 지녔으니 어찌 천지(天地)를 닮지 않았는가? 그러므로 사람의 정신은 두루 관통(貫通)하니 굽거나 막힘이 없다.

> 列子曰、沖和氣者爲人。王介甫詩注曰、人之精神、與天地同流。此占夢之所以說也。
>
> 열자(列子)가 말하기를, 텅 빈 화기(和氣)가 사람이 되었다.

《왕개보시주(王介甫詩注)》[9]에 이르기를, 사람의 정신과 천지는 같은 흐름 속에 있다. 이것이 점몽(占夢)을 할 수 있는 학설이다.

天氣爲魂、地氣爲魄。

천기(天氣)는 사람의 혼(魂)이 되고 지기(地氣)는 백(魄)이 된다.

靈樞經曰、天之在我者、德也。地之在我者、氣也。德流氣薄而生者也。故生之來謂之精、兩精相搏謂之神、隨神往來者謂之魂、並精而出入者謂之魄。子産曰、物生始化曰魄、旣生魄陽曰魂。列子曰、精神者、天之分、骨骸者、地之分、屬天清而散、屬地濁而聚。白虎通曰、魂主於精、魄主於性。高誘曰、魂、人陽神也、魄、人陰神也。鄭玄曰、噓吸出入者、氣也、耳目之精明者爲魄、氣則魂之謂也。朱子曰、魂屬木、魄屬金、所以言三魂七魄、是金木之數也。

《영추경(靈樞經)》[10]에 이르기를, 하늘이 나에게 있어서는 덕(德)이 되었고 땅이 나에게 있어서는 기(氣)가 되었다. 사람은 덕(德)의 흐름을 타고 기(氣)를 엷게 가진 채 출생하게 된다. 그러므로 출생 때부터 가지고 나온 것을 정(精)이라 하고 양정(兩精)이 서로 엉킨 것을 신(神)이라 하고 신(神)을 따라 오가는 것을 혼(魂)이라고 하고 정(精)과 함께 드나드는 것을 백(魄)이라고 한다.

자산(子産)[11]이 말하기를, 물질이 생기어 변화하기 시작한 것을 백(魄)이라고 하고 이미 생겨진 백(魄)의 양(陽)을 혼(魂)이라고 한다.

열자(列子)가 말하기를, 정신(精神)은 하늘에 속한 부분이며 골해(骨骸)는 땅에 속한 부분이다. 혼(魂)은 하늘에 속하였으므로 맑아 흩어지고 백(魄)은 땅에 속하였으므로 혼탁하여 모이는 것이다.

《백호통(白虎通)》[12]에 이르기를, 혼(魂)은 정(精)을 주관하고 백(魄)은 성(性)을 주관한다.

고유(高誘)[13]가 말하기를, 혼(魂)은 사람의 양신(陽神)이고 백(魄)은 사람의 음신(陰神)이다.

정현(鄭玄)[14]이 말하기를, 호흡(呼吸)을 따라 들어오고 나가는 것을 기(氣)라고 한다. 귀와 눈의 정명(精明)은 백(魄)이 되었다. 기(氣)를 혼(魂)이라고 이른다.

주자(朱子)[15]가 말하기를, 혼(魂)은 목(木)에 속하고 백(魄)은 금(金)에 속한다. 삼혼칠백(三魂七魄)[16]이라고 말하는데 이는 목(木)과 금(金)의 수(數)이기 때문이다.

氣淸者、魄從魂、氣濁者、魂從魄。從魂爲貴、從魄爲賤、淸魂爲賢、濁魄爲愚、此壽夭禍福之闔。

기(氣)가 맑으면 백(魄)이 혼(魂)을 따르고 기(氣)가 탁하면 혼(魂)이 백(魄)을 따르게 된다. 혼(魂)을 따르면 귀(貴)하고 백(魄)을 따르면 천(賤)하다. 혼(魂)이 맑으면 현명(賢明)하고 백(魄)이 탁하면 어리석다. 이것이 수요(壽夭)와 화복(禍福)의 문지방이다.

丹鉛錄曰、靈魂爲賢、屬魄爲愚、輕魂爲明、重魄爲暗、揚魂爲羽、鈍魄爲毛。

《단연록(丹鉛錄)》에 이르기를, 혼(魂)이 영명(靈明)하면 현명(賢明)하고 백(魄)이 강고(强固)하면 어리석다. 혼(魂)은 가벼우니 현명하고 백(魄)은 무거우니 어리석은 것이다. 비유하면 혼(魂)은 가벼우니 솜털 같고 백(魄)은 무거우니 굳센 털 같다.

有貴而賢、有賤而愚、有壽而福、有夭而禍。有貴而愚、有賤而賢、有壽而禍、有夭而福。世變無恒、幾則先肇。魂能如來、魄能藏往。

귀(貴)하여서 현명(賢明)하고 천(賤)하여서 어리석고 오래 살므로 복(福)이 되고 일찍 죽으므로 화(禍)가 된다. 그러나 다른 한편으로는 귀(貴)한데도 어리석고 천(賤)한데도 현명(賢明)하고 장수(長壽)하는데도 화(禍)가 되고, 요절(夭折)했는데도 복(福)이 되기도 한다. 이렇게 세태(世態)의 변화에 항상 고정됨이 없음은 거의 숙명적으로 타고났기 때문이다. 혼(魂)은 능히 미래를 알고 백(魄)은 능히 과거를 간직한다.

魂强則善悟、魄强則善記。聖人以魄攝魂、衆人以魂運魄。

혼(魂)이 강(强)하면 잘 깨우치고 백(魄)이 강하면 잘 기억한다. 성인(聖人)

은 백(魄)으로써 혼(魂)을 잘 포섭(抱攝)하고 대부분의 사람들은 혼(魂)으로 써 백(魄)을 운용(運用)한다.

人之晝興也、魂麗於目、故能見焉。夜寐也、魄宿於肺、故能夢焉。夢者、神之 遊知來之鏡。

사람이 낮에 움직일 때는 혼(魂)은 눈에 있어 빛나므로 능히 볼 수 있는 것 이다. 밤에 잠이 들면 백(魄)은 폐(肺)에 머물게 되므로 능히 꿈을 꿀 수 있는 것이다. 꿈이란 정신(精神)의 노님이며 미래를 알 수 있는 거울이다.

> 朱子曰、人之精神、與天地陰陽流通。故晝之所爲、夜之所夢、其善惡吉 凶、各以類至。莊子曰、夢者、天地之鑑也、萬物之鏡也。
>
> 주자(朱子)가 말하기를, 사람의 정신과 천지의 음양은 그 흐름이 서로 통 한다. 그러므로 낮에 한 일이 밤에 꿈이 되어서 그 선(善), 악(惡), 길(吉), 흉 (凶)이 각기 종류별로 나타나는 것이다.
> 장자(莊子)가 말하기를, 꿈이란 천지의 일을 비추어 볼 수 있는 거울이기 도 하다.

故曰、神遇爲夢、形接爲事。

그러므로 정신이 만물(萬物)을 만나면 꿈이 되고 형체가 만물과 접촉하면 일이 된다.

> 列子曰、神遇爲夢、形接爲事、故晝想夜夢。形神所遇、神凝者想夢自消。
> 莊子曰、其寐也魂交、其覺也形開。
>
> 열자(列子)가 말하기를, 정신이 만물을 만나면 꿈이 되고 형체가 만물과 접촉하면 일이 된다. 그러므로 낮에 생각한 것이 밤에 꿈이 된다. 그러나 정신, 형체가 만물을 만난다고 하여도 정신이 응결(凝結)되면 생각과 꿈은 저절로 사라진다.
> 장자(莊子)가 말하기를, 잠을 잘 때는 혼(魂)이 만물과 만나고 있고 깨어 있 을 때는 형체가 만물과 개통(開通)하고 있다.

1) 장자(莊子): 莊周, 字는 子休. 戰國시대의 楚蒙人. 혹은 그의 著書名이다. 梁惠王과 齊宣王 시대에 蒙 漆園의 관리이었다. 그의 저서로는 10여 만언에 이르는 莊子가 있는데 現存本은 內篇7편, 外篇 15편, 雜篇11편, 총33편으로 구성되어 있다. 내용은 대개 寓言으로 되어있고 사상의 근원은 老 子에 두고 있어 老子와 함께 道家의 始祖로 추앙받아 唐, 天寶(A.D 742~756) 초에는 南華眞人으로, 그의 저서는 《南華眞經》으로 追尊되었다.

2) 진재(眞宰): 참주재자. 즉 攝理, 自然法則, 道, 法身佛, Lgos, 원리적 의미의 하느님.

3) 조짐(兆朕): 낌새. 徵兆.

4) 광성자(廣成子): 上古시대의 仙人으로, 崆峒山의 石室에서 은거하고 있을 때 黃帝가 방문하여 道에 대해 물었다.

5) 회남자(淮南子): 漢의 淮南王 劉安. 혹은 그의 著述書名. 21권으로 되어 있으며 內外篇으로 나뉘어 있다. 大旨는 道德에 두고 있으며 縱橫으로 曼衍하며 旁涉하였다.

6) 주자(周子): 周敦頤. 字는 茂叔. 宋대의 道州人. 營道縣의 濂溪에 살면서 《太極圖說》 등을 저술하였 다. 宋의 理學의 開山祖로 二程이 모두 그의 제자이다.

7) 열자(列子): 列御寇. 혹은 그의 著述書名. 그의 本旨는 黃帝와 老子에 두고 있으며 8권으로 구성되어 있다.

8) 노자(老子): 《史記·老莊申韓傳》에 쓰여 있기를 姓은 李 名은 耳, 字는 伯陽, 諡號는 聃. 楚의 苦縣·餘 響·曲仁里사람이다. 周의 守藏室에 史를 지냈다.

9) 《왕개보시주(王介甫詩注)》: 王安石의 詩를 注한 책. 王安石의 字는 介甫. 宋시대의 臨川人이다. 號는 半山. 博覽强記하였으며 文學에 優秀하였다. 神宗 시에 宰相이 되어 개혁정치를 하였으며 荊國公에 봉해졌고 《周官新義》, 《臨川集》, 《當百家詩選》 등을 저술하였다. 唐宋八大家의 하나이다.

10) 《영추경(靈樞經)》: 針刺法을 논한 古代醫書로 12권으로 구성되어 있다. 《漢志》, 《隋志》, 《唐志》에는 書名이 없고 宋中世 이후 처음으로 세상에 나왔다.

11) 자산(子産): 春秋시대, 鄭나라의 公孫僑이다. 博學多聞하였으며 獻公과 成公을 역임하며 晉과 楚, 양 대국 사이에서 鄭나라를 잘 다스려 번영케 하였다.

12) 《백호통(白虎通)》: 원명은 《白虎通儀》. 漢의 班固가 저술한 책으로 4권으로 되어 있다. 漢의 章帝가 諸儒 를 소집하여 五經의 같고 다름을 考定케 하였는데 후일에 班固가 이름을 정하였다. 《六經傳 記》를 인용한 외에 五行, 三軍, 災變, 封禪, 姓名 등의 전 분야에 대해 의논하였다.

13) 고유(高誘): 後漢, 涿郡 사람으로 盧植의 제자. 河東監까지 관직이 올랐고 저서는 《孝經解》, 《戰國策 注》.

14) 정현(鄭玄): 東漢, 高密 사람이다. 字는 康成. 諸經을 널리 통했고 三統歷, 九章算術에 능했다. 저서는 《天文七政篇》, 《六藝論》.

15) 주자(朱子): 宋의 大儒學者 朱熹, 號는 晦庵. 朱子學의 鼻祖이다. 《自治通鑑綱目》, 《四書集注》, 《易本 義》, 《儀禮經傳通解》, 《近思錄》, 《小學》.

16) 삼혼칠백(三魂七魄): 《雲笈七籤》에 이르기를, 三魂은 胎光, 爽靈, 幽精이고 七魄은 尸狗, 伏屍, 雀陰, 呑賊, 非毒, 除穢, 臭肺이다. 抱朴子가 말하기를, 通神하려면 水火로써 分形할 수 있어야 하는데 分形 하면 몸에 있는 삼혼칠백이 그 모습을 절로 나타낸다.

2. 장류편 長柳篇第二

長柳之演、載諸藝牒、其詳不可得聞已。

《장류점몽서(長柳占夢書)》에 기록된 내용 중에는 여러 가지 기예(技藝)에 관한 소첩(小牒)들이 포함되어 있는데 상세한 내용에 대해서는 들어서 알 수가 없다.

漢書藝文志曰、黃帝長柳占夢十一券·甘德長柳占夢二十券。

《한서예문지(漢書藝文志)》[1]에는 《황제장류점몽11권(黃帝長柳占夢十一券)》과 《감덕장류점몽20권(甘德長柳占夢二十券)》의 서목(書目)이 보인다.

周官太卜、掌三兆·三易·三夢之法。

주(周)의 관직(官職)인 태복(太卜)은 삼조(三兆), 삼역(三易), 삼몽(三夢)의 방법을 관장(管掌)하였다.

周禮太卜、掌三兆之法、一玉兆、二瓦兆、三原兆、掌三易之法、一連山、二歸藏、三周易。

《주례(周禮)》[2]에 의하면 태복(太卜)[3]은 삼조(三兆)[4]의 방법을 관장(管掌)하였는데 첫째는 옥조(玉兆), 둘째는 와조(瓦兆), 셋째는 원조(原兆)였다. 또한 삼역(三易)[5]의 방법도 관장하였는데 첫째는 연산역(連山易), 둘째는 귀장역(歸藏易), 셋째는 주역(周易)이었다.

三夢、一曰致夢、二曰觭夢、三曰咸陟。

삼몽(三夢)은 첫째는 치몽(致夢), 둘째는 기몽(觭夢), 셋째는 함척(咸陟)이다.

> 周禮注曰、致夢言夢之所至、夏后氏作焉。觭、得也。言夢之所得、殷人作
> 焉。咸、皆也、陟、亦得也。言夢之皆得周人作焉。

> 《주례주(周禮注)》에 이르기를 '치몽(致夢)이란 꿈을 꾸기까지의 과정으로
> 하후씨(夏后氏)[6]의 소작(所作)이다. 기(觭)[7]는 얻는다는 뜻이다. 꿈의 결과
> 로 은(殷)나라 사람의 소작이다. 함(咸)은 모두라는 뜻이고 척(陟)은 얻었
> 다는 뜻이니 꿈으로 얻은 모든 것이라는 이 말은 주(周)나라 사람이 만들
> 었다.

又以八命、贊三兆·三易·三夢之占、以觀吉凶。

그리하여 팔명(八命)으로써 삼조(三兆), 삼역(三易), 삼몽(三夢)의 점(占)을 연
찬(演贊)하여 이로써 길흉(吉凶)을 관찰하였다.

> 周禮以邦事作八命、一曰征、二曰象、三曰與、四曰謀、五曰果、六曰至、七
> 曰雨、八曰瘳。以八命、贊三兆三易三夢之占、以觀國家之吉凶、以詔救
> 政。注云、國之大事有八定、作其辭以命蓍龜、又參之以夢也。

> 《주례(周禮)》에 의하면 '방사(邦事)[8]가 팔명(八命)[9]을 창작하였는데 첫째는
> 정(征), 둘째는 상(象), 셋째는 여(與), 넷째는 모(謀), 다섯째는 과(果), 여섯
> 째는 지(至), 일곱째는 우(雨), 여덟째는 교(瘳)이다. 주(周)나라에서는 팔명
> 으로 삼조, 삼역, 삼몽의 점을 연찬(演贊)하여 국가의 길흉을 관찰하고 이
> 에 따라 황제는 조칙(詔勅)을 내려 정치의 잘못된 점을 바로 잡았다.
> 《주례주(周禮注)》에 이르기를, 국가의 대사는 여덟 종류로 나누어 결정지
> 었는데 점에 의한 방법으로는 안건(案件)을 작성한 후 산(算)가지나 거북이
> 로 점을 쳤는데 혹은 꿈을 참고로 하기도 하였다.

夫兆倚龜而徵、易賴蓍而賢、蓍龜外物也。聖人設教利用、猶足以通乎神
明。稽乎大疑。

무릇 일의 조짐(兆朕)은 거북이점에 의탁하면 알 수 있고 또한 쉽게 신뢰할 수 있는 산(算)가지 점에 의해서 나타나기도 한다. 거북이와 산가지는 외물(外物)이기는 하나 성인(聖人)께서 이를 활용할 수 있도록 가르침을 주셨으니 어찌 신명(神明)과 충분히 통하지 않을 수 있으랴? 그러므로 큰 의문이 있거든 점(占)을 상고(想考)하라.

周易大傳曰、聖人以神道設教。又曰利用出入、民咸用之、謂之神。又曰、以通神明之德。尙書洪範曰、汝則有大疑、謀及卜筮。

《주역대전(周易大傳)》[10]에 이르기를, 역(易)은 성인(聖人)이 신도(神道)로써 가르침을 펼친 것이다. 또한 이르기를, 역(易)은 출입(出入)에 이용하는 것이다. 모든 백성들이 역(易)을 사용하여 보고 한결같이 신(神)과 같다'고 말하였다. 또한 이르기를, 역(易)으로써 신명(神明)의 덕(德)에 통할 수 있다고 하였다.
《상서홍범(尙書洪範)》[11]에 이르기를, 그대에게 큰 의심이 있거든 궁리(窮理)하거나 복서(卜筮)를 참고하시라.

乃若夢本魂涉、非由外假。度其端倪、探其隱賾、則榮枯得喪、烏得而違諸。

따라서 꿈이란 본시 혼(魂)이 순행(巡行)하는 것이니 밖의 가상(假像)에서 유래(由來)하지 않는다. 꿈의 단서(端緒)를 헤아리고, 그 은밀함을 탐구한다면, 얻은 영고득실(榮枯得失)의 점괘내용이 어찌 모든 사실과 어긋날 수 있으랴?

蓍龜外物、尙可以占、其榮枯得喪、而夢則發乎精神、非外物比、尤可占也。其占有不應者、則不能度其端倪、探其隱賾爾。

산(算)가지와 거북이는 외물(外物)이라고 하나 도리어 이로써 점을 치면 번영, 쇠망, 얻음과 잃음을 알 수 있다. 꿈은 정신이 발생하여 된 것이니 산(算)가지와 거북이에 의하지 않고도 더욱 점칠 만하다. 이렇게 하여 점을 쳤어도 응하지 못한 것은 사물(事物)의 단서(端緖)를 헤아리지 못하고 그 은밀함을 탐구하지 못하였기 때문이다.

1) 《한서예문지(漢書藝文志)》: 《漢書十志》중의 하나로 劉向과 그의 아들이 七略의 체제로 完成하였다. 六種으로 나뉘어져 六藝, 諸子, 諸賦, 兵書, 數術, 方技에는 각기 事例를 서술하였다.

2) 《주례(周禮)》: 經書의 이름. 본명은 《周官》인데 劉歆이 《周禮》라고 改稱하였다. 《周官經》이라고도 한다. 《漢志》에는 《周官經》 6篇으로 나와 있다. 天官, 地官, 春官, 夏官, 秋官, 冬官으로 되어 있다.

3) 태복(太卜): 周시대의 관직명으로 卜筮官의 우두머리이다. 卜正이라고도 한다.

4) 삼조(三兆): 거북이를 구워 그 껍질이 갈라지는 형상에 따른 玉兆, 瓦兆, 原兆이다. 杜子春이 말하기를, 玉兆는 帝顓頊의 兆, 瓦兆는 帝堯의 兆, 原兆는 有周의 兆이다.

5) 삼역(三易): 連山, 歸藏, 周易이다. 《周禮注》에 이르기를, 連山은 산이 內氣를 뿜는 형상이다. 歸藏은 만물이 그 중심에 돌아가 간직되지 않을 수 없음을 의미한다. 《疏》에 이르기를, 連山易은 純艮을 머리로 하니 艮이 山이 된다. 산위에 산, 산 밑에 산이 있으니 連山이라는 이름이 되었다. 산의 안에서 뿜어나온 氣가 구름이 되니 連山이라고 하였다. 歸藏은 만물이 중심에 돌아가 간직되지 않을 수 없음을 의미하였으니 純坤이 머리가 된다. 坤은 땅이다. 周易*은 純乾을 머리로 삼으니 乾은 하늘이다. 하늘은 능히 四時에 周布하여 있으므로 周易이라고 이름 지어졌다.

   * 《주역(周易)》: 5천 년 전 河水에서 龍馬가 출현하니 伏羲氏가 용마의 등 뒤에 있는 河圖를 처음보고 八卦를 만들어 易의 祖宗이 되었다. 그 뒤 洛水에서 神龜가 나와 등 뒤의 洛書를 文王이 보고 이치를 깨달아 後天八卦를 만들고 64卦에 卦辭를 붙였다. 그 뒤 周公이 64卦의 384爻에 爻辭를 붙였으며 孔子가 十翼을 贊하여 《周易》을 완성하였다.

6) 하후씨(夏后氏): 夏나라의 開國王. 顓頊의 후손으로 姓은 姒, 號는 禹, 또는 文命. 처음 夏伯에 봉해졌다 하여 伯禹라고도 한다. 堯임금 때 그의 아버지 鯀은 治水에 공이 없었으나 舜임금 때 禹는 水患을 잘 다스렸다. 舜임금으로부터 禪位받아 天子가 된 후 國名을 夏로 하였다. 南巡하다가 會稽에서 죽었다.

7) 기(觭): 杜子春이 말하기를, 觭의 뜻을 괴이한 꿈으로 봄이 마땅하다.

8) 방사(邦事): 《周禮·地官·鄕師》에 이르기를, 邦事는 令에 의해 秩敍를 만든다.

9) 팔명(八命): 거북이를 불태워 껍질이 갈라지는 여덟 종의 형태에 의한 가르침이다. 征은 征伐의 뜻이고 象은 災變이 있게 됨, 與는 사람에게 무엇을 줌, 謀는 모의, 果는 일의 成敗, 至는 도달함과 도달하지 못함, 雨는 비 옴과 비 오지 않음, 瘳는 病의 나음과 낫지 못함, 이것이 바로 八命이다.

10) 《주역대전(周易大全)》: 明代에 胡廣, 楊榮, 金幼孜 등이 勅命을 받아 편찬한 《周易》의 주석서 24권이다. 《四庫提要》의 經易類에 기재되어 있다.

11) 《상서홍범(尙書洪範)》: 《書經》중의 《周書》의 篇名. 箕子가 天地의 大法을 武王에게 서술하자 武王은 이 大法을 사용하여 殷을 滅하고 《洪範》을 저작했다고 한다.

3. 주야편 晝夜篇第三

晝夜一息也。古今一晝夜也。

낮과 밤은 한번 숨 쉼과 같으며 옛날과 지금은 일주야(一晝夜)와 같다.

> 周易大傳曰、通乎晝夜之道而知。莊子曰、死生爲晝夜也。顏之推曰、千
> 載一聖、猶旦暮也。
>
> 《주역대전(周易大傳)》에 이르기를, 통(通)이라 함은 낮과 밤의 도(道)를 아는
> 것이다.
> 장자(莊子)가 말하기를, 삶과 죽음을 낮과 밤으로 삼는다.[1]
> 안지추(顏之推)[2]가 말하기를, 천 년 동안 제일 갈만한 성인(聖人)이라 할지
> 라도 해가 아침에 떠서 저녁에 지는 것에 비유할 수 있다.

天地以春夏爲晝、秋冬爲夜。治世爲晝、亂世爲夜。

천지(天地)는 봄, 여름을 낮으로 삼고 가을, 겨울을 밤으로 삼는다. 잘 다스
려진 세상은 낮으로 간주하고 어지러운 세상은 밤으로 간주한다.

> 春夏闢戶、誠之通、秋冬闔戶、誠之復。治世陽明、亂世陰濁、有晝夜之象。
> 莊子曰、天有春·夏·秋·冬·旦·暮之期。
>
> 봄과 여름은 창문이 열리는 것처럼 성(誠)이 통(通)하는 것이고 가을과 겨
> 울은 창문이 닫히는 것처럼 성(誠)이 원래대로 돌아오는 것이다. 잘 다스
> 려지는 세상은 양(陽)으로 밝은 것이고 어지러운 세상은 음(陰)으로 혼탁
> 한 것이다. 이렇게 모든 것에 낮과 밤의 형상이 있다.

장자(莊子)가 말하기를, 하늘에는 봄, 여름, 가을, 겨울, 아침, 저녁의 시기가 있다.

天地有禨祥、皆其精神所發。

천지(天地)에 있는 상서(祥瑞)로운 빌미는 모두가 천지의 정(精)과 신(神)이 발현(發現)된 것이다.

漢書天文志曰、陰陽之精、其本在地、而上發於天。

《한서천문지(漢書天文志)》[3]에 이르기를, 음(陰)과 양(陽)의 정(精)은 그 본질이 땅에 있다가 하늘까지 뻗어 오른다.

凡景星·卿雲·器車·醴泉之類、稱爲禎瑞者、天地之吉夢也。

무릇 경성(景星), 경운(卿雲), 기거(器車), 단 샘 등의 종류는 상서(祥瑞)로운 것들이라고 불리운다. 천지(天地)의 길몽(吉夢)이다.

孫氏瑞應圖曰、景星狀如半月、王者不敢私人則見。史記曰、郁郁紛紛、繡索輪囷、是謂慶雲。孝經援神契曰、天子孝則景雲出游。白虎通曰、王者德及山陵、卽景雲浮、器車出、德及淵泉、則醴泉湧。

《손씨서응도(孫氏瑞應圖)》에 이르기를, 경성(景星)[4]의 모습은 반달 같다. 군왕이 백성에게 사사(私)롭게 하지 않을 때 나타난다.
《사기(史記)》[5]에 이르기를, 경운(慶雲)[6]은 문채(文彩)가 분분(紛紛)하고 둥글게 수놓은 것 같은 모양이 둥근 곳집 같다.
《효경원신계(孝經援神契)》[7]에 이르기를, 천자(天子)가 효행을 하면 경운(景雲)이 떠다닌다.
《백호통(白虎通)》에 이르기를, 군왕의 덕이 산과 구릉에 미치면 경운(景雲)이 뜨고 기거(器車)[8]가 나타난다. 군왕의 덕이 못과 샘에 미치면 단 샘물이 솟아오른다.

祅星·霾坋·崩竭·夷羊之類、稱爲妖孽者、天地之惡夢也。

요성(祅星), 비바람이 흙을 휘날림, 안개 낌, 산이 무너짐, 강이 마름, 이양(夷羊)의 종류는 요얼(妖孼)한 것이라고 불리운다. 천지(天地)의 악몽(惡夢)이다.

晉灼曰、祅星彗孛之屬。詩箋云、霾、雨土也。五音篇海曰、㜵、不祥氣也。
禮緯曰、山崩川竭、亡國之徵。淮南子曰、夷羊在牧。注云、夷羊、土神也。
殷之將亡、夷羊見於郊。

진작(晉灼)[9]이 말하기를, 요성(祅星)[10]은 혜패(彗孛)에 속한다.
《시전(詩箋)》[11]에 이르기를, 매(霾)는 비바람이 흙을 휘날리는 것이다.
《오음편해(五音篇海)》에 이르기를, 분(㜵)은 상서롭지 못한 기(氣)이다.
《예위(禮緯)》에 이르기를, 산이 무너지고 강이 마르는 것은 나라가 망할 징조이다.
회남자(淮南子)가 말하기를, 이양(夷羊)[12]은 목초지(牧草地)에 산다.
《주(注)》에 이르기를, 이양(夷羊)은 토지(土地)의 신(神)이다. 은(殷)이 장차 망하려고 할 때 이양(夷羊)이 교외(郊外)에 나타났다.

吉惡二夢、天地可占、而況人乎。人爲形役、興寢有常。覺而興、形之動也。寢而寐、形之靜也。而神氣遊衍、以造化同流。

길몽(吉夢)과 악몽(惡夢), 이 두 가지 꿈으로써 천지(天地)의 일을 점(占)칠 수 있는데 하물며 사람의 일에 있어서야! 사람은 형체로써 일을 하므로 흥(興)과 침(寢)에는 상도(常道)가 있다. 깨어 있음을 흥(興)이라고 하는데 형체가 동(動)하는 것이다. 잠듦을 매(寐)라고 하는데 형체가 정(靜)하는 것이다. 이렇게 함으로써 정신(精神)과 기(氣)가 유연(遊衍)하여 조화(造化)와 동류(同流)하게 된다.

莊子曰、人與天地精神往來。淮南子曰、肺主鼻、腎主耳、脾主口、肝主目、
外爲表而內爲裏、開閉張歙、各有經紀、故頭圓象天、足方象地。天有四時
五行九解三百六十六日、人亦有四肢五臟九竅三百六十六節、天有風雨
寒暑、人亦有取與喜怒、與天地參也。是故審死生之分、別同異之蹟、以反
其姓名之宗、所以養愛其精神、撫靜其魂魄也。說苑曰、心應棗、肝應楡、
我通天地、將陰夢水、將晴夢火、天地通我。

장자(莊子)가 말하기를, 사람과 천지는 정신이 서로 왕래한다.

회남자(淮南子)가 말하기를, 폐(肺)는 코를 주관하고 신(腎)을 주관하고 비(鼻)는 입을 주관하고 간(肝)은 눈을 주관한다. 밖은 표(表)가 되고 안은 이(裏)가 된다. 열고 닫음, 펼치고 오므림, 이러한 것들에는 각각 불변의 원칙이 있다. 그러므로 머리의 둥근 모양은 하늘을 본받았고 발은 네모난 모양이 땅을 본받았다. 하늘에는 사시(四時)[13], 오행(五行)[14], 구해(九解)[15], 366일이 있다. 사람에게도 역시 사지(四肢), 오장(五臟)[16], 구규(九竅)[17], 366마디가 있다. 하늘에는 바람, 비, 추위와 더위가 있다. 사람에게도 역시 가져옴, 줌, 즐거움, 성냄이 있어 천지와 서로 간여하고 있다. 그러므로 죽음과 삶의 나뉨이 있음을 살피고, 같음과 다름의 자취를 구별하여 성명(性命)의 중심을 돌이켜 이로써 정신을 기르고 사랑하여 그 혼백(魂魄)을 잘 다스려서 안정되게 해야 한다.

《설원(說苑)》[18]에 이르기를, 심(心)은 대추나무에 응하고 간(肝)은 느릅나무에 응한다. 이렇듯이 사람은 천지와 통하니 장차 음이 왕성하려면 꿈에 물을 보게 되고 장차 양이 왕성하려면 꿈에 불을 보게 되니 이것은 바로 천지가 사람과 통하기 때문이다.

歸乎至虛、蘊乎至靈、熒魂不枯、精莘不沈。

지극한 텅 빔으로 돌아가고 지극한 신령(神靈)함에 계합(契合)한다면 혼(魂)은 밝아져서 쇠약하지 않게 되고 정(精)은 성숙되어 잠기지 않게 된다.

> 揚子曰、熒魂曠枯、精莘曠沈。柳宗元注云、熒魂、司目之用者也、莘、目睛之表也。吳祕注云、熒魂精光也、精莘精之白也。

양자(揚子)[19]가 말하기를, 밝은 혼(魂)은 쇠약하지 않게 되고 정(精)이 성숙하면 잠기지 않게 된다.

《유종원주(柳宗元注)》에 이르기를, 밝은 혼(魂)이라 함은 눈을 사용하는 주체를 말한다. 부(莘)라 함은 눈동자의 밖에 나타남이다.

《오비주(吳祕注)》에 이르기를, 밝은 혼이라 함은 정(精)이 빛나는 것이고 정(精)의 성숙됨이라 함도 정(精)의 빛남이라.

豈與寢興覺寐爲動靜哉。故形雖寐而神弗寐、或斂於寂、或通於觸、神有觸斂、則寐有夢否。

잠자리에서 일어나 깨어 지내다가 다시 잠드는 것만을 어찌 동(動)과 정(靜)이라고 하겠는가? 그러므로 형체는 비록 잠들었다고 하나 정신마저 잠든 것은 아니다. 혹은 정신이 고요하게 거두어져 있거나 혹은 정신이 감촉(感觸)한 사물과 통하여 있는 것이다. 정신이 거두어져있는가, 감촉되어 있는가에 따라 잠잘 때 꿈을 꿈과 꾸지 않음이 결정된다.

> 神觸於形然後有夢、無觸則雖寐而不夢。莊子曰、成然寐蘧然覺。朱子曰、寤寐者心之動靜也、有思無思也、又動中之動靜也。有夢無夢者、又靜中之動靜也。但寤陽而寐陰、寤淸而寐濁、寤有主而寐無主、故寂然感通之妙、必於寤而言之。

> 정신이 형체에 감촉한 연후에 꿈을 꾸게 된다. 감촉함이 없으면 비록 잠을 잔다고 해도 꿈을 꾸지 않는다.
> 장자(莊子)가 말하기를, 정신이 모여지면 잠들고 흩어지면 깨어난다.
> 주자(朱子)가 말하기를, 깨어 있음과 잠듦은 마음의 동(動)과 정(靜)이며 생각 있음과 생각 없음이다. 깨어있음, 즉 동(動)에는 동(動)과 정(靜)이 있고, 이는 또한 동(動) 중의 동(動)과 정(靜)이다. 잠자는 중에 꿈 있음과 꿈 없음은 정(靜) 중의 동(動)과 정(靜)이다. 깨어있음은 양(陽)이라고 할 수 있으니 잠듦은 음(陰)이다. 깨어있음은 청(淸)이 되고 잠듦은 탁(濁)이 된다. 깨어있음은 주(主)가 있으나 잠듦은 주(主)가 없다. 그러므로 적연(寂然)하여 감통(感通)하는 신묘함이 있다. 그리하여 잠에서 깬 후 반드시 꿈을 말할 수 있다.

神之所觸、或遐或邇、或永或暫。晴晦異象、躋墮異態、榮辱異境、勝負異持。凡禎祥妖孼之類、紛杳而莫之綜核、雖疇昔所未嘗睹聞者、亦皆凝會於夢。此其一寐之所得、吉惡可從而占也。曾何分於晝夜。

정신이 감촉하는 바는 혹은 멀고 혹은 가깝고, 혹은 영원하거나 혹은 잠깐이다. 개임과 흐림은 서로 다른 형상이며 오름과 떨어짐도 서로 다른 형태이다. 영화(榮華)와 욕됨은 서로 다른 경계이며 이김과 짐은 서로 다른 지분(持分)이다. 무릇 이러한 정상(禎祥)[20]과 요얼(妖孼)[21]의 종류는 분분(紛紛)하거나 어두워 종핵(綜核)22)을 알기 어렵다. 그러나 예로부터 지금까지 보거나 들은 적이 없는 범위의 것들이라고 하더라도 역시 모두 꿈속에 엉기어 모여 나타난다. 그러므로 한 번의 잠자리에서 얻어지는 꿈으로써 길(吉)과 악(惡)을 점쳐도 따를 만하다. 그런데도 어찌하여 굳이 낮과 밤을 구분 지으려고 하는가?

> 孔子曰、死生存亡、窮達貧富、賢與不肖、毀譽飢渴寒暑、是事之變、命之行也。日夜相代乎前、故夢亦猶是。

공자(孔子)23)가 말하기를, 죽음, 삶, 유지함, 망함, 막힘, 잘 풀림, 가난함, 부유함, 어짊, 불량함, 명예가 깎임, 배고픔, 갈증, 추위와 더위, 이러한 인사(人事)의 변화는 운명의 행함이다. 낮과 밤이 서로 바뀜이 이와 같고 꿈역시 그렇다.

■ **注疏**

1) 삶과 죽음을 낮과 밤으로 삼는다: 《莊子·內篇·大宗師》에 '죽음과 삶은 사람의 운명이다. 저 밤과 아침의 상도(常道)가 있음은 하늘의 법칙이다.(死生命也。其有夜旦之常、天也。)'라고 하는데 이를 略述한 것이다.

2) 안지추(顔之推): 北齊사람으로 協의 아들이다. 字는 介이다. 세상에서는 周官左氏學을 많이 공부하는 경향이 있으나 顔之推는 많은 책을 널리 읽었으며 詞情이 훌륭했다. 저서는 《文集》, 《家訓》.

3) 《한서천문지(漢書天文志)》: 《漢書十志》 중의 하나. 東漢의 班固이 撰하였다.

4) 경성(景星): 《史記·天官書》에 이르기를, 天精이 景星으로 나타난다. 德星이다. 그 형상은 無常이나 道가 있는 나라에 나타난다. 注에 이르기를, 孟康이 말하기를, 赤方氣와 靑方氣가 서로 連接되면 赤方 중에 두 개의 黃星이 생기고 靑方 중에 하나의 黃星이 생기어 三黃星이 합하여 景星이 된다.

5) 《史記》: ① 史官이 사실을 기록한 책이다.
② 책 이름. 漢의 司馬遷이 黃帝에서부터 漢武帝에 이르기까지 사실을 기록한 130권으로 된 史書이다. 帝王의 사실을 《十二本紀》로 하여 앞에 두고 年表로 政事를 기록하였으며 《公侯三十世家》와 《七十二列傳》으로 나누고 《武紀》, 《禮書》, 《樂書》, 《律書》 등을 저술하여 편집했다.

6) 경운(慶雲): 瑞雲이다. 景雲, 卿雲과 같은 뜻이다. 《列子·湯問篇》에 이르기를, 慶雲은 뜨고 甘露는 내린다. 《漢書禮樂志》에 이르기를, 甘露가 내리고 慶雲이 모인다.

7) 《효경원신계(孝經援神契)》: 《孝經緯》의 일종이다. 이 책은 이미 없어졌으나 옛 서적의 남은 일부를 玉函 山房에서 集成하였다.

8) 기거(器車): 器는 銀蠶와 붉은 시루. 車는 山車의 종류로 모두 祥瑞로운 물건이다.

9) 진작(晉灼): 晉의 河南사람이다. 尙書郞이고 《漢書音義》를 저술하였다.

10) 요성(祅星): 彗星이다. 妖星이라고도 한다. 《漢書天文志》에 이르기를, 祅星이 나타나 없어지지 않기를 3년이면 반란, 침략 당함, 國喪 등이 있게 된다.

11) 《시전(詩箋)》: 漢의 鄭玄이 撰한 書名. 지금은 注疏本이 통용되고 있다. 일명《鄭箋》이라고도 한다.

12) 이양(夷羊): 신령한 짐승의 이름.《國語·周語上》에 이르기를, 商이 망할 때 夷羊이 牧草地에 나타났다.

13) 사시(四時): 봄·여름·가을·겨울.

14) 오행(五行): 金·木·水·火·土.

15) 구해(九解): 冀·豫·雝·荊·揚·兗·徐·幽·營州의 九州.

16) 오장(五臟): 肝臟·心臟·脾臟·肺臟·腎臟.

17) 구규(九竅): 눈·코·귀·입·성기·항문의 아홉 구멍.

18) 《설원(說苑)》: 漢의 劉向이 撰한 책. 21편으로 구성되었는데 新序의 體例와 서로 같다. 큰 뜻 또한 서로 비슷하다. 모두가 軼聞과 瑣事이다.

19) 양자(揚子): B.C 53~A.D 18. 漢의 成都人. 이름은 雄 字는 子雲. 사람됨이 簡易하고 佚蕩하며 악담을 모르며 博學深思하여 문장으로 유명하였다. 成帝 시에 부름을 받아 《甘泉》,《河東》,《長柳》 등의 賦를 바쳤다. 그의 저서 《太玄經》은《周易》과 비슷하고《法言》은《論語》와 비슷하였다. 13권으로 되어있으며《揚子法言》이라고 한다.

20) 정상(禎祥): 吉하고 祥瑞로움.

21) 요얼(妖孽): 妖邪스러우며 正統이 아님.

22) 종핵(綜核): 核心.

23) 공자(孔子): 春秋시대의 魯人, 이름은 丘 字는 仲尼. B.C 551~479.나면서부터 聖德이 있었고 학문은 일정한 스승이 없었다. 老聃를 찾아가 禮를 물었고 萇弘에게 樂를 배웠고 師襄에게 거문고를 배웠다. 大司寇가 되어 魯國을 크게 잘 다스렸으며 그 후 周遊列國한 뒤 魯國으로 돌아와 시서를 刪定하고 禮樂을 訂正하고《周易》을 撰하고 春秋를 作하였다. 후세에 至聖先師로 칭하여졌다.

4. 중점편 衆占篇第四

衆占非一、惟夢爲大。

여러 점(占)들을 하나로 평할 수는 없으나 오직 몽점(夢占)만은 크다고 말할 수 있다.

> 漢書藝文志曰、雜占者、紀百事之象、候善惡之徵、衆占非一、而夢爲大。故周有其官。
>
> 《한서예문지(漢書藝文志)》에 이르기를, 여러 종류의 점(占)은 모든 일들의 상태와 실마리의 좋고 나쁜 징조를 나타낸 것이다. 여러 종류의 점(占)들을 하나로 평할 수는 없으나 꿈만은 크다고 할 수 있다. 그러므로 주(周)나라에서는 몽점(夢占)을 담당하는 관직을 두었었다.

夢與兆易准、故三代尙焉。洛出丹書、乃設九疇、兆法著矣。河出綠圖、乃列八卦、易法行矣。

꿈과 징조는 역(易)의 표준(標準)이다. 그러므로 삼대(三代)[1]에는 꿈과 징조를 숭상하였다. 낙수(洛水)에서는 단서(丹書)[2]가 나왔는데 이에 따라 구주(九疇)[3]를 진설(陳設)하여 점법(占法)을 표현하였다. 황하(黃河)에서는 녹도(綠圖)[4]가 나왔는데 이에 따라 팔괘(八卦)[5]를 진열(陳列)하여 역법(易法)을 나타내

▲ 龍馬河圖와 神龜洛書

었다.

邵子曰、圓者、河圖之數、方者洛書之文。春秋緯曰、河以通乾出天苞、洛
以流坤出地符。

소자(邵子)[6]가 말하기를, 둥근 것은 하도(河圖)[7]의 숫자(數字)이고 모난 것
은 낙서(洛書)[8]의 문자(文字)이다.
《춘추위(春秋緯)》에 이르기를, 하도(河圖)는 건(乾)을 통하여 하늘의 근본을
나타내었고 낙서(洛書)는 곤(坤)의 흐름을 타고 땅의 믿음을 나타내었다.

占夢之祕、固性命之理、而兆易之揆也。

꿈을 점(占)치는 비결은 성명(性命)의 이치를 확고히 알아 이로써 변화의 징
조를 헤아리는 것이다.

呂氏讀詩記曰、人之精神、與天地陰陽流通。故夢各以類至、知此則可以
言性命之理矣。王充論衡曰、占夢與占龜同。

《여씨독시기(呂氏讀詩記)》[9]에 이르기를, 사람의 정신과 천지음양은 그 흐
름이 통하고 있다. 그러므로 꿈에 각각 종류별로 나타나는 것이다. 이것
을 알아야 성명(性命)의 이치를 말할 수 있다.
왕충(王充)은《논형(論衡)》[10]에서 이르기를, 꿈으로 점을 치는 것과 거북이
로 점을 치는 것은 같다.

三兆之體、其經皆百有二十、其頌皆千有二百。

삼조(三兆)의 체(體)는 그 경(經)이 모두 백이십이고 그 송(頌)은 천이백이다.

周禮注曰、頌謂繇也。三兆體繇之數同、其名占異耳。百二十每體十繇、有
五色、又重之以墨坼也。

《주례주(周禮注)》에 이르기를, 송(頌)은 딸려있는 것을 말한다. 삼조(三兆)의
체(體)에 각기 딸려 있는 송(頌)의 수는 같고 그 점(占)의 이름은 다르다. 백
이십 되는 경(經)에는 매 경(每經)에 십 송(十頌)이 딸려 있다. 그리고 송(頌)

들에는 오색이 칠해져 있는데 오색의 겹쳐있음이 먹물을 어지러이 칠해놓은 것 같다.

三易之體、其經皆八、其別皆六十有四。

삼역(三易)의 체(體)는 그 경(經)이 모두 여덟이고 그 별(別)은 모두 육십사이다.

> 周禮注曰、三易卦別之數亦同、其名占異也。每卦八別者、重之數。
>
> 《주례주(周禮注)에 이르기를, 삼역(三易)에 있어서 괘(卦)와 별(別)의 수는 같고 그 점(占)의 이름은 다르다. 매 괘(每卦)마다 팔별(八別)이 있는데 거듭되어 육십사를 이룬다.

三夢之煇、其經皆十、其別皆九十。

삼몽(三夢)의 운(煇)은 그 경(經)이 모두 열이고 그 별(別)은 모두 아흔이다.

> 周禮眠祲曰、掌十煇之法、以觀妖祥辨吉凶。一曰祲、二曰象、三曰鑴、四曰監、五曰闇、六曰瞢、七曰彌、八曰敍、九曰隮、十曰想。鄭衆注云、煇、日光氣也。鄭玄注云、王者於天日也。夜有夢則、晝視日旁之氣、以占其吉凶。凡所占者十煇、每煇九變此術今亡。
>
> 《주례기침(周禮眠祲)》에는 십운(十煇)의 방법을 관장(管掌)하여 이로써 요사(妖邪)와 상서(祥瑞)를 관찰하고 길(吉)과 흉(凶)을 변별(辨別)하는 방법이 적혀있다. 십운(十煇)이라 함은 하나는 침(祲), 둘은 상(象), 셋은 전(鑴), 넷은 감(監), 다섯은 암(闇), 여섯은 몽(瞢), 일곱은 미(彌), 여덟은 서(敍), 아홉은 제(隮), 열은 상(想)이다.
>
> 《주례정중주(周禮鄭衆注)》에 이르기를, 운(煇)은 태양의 광기(光氣)이다.
>
> 《주례정현주(周禮鄭玄注)》에 이르기를, 왕(王)이란 하늘의 태양과 같다. 밤에 꿈을 꾸는 것은 낮에 태양 주위의 기(氣)를 보았기 때문이다. 태양 주위의 기(氣)를 보아 점을 치는데 이러한 점에는 십운(十煇)이 있는데 매 운(每煇)마다 구변(九變)이 있다. 그러나 지금은 이 술법이 전해지지 않는다.

夢與兆易, 豈有隆降乎。武王伐紂夢協朕卜。

꿈과 징조는 바뀌어 나타나는 것이니 어찌 오름과 내림이 없을 수 있을까?
무왕(武王)이 주왕(紂王)을 정벌할 때 무왕(武王)은 몽점(夢占)으로 조짐을 파
악하여 도움을 얻었다.

> 周書泰誓曰、朕夢協朕卜、襲於休祥。孔融注云、言夢卜俱合於美善也。
>
> 《주서태서(周書泰誓)》에 이르기를, 몽점(夢占)으로 조짐을 파악하여 도움을
> 얻었으니 이것은 하늘로부터 상서(祥瑞)를 하사받은 것이다.
> 《주서공융주(周書孔融注)》에 이르기를, 몽점(夢占)에 대해 말하건대, 지침
> (指針)하는 바는 모두 미(美)와 선(善)에 합치된다.

衛史朝曰、筮襲於夢、武王所用。

위(衛)나라의 사조(史朝)가 말하기를, 꿈을 점치는 관습(貫習)은 무왕(武王)도
사용하였다.

> 左傳曰、孔成子夢康叔謂已立元。又以周易筮之、遇屯。史朝曰、元亨、又
> 何疑焉。筮襲於夢、武王所用也。弗從何爲。
>
> 《좌전(左傳)》[11]에 이르기를, 공성자(孔成子)의 꿈에 강숙(康叔)[12]이 나타나
> 말하기를 "나는 원(元)을 옹립하겠다." 공성자가 잠에서 깬 후 꿈 내용에
> 대해 또다시 주역점(周易占)을 치니 둔괘(屯卦)[13]가 나왔다. 이에 대해 사조
> (史朝)[14]가 말하기를 "원형(元亨)한데 어찌 의심하여 다시 점을 치시오? 무
> 왕(武王)[15]도 관습에 따라 몽점(夢占)을 사용하였는데 어찌 따르지 않을 수
> 있겠소?"

非達陰陽之故、深究天人之際、其孰能與於此。

음양의 이치를 통달하기는 어려우므로 하늘과 사람과의 관계를 깊게 탐구
한다면 누구라도 하늘과 같은 능력을 갖게 되리라.

> 朱子曰、獻吉夢、贈惡夢、其於天人相與之際、察之審而敬之至矣。王晦叔

曰、天人同流、相應而不遠、先王必立官以觀妖祥、辨吉凶、所以和同天人之際、使之無間也。

주자(朱子)가 말하기를, 하늘이 사람에게 길몽(吉夢)을 주거나 혹은 악몽(惡夢)을 주기도 하는 것은 하늘과 사람은 서로 주고받는 관계이기 때문이다. 살피어 분별하여서 공경함에 이르러야 한다.

왕회숙(王晦叔)이 말하기를, 하늘과 사람은 같은 흐름에 있으니 서로 응함이 먼 것이 아니다. 선대(先代)의 여러 왕이 반드시 역(易)에 관한 관직을 두어 요사(妖邪)와 상서(祥瑞)를 관찰하고 길(吉)과 흉(凶)을 변별(辨別)한 이유는 하늘과 사람의 관계를 화동(和同)하게 하여 그 격차를 없애기 위함이다.

■ 注疏

1) 삼대(三代): 夏·商·周의 三朝.

2) 단서(丹書): 옛적에 洛水에서 丹書가 나왔다. 《淮南子·俶眞》에 이르기를, 洛水에서 丹書가 나왔고 河水에서는 綠圖가 나왔다. 그러므로 許由가 이를 얻어 修道하여 得道하였다.

3) 구주(九疇): 箕子가 周의 武王의 물음에 應答한 천하를 다스리는 아홉 가지의 大法이다. 즉 五行, 五事, 八政, 五紀, 皇極, 三德, 稽疑, 庶徵, 五福의 九法이다.

4) 녹도(綠圖): 河圖이다. 난초 잎에 그려져 있어 綠色이므로 綠圖라고 한다.

5) 팔괘(八卦): 卦란 물체를 매달아 사람에게 보인다는 의미의 掛이다. 八卦는 伏羲氏가 이를 만들었는데 乾(☰)·兌(☱)·離(☲)·震(☳)·巽(☴)·坎(☵)·艮(☶)·坤(☷)이 八卦이다.

6) 소자(邵子): 邵雍, 字는 堯夫. 宋代의 范陽人. 일찍부터 北海의 李之才로부터 先天象數學의 圖書를 받고 공부하여 易에 精通하였다. 《周易》은 文王이만든 後天易이고 伏羲氏가 만든 先天易은 先天卦의위치는 바뀌어져야 한다고 하였다. 관직을 주어도 받지 않고 共城의 蘇門山의 白泉 위에서 농사를 지으며 살았다. 스스로 安樂先生이라고 칭하였다. 그를 따르는 사람을 百源學派라고 불렸으며 諡號는 康節이다. 저서는 《觀物篇》, 《魚樵問答》, 《伊川擊壤集》, 《皇極經世書》.

7) 하도(河圖): 黃河에서 龍馬가 나왔는데 등에 圖型이 있는 것을 伏羲氏가 그 文字에 의거하여 八卦를 그려 河圖라고 하였다. 《漢書五行志》에 劉歆이 쓰기를, 伏羲氏는 하늘을 이어받아 왕이 되었고 河圖를 받아 八卦를 그렸다. 八卦란 바로 이것이다. 孔穎達의 설도 동일하다. 오직 鄭玄만이 《春秋緯》에서 주장하기를, 河圖는 九篇이 있고 洛書는 六篇이 있다.

8) 낙서(洛書): 洛水에서 나온 神龜의 등 위에 있던 文字인데 그 數가

▲ 하도(河圖)

아홉까지 있었다. 禹가 이에 근거하여 策하여 九疇를 완성하여 洛書라고 하였다. 宋人이 太乙을 下行케하여 九宮을 만들어 洛書라고 하였다. 《周易繫辭》의 上에 이르기를, 河에서 圖가 나오고 洛에서 書가 나오니 聖人이 이를 則하였다.

▲ 낙서(洛書)

9) 《여씨독시기(呂氏讀詩記)》: 原名은 《呂氏家塾讀詩記》이다. 32권으로 구성되었는데 呂祖謙이 撰하였다. 毛傳에서 集傳까지 44家의 說을 나타내며 詩, 樂, 六義, 風雅頌, 訓詁傳을 실었다.

10) 《논형(論衡)》: 王充의 저서이다. 東漢의 上虞人으로 字는 仲任. 班彪에게 師事하였다. 博覽强識하였는데 세상의 잘못에 忿懟하여 《論衡》 85편을 저술하였다. 現存本은 30권이다. 故語가 多偏하고 격렬하며 筆端을 휘둘러 聖賢을 손상시켰다.

11) 《좌전(左傳)》: 原名은 《春秋左氏傳》. 《左氏傳》은 簡稱이고 《左氏春秋》라고도 한다. 周의 左丘明이 撰한 33권이다. 左傳과 春秋는 본래 나뉘어 있었는데 晋의 杜預乃가 傳에 經을 붙여 《春秋左氏傳集解》를 저술하였다. 《史記十二諸侯年表書》에 이르기를, 魯君子 左丘明이 孔子史와 그의 말을 論하여 《左氏春秋》를 완성하였다.

12) 강숙(康叔): 周武王의 아홉째 아우. 처음에 康에 封해졌다 하여 康叔이라고 한다. 周公旦이 武庚을 멸한 후 殷의 남은 백성을 다스리게 하기 위해 康叔을 衛君으로 봉하였다. 康叔이 백성들을 능히 和하게 하니 크게 기뻐하였다. 그리고 成王은 오랫동안 그를 司寇로 삼았다.

13) 둔괘(屯卦): 水雷屯. 震下坎上이니 아래는 우뢰이고 위는 물이다. 천지가 개벽한 후에 雷雨가 혼돈하여 만물이 처음 나오는 현상이다. 《卦辭》에 '屯은 元亨코 利貞하니 勿用有攸往이요 利建候하니라.' 뜻은 '屯은 크게 형통하고 바르게 함이 이로우니 함부로 행동하지 말고 대리인을 세움이 이로우니라.'

14) 사조(史朝): 春秋시대의 衛의 史官.

15) 무왕(武王): 周代, 第一世明君. 姓은 姬, 名은 發, 文王의 아들이다. 商의 폭군 紂를 축출하고 천하를 얻어 德化함이 매우 컸다. 在位 B.C 1134~1116. 一說 B.C 1042~1021.

5. 종공편 宗空篇第五

宗空生問於通微主人曰、夢者幻也、與露·電·泡·影等、一切起滅、皆歸虛妄。

종공생(宗空生)[1]이 통미주인(通微主人)[2]에게 묻기를, 꿈이라는 것은 허깨비 종류로 이슬, 번개, 물거품, 그림자 등과 같아서 이러한 일체(一切)는 생겼다가 사라져서 모두 허망으로 돌아간다고 하오. 이에 대해 가르쳐 주시오.

佛經曰、一切有爲法如夢幻泡影、如露亦電、應作如是觀。

불경(佛經)에 이르기를, 일체(一切)의 유위법(有爲法)은 마치 꿈, 허깨비, 물거품, 그림자와도 같다. 이슬과도 같고 또한 번개와도 같다. 마땅히 이같이 바라보라.[3]

主人曰、汝奚不稽之古乎。軒轅氏有華胥·綠圖·風后·力牧之夢。

통미주인(通微主人)이 말하기를, 그대는 어찌 옛일을 상고(想考)하지 않는가? 헌원씨(軒轅氏)는 화서(華胥)·녹도(綠圖)·풍후(風后)·역목(力牧)의 꿈을 꾸었다.

列子曰、黃帝晝寢、而夢遊於華胥氏國、不知距中國幾千里、蓋非舟車足力之所及、神遊而已。黃帝旣寤、怡然自得。又二十八年天下大治 幾若華胥氏國。河圖挺佐輔曰、黃帝召天老而問焉、余夢見兩龍挺白圖以授、余於河之都。天老曰、河出龍圖、洛出龜書、紀帝錄、列聖人之姓號也、天其授帝圖乎。黃帝乃祕齋至翠嬀之川、大鱸魚泛白圖、蘭葉朱文、以授帝、名

曰綠圖。帝王世紀曰、黃帝夢大風吹天下之塵垢皆去、又夢人執千鈞之
弩、驅羊萬羣。帝寤嘆曰、風爲號令、執政者也、垢去土后在也、天下豈有
姓風名后者哉。千鈞之弩、異力者也、驅羊萬羣、能牧民爲善者也、天下豈
有姓力名牧者哉。依二占求之得風后、力牧以爲將相、因著夢經十一篇。

열자(列子)가 말하기를, 황제(黃帝)[4]가
낮잠이 들었는데 꿈속에서 화서씨국
(華胥氏國)[5]에 가서 노닐었다. 그곳은
중국으로부터 몇 천리인지 알 수 없으
며 배, 수레, 걸음 등의 어떤 방법으로
도 갈 수 없고 신혼(神魂)만이 이를 수
있는 곳이었다. 황제는 잠에서 깬 후
크게 깨달아 천하를 잘 다스리니 28년
후에는 태평해져 화서씨국(華胥氏國)과
다름없게 되었다.

▲ 황제(黃帝)

《하도정좌보(河圖挺佐輔)》에 이르기를,
황제(黃帝)가 어느 날 꿈을 꾸고 점몽하기 위해 천로(天老)[6]를 초빙하였다.
황제가 말하기를, "나는 꿈에 두 용(龍)이 백도(白圖)[7]를 끌고 와서 주기에
이를 받고 강 옆에 도읍을 정하였소. 이는 무슨 징조요?"
천로(天老)가 답하기를, "황하(黃河)에서 용도(龍圖)[8]가 나왔고 낙수(洛水)에
서 구서(龜書)[9]가 나왔습니다. 《기제록(紀帝錄)》에는 성인(聖人)들의 성명(姓
名)이 기록되어있는데 이들은 하늘로부터 천명(天命)을 받은 분들입니다.
장차 하늘이 주시는 제도(帝圖)[10]를 받으실 것입니다."
황제(黃帝)가 기도(祈禱)한 후 취규(翠嬀)[11]의 강에 이르렀다. 과연 커다란
노어(鱸魚)[12]가 강 위로 떠올라 도형(圖型)이 그려진 난초 잎을 바쳤는데 붉
은 무늬가 있었다. 이것이 녹도(綠圖)[13]이다.
《제왕세기(帝王世紀)》[14]에 이르기를, 황제(黃帝)가 어느 날 꿈을 꾸었다. 큰
바람이 불어 천하의 흙먼지 중에서 흙만 날려버렸고 어떤 자가 천균(千
鈞)[15]의 힘으로 당길 수 있는 큰 활을 가지고 만 마리의 양을 쉽게 몰았다.
황제가 잠에서 깨어 감탄하여 해몽하기를 "바람은 이름을 불러 명령하는
것이니 행정(行政)을 담당할 현인의 성(姓)을 의미한다. 그는 풍씨(風氏)이
다. 흙먼지 구자(垢字)에서 날아 가버린 흙토(土)를 빼면 후(后)이니 그의 성

명(姓名)은 풍후(風后)[16]이다. 천하에 어찌 풍후(風后)란 사람이 없겠는가?
또한 천균의 힘으로만 당길 수 있는 활을 가진 자는 남다른 힘을 가졌으
니 그의 성(姓)은 힘력(力)이고 만 마리의 양을 쉽게 모는 것은 뭇 백성을
쉽게 잘 다스림이니 목(牧)으로 풀이된다. 그의 이름은 역목(力牧)[17]이니
어찌 천하에 역목(力牧)이란 이름이 없으랴?" 황제는 과연 풍후와 역목을
얻어 재상과 장수로 삼았으며 이를 인연으로 하여 《몽경십일편(夢經十一
篇)》을 저술하였다.

堯有攀天、乘龍之夢。

요(堯)는 하늘에 오르고 용(龍)을 올라타는 꿈도 꾸었다.

東觀漢記曰、和憙皇后 夢捫天、天體若鍾乳、后仰嚙之。以訊占夢、占夢
者言、堯夢攀天而上、湯及天舐之、此皆聖王之夢。白孔六帖曰、堯舜上
聖、符域內之休徵。注引夢書云、堯夢乘靑龍上太山、舜夢擊鼓。路史曰、
堯舜御龍以登雲天、而有天下。

《동관한기(東觀漢記)》[18]에 이르기를, 화희황후(和憙皇后)[19]가 꿈속에서 하
늘을 어루만져 보니 종유(鍾乳)와 같아서 황후는 고개를 젖히고 그것을 입
으로 빨았다. 잠에서 깬 후 점몽자(占夢者)에게 물으니 그가 답하기를 "요
(堯)[20]는 하늘에 오름으로써 상(上)이 되었고 탕(湯)[21]은 하늘에 이르러 혀
로 핥았습니다. 이것들은 성왕(聖王)이 될 꿈입니다."
《백공육첩(白孔六帖)》[22]에 이르기를, 요(堯)와 순(舜)[23]은 상성(上聖)이므로
길흉의 징조가 언제나 사실과 부합하였다.
《주인몽서(注引夢書)》[24]에 이르기를, 요(堯)는 꿈에 청룡을 타고 태산(太
山)[25] 위에 올랐고 순(舜)은 꿈에 북을 두드렸다.
《노사(路史)》[26]에 이르기를, 요(堯)와 순(舜)은 모두 용을 타고 하늘의 구름
까지 오름으로써 천하를 갖게 되었다.

舜有長眉、擊鼓之夢。

순(舜)은 눈썹이 길어지고 북을 두드리는 꿈을 꾸었다.

帝王世紀曰、舜夢眉長與髮等、乃堯乃賜以昭華之玉、老而命舜代己攝
政。後魏溫子昇撰舜廟曰、感夢長眉、明敭仄陋、擊鼓。注見上。

《제왕세기(帝王世紀)》에 이르기를, 순(舜)은 눈썹이 머리카락만큼 길어지
는 꿈을 꾸고 요(堯)로부터 소화(昭華)[27]의 옥(玉)을 받았다. 요(堯)가 늙으니
순(舜)에게 명(命)을 내려 자기 대신 섭정(攝政)하게 하였다.
후위(後魏)의 온자승(溫子昇)[28]이 순(舜)의 묘(廟)에 글을 쓰기를, 순(舜)은 꿈
에 눈썹이 길어졌고 비뚤어지고 더러운 곳을 고쳤으며 북을 두드렸다. 주
(注)는 윗부분을 보시라.[29]

禹有山書、洗河、乘舟過月之夢。

우(禹)는 산서(山書)를 갖게 되었고 큰 강에서 몸을 씻었으며 배를 타고 달
한가운데를 지나는 꿈을 꾸었다.

吳越春秋曰、禹登衡山、夢赤繡文衣男子、稱玄夷蒼水使者、謂禹曰、欲得
我山書者、齋於黃帝之嶽。禹乃退齋三日、登宛委發石、得金簡玉字之書、
言治水之要、遂周行天下。使益疏記之、名爲山海經。帝王世紀曰、禹夢自
洗於西河。白孔六帖曰、夏禹未遇時、夢乘舟月中過。

《오월춘추(吳越春秋)》[30]에 이르기를, 우(禹)가 형산(衡山)[31]에 올랐을 때 꿈
을 꾸었다. 붉은 수(繡) 무늬 옷을 입은 자가 말하기를 "나는 창수(蒼水)[32]
의 사자(使者) 현이(玄夷)이다. 그대가 치수(治水)의 비결이 적혀 있는 산서
(山書)를 얻으려거든 황제(黃帝)가 기도 했다는 산을 찾으라." 우(禹)는 잠에
서 깨자 완위산(宛委山)[33]을 찾아가 3일간 제계(齋戒)한 후 정상에 올랐다.
정상에는 작은 바위가 있어 들어내니 옥자(玉字)로 새겨진 금간(金簡)이 있
었다. 우(禹)가 읽어보니 치수의 요령이 적혀있어 이에 의하여 천하를 다
니며 치수하였다. 그 후 역대황제들이 관리에게 명령하여 산서의 내용을
보완하고 주소(注疏)를 첨가하여 《산해경(山海經)》[34]이라고 이름 지었다.
《제왕세기(帝王世紀)》에 이르기를, 우(禹)는 꿈에 서하(西河)[35]에서 몸을 씻
었다.
《백공육첩(白孔六帖)》에 이르기를, 하우(夏禹)가 때를 만나지 못했을 때 꿈
속에서 배를 타고 달 가운데를 통과하였다.

湯有舐天之夢。

탕(湯)은 혀로 하늘을 핥는 꿈을 꾸었다.

解見前。

풀이는 앞 48p를 보시라.

桀·紂有黑風大雷之夢。

걸(桀)은 검은 바람이 부는 꿈을 꾸고, 주(紂)는 큰 우레가 치는 꿈을 꾸었다.

白孔六帖曰、桀紂下臨、作寰中之不軌。注引夢書云、桀夢黑風破其宮、
紂夢大雷擊其首。

《백공육첩(白孔六帖)》에 이르기를, 걸(桀)[36]과 주(紂)[37]는 백성의 생활을 시
찰(視察)할 때 상도(常道)에서 벗어난 언행을 하였다.
《주인몽서(注引夢書)》에 이르기를, 걸(桀)은 검은 바람이 그의 궁전을 부수
는 꿈을 꾸었고 주(紂)는 큰 우레가 그의 머리를 치는 꿈을 꾸었다.

文王有日月·丈人·海婦之夢。

문왕(文王)은 해와 달, 한 사나이, 해부(海婦)의 꿈을 꾸었다.

帝王世紀曰、周文王夢日月著其身。莊子曰、文王觀於臧、夢見一丈夫、釣
欲授之政。明旦屬大夫曰、昔者寡人夢見良人、黑色而髯、乘駁馬而偏朱
蹄、號曰、寓政於臧丈人、庶幾民有瘳乎。遂迎臧丈人而授之政。博物志
曰、太公爲灌壇令、文王夢婦人當道哭曰、吾是東海女、嫁爲西海婦、今灌
壇令當道廢我行、我行必有大風雨、而太公有德、吾不敢以暴風雨過。文
王明日召太公、三日三夜、果有疾風暴雨、從太公邑外過。

《제왕세기(帝王世紀)》에 이르기를, 주(周)의 문왕(文王)[38]은 해와 달이 그의
몸에 붙는 꿈을 꾸었다.
장자(莊子)가 말하기를, 문왕(文王)은 장지(臧地)를 순방할 때 꿈에 한 사내
가 낚시하는 것을 보았다. 문왕은 아침이 되자 꿈에 본 사내에게 정치를

맡기고자 대부(大夫)들에게 물었다. "과인(寡人)은 지난 밤 꿈에 한 현인(賢人)을 보았는데 그는 검은 얼굴에 수염이 길었으며 낚시를 끝내고 한쪽 발굽만 붉은 얼룩말을 타고 떠나갔다. 그에게 정치를 맡기려 하는데 그대들의 의향은 어떠한가?"

▲ 강태공(姜太公)

모두 답하기를 "그에게 국정을 맡긴다면 그는 능히 백성들의 고통을 없앨 것입니다." 문왕(文王)은 장(臧)의 사내를 맞아들여 그에게 정치를 맡겼다.

《박물지(博物志)》[39]에 이르기를, 태공(太公)[40]이 관단(灌壇)을 다스릴 때 문왕(文王)이 꿈을 꾸었다. 한 여인이 울며 고하기를 "저는 동해용왕의 딸로 서해용왕의 며느리가 되었습니다. 제가 동해로 가기 위해서는 관단(灌壇)을 통과해야 하는데 저는 반드시 큰 바람과 비를 동반하므로 관단을 다스리는 태공의 위덕(威德)이 두려워 감히 통과하지 못하고 있습니다. 부디 저를 동해로 가게 해 주십시오." 문왕은 잠에서 깨어 태공을 불러 꿈을 말하니 태공도 동의하였다. 그러자 낮밤 3일 동안 질풍과 폭우가 관단의 성읍 밖을 통과하였다.

太公有輔星之夢。

태공(太公)은 보성(輔星)의 꿈을 꾸었다.

尙書中候篇曰、太公未遇文王時、釣魚磻溪、夜夢得北斗輔星神告、尙以伐紂之意。

《상서중후편(尙書中候篇)》[41]에 이르기를, 태공(太公)이 문왕(文王)을 만나지 못했을 때 반계(磻溪)[42]에서 낚시를 하며 지내다가 어느 날 꿈을 꾸었다. 북두칠성(北斗七星)[43] 중의 보성(輔星)[44]의 신(神)이 나타나 주왕(紂王)을 정벌하도록 공손하게 고하였다.

孔子有先君·芻兒·三槐·赤氣之夢。

공자(孔子)는 꿈에서 선군(先君), 풀 인형, 회나무 세 그루와 붉은 기(氣)를 보았다.

呂氏春秋曰、孔子絕糧陳蔡之間、晝寢起曰、夢見先君。孝經中契曰、孔子夢芻兒捶麟、傷前左足。宋書曰、孔子夜夢三槐之間豊沛之邦、有赤氣臨車、見芻兒傷麟之左足、求薪覆之。湘東王繹、金樓子曰、孔子夢三槐門豊沛有赤氣起、呼顏回子夏往觀之、見赤蛇化爲黃金、上有之曰卯金刀。應高祖起豊沛。

《여씨춘추(呂氏春秋)》에 이르기를, 공자(孔子)가 진채(陳蔡)의 중간에서 양식(糧食)이 떨어졌다. 공자가 낮잠에서 깨어 말하기를 "나는 꿈에 선군(先君)[45]을 보았다."

《효경중계(孝經中契)》에 이르기를, 공자(孔子)는 꿈에 풀 인형이 주먹으로 기린(麒麟)[46]을 치니 기린의 앞 왼쪽발이 상하는 것을 보았다.

《송서(宋書)》[47]에 이르기를, 공자(孔子)는 꿈에 세 그루의 회나무[48] 사이와 풍패(豊沛)[49] 지방에서 적기(赤氣)가 수레를 급히 달리게 하고 또한 풀 인형이 기린의 앞발을 상하게 한 후 풀 더미로 기린을 덮는 것을 보았다.

상동왕(湘東王) 소역(蕭繹)이 찬(撰)한 《금루자(金樓子)》[50]에 이르기를, 공자(孔子)가 어느 날 꿈을 꾸었다. 자기 집 문인 삼괴문(三槐門)과 풍패(豊沛)에 붉은 기운이 일어나기에 안회(顏回)[51]와 자하(子夏)[52]를 불러 데리고 가서 가까이 보니 그것은 붉은 뱀이었고 갑자기 황금색으로 피부가 변하더니 피부 위에 묘금도(卯金刀)[53]라는 글자가 쓰여 있었다. 이런 꿈에 응하여 한 고조(漢高祖)가 풍패에서 거병하였다.

女節有接星之夢。

여절(女節)은 별과 접촉하는 꿈을 꾸었다.

帝王世紀曰、黃帝時有大星如虹、下流華渚、女節夢接之意感、遂生少昊。

《제왕세기(帝王世紀)》에 이르기를, 황제(黃帝) 때에 큰 별이 나타났는데 무지개와도 같았다. 그 별이 하강하여 저(渚)땅을 밝게 비추니 여절(女節)[54]

은 꿈에 그 별과 의감(意感)으로 접촉하고 나서 잉태하여 소호(少昊)[55]를 낳았다.

太姒有松·柏·棫·柞之夢。

태사(太姒)는 소나무, 잣나무, 무리참나무와 향나무의 꿈을 꾸었다.

> 周書曰、太姒夢周庭之梓、化爲松柏棫柞。

> 《주서(周書)》[56]에 이르기를, 태사(太姒)[57]는 주국(周國)의 궁정(宮庭)에 있는 가래나무가 변하여 소나무, 잣나무, 무리참나무와 향나무로 되는 꿈을 꾸었다.

伊母有臼水之夢。

이윤(伊尹)의 어머니는 구수(臼水)의 꿈을 꾸었다.

> 王充論衡曰、伊尹生時、其母夢人謂其曰、臼水串疾東走。母明旦視臼出水、卽東走十里 顧其鄕、皆爲淵矣。

> 《왕충논형(王充論衡)》에 이르기를, 이윤(伊尹)[58]이 출생하기 전에 그의 어머니는 꿈을 꾸었다. 어떤 사람이 "구수(臼水)[59]가 곧 범람한다."라고 말하고 동쪽으로 달려가는 것이었다. 이윤의 어머니가 아침에 일어나 구수를 보니 넘치려고 하였으므로 즉시 동쪽으로 달아나 10리를 간 후 뒤를 돌아보니 마을은 모두 호수가 되어 있었다.

孔母有空桑、蒼龍之夢。

공자(孔子)의 어머니는 공상(空桑)과 푸른 용(龍)의 꿈을 꾸었다.

> 孔演圖曰、孔子母徵在夢、黑帝使請己往語曰、汝乳必於空桑。覺若有感、後生孔子於空桑。寶檟記曰、孔子生之夜、有二蒼龍亘天降、附徵在之房、徵在因夢蒼龍而生孔子。有神女擎露、五老列庭、麟吐玉書之事。

《공연도(孔演圖)》에 이르기를, 공자(孔子)의 어머니 징(徵)이 꿈을 꾸었다. 흑제(黑帝)가 보낸 사자(使者)를 따라가 흑제(黑帝)를 알현(謁見)하였다. 흑제가 말하기를 "너는 장차 공상(空桑)[60]에서 젖을 먹이게 되리라." 징은 잠에서 깬 후에도 느낌이 남아있었다. 그런 후 얼마 지나지 않아 공상에서 공자를 낳았다.

《보독기(寶犢記)》에 이르기를, 공자(孔子)의 어머니 징(徵)은 공자를 잉태할 때 꿈을 꾸었다. 푸른 용 두 마리가 하늘에서 내려와 징의 방벽에 붙었다. 이로 인해 푸른 용이 공자를 탄생시켰다고 흔히 말한다. 공자의 잉태 시에는 신녀(神女)가 쟁반에 이슬을 받쳐 들고 있었고 뜰에 다섯 노인이 서 있었으며 기린이 옥으로 된 책을 토하였다.

此事皆孚、何爲虛妄。生曰、此緯錄·稗說、六經未載也。

"이러한 일들은 모두 믿을 만한데도 어찌 허망하다고 말하는가?"
종공생(宗空生)이 답하기를 "그러한 일들은 모두 위록(緯錄)[61]이나 패설(稗說)[62]에 있지 6경(六經)[63]에는 기록되어 있지 않소."

漢末賀良等作緯書、言經之有緯也。漢書藝文志曰、小說者流蓋出於稗官。如淳曰、細米爲稗、琑碎之言也。

한말(漢末)에 하량(賀良) 등이 위서(緯書)를 만들어서 경(經)의 뜻을 옆으로 나가게 하였다.
《한서예문지(漢書藝文志)》에 이르기를, 소설(小說)의 종류는 거개가 패관(稗官)으로부터 나왔다.
여순(如淳)이 말하기를, 미세한 쌀알을 패(稗)라고 하는데 옥(玉)이 잘게 부서진 것과 같다는 말이다.

主人曰、九十齡之與、

통미주인(通微主人)이 말하기를, 아흔 살을 준 경우,

禮記世子篇云、文王謂武王曰、如何夢矣。武王對曰、夢帝與我九十齡。文王曰、我百爾九十、君與爾三焉。文王九十七乃終、武王九十三而終。

《예기세자편(禮記世子篇)》[64]에 이르기를, 문왕(文王)이 무왕(武王)에게 묻기를 "너는 어떤 꿈을 꾸었느냐?" 무왕이 답하기를 "꿈속에서 상제(上帝)께서 저에게 90세의 수명을 주셨습니다." 문왕이 말하기를 "짐의 수명은 본시 100세이고 너는 90세이니 짐이 너에게 3세를 주노라." 그 후 문왕은 97세에 죽었고 무왕은 93세에 죽었다.

兩楹之蹲、

두 기둥 사이에 걸터앉은 경우가 있으며,

禮記檀弓篇云、夫子曰、予疇昔之夜、夢坐蹲於兩楹之間。

《예기단궁편(禮記檀弓篇)》에 이르기를, 부자(夫子)[65]가 말하기를 "나는 어젯밤 꿈에 두 기둥 사이에 걸터앉았다."

記於禮經、而春秋傳稱夢尤繁。若晉侯夢熊、宋公夢鳥。

《예경(禮經)》[66]에서는 《춘추전(春秋傳)》[67]을 인용하여 기록하기를, 꿈이란 대단히 번잡하다고 칭하였다. 그 예로 진후(晉侯)는 곰 꿈을 꾸고 송공(宋公)이 까마귀 꿈을 꾼 것을 들었다.

左傳曰、鄭子產聘于晉、晉侯有疾久。韓宣子曰、寡君寢疾三月矣、今夢黃熊入於寢門、何厲鬼也。對曰、昔堯殛鯀于羽山、其神化爲黃熊、以入羽淵。實爲夏郊、三代祀之。晉爲盟主、其或未之祀也。韓宣子祀夏郊、晉侯有間。左傳曰、宋景公無子、取公孫周之子得與啓、畜於公官、未立景公卒。大尹立啓矣、得夢啓北首、而寢於盧門之外、已爲鳥而集於其上、咮加於南門、尾加於桐門。得曰、余夢美必立、未幾六卿謀立得、是爲宋昭公。占曰、北首、死象也。宋門、東曰、盧門、北曰、桐門、寢於東門之外、失國象也。已化爲鳥集於啓身、踐啓之位也。

《좌전(左傳)》에 이르기를, 정자산(鄭子產)이 진국(晉國)의 초청을 받아 진국에 이르니 진후(晉侯)는 오랜 병중이었다.
한선자(韓宣子)[68]가 정자산에게 묻기를 "나의 주군(主君)은 어느 날 누런 곰이 침실로 들어오는 꿈을 꾸고 나서 즉시 병을 얻어 누운 지 석 달이나 되었습니다. 그것은 어떤 여귀(厲鬼)[69]입니까?"

정자산(鄭子産)이 대답하여 말하기를 "옛적에 요(堯)가 우산(羽山)[70]에서 곤(鯀)[71]을 처형하니 곤(鯀)의 혼령은 누런 곰의 형상으로 변화해 우산 아래의 호수에 들어갔소. 그러나 곤의 무덤은 하(夏)의 교외에 있으면서 삼대(三代)에 걸쳐 제사를 받으며 지냈었소. 그런데 진(晉)이 맹주(盟主)가 되자 그 사실을 몰라 곤에게 제사를 올리지 않아 곤이 노하여 괴롭히는 것이오." 그러자 한선자는 하의 교외에서 곤에게 제사를 올렸고 진후는 병이 쾌유하였다.

《좌전(左傳)》에 이르기를, 송(宋)의 경공(景公)[72]은 아들이 없었다. 공손주(公孫 周)의 아들인 득(得)과 계(啓)를 아들로 삼아 궁궐에서 길렀으나 후계자를 정하지 않은 채 갑자기 죽었다.

그러자 대윤(大尹)이 계를 옹립하여 왕위를 계승시키려고 하였다. 이러한 때에 득이 꿈을 꾸었다. 계가 노문(盧門)[73] 밖에서 머리를 북쪽에 두고 잠자고 있는데 까마귀들이 모여들어 계의 몸 위에 앉아 모두 부리는 남문을 향하고 꼬리는 북을 향하였다. 득이 잠에서 깨어 말하기를 "이 꿈은 나에게 길몽이다. 나는 반드시 왕위에 오르리라." 과연 6경(六卿)이 회의하여 득을 옹립하니 이가 바로 송(宋)의 소공(昭公)이다. 점사(占師)가 해몽하기를 "송국(宋國)은 노문(盧門)이 동쪽이고 동문(桐門)이 북쪽이다. 노문 밖에서 자는 것은 나라를 잃을 상이고 까마귀들이 몸 위에 앉아있음은 직위가 밟힌다는 뜻이다."

呂錡夢射月、聲伯夢涉洹。

여기(呂錡)는 꿈에서 활로 달을 쏘았고 성백(聲伯)은 꿈에서 원수(洹水)를 건넜다.

> 左傳曰、晉呂錡夢射月、中之退入於泥。占曰、姬姓日、異姓月必楚王也。
> 射而中之退入於泥、必死矣。及戰射共王中目。左傳曰、聲伯夢涉洹、或
> 與己瓊瑰、食之泣而爲瓊瑰、盈其懷。聲伯寤而懼不敢占。

《좌전(左傳)》에 이르기를, 진(晉)의 여기(呂錡)[74]는 꿈에서 활로 달을 쏘아 맞추고 물러나 진흙 속에 빠졌다. 몽점(夢占)에 이르기를 "희성(姬姓)은 해이고 다른 성(姓)은 달이니 달은 초왕(楚王)이 틀림없습니다. 공(公)

은 초왕(楚王)을 활로 쏘아 맞출 것이며, 진흙에 빠졌으니 반드시 전사할 것입니다." 여기는 전장에 나가 초(楚)의 공왕(共王)의 눈을 활로 쏘아 맞혔다.

《좌전(左傳)》에 이르기를, 성백(聲伯)이 꿈을 꾸었다. 원수(洹水)를 건넜고 어떤 사람이 주는 붉은 옥 덩어리를 받아먹으며 울었는데 이로 인해 배에 가득한 느낌이 있었다. 성백은 잠에서 깬 후 두려워서 감히 점치지 못했다.

魯昭夢襄公、宋元夢平公。

노소공(魯昭公)은 양공(襄公)의 꿈을 꾸었고 송원공(宋元公)은 평공(平公)의 꿈을 꾸었다.

左傳曰、楚靈王成章華之臺、願與諸侯落之、魯昭公將往。夢襄公祖梓愼曰、公不果行、襄公之適楚也。夢周公祖而行。今襄公實祖君其不行。子服惠伯曰、先君未嘗適楚、故周公祖以道之。襄公適楚矣、而祖以道君、不行何之。三月、公如楚。左傳曰、宋元公將如晉、夢太子欒卽位於廟、己與先君平公服而相之。旦召六卿告焉。元公行 卒於曲棘。

《좌전(左傳)》에 이르기를, 초(楚)의 영왕(靈王)[75]이 화려한 누대(樓臺)를 준공한 뒤 여러 후백(侯伯)들을 불러 낙성식을 하려고 하였다. 노소공(魯昭公)[76]이 낙성식(落成式)에 가려고 하는데 꿈에 양공(襄公)의 조군(祖君)인 자신(梓愼)이 말하기를 "공(公)은 가지 마시오. 초(楚)는 양공(襄公)에게 맞는 곳이오." 다시 꿈을 꾸었다. 주공(周公)의 조상이 나타나 말하기를 "공(公)은 초(楚)에 가시오." 노소공은 잠에서 깨어, 자신(梓愼)이 지난 꿈에 한 말과 상반되므로 고민하였다. 자복혜백(子服惠伯)에게 해몽을 청하니 답하기를 "공의 조상은 초(楚)에 가본 적이 없으므로 주공이 공에게 가라고 말하였습니다. 양공이 초에 맞는다고 하나 주공은 가라고 말하였는데 어찌하여 초의 낙성식에 참석하시기를 주저하십니까?" 석 달 뒤 양공은 초에 도착하였는데 과연 안전하였다.

《좌전(左傳)》에 이르기를, 송원공(宋元公)이 진(晉)과 뜻을 같이하려고 하는데 꿈을 꾸었다. 태자 낙(欒)이 묘당(廟堂)에서 즉위하여 송원공 자신과 선군(先君)인 평공(平公)에게 절을 하였다. 송원공은 잠에서 깬 후 6경(六卿)을 불러 꿈을 말하고 출행하였는데 곡극(曲棘)에서 죽었다.

晉文夢楚子、衛莊夢良夫。

진문공(晉文公)은 초인(楚人)의 꿈을 꾸었고 위장공(衛莊公)은 양부(良夫)의 꿈을 꾸었다.

> 左傳曰、晉侯夢被楚子、伏已而鹽其腦。晉侯懼、子犯曰、吉。我向上得天、
> 楚伏其罪、吾且柔之矣。及戰楚師潰。左傳曰、衛莊公殺渾良夫。夢往北
> 宮、見人登昆吾之觀、被髮北面而譟曰、登此昆吾之虛、縣縣生之瓜。汝爲
> 渾良夫、叫天無辜。莊公親筮之、胥彌赦占之、不敢實對當以邑。不受而
> 逃、是年同十一月、莊公爲己氏所殺。

《좌전(左傳)》에 이르기를, 진후(晉侯)가 꿈을 꾸었다. 초인(楚人)에게 공격을 당하여 엎드려 머리를 감쌌다. 진후가 잠에서 깬 후 두려워하며 자범(子犯)[77]에게 꿈을 말하니 답하기를 "길하오. 아군은 위로 하늘의 뜻을 얻었으므로 초군(楚軍)이 엎드려 죄를 빌 것이며 공은 저들을 회유하게 되실 것입니다." 진군(晉軍)은 초군(楚軍)을 궤멸시켰다.
《좌전(左傳)》에 이르기를, 위(衛)의 장공(莊公)[78]이 혼탁(混濁)한 양부(良夫)를 죽이기 전에 꿈을 꾸었다. 북궁(北宮) 안에 있는 곤오대(昆吾臺)에 혼탁해 보이는 남자 하나가 머리를 풀어 헤친 채 올라 지껄이기를 "곤오(昆吾)의 폐허에 올라보니 참외 넝쿨만 잘 자라겠구나." 이를 본 장공이 노하여 "혼탁한 놈! 어찌하여 무고(無辜)한 나를 하늘을 향해 힐뜯느냐?" 장공이 잠에서 깨어 산(算)가지로 점을 치니 실정(失政)을 방지하기 위해 충언을 하였으니 그를 용서하고 읍(邑)을 상으로 주라는 괘가 나왔다. 장공이 양부를 찾아서 상을 내리니 받지 않고 달아났다. 그러자 장공은 노하여 그 해 겨울 11월에 양부를 체포하여 죽였다.

烝鉏夢康叔、燕姞夢伯儵。

공증서(孔烝鉏)는 꿈에 강숙(康叔)을 보았고 연길(燕姞)은 꿈에 백수(伯儵)를 보았다.

左傳曰、衛襄公夫人無子、嬖人婤姶生孟縶。烝鉏夢康叔謂己曰、立元。余
使汝之曾孫圉與史苟相之。史朝亦夢康叔謂己曰、余將命而子、苟與孔烝
鉏之曾孫圉相元。史朝見成子告之夢。夢協、元尙未生也。後婤姶又生子
曰元、孟縶之足不良弱行。孔成子筮之、乃立元、是爲靈公。注云、烝鉏、
孔成子名也。史記曰、衛襄公有賤妾幸之有身、夢有人謂曰、我康叔也。
今若子必有衛、名而子曰元。妾在之問孔成子、成子曰、康叔者、衛祖也、
及生子男也、名之曰元、是爲靈公。僖公三十一年、衛成公亦夢康叔、詳左
傳、茲不及載。左傳曰、鄭文公有賤妾曰燕姞、夢天使與己蘭曰、余爲伯
鯈、余而祖也、以是爲而子、蘭有國香。旣而文公見之與之、蘭而御之。燕
姞曰、妾不才、幸而有子、將不信敢徵蘭乎。公曰、諾。生穆公、名之曰蘭。

《좌전(左傳)》에 이르기를, 위(衛)의 양공(襄公)은 부인이 아들을 낳지 못하여
서 애첩 주압(婤姶)에게서 아들 맹칩(孟縶)을 낳았다. 공증서(孔烝鉏)의 꿈에
강숙(康叔)이 나타나서 말하기를 "원(元)을 후사(後嗣)로 세우라. 나는 너의
증손(曾孫) 공어(孔圉)와 사구(史苟)가 협력하여 이 일을 하게 하리라." 사조
(史朝)의 꿈에도 역시 강숙(康叔)이 나타나 말하기를 "너는 장차 아들 사구
에게 명령하여 공증서의 증손자(曾孫子) 공어(孔圉)와 협력하여 원(元)을 후
사로 세우라." 사조가 잠에서 깬 후 공증서를 만나 꿈을 말하니 공증서가
말하기를 "이는 꿈으로써 아국을 도우시려는 것이오." 그런데 원(元)은 아
직 출생하지도 않았다. 주압이 또다시 아들을 낳으니 이가 원(元)이다. 맹
칩은 허약하여 걸음을 잘 걷지 못했는데 공증서가 무사(巫師)에게 물으니
무사 역시 강숙의 뜻과 같았다. 공증서가 원을 후사로 세우니 이가 바로 영
공(靈公)이다. 주(注)에 이르기를, 증서(烝鉏)는 공성자(孔成子)의 이름이다.
《사기(史記)》에 이르기를, 위(衛)의 양공(襄公)에게는 천첩(賤妾)이 있었는데
행운으로 잉태하였다. 양공의 꿈에 어떤 사람이 말하기를 "나는 강숙(康
叔)이다. 지금 너는 반드시 아들을 갖게 될 것이니 아들의 이름을 원(元)으
로 지어라." 잠에서 깬 뒤 양공은 첩이 있는 자리에서 공성자(孔成子)에게
꿈을 물었다. 공성자가 말하기를 "꿈에 본 사람은 강숙으로 위국(衛國)의
시조입니다." 마침내 아들을 낳았는데 이름을 원(元)이라고 지었다. 이가
바로 영공(靈公)이다.
희공(僖公)31년에 위(衛)의 성공(成公) 역시 꿈에 강숙을 보았다. 상세한 것
은《좌전(左傳)》에 있으므로 여기에서는 기재하지 않겠다.

《좌전(左傳)》에 이르기를, 정문공(鄭文公)[79]에게 천첩(賤妾)이 있는데 이름
은 연길(燕姞)이다. 연길의 꿈에 천사(天使)가 난(蘭)을 주며 말하기를 "나
는 백수(伯鯈)이다. 너의 조상이나 너의 아들이 되리라. 그리고 이 난은 국
내 제일의 향이 있으리라." 연길이 잠에서 깨어보니 머리 위에 난이 있었
다. 연길이 문공에게 꿈을 말한 후 난을 바치며 고하기를 "첩은 무능한데
도 행운으로 아들을 잉태하였습니다. 불신하실 것 같아 징표로 난을 바칩
니다." 문공은 난을 받았고 그 후 연길이 아들을 낳으니 이름을 난(蘭)으로
정했다. 이가 바로 목공(穆公)이다.

曹人夢振鐸、鄭人夢伯有。

조인(曹人)은 꿈에 숙진탁(叔振鐸)을 보았고 정인(鄭人)은 꿈에 백유(伯有)를
보았다.

左傳曰、宋人圍曹初、曹人或夢衆君子立於社宮、而謀亡曹。曹叔振鐸請
待公孫彊許之。旦而求之、曹無公孫彊也。戒其子曰、我死、爾聞公孫彊
爲政、必去之。及曹伯陽卽位好田弋。曹鄙人公孫彊、好弋獲白雁獻之、
且言田弋之法悅之、因訪政事、大悅之使爲司城聽政。夢者之子乃行。曹
伯從彊計、背晉而奸宋、宋人伐曹、晉師不救、遂滅曹。執曹伯及司城彊
以歸。左傳曰、鄭人相驚以伯有爲厲。或夢伯有介而行曰、壬子余將殺帶
也、明年壬寅、余又將殺段也。及壬子駟帶卒、壬寅公孫段卒、國人愈懼。
子產乃立子孔之子公孫洩、及伯有之子良止、伯有乃不爲厲。

《좌전(左傳)》에 이르기를, 송(宋)이 조(曹)를 둘러싸고 있을 초기, 한 조인
(曹人)이 꿈을 꾸었다. 종묘(宗廟)에 많은 군자(君子)들이 모여서 조(曹)의 멸
망을 상의하고 있었는데 수장(首長)인 숙진탁(叔振鐸)[80]은 공손강(公孫彊)을
초청하여 기다리고 있었다. 조인이 잠에서 깨어보니 조(曹)에는 공손강이
없었다. 조인이 자손들에게 경계하기를 "내가 죽은 후 공손강이 정치를
하게 되면 너희는 반드시 국외로 달아나거라." 그런 뒤 조백양(曹伯陽)이
즉위하였다. 조백양은 사냥을 즐겼는데 변방사람 공손강도 사냥을 좋아
하여 흰 기러기를 잡아 조백양에게 헌상하면서 사냥의 방법에 대해 말하
자 기뻐하였다. 이로 인해 공손강은 궁궐을 자주 방문하였는데 조백양은
공손강을 총애하여 성(城)을 다스리게 하고 정치를 자문하였다. 그러자 꿈

꾼 자의 자손들은 달아나 버렸다. 조백양은 공손강의 계책에 따라 진(晉)을 등지고 송(宋)과 거짓으로 친하였는데 송(宋)이 조(曹)를 치니 진(晉)은 조(曹)를 구원하지 않았다. 결국 조(曹)는 송(宋)에 멸망되어 조백양과 공손강은 붙잡혀 송(宋)으로 압송되었다.

《좌전(左傳)》에 이르기를, 정(鄭)나라 사람들은 백유(伯有)가 여귀(厲鬼)가 된 것을 알고 놀랐다. 어떤 사람의 꿈에 백유가 혼자 걸어와 말하기를 "장차 임자년(壬子年)에 사대(駟帶)를 죽이리라. 장차 다가오는 임인년(壬寅年)에는 공손단(公孫段)도 죽이리라." 이러한 꿈이 있은 후 임자년에 사대가 죽고 임인년에는 공손단도 죽었다. 정나라 사람들은 모두 두려워하였다. 이리하여 자산(子産)이 자공(子孔)의 아들 공손설(公孫洩)을 옹립하여 백유의 아들 양지(良止)도 함께 받드니 백유는 더 이상 여귀 노릇을 하지 않았다.

趙盾夢叔帶、荀偃夢巫皐。

조순(趙盾)은 꿈에 숙대(叔帶)를 보았고 순언(荀偃)은 꿈에 무고(巫皐)를 당했다.

> 史記曰、趙盾夢見叔帶、持要而哭甚悲已、而笑拊手且歌。盾卜之兆、絶而後好。趙史援占之曰、此夢甚惡、非君之身乃君之子。其後果有屠岸賈之禍。左傳曰、中行獻子將伐齊、夢與厲公訟弗勝、公以戈擊之、中墜於前、跪而載之奉之以走、見梗陽人巫皐。他日見巫皐於道與之言同。巫曰、慈主必死、若有事於東方、則可以逞。獻子乃沈玉禱河、會諸侯伐齊、齊師遁。明年春、獻子癉疽而卒。

《사기(史記)》에 이르기를, 조순(趙盾)[81]은 꿈을 꾸었다. 숙대(叔帶)[82]를 허리에 차고 매우 슬피 울다가 그치고 웃으며 손을 어루만지며 노래를 불렀다. 조순이 몽점을 쳐보니 처음은 나쁘나 후에는 좋다고 하였다. 그러나 조사원(趙史援)은 해몽하기를 "이 꿈은 매우 나쁘오. 그대의 몸이나 그대의 아들에게 화(禍)가 있을 것이오." 그 후에 과연 도륙(屠戮)을 당하여 언덕에 걸리는 화를 당하였다.

《좌전(左傳)》에 이르기를, 중행헌자(中行獻子)[83]가 장차 제(齊)를 정벌하려고할 때 꿈을 꾸었다. 여공(厲公)과 쟁송(爭訟)하였는데 여공이 이기지 못하자 창으로 중행헌자를 찔렀다. 중행헌자는 땅에 떨어져 무릎을 꿇고 머리를 조아리며 두려워 달아났고 경양인(梗陽人)으로부터 무고(巫皐)를 당했다. 중행헌자는 잠에서 깬 후 무고를 당했는데 꿈과 똑같았다. 그 내용은 "중행헌자는 반드시 죽여야 합니다. 만약 동쪽에 일이 생기면 살려줄 수도 있습니다." 중행헌자는 하신(河神)에게 침옥(沈玉)[84]을 바치며 기도한 뒤 제를 정벌하려는 제후의 모임에 참석하였다. 그리하니 제의 군사들은 도망쳤고 다음 해 봄에 중행헌자는 단저병(癉疽病)[85]으로 죽었다.

魏顆夢老人、韓厥夢其父。

위과(魏顆)는 꿈에 노인을 보았고 한궐(韓厥)은 꿈에 그의 아비를 보았다.

> 左傳曰、晉魏顆敗秦師於輔氏、獲杜回、秦之有力人也。初魏武子嬖有嬖妾、無子嬖疾。令子顆曰、必嫁。疾甚則曰、必以殉。嬖卒顆從治命嫁之、及輔氏之役。顆見老人結草以抗杜回。杜回躓而顚、故脫之。夜夢結草老人曰、余乃而所嫁婦人之父也。爾用先人之治命、余是以報。左傳曰、晉師及齊侯戰于鞍 齊師敗蹟。初晉司馬韓厥、夢其父子輿謂己曰、且避左右。故韓厥御卻克、中軍逐齊侯。齊侯聞韓厥君子也、乃射韓厥之左右、皆伏而韓厥獨免。

《좌전(左傳)》에 이르기를, 진(晉)의 위과(魏顆)는 보씨(輔氏)의 진군(秦軍)에게 패하여 진(秦)의 장사(壯士) 두회(杜回)에게 사로잡혔다. 위과의 부친은 위무자(魏武子) 주(犨)이다. 위주(魏犨)에게는 애첩이 있었는데 자녀는 없었다. 위주가 병이 들자 위과에게 명하기를 "나의 애첩을 반드시 개가하게 하라." 병이 깊어지자 다시 명하기를 "나의 애첩을 반드시 순장(殉葬)시켜라." 위주가 죽자 위과는 부명(父命)을 따라 애첩을 개가시켰다. 그 후 위과는 잡혀서 보씨의 치하에서 노역을 하게 되었다. 위과가 바라보니 한 노인이 풀을 묶어 두회에게 대항하려고 하였다. 두회가 탄 말이 묶인 풀에 걸려 넘어지며 두회가 말에서 떨어졌다. 이틈을 타 위과는 도망쳐 나올 수 있었다. 위과는 밤에 꿈을 꾸었다. 낮에 본 풀을 묶던 노인이 말하기를 "저는 공이 개가시켜준 부인의 아비입니다. 이는 공이 선부(先父)의 명을 따랐기 때문에 저는 이렇게 보은(報恩)한 것입니다."[86]

《좌전(左傳)》에 이르기를, 진군(晉軍)과 제군(齊軍)이 안(鞍)에서 싸워 제군이 패했다. 처음 진(晉)의 사마(司馬) 한궐(韓厥)[87]의 꿈에 부친이 나타나 말하기를 "너는 좌우인과 멀리 떨어져 있으라." 한궐이 중군(中軍)이 되어 제군을 추격할 때 제군은 한궐이 우두머리인 것을 알고 한궐을 향해 활을 쏘았다. 한궐의 좌우인은 모두 화살을 맞고 쓰러졌으나 한궐만은 죽음을 면하였다.

穆子遇庚宗之婦、僖子納泉丘之女.

목자(穆子)는 경종(庚宗)에서 여자를 만났고 희자(僖子)는 천구(泉丘)의 여인을 맞아들였다.

> 左傳曰、叔孫穆子避僑如之難、奔齊及庚宗遇婦人宿焉。穆子至齊、取國氏生孟丙仲任。夢天壓己、弗勝顧見、人黑面上僂深目而豭喙、號之曰、牛助余、乃跨之。後魯人召穆子歸、立爲卿。所宿庚宗婦人獻以雉、其子奉雉以從則、昔所夢人也、又其名曰牛。遂使爲豎謂之豎牛、豎牛長、使爲政。乃讒殺孟丙、逐仲任、而穆子病焉、豎牛所餓以死。占曰、夢天壓己、吾寵臨也。天不可勝、勝天不祥。左傳曰、孟僖子會邾莊公、盟於祲祥。泉丘人有女夢、以其帷幕孟氏之廟。其女遂奔僖子、僖子使助副妾遠氏之簉、乃生懿子及南宮敬叔。

《좌전(左傳)》에 이르기를, 숙손목자(叔孫穆子)는 교여(僑如)의 난을 피하여 제(齊)를 향해 급히 가는 도중에 경종(庚宗)에 이르러 한 여자의 집에서 숙박하였다. 그런 후 목자(穆子)는 제(齊)에 도착하여 국씨(國氏)를 아내로 맞아 맹병(孟丙)과 중임(仲任)을 낳았다. 어느 날 목자가 꿈을 꾸었다. 하늘이 자기를 누르는데 이길 수 없었다. 이때 주위를 둘러보니 한 사람이 있는데 곱사등이에 얼굴은 검고 눈은 움푹하였으며 입은 새의 부리 같았다. 소처럼 생겼다는 생각이 들어 "우(牛)야! 나를 도와라!"라고 외치고 그의 등에 올라탔다. 목자가 잠에서 깬 후 얼마 지나지 않아 노인(魯人)이 목자를 초빙하니 귀환하여 공경(公卿)의 직위에 올랐다.
목자가 어느 날 사저에 있을 때 경종에서 숙박하였던 여인이 찾아왔는데 그녀의 아들이 뒤따라와서 꿩을 헌상하였다. 목자가 보니 꿈에 보았던 모습이었고 이름을 묻자 "우"라고 답하였다. 목자는 우를 수우(豎牛)

라고 부르며 소관(小官)으로 부렸다. 수우가 장성하자 정무를 맡기니 수우는 맹병과 중임에게 죄를 씌워 죽였다. 목자는 이로 인해 병이 나자 수우를 굶겨죽였다. 목자가 점몽을 하니 답하기를 "하늘이 공(公)을 누른 것은 은총이 내릴 징조입니다. 하늘을 이기면 안 되니 하늘을 이기면 상서롭지 못합니다."

《좌전(左傳)》에 이르기를, 맹희자(孟僖子)[88]는 주장공(邾莊公)을 만나 침상(褥祥)에서 맹약(盟約)을 맺었다. 천구인(泉丘人)에게 딸이 있었는데 그 딸이 꿈을 꾸었다. 그녀의 홑옷이 맹씨(孟氏)의 사묘(祠廟)를 덮는 것이었다. 그녀는 맹희자를 찾아가 만나 꿈을 고하였다. 그러자 맹희자는 그녀를 비첩(婢妾)으로 삼아 첩(妾) 원씨(遠氏)를 시종하게 하였다. 그런 뒤 그녀는 의자(懿子)와 남궁경숙(南宮敬叔)을 낳았다.

以至嬴童·二豎·天使·河伯之夢、罔不紛陳錯綴。

이로써 발가벗은 아이, 더벅머리 두 사람, 천사(天使), 하백(河伯)의 꿈들을 상고(想考)하면 진부(陳腐)하며 착잡하게 엉켜 있음을 알 수 있다.

左傳曰 昭公三十一年十二月辛亥朔、日食、是夜趙簡子夢童子嬴而轉以歌。且占諸史墨曰、吾夢如是、今而日食、何也。對曰、六年及此月也、誤其入郢乎。終亦弗克、入郢必以庚辰。日月在辰尾、庚午之日、日始有謫、火勝金、故弗克。左傳曰、晉景公夢大厲被髮及地、搏膺而踊曰殺余孫不義、余得請於帝矣。壞大門及寢門而入、公懼入于室、又壞戶。公覺、召桑田巫、巫言如夢。公曰、如何。曰、不食新麥矣。公疾病、求醫於秦、秦伯使醫緩行、未至、公夢疾爲二豎子曰、彼良醫也、懼傷我。其一曰居肓之上、膏之下、若我何。醫至曰、疾在肓之上、膏之下、不可爲也。公使甸人獻新麥、召桑田巫示、而將殺之。未及食如廁、陷於廁而卒。左傳曰、晉趙嬰通於趙莊姬、趙朔妻、嬰之姪婦也。明年春、嬰兄 原與屏放嬰於齊。嬰夢天使謂己曰、祭余、余福汝。嬰使問士貞伯、貞伯曰、不識也。旣而告其人曰、神福仁而禍淫、淫而無罰、福也。祭其得亡乎。嬰祭之明日而亡。左傳曰、楚與晉戰、楚令尹子玉、自爲瓊弁玉纓、未之服也。先戰、夢河神謂己曰、畀余、余賜汝孟諸之鹿。

《좌전(左傳)》에 이르기를, 소공(昭公) 31년 12월 신해(辛亥)일 초하루에 일식(日食)이 있었다. 이날 새벽에 조간자(趙簡子)[89]가 꿈을 꾸었다. 발가벗은 아이가 원을 돌며 노래를 부르는 것이었다. 조간자가 잠에서 깬 후 제사묵(諸史墨)에게 꿈을 말한 후 "오늘이 일식(日食)이니 어떻소?" 제사묵이 답하기를 "이 일식은 6년 만에 돌아온 이 달에 있다고 하나 계산이 잘못되었으므로 일식은 반드시 경진일(庚辰日)에 있겠소. 해와 달이 진일(辰日)의 끝에 있다가 경오일(庚午日)에는 해가 귀양 가기 시작하오. 화(火)가 금(金)을 극(克)해야 하는데 극(克)하지 못하니 오늘 일식은 없소."

《좌전(左傳)》에 이르기를, 진(晉)의 경공(景公)[90]이 꿈을 꾸었다. 큰 여귀(厲鬼)가 선 채로 머리카락을 땅에까지 늘어뜨리고 가슴을 치며 펄쩍펄쩍 뛰면서 소리치기를 "너는 나의 자손을 불의(不義)로써 죽였으니 나는 상제(上帝)께 이 일을 주청하였다." 말을 마치자 대궐문과 침전문을 부수고 들어오니 경공은 두려워서 방으로 피하였는데 여귀는 방문까지 부수면서 따라 들어오려고 하였다. 경공은 놀라서 잠에서 깨자 뽕밭 중에 살고 있는 무사(巫師)를 불렀다. 몽점을 청하니 무사가 답하기를 "꿈처럼 되실 것입니다." 경공이 묻기를 "어찌하여 그처럼 된다고 말하느냐?" 무사가 고하기를 "공은 새로 지은 보리밥을 드시지 못할 것입니다." 그 뒤 경공은 병이 들자 진국(秦國)에 의원(醫員)을 청하니 진백(秦伯)이 경공에게 의원을 보냈으나 걸음걸이가 늦어 속히 도착하지 못하였다. 경공이 꿈을 꾸었다. 병환(病患)이 더벅머리 두 사람으로 변하여 대화하기를 "명의(名醫)가 와서 우리를 손상케 할까 두렵구나." 다른 자가 말하기를 "우리 중 하나는 황(肓)의 위, 다른 하나는 고(膏)의 아래[91]에 살고 있는데 명의라고 한들 어찌 별다른 수가 있을까?" 경공이 잠에서 깨자 의원이 도착하였다. 의원이 진맥(診脈)후 고하기를 "병이 황(肓)의 위와 고(膏)의 아래에 있으니 치료할 수 없습니다." 그런 뒤 경공은 시종(侍從)에게 명하여 처음 수확한 보리로 밥을 지어 바치게 하였다. 그리고 무사(巫師)를 불렀다. 보리밥을 먹고 나서 무사를 죽일 계획이었다. 경공은 보리밥을 먹기 전에 측간에 갔다가 빠져서 죽었다.

《좌전(左傳)》에 이르기를, 진국(晉國)에 사는 조영(趙嬰)은 조장희(趙莊姬)와 사통(私通)하고 있었다. 조장희는 조영의 조카 조삭(趙朔)의 아내이다. 다음해 봄, 조영은 그의 형 조원(趙原)과 함께 제국(齊國)으로 추방되었다. 이때 조영이 꿈을 꾸었다. 천사(天使)가 나타나 말하기를 "나에게 제사(祭祠)를 바치면 너에게 복을 주겠노라." 조영은 잠에서 깨자 사람을 시켜 사정백(士貞伯)에게 꿈을 물었다. 사정백이 답하기를 "나는 알지 못하오." 조영은 자기의 사정을 털어 놓았던 사람에게 몽점을 청하였다. 그가 말하기를 "신(神)은 화가 될 음행(婬行)에도 너그러워 복을 줍니다. 음행을 하였어도 벌이 없으니 복인 것이지요. 그러나 그 복을 잃도록 신에게 제사 지내시오." 조영은 그 복을 잃도록 신에게 제사를 지내고 다음 날 복을 잃었다. 《좌전(左傳)》에 이르기를, 초국(楚國)과 진국(晉國)이 전쟁할 때 초령(楚令) 윤자옥(尹子玉)은 스스로 붉은 옥으로 갓을 만들고 갓끈도 옥으로 하였으나 아직 쓰지는 않고 있었다. 전투 전에 윤자옥의 꿈에 하신(河神)이 나타나 말하기를 "나는 너에게 여럿 중에 우두머리가 되는 표징(表徵)으로 장차 사슴을 주리라."

而邑姜之夢虞、實述於博物之子産。

읍강(邑姜)은 우(虞)의 꿈을 꾸었는데 박식(博識)한 자산(子産)이 사실대로 구술(口述)하였다.

> 左傳曰、晉侯有疾、鄭伯使公孫僑聘晉。且問疾子産曰、當武王邑姜方娠大叔、夢帝謂曰、余命而子曰虞。將與之唐、屬諸參、而蕃育其子孫。及生有文在其手曰虞。遂以命之、及成王滅唐而封太叔焉。故參爲晉星。晉侯聞子産之言、曰、博物君子也。

《좌전(左傳)》에 이르기를, 진후(晉侯)가 병이 들자 이를 알게 된 정백(鄭伯)은 자산(子産) 공손교(公孫僑)[92]를 진(晉)에 보내어 진후를 문병하게 하였다. 자산이 진후에게 정백의 말을 전한 후 말하기를 "지난 날 무왕(武王)의 왕후(王后) 읍강(邑姜)[93]이 우(虞)를 잉태하였을 때 꿈을 꾸었습니다." 상제(上帝)께서 읍강에게 말씀하시기를 "짐이 명령하노니 장차 태어나는 아들의 이름을 '우(虞)'라고 정하라. 짐이 우(虞)에게 당(唐)과 그 속방(屬邦)들을 줄 것이며 우의 자손을 번성하게 하리라. 때가 되어 아들을 낳으니 아기의 손바닥에 '우(虞)'라는 문자가 쓰여 있었습니다. 우는 성왕(成王)이 되어 당(唐)을 정벌하여 멸망시키고 태숙(太叔)[94]에 봉해졌으므로 진(晉)을 속방으로 삼을 수 있었습니다." 진후가 자산의 말을 들은 후 감탄하여 "자산은 박물군자(博物君子)[95]이군요."라고 했다.

往代君子、覽而業之、垂及千載。豈皆習誕而承贋邪。生曰、禮記諸篇或雜漢語、左氏務博、未免浮誇、何足符信也。主人曰、汝以師心之識、錮其圓神爾。

전대(前代)의 군자(君子)는 두루 살핌을 업(業)으로 삼았으니 그 가르침이 천년에 이르도록 내려왔다. 그런데도 그러한 가르침을 어찌 거짓 습관으로써 바르지 못함을 계승하였다고 할 수 있겠는가?
종공생(宗空生)이 말하기를 《예기(禮記)》의 여러 편(篇)에는 간혹 잡다한 한어(漢語)들이 있고 《좌전(左傳)》의 내용은 박람(博覽)하므로 두 책에는 들떠 과장됨이 있는데 어찌 그런 일들을 족히 믿을 수 있겠소?" 통미주인(通微主人)이 답하기를 "그대는 사심(師心)[96]으로 인식하여 그 원신(圓神)[97]을 확고히 하라!"

孔子曰、猶師心者也。

공자(孔子)가 말하기를 "사심(師心)과 같이하라."

夫商周之書、小雅之詩、非聖人之所刪定者邪。高宗夢說、審象旁求。

《상서(商書)》[98]와 《주서(周書)》, 《소아(小雅)》[99]의 시(詩)를 어찌 성인(聖人)이 산정(刪定)하지 않았다고 하랴?
고종(高宗)은 꿈에 부열(傳說)[100]을 보고 그 형상을 그려 살펴 구하였다.

商書說命篇曰、王恭黙思道、夢帝賚予良弼。乃審厥象、俾以形旁求於天下、說築傳巖之野、惟肖爰立作相、置諸其左右。史記曰、武丁夜夢得聖人、名曰說。以夢所見、視群臣百吏、皆非也。於是使百工營求之野、得說於傳險中、擧以爲相。

《상서(商書)》의 《설명편(說命篇)》에 이르기를, 고종(高宗)[101]이 침묵하며 도(道)만 생각하다가 어느 날 꿈을 꾸었다. 상제(上帝)가 좋은 필(弼)[102]을 하사하시기에 살펴보

▲ 부열(傳說)

다가 잠에서 깨었다. 고종은 꿈에 본 필(弼)을 천하에서 널리 구하였는데 얻지 못하자 재상(宰相) 부열(傅說)이 전암(傳巖)의 들판에 단(壇)을 축조하고 꿈에 본 필과 매우 비슷한 모양의 필을 만들어 단(壇)의 좌우에 안치하였다.

《사기(史記)》에 이르기를, 무정(武丁)이 밤에 꿈을 꾸었다. 성인(聖人)을 초빙하였는데 이름이 부열(傅說)이었다. 무정은 잠에서 깬 뒤 꿈에 본 모습을 국가의 말단관리들에게서까지 찾아보았어도 그런 사람은 없었다. 그리하여 무정은 화공(畵工) 백 사람에게 꿈에 본 모습을 그리게 하여 전국에 찾도록 명령하였다. 결국 전암(傳巖)에서 부열을 발견하여 재상(宰相)으로 등용하였다.

武王誓師、朕夢協卜。

무왕(武王)은 맹서하고 나서 조짐(兆朕)이 있는 꿈을 꾸었는데 점복(占卜)과 일치하였다.

　解見第四篇。

　풀이는 〈중점편(衆占篇第四)〉 43p를 보시라.

而宣王築室考牧、有熊·羆·虺·蛇衆魚·旐旟之夢。

이로써 선왕(宣王)[103]이 궁전을 짓고 백성을 잘 다스릴 생각만 하자 꿈에서 곰, 매우 큰 곰, 이무기, 뱀, 많은 물고기, 조여(旐旟)를 보았다.

　小雅斯干之詩曰、

　乃寢乃興
　乃占我夢
　吉夢維何
　維熊維羆
　維虺維蛇

太人占之、維熊維羆、男子之祥、維虺維蛇 女子之祥。

無羊之詩曰、

牧人乃夢
衆維魚矣
旐維旟矣

太人占之、衆維魚矣、實維豐年。旐維旟矣、室家溱溱。

小雅曰、斯干宣王考室也、無羊宣王考牧也。

陳氏曰、室成而考之、故以人君夢而言其祥。牧成而考之、故以牧人之夢而書其祥。

《소아(小雅)》에 있는 사간(斯干)의 시에 이르기를,

침전(寢殿)에 든 뒤 잠을 다 주무시고 일어나시어
나에게 꿈을 말씀하시고 점몽(占夢)하라고 하셨네.
길몽(吉夢)입니다. 어찌하여서인가?
곰, 매우 큰 곰,
이무기와 뱀들을 꿈에 보셨기 때문입니다.

태인(太人)이 점치기를, 곰, 매우 큰 곰은 남자의 상서(祥瑞)이고 이무기, 뱀은 여자의 상서이다.[104]

무양(無羊)의 시에 이르기를,

목인(牧人)의 꿈을 꾸었네
많은 물고기 종류
조기(旐旗)와 여기(旟旗)를 보았다네.

▲ 연년유어도(年年遊魚圖)

태인(太人)이 점치기를, 많은 물고기 종류는 실제로 풍년이 드는 것이고[105] 조기(旐旗)[106]와 여기(旟旗)[107]는 집집마다 즐거움이 넘치는 것이다.

《소아(小雅)》에 이르기를, 사간(斯干)은 선왕(宣王)의 고실(考室)[108]이고 무양(無羊)은 선왕(宣王)의 고목(考牧)[109]이다.

진씨(陳氏)가 말하기를, 궁전을 준공하고 백성을 다스리는 것을 생각하면 임금은 꿈에 상서로운 말을 듣게 된다. 또한 백성을 다스림을 생각하고 궁전을 준공하면 임금은 꿈에 상서로운 글을 보게 된다.

又使太人占之、致其嚴重、未敢褻也.

또한 태인(太人)에게 점(占)을 치게 하였는데 엄중하게 하였으므로 감히 거듭하여 점을 치지 못하였다.

斯干·無羊之夢 皆以太人占之。朱子曰、太人太卜之屬、占夢之官也。孔氏曰、左傳文公之夢、子犯占之、不必占夢之官、乃得占也。

사간(斯干)과 무양(無羊)의 꿈을 태인(太人)이 점을 쳤다.

주자(朱子)가 말하기를, 태인(太人)은 태복(太卜)에 소속되어 있는 점몽을 하는 관리이다.

공씨(孔氏)가 말하기를 "《좌전(左傳)》에 이르기를, 문공(文公)이 꿈을 꾸면 자범(子犯)이 해몽하였으므로 점몽하는 관리가 필요하지 않은 채 바른 점(占)을 얻었다."

雖幽王之朝、訛言莫懲、猶必召彼故老、訊之占夢。

비록 어리석은 왕이 다스릴 때에도 거짓된 말에 대해 징벌하지는 않았어도 오히려 고로(故老)를 불러 점몽(占夢)에 대해서는 물었다.

小雅正月之詩曰,

召彼故老
訊之占夢

朱善曰, 故老明於臧否, 占夢明於吉凶。國之所賴, 以正訛者也。

《소아(小雅)》에 있는 정월(正月)의 시에 이르기를,

'고로(故老)를 불러
점몽(占夢)을 물었네.'

주선(朱善)[110]이 말하기를, 고로(故老)[111]는 옳고 그름에 밝아서 점몽을 하면 길흉에 밝았다. 그리하여 나라에서는 그에게 거짓된 말들을 바로 잡도록 의뢰하였다.

然則古人曷嘗忽厥夢占哉。而緯稗所載、足用資擇。以胡可槪以爲寐、而無辨也。

이러한 즉 옛사람이 어찌 몽점(夢占)을 소홀히 하였겠는가? 그러므로 위패(緯稗)[112]의 기록도 자료로 채택한 것이다. 이를 어찌 잠꼬대 같은 말을 대충 적어서 변별(辨別)하지 못하였다고 하겠는가?

韻海曰、瘖、午含切、寐語也。

《운해(韻海)》[113]에 이르기를, 함(瘖)은 소가 우물우물 입을 움직이는 것이다. 잠꼬대이다.

■ 注疏

1) 종공생(宗空生): 著者 陳士元이 자기의 견해를 나타내기 위해 設定한 假空의 인물.
2) 통미주인(通微主人): 위와 같음.
3) 불경(佛經)에 이르기를~바라보라.:《金剛般若波羅蜜經 (Vajra-cchedika Prajñ_māprāmita.)》의《應化非眞分第三十二》에 나오는 偈頌이다. 梵語로는 'Tārakā timiram dipo māyūraśyāya buddudam, Srapnam ca vidyud abhram eram draṣṭayam saṃskṛtam'이다.
4) 황제(黃帝): 上古시대의 三皇의 한 분.《史記·五帝本紀》에 이르기를, '有熊國少의 王, 少典의 아들이

다. 姓은 公孫인데 姬水에서 자랐다고 하여 姓을 姬라고도 하고 軒轅의 언덕에서 출생하였다 하여 軒轅氏라고도 한다. 有熊氏, 土德王, 흙색이 누렇기 때문에 黃帝라고 불리었다. 阪泉의 전투에서 승리하여 神農氏의 8대 楡罔의 暴政을 종식시키고 蚩尤와 마지막 大戰을 涿鹿에서 치렀으나 이기지 못하였다. 諸侯들이 받들어 帝位에 올랐다. 大撓에게 甲子를 만들게 하였고 倉頡에게 六書를 만들게 하고 伶倫에게는 律呂를 定하게 했고 隸首에게는 算數를 定하게 했고 醫理에 대해 岐伯과 문답하여 《內經》을 著作하였다. 妃 嫘祖는 백성들에게 養蠶과 衣裳을 가르쳤다. 開物, 成務의 道와 官室, 器用의 制가 이때 크게 갖추어졌다. 재위100년에 崩했다.

5) 화서씨국(華胥氏國): 《列子·黃帝篇》에 이르기를, 黃帝는 낮잠을 자다가 꿈에 華胥氏의 나라에서 노닐었다. 그 나라는 帥長이 없어도 自然히 모든 것이 되어나가고 그 백성들은 삿된 욕심이 없어 自然히 모든 것이 이루어졌다. 황제는 잠에서 깬 뒤 크게 깨달아 천하를 크게 잘 다스렸다.

6) 천로(天老): 得道한 大道人.

7) 백도(白圖): 하늘에서 내려주는 책이나 도형.

8) 용도(龍圖): 《衆占篇第四》의 注疏 7)의 河圖 44p를 보시라.

9) 구서(龜書): 《衆占篇第四》의 注疏 8)의 洛書 45p를 보시라.

10) 제도(帝圖): 帝王이 된다는 징표로 하늘에서 내려주는 祥瑞- 말씀, 책, 그림, 물건, 동물 등의 여러 가지가 있다.

11) 취규(翠嬀): 翠色의 嬀水, 혹은 翠潙라고도 한다.

12) 노어(鱸魚): 물고기. 흰색 바탕에 검은 점이 있으며 입은 크고 비늘은 작다.

13) 녹도(綠圖): 예언서이다. 椽圖라고도 한다.

14) 《제왕세기(帝王世紀)》: 晉의 皇甫謐이 撰한 역대 제왕들의 事蹟.

15) 천균(千鈞): 一鈞이 30斤이므로 3萬斤이고, 18,000,000그램이다.

16) 풍후(風后): 黃帝 시대 사람. 黃帝가 바닷가에서 風后를 만나 宰相으로 삼았다. 《帝王世紀》와 《通鑑前篇》에 기록되어 있고 《漢書藝文志》에는 《風后兵法》이 기록되어 있다.

17) 역목(力牧): 黃帝의 臣. 《後漢書》에 이르기를, 黃帝는 力牧을 얻음으로써 五帝의 앞에 있을 수 있게 되었다.

18) 《동관한기(東觀漢記)》: 漢의 明帝 때 創修되어 熹平 중에 완성된 24권으로 된 史書. 劉珍이 撰하였으나 대부분 분실되었다. 東漢의 초에 저술되었다 하여 이렇게 이름을 지었다. 晉시대에는 《史記》, 《漢書》와 더불어 三大史書로 인정받았다.

19) 화희황후(和熹皇后): 東漢의 4대 和帝, 즉 穆宗의 正妃. 典籍을 좋아했으며 용모가 수려하였다. 입궁하여 貴人이 되었다가 皇后가 되었다. 목종이 죽자 섭정을 하며 經學, 天文學 등을 크게 일으켜 신하들에게도 공부하게 하였다. 本書의 '外篇 天子篇第一'을 참조하시라.

20) 요(堯): 唐堯. 고대의 聖王이다. 姓은 伊耆. 처음에는 陶에 봉해졌다가 후에는 唐에 봉해졌다. 후일에 천하에서 陶唐氏로 불렸다. 재위 100년간 천하를 크게 잘 다스려 萬民이 太平盛代를 謳歌하였고 배를 두드리고 흙을 던지며 놀았다. 아들 丹朱가 不肖하여 舜에게 讓位하였다.

21) 탕(湯): 殷王朝의 始祖. 재위 B.C 1783~1754 夏王朝의 마지막 임금 桀王을 몰아내고 殷王朝를 세워 太平盛代를 이룩하였다.

22) 《백공육첩(白孔六帖)》: 책 이름. 原書 《白孔六帖》은 白居易가 撰한 30권이고 《續六帖》은 宋의 孔傳이 撰한 70권으로 총100권이다. 故事와 成語를 채록하였으며 많은 詞藻를 실었다. 어떤 자가 말하기를, 唐制의 帖經으로 여섯을 얻어 通하였다 하여 六帖이라고 하였다.

23) 순(舜): 五帝의 하나. 姓은 姚, 名은 重華. 선조 때부터 虞땅에 살아 虞氏라고 불렸다. 性品은 효성이 지극하여 아버지는 완고하고 어머니는 악하였고 아우는 傲慢하여 항상 죽이려 하였으나 舜은 매일

근면하며 효도하였다. 堯가 舜을 主事로 삼아 다스렸고 主祭를 삼아 百神께 祭를 올리게 하였다. 舜에게 帝位을 禪讓하니 蒲阪에 도읍하여 천하를 잘 다스리다가 재위 48년에 남쪽을 巡行하다가 蒼梧의 들판에서 죽었다. 아들 商均이 있었으나 不省하여 虞에게 傳位하였다.

24) 《주인몽서(注引夢書)》: 夢書의 주해부분을 인용한 章句.

25) 태산(太山): 泰山의 異名. 岱山이라고도 부른다. 山東省의 膠州灣의 西南에서 起하여 西行하여 省中部에 걸쳐있으며 運河의 東岸에서 끝난다. 主峰은 泰安縣五의 北에 위치한다. 높이는 4,900丈 2尺이다. 五岳 중의 東岳이다. 역대 황제들이 이 산에 올라 封禪하였다.

26) 《노사(路史)》: 宋의 羅泌이 撰한 三皇과 그들의 陰廉과 부끄러움 없는 일생을 적은 47권으로 된 史書. 太昊에서 夏朝까지를 國名, 諸國의 姓氏, 地理, 發揮, 諸論과 辨駁, 考證의 글을 썼다. 비록 依據하였다고하나 많은 부분을 緯書와 道書에서 인용하였다.

27) 소화(昭華): 玉의 이름. 《淮南子·泰族訓》에 이르기를, 堯가 舜에게 昭華의 玉을 주었다. 注에 이르기를, 舜의 시대에 西王母가 昭華玉을 헌상하였다.

28) 온자승(溫子昇): 後魏의 免句人, 字는 鵬擧. 百家를 널리 공부하고 文章이 淸婉하였다.

29) 격고주(擊鼓注): 《詩經》의 《邶風의 篇》에 관한 注.

30) 《오월춘추(吳越春秋)》: 漢의 趙曄이 撰하고 梁의 天祐가 注한 10권으로 된 서적. 小說에 가까운데 家言, 雜事, 詩詞 등이 풍부하며 稗官雜記의 체제로 되어있다.

31) 형산(衡山): 橫望山. 지금의 安徽省의 當塗縣의 북쪽에 있는 산, 五岳 중의 南岳에 해당된다.

32) 창수(蒼水): 仙人名.《吳越春秋》에 이르기를, 禹는 衡山에 올라 蒼水를 만나 治水의 방법을 배웠다.

33) 완위산(宛委山): 浙江省의 紹興縣의 동남에 있는 會稽山의 支峯. 산 정상에는 石匱가 하늘을 찌를 듯이 세워져 있어 石匱山이라고도 한다. 석궤의 벽에는 한 구멍이 있는데 陽明洞이라고 하며 옛적에 禹가 이 산에서 金簡玉字를 얻었다고 전한다.

34) 《산해경(山海經)》: 책 이름. 18편으로 구성되어 있다.《史記·大宛傳》에 그 이름이 보이나 作者에 대해 언급하지 않았다. 그러나 劉歆《山海經紋錄》,《論衡》에는 牛益이 작자라고 하였다. 海內, 海外의 二經으로 되어있으며 圖說로써 居住, 異事, 神怪 등을 표현하였다.

35) 서하(西河): 黃河의 上流로 山西省의 서쪽 부분. 옛 명칭은 西河이고《書傳·禹貢》에는 黑水로 되어 있다.

36) 걸(桀): 夏桀. 名은 癸, 夏의 末代 王. 暴虐하고 荒淫無道하였다. 成湯이 桀을 쳐서 패하게 한 뒤에 생포하였으나 南巢에 놓아주었다.

37) 주(紂): 殷紂. 名은 受, 殷의 末代 王. 夏桀과 함께 暴君으로 불린다. 周의 武王에게 멸망되었다.

38) 문왕(文王): 周의 文王. 姓은 姬, 名은 昌, 武王의 아버지. 殷의 紂王 때에 西伯으로 岐山의 아래에 나라를 세웠다. 積善施人하여 敎化大行하였다. 천하의 2/3가 그에게 歸屬하였다.

39) 《박물지(博物志)》: 세상에 떠도는 소문, 奇事 등의 잡다한 일들을 기록한 책 이름. 10권으로 되어있다. 舊本에는 晉의 張華가 撰했다고 하나 실은 原本은 散失되고 후인이 그 남은 글을 모아 재편했다고 한다. 他說을 雜取하고 여러 책에서 인용하여 考證하였다. 宋의 李石이《續博物志》를 지어 張華의 미비점을 보완하였다.

40) 태공(太公): 太公望. 周文王의 스승인 呂尙의 號稱이다.《史記·太公世家》에 이르기를, 西伯이 사냥을 나갔다가 渭水의 옆에서 太公을 만나 크게 기뻐하며 말하기를 "내가 太公을 기다린 지 10년이오." 그리하여 太公望이란 號稱를 갖게 되었다.

41) 《상서중후편(尙書中候篇)》:《尙書》는 經書名이다. 唐의 孔穎達이 말하기를, 尙은 上이란 뜻이니 上代에서부터 내려오는 말이란 뜻이다.《尙書》는 본래 100편인데 孔子가 이를 물려받았다. 그 후 散失되었다가 伏生이 그 책을 구했는데 29편이었다.《中候篇》은 그중 일부이다.

42) 반계(磻溪): 璜河, 일명 凡谷. 陝西省 寶雞縣의 동남에 있다.

43) 북두칠성(北斗七星): 하늘의 北方에 있는 斗形의 일곱별이다. 天罡이라고도 한다. 1은 天樞, 2는 天璇, 3은 天璣, 4는 天權, 5는 玉衡, 6은 開陽, 7은 瑤光이다. 일에서 사까지는 斗魁라고 하고 5에서 7까지는 斗柄이라고 한다. 北斗가 七星을 가지고 있음은 天子가 七政을 시행하는 것과 같다.

44) 보성(輔星): 北斗七星 중 第六星의 곁에 있는 별이다. 衛星과 동일한 뜻이다.《晉書·天文志》에 이르기를, 北極星을 輔佐하니 丞相의 象이다.

45) 선군(先君): 亡父, 祖上, 歷代帝王.

46) 기린(麒麟): 麒麟은 神獸로서, 聖人이 출현할 때 세상에 모습을 보인다는 仁獸이다. 사슴의 형태로 꼬리는 쇠꼬리에 뿔이 하나이다. 숫컷을 麒, 암컷을 麟이라고 한다.

47)《송서(宋書)》: 梁의 沈約이 勅命을 받들어 撰한 南北朝시대의 宋朝 60년간의 사실을 기록한 100권. 帝紀 10권, 志 30권, 列傳 60권. 志目에는 律曆, 禮樂, 天門, 符瑞, 五行, 州郡, 百官 등이 있다.

48) 세 그루의 회나무: 三槐. 周代의 外朝에서는 三槐木을 심었다. 槐와 懷는 音이 통한다. 즉 이곳으로 오시라는 뜻이다. 義를 논하자는 뜻으로 三公이 향해 앉아 기다리고 있다는 뜻이다. 이것이 바뀌어 三公과 槐位가 같은 뜻이 되었다.

49) 풍패(豊沛): 漢高祖의 고향, 沛都의 豐邑. 지금의 江南 宿州 西北 90里 37개 縣이 沛郡이다.

50)《금루자(金樓子)》: 湘東王 蕭繹은 梁의 元帝의 처음 封號이고《金樓子》는 梁의 元帝가 撰한 책 이름이며 自號이기도 하다.

51) 안회(顔回): 春秋시대 魯人, 字는 子淵. 孔子의 제자이다. 天品이 明俊하고 가난하였어도 好學하였다.孔子의 제자 중에 제일 賢良하였다.

52) 자하(子夏): 春秋시대 衛人, 姓은 卜, 이름은 商. 孔子의 제자 중에 詩學에 뛰어났다. 子夏가 六傳을 孫卿에게 주고 孫卿이 浮丘伯에게 주니 浮丘伯이 魯詩의 祖가 되고 浮丘伯이 다시 毛亨에게 전하니 毛亨은 毛詩의 祖가 되었다.

53) 묘금도(卯金刀): 劉의 破字. 漢高祖는 姓이 劉이다.

54) 여절(女節):《宋書·符書志》에 이르기를, 少昊의 어머니 女節은 꿈에 별과 接觸한 意感을 가지고 소호를 낳았다.《拾遺記》에 이르기를, 少昊의 어머니는 皇娥이다. 소호의 호는 窮桑氏이다.

55) 소호(少昊): 옛 임금. 少帛이라고도 한다. 太昊의 法을 공부했다 하여 金德王, 金天氏라고 하며 黃帝의 아들이다. 窮桑에 도읍하였다 하여 窮桑氏, 靑陽에 나라를 세웠다 하여 靑陽氏라고도 한다. 재위 84년이다.

56)《주서(周書)》: 周의 역사서. 10권으로 되어있으며《逸周書》,《汲冢周書》라고도 한다. 今本은《自度訓一》에서《器服七十》까지 뿐이다.

57) 태사(太姒): 周文王의 妃. 武王의 어머니. 莘國의 딸이다. 西伯은 外治하고 太姒는 內治하여 德政이 流布하여 風化가 크게 흥했다.

58) 이윤(伊尹): 商國의 賢相. 有莘땅에서 농사를 짓다가 湯王의 초청을 받고 湯王을 섬겨 桀王을 쳐서 夏國를 멸망시키고 商國을 개국케 하니 그 공이 매우 컸다. 湯王은 伊尹을 존경하여 阿兄으로 불렀다. 湯王이 죽은 뒤 그의 손자인 太甲이 즉위하자 無道하여 伊尹을 梧땅으로 쫓았으나 3년 뒤 다시 불러들여 輔政케 하니 100세에 죽었다.

59) 구수(臼水): 白河. 沽水. 察哈爾省의 沽源縣에서 發源하여 동으로 흘러 河北省을 거쳐 天津에 이르러 바다에 든다.

60) 공상(空桑): 魯나라 孔子의 출생지. 지금의 山東省의 曲阜縣의 남쪽이다.

61) 위록(緯籙): 緯書라고도 한다. 四漢의 말기에 經義에 假託하여 쓴 符籙과 瑞應에 관한 책이다. 이른바 七經을 緯한 자는 모두 孔子의 作이라고 假託하고 圖讖은 모두 河圖와 洛書를 典據하였다.

62) 패설(稗說): 옛적에는 임금이 당시의 백성의 생활을 파악하기 위하여 風俗, 街說 등을 稗官에게 기록하여 보고하게 하였다. 그러한 記錄物이 稗說인데 후대에는 小說이라는 뜻으로 쓰이기도 하였다.

63) 6경(六經): 《周易》·《詩經》·《書經》·《春秋》·《禮記》·《樂記》의 6종 서적. 六學, 六禮, 六籍이라고도 한다.

64) 《예기(禮記)》: 책 이름. 《小戴記》, 《漢戴聖所記》라고도 한다. 淸儒들의 열띤 辨說이 실려 있다. 《漢志》에 이르기를, 131편이 기록되어있는데 各己 뜻에 따라 選取하였으므로 서로 같고 다름이 있다. 注釋은 漢의 鄭玄이 제일 精奧하고 唐의 孔穎達 등이 正義를 撰하였다.

65) 부자(夫子): 孔子. 보통 君子, 선비, 선생을 지칭하는 말이나 孔門에서는 孔子를 가리킨다.

66) 《예경(禮經)》: 禮法을 기록한 책. 《經學通論·三禮》에 이르기를, 漢에서는 禮를 儀禮라고한다. 經典의 말에 專的으로 의거하여 《禮經》이라고 하고 합하여 기록한 것을 《記》라고 한다.

67) 《춘추전(春秋傳)》: 《春秋》. 孔子가 魯史를 근거로 著作하였다 한다. 《漢書藝文志》에 이르기를, 《春秋古經》13편, 經 11권으로 구성되어 있다. 무릇 《春秋》는 23家 948篇으로 되어있다. 옛적에 왕은 史官과 더불어 必讀하여 言行을 삼가고 法式에 비추어보는 표준으로 하였다. 左史는 記言, 右史는 記事하였는데 記事는 《春秋》가 되었고 記言은 《尚書》가 되었다.

68) 한선자(韓宣子): 韓起. 春秋시대의 晉人. 悼公을 섬겨 卿이 되었다. 宋이 戎을 치려고 兵力을 모을 때 먼저 趙武에게 보고하니 趙武는 여러 大夫들과 의논하였다. 韓宣子가 말하기를 "兵力은 백성들의 남은 힘이니 不可하오." 이로 인해 晉과 楚의 諸侯가 宋을 섬기기로 맹서하였다.

69) 여귀(厲鬼): 원한을 가지고 죽은 사람의 魂靈으로, 극렬하게 사람을 괴롭히는 惡鬼이다.

70) 우산(羽山): ① 江蘇省 東海縣의 西北.
② 山東省 郯城縣 東北 70里로 江南과의 接界.

71) 곤(鯀): 夏禹의 아버지. 堯가 鯀을 崇伯으로 封했으나 治水에 공이 없어 舜이 鯀을 羽山에서 처형했다. 당시 四凶의 하나. 檮杌이라고도한다.

72) 송경공(宋景公): 春秋시대의 宋君. 宋文公의 4대손이다. 이름은 頭曼. 曹가 宋을 배신하고 曹가 晉도 배신하였다. 宋은 曹를 쳐서 그 영토를 조금씩 빼앗았으며 36년간 조심하였다.

73) 노문(盧門): 검은 문, 北門, 둥근 문의 뜻이 있다.

74) 여기(呂錡): 春秋시대 晉의 大夫. 楚와의 전투에서 楚의 共王의 눈을 쏘아 맞췄으나 楚의 養由基가 쏜 화살에 목을 맞고 죽었다.

75) 초령왕(楚靈王): 春秋시대 楚의 康王의 아우. 이름은 圍. 후에 熊虔이라고 改名. 주위의 오만한 자들을 치고 自立하였다. 太子 祿이 觀起子를 죽이자 이로 인해 궁에서 쫓겨나 자살하였다.

76) 노소공(魯昭公): 春秋시대 魯나라의 君主. 이름은 裯. 나이19세 때도 童心이었으며 喪中에도 喜色이었다. 25세 때 三家가 힘을 합하여 치니 쫓겨 齊로 갔다.

77) 자범(子犯): 春秋시대의 晉人. 이름은 狐偃. 文公의 丈人이다. 文公이 公子였을 때, 외국으로 도피해 있을 시절 19년간 돕다가 귀국하자 그를 輔弼하여 霸業을 이루게 하였다.

78) 위장공(衛莊公): 春秋시대 衛武公의 아들로 이름은 楊. 부인 齊女에게서 자녀가 없자 陳女를 취하여 아들을 두었으나 腹中에서 죽자 陳女의 동생을 아내로 삼아 아들을 얻어 太子로 삼았다. 태자가 兵事를 좋아하여 將軍으로 삼았는데 주위에서 이에 반대하였다고 한다.

79) 정문공(鄭文公): 春秋시대 鄭나라의 王. 晉公子 重耳가 鄭을 지날 때 禮를 지키지 않아 晉과 관계를 끊고 楚를 도왔다. 晉과 秦이 합세하여 鄭을 공격할 때 公子 蘭이 晉軍에 있었고 公子 蘭을 晉에서 太子로 삼는 것을 鄭이 허락하자 晉과 秦은 물러갔다.

80) 조(曹)의 숙진탁(叔振鐸): 周文王의 6번째 아들. 武王이 商을 平定하고 叔振鐸을 曹伯으로 封하였다.

81) 조순(趙盾): 春秋시대 晉의 大夫. 襄公 시에 中軍이 되어 國政을 맡았다. 靈公이 그를 죽이려 하자 국경까지 도망쳤다가 靈公이 趙穿에 의해 弑害되자 다시 돌아와 成公을 退位시켰다.

82) 숙대(叔帶): 콩 넝쿨로 엮은 허리 띠. 叔은 末代, 末世, 屬의 뜻이다.

83) 중행헌자(中行獻子): 荀偃. 春秋시대의 晉人. 左將軍이 厲公을 시해한 뒤 悼公을 옹립하고 荀偃을 中軍으로 삼아 齊를 쳤다. 귀국한 뒤 바로 죽었다.

84) 침옥(沈玉): 무겁고 단단한 玉.

85) 단저병(癉疽病): 癉과 疽는 그 뜻이 통한다. 濕熱이 皮膚에 도달하여 누렇게 된 惡瘡이다. 즉 피부병의 일종으로 患部는 밝게 빛나나 患處는 惡하다.

86) 위과(魏顆)는~보은(報恩)한 것입니다.: 본 故事로 인하여 結草報恩이라는 成語가 생겼다.

87) 한궐(韓厥): 春秋시대의 晉人. 司馬가되어 楚와 싸우고 趙를 쳐 빼앗겼던 전읍을 되찾았다. 悼公이 왕이 되자 政務를 맡고 宋을 치고 鄭을 구하였다.

88) 맹희자(孟僖子): 春秋시대 魯의 大夫. 죽을 때 여러 大夫들을 불러 모아 禮를 숭상할 것과 孔子를 섬길 것을 강조하였다.

89) 조간자(趙簡子): 趙鞅. 春秋시대의 晉人으로 定公 때 卿이 되었다. 荀寅이 趙氏를 치자 陽으로 피했다가 뒤 韓魏가 청하여 복귀하여 公이 되었다. 그 뒤 鄭軍을 물리치고 나라를 안정시켰다.

90) 진경공(晉景公): 春秋시대 晉成公의 아들. 鄭과 宋이 楚와 사이가 안 좋을 때 楚가 강하여 晉軍이 河上에서 대패하였다. 후에 魯와 衛가 齊를 치니 齊가 대패하여 齊頃公이 晉景公을 왕으로 받들려고 하였으나 사양하였다. 六軍의 제도는 晉에서 이때부터 시작되었다.

91) 황(肓)의 위, 고(膏)의 아래: 동양의학에서는 膏肓穴이라고 칭하며 膏와 肓으로 구분하지 않는다. 膏肓穴은 足太陽膀胱經의 소속으로 4椎下 1分과 5椎上 2分에서 척추 양방 각기 3寸 되는 곳에 2穴이 있다. 虛損, 骨蒸, 夢中失精, 上氣咳嗽, 發狂健忘 등의 증상을 뜸을 떠 다스린다. 譯者가 자신에게 시술해보니 효과가 下丹田이나 足三里보다 殊勝하였다.

92) 공손교(公孫僑): 春秋시대 鄭나라의 大夫, 字는 子産. 鄭國의 政權을 잡고 있는 동안 晉과 楚가 침범하지 못하였다. 임종 시 아들 太叔에게 말하기를, 내가 죽거든 너는 반드시 정치를 함에 있어서 有德者를 쓸 것이며 寬大함으로 백성을 다스리도록 하라. 孔子가 이 이야기를 듣고 '옛적의 愛民이 아직도 남아있구나'하고 눈물을 흘렸다.

93) 읍강(邑姜): 周武王의 后妃. 太公望의 딸, 成王의 어머니.

94) 태숙(太叔): 天子의 叔父에 대한 존칭. 혹은 復姓.

95) 박물군자(博物君子): 天下萬物과 學識을 넓게 알고 있는 학자 혹은 그러한 인격자.

96) 사심(師心): 기준이 되는 마음, 표준이 되는 마음을 말한다. 보리심, 眞我.

97) 원신(圓神): 안정된 마음에서 發現되는 本有의 완전한 精神.

98) 《상서(商書)》: 《書經》 중의 일부분. 殷代의 역사를 기록한 책으로 17편으로 되어있다.

99) 《소아(小雅)》: 《詩經》의 《二雅》 중의 하나. 《脩雅》라고도 한다. 《詩大序》에 이르기를, 雅란 바름이다. 王政의 廢와 興의 由來에 관한 말이다. 政에는 小와 大가 있으니 小雅와 大雅가 있는 것이다.

100) 부열(傅說): 殷國의 高宗을 보필한 賢相. 처음 傅巖 아래에 은거하다가 版築으로 이주하였는데 고종이 꿈에 보고 그를 구하여 만나 《說命三篇》을 듣고 감탄하여 傅說이라고 부르며 재상으로 삼으니 부열은 나라를 크게 잘 다스렸다.

101) 고종(高宗): 殷國의 23代王 武丁. 재위 B.C 1325~1266. 혹은 B.C 1250~1192.

102) 필(鞸): 활을 바로 잡는 기구.

103) 선왕(宣王): 周宣王, 姬靜. 厲王의 아들. 諸侯들이 다시 周에 歸復하게 되었다. 秦仲, 尹吉甫 등에게 命하여 西戎과 淮夷를 征伐하였다.

104) 곰 매우 큰 곰~祥瑞이다: 곰, 매우 큰 곰은 육지에 살며 호랑이보다 힘센 陽類이니 남자의 祥瑞이고 이무기, 뱀은 물에 살면서 물고기보다 힘센 陰類이니 여자의 祥瑞이다.

105) 많은 물고기 종류는~드는 것이고: 중국의 年畵에는 풍요를 부르기 위해 여러 마리의 물고기를 그려 넣고 있다. 有魚와 有餘는 '요우위(yǒu yú)'로 동일한 발음이다.

106) 조기(旐旗): 거북이나 뱀을 그린 旗. 거북이는 長壽, 뱀은 지혜와 용맹을 상징한다.

107) 여기(旟旗): 새나 매를 그린 旗. 매는 체격에 비해 독수리보다 빠르고 힘세고 용맹하다. 거침없는 진격을 상징한다.

108) 고실(考室): 도로, 토목, 건축 또는 이를 담당하는 관리.

109) 고목(考牧): 牧民. 또는 牧民을 담당하는 관리.

110) 주선(朱善): 明의 豐城人, 字는 備萬. 9세에 經史의 大義에 통하였고 문장을 지었다. 洪武(A.D 1368~1398) 초에 南昌敎授, 文淵閣大學士까지 직위가 올랐다. 저서는 《詩經解頤》, 《史輯》, 《一齋集》이 있다.

111) 고로(故老): 元老. 보통 名儒, 師傅를 지칭한다.

112) 위패(緯稗): 緯書와 稗書.

113) 《운해(韻海)》: 文字의 발음을 다룬 韻書. 唐의 顔眞卿의 《韻海鑑源》 16권이 있고 宋의 許冠의 《韻海》 50권이 있다.

唐 · 拾得

昨夜得一夢
夢見一團空
朝來擬說夢
擧頭又見空
爲當空是空
想計浮生裡
還同一夢中

당 · 습득

어젯밤에 한 가지 꿈을 꾸었네.
꿈속에서 하나의 공(空)을 보았네.
아침에 일어나 꿈 이야기 하려고
머리를 들다 또 공(空)을 보았네.
그러면 이 공(空)이 그 꿈인가?
혹은 그 꿈이 이 공(空)인가?
뜬 인생살이 곰곰이 생각해보니
모두 같이 한 꿈에 지나지 않네.

습득(拾得, 690?~810?)
唐代人. 浙江省 天台山의 國淸寺에 살았던 扶木. 그가 지은 禪詩 58首가 《寒山子詩集》에 수록되어 있다.

卷之二 內篇

6. 성인편 聖人篇第六

聖人無夢、茲蓋虛譚云。

성인(聖人)은 꿈이 없다고 한다. 그러나 이것은 모두 헛된 담론(談論)이다.

> 莊子曰、聖人不思慮不豫謀、其寢不夢、其覺無憂、其神純粹、其魂不罷。
> 列子曰、古之眞人、其覺自忘、其寢不夢。淮南子曰、所謂眞人者、性合於
> 道、其寢不夢、其智不萌、其魄不拂、其魂不騰。
>
> 장자(莊子)가 말하기를, 성인(聖人)은 깊게 생각하지 않으며 미리 계획하지
> 않으므로 잠을 자면 꿈을 꾸지 않고 깨어 있을 때에도 근심하지 않는다.
> 그의 정신(精神)은 순수(純粹)하므로 혼(魂)은 흩어지지 않는다.
> 열자(列子)가 말하기를, 옛적에 진인(眞人)은 깨어있을 때 무심(無心)하므로
> 잠자리에 들어도 꿈을 꾸지 않는다.
> 회남자(淮南子)가 말하기를, 이른바 진인(眞人)이란 그 성품(性品)이 도(道)
> 에 합치된 사람이므로 잠을 자도 꿈이 없고 깨어있을 때에도 삿된 생각이
> 나지 않는다. 그 백(魄)은 흩어짐이 없고 혼(魂)은 들뜸이 없다.

人而無夢、槁形灰心之流、不寐不覺、不生不滅、所樹異教也。

사람으로서 꿈이 없으며 몸을 마른 나무처럼 갖고 마음은 재(灰)처럼 한다
는 유파(流派)와, 잠자지도 않고 깨어있지도 않으며[1] 생기지도 않고 없어지
지도 않는다 함은 이교(異教)의 학설이다.

莊子曰 形如槁木、心如死灰。佛經曰、不生不滅、不垢不淨。

장자(莊子)가 말하기를, 형체는 마른 나무와도 같고 마음은 죽은 재(灰)와
도 같다.[2] 불경(佛經)에 이르기를, 생기지도 않고 없어지지도 않으며 더럽
지도 않고 깨끗하지도 않다[3].

聖人莫加於孔子。孔子壯則夢見周公、卒則夢蹲兩楹、豈語恠哉。赤子之
生、方浹旬日、其寢而寐、乳之弗受、攜之弗驚、已或迫然笑焉。或艴然怒、
寤以啼焉。謂之夢笑夢啼、徐而叩之、實未嘗寤也。夫赤子無感、何喜何怒、
而夢有所成。則氣爲之充、而神爲之使也。

공자(孔子) 이상 되는 성인(聖人)은 없다. 공자(孔子)도 장년(壯年)에 꿈에서
주공(周公)[4]을 보고 죽을 때는 꿈에 두 기둥 사이에 걸터앉았다고 하는데
어찌 괴이한 말을 하는가? 갓난아기가 태어나서 막 열흘이 되면 눕히면
잠들고 젖을 주면 받아먹고 잡아당기면 놀란다. 그러고서 미소 짓거나
웃는다. 성을 발끈 내기도 하고 놀라서 운다. 이것을 이르기를 꿈속에서
웃고 꿈속에서 안다고 하는데 이것을 갓난아기가 천천히 알게 되는 것이
다. 그러나 실제로는 아직 지각(智覺)이 깨이지 못한 것이다. 무릇 갓난아
기는 사물을 감지(感知)하지 못하는데 어찌하여 즐거워하고 성을 내어 꿈
을 꿀 수 있겠는가? 그것은 기(氣)가 충실하여져서 정신을 부리게 되기 때
문이다.

五音篇海曰、迫然笑貌、寤呼骨切。臥驚貌、小兒夢啼也。淮南子曰、形者
生之舍也、氣者生之充也。神者生之制也。人之所以眡然能視、瞥然能聽、
分黑白、察醜美、別同異、胡是非者何也。氣爲之充、而神爲之使也。程子
曰、心所感通、只是理也。如夢寐皆無形、只是有此理。

《오음편해(五音篇海)》에 이르기를, 어린 아기는 누워서 미소 짓거나 웃거
나 울다가 호골(呼骨)[5]이 부러지는 수도 있다. 어린 아기가 누워서 놀라면
꿈꾸며 울게 된다.
회남자(淮南子)가 말하기를, 형체는 생명의 집이다. 기(氣)는 생명을 채우
고 정신은 생명을 다스린다. 사람이 주시(注視)할 수 있고 작은 소리도 들
을 수 있고 검고 흰 것을 구분할 수 있고 추하고 아름다움을 살필 수 있고

같고 다름을 분별할 수 있음은 어찌하여서인가? 기(氣)가 충실하여 정신을 부리게 되기 때문이다. 정자(程子)[6]가 말하기를, 마음에 감통(感通)함이 바로 이치이다. 잠자고 꿈꾸는 것이 형체가 없음은 바로 이러한 이치가 있기 때문이다.

聖人之心、不異赤子。

성인(聖人)의 마음은 갓난아기의 마음과 다르지 않다.

孟子曰、大人者、不失其赤子之心者也。

맹자(孟子)[7]가 말하기를, 대인(大人)이란 갓난아기의 마음을 잃지 않은 사람이다.

託神靈府、含陰吐陽、非無夢也。無妄夢以亂智爾。

정신(精神)을 영부(靈府)에 의탁(依託)하거나 음기(陰氣)를 머금고 양기(陽氣)를 내뿜을 수 있어도 꿈을 꾸지 않을 수는 없다. 그런 사람도 망령된 꿈은 없어도 지혜는 산란하다.

淮南子曰、聖人託其神於靈府、而歸於萬物之和。又曰、含陰吐陽、而萬物和同。孔穎達檀弓注曰、聖人五情同乎人、焉得無夢。荀子曰、心臥則夢、故心未嘗勤也、然而有所謂靜者。不以夢劇亂智、故謂之靜。

회남자(淮南子)가 말하기를, 성인(聖人)은 그 정신을 영부(靈府)[8]에 의탁하여 만물의 화목함에 귀의(歸依)한다. 또한 말하기를, 음기(陰氣)를 머금고 양기(陽氣)를 내뱉어서 만물을 화동(和同)하게 한다.
《공영달단궁주(孔穎達檀弓注)》에 이르기를, 성인(聖人)의 오정(五情)[9]은 평인(平人)과 같은데도 꿈을 꾸지 않는다.
순자(荀子)[10]가 말하기를, 누우면 마음은 꿈이 된다. 그러므로 일찍부터 마음을 움직이지 않게 해야 한다. 그리하여 이른 바 정(靜)하게 되는 것이다. 꿈속에서까지도 그 지혜가 산란하지 않게 되므로 정(靜)하다고 말하는 것이다.

楊朱乃謂、五帝之事、若覺若夢、其不免岐路之悲乎。

양주(楊朱)가 이에 따라 말하기를, 오제(五帝)의 일은 깨어있는 것도 같고 꿈을 꾸는 것도 같아 판별(判別)하기 어려우니 이는 갈림길을 면할 수 없는 슬픔이다.

> 楊朱曰、太古之事滅矣、三皇之事、若存若亡、五帝之事、若覺若夢、三王之事、或隱或顯。
>
> 양주(楊朱)[11]가 말하기를, 태고(太古)의 일은 없어졌고 삼황(三皇)[12]의 일은 있는 듯 없는 듯 하고 오제(五帝)[13]의 일은 깨어있는 듯 꿈꾸는 듯 하고 삼왕(三王)[14]의 일은 숨은 듯 나타난 듯하다.

■ 注疏

1) 잠자지도 않고 깨어있지도 않으며(不寐不覺): 불교의 최상승 삼매의 경지인 滅盡定(nirodha-samāpatti)를 가리킨다. 無有定과 함께 二大無心位이다. 貪, 瞋, 痴 등을 버리고 얻은 禪定의 상태인데 보통 의식 불명의 假死狀態로 7일까지도 지속된다고 한다.

2) 장자(莊子)가 말하기를~재(灰)와 같다.: 莊子의 《齊物論第二》에 이르기를, 南郭子綦가 책상에 기대 앉아 하늘을 보고 후 하고 길게 숨을 내쉬니 멍하여 자기의 몸을 잊은 것 같다. 제자인 顔成子游가 그 앞에 모시고 서 있다가 물었다. "어찌된 일인지요? 몸은 枯木처럼 될 수 있고 마음도 불 꺼진 灰처럼 될 수 있는 것인가요? 지금 책상에 기대신 선생님의 모습은 예전의 모습이 아닙니다.(南郭子綦隱几而坐 仰天而噓 答焉似喪其耦. 顔成子游 立侍乎前 曰何居乎 形固加使如枯木 而心固加使如死灰乎 今之隱几者 非昔之隱几者也.)"를 略述한 말이다.

3) 불경(佛經)에 이르기를~깨끗하지도 않다.: 《般若波羅蜜多心經(Prañāparamitahṛdayasūttra)》에 나오는 "不生不滅, 不垢不淨"이다. 唐의 玄奘이 漢譯한 本이 널리 알려져 있는데 본서는 般若部 경전들의 중심사상인 空思想을 간략하게 압축하였다. 내용은 般若, 諸法, 六根, 六塵, 十二因緣과 呪이다.

4) 주공(周公): 姓은 姬 名은 旦. 周武王의 아우, 成王의 숙부. 武王이 殷紂를 정벌할 때 보좌하였다. 殷을 剋한 후 曲阜의 魯公으로 봉함을 받았으나 就하지 않고 武王 옆에서 계속 보좌하였다. 武王이 죽고 그의 어린 아들 成王이 왕위를 계승하자 攝政하여 善治하였다. 管, 蔡, 藿의 三叔을 멀리하여 모함을 받고 피하였다가 東征하여 武庚을 죽이고 三叔을 誅貶했다. 50국을 멸하여 東南을 平靜하였다. 돌아와 官制를 改正하고 禮法을 創制하니 周의 文物이 이때 크게 갖추어졌다.

5) 호골(呼骨): 喉骨.

6) 정자(程子): 程顥와 程頤 형제를 가리킨다.

① 정호(程顥): 宋의 洛陽人, 字는 伯淳. 資性이 過人하여 周敦頤의 학문을 공부하며 諸家를 두루 섭렵하고 老子와 佛教도 공부했다. 그 뒤 六經으로 돌아와 공부하였다. 宋代의 名儒로 그의 아우와 함께 二程으로 불린다. 그의 문장은 衆論을 널리 採納하였고 그의 저서 《識仁篇》, 《定性書》 등은 《二程全書》에 수록되어 있다. 諡號는 純公, 明道先生이라고도 한다.

② 정이(程頤): 宋의 洛陽人. 程顥의 아우이다. 字는 正叔. 大學, 孟子, 中庸을 標指로 하여 六經에 통달하였다. 動止語黙을 하나로 보며 성인(聖人)을 스승으로 하였다. 諡號는 正公, 世稱 伊川先生. 저서는 《易春秋傳》, 《語錄》, 《文集》 등이 있다.

7)   맹자(孟子): 戰國시대 魯나라의 鄒人. 名은 軻, 字는 子輿. 아버지가 일찍 죽은 후 어머니가 맹자의 학습을 위해 세 번 이사한 것은 유명한 고사이다. 子思의 門人에게서 수업하고 齊와 梁사이를 다니며 지냈다. 평소에 주로 唐虞三代의 德에 대해 講述하였다. 죽은 후 孔子廟에 配享되었고 鄒國亞聖公에 추존되었다. 또한 孟子의 저서와 어록 등을 모아 14권으로 편찬한 책 이름이기도 하다. 後漢의 趙岐, 宋의 朱子 등이 편찬하였다.

8)   영부(靈府): 神靈界, 神明界.

9)   오정(五情): 喜·怒·哀·樂·怨. 혹은 眼·耳·鼻·舌·身에서 일어나는 욕정.

10) 순자(荀子): 周의 荀況. 혹은 그가 撰한 書名. 《漢志》에는 《荀卿》 33편이 기재되어있다. 그중 天論, 解蔽, 正名, 性惡의 네 편은 荀子의 精華이다.

11) 양주(楊朱): 戰國시대의 衛나라 사람이다. 字는 子居. 일찍부터 老子를 공부하였다. 혹은 일찍부터 墨子를 공부하였다고 한다. 楊朱의 저서는 전하지 않는데 列子와 孟子에 그의 주장이 보인다. '내가 머리카락을 하나만 뽑아 天下에 이익 됨이 있다고 해도 나는 뽑지 않겠다.'라는 그의 말은 墨子의 兼愛說과 相反된다.

12) 삼황(三皇): 上古시대의 저명한 三帝王. 첫째 伏羲, 둘째 女媧, 셋째 神農, 혹은 女媧 대신 祝融, 혹은 燧人, 혹은 黃帝를 가리킨다.

13) 오제(五帝): 少昊金天氏-金德王, 顓頊高陽氏-水德王, 帝嚳高辛氏-木德王, 唐堯-火德王, 虞舜-土德王.

14) 삼왕(三王): 夏의 禹王, 殷의 湯王, 周의 文王, 혹은 文王과 武王을 함께 하나로 칭하기도 한다.

7. 육몽편 六夢篇第七

六夢神所交、八覺形所接。六夢、一曰正夢、二曰噩夢、三曰覺夢、四曰寤
夢、五曰喜夢、六曰懼夢、此六夢之候也。

육몽(六夢)은 정신(精神)이 교통(交通)하는 것이요, 팔각(八覺)은 형체(形體)가
접촉(接觸)하는 것이다. 육몽(六夢)은 하나는 정몽(正夢), 둘은 악몽(噩夢), 셋
은 각몽(覺夢), 넷은 오몽(寤夢), 다섯은 희몽(喜夢), 여섯은 구몽(懼夢)이니 이
여섯은 꿈의 나타남이다.

> 周禮注曰、正夢者、無所感動、平安自夢也。噩夢者、驚愕而夢也。夢覺者、
> 覺時所思念之而夢也。寤夢者、覺時道之而夢也。喜夢者、喜悅而夢也。懼
> 夢者、恐懼而夢也。

> 《주례주(周禮注)》에 이르기를, 정몽(正夢)이란 감응(感應)하지 않아 움직임
> 이 없어 평안하여 스스로 된 꿈이다. 악몽(噩夢)이란 깜짝 놀라서 된 꿈이
> 다. 각몽(覺夢)이란 깨어있을 때 생각한 바가 꿈이 된 것이다. 오몽(寤夢)이
> 란 깨어있을 때 무념(無念)으로 겪었던 일이 꿈이 된 것이다. 희몽(喜夢)이
> 란 기쁘고 즐거움이 꿈이 된 것이다. 구몽(懼夢)이란 두렵고 무서움이 꿈
> 이 된 것이다.

八覺、一曰故覺、二曰爲覺、三曰得覺、四曰喪覺、五曰哀覺、六曰樂覺、七曰
生覺、八曰死覺、此八者覺之徵也。

팔각(八覺)은 하나는 고각(故覺), 둘은 위각(爲覺), 셋은 득각(得覺), 넷은 상각
(喪覺), 다섯은 애각(哀覺), 여섯은 낙각(樂覺), 일곱은 생각(生覺), 여덟은 사각

(死覺)이다. 이 여덟 가지는 깨어있음의 징후(徵候)이다.

列子曰、覺有八徵、夢有六候。

열자(列子)가 말하기를, 깨어있음에는 여덟 징후(徵候)가 있고 꿈에는 여섯 징후(徵候)가 있다.

形神相感、夢覺有緣。而造化眞機、融合無間。故占夢者、掌其歲時、觀天地 之會、辨陰陽之氣、審日月星辰之象、以參乎其夢。

형체와 정신은 서로 감통(感通)하므로 꿈꿀 때나 깨어있을 때나 서로 연결되 어 있음으로써 진기(眞機)를 조화(造化)하여 빈틈없이 융합(融合)시킨다. 그러 므로 점몽자는 세시(歲時)를 파악하고 천지의 운회(運會)를 관찰하고 음양의 기(氣)를 변별(辨別)하고 해, 달, 별의 형상을 살펴 점몽(占夢)에 참고해야 한다.

周禮注曰、歲時者、今歲四時也。天地之會、陰陽之氣、歲歲不同也。日月 星辰、謂日月之行及合辰所在。

《주례주(周禮注)》에 이르기를, 세시(歲時)란 금년(今年)의 사계절이다. 천지 (天地)의 운회(運會)와 음양(陰陽)의 기(氣)는 매해가 틀리다. 해, 달, 별에 대 해 말함은 해와 달의 운행(運行)이 별이 있는 곳과 합하는 것이다.

夢有五行之朕、朕有五行之隷。

꿈에는 오행(五行)의 조짐(兆朕)이 있고 조짐에는 오행(五行)에 예속(隷屬)됨 이 있다.

金·木·水·火·土、各有屬隷。

금(金), 목(木), 수(水), 화(火), 토(土)에는 각기 예속(隷屬)된 것이 있다.

五行布而支幹運、歷數順而歲時成。

오행(五行)은 천간(天幹)과 지지(地支)에 분포되어 있어 순서대로 수(數)를 밟아나가면 세시(歲時)가 이루어진다.

天幹十、甲乙木、丙丁火、戊己土、庚辛金、壬癸水。地支十二、亥子水、寅
卯木、巳午火、申酉金、辰戌丑未土。

천간(天干)은 열(十)이 있다. 갑을(甲乙)은 목(木)이고 병정(丙丁)은 화(火), 무
기(戊己)는 토(土), 경신(庚申)은 금(金), 임계(壬癸)는 수(水)에 속한다.
지지(地支)는 열둘(十二)이 있다. 해자(亥子)는 수(水), 인묘(寅卯)는 목(木), 사
오(巳午)는 화(火), 신유(申酉)는 금(金), 진술축미(辰戌丑未)는 토(土)에 속한다.

於是考分至之節、建厭之位。

이렇게 하여 분(分)과 지(至)의 절(節)과 건(建)과 염(厭)의 위(位)를 고찰(考察)
하는 것이다.

此言觀天地之會也。春秋之中曰分、分者半也、九十日之半也。春秋二分
之日、日出卯入酉 晝行地上、夜行地下、皆一百八十二度半強。故晝夜畏
短同也。冬夏之中曰至、夏至者陽極之至、陰氣始至、日北至、日長之至、
日影短至、故曰夏至也。冬至者、陰極之至、陽氣始至、日南至、日短之至、
日影長至、故曰冬至也。建厭之位、日辰所會也。斗柄所建、謂之陽建。正
月寅、二月卯、三月辰、順數也。日前一次、謂之陰建。正月戌、二月酉、三
月申、逆數也。陰建即月厭也。厭對者、正月辰、二月卯、三月寅、亦逆數
也。四月陽建於巳、破於亥、陰建於未、是爲陽破陰、陰破陽。故四月有癸
亥、十月有丁巳、陰陽交會之辰。

이 말은 천지(天地)의 운회(運會)를 관찰(觀察)함을 말한다.
봄과 가을의 각기 한가운데를 분(分)이라고 하는데 분(分)이란 반(半)이다.
90일의 반(半)이다. 봄과 가을의 각기 두 분(分)이 되는 날은 해가 묘(卯)에
서 나와 유(酉)로 들어간다. 해가 낮에는 지상(地上)에서 움직이고 밤에는
지하(地下)에서 움직인다. 모두가 180도 반이 넘는다. 그러므로 낮과 밤의
길고 짧음이 같은 것이다.
겨울과 여름의 각기 한가운데를 지(至)라고 한다. 하지(夏至)는 양(陽)이 극
(極)에 이르러 음기(陰氣)가 시생(始生)하는 날이다. 이날은 해가 북쪽에 이

르렀으므로 낮은 지극히 길고 해 그림자는 지극히 짧다. 그러므로 하지(夏至)라고 한다. 동지(冬至)는 음(陰)이 극(極)에 이르러 양기(陽氣)가 시생(始生)하는 날이다. 이날은 해가 남쪽에 이르러서 낮은 지극히 짧고 해 그림자는 지극히 길다. 그러므로 동지(冬至)라고 한다.

건염(建厭)의 위(位)는 일진(日辰)이 모이는 것이다. 두병(斗柄)[1]으로 세우므로 양건(陽建)이라고 한다. 정월(正月)이 인(寅), 2월(二月)이 묘(卯), 3월(三月)이 진(辰), 이렇게 순수(順數)로 해나간다.

일전(日前)의 일차(一次)를 음건(陰建)이라고 한다. 정월(正月)이 술(戌), 2월(二月)이 유(酉), 3월(三月)이 신(申), 이렇게 역수(逆數)를 해나간다. 음건(陰建)은 즉 월염(月厭)이다. 염대(厭對)란 정월(正月)이 진(辰), 2월(二月)이 묘(卯), 3월(三月)이 인(寅), 이렇게 역시 역수(逆數)로 해나감이다.

4월(四月)의 양(陽)은 사(巳)에 건(建)하여서 해(亥)에 부서진다. 음(陰)은 미(未)에 건(建)하여 계(癸)에 부서진다. 전자(前者)를 양(陽)이 음(陰)을 부셨다고 하며 후자(後者)를 음(陰)이 양(陽)을 부셨다고 한다. 그러므로 4월(四月)에 계해(癸亥)가 있게 되고 10월(十月)에 정사(丁巳)가 있게 된다. 모두 음양(陰陽)이 교회(交會)하는 신후(辰侯)이다.

究制·伐·蔭·義·專之情、王·相·死·休·囚之實。

제(制), 벌(伐), 음(蔭), 의(義), 전(專)의 사정(事情)과 왕(王), 상(相), 사(死), 휴(休), 수(囚)의 실제(實際)를 연구(研究)하여야 한다.

此言辨陰陽之氣也。幹尅支曰、制、支尅幹曰、伐、幹失支曰、蔭、支生幹曰、義、支比和曰、專。春秋緯曰、王所勝者、死、相所勝者、囚、故春則木王、火相、土死、水休、金囚。夏則火王、土相、金死、木休、水囚。秋則金王、水相、木死、土休、火囚。冬則水王、木相、火死、金休、土囚也。

이 말은 음양(陰陽)의 기(氣)를 변별(辨別)하라는 것이다. 간(干)이 지(支)를 극(尅)함을 제(制), 지(支)가 간(干)을 극(尅)함을 벌(伐), 간(干)이 지(支)를 잃음을 음(蔭), 지(支)가 간(干)을 생(生)함을 의(義), 간(干)과 지(支)가 비화(比和)[2]함을 전(專)이라고 한다.

《춘추위(春秋緯)》에 이르기를, 왕(王)은 그 시절에 왕성한 오행이고 상(相)은 왕(王)이 생(生)하는 것이요, 사(死)는 왕(王)을 극(克)하는 것이다. 휴(休)

는 왕(王)을 생(生)하는 것이요, 수(囚)는 왕(王)이 극(克)하는 것이다.

봄은 목(木)이 왕(王)[3], 화(火)가 상(相), 금(金)이 사(死), 수(水)가 휴(休), 토(土)가 수(囚)이다.

여름은 화(火)가 왕(王), 토(土)가 상(相), 수(水)가 사(死), 목(木)이 휴(休), 금(金)이 수(囚)가 된다.

가을은 금(金)이 왕(王), 수(水)가 상(相), 화(火)가 사(死), 토(土)가 휴(休), 목(木)이 수(囚)이다.

겨울은 수(水)가 왕(王), 목(木)이 상(相), 토(土)가 사(死), 금(金)이 휴(休), 화(火)가 수(囚)이다.

又探其宿舍之臨。

또한 그 임(臨)하여 머묾을 탐구해야 한다.

以下言、日月星辰之象也。宿舍之臨、如正月日躔娵訾於辰在亥、二月日躔、降婁於辰在戌之、類而二十八宿輪轉於日辰、歷七元而始周。

해, 달, 별의 상호 연관적 운행(運行)에 대해 말하겠다. 임(臨)하여 머묾을 말하자면 정월(正月)에는 해가 추자(娵訾)[4]에 머물러 진(辰)이 해(亥)에 있게 되고 2월에는 해가 루(婁)에 머물러 진(辰)이 술(戌)에 있게 되다. 이로써 28수(二十八宿)[5]의 윤전(輪轉)함이 일진(日辰)에 있음을 유추(類推)할 수 있다. 이렇게 순차적으로 7원(七元)이 되면 비로소 일주(一周)한 것이다.

及五星所行合·散·犯·守·陵·歷·鬪·拍·彗·孛·飛·流之變。

다섯별의 움직임에 따라 합(合), 산(散), 범(犯), 수(守), 능(陵), (歷), 투(鬪), 박(拍), 혜(彗), 패(孛), 비(飛), 유(流)의 변화(變化)가 있게 된다.

五星之變、同舍曰、合、變爲妖星曰、散、守以內光芒相及曰、犯、居其宿曰、守、相冒而過曰、陵、經之曰、歷、相擊曰、鬪、相偪曰、拍、彗星卽掃星、孛亦彗之屬也。光芒偏指曰、彗、芒氣四出曰、孛、飛星之名有五、流星之名有八、詳中見天文志。

다섯별이 변화(變化)하여 함께 있게 됨을 합(合), 변(變)하여 요성(妖星)이 됨을 산(散), 빛이 안을 지키면서도 끝이 서로에게 미침을 범(犯), 그 머물 곳에 있게 됨을 수(守), 서로 해치며 지나감을 능(陵), 경유(經由)함을 역(歷), 서로 치는 것을 투(鬪), 서로 핍박(逼迫)함을 박(拍)이라고 한다.

혜성(彗星)은 즉 소성(掃星)이다. 패(孛) 역시 혜(彗)에 속한다. 빛의 끝이 한 쪽으로 기울어 가리킴을 혜(彗), 빛의 기(氣)가 사방으로 뻗음을 패(孛)라고 한다. 비성(飛星)은 분성(奔星)이다. 아래로부터 스스로 위로 솟음을 비(飛), 위로부터 스스로 아래로 내려옴을 유(流)라고 한다. 비성(飛星)의 이름에는 다섯이 있으며 유성(流星)의 이름에는 여덟이 있다. 상세한 것은 천문지(天文志) 가운데에 있다.

日月、薄·食·暈·適·背·鐫·抱·珥·䖝·蜺之異。

해와 달은 박(薄), 식(食), 훈(暈), 적(適), 배(背), 흘(鐫), 포(抱), 이(珥), 잠(䖝), 예(蜺)의 다름이 있다.

> 孟康曰、日月無光曰薄。韋昭曰、氣往迫之爲薄、虧毀爲食。暈日旁祲氣也。適、日之將食、先有黑之變也。背、形如背字也。鐫、形如玉鐫也。抱、氣向日也。珥、形點黑也。䖝、音蠶 蜺蝀也。雄曰䖝、雌曰蜺。

> 맹강(孟康)[6]이 말하기를, 해와 달에 빛이 없음을 박(薄)이라 말한다.
> 위소(韋昭)[7]가 말하기를, 기(氣)의 떠나감이 급박(急迫)한 것을 박(薄)이라고 하고 이지러져 훼손(毀損)됨을 식(食)이라고 한다. 훈(暈)이란 해 옆의 기(氣)가 침범(侵犯)당한 것이다. 적(適)이란 해가 장차 먹혀 먼저 검게 변하는 것이다. 배(背)란 형상(形象)이 배자(背字)로 됨이요, 흘(鐫)이란 형상(形象)이 둥근 고리모양이 됨이고 포(抱)란 기(氣)가 해를 향한 것이다. 이(珥)란 형상(形象)에 검은 점이 있음이요, 잠(䖝)이란 음이 잠(蠶)으로 작은 거미이다. 수컷을 잠(䖝) 암컷을 예(蜺)라고 한다.

而變異、又有伏顯、早晚、贏縮、重輕之差。繹其緒脉剸其蘡理。

이로써 변화하여 다름이 있게 되며 또한 숨고 드러남 빠르고 늦음 커짐과

줄어듦 무겁고 가벼움의 차이가 있게 된다. 그 미묘한 차이의 이치를 오로지 단서(端緒)로써 연역(演繹)[8]하여야 한다.

> 古夢必察其端、猶治絲者揭其緒、治王者開其璺也。

점몽함에는 반드시 그 단서를 살펴야 한다. 실타래를 풀려는 자는 실마리를 잡아야 함과 같다. 그 미묘한 이치를 열어서 본 사람은 다스리는 왕도(王道)를 안 사람이다.

然後六夢終始、八覺遲迅、庶幾可推焉。

이러한 후에야 육몽(六夢)의 시작과 마침, 팔각(八覺)의 늦음과 빠름을 대부분 추측(推測)할 수 있다.

> 六夢八覺、必驗之天象、而後可斷其吉凶、此周禮十煇之逸旨也。漢書曰、五星之術、其來尙矣。可以占國、則可以占事、則可以占人。

천상(天象)은 반드시 육몽(六夢)과 팔각(八覺)으로서 그 징조를 나타내는 법이니 이를 알아야 길흉을 판단할 수 있다. 이는 주례십운(周禮十煇)의 훌륭한 가르침이다.
《한서(漢書)》에 이르기를, 오성(五星)의 술(術)[9]은 예전부터 전승되어 왔다. 이 술(術)로써 국가에 대해 점칠 수 있어야 제사(諸事)를 점칠 수 있고 여러 일을 점칠 수 있어야 사람에 대해 점칠 수 있다.

■ 注疏

1) 두병(斗柄): 北斗星을 중심으로 日月을 포함한 천체가 돌아가므로 斗樞라고도 한다. 즉 북두성의 위치는 고정되어 바뀌지 않는다.
2) 비화(比和): 比肩, 어깨를 견줄 만하다는 뜻으로 동등함과 통한다.
3) 목(木)이 왕(王): 왕성하다는 旺과 같이 쓰이기도 한다.
4) 추자(娵訾): 28宿 중 觜星·黃道十二宮 중에서 雙魚宮.

5) 28수(二十八宿): 黃道에 따라 배열하여 있는 28별자리.
東은 角·亢·氐·房·心·尾·箕. 北은 斗·牛·女·虛·危·室·壁.
西는 奎·婁·胃·昴·畢·觜·參. 南은 井·鬼·柳·星·張·翼·軫.

6) 맹강(孟康): 魏의 安平廣宗人, 字는 公休. 中書監을 지냈고 廣陵亭侯에 封하여졌다.《漢書注》를 저작하였다.

7) 위소(韋昭): 三國시대 吳의 雲陽人, 字는 弘嗣.《博弈論》을 지었고《孝經論語注》,《洞記》,《辨釋名》,《國語注》등의 저서가 있다.

8) 연역(演繹): 보편의 원리를 연구하고 推理하여 특수원리를 끄집어 냄.

9) 오성(五星)의 술(術): 陰陽五行의 이론에 의한 星歷占候, 風水地理 등의 모든 易術을 統稱한다.

8. 고법편 古法篇第八

古法亡而夢不可占已。帝王有帝王之夢、聖賢有聖賢之夢。輿臺·廝僕有輿臺·廝僕之夢。窮通虧益、各緣其人。凶人有吉夢、雖吉亦凶、吉不可幸也。

옛 방법이 없어져 꿈을 점칠 수 없게 되었다. 제왕(帝王)은 제왕의 꿈을 꾸며 성현(聖賢)은 성현의 꿈을 꾼다. 여대(輿臺)[1]와 사복(廝僕)[2]은 여대와 사복의 꿈을 꾼다. 막히고 통함과 이지러짐과 참은 그 사람의 인연이다. 흉인(凶人)이 길몽(吉夢)을 꾸었다 하자, 비록 길(吉)하다 해도 역시 흉(凶)인 것이다. 길(吉)을 바라도 되지 않는다.

如趙嬰夢天使之類。

조영(趙嬰)이 꿈에 천사(天使)의 종류를 본 것과 같다.

吉人有凶夢、雖凶亦吉、凶有可避也。

길인(吉人)이 흉몽(凶夢)을 꾸었다 하자, 비록 흉하다 해도 역시 길인 것이다. 흉하다 해도 역시 길인 것이다. 흉도 오히려 피하여 간다.

如董豐避枕沐之事。

동풍(董豐)이 잠자리에 목욕을 한 일을 피함과 같다.

是故夢有五不占、占有五不驗。神鬼未定而夢者、不占。

이러므로 꿈에는 점칠 수 없음이 다섯이 있고 점에는 징험하지 않음이 다섯이 있다. 신혼(神魂)이 안정되지 않은 채 꿈을 꾼 자에 대해서는 점치지 않는다.

> 輔廣曰、詳占夢之意。先王致謹於天人之際、可爲密矣。惜乎古法不傳也。後世之人、情性不治、晝之所爲、猶且混惑瞀亂、不自知覺。則其見於夢寐者、率多紛紜乖淚、未必與天地之氣相流通。縱有徵兆之可驗者、亦須迂回隱若、必待旣驗而後可知。古法若存、未必能盡占也。

> 보광(輔廣)[3]이 말하기를, 점몽(占夢)의 뜻을 상세히 밝히겠다. 선왕(先王)들께서는 하늘과 사람 사이의 일에 대해 공근(恭謹)하게 임하여 비밀에 부쳤다. 애석하도다! 옛 법의 전하지 못함이여! 후세사람들은 성정(性情)을 잘 다스리지 못하여 낮에도 꿈을 꾸며, 대부분의 사람이 혼혹(混惑)[4]하고 무란(瞀亂)[5]하여 스스로 깨닫지 못한다. 그러므로 꿈을 꾸었다는 자를 보면 그 꿈의 내용이 대부분 산란하고 조리가 없다. 이는 틀림없이 천지(天地)의 기(氣)와 유통되지 못했기 때문이다. 만약 내려 받은 징조가 유험(有驗)한 것들 중에는 우회(迂回)하며 은밀한 것도 있는데 이런 예들은 반드시 응험한 후에야 알 수 있다. 그러나 만약 옛 법이 전한다면 꼭 점을 치지 않더라도 남김없이 알 수 있을 것이다.

妄慮而夢者、不占。

망령되게 생각하여 꿈을 꾼 자에 대해서는 점을 치지 않는다.

> 六書精蘊曰、其夢也邪、晝有邪想也、漫晝有漫想也。

> 《육서정온(六書精蘊)》[6]에 이르기를, 낮에 삿된 생각을 하여 된 꿈을 사(邪)라고 하며 낮에 지나치게 많은 생각을 하여 된 꿈을 만(漫)이라고 한다.

寤知凶阨者、不占。

잠에서 깨어 흉액(凶阨)을 아는 자에 대해서는 점을 치지 않는다.

如聲伯寱知凶阨、而强占之類。左傳曰、聲伯夢涉洹、食瓊瑰泣且歌焉。
寱而懼、不敢占也。及從公伐鄭、至於貍脤之地而占之曰、余恐死故不敢
占、今過三年、衆繁而從余矣、無傷也。占之是暮聲伯卒。杜預注云、傳戒
數占夢。

이는 성백(聲伯)이 잠에서 깨어 흉액(凶阨)을 알았는데도 억지로 점을 친
경우와 같다.
《좌전(左傳)》에 이르기를, 성백(聲伯)은 꿈에 원수(洹水)를 건너고 붉은 옥 덩
이를 삼키고 눈물을 흘리며 노래를 불렀다. 성백은 잠에서 깬 후 두려워 감
히 점치지 못하였다. 그리고 나서 주군(主君)을 따라 정(鄭)을 정벌하여 이
진(貍脤)[7]에 이르렀을 때 점을 쳤다. 성백이 말하기를 "나는 지난날 꿈을 꾸
고서 죽는 것이 두려워 점을 치지 못하였다. 그 후 3년 동안 번잡한 일들이
있었으나 나는 상하지 않았다." 성백은 점친 그날 밤에 갑자기 죽었다.
《두예주(杜預注)》[8]에 이르기를, 이는 자주 점몽(占夢)하는 것을 경계한 글
이다.

寐中撼寎、而夢未終者、不占。

잠 중에 움직여 놀람이 꿈이 되어 깬 후에도 느낌이 남아있는 자에 대해서
는 점치지 않는다.

撼者、擾之使覺也。寎、被命切驚寎也。故夢景不從。

감(撼)이란 사람이 흔들어서 깨움이요, 병(寎)이란 매우 크게 당하여 놀라
서 된 병이다. 그러므로 꿈에 무엇을 봄이 그치지 않게 된다.

夢有終始、而覺失其半者、不占。

꿈을 꾸기 시작하여 마치고나서 잠에서 깬 뒤 그 반을 잊은 자에 대해서는
점치지 않는다.

夢畢而覺、或亡其始、或亡其終、非全夢也。

꿈을 다 꾸고 잠에서 깬 뒤 혹은 그 시작을 잊거나 혹은 그 끝을 잊음은 완

전한 꿈이 아니다.

占夢之人、昧厥本原者、不驗。

점몽하는 사람으로 그 본원(本原)에 어두운 자는 영험하지 못하다.

> 夢有本原、能通乎本原、則天·地·人·物與己一也。
>
> 꿈은 본원(本原)과 통하여 있다. 능히 본원과 통하였다함은 하늘, 땅, 사람, 물체와 자기가 하나임을 아는 것이다.

術業不專者、不驗。

점몽술(占夢術)의 업(業)에 전문성이 없는 자는 영험하지 못하다.

> 占夢之術、必專習乃驗。
>
> 점몽(占夢)의 술(術)이란 반드시 전문적으로 습득함이 있어야 영험하다.

精誠未至者、不驗。

정성을 다하지 않는 자는 영험하지 못하다.

> 精誠不通乎鬼神、不可占也。
>
> 정성이 귀신과 통하지 못하면 점몽을 할 수 없다.

削遠爲近小者、不驗。

먼 것을 소홀히 하고 가까운 작은 것을 위하는 자는 영험하지 못하다.

> 漢書藝文志曰、辨凶阨之患、吉隆之喜、此聖人知命之術也。道之亂也、患出於小人。强知天道、壞大是爲小、削遠而爲近、是以道術破裂、而難知也。

《한서예문지(漢書藝文志)》에 이르기를, 흉액(凶厄)의 환(患)과 길륭(吉隆)의
기쁨을 변별(辨別)하는 것이 성인(聖人)이 지닌 운명을 아는 도술(道術)이
다. 도(道)가 혼란해진 것은 소인이 환란을 일으켰기 때문이다. 소인은 스
스로 억지로 천도(天道)를 알았다 하여 큰 것을 부수어 작은 것으로 만들
고 먼 데 것을 소홀히 하고 가까운 작은 것을 위한다. 이리하여 도술이 파
열되어 알 수 없게 되었다.

依違而兩端者、不驗。

잘못된 양끝에 의거하는 자는 영험하지 못하다.

如幡綽占祿山恠夢之類。柳氏舊聞曰。安祿山叛、黃幡綽陷在賊中。祿山
夢衣袖長至階下。幡綽曰、當垂衣而治。祿山又夢、殿中窓搨倒立。幡綽
曰、革故從新、後祿山敗。玄宗自蜀歸詰問幡綽、幡綽曰、臣昔占夢、必知
其不可也。玄宗曰、何以知之。對曰、衣袖長者、出手不得也。窓搨倒立者、
胡不得也。玄宗笑而赦之。

황번작(黃幡綽)이 해몽한 안록산(安祿山)[9]의 괴이한 꿈은 다음과 같다.
《유씨구문(柳氏舊聞)》에 이르기를, 안록산이 반란을 일으켰을 때 황번작
(黃幡綽)은 안록산의 군진(軍陣)에서 함통(陷通)[10]하고 있었다. 안록산이 밤
에 꿈을 꾸었다. 옷과 소매가 길어져 섬돌 아래까지 내려갔다. 황번작이
해몽하기를 "마땅히 늘어뜨린 옷을 입고
천하를 다스리실 것입니다." 안록산이
또 꿈을 꾸니 궁전의 창격(窓搨)[11] 거꾸로
되어있었다. 황번작이 해몽하기를 "옛것
을 개혁하여 새롭게 하실 것입니다." 안
록산이 패망하자 현종(玄宗)[12]이 촉중(蜀
中)에서 귀환하여 황번작에게 반란에 동
조한 것을 문책하였다. 황번작이 크게
송구해 하며 말하기를 "신(臣)이 지난 날
안록산의 꿈을 내심으로 해몽하여 반란
이 실패할 것을 알았으나 탈출하지 못하
였나이다." 현종이 묻기를 "어떻게 미리

▲ 안록산(安祿山)

알았느냐?" 답하기를 "안록산의 옷과 소매가 길어진 것은 손을 옷 밖으로 꺼내지 못하니 천하를 가질 수 없음이요, 창격이 거꾸로 있음은 그러한 궁전은 없으니 얻지 못합니다." 현종은 웃으며 황번작을 용서하였다.

故必有大覺而後、能占乎大夢。

그러므로 반드시 큰 깨달음을 얻은 후에야 능히 큰 꿈을 점칠 수 있는 것이다.

> 莊子曰、方其夢也、不知其夢也、夢之中。又占其夢焉、覺而後知其夢也。且有大覺而後知、此大夢也。而愚者自以爲竊、竊然知之固哉。
>
> 장자(莊子)가 말하기를, 막 꿈을 꾸고 그 꿈을 알지 못함은 그가 꿈 중에 있기 때문이다. 그러나 그 꿈을 점칠 수 있음은 잠에서 깬 후 그 꿈을 알기 때문이다. 장차 큰 깨달음을 얻은 후에야 큰 꿈을 알 수 있다. 그러나 어리석은 자는 스스로 틈 사이를 들여다보아 볼 때마다 조금씩 알아지는 것이 상례이다.

不然則覺亦夢也。

그렇지 않으면 깨어있다 해도 꿈속에서 사는 것이다.

> 顏回問仲尼曰、孟孫才其母死、居喪不哀、以善喪蓋魯國、回怪之。仲尼曰、吾特與汝其夢未始覺者邪。且汝夢爲鳥而厲乎天、夢爲魚而沒於淵、不識今之言者。其覺者乎、其夢者乎 。列子曰、古莽之國、其民多眠、五旬一覺、以夢中所爲者實、覺之所見者妄。中央之國、其民一寐一覺、以覺之所爲者實、夢之所見者妄。阜落之國、其民常覺而不眠。周之尹氏、大治産其下、有役夫夜夢爲國君、其樂無比、而尹氏則夜夢爲人僕、趨走杖撻無不至。尹氏友人曰、苦逸之復、數之常也。若欲覺夢兼之、豈何得邪。列子曰、欲辨覺夢、惟黃帝·孔丘、今無黃帝·孔丘、孰辨之哉。
>
> 안회(顏回)가 중니(仲尼)에게 묻기를 "맹손재(孟孫才)는 그의 어머니가 죽어 상중(喪中)에도 슬퍼하지 않았는데 상(喪)을 잘 치렀다는 평이 노국(魯國)을

덮었습니다. 저 안회는 이를 괴이하게 여깁니다." 중니가 말하기를 "너는
아직도 꿈을 깨닫지 못했으므로 내가 특별히 너를 위해 꿈에 대해 설명하
겠다. 네가 꿈에 새가 되어 하늘을 날거나 물고기가 되어 못 속에 잠겨 있
다면 지금 나의 말을 이해 못하리라. 그것을 깨어 있다고 하랴? 그것을 꿈
이라고 하랴?"

열자(列子)가 말하기를, 고망국(古莽國)의 백성은 많은 잠을 잔다. 50일에
한번 깨어나는데 꿈에 하였던 일을 사실로 알고 본 것을 허망하게 여긴
다. 중앙국(中央國)의 백성은 한번 잠들고 한번 깬다. 깨어있을 때 하는 일
을 사실로 여기고 꿈에 본 것을 허망하게 여긴다. 부락국(阜落國)의 백성은
항상 깨어있어 잠자지 않는다.

주(周)의 윤씨(尹氏)는 많은 재산을 가지고 있었다. 그의 하인 중 한 사람은
밤에 꿈을 꾸면 임금이 되어 비할 데 없는 즐거움을 누리는데 윤씨는 밤
에 꿈을 꾸면 노예가 되어 쫓겨 다니며 이를 수 없을 정도로 매를 맞는다.
윤씨의 벗이 말하기를 "고난과 평안함이 반복되는 것은 운수(運數)의 상도
(常道)이다. 그런데도 어찌 꿈과 깨어있음 두 가지를 자기 뜻대로 할 수 있
겠는가?"

열자(列子)가 말하기를, 오직 황제(黃帝)와 공구(孔丘)만이 꿈과 깨어있음을
변별할 수 있다. 그러나 현재에는 황제와 공구가 없는데 어찌 변별할 수
있겠는가?

大覺者剖宗、領竅、襲歟、重勅。

크게 깨달은 자는 부종(剖宗)[13]하고 영규(領竅)[14]하였으며 습관(襲歟)[15]하고
중칙(重勅)[16]하였다.

> 淮南子曰、黃帝剖判大宗、竅領天地、襲九歟、重九勅、枝解葉實、萬物百
> 族、使各有經紀條位。

회남자(淮南子)에 이르기를, 황제(黃帝)는 원칙(原則)을 분석하여 판단였
고 천지(天地)의 움직임을 영도(領導)하였고 구관(九竅)을 습용(襲用)하였으
며 구칙(九勅)을 존중하였다. 지엽(枝葉)적인 것들을 풀어 하나로 통(通)하
게 하였고 만물(萬物)과 백족(百族)으로 하여금 각각 경기(經紀)[17]와 조위(條
位)[18]를 가지게 했다.

奚啻弔詭審測云哉。

그러한데 사람들은 어찌 극단적 모순처럼 보이는 바름을 살펴 헤아리지 않는가?

> 莊子曰、長梧子謂瞿鵲子曰、瞿也與汝皆夢也。予謂汝覺亦夢也、是其言也、其名爲弔詭。晉書曰、索紞善占夢、太守陰澹從求占書。紞曰、昔入太學、因一老父爲主人、其人無所不知、匿姓名有似隱者、紞從父老、問占夢之術、審測而言、實無書也。

장자(莊子)에 쓰여 있기를, 장오자(長梧子)는 구작자(瞿鵲子)에게 이렇게 말하였다고 전한다. "구(瞿)여! 내가 그대에게 이르니 깨어있음 역시 꿈이다. 이는 옳은 말이고 그 이름은 조궤(弔詭)[19]이다."

《진서(晉書)》[20]에 이르기를, 색담(索紞)[21]은 점몽에 능하였다. 어느 날 태수(太守) 음담(陰澹)이 색담에게 점몽서(占夢書)를 구하였다. 색담이 말하기를 "소인은 지난 날 태학(太學)[22]에 들어간 이후 한 노인을 스승으로 섬길 인연을 가졌습니다. 그분은 모르는 것이 없었고 이름을 숨기는 바가 은자(隱者)와 같았습니다. 소인은 그동안 그분에게 점몽의 방법을 묻고 살피고 헤아려 본 적이 여러 번이었으나 실로 그분에게 점몽서는 없었습니다."

■ 注疏

1) 여대(輿臺): 賤한 일을 하는 자의 職種名.

2) 사복(厮僕): 賤한 일을 하는 자의 職種名.

3) 보광(輔廣): 宋人. 字는 漢卿 號는 潛菴. 呂祖謙과 朱熹로부터 배웠다. 특히 朱熹에 대해 깊게 공부한 바가 있어《四書纂疏》,《六經要解》,《通鑑集義》,《詩童子問》,《日新錄》 등을 저술하였고 傳貽先生이라고 불렸다.

4) 혼혹(混惑): 정신이 昏迷하여 迷惑함.

5) 무란(瞀亂): 어리석어 보는 눈이 없어 혼란함.

6) 《육서정온(六書精蘊)》: 6권으로 구성되어있는 篆字의 고증서로 音釋1권이 있다. 明代에 魏校가 撰하였다.《自序》에 이르기를, 古文에는 小篆의 잘못됨이 있어 소전을 보궐(補闕)하여 古文을 완전히 하려고 한다.

7) 이진(狸眹): 옛 지명으로 魯地에 있다.

8) 《두예주(杜預注)》: 杜預의 저서명. 晉의 杜陵人. 字는 元凱. 鎭南大將軍으로 吳를 伐하여 當陽縣侯에 봉해졌다. 博學多通하였고 스스로 左傳癖이라고 하였다. 《春秋左氏經傳集解》, 《春秋長歷》 등의 저서가 있다.

9) 안록산(安祿山): 唐의 營州의 柳城의 胡人. 本姓은 康. 아버지가 죽자 어머니가 개가하니 계부의 성을 따라 安氏로 되었다. 狡忍多智하고 사람의 마음을 잘 헤아렸으며 여섯 종류의 蕃語에 통하였다. 張守珪에게 발탁되어 偏將이 된 후 玄宗 시에 平虜節度使에 발탁되어 여러 차례 入朝하여 신임을 얻어 현종으로부터 范陽節度河北採訪使, 領平虜軍을 제수받았고 스스로 楊貴妃를 어머니라고 불렀다. 안록산이 현종의 총애를 받자 이를 楊國忠이 질투하여 모함하자 생명의 위험을 느낀 안록산은 역심을 품고 擧兵하여 長安을 함락시키고 國號를 燕이라 하였다. 후에 아들에게 살해되었다.

10) 함통(陷通): 敵陣 가까이 혹은 멀리 있으면서 왕이나 황제에게도 충성을 바치는 척하는 것.

11) 창격(窓挌): 窓門의 가장자리나 중간에 있는 기둥. 혹은 그 기둥에 붙어 있는 聯板.

12) 현종(玄宗): 唐玄宗. 재위 A.D 712~756. 明皇이라고도 한다. 名은 李隆基. 처음엔 臨淄王에 봉해졌었다. 少時에는 英武하고 權略이 있었다. 韋氏가 난을 일으켰을 때 起兵하여 平定하였다. 즉위 후 宋璟을 재상으로 삼아 開元의 治世를 이룩하였다. 후일에 楊太眞, 楊國忠, 李林甫 등을 寵臣하여 國政이 날로 기울었고 安祿山의 반란으로 蜀으로 피하였다.

13) 부종(剖宗): 원칙을 분석하여 알고 있음.

14) 영규(領竅): 天機를 활용함.

15) 습관(襲貫): 전통적 규범을 따름.

16) 중칙(重勅): 지켜야 할 원칙을 존중함.

17) 경기(經紀): 지켜야 할 垂範.

18) 조위(條位): 經紀에 따른 세부사항.

19) 조궤(吊詭): 弔詭가 더욱 정확한 표현이다. 弔는 '오히려 바르게(正)보이는'의 뜻이 있고 弔는 '至', 詭는 '모순된 이론'의 뜻이 있다. 즉 '극단적 모순으로 보이는 바름'으로 해석할 수 있다. 예를 들면 《道德經》37章의 '道常無爲 而無不爲: 道는 항상 하는 것이 없지만 하지 못하는 것도 없다. 33章의 '死而不亡者: 죽더라도 사라지지 않는 사람은 오래 산다. 《頌古集》의 '大圓鏡光黑如漆: 大圓鏡의 광명이 검기가 칠과 같다. 哲言에 '敵存滅禍 敵去召過: 적이 있음으로 해서 禍가 없는데 적이 떠나니 과오가 찾아왔다.' 등이 바로 弔詭이다. 極惡은 極善과 통한다. 秦始皇은 역사 이래 暴君의 대명사로 불릴 정도였지만, 현대의 중국에서는 聖君으로 숭모의 대상이다. 만리장성으로 중국의 문화적 위상을 높였고 거대한 관광수입을 가져왔기 때문이다.

20) 《진서(晉書)》: 책 이름. 130권으로 구성되어 있다. 《本紀》는 10, 志는 20, 《列傳》은 70, 載記는 30. 唐의 房喬 등이 왕명을 받아 撰하였다. 前後의 晉史18家가 완전하지 못하여 貞觀(A.D 1368~1398) 중에 다시 撰하였다.

21) 색담(索紞): 晉의 燉煌人. 字는 叔徹. 경전을 널리 통하였고 陰陽天文에 밝았다. 術數와 占候에 능하여 사람들이 占事를 묻기 위해 문앞에 盛市를 이루었다. 그의 占事는 언제나 應驗하였다.

22) 태학(太學): 大學, 國學. 옛적에는 上庠, 東序, 右學, 東膠 등이 있었는데 모두 太學으로 불렸다. 漢代에는 太學이 흥하여 國子學, 四門學으로 불렸는데 모두 國子監에 속했다.

9. 길사편 吉事篇第九

吉事有祥、占事知來。周禮、季冬聘王夢。

길(吉)한 일에는 상서(祥瑞)가 있으니 점을 쳐서 미래를 알 수 있다. 그러므로 《주례(周禮)》에 의하면 왕은 섣달에 현사(賢士)에게 꿈을 물었다.

> 周禮占夢注曰、聘問也。夢者事之祥、吉凶之占、在日月星辰。季冬日窮於次星迴於天、數將幾終。於是發幣而聘問焉。若休慶之云爾。
>
> 《주례점몽주(周禮占夢注)》에 이르기를, 빙(聘)은 묻는 것이다. 꿈이란 일의 상서를 숭상하니 길흉을 점치려면 해, 달, 별의 운행에 대해 터득해야 한다. 섣달에는, 하늘에 돌아올 다음 별 때문에 태양의 운행(運行)이 궁(窮)해져 마치게 된다. 그러므로 왕은 폐백(幣帛)을 현사(賢士)에게 보내 초빙하여 물었다. 그리하여 현사(賢士) 휴경지(休慶之)가 답하였다.

乃獻吉夢、以歸美於王。王拜而受之、重其祥也。周書程寤·史記·文儆·武儆四篇、皆誥夢之詞。

그런 후 길몽(吉夢)이라고 해몽을 바쳐 좋은 일이 왕에게 돌아가게 하였다. 그러자 왕은 절을 하여 해몽을 받아들여 그 상서(祥瑞)를 소중히 여겼다. 《주서정오(周書程寤)》·《사기(史記)》·《문경(文儆)》·《무경(武儆)》의 4편(四篇)에는 꿈에 관한 모든 것이 쓰여 있다.

> 汲冢周書程寤篇曰、太姒夢見商之庭産棘、太子發植梓於闕、化爲松柏棫柞。寤覺以告文王、文王乃召太子發、占之於明堂、王及太子發並拜吉夢、

受商之大命于皇天上帝。史記篇曰、維
正月王在成周、昧爽召三公·左史·戎夫
曰、今夕朕寤、逐事驚予、乃取逐事之要
戎。俾戎夫言之、朔望以聞。文儆篇曰、
維文王告夢、懼後祀之無保、庚辰詔太子
發曰、汝敬之哉。民物多變、民何向非利。
嗚呼、敬之哉。以詔有司、夙夜勿忘、若
民之嚮。武儆篇曰、維十有二祀四月、
王告夢丙辰出金枝郊寶、開和細書。命詔
周公旦立後嗣。屬小子誦、文及寶典。王
曰、嗚呼、敬之哉。以詔寶小子曰、允哉。
汝夙夜勤心之無窮。

▲ 황천상제(皇天上帝)=옥황상제(玉皇上帝)

《급총주서정오편(汲冢周書程寤篇)》[1]에 이르기를, 태사(太姒)[2]가 꿈을 꾸었
다. 상국(商國)[3]의 대궐 안에 가시나무가 생겼는데 태자(太子) 발(發)[4]이 이
를 뽑아내고 그 자리에 가래나무를 심었는데 소나무, 잣나무, 무리참나무
로 변하였다. 태사가 잠에서 깨어 문왕(文王)에게 꿈을 말하니 문왕은 태
자를 불러 명당(明堂)[5]에 가서 점을 치게 하였다. 황천상제(皇天上帝)[6]로부
터 상국(商國)을 계승하는 대명(大命)을 받았다는 내용의 길몽(吉夢)으로 풀
이되자 문왕과 태자는 황천상제께 배례(拜禮)하였다.

《사기편(史記篇)》에 이르기를, 정월(正月), 왕(王)이 성주(成周)에 있을 때 어
느 날 잠자리에서 일어나 삼공(三公)[7], 좌사(左史)[8], 융부(戎夫)[9]를 불렀다.
왕이 말하기를 "짐이 어제저녁에 꿈을 꾸었는데 일을 하다가 놀랐다. 그
러니 삼가야 할 일이 무엇인가 말하라." 하급관리 융부가 답하기를 "삭망
(朔望)[10]에 놀라실 소식을 듣게 되십니다."

《문경편(文儆篇)》[11]에 이르기를, 문왕(文王)은 꾼 꿈을 말하고 두려워하며
무사하기를 기도하였으나 안심하지 못했다. 그리하여 경진일(庚辰日)에
태자 발(發)을 불러 조칙(詔勅)을 내리기를 "너는 삼가라. 백성과 사물은 자
주 변하는 법이니 백성이 어찌 이익을 바라지 않으랴? 오호(嗚呼)라! 삼가
라." 문왕은 각 관부(官府)에 조칙을 내려 관리들이 밤새도록 백성들의 소
리를 듣는 시늉을 하게 하였다.

《무경편(武儆篇)》[12]에 이르기를, 12번째 제사(祭祀)를 지낸 4월에 왕은 꾼

꿈을 발표하였고 병진일(丙辰日)에는 교보(郊寶)[13]를 열어 금지(金枝)[14]와 세서(細書)[15]를 꺼내어 맞추어보았다. 조칙을 내려 주공(周公) 단(旦)에게 후사(後嗣)를 보필하게 하였고 궁중의 동자들에게 보전(寶典)을 소리 내어 읽게 하였다. 그런 후 왕은 "오호라! 삼가 하라!" 왕이 한 동자를 불러 말하기를 "너는 무리 중의 으뜸이로다. 밤새도록 근심함이 다함이 없구나!"

而代命繼位之大猷、胥茲爲決、夢可易占乎。或有惡夢、感疫癘而成者、則亦以季冬、舍萌于四方以贈之。

이로써 보면 천명(天命)을 받은 왕이 왕위를 계승시키려는 계획을 세웠으면 모든 방법을 사용하여 결정해야 하므로 꿈으로 변화를 점치는 것은 당연하다. 주대(周代)에는 악몽을 꾸거나 역려(疫癘)에 감염된 자들이 지닌 나쁜 징조를 섣달에 사방으로 보내버렸다.

周禮占夢曰、舍萌於四方、以贈惡夢。注云、萌、兆也。贈、送也。爲夢不吉、則求其所以不吉之萌、兆於四方而舍去之、以贈送其惡夢、使不復效也。說苑曰、妖孽者、天之所以警 天子諸侯也。惡夢者、所以警士大夫也。故妖孽不勝善政、惡夢不勝善行。賈誼書曰、天子夢惡則修道、諸侯夢惡則修政、大夫夢惡則修身。

《주례점몽(周禮占夢)》에 이르기를, 나쁜 징조(徵兆)를 사방에 버림으로써 악몽(惡夢)을 쫓아낼 수 있다. 주(注)에 이르기를 "맹(萌)은 징조(徵兆)이다. 증(贈)은 보냄이다. 불길(不吉)한 꿈이란 그 구하는 바가 좋지 않게 나타남을 예시한 것이니 사방으로 내버려야 한다. 이렇게 함으로써 그 악몽이 다시 효력을 갖지 못하게 하는 것이다."
《설원(說苑)》[16]에 이르기를, 요얼(妖孽)이란 것은 하늘이 천자(天子)와 제후(諸侯)에게 경고하는 바이며 악몽(惡夢)이란 것은 사대부(士大夫)에게 경고하는 것이다. 그러므로 요얼(妖孽)은 선정(善政)을 이기지 못하고 악몽(惡夢)은 선행(善行)을 이길 수 없다.
《가의서(賈誼書)》[17]에 이르기를, 천자(天子)가 꿈이 나쁘면 수도(修道)해야 하고 제후(諸侯)가 꿈이 나쁘면 수정(修政)해야 하고 대부(大夫)가 꿈이 나쓰면 수신(修身)을 해야 한다.

乃令方相氏、行毆儺之政。

이러한 전례(前例)를 본받아 왕은 방상씨(方相氏)에게 명령하여 역귀(疫鬼)를
쫓는 정책을 시행케 하였다.

> 周禮占夢曰、令儺毆疫、夏官方相氏、帥百隷而時儺。鄭玄曰、贈惡夢之
> 儺、行於季冬。蓋季冬日曆虛危、虛危有墳墓四時之氣、爲厲鬼將隨强陰
> 出害人。故命有司大儺之也。

> 《주례점몽(周禮占夢)》에 이르기를, 역귀(疫鬼)[18]를 쫓아내라는 명령이 내리
> 자 하관(夏官) 방상씨(方相氏)[19]가 우두머리가 되어 백루(百隷)[20]를 이때에
> 몰아냈다.
> 정현(鄭玄)이 이르기를, 악몽(惡夢)을 쫓아 버리는 일은 섣달에 하였다. 섣
> 달 중 일력(日曆)상의 허위일(虛危日)[21]에 하였는데 허위일은 분묘(墳墓)와
> 사시(四時)의 기(氣)가 여귀(厲鬼)가 되어 더욱 음기(陰氣)가 강해져 밖으로
> 나와 사람을 해치기 때문이다. 그러므로 이때에 사부(司部)에 명령하여 크
> 게 역귀(疫鬼)를 쫓는 일을 하게 한 것이다.

而伯奇之神、載在漢書。

이로써 백기(伯奇)의 신(神)은 《한서(漢書)》에 기록되었다.

> 通典曰、後漢季冬先臘十日、大儺謂之逐疫。選中黃門子弟百二十人爲侲
> 子、皆亦幀皁褠、執大鼓、作方相氏與十二獸、逐惡鬼於禁中、黃門倡侲子
> 和曰、伯奇食夢云云。

> 《통전(通典)》[22]에 이르기를, 후한(後漢) 때에는 섣달열흘날에 역귀(疫鬼)를
> 쫓는 제사(祭祠)를 지냈는데 이를 이르기를 축역(逐疫)이라고 하였다. 황문
> (黃門)[23] 자제(子弟) 중에서 소년 120명을 뽑아 빨간 머리 수건을 한 채 검
> 은 두루마기를 입고 각각 큰 북을 들고 방상씨(方相氏)와 12수(十二獸)[24] 모
> 양을 하고 대궐의 안과 밖에 모이게 한 후 황문(黃門)들이 악귀를 쫓는 시

눙을 하면 소년들이 이에 응해 큰 소리로 함께 외치기를 "백기(伯奇)[25]가 꿈을 먹는다. 백기가 꿈을 먹는다. 백기가…"

鶂鶂之鳥、著之山海經。

기여(鶂鶂)새에 대하여는《산해경(山海經)》에 쓰여 있다.

> 山海經曰、翼望之山有鳥焉。其狀如鳥、三首六尾而善笑、名曰鶂鶂。服之
> 使人不夢魘、可以禦凶。
>
> 《산해경(山海經)》에 이르기를, 날아서나 오를 수 있는 험준한 산에 사는 새
> 이다. 형상은 까마귀 같고 머리는 셋 꼬리는 여섯인데 잘 웃는다. 그 이름
> 은 기여(鶂鶂)[26]인데 이 새를 먹으면 꿈에 가위눌리지 않게 되고 나쁜 일
> 을 예방할 수 있다.

夜神之呪、述於酉陽雜俎。

밤에 귀신을 쫓는 주문(呪文)은《유양잡조(酉陽雜俎)》[27]에 쓰여 있다.

> 段成式曰、夜神呪可避惡夢。呪曰、婆珊婆演帝。詳見續博物志。
>
> 단성식(段成式)[28]이 이르기를, 밤에 귀신을 쫓는 주문(呪文)으로 악몽(惡夢)
> 을 피할 수 있다. 주문은 "바 샨 바 얀 띠(và shan và yan tti)"[29]이다. 자세한 것
> 은《속박물지(續博物志)》를 보시라.

故鬱壘桃梗葦虎之設、亦舍萌贈、惡之遺制云。

그러므로 울률(鬱壘)이 복숭아나무판에 갈대 끈으로 호랑이를 위한 설비
(設備)를 한 형상도 역시 나쁜 징조를 버리고 악귀를 쫓아 보내는 관제(貫
制)이다.

> 山海經曰、東海有度索山、上有大桃樹、蟠屈三千里。其東北鬼門、萬鬼出
> 入、有二神人、一曰神荼、一曰鬱壘。閱領衆鬼之害人者、執以葦索、而用

以食虎、於是黃帝法而象之、毆儺羣、因立桃梗於門、畵鬱壘葦虎之象。
漢制設桃梗、鬱壘葦茭於百官宮府、又以葦戟桃枝賜公卿。

《산해경(山海經)》에 이르기를, 동해 (東海)가운데 도색산(度索山)이 있는데 이 산 위에는 큰 복숭아나무가 삼천리에 이르도록 굽이치며 뻗어있다. 산의 동북방은 귀문방(鬼門方)이어서 뭇 귀신들이 출입하는데 이곳을 신서(神茶)와 울률(鬱壘) 두 신인(神人)이 검문하고 있다. 그러다가 사람을 해치는 귀신을 검색하여 갈대 끈으로 묶어 호랑이에게 먹이로 준다. 이를 황제(黃帝)가 법

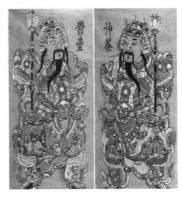

▲ 신서(神茶)와 울률(鬱壘)

(法)으로써 형상화하여 악귀를 쫓는 방법으로 사용하였다. 그리하여 세간에서는 복숭아나무판에 울률(鬱壘), 갈대 끈, 호랑이를 그려 문 위에 걸게 되었다. 한대(漢代)에 이르러서는 이러한 풍습을 법으로 제정하여 복숭아나무판에 울률(鬱壘)과 갈대 끈을 그려 백관(百官)이 있는 궁궐에 설치하였으며 갈대 창(槍)과 복숭아나무가지를 공경(公卿)에게 하사하였다.

■ 注疏

1) 《급총주서정오편(汲冢周書程寤篇)》: 보통 《周書程寤》라고 부른다. 初太康 2년에 汲郡 사람들이 魏의 襄王의 墓를 도굴하다가 그 안에서 얻은 竹書 수십 수레. 紀年 13편에는 夏 이래 周의 幽王이 犬戎을 멸망시킨 것까지의 기록이 기재되어 있었다. 또한 易經, 《論語》, 瑣語, 射法, 歷書, 天文類書 등도 있었다.

2) 태사(太姒): 周文王의 妃, 武王의 母后.

3) 상(商): 國名. B.C 1783~1122. 三代의 하나로 始祖는 成湯. 伊尹과 함께 夏를 벌하여 천하를 얻자 국호를 商으로 하였다. 28世 紂王 때 周武王에게 망하였다.

4) 태자(太子) 발(發): 周의 開國祖인 武王. 商의 뜰에 난 가시는 商의 紂王의 虐政을 의미하고 쓸모없음도 의미한다. 태자의 이름 發은 뽑을 拔과 同音이고 가래나무는 木工材로 쓸 수 있으니 商王朝의 無

用한 인재들은 망하여 없어지고 새로운 周王朝의 유능한 다양한 인재들이 등장한다는 뜻이다.

5) 명당(明堂): 歷代의 皇帝를 제사지내며 國政을 결정하는 종묘를 겸한 궁궐.

6) 황천상제(皇天上帝): 玉皇上帝.

7) 삼공(三公): 周代의 官職名. 太師, 太傅, 太保이다. 《周禮·天官·宰夫》에 이르기를, 왕 아래에 三公, 六卿, 大夫, 軍吏의 位가 있다.

8) 좌사(左史): 官名. 左史는 사실을 기록하고 右史는 말을 기록하였다. 《周禮春官》에 이르기를, 太史는 內史이고 左史이다.

9) 융부(戎夫): 왕의 곁에서 시중을 드는 하급관리.

10) 삭망(朔望): 음력 초하루와 보름.

11) 《문경(文儆)》: 《逸周書》의 篇名.

12) 《무경(武儆)》: 《逸周書》의 篇名.

13) 교보(郊寶): 비밀리에 신성하게 보존하고 있는 寶庫.

14) 금지(金枝): 金으로 만든 나뭇가지 모양.

15) 세서(細書): 작은 글씨.

16) 《설원(說苑)》: 漢代에 劉向이 저술한 20권의 책. 正史에서 누락된 사실들을 단편적으로 기록하였다.

17) 《가의서(賈誼書)》: 賈誼의 저서로 짐작된다. 賈誼는 漢시대 雒陽人. 詩書와 文章에 능했다. 李斯의 학문 이 吳公을 통해 賈誼에게 전해졌다. 20세에 文帝의 부름을 받아 博士, 太中大夫에까지 이르렀다. 服色과 法制와 禮樂을 고쳤다. 梁懷王에 천거되고 太傅가 되어 政事를 돌보았다. 33세에 죽었다. 世稱, 賈長沙라고 한다.

18) 역귀(疫鬼): 厲鬼. 惡鬼의 일종으로 산이나 강에 살며 사람에게 해를 끼친다. 혹은 사람이 죽어서 된 惡鬼.

19) 방상씨(方相氏): 官名. 周禮에 의하면 夏官에 소속되어 있으며 疫鬼를 쫓는 일을 한다. 方相氏는 狂夫 네 사람이라고도 한다. 또한 《後漢書禮儀志》에 이르기를, 方相氏는 황금으로 된 눈이 넷이고 玄衣朱裳에 곰 가죽을 걸치고 槍을 쥐고 있다.

20) 백루(百隸): 온갖 穢氣, 더러운 기운, 탁기, 惡氣.

21) 허위일(虛危日): 28宿 중 北方에 있는 일곱 별 중의 둘. 虛星, 衛星에 해당되는 날은 惡鬼와 厲鬼가 성(盛)한 날이다.

22) 《통전(通典)》: 唐의 杜佑가 撰한 책 이름. 200권으로 되어있다. 《食貨》, 《選擧》, 《職官》 등으로 구분되어 있다. 淸代, 乾隆간에 勅命으로 《續通典》 100권이 간행되었다.

23) 황문(黃門): 宦官, 혹은 결혼은 하였으나 종신토록 자녀가 없는 자.

24) 12수(十二獸): 地支에 해당하는 열두 동물. 쥐(子), 소(丑), 호랑이(寅), 토끼(卯), 용(辰), 뱀(巳), 말(午), 양(未), 원숭이(申), 닭(酉), 개(戌), 돼지(亥).

25) 백기(伯奇): 꿈을 먹고 산다는 신령한 짐승. 貘이라고도 한다.

26) 기여(鵋鵜): 《郝懿行箋疏》에 이르기를, 鵋鵜는 암수가 한 몸에서 바뀌며 거짓과 틀린 것을 보면 잘 웃는다. 까마귀 형상인데 오색 빛이 나며 붉은 무늬가 있고 鵋鵜를 먹으면 疽症에 걸리지 않는다.

27) 《유양잡조(酉陽雜俎)》: 唐의 段成式이 撰한 책으로 20권, 《續集》은 10권으로 되어있다. 怪異한 이야기, 荒渺無稽한 물건, 사건 등의 내용, 浮誇한 論文, 祕籍 등이 기재되어있다. 대부분 梁의 元帝 시에 酉陽의 逸典에서 採錄하였다.

28) 단성식(段成式): 《酉陽雜俎》의 저자, 唐시대의 臨淄人, 字는 柯古. 博學强識하다. 그의 詩名은 李商隱, 溫庭筠과 함께 높았다. 文宗 시에 太常少卿을 지냈다.

29) 바샨~tti: 婆珊婆演帝는 중국발음으로 "빠 샨 빠 이앤 띠(bā shān bā yǎn dì)"이나 "바 샨 바 얀 띠"가 梵

音에 더 가깝다. 呪文은 보통 뜻 위주의 주문과 발음 위주의 주문 2종류가 있는데 本呪는 문자의 내용에 어떠한 의미도 없고 발음 위주로 된 주문특유의 婆, 珊 등이 있는 것으로 보아 梵音呪(sanskrit mantra)가 확실하다. 本呪는 制伏呪의 공통형식인 hūm이나 phát로 끝나지 않고 tti로 끝나는 것으로 보아 티벳 밀교주문 중에서도 후기에 생성된 주문으로 사료된다. 범음주를 중국어로 표기할 때는 音借하기 때문에 최소 30% 이상 발음의 오류가 있고 우리말로 漢文發音을 하면 모음만이 어느 정도 범음에 맞기 때문에 모음 위주의 불교기도주문은 30% 이하만이 맞게 된다.

10. 감변편 感變篇第十

感變九端、疇識其由然哉。

감변(感變)에는 구단(九端)이 있으니 그 범위는 그렇게 연유(緣由)하는 바를 아는 데 있다.

> 列子曰、不識感變之所起者、事至則惑。其所由然、識感變之所起者、事至則知。其所由然 知其所由然、則一體之盈虛消息、皆通於天地、應於物類。

> 열자(列子)가 말하기를, 감변(感變)이 일어나는 것을 알지 못하는 자는 일이 닥치면 미혹(迷惑)하나 이렇게 되는 원리를 아는 자는 감변이 일어나 일이 닥쳐도 그 연유(緣由)를 안다. 원리를 아는 것은 일체(一切)의 차고 빔, 소멸(消滅)과 휴식(休息) 등이 모두 천지와 통하여 물질 종류에 응하는 것을 아는 것이다.

一曰氣盛、二曰氣虛、三曰邪寅、四曰體滯、五曰情溢、六曰直叶、七曰比象、八曰反極、九曰厲妖。何謂氣盛。陰氣盛則夢涉大水而恐懼、陽氣盛則夢大火燔炳、陰陽俱盛則相殺。上盛則夢飛、下盛則夢墮。甚饑則夢取、甚飽則夢與。肝氣盛則夢怒、肺氣盛則夢恐懼哭泣飛揚、心氣盛則夢喜笑恐畏、脾氣盛則夢歌樂、身體重不擧、腎氣盛則夢腰脊兩解不屬。短蟲多則夢聚衆、長蟲多則夢相擊毀傷。此氣盛之夢、其類可推也。

하나는 기성(氣盛), 둘은 기허(氣虛), 셋은 사우(邪寅), 넷은 체체(體滯), 다섯은 정일(情溢), 여섯은 직협(直마), 일곱은 비상(比象), 여덟은 반극(反極), 아홉은 여요(厲妖)이다. 무엇을 기허(氣虛)라고 이르는가? 음기(陰氣)가 성(盛)하면 꿈에 큰물을 건너면서 무서워하거나 두려워하고, 양기(陽氣)가 성(盛)하면 꿈에 큰불에 타게 되고, 음(陰)과 양(陽)이 함께 성(盛)하면 꿈에 서로 죽이게 된다. 상성(上盛)[1]하면 꿈에 하늘을 날고, 하성(下盛)[2]하면 꿈에 아래로 떨어진다. 매우 굶주리면 가져오는 꿈을 꾸고, 매우 배부르면 주는 꿈을 꾼다. 간기(肝氣)가 성(盛)하면 꿈에 분노(忿怒)하고, 폐기(肺氣)가 성(盛)하면 꿈에 무서워하거나 두려워하고 눈물 흘리며 울거나 하늘을 난다. 심기(心氣)가 성(盛)하면 꿈에 즐거워 웃거나 놀래서 두려워한다. 비기(脾氣)가 성(盛)하면 꿈에 노래를 부르며 악기(樂器)를 연주하거나 몸이 무거워서 들지 못한다. 신기(腎氣)가 성(盛)하면 꿈에 허리와 척추(脊椎)가 서로 나뉘어져 닿지 않는다. 짧은 벌레가 많으면 꿈에 많은 사람이 모여 있는 것을 보게 되고, 긴 벌레가 많으면 꿈에 서로 때려 훼상(毁傷)되는 것을 본다. 이는 기성(氣盛)한 꿈이니 그 종류는 추측할 수 있다.

氣盛之夢十有五、詳見黃帝靈樞經淫邪發夢篇、并內經脉要精微論。但靈樞經無短蟲長蟲二夢、內經無心脾腎三夢。列子曰、陰氣壯則夢涉大水而恐懼、陽氣壯則夢涉大火而燔炳、陰陽俱壯則夢相殺、甚飽則夢與、甚饑則夢取。

열에 다섯은 기성(氣盛)한 꿈이다. 자세한 것은 《황제영추경(黃帝靈樞經)》의 《음사발몽편(淫邪發夢篇)》과 《내경(內經)》의 《맥요정미론(脉要精微論)》을 보시라. 다만 《영추경(靈樞經)》에는 짧은 벌레와 긴 벌레에 관한 두 가지 꿈이 없으며 《내경(內經)》에는 심(心), 비(脾), 신(腎)의 세 가지 꿈이 없다. 열자(列子)가 말하기를, 음기(陰氣)가 장(壯)하면 꿈에 큰물을 건너면서 두려워하고 양기(陽氣)가 장(壯)하면 꿈에 큰불에 타게 된다. 음양(陰陽)이 함께 장(壯)하면 꿈에 서로 죽이고 매우 배부르면 꿈에 주게 되고 매우 굶주리면 꿈에 가져오게 된다.

何謂氣虛。肺氣虛則使人夢見白物、見人斬血藉藉、得其時則夢見兵戰。腎氣虛則使人夢見舟船溺人、得其時則夢伏水中若有畏恐。肝氣虛則夢見菌香生草、得其時則夢伏樹下不敢起。心氣虛則夢求火陽物、得其時則夢燔灼。脾氣虛則夢飮食不足、得其時則夢築垣蓋屋。此氣虛之夢、其類可推也。

무엇을 기허(氣虛)라고 이르는가? 폐기(肺氣)[3]가 허(虛)하면 꿈에 흰 물체를 보거나 사람이 칼에 베여 피가 흥건한 것을 본다. 그 때를 얻으면 꿈에 병사(兵士)들이 싸우는 것을 본다. 신기(腎氣)[4]가 허(虛)하면 꿈에 작거나 큰 배에 탄 사람들이 물에 빠지는 것을 본다. 그 때를 얻으면 꿈에 물 가운데 엎드려 있거나 두렵고 무서워한다. 간기(肝氣)[5]가 허(虛)하면 꿈에 향기로운 버섯과 살아있는 풀을 본다. 그 때를 얻으면 꿈에 나무아래에 엎드려 있으면서 일어나려고 하지 않는다. 심기(心氣)[6]가 허(虛)하면 꿈에 불이나 양물(陽物)[7]을 구한다. 그 때를 얻으면 꿈에 불에 타게 된다. 비기(脾氣)[8]가 허(虛)하면 꿈에 음식을 먹어도 만족하지 못한다. 그 때를 얻으면 꿈에 담장을 쌓거나 지붕을 덮는다. 이는 기허(氣虛)한 꿈이니 그 종류는 추측할 수 있다.

五臟氣虛十夢。詳見內經盛衰論。蓋陽氣有餘、陰氣不足故也。

오장(五臟)이 기허(氣虛)하면 열 가지 꿈을 꾼다. 자세한 것은 《내경(內經)》의 《성쇠론(盛衰論)》을 보시라. 이는 모두가 양기(陽氣)는 유여(有餘)하고 음기(陰氣)는 부족한 연고(緣故)이다.

何謂邪寓。厥氣客於心則夢見丘山煙火、客於肺則夢飛揚、見金鐵之奇物、客於肝則夢山林樹木、客於脾則夢見丘陵大澤壞屋風雨、客於腎則夢臨淵沒居水中、客於膀胱則夢遊行、客於胃則夢飮食、客於大腸則夢田野、客於小腸則夢聚邑街衢、客於膽則夢鬪訟自刳、客於陰器則夢接內、客於項則夢斬首、客於脛則夢行走而不能前及、居深地窌苑中、客於股肱則夢禮節拜起、客於胞腫則夢溲便。此淫邪之夢、其類可推也.

무엇을 사우(邪寓)라고 부르는가? 사기(邪氣)가 심(心)에 머물면 꿈에 언덕이나 산에서 연기나 불이 나는 것을 보게 된다. 사기(邪氣)가 폐(肺)에 머물면 꿈에 하늘을 날거나 금이나 쇠로 된 기이한 물건을 보게 된다. 사기(邪氣)가 간(肝)에 머물면 꿈에 산, 숲, 나무 등을 보게 된다. 사기(邪氣)가 비(脾)에 머물면 꿈에 구릉(丘陵)과 큰 못을 보게 되거나 비바람을 맞고 있는 허물어진 집을 보게 된다. 사기(邪氣)가 신(腎)에 머물면 꿈에 못가에 가거나 물속에 빠져있게 된다. 사기(邪氣)가 방광(膀胱)에 머물면 꿈에 유람하고 사기(邪氣)

가 위(胃)에 머물면 꿈에 음식을 먹는다. 사기(邪氣)가 대장(大腸)에 머물면 꿈에 밭과 들판을 보게 되고 사기(邪氣)가 소장(小腸)에 머물면 꿈에 취읍(聚邑), 거리, 네거리 등을 보게 된다. 사기(邪氣)가 담(膽)에 머물면 꿈에 싸우거나 소송하거나 스스로 목을 벤다. 사기(邪氣)가 성기(性器)에 머물면 꿈에 성교를 하게 되고 사기(邪氣)가 뒷목에 머물면 꿈에 목 베임을 당한다. 사기(邪氣)가 정강이에 머물면 꿈에 걷거나 달려도 앞으로 나아가지 못한다. 또한 깊은 땅이나 움, 정원 가운데 있게 된다. 그 사기(邪氣)가 다리나 팔에 머물면 꿈에 예절을 갖추어 일어나 절을 하게 된다. 사기(邪氣)가 자궁(子宮), 직장(腫腸)에 머물면 꿈에 소변이나 대변을 배설한다. 이는 음사(淫邪)의 꿈이니 그 종류는 추측할 수 있다.

> 厥氣襲內十五夢、詳見靈樞經。內經云、少陰之厥、令人妄夢。列子曰、以浮虛爲疾者、則夢揚、以沉實爲疾者 則夢溺。

사기(邪氣)가 안으로 쳐들어오면 열다섯 가지의 꿈이 된다. 자세한 것은 《영추경(靈樞經)》을 보시라.
《내경(內經)》[9]에 이르기를, 소음(少陰)[10]에 사기(邪氣)가 머물면 망몽(妄夢)을 꾸게 된다. 열자(列子)가 말하기를, 부허(浮虛)[11]하여 질병이 된 자는 꿈에 하늘을 날고 침실(沉實)[12]하여 질병이 된 자는 꿈에 물에 빠진다.

> 何謂體滯。口有含則夢强言而喑。足有絆則夢强行而躄。首墮枕則夢躋高而墮。臥藉徽繩則夢蛇虺。臥藉彩衣則夢虎豹。髮掛樹枝則夢倒懸。此體滯之夢、其類可推也。

무엇을 체체(體滯)라고 이르는가? 입에 머금은 것이 있으면 꿈에 억지로 말을 하려 해도 말이 나오지 않는다. 발이 묶여 있으면 꿈에 억지로 걸어도 절뚝거리게 된다. 베개에서 머리가 떨어지면 꿈에 높이 올랐다가 떨어진다. 세 겹 노끈으로 엮은 자리에 누우면 꿈에 뱀이나 이무기를 본다. 채색된 옷감으로 된 자리에 누우면 꿈에 호랑이나 표범을 보게 되고 머리카락을 나뭇가지에 걸어 놓으면 꿈에 거꾸로 매달리게 된다. 이는 체체(體滯)한 꿈이니 그 종류는 추측할 수 있다.

> 列子曰、藉帶而寢者、則夢蛇、飛鳥銜髮、則夢飛。

열자(列子)가 말하기를, 풀로 엮은 자리에서 잠을 자는 사람은 꿈에 뱀을 보게 되고 입에 머리카락을 물거나 날고 있는 새를 보게 되면 꿈에 하늘을 난다.

何謂情溢。過喜則夢開、過怒則夢閉、過恐則夢匿、過憂則夢嚆、過哀則夢救、過忿則夢詈、過驚則夢狂。此情溢之夢、其類可推也。何謂直叶。夢君則見君、夢甲則見甲。

무엇을 정일(情溢)이라고 이르는가? 지나치게 즐거우면 꿈에 열게 되고 지나치게 성내면 꿈에 닫게 되고 지나치게 무서워하면 꿈에 숨게 되고 지나치게 걱정하면 꿈에 성내게 되고 지나치게 슬퍼하면 꿈에 구원(救援)하게 되고 지나치게 분노하면 꿈에 욕을 하게 되고 지나치게 놀라면 꿈에 미치게 된다. 이는 정일(情溢)한 꿈이니 그 종류는 추측할 수 있다. 무엇을 직협(直叶)이라고 이르는가? 꿈에 임금을 보면 임금을 보게 되고 꿈에 대궐을 보면 대궐을 보게 된다.

王充論衡曰、人亦有直夢、夢見甲、明日則見甲矣。夢見君、明日則見君矣、如夢甲與君。甲與君則不見也、甲與君不見、所夢見甲與君、象類之也。

왕충(王充)의 《논형(論衡)》에 이르기를, 사람에게는 직몽(直夢)이 있으니 그것은 다음과 같다. 꿈에 대궐을 보면 다음날 대궐을 보게 된다. 꿈에 임금을 보면 다음날 임금을 보게 되는 것이니 꿈에 대궐을 보나 임금을 보나 원리는 같다. 꿈에 대궐이나 임금을 보지 않았으면 잠에서 깬 뒤 대궐이나 임금을 보지 못하는 것이니 이는 꿈에 본 대궐, 임금이 사실적인 대궐, 임금과 같은 형상의 종류이기 때문이다.

夢鹿則得鹿。

꿈에 사슴을 보면 사슴을 얻게 된다.

列子曰、鄭人有薪於野者、遇駭鹿御、而擊之斃之。恐人見也、遽藏諸隍中覆以蕉。不勝其喜、俄而遺其所藏處、遂以爲夢焉、順塗而詠其事。旁人有聞者、用其言而取之、旣歸告其室人曰、向薪者夢得鹿、而不知其處、吾

今得之、彼直眞夢者矣。室人曰、若夢薪者之得鹿耶。詎有薪者耶。今眞
得鹿、是若之夢眞耶。夫曰、吾據得鹿、何用知彼夢我夢耶。薪者歸不厭失
鹿、其夜眞夢藏之之處、又夢得之之主。爽旦案所夢而尋得之、遂訟而爭
之士師。士師曰、初眞得鹿、妄謂之夢、眞夢得鹿、妄謂之實、彼眞取若鹿
而與若爭鹿。室人又謂夢認人鹿、無人得鹿。今據有此鹿請二分之。以聞
鄭君曰、嘻。士師將復夢分人鹿乎。訪之國相、國相曰、夢與不夢、臣所不
能辨也。

열자(列子)가 말하기를, 정(鄭)나라[13]사람이 들판에서 땔나무를 하다가 사
슴을 만났다. 사로잡은 뒤에 때려서 죽인 다음 다른 사람의 눈에 띄는 게
두려워 성 밑의 빈 구덩이에 넣고서 파초(芭蕉)잎으로 덮고서 기쁨을 이기
지 못하고 있다가 갑자기 기억을 상실하였다. 마침내 나무꾼은 꿈속의 일
이었을지도 모른다며 길을 걸으며 그 일을 중얼거렸다. 그러자 곁에 있던
사람이 그 말을 듣고서 그 말대로 사슴을 찾아내어 집으로 가지고 왔다.
그가 아내에게 설명하기를 "얼마 전에 나무꾼이 사슴을 잡은 꿈을 꾸었는
데 그곳을 알지 못하는듯하면서도 중얼거렸소. 나는 그의 말을 믿고 그곳
을 찾아가 사슴을 발견하였으니 나무꾼은 바른 꿈을 꾼 것이오." 아내가
말하기를 "나무꾼이 사슴을 잡은 꿈은 당신이 꾼 꿈이 아닐까요? 어찌 그
런 사람이 있을 수 있겠어요? 지금 사슴을 찾아 온 것은 사실이니 당신의
꿈이 바르다고 할 수 있지요." 지아비가 말하기를 "내가 사슴을 발견한 것
은 나무꾼의 중얼거림에 근거하였는데 당신은 어찌하여 그의 꿈이 나의
꿈이라고 말하오?"
나무꾼은 귀가하여 사슴을 잡았던 일에 대해 생각하다가 밤에 꿈을 꾸었
다. 사슴을 감추어 두었던 곳에 대해 참되게 꿈꾸고 사슴을 가져간 사람
이 누구라는 것도 꿈꾸었다. 나무꾼은 이른 새벽잠에서 깨자마자 사슴을
가져간 사람의 집으로 가서 그가 사슴을 가져갔음을 확답 받았으나 반환
받지 못하자 관부(官府)에 소송하였다.
재판관 사사(士師)[14]가 판결하기를 "나무꾼은 처음에 참으로 사슴을 잡았
는데도 망령되게 꿈이라고 말하였다. 그것은 꿈속에서 참으로 사슴을 잡
고 망령되게 현실에서 잡았다고 말하는 것과 같다. 저 자는 참으로 사슴
을 가졌으므로 나무꾼과 다투게 되었다. 저 자의 아내는 지아비가 꿈에
나무꾼이 사슴을 잡아 놓은 것을 알게 되었다고 생각하고 나무꾼은 사슴

을 잡은 일이 없다고 여겼다. 그러니 확실한 근거인 이 사슴을 둘로 나누어 가지라."

그 판결을 정왕(鄭王)이 듣고 "아, 사사는 장차 다시 꿈을 꾸어 꿈속에서 사람과 사슴을 판별하리라."라고 했다. 이때 정왕에게 한 재상이 내방(來訪)하였다. 정왕이 재상에게 이일에 대해 정결(正決)을 물었다. 답하기를 "그들이 꿈을 꾸었는지 꾸지 않았는지 신(臣)은 분별할 수 없습니다."[15]

夢粟則得粟。

꿈에 좁쌀을 보면 좁쌀을 얻게 된다.

解見草木篇、劉浩夢籬下粟注。

풀이는《초목편(草木篇)》의 '유호(劉浩)는 꿈에 울타리 밑에 좁쌀이 있는 것을 보았다.' 495p를 보시라.

夢刺客得刺客。

꿈에 자객(刺客)을 보면 자객을 만난다.

五代史曰、後梁康王友孜目重瞳、嘗自負、當爲天子。貞明元年、使刺客入末帝寢中、末帝方寐夢刺客害己。旣寤聞榻上寶劍、鏗然有聲。若其抽劍曰、將有變耶。乃索寢中、得刺客、手殺之。

《오대사(五代史)》[16]에 이르기를, 후량(後梁)의 강왕(康王)의 벗 자목(孜目)은 눈동자가 네 개였다. 자목은 일찍부터 자신이 천자(天子)가 될 것이라고 믿어 정명원년(貞明元年 A.D 915)에 자객을 말제(末帝)[17]의 침전(寢殿)에 잠입하게 하였다. 이때 말제는 막 잠이 들었는데 자객이 자신을 해치는 꿈을 꾸었다. 말제가 잠에서 깨니 책상 위의 보검(寶劍)에서 쇳소리가 나고 있었다. 말제가 훌쩍 뛰어 보검을 집어 들고 뽑은 후 말하기를 "장차 변괴가 있겠구나!" 말제가 침상 밑을 수색하니 자객이 있어 보검으로 찔러 죽였다.

夢受秋駕、則受秋駕。

꿈에 추가(秋駕)를 받게 되면 추가를 받게 된다.

呂氏春秋曰、尹儒學御三年而無得、夜夢受秋駕於師。明日往朝其師、呼
而謂之曰、今日將敎子以秋駕。尹儒反走、北面再拜曰、今昔臣夢受之、先
爲其師言、所夢固秋駕也。

《여씨춘추(呂氏春秋)》[18]에 이르기를, 윤생(尹生)은 유학(儒學)을 삼 년 공부
하였어도 얻은 바가 없었다. 밤에 꿈속에서 추가(秋駕)[19]를 받았다. 윤생
(尹生)은 잠에서 깬 뒤 다음 날 스승을 찾아뵈었다. 스승이 크게 말하기를
"오늘 너에게 추가를 가르쳐 주겠다." 윤생은 반대방향으로 달려가 북쪽
을 향해 두 번 절하고서 말하기를 "예나 지금이나 꿈에서라도 추가를 받
기를 원했는데 먼저 스승으로부터 말씀을 듣게 되었으니 꿈속에서의 추
가가 사실로 되었습니다."

此直叶之夢、其類可推也。何謂比象。將涖官則夢棺、將得錢則夢穢。

이러한 것들이 직협(直叶)한 꿈이니 그 종류를 추측할 수 있다. 무엇을 비상
(比象)이라고 하는가? 장차 관직(官職)을 얻게 되려면 꿈에 관(棺)은 보게 되
고 장차 돈을 얻게 되려면 꿈에 더러운 것을 보게 된다.

晉書曰、或問殷浩、將涖官而夢棺、將得財而夢糞。何也。浩曰、官本臭腐、
故得官而夢尸、錢本糞土、故得錢而夢穢。時人以爲名言。

《진서(晉書)》에 이르기를, 어떤 사람이 은호(殷浩)[20]에게 묻기를 "장차 관직
을 얻게 되려면 꿈에 관(棺)을 보게 되고 장차 돈을 얻게 되려면 꿈에 똥을
본다고 하는데 왜 그런지요?"
은호가 말하기를 "관직은 본래 냄새나고 썩은 것이므로 관직을 갖게 되는
자는 꿈에 시체를 보고 돈은 본래 똥 흙더미이므로 돈을 얻게 되는 자는
꿈에 더러운 것을 보게 되는 것이오." 그 말은 그 시대 사람들의 명언이
되었다.

將貴顯則夢登高、將雨則夢魚。

장차 귀하게 되어 드러나게 되려면 꿈에 높은 곳에 오르고, 장차 비가 오려면 꿈에 물고기를 본다.

> 說苑曰、將陰夢水、將晴夢火。
>
> 《설원(說苑)》에 이르기를, 장차 날이 흐리려면 꿈에 물을 보고 장차 날이 개려면 꿈에 불을 본다.

將食則夢呼犬、將遭喪禍則夢衣白。將沐恩寵則夢衣錦。謀爲不遂則夢荊棘泥塗。此比象之夢、其類可推也。何謂反極。有親姻燕會則夢哭泣。有哭泣口舌爭訟則夢歌舞。

장차 먹을 일이 있으면 꿈에 개를 부르고 장차 상화(喪禍)를 만나면 꿈에 흰옷을 입는다. 장차 은총(恩寵)을 받게 되려면 꿈에 비단옷을 입는다. 도모(圖謀)하여도 이루어지지 않으려면 꿈에 가시나무나 진흙으로 바른 것을 본다. 이러한 것들이 비상(比象)한 꿈이니 그 종류를 추측할 수 있다. 무엇을 반극(反極)이라고 하는가? 친인척이 모여 연회(燕會)를 가지려면 꿈에 소리 내어 운다. 소리 내어 울게 되거나 구설수(口舌數), 송사(訟事)로 다툴 일이 있으려면 꿈에 노래하고 춤춘다.

> 莊子曰、夢飮酒者、旦而哭泣。夢哭泣者、旦而田獵。列子曰、夢飮酒者憂、夢歌舞者哭。
>
> 장자(莊子)가 말하기를, 꿈에 술을 먹은 사람은 다음날 아침에 소리 내어 울게 된다. 꿈에 소리 내어 운 사람은 다음 날 아침에 들판에서 사냥을 하게 된다.
> 열자(列子)가 말하기를, 꿈에 술을 먹은 사람은 걱정거리가 있게 되고 꿈에 노래하고 춤춘 사람은 울게 된다.

寒則夢暖、餓則夢飽、疾則夢醫。

추우면 꿈에 따뜻한 것을 보고 배고프면 꿈에 배부른 것을 보고 병들면 꿈에 의원(醫員)을 본다.

> 列子曰、將陰夢火、將疾夢食。佛書云、凍人夢衣、餓人夢飽。蘇東坡詩曰、
> 餓人忽夢飯甑裂、夢中一飽百憂失。黃山谷曰、餓人常夢飽、病人常夢醫。

열자(列子)가 말하기를, 장차 어두워지려면 꿈에 불을 보게 되고 장차 병
이 들려면 꿈에 음식을 먹는다.
불서(佛書)에 이르기를, 몸이 언 사람은 꿈에 옷을 보고 굶주린 사람은 꿈
에 배부른 것을 본다.
《소동파시(蘇東坡詩)》[21]에 이르기를, 굶주린 사람이 꿈에서 홀연히 시루를
열고 밥을 꺼내 먹으니 꿈에 한번 배부른데도 백가지 시름이 일시에 사라
지네.
황산곡(黃山谷)[22]이 말하기를, 배고픈 사람은 꿈에 항상 배부른 것을 보고
병이 든 사람은 꿈에 항상 의원(醫員)을 본다.

憂孝則夢赤衣絳袍、慶賀則夢麻苴凶服。此反極之夢、其類可推也。何謂厲
妖。强死之鬼、依人爲殃。

상(喪)을 만나 걱정하게 되려면 꿈에 붉은 옷과 빨간 두루마기를 보고, 경사
(慶事)로 축하할 일이 생기려면 꿈에 삼베나 암삼으로 지은 흉한 복장을 보
게 된다. 이러한 것들이 반극(反極)한 꿈이니 그 종류를 추측할 수 있다. 무
엇을 여요(厲妖)라고 하는가? 억울하게 죽은 귀신이 사람에게 의지하여 재
앙을 주는 것이다.

> 左傳曰、鄭伯有爲厲。子産曰、用物精多、則魂魄强。匹夫匹婦强死、而魂魄
> 猶能憑依於人、以爲淫厲。況良霄三世、執其政柄而强死、爲厲不亦宜乎。

《좌전(左傳)》에 이르기를, 정백유(鄭伯有)는 죽어서 여귀(厲鬼)가 되었다. 그
사실을 알게 된 자산(子産)이 말하기를, 물체를 움직일 수 있는 정혼(精魂)
이 많은 것은 혼백이 강하기 때문이다. 보통남녀도 억울하게 죽으면 그
혼백(魂魄)이 능히 사람에게 빙의(憑依)되어 악한 여귀(厲鬼)노릇을 하는데
하물며 정백유 같이 3대가 정권을 쥐고 있다가 억울하게 죽어 어찌 여귀
가 된 경우가 있을 수 없겠는가?'

聚怨之人、鬼將有報。

원한을 받은 사람은 귀신이 장차 보복을 한다.

> 白孔六帖曰、休明之代、物不爲妖。聚怨之人、鬼將有報。
>
> 《백공육첩(白孔六帖)》에 이르기를, 사람들의 지혜가 어두웠던 시대에도 귀신이 물질로 요사(妖邪)를 부리지 못하였다. 그러나 원한을 받은 사람은 장차 귀신에게 보복 당한다.

其見之夢寐者、則由己之志慮疑猜、神氣昏亂。然後鬼厲乘其類瑕、肆其恠孼。故禍災立著、福祉難祈也。乃若晉侯受繫於秦伯、燕王貶徒於房州、則又其次矣。

잠잘 때 꿈을 꾸는 이유는 그 사람의 뜻과 생각에 의심과 시기(猜忌)가 있어 신기(神氣)가 혼란해졌기 때문이다. 이렇게 된 후에 여귀(厲鬼)가 허점을 타고 들어와 괴얼(恠孼)을 마구 부린다. 그러므로 이때 재화(災禍)가 몸에 달라붙어 생기니 이쯤 되면 복지(福祉)를 기도(祈禱)하여도 얻기 힘들다. 진후(晉侯)가 진백(秦伯)으로부터 속박(束縛)받은 것과 연왕(燕王)이 걸어서 방주(房州)까지 걸어서 귀양 간 것이 바로 이러한 예이다.

> 左傳曰、秦伯執晉侯曰、亦晉之妖夢是踐。溫公通鑑曰、燕王忠貶徒房州、數有妖夢。
>
> 《좌전(左傳)》에 이르기를, 진백(秦伯)이 진후(晉侯)를 속박(束縛)하여 말하기를 "진후가 나에게 속박당한 것은 요사(妖邪)한 꿈을 꾸었기 때문이다." 《온공통감(溫公通鑑)》[23]에 이르기를, 연왕(燕王) 충(忠)은 요사(妖邪)한 꿈을 여러 번 꾸고 난 뒤 방주(房州)로 걸어서 귀양을 갔다.

此之謂厲妖之夢、其類可推也。凡此九端、感變雖殊、占應則一。或同而異、未可據其往規。卽譚凶吉、王符夢列篇備矣。

이러한 것들을 여귀(厲鬼)의 요사(妖邪)한 꿈이라고 이르는데 그 종류는 미루어 알 수 있다. 이러한 구단(九端)은 감응(感應)하여 변화하는 바가 비록 특수하다고 하나 점으로써 응하는 바는 하나이다. 혹은 같으면서도 다르고 다르면서 틀리므로 과거의 규칙에만 의거하기에는 부족하다. 이러한 길흉의 원리에 대한 논의는 왕부(王符)[24]의 《몽렬편(夢列篇)》에 자세히 기록되어 있다.

潛夫論夢列篇曰、夢有直·有象·有精·有人·有感·有時·有反·有病·有性。昔武王、邑姜娠太叔、夢帝謂己命爾子虞、而與之唐、及生手文曰虞、因以爲名。成王滅唐、遂以封之、此直夢也。詩曰、維熊維羆、男子之祥、此象夢也。孔子思周公、夜卽夢之、此精夢也。人有思卽夢其至、有憂卽夢其事、此想夢也。今事貴人夢之爲祥、賤人夢之爲殃、君子夢之爲榮、小人夢之爲辱、此人夢也。陰雨之夢、使人厭迷、陽旱之夢、使人亂離、大寒之夢、使人怨悲、大風之夢、使人飄飛、此感夢也。春夢發生、夏夢高明、秋冬夢熱藏、此時夢也。晉文公城濮之戰、夢楚子伏己而盬其腦、本大惡也、及戰乃大勝、此反夢也。陰病夢寒、陽病夢熱、內病夢亂、外病夢發、百病之夢、或散或集、此病夢也。人之心情、好惡不同、或以此吉、或以此凶、當各自察、常占所從、此性夢也。故先有所夢、後無差忒、謂之直。比擬相肖、謂之象。凝念注神、謂之精。晝有所思夜夢其事、乍吉乍凶、善惡不信、謂之想。貴賤賢愚男女長少、謂之人。風雨寒暑、謂之感。五行至相、謂之時。陰極則吉、陽極則凶、謂之反。觀其所疾、察其所夢、謂之病。心情好惡於事有驗、謂之性。此十者、占夢之大略也。而決占凶者、多失其類、豈覺爲陽、寐爲陰、陰陽之扮相反。故耶此亦、謂其不甚者爾、如使夢吉事而己意大喜、則眞吉矣。夢凶事而己意大憂懼、則眞凶矣。所謂春夏夢生長、秋冬夢死傷也。凡察夢者、淸潔鮮好、貌堅體健。竹木茂美、宮室器械新成。方正開通、光明溫和、升上向興之象、皆爲喜謀從事成。穢臭汚濁、腐爛枯槁、傾奇欹邪、劓刖不安、閉塞幽昧、解落墮下、向衰之象、皆爲計謀不從、事不成。妖孽怪異、可憎可惡之事、皆爲憂患。圖畫卵胎、刻鏤非眞、瓦器虛空、皆爲欺紿。倡優俳儛、倂小兒所戱弄之物、皆爲觀笑。此其大都也夢。或甚顯而無占、或甚微而有應、何也。曰、所夢不察、懵懵冒名也。故亦不專、信以斷事、人相大計事、尙有不從、況慌忽雜夢、亦何必乎。唯有精誠所感、神靈所告者、乃可占耳。故君子之異夢、非妄也、必有其故焉。小人之異夢、非榮也、必有眞機焉。今一寢之夢、或屢遷化、百物代至、而其主不能究道之。故占者有不中。此非占之罪也、乃夢者過也。或其夢審矣、而占者不能、連類博觀、故其夢有不驗、此非之陋、乃說之過也。故占夢之難者、讀其書爲難也。夫占夢必審其變故、審其徵候、內考情意外考王相、則吉凶之符可見也。且凡人之見瑞、而修德者、福必成。見瑞而縱恣者、福轉爲禍。見妖而驕侮者、禍必成。見妖而戒懼者、禍轉爲福。故太姒有吉夢、文王不敢康吉、祀於羣神、然後占於明堂、幷拜吉夢、修省恐懼、聞喜若憂。故能成吉以有天下。虢公夢見蓐、收賜之土田、自以爲有吉。史囂令國人賀夢、聞憂而喜、故能成凶以滅其封。易曰、外內使知懼、又明於憂患、與故凡有異夢感心。無問善惡、常恐懼修成、以德迎之、乃能逢吉。

《잠부론(潛夫論)》[25]의 《몽렬편(夢列篇)》에 이르기를, 꿈에는 직몽(直夢), 상몽(象夢), 정몽(精夢), 상몽(想夢), 인몽(人夢), 감몽(感夢), 시몽(時夢), 반몽(反夢), 병몽(病夢), 성몽(性夢)이 있다. 옛적에 무왕(武王)의 후비(后妃) 읍강(邑姜)[26]이 태숙(太叔)을 임신했을 때 꿈을 꾸었다.

상제(上帝)가 말씀하시기를 "짐이 네게 명령하노니 네 아들 우(虞)에게 당(唐)을 주겠다." 때가 되어 아들을 낳으니 손에 우(虞)라는 글자가 쓰여 있어 이름을 우(虞)라고 지었다. 우는 성왕(成王)이 되어 당(唐)을 멸망시키고 봉토(封土)로 받았다. 이는 직몽(直夢)이다.

시(詩)에 이르기를, 꿈에 곰, 매우 큰 곰을 보는 것은 남자의 상서(祥瑞)이다. 이는 상몽(象夢)이다. 공자(孔子)는 주공(周公)을 생각하다가 밤에 주공의 꿈을 꾸었다. 이는 정몽(精夢)이다. 사람이 낮에 생각한 것이 꿈에 나타나고 걱정하면 꿈에 그 일이 나타난다. 이는 상몽(想夢)이다. 사람들은 꿈에 귀인(貴人)을 보면 상서롭다고 하고 천인(賤人)을 보면 재앙이 있을 것이라고 한다. 꿈에 군자를 보면 영화롭고 소인을 보면 욕되다고 한다. 이는 인몽(人夢)이다. 어둡게 비 오는 꿈은 염미(厭迷)[27]하게 하고 뜨거운 가뭄의 꿈은 난리(亂離)[28]나게 만든다. 매우 추운 꿈은 원망, 슬프게 하고 크게 바람이 부는 꿈은 들떠서 서성거리게 한다. 이는 감몽(感夢)이다. 봄 꿈은 발생(發生)[29]하게 하고 여름 꿈은 고명(高明)[30]하게 하고 가을, 겨울 꿈은 숙장(熟臟)[31]하게 한다. 이는 시몽(時夢)이다. 진문공(晉文公)[32]이 성복(城濮)의 전투 때 꿈을 꾸었다. 자신이 손으로 머리를 감싼 채 초인(楚人)을 향해 엎드려 있었다. 잠에서 깬 후 불쾌했으나 대승(大勝)하였다. 이는 반몽(反夢)이다. 음병(陰病)[33]은 꿈에 춥고 양병(陽病)[34]은 꿈에 덥다. 내병(內病)[35]은 꿈에 혼란하고 외병(外病)[36]은 꿈에 뻗어 나간다. 모든 병은 꿈에 흩어지거나 모인다. 이는 병몽(病夢)이다. 사람의 심정(心情)은 좋고 나쁨이 같지 않으므로 똑같은 꿈을 꾸었다 하더라도 사람에 따라 길흉이 다르다. 각자가 살핌이 마땅하다. 몽점(夢占)은 언제나 성정(性情)을 따른다. 이는 성몽(性夢)이다.

요약하겠다. 직몽(直夢)은 먼저 꿈꾸고 나중에 틀림없이 그대로 되는 것이다. 상몽(象夢)은 꿈에 본 형상과 같거나 비슷한 것을 실제로 보게 되는 것이다. 정몽(精夢)은 생각을 집중한 것이 꿈에 나타난 것이고 상몽(想夢)은 산란하게 생각한 것이 꿈에 나타나 얼핏 길한 것도 같고 흉한 것도 같아 믿을 수 없는 것이다. 인몽(人夢)은 귀인(貴人), 천인(賤人), 현인(賢人), 우인(愚人), 남, 여, 장년인, 어린이를 꿈에 보는 것이다. 시몽(時夢)은 오행(五行)이 비, 바람, 추위, 더위의 형태로 나타나 생기는 꿈이다. 반몽(反夢)은 음(陰)이 극(極)에 이르러 도리어 길하고, 양(陽)이 극(極)에 달하여 오히려 흉하게 변하는 것이다. 병몽(病夢)은 평소 질병이 있는지 느끼고 꿈을 살펴 병이 있음을 아는 것이다. 성몽(性夢)은 꿈의 응험이 꿈꾼 자의 성정(性情)의 선악(善惡)에 기인(起因)하는 것이다. 이상의 10종은 점몽(占夢)의 대략(大略)이다. 그러나 이상의 10종의 꿈이 전부는 아니니 십몽(十夢)에만 집착하여 이로써 길흉을 구분하려는 자는 수많은 예외적인 꿈 종류의 진정한 의미를 잃게 될 것이다. 아 - 어찌 깨어 있음만이 양(陽)이고 잠을 자는 것만이 음(陰)이라 하여 상반(相反)되게 음양(陰陽)을 구분할 수 있겠는가? 그러므로 음양의 구별에 집착하지 않는다면 좋은 일을 꿈꿀 수 있어 항상 자기 마음을 즐겁게 할 수 있으니 이것이 참으로 길한 것이다. 또한 흉한 일을 꿈꾸어 자기 마음이 크게 근심한다면 이것이 참으로 흉한 것이다.

이른 바 봄과 여름에 관한 꿈은 낳고 자람이요, 가을과 겨울에 관한 꿈은 다치고 죽는 것이다. 대저 꿈을 살피려는 자는 꿈 중의 청결하고 아름다움, 모양의 견실, 신체의 강건, 대나무와 나무의 무성함과 수려함, 대궐과 기계의 신조(新造), 각지고 바름, 열리어 통함, 찬란, 온화 등을 알아야 한다. 이러한 꿈들은 흥성하고 승진하는 징조이니 기쁜 길사(吉事)가 된다. 도모하는 일은 이루어진다.

더럽고 냄새 남, 썩어 문드러지거나 말라비틀어짐, 기울어 이상함, 아름다우나 삿됨, 코나 발꿈치를 베이거나 신체가 편안치 못함, 막히고 깊숙하며 어두움, 풀어져 떨어져 나감, 추락, 이러한 꿈들은 쇠퇴하는 징조이니 흉사(凶事)가 된다. 또한 꿈속에서의 느낌이 요얼(妖孽)하거나 괴이함, 밉고 싫음, 이러한 꿈 또한 우환이 된다. 알과 태반(胎盤)을 그림, 강철에 새기려는데도 불가능함, 기와나 그릇이 허공에 떠있음, 이러한 꿈들은 남에게 속임을 당한다. 광대가 노래하거나 춤춤, 어린이가 장난감을 가지고 놀음, 이러한 꿈을 꾸면 바라보며 웃는 일을 맞게 된다. 이상이 점몽의 대강(大綱)이다. 꿈에 선명하게 나타났는데도 응험이 없다거나 혹은 미약하게 나타났는데도 응험한 이유는 무엇인가? 꿈꾼 바를 제대로 살피지 못하여 그 의미를 알지 못하는 경우이다. 그러므로 응험이 있어도 응험인줄 모른다. 미약하게 나타난 경우라도 명상(名相)을 파악하면 응험이 있음을 감지(感知)할 수 있다. 사람이 일을 계획함에 있어 잘못 된 주관으로 대비하면 적절히 대응할 수 없다. 꿈의 대강(大綱)도 모르거나 잡몽(雜夢)으로써 어찌 앞날을 대비할 수 있겠는가? 그러나 꿈대로 필연적으로 이루어지는 경우가 있으니 어떤 연유인가? 정성이 지극하여 감통(感通)한 경우거나 신령(神靈)께 기도한 경우이다. 그러므로 군자는 마음이 바르므로 이몽(異夢)이 망몽(妄夢)이 아니어서 꿈이 맞는 것이다. 소인의 이몽(異夢)도 항상 군자와 같은 영몽(靈夢)은 아니나 참 기틀이 있다. 밤에 잠잘 때 꾸는 꿈은 만물이 연이어 이르러 거듭 천화(遷化)[37]하는 것이므로 몽자(夢者)가 도(道)를 탐구한 적이 없으면 점자(占者)도 맞출 수 없다. 이는 몽자의 과오이지 점자의 죄가 아니다. 그리고 점자가 못 맞추는 경우는 몽자가 꿈을 살폈는데도 널리 복잡하게 얽혀 있으므로 제대로 설명하지 못했기 때문이기도 하다. 그러므로 점몽이 어려운 것은 이러한 이유에서 점몽서를 읽고 이해하기가 어렵기 때문이다. 무릇 점자는 몽점을 치는 데 있어 우주원리를 파악한 바탕 위에 몽자의 변고(變故)와 징후(徵候)를 살피면서 그의 정의(情意)도 고찰하고 왕상(王相)[38]까지 추연(推演)하여야 정단(正斷)할 수 있다.

몽자의 심법(心法)과 행동에 대해 말하겠다. 상서(祥瑞)를 보고 덕을 닦은 자는 복이 반드시 이루어지고 상서를 보았어도 방종(放縱)한 자는 복이 화로 변한다. 요사(妖邪)를 보고서 삼가고 두려워하는 자는 화가 변하여 복이 되고 요사를 보았어도 교만한 자는 화가 반드시 들이닥친다. 그러므로 태사(太姒)가 길몽(吉夢)을 꾸었는데도 문왕(文王)은 길(吉)하다고 공표(公表)하지 않고 여러 신(神)에게 기도한 뒤 명당(明堂)에서 점을 치고 길몽(吉夢)이라고 절하며 받았다. 문왕처럼 반성하고 근신(謹愼)하며 좋은 말을 들어도 근심거리를 듣는 듯 한다면 길(吉)을 이루어 천하를 얻을 수 있다. 괵공(虢公)[39]은 꿈에 돗자리를 받은 뒤 왕으로부터 토지와 밭을 하사받았다.

그러자 괵공은 길사(吉事)라고 신하 사연(史囂)에게 꿈을 말하고 축하행사
를 열게 하니 사연은 백성들에게 축하행사를 열었다. 그러자 백성들이 사
연에게 말하기를 "괵공은 근심거리를 들어도 기뻐한다."고 하였다. 과연
괵공은 축하행사로 흉(凶)을 이루어 봉토(封土)를 왕에게 빼앗겼다. 역(易)
에 이르기를, 외물(外物)로 인하여 내심(內心)의 두려움을 알게 하라. 또한
우환(憂患)에 밝으라. 이러한 마음을 지니고 있다면 이몽(異夢)을 꾸어도
길흉을 알려고 하지 않게 된다. 항상 삼가고 반성하여 모든 일을 덕(德)으
로 맞이한다면 결국에는 길(吉)만을 맞이하게 되리라.

■ 注疏

1) 상성(上盛): 上部에 邪氣가 盛함.
2) 하성(下盛): 下部에 邪氣가 盛함.
3) 폐기(肺氣): 五行 중에 金에속하며 白色에 해당된다.
4) 신기(腎氣): 五行 중에 水에 속하며 黑色에 해당된다.
5) 간기(肝氣): 五行 중에 木에 속하고 靑色에 해당된다.
6) 심기(心氣): 五行 중에 火에 속하고 赤色에 해당된다.
7) 양물(陽物): 陰에 대해 상대적 의미의 陽의 物件 남성, 불, 태양, 열성, 강함, 이러한 속성의 물건.
8) 비기(脾氣): 五行 중에 土에 속하고 黃色에 해당된다.
9) 《내경(內經)》: 《黃帝內經》이라고도 한다. 醫籍 중에서는 最古書이다. 《素問》과 《靈樞》의 두 종류로
    나뉘어져 있다. 《素問》24권은 黃帝와 岐伯의 問答을 기록한 것으로 唐의 王氷이 注하였다. 《漢書藝
    文志》에는 《黃帝內經》18편이 記載되어있는데 素問이란 名稱은 없다. 東漢의 張機가 《傷寒論》을 저
    술할 때 素問이란 명칭을 처음 썼다.
10) 소음(少陰): 腎臟. 《素問·脉解篇》에 이르기를, 少陰은 腎에 속한다. 또한 手少陰經과 足少陰經을 지
    칭한다.
11) 부허(浮虛): 비어서 공중에 뜬 것 같음.
12) 침실(沉實): 무거워 가라앉은 것 같음.
13) 정(鄭)나라: 본래는 周의 西都와 그 주위로 宣王이 아우를 鄭侯로 봉했다. 河北省의 中部黃河 이남,
    新鄭縣이 주로 이에 해당된다.
14) 사사(士師): 周의 관직명. 秋官에 소속되어 있으면서 옥송(獄訟)의 일을 담당하였다. 여러 나라에서
    도 士師를 두었다.
15) 사사(士師)가 판결하기를~분별할 수 없습니다: 《列子》의 원문에는 이 말 뒤에 '깨어 있을 때의 일과
    꿈에서의 일은 오직 黃帝와 孔丘만이 판별할 수 있습니다. 지금은 黃帝와 孔丘가 죽고 없는데 어찌
    판별할 수 있겠습니까? 그러니 사사의 말이 옳습니다.(欲辨覺夢 惟黃帝孔丘 今亡黃帝孔丘 孰辨之

哉)'가 있다. 이상은 《周穆王篇》에 나온다. 이상의 고사로 인하여 樵鹿이라는 成語가 생겼다. 그 뜻은 중요하지 않은 일로써 명확한 정답이 있는데도 결론을 내리지 못하고 어리석게 논의만 하는 것을 가리킨다.

사슴을 처음 잡은 사람은 나무꾼이므로 사슴의 소유권도 당연히 나무꾼에게 있다. 바둑에서 하수는 쉽게 푸는 문제를 고수는 풀지 못하는 경우가 흔하다. 어렵게만 생각하는 습관이 있기 때문이다. 사사와 재상은 이념과잉 현대인의 典型이다. 많은 이념과 지식으로 혼란에 빠져 원초적인 판단력을 상실한 자들이다. 하근기는 흑백논리를 벗어나지 못하고 중근기는 벗어났으나 상호인정논리에 얽매어 있으며 상근기만이 흑백, 상호인정논리를 時中한다. 열자는 우리에게 話頭를 제시하였다. 화두에는 일정한 답이 없다는 중근기 法縛者는 예수의 慧劍 "카이사르의 것은 카이사르에게"《마태오복음22:21)에 심장을 관통시키시라.

16) 《오대사(五代史)》: 宋의 薛居正이 奉勅하여 撰한 책으로 본서에서는 唐末의 (A.D 907~960)《五代史》를 지칭한다. 보통 《舊五代史》라고 한다. 宋의 歐陽修가 撰한 75권을 《新五代史》라고 한다. 五代는 唐, 虞, 夏, 殷, 周의 五朝代를 말하고 또한 唐末에 일어난 五國: 梁, 唐, 晉, 漢, 周를 주로 지칭한다.

17) 말제(末帝): 後梁의 3대 황제, 태조 朱全忠의 3남 朱友貞. 재위 A.D 913~923.

18) 《여씨춘추(呂氏春秋)》: 책 이름. 《呂覽》이라고도 한다. 26권으로 되어있는데 秦의 呂不韋가 撰하였다고 하나 사실은 여불위가 그의 門客들에게 시킨 것이다. 八覽, 六論, 十二紀의 20여 만언으로 되어있다. 儒家 主이며 道家, 墨家, 六籍의 글을 많이 인용하였다.

19) 추가(秋駕): 공부하는 방법, 학문을 하는 방법. 원래는 말을 다루는 기술이라는 뜻이었다. 《呂氏春秋》에서는 御法이라고 하였고 《淮南子注》에서는 善脚術이라고 하였다.

20) 은호(殷浩): 晉의 長平人, 字는 深遠. 識度, 清遠하여 弱冠에 유명하였다. 老子를 좋아하여 風流談論을 즐겼으며 五洲軍事로 있다가 敗하여 庶人이 되었다. 죽은 후에 復官되었고 《方書》를 저술하였다.

21) 《소동파시(蘇東坡詩)》: 蘇軾의 詩. 宋시대 眉山人. 蘇轍의 형, 字는 子瞻. 王安石의 新法에 대해 神宗에게 上書하였고 이 때문에 관직을 물러나 여러 곳을 遊歷하였다. 黃州에 있을 때 東坡에 집을 지어 이를 號로 하였다. 哲宗 때 부름을 받아 端明殿侍讀學士를 연임하였다. 諡號는 文忠. 그의 문장은 涵渾奔放하고 詩는 清疏雋逸하였다. 저서는 《易書傳》, 《論語說》, 《仇池筆記》, 《東坡志林》, 《東坡全集》, 《東坡詞》 등이 있다.

22) 황산곡(黃山谷): 黃庭堅. 宋 시대 分寧人, 字는 魯直 號는 山谷道人. 蘇軾의 문하에서 유명한 蘇門四學士 중의 하나이다. 紹聖 초에 知鄂州 등을 지냈다. 文章이 뛰어나 그의 詩는 尤長하고 奇崛放縱하며 卓然하여 宋代의 名家이다. 草書에도 뛰어났으며 저서는 《山谷內外集》과 《別集》이 있다.

23) 《온공통감(溫公通鑑)》: 司馬光의 저서 《資治通鑑》. 司馬光은 宋의 陝州의 夏縣 氷水鄉人이다. 字는 君實. 神宗 시 王安石의 新法에 대해 上書하여 좌천되었다가 哲宗 시에 다시 入朝하여 宰相이 되어 신법의 폐해를 모두 개혁하였다. 溫國公에 추존되었다.

24) 왕부(王符): 後漢의 臨涇人, 字는 節信. 어려서부터 好學하였고 志操가 있어 世俗의 잘못됨을 忿懷하였다. 《潛夫論》을 저술하였다.

25) 《잠부론(潛夫論)》 10권으로 된 王符의 저서. 當時의 得失을 논하고 그 이름을 나타내고자 하지 않으려고 《潛夫論》이라고 이름지었다. 내용은 讚學, 務本, 遏利, 論榮, 明忠, 德化.

26) 읍강(邑姜): 周武王의 后妃, 太公望의 딸, 成王의 어머니.

27) 염미(厭迷): 싫어하여 混迷함.

28) 난리(亂離): 산란하게 흩어짐.

29) 발생(發生): 생기가 뻗어 나옴.

30) 고명(高明): 높고 밝음.

31) 숙장(熟臧): 성숙되어 간직함.

32) 진문공(晉文公): 春秋시대의 제후인 獻公의 차남. 太子인 申生의 아우 重耳이다. 獻公이 驪姬를 총애하여 申生을 죽이자 重耳는 狄地로 달아났다. 헌공이 죽자 秦穆公이 發兵하여 重耳를 구하여 晉侯가 되게 하였다. 이가 晉文公으로 善政을 베풀고 周襄王을 구하였고 宋을 救하여 楚를 破하였다. 齊桓公과 맹약을 맺어 자손대대로 霸業을 이었다.

33) 음병(陰病): 陰氣가 陽氣를 勝해서 생긴 병.

34) 양병(陽病): 陽氣가 陰氣를 勝해서 생긴 병.

35) 내병(內病): 신체 내부의 병.

36) 외병(外病): 신체 외부의 병.

37) 천화(遷化): 옮기어 바뀌어 짐.

38) 왕상(王相): 興旺.

39) 곽공(虢公): 周武王의 아우로 西虢땅에 封함을 받아 이러한 명호를 갖게 되었다. 西虢은 지금의 陝西省 寶雞縣.

外篇
_{외편}

無名氏

睡本無心
那知身臥心非臥
佛存別夢
默示禪玄夢亦玄

무명씨

잠들면 본래는 무심(無心)이 되는데
몸은 눕되 마음은 눕지 않았음을
어찌 알 수 있겠는가?
부처는 꿈에 대해 남다르게 말씀하시어
선(禪) 중에 말없이 현묘(玄妙)를 보이니
꿈 역시 현묘(玄妙)이네.

卷之三外篇

1. 천자편 天者篇第一

天者羣物之祖、至尊之位。故曰、天子者天帝之子也。

하늘은 모든 물체의 선조(先祖)로서 그 위치는 지극히 존귀하다. 그러므로 천자(天子)를 천제(天帝)의 아들이라고 한다.

> 春秋繁露曰、德以天地者稱皇、天祐而子之、故稱天子。
>
> 《춘추번로(春秋繁露)》[1]에 이르기를, 덕(德)이 천지(天地)와 같아서 황(皇)이라고 칭(稱)함을 받으며 하늘로부터 도움을 받는 자를 천자(天子)라고 칭(稱)한다.

昔崔靈運夢蕭道成爲天帝第十九子、而孫奉伯夢道成乘龍上天。

옛적에 최령운(崔靈運)은 꿈에서 소도성(蕭道成)이 천제(天帝)의 열아홉 번째 아들임을 알았다. 손봉백(孫奉伯) 역시 꿈에서 소도성이 용(龍)을 타고 하늘을 오르는 것을 보았다.

> 南齊書曰、淸河崔靈運、爲上府參軍、夢上天謂己曰、蕭道成是我第十九子、我已受天子位。自三皇五帝至齊、受命君凡十九人。宋泰始七年、明帝遣淮南太守孫奉伯、往淮陰監元會、奉伯與蕭道成同寢、夢道成乘龍上天、於下捉龍脚不得。覺爲道成曰、兗州當大庇生民、我不得見也。路史曰、齊高祖夢乘靑龍上天日西行。
>
> 《남제서(南齊書)》[2]에 이르기를, 청하인(淸河人) 최령운(崔靈運)이 상부참군

(上府參軍)이 되었을 때 꿈을 꾸었다. 하늘에 오르니 천제(天帝)가 말하기
를 "소도성(蕭道成)[3]은 짐의 19왕자이므로 그에게 천자(天子)의 위(位)를 주
었다." 최령운이 잠에서 깨어 역사를 고찰하니 삼황오제(三皇五帝)부터 제
(齊)에 이르기까지 모두19인이었다. 송(宋) 태시 7년(泰始 A.D 471), 명제(明
帝)는 회남태수(淮南太守)로 파견하였던 손봉백(孫奉伯)을 회음감원회(淮陰
監元會)로 자리를 옮기게 하였다. 손봉백은 부임하기 전 소도성과 함께 잠
을 잤는데 꿈을 꾸었다. 소도성이 용을 타고 하늘을 오르는데 자신도 용
의 발에 매달려 함께 오르려고 하였으나 불가능하였다. 손봉백이 잠에서
깬 후 소도성에게 말하기를 "공(公)은 연주(兗州)로 가서 백성들을 크게 보
살펴야 하오. 그러나 저는 공을 따라 그곳으로 갈 수 없습니다."
《노사(路史)》에 이르기를, 제(齊)의 고조(高祖)[4]는 꿈에 청룡을 타고 하늘에
올라 해를 쫓아 서쪽으로 갔다.

夫南齊之主、閏餘耳、猶且上應天命。況
勳弘混一、位居正統者乎。是故漢文帝
夢黃頭郎、推己上天。

무릇 남제(南齊)의 임금은 정통이 아닌
데도 오히려 위로 천명(天命)에 응하였
다. 하물며 넓고 많은 중의 하나에도 천
훈(天勳)이 내리는데 정통의 위치에 있
는 자에게서야! 그러므로 한(漢)의 문제
(文帝)는 꿈에 황두랑(黃頭郎)이 자기를
밀어 하늘에 오르게 되었다.

▲ 한문제(漢文帝)

漢書曰、鄧通以灌船爲黃頭郎。文帝嘗夢欲上天不能、有一黃頭郎推上
天、顧見其衣、尻帶後穿。覺而之漸臺、見鄧通衣後穿夢中所見也。召問姓
名、甚悅。

《한서(漢書)》에 이르기를, 등통(鄧通)[5]은 황두랑(黃頭郎)[6]이 되어 선박을 닦
고 청소하였다. 어느 날 밤 문제(文帝)가 꿈을 꾸었다. 하늘로 오르려 하였
으나 되지 않자 한 황두랑(黃頭郎)이 몸을 받쳐주어 하늘에 올랐다. 문제가
하늘에서 땅을 보니 돌아가는 그의 엉덩이에 구멍이 나있었다. 문제는 잠

에서 깬 후 점대(漸臺)에 올라 황두랑들을 살펴보았는데 한 자만이 엉덩이에 구멍이 나있어 그를 불러 이름을 물으니 등통(鄧通)이라고 답하자 크게 기뻐하였다.

宋神宗夢神人捧己登天。

송(宋)의 신종(神宗)은 꿈에 신인(神人)이 받들어서 하늘에 오르게 되었다.

> 宋史曰、神宗幼侍英宗、居慶寧宮。嘗夢神人捧之登天。
>
> 《송사(宋史)》[7]에 이르기를, 신종(神宗)[8]은 어렸을 때 영종(英宗)을 모시며 경영궁(慶寧宮)에 살았다. 일찍이 꿈을 꾸었는데 신인(神人)이 자기를 받들어 하늘에 오르게 되었다.

漢光武夢乘赤龍上天、而馮異遂與諸將勸位。

한(漢)의 광무(光武)는 꿈에 적룡(赤龍)을 타고 하늘에 올랐다. 이로써 풍이(馮異)를 비롯한 여러 장수에게서 황제로 추대 받았다.

> 東觀漢記曰、光武召馮異曰、我夢乘龍上天、覺悟心中動悸。異再拜賀曰、此天命發於精神、心中動悸、大王愼重之性也。遂與諸將定議上尊號。宋書曰、漢光武夢乘赤龍登天、乃卽位洛陽。
>
> 《동관한기(東觀漢記)》에 이르기를, 광무(光武)가 풍이(馮異)[9]를 불러 말하기를 "내가 꿈에 용을 타고 하늘에 올랐소. 잠에서 깬 뒤 가슴이 두근거리는 것이었소." 풍이는 두 번 절하고 축하하며 말하기를 "이는 정신(精神)이 발(發)하여 천명(天命)을 받은 것이며 가슴이 두근거리는 것은 대왕의 신중하신 성품 때문입니다." 풍이는 꿈을 확신하고 장수들과 회의하여 광무에게 황제의 존호(尊號)를 바쳤다.
> 《송서(宋書)》에 이르기를, 한(漢)의 광무(光武)는 꿈에 적룡(赤龍)을 타고 하늘에 올랐다.[10] 그런 후 낙양(洛陽)에서 황제로 즉위하였다.

趙汝愚夢負白龍升天、而理宗果以素服卽位。

조여우(趙汝愚)는 꿈에 등짐을 지고 백룡(白龍)을 타고 하늘에 올랐다. 이로써 이종(理宗)은 과연 소복(素服)을 입고 즉위하였다.

> 宋史曰、趙汝愚嘗夢、孝宗授以湯鼎、背負白龍升天。後翌嘉王以素服卽位、是爲理宗則其驗也。

《송사(宋史)》에 이르기를, 조여우(趙汝愚)[11]는 일찍이 꿈을 꾼 적이 있었다. 효종(孝宗)[12]이 솥을 받아 등에 지고 백룡(白龍)을 타고 하늘에 올랐다. 후일 가왕(嘉王)이 소복(素服)을 입은 채로 즉위하였는데 이거 곧 이종(理宗)[13]이다. 즉 꿈의 징험함이다.

此四帝者、漢宋之賢主也。熹鄧后夢以手捫天、而臨朝策立、有功漢祚。

이상의 네 황제는 한(漢)과 송(宋)의 현명한 군주이다. 화희황후(和熹皇后) 등씨(鄧氏)는 꿈에 하늘을 어루만지고서 조정에서 정책을 세움으로써 한조(漢朝)에 공을 세웠다.

> 宋書曰、漢和帝鄧皇后、嘗夢登梯以手捫天、天體蕩蕩正靑而滑、有若鍾乳者、后仰吮之。訊占夢、占夢者曰、堯夢攀天而止、湯夢及天而舐之、此皆非常夢也。旣而入宮遂登。

《송서(宋書)》에 이르기를, 한(漢)의 화제(和帝)[14]의 등황후(鄧皇后)가 화제를 만나기 전에 꿈을 꾸었다. 사다리를 타고 하늘에 이르러 손으로 만졌는데 천체(天體)는 광대하며 푸르고 미끄러웠는데 종유(鍾乳) 같아 고개를 젖히고 입으로 빨았다. 등낭자(鄧娘子)가 잠에서 깨자 점몽(占夢)을 하니 답하기를 "요(堯)는 꿈에 하늘에 올라 멈추었고 탕(湯)은 꿈에 하늘을 혀로 핥았으니 낭자의 꿈은 보통 꿈이 아닙니다." 얼마 후 등낭자는 입궁하여 존귀한 위치에 오르게 되었다.

豈比宇文泰之母、夢抱子升天未至而止。陶弘景之母、夢自己升天、無後而絶者哉。

이를 어찌 우문태(宇文泰)의 어머니가 꿈에 아기를 안고 하늘에 올랐는데 끝까지 이르지 못하고 그친 경우나 도홍경(陶弘景)의 어머니가 꿈에 자기가 하늘에 올랐는데 후손이 없어 대가 끊긴 경우와 비교할 수 있겠는가?

後周書曰、太祖宇文泰母王氏、夢抱子升天、少不至而止。陳書曰、陶弘景母、夢靑龍無尾、自己升天。弘景果不娶無子。

《후주서(後周書)》[15]에 이르기를, 태조(太祖) 우문태(宇文泰)[16]의 모후(母后) 왕씨(王氏)는 꿈에 아기를 안고 하늘에 올랐는데 조금밖에 이르지 못하고 그쳤다.

《진서(陳書)》[17]에 이르기를, 도홍경(陶弘景)[18]의 어머니는 꿈에 꼬리 없는 청룡(靑龍)을 타고 하늘에 올랐다. 그런 후 도홍경을 낳았는데 장성하였어도 아내를 얻지 않아 자녀가 없었다.

乃若劉穆之、夢合舟升天、竟登僕射。

따라서 이는 유목지(劉穆之)가 꿈에 배를 합해 타고 하늘에 오르고서 마침내 복야(僕射)에 오른 것과 같은 것이다.

異苑曰、劉穆之夢合兩舟爲船、施華蓋升天。有一老姥說之曰、君必居端右。言訖不見。後至僕射。

《이원(異苑)》[19]에 이르기를, 유목지(劉穆之)[20]가 미시(微時)에 꿈을 꾸었다. 작은 배 둘을 합쳐 큰 배를 만들고 일산(日傘)을 꾸민 후 이를 타고 하늘에 올랐다. 잠에서 깨어 한 노파에게 꿈을 물으니 답하기를 "그대는 반드시 단우(端右)가 될 것이오." 말이 끝나자 노파는 보이지 않았다. 후일 유목지는 과연 복야(僕射)까지 직위가 올랐다.

韓稚圭夢捧天者再、歷相二君。

한치규(韓稚圭)는 꿈에 하늘을 두 번 받들고서 두 임금을 섬기며 재상(宰相)을 역임(歷任)하였다.

倦遊錄曰、韓琦字稚圭、知秦州臥病、忽夢以手捧天者再。其後果輔英宗於藩邸、翊神宗於東宮。

《권유록(倦遊錄)》에 이르기를, 한기(韓琦)[21]는 자(字)가 치규(稚圭)이다. 지진주(知秦州)의 직위에 있으며 병으로 누워 있다가 홀연히 꿈을 꾸었는데 손으로 하늘을 두 번 받들었다. 한기는 잠에서 깨어 병이 나았고 직책을 옮겨 영종(英宗)이 번저(藩邸)[22]에 있을 때 그를 보필하였고 동궁(東宮)에서는 신종(神宗)을 보필하였다.

陶侃 · 薛安都夢謁天門、皆秉節鉞之貴。

도간(陶侃)과 설안도(薛安都)는 꿈에 천문(天門)을 알현(謁見)하였다. 그리고 모두 절월(節鉞)을 잡는 귀인(貴人)이 되었다.

晉書曰、陶侃夢生八翼、飛而上天。見天門九重、已登其八、唯一門不得入、閽者以杖擊之、因墮地、折其左翼、遂寤左腋猶痛。宋書曰、薛安都征關陝至口曰、夢仰頭視天、正見天門開。謂左右曰、夢天門開、乃中興之象也。

《진서(晉書)》에 이르기를, 도간(陶侃)[23]이 꿈을 꾸었다. 여덟 날개가 생기어 날아서 하늘에 올라 천문(天門)을 보니 아홉 겹이었다. 여덟 문은 이미 날아 올라왔는데 한 문만은 들

▲ 도간(陶侃)

어 갈 수 없었다. 문지기가 긴 막대로 때려 이로 인해 땅에 떨어졌는데 왼쪽 날개가 부러져 있었다. 도간이 잠에서 깨어보니 왼쪽 겨드랑이에 통증이 있었다.

《송서(宋書)》에 이르기를, 설안도(薛安都)[24]가 관협(關陝)을 정벌하기 위해 구구(臼口)에 이르렀을 때 꿈을 꾸었다. 머리를 뒤로 젖히고 하늘을 보니 천문(天門)이 정확하게 보이는데 열려있었다. 설안도가 잠에서 깨어 좌우인에게 말하기를 "꿈에 천문이 열려있으니 이는 중흥(中興)의 형상이다."

秦穆公·趙簡子夢至帝所、咸徵後裔之昌。

진목공(秦穆公)과 조간자(趙簡子)는 꿈에 상제(上帝)의 처소(處所)에 이르렀다. 여기에는 후손이 번창할 징조가 포함되어 있다.

史記曰、秦穆公夢至帝所、觀鈞天廣樂、帝賜之以策、秦遂大昌。史記曰、趙簡子疾、五日不知人、大夫皆懼。醫扁鵲曰、血脉治也、而何怪。昔秦穆公嘗如此、七日而寤。寤之日、告公孫支與子輿曰、我之帝所甚樂。公孫支書而藏之。今主君之疾與之同、居二日半。簡子寤 語大夫曰、我之帝所甚樂、與百神遊於鈞天廣樂、有一熊來、帝命我射之熊死。又一羆來、我又射之羆死。帝喜賜我二笥、皆有副。吾見兒在帝側、帝囑兒一翟犬曰、及而子之壯也、以賜之。余思虞舜之勳、余將以其冑女孟姚、配而十世之孫、董安于書而藏之。他日簡子出、有人當道語簡子曰、主君之疾、臣在帝側。簡子曰、然。當道者曰、帝令主君射熊、與羆皆死。簡子曰、是何也。當道者曰晉國且有大難、帝令主君滅二卿、夫熊與羆、皆其祖也。簡子曰、帝賜我二笥、皆有副、何也。當道者曰、主君之子、將克二國於翟、皆子也。簡子曰、吾見兒在帝側、帝囑兒一翟犬。何也。當道者曰、兒、主君之子也。翟犬代之先也、主君之子、必有代主君之後嗣。且有革政而胡服、幷二國於翟。趙簡子問其姓、當道者遂不見。趙簡子書而藏之。簡子卒、襄子立、誘殺代王而幷其地、後十世至武靈王、配孟姚、取中山、幷胡地、後更爲胡服、國人化之、如簡子之夢。王充論衡曰、趙簡子夢上天、見男子在帝之側、出見人當道、則前所、夢見在帝側者也。故論者以爲晉國且昌之狀。

《사기(史記)》에 이르기를, 진목공(秦穆公)[25]은 꿈에 상제(上帝)의 처소에 가서 균천광악(鈞天廣樂)[26]을 관람하였는데 상제는 진목공에게 책명(策命)을 부여하였다. 그 뒤 진(秦)은 크게 번창하였다.

《사기(史記)》에 이르기를, 조간자(趙簡子)[27]가 병들어 5일간이나 사람을 알아보지 못하자 대부(大夫)들이 모두 걱정하여 의원(醫員) 편작(扁鵲)[28]을 불렀다. 편작이 설명하기를 "혈맥(血脈)만 다스리면 되는 일을 어찌 괴이하다고 하십니까? 옛적에 진목공(秦穆公)도 이와 같다가 7일 만에 깨어났습니다. 진목공이 깨어나 공손지(公孫支)와 자여(子輿)에게 말하기를 '내가 꿈에 상제의 처소에 갔었는데 매우 즐거웠소.' 그러자 공손지는 진목공의 말을 기록하여 간직하였습니다. 지금 주군(主君)의 병도 그 같으니 이틀

반나절 뒤에 깨어날 것입니다."

조간자가 깨어난 뒤 대부들에게 말하기를 "내가 상제의 처소에 이르러 백신(百神)과 더불어 균천광악(鈞天廣樂)을 즐기는데 한 마리 곰이 가까이 오기에 상제의 명에 따라 활로 쏘아 죽였소. 그러자 또 큰 곰 한 마리가 달려들기에 쏘아 죽였소. 그러자 상제는 기뻐하시며 곁에 있는 아이를 나에게 인도하시며 말씀하시기를 이 아이는 공의 자손이다. 공에게 부촉(咐囑)하노라. 그리고 상자(箱子) 둘과 책견(翟犬)[29] 한 마리도 주시며 이 아이가 장성하면 주라고 말씀하셨소. 또한 우순(虞舜)도 나에게 상훈(賞勳)을 주시었으니 혈손녀(血孫女) 맹요(孟姚)를 나의 10대손(十代孫)의 배필로 준다고 말씀하셨소." 동안우(董安于)는 조간자의 말을 기록하여 간직하였다.

어느 날 조간자가 외출하여 길을 가는데 한 도인(道人)이 가까이 와 고하기를 "저는 공이 병중에 상제(上帝)를 배알할 때 상제의 곁에 있던 신하입니다." 조간자가 그를 보고 "참으로 그렇구려." 도인이 말하기를 "공은 상제의 명을 받고 곰, 큰 곰을 모두 활로 쏘아 죽였습니다." 조간자가 묻기를 "무슨 말씀을 하려고 하시오?" 답하기를 "장차 대란이 생길 것입니다. 곰, 큰 곰은 공경(公卿)의 조상이니 조상을 미리 죽이라는 상제의 뜻입니다." 조간자가 묻기를 "상제(上帝)께서 나에게 아이, 상자, 책견을 주셨는데 이는 무슨 뜻이오?" 답하기를 "그 아이는 공의 10대손입니다. 장차 공의 대를 이어 진(晉)을 다스리게 되고 십대손은 혁신정책을 펴고서 백성들에게 호복(胡服)을 입게 할 것이며 책(翟)땅에서 두 나라의 군대를 크게 무찌르고 두 나라의 땅을 갖게 될 것입니다." 조간자가 경탄하여 이름을 묻자 도인은 모습이 보이지 않게 되었다. 조간자는 도인의 말을 글로 적어 간직하였다.

조간자가 죽고 아들 조양자(趙襄子)가 즉위하니 조양자는 대왕(代王)을 유인하여 죽이고 그의 땅을 빼앗았다. 후일 십대손 무령왕(武靈王)[30]이 즉위하니 그는 맹요(孟姚)와 혼인하였다. 무령왕은 중산(中山)을 빼앗고 호지(胡地)를 합병하였으며 무령왕이 호복(胡服)으로 바꾸어 입자 백성들도 이를 따랐다. 과연 조간자의 꿈처럼 되었다.

왕충(王充)의 《논형(論衡)》에서 이르기를, 조간자(趙簡子)는 꿈에 하늘에 올랐는데 바라보니 상제(上帝)의 곁에 한 소년이 있었는데 잠에서 깬 뒤 한 도인(道人)을 만나 꿈에 본 상제의 곁에 있던 소년에 대해 물었다. 이 일에 대해 논자(論者)들이 말하기를 "이는 진국(晉國)이 더욱 번창할 상이다."

叔孫穆子夢人助己勝天、終有餓死之奇禍。

숙손목자(叔孫穆子)는 꿈에 사람의 도움을 받아 하늘을 이겼으나 끝내는 굶어 죽는 기이한 화를 당했다.

解見宗空篇、穆子遇庚宗之婦注。

풀이는《종공편(宗空篇)》의 '목자(穆子)가 경종(庚宗)의 며느리를 만났다.' 63p를 보시라.

武士彠夢帝騎己上天、卒蒙追冊之僞名。

무사확(武士彠)은 꿈에 상제(上帝)의 말을 타고 하늘에 올랐는데 죽은 뒤 거짓 명예가 추존(追尊)되었다.

唐書曰、武士彠喜交結、高祖嘗領屯汾晉、休其家因被顧接、從平京師、爲太原郡公。自言嘗夢帝騎而上天、帝笑曰、胡媚我耶、高宗永徽中、以士彠仲女爲皇后、贈周國公、咸亨中、加贈太原郡王、配享高祖廟廷、武后立武氏七廟、追冊爲帝。先天中、詔削士彠僞號。

《당서(唐書)》[31]에 이르기를, 무사확(武士彠)은 교제를 즐겨 고조(高祖)[32]가 거병하여 경사(京師)를 향해 진군할 때 장수가 되어 종군(從軍)하였고 고조가 천하를 얻자 무사확은 태원군공(太原郡公)으로 봉해졌다. 무사확이 말하기를 "나는 지난 날 한 꿈을 꾸었소. 상제께서 보낸 말을 타고 하늘에 올랐는데 상제께서 나를 보고 웃으시며 '미랑(媚娘)을 어찌 내 딸이 아니라고 하랴!'라고 말씀하셨소." 과연 고종(高宗) 영휘(永徽 A.D 650~655) 중에 가운데 딸 무미랑(武媚娘)은 황후(皇后)가 되었고 무후(武后)[33]는 무사확을 주국공(周國公)에 봉했고 함형(咸亨 A.D 670~673) 중에는 태원군왕(太原郡王)이라는 존호(尊號)를 더하여 고조의 묘정(廟廷)에 함께 모시게 하였다. 얼마 후 무후는 무씨칠묘(武氏七廟)를 건립하여 제호(帝號)를 추존(追尊)하였는데 선천(先天 A.D 712~713) 중에 거짓 존호들은 모두 삭제되었다.

然而晉之小臣、夢負景公登天、而出廁之後、卽以爲殉。

진(晉)의 소신(小臣)은 꿈에 경공(景公)을 업고 하늘에 올랐는데 측간(廁間)에 떨어졌다. 깬 후 경공을 따라 죽었다.

左傳、晉景公陷於廁而卒。是晨有小臣、夢負公以登天、及日中、負公出諸廁。遂以爲殉。

《좌전(左傳)》에 이르기를, 진(晉)의 한 소신(小臣)이 새벽에 꿈을 꾸었다. 자신이 경공(景公)[34]을 업고 하늘에 올라 태양 한가운데까지 이르렀다가 측간(廁間)에 떨어졌다. 아침이 되자 경공은 측간에 갔다가 빠져 죽었는데 이를 안 소신은 즉시 측간으로 달려가 빠져서 순사(殉死)하였다.

漢之許楊、夢上天爲天帝所怒、乃功成善終。

한(漢)의 허양(許楊)은 꿈에 하늘에 올라 천제(天帝)의 처소(處所)에서 분노를 받고 공을 이룬 후 선종(善終)하였다.

後漢書曰、汝南舊有鴻郤陂、成帝時、翟方進奏毀之。建武中、太守鄧晨欲修復、聞許楊曉水脉、召楊議、楊意慫沮之。夜夢上天、天帝怒曰、何故我灌龍淵、使民失其利。寤告晨起塘四百餘里、百姓得其便。

《후한서(後漢書)》에 이르기를, 여남(汝南)에는 예로부터 홍극파(鴻郤陂)가 있었는데 적방(翟方)이 성제(成帝)에게 상주(上奏)하여 훼손하였다. 그러나 건무(建武 A.D 25~56) 중에 태수(太守) 등신(鄧晨)은 홍극파(鴻郤陂)의 제방(堤防)을 개수(改修)하려고 계획하다가 허양(許楊)[35]이 수맥(水脈)에 대해 밝다[36]는 소문을 듣고 허양을 불러 계획을 말하였다. 그러자 허양은 태수의 뜻을 저지시켰는데 그날 밤 허양은 꿈을 꾸었다. 하늘에 올라 천제를 알현하니 천제가 진노하여 꾸짖기를 "너는 어떤 연고로 나의 용(龍)이 몸을 씻는 못을 망치고 또한 백성들의 이로움을 빼앗으려 하느냐?" 허양은 잠에서 깨자 자신의 뜻을 고쳐 태수에게 고한 후 방축(防築)을 4백 여리나 쌓았다. 이로부터 백성들이 편리해졌다.

唐之賀知章夢上天、遍遊帝居、謹得請爲道士。

당(唐)의 하지장(賀知章)은 꿈에 하늘에 올라가 상제(上帝)의 거처를 두루 유람한 뒤에 공근(恭謹)하게 청하여 도사(道士)되었다.

白孔六帖曰、賀知章病夢遊帝居、數日寤。乃請爲道士還鄕里。

《백공육첩(白孔六帖)》에 이르기를, 하지장(賀知章)[37]이 병들었는데 꿈을 꾸었다. 상제(上帝)의 거처를 노닐다가 여러 날 만에 깨어났다. 이로 인해 하지장은 황제께 주청(奏請)하여 도사(道士)가 되어 고향으로 돌아갔다.

嗚呼、吉凶可易占哉。

아- 길흉(吉凶)을 역점(易占)으로써 알 수 있겠구나!

■ 注疏

1) 《춘추번로(春秋繁露)》: 漢의 董仲舒가 撰한 17권의 책. 繁을 蕃이라고도 한다. 《春秋》의 宗旨를 잘 發揮하였으며 公羊氏의 학설을 주장하였으나 陰陽五行에 대해서도 往往 言及하였다. 《崇文總目》에서는 이 책의 眞僞에 대해 크게 논했으나 이 책의 精言奧義함에는 異義가 없을 정도이다.

2) 《남제서(南齊書)》: 梁의 蕭子顯이 撰한 59권의 책. 8紀, 11志, 40列傳으로 이루어진 南齊의 史書이다.

3) 소도성(蕭道成): 南齊의 高帝, 南蘭陵 사람이다. 字는 紹伯. 성품은 深沈하고 도량이 넓었다. 經史에 通하고 문장에 능했다. 宋의 武帝 시에 아버지로부터 晉興縣의 男爵을 물려받은 뒤 軍功을 세워 공이 되었고 齊王에 봉해졌다가 禪位받아 皇帝가 되어 建康에 도읍하여 국호를 齊라고 하였다.

4) 제(齊)의 고조(高祖): 蕭道成. 재위 A.D 479~482.

5) 등통(鄧通): 鄧은 오를 登과 同音이다. 文帝에 의해 上大夫에 봉해지고 鑄錢을 맡아 큰 부자가 되었으나 景帝 때 富를 박탈당했다.

6) 황두랑(黃頭郞): 漢의 말단관직명. 선박을 청소하는 직책인데 土가 水를 克한다는 의미로 머리에 누런 두건을 썼다.

7) 《송사(宋史)》: 宋의 317년간의 역사서. 元의 托克托 등이 奉勅하여 撰한 496권의 책. 本紀 47권, 志 162권, 表 32권, 列傳 255권으로 되어 있다. 내용은 天文, 五行, 禮樂, 選擧, 職官, 兵刑法으로 되어있다.

8) 신종(神宗): 재위 A.D 1067~1085. 宋英의 英宗의 太子, 名은 頊. 즉위 후 잘 다스리기 위해 王安石

으로 하여금 新法을 시행하게 하였다. 이 과정에서 元老를 폐하고 諫士를 배척하였으며 천하가 크게 혼란하였다.

9) 풍이(馮異): 後漢의 父城人, 字는 公孫. 독서를 좋아하였고 《左氏春秋》에 通하였다. 光武 때 主簿가 되었고 孟津將軍, 陽夏侯에 봉해졌다.

10) 한(漢)의 광무(光武)는~올랐다: 漢朝는 火德王朝라고 한다. 漢高祖가 豊沛에서 오래전에 孔子는 꿈에 풍패에서 붉은 기운이 솟아오르는 것을 보았다. 붉은 색은 五行 중 火에 속하니 광무가 탄 赤龍도 火運의 상징이다. 또한 漢末 黃巾賊이 土色인 누런 띠를 머리에 두르고 거병한 것도 火生土하여 漢朝를 계승한다는 의미를 지닌다.

11) 조여우(趙汝愚): 宋人. 字는 子直. 어려서부터 큰 뜻을 품어 精勤하여 吏部尙書, 知樞密院事에까지 직위가 올랐다. 孝宗이 죽고 光宗이 병석에 누워 喪을 집행할 수 없게 되자 조여우는 憲聖太后에게 청하여 嘉王을 황제로 즉위하게 하였다. 꿈에 솥을 짊어짐은 社稷, 國運을 짊어짐을 의미한다. 大臣을 鼎臣이라고 하여 국운이나 황제를 鼎祚라고 한다.

12) 효종(孝宗): 재위 A.D 1162~1189. 宋高宗의 太子로 이름은 眘. 英毅하고 賢孝하였으며 治世의 재능이 있었다. 즉위 후 金에 빼앗겼던 국토를 회복하기 위하여 수차례 金을 공략하였으나 패하여 前代에 없던 稱臣의 禮를 갖추었다.

13) 이종(理宗): 南宋의 5대 황제. 재위 A.D 1224~1264. 이름은 昀. 英宗의 뒤를 이어 황제가 되어 몽고와 함께 金을 쳐서 滅亡시켰다. 그러나 史彌遠, 丁大全 등이 정권을 전횡한데다가 理宗 또한 치국에 태만하여 國勢가 不振하였다.

14) 한(漢)의 화제(和帝): 後漢의 4대 황제 穆宗. 재위 A.D 88~105. 章帝의 4남으로 10세에 즉위하니 竇太后가 실권을 잡고 친척들을 요직에 앉혔다. 또한 환관 鄭衆을 최초로 제후에 봉하였다.

15) 《후주서(後周書)》: 後周 25년간의 역사서. 唐시대에 勅令에 의해 撰한 50권.

16) 우문태(宇文泰): 後魏시대의 사람이다. 關西大都督을 하다가 西魏라고 칭하고 孝武帝를 죽인 후 文帝를 세우고 실권을 잡았다. 北周라고 국호를 다시 바꾸고 太祖文皇帝로 추존을 받았다.

17) 《진서(陳書)》: 陳의 역사서. 唐의 姚思廉이 撰한 36권의 책. 本紀는 6권, 列傳은 30권으로 구성되어 있다.

18) 도홍경(陶弘景): 南北朝시대의 秣陵人, 字는 通明. 草書, 거문고, 바둑에 능했고 道術을 좋아했다. 陰陽, 五行, 地理, 醫藥에 밝았으며 齊의 高祖 시에 左衛殿中將軍이 되었고 후에 句曲山에 은거하여 渾天象을 만들었고 《本草》를 注하였고 《帝代年歷》, 《眞誥》, 《眞靈位業圖》 등을 저술하였다. 諡號는 貞白先生.

19) 《이원(異苑)》: 宋의 劉敬叔이 撰한 10권의 책. 神怪의 일이 내용의 대부분이다.

20) 유목지(劉穆之): 南朝의 宋人. 武帝를 쫓아 建業을 평정하고 조정의 紀綱을 바로잡았으며 尙書右僕射까지 승진하였다. 南康郡公으로 追封받았다. 본시 僕射는 秦始皇 때에 創制되어 이어내려 오다가 唐代에 武太后가 左右二僕射로 나누었다. 劉宋 때부터는 尙書令(一名 端右)를 보좌하여 중앙관서와 지방관서를 調律하는 업무를 담당하는 3품관이었다. 꿈에 두 척의 배는 중앙과 지방의 관서이고 배를 합한 것은 연계하여 조율하는 것을 의미한다.

21) 한기(韓琦): 宋시대의 安陽人, 字는 稚圭. 天聖(A.D 1022~1031)년간에 進士가 되었다. 樞密直學士, 陝西經略按撫招討使로 兵間에 있었다. 신임과 인심을 얻었으며 皇嗣가 없어 宗室주의 賢者를 옹립하였으니 그가 英宗이다. 右僕射와 魏國公에 봉해졌다. 神宗이 등극한 뒤 司徒兼侍中, 判相州가 되었고 모든 사람이 부모처럼 韓琦를 공경하였다.

22) 번저(藩邸): 皇宮 밖의 私宅. 혹은 지방, 변경에 있는 사택.

23) 도간(陶侃): 晉의 鄱陽人. 어린시절 孤貧하였으나 縣吏, 孝廉이 되었고 侍中太尉까지 이르렀고 長沙

郡公에 봉해졌다.

24) 설안도(薛安都): 南朝宋의 汾陰人, 字는 休達. 처음에는 魏를 섬겨 雍秦의 道統이었으나 元嘉 중에 宋에 歸附하여 공을 세워 徐州刺史에까지 이르렀다가 다시 魏에 항복하여 鎭南大將軍이 되었다.

25) 진목공(秦穆公): 秦國의 主. 재위 B.C 660~621. 春秋시대 五覇 중의 하나이다. 賢士를 구하기를 즐겨 由余, 百里奚, 公孫支 등을 賢臣으로 두었다. 西戎을 쳐서 30여 小國을 얻었다.

26) 균천광악(鈞天廣樂): 天上의 음악.

27) 조간자(趙簡子): 趙鞅. 춘추시대 晉人. 定公 때에 卿이 되었으나 이때는 荀寅에 의해 晉이 衰亂하였다. 范吉射가 趙氏를 伐하자 晉陽으로 피하였다. 韓魏의 부름을 받고 復職되었다. 후에 鄭軍을 패퇴시켰다.

28) 편작(扁鵲): 戰國시대의 鄭人, 姓은 秦, 名은 越人. 張桑君으로부터 禁方을 받아 診脉과 治病에 이름을 얻었다. 五臟의 癥結을 밝게 보았으며 이로 인해 精醫라는 이름이 天下에 가득했다. 世稱 盧醫라고도 하였다.

29) 책견(翟犬): 狄地에서 생산되는 개.

30) 무령왕(武靈王): 戰國시대의 趙王, 肅侯의 아들. 재위 B.C 326~299.

31) 《당서(唐書)》:《新唐書》와 《舊唐書》가 있다. 모두 二十四史의 하나이다. 《舊唐書》는 五代의 石晉 때에 由劉昫 등이 撰하였다. 帝紀 20권, 列傳 15권, 志 .表. 모두 200권 정도 된다. 《新唐書》는 宋의 歐陽修 등이 撰했다. 本紀 10권, 志 50권, 表 15권, 列傳 50권. 모두 225권 정도이다.

32) 고조(高祖): 唐의 開國王 李淵. 재위 A.D 618~626. 隴西의 成紀人, 字는 叔德. 처음에는 隋를 섬겨 세습으로 唐公의 爵封을 받았다. 煬帝가 南巡을 할 때 太原留守로 있다가 隋가 쇠하자 아들 李世民과 함께 起兵하여 晉陽과 長安을 取하고 帝位에 올라 국호를 唐이라고 한 뒤 群雄을 平靜하고 국내를 통일한 뒤 突厥과 西域諸國을 정복하였다.

33) 무후(武后): 武則天, 唐의 文永人. 高宗의 황후로 權略이 있고 知人에 능했다. 처음에는 太宗의 才人이었다가 太宗이 죽자 여승이 되었다가 高宗이 즉위하자 다시 입궁하여 황후가 되었다. 고종이 죽자 中宗을 세워 臨朝稱制하였다가 中宗을 폐하고 睿宗을 세웠다가 다시 폐하고 스스로 稱帝하며 국호를 周라고 정하였다. 성품이 淫虐하고 張易之를 신임하였다. 후에 조정의 政事가 날로 기울자 張柬之 등이 武后를 추방하고 중종을 다시 옹립하였다. 황제 재위 A.D 691~704. 諡號는 測天皇后.

34) 진(晉)의 경공(景公): 春秋시대 晉의 成公의 子, 名은 據. 鄭과 宋이 합세하여 楚와 대치하고 있는 상태에서 晉軍은 楚軍에게 河上에서 패하였다. 齊軍이 魯와 衛에 패하여 크게 패하여 齊頃公이 晉景公을 왕으로 섬기고자 하였으나 사양하였다. 晉은 이때부터 六軍으로 직제를 개편하였다.

35) 허양(許楊): 後漢의 平輿人, 字는 偉君. 어려서부터 術數를 좋아하였다. 王莽이 輔政하며 불러 郎職을 주었으나 王莽이 篡位하자 사임하고 姓을 바꾸고 巫醫가 되었다.

36) 수맥(水脈)에 대해 밝다: 風水地理學에 능통함을 가리킴.

37) 하지장(賀知章): 唐의 山陰人, 字는 季眞. 술을 좋아하고 文辭에 능하며 草書와 隸書를 잘 썼으며 성격이 曠夷하고 談說을 좋아하였다. 開元 중에 禮部侍郎겸 集賢院學士를 연임하였다. 만년에는 放逸하여 자택을 千秋觀으로 만들고 周宮湖에 많은 放生을 하였다.

2. 일월편 日月篇第二

日月極貴之徵也。

해와 달은 지극히 귀하게 될 징조이다.

> 帝王世紀曰、周文王夢日月著其身。
>
> 《제왕세기(帝王世紀)》에 이르기를, 주(周)의 문왕(文王)은 꿈에 해와 달이 그의 몸에 달라붙었다.

昔漢武帝之母、有神女授日之夢。

옛적에 한(漢)의 무제(武帝)의 모후(母后)는 신녀(神女)로부터 해를 받는 꿈을 꾸었다.

> 漢書曰、孝景王皇后、武帝母也。初景帝爲太子時、王夫人夢日入懷、以告太子。太子曰、此貴徵也。王纂曰、王夫人夢神女捧日以授己吞之。遂孕生武帝。
>
> 《한서(漢書)》에 이르기를, 효경왕황후(孝景王皇后)는 무제(武帝)[1]의 어머니이다. 처음 경제(景帝)가 태자(太子)였을 때 왕부인(王夫人)은 꿈에 해가 몸에 들어오고 나서 잉태하였다. 낭군(郎君)인 태자에게 꿈을 고하자 태자가 기뻐하며 "이것은 귀하게 될 징조이다."라고 했다.
> 《왕찬(王纂)》에 이르기를, 왕부인(王夫人)은 꿈에 신녀(神女)가 해를 받들고 와서 주기에 삼켰다. 이로써 임신하여 무제(武帝)를 낳게 되었다.

而宋之太宗·眞宗·仁宗·寧宗、其母之娠而育也、蓋莫不夢日。云、或納日於
襟懷、或得日於神授、或日墜而承之以手、或日逼而承之以裾。

송(宋)의 태종(太宗), 진종(眞宗), 인종(仁宗), 영종(寧宗)은 임신하여 기르는 데
있어 모두가 해의 꿈을 꾸지 않음이 없다. 이르기를 혹은 품 안에 간직하
고, 혹은 신(神)이 해를 주어서 얻게 되고, 혹은 해가 떨어지는 것을 손으로
받고, 혹은 해가 다가오니까 손으로 받아 하의(下衣)에 넣었다.

宋史曰、太宗母昭憲皇后王氏、夢神人捧日、以授己而有娠。遂生帝於浚
儀官舍。又曰、宋太宗賢妃李氏、夢日輪逼己、以裾承之、光耀遍體、驚而
寤。遂生眞宗。又曰、宋仁宗母章懿皇后、嘗夢二日在天、其一墜、后以衣
裾承之。又曰宋寧宗、光宗第二子也。母慈懿皇后李氏、光宗爲恭王時、
李夢日墜於庭、以手承之已而有娠、生帝於王邸。

《송사(宋史)》에 이르기를, 태종(太宗)[2]의 어머니인 소헌황후(昭憲皇后) 왕씨
(王氏)는 꿈에 신인(神人)이 해를 받들고 와서 주는 것을 받고서 임신하였
다. 그리고 준의관사(浚儀官舍)[3]에서 태종을 낳았다.
또한 이르기를, 송(宋)의 태종(太宗)의 현비(賢妃) 이씨(李氏)는 꿈에 해가 가
까이 다가오는 것을 하의로 받고서 온몸이 빛으로 감싸이며 빛났다. 놀래
서 깬 뒤 진종(眞宗)[4]을 낳게 되었다.
또한 이르기를, 송(宋)의 인종(仁宗)[5]의 어머니인 장의황후(章懿皇后)는 일
찍이 꿈에 하늘에 해가 둘이 있다가 하나가 떨어지기에 하의로 받았다.
또한 이르기를, 송(宋)의 영종(寧宗)[6]은 광종(光宗)의 둘째 아들이다. 어머
니인 자의황후(慈懿皇后) 이씨(李氏)는 광종이 공왕(恭王)이었을 때에 꿈을
꾸었다. 해가 정원으로 떨어지는 것을 손으로 받고서 임신하여 영종을 왕
저(王邸)에서 낳았다.

下至僭竊之輩、夷狄之君、如孫權啓吳、

아래로는 거짓된 도둑의 무리에까지 이르고 오랑캐의 왕까지도 상서(祥瑞)
로운 태몽(胎夢)이 있었다. 예를 들면 오(吳)를 개국(開國)한 손권(孫權),

三國志曰、孫堅妻孕權、夢日入懷、以告堅。堅曰、貴徵也、吾子孫其興乎。

《삼국지(三國志)》에 이르기를, 손견(孫堅)의 아내가 손권(孫權)[7]을 잉태할 때 해가 품 안에 들어오는 꿈을 꾸었다. 이 꿈을 손견에게 고하니 손견이 말하기를 "귀한 징조이다. 나의 자손이 흥하겠구나!"

劉淵稱漢、

한(漢)을 칭(稱)한 유연(劉淵),

晉書曰、劉豹妻呼延氏、祈子於龍門、俄有一大魚至祭所、久之乃去。夜夢旦所見魚變爲人、左手把一物、如半鷄子、光景非常。授呼延氏曰、此是日精服之生貴子。寤而告豹、豹曰、此吉徵也。遂生劉淵。又曰、劉聰母張氏、夢日入懷。寤而告淵、淵曰、吉徵也。孕十五月而生聰。

《진서(晉書)》에 이르기를, 유표(劉豹)의 아내 호연씨(呼延氏)는 용문(龍門)에서 아들 낳기를 기도(祈禱)하였다. 그러자 어느 날 큰 물고기가 기도처까지 와서 오랫동안 머물며 호연씨를 바라보다 떠나갔다. 그날 밤 호연씨가 꿈을 꾸었다. 아침에 보았던 물고기가 나타나 홀연히 사람으로 변하여 왼손에 달걀 반쪽 모양의 물건을 들고 서있는데 그 빛에 눈이 부신 게 보통의 물건은 아닌 것 같았다. 그가 호연씨에게 주면서 말하기를 "이것은 일정(日精)이니 먹고 귀한 아들을 낳으시오." 호연씨가 잠에서 깬 후 유표에게 고하니 유표가 말하기를 "이는 길한 징조이다." 이로부터 잉태하여 유연(劉淵)[8]을 낳았다.

또한 이르기를, 유총(劉聰)[9]의 어머니 장씨(張氏)는 해가 품 안으로 들어오는 꿈을 꾸었다. 잠에서 깬 뒤 유연(劉淵)에게 꿈을 말하니 유연이 답하기를 "길조(吉兆)로다." 이로부터 잉태하여 15개월이 되자 유총을 낳았다.

拓跋開魏、

위(魏)를 개국(開國)한 탁발(拓跋),

魏書曰、魏太祖母賀皇后、夢日出室內。寤而見光自牖屬天、燦然有感。遂以七月七日、生太祖於參合陂北。又曰、魏世宗母高后、夢爲日所逐、避於牀下、日化爲龍繞己數匝。寤而驚悸、遂有孕生帝於平城宮。又曰、高后幼時、曾夢在堂內立、而日光自窓中照之、灼灼而熱、后東西避之、光猶斜照不已。如是數夕、后恠之、以白其父颺。颺問遼東人閔宗、宗曰、此奇徵也。貴不可言、日者君人之德、帝王之象、光照女身、必有恩命。其後高后果入宮、生世宗、又生廣平王。

《위서(魏書)》[10]에 이르기를, 위(魏)의 태조(太祖)[11]인 하황후(賀皇后)는 해가 실내로 들어오는 꿈을 꾸었다. 잠에서 깨어보니 햇빛이 창문을 통해 비추어 방안이 하늘처럼 밝았다. 하황후는 눈부시게 빛나는 것을 보고 감격하였고 이로 인해 임신하여 7월 7일에 참합파(參合陂)의 북쪽에서 태조를 낳았다.

또한 이르기를, 위(魏)의 세종(世宗)[12]의 모후(母后)인 고후(高后)가 꿈을 꾸었다. 해가 쫓아오기에 침상 밑으로 피하였는데 해가 용(龍)으로 변하여 자신을 여러 겹으로 감싸는 것이었다. 두렵고 놀라서 잠을 깬 뒤에 태기(胎氣)가 있었고 얼마 뒤에 평성궁(平城宮)에서 세종을 낳았다.

또한 이르기를, 고후(高后)가 어렸을 적에 꿈을 꾸었다. 방안에 서 있는데 햇빛이 창문을 통해 들어와 자신의 몸을 비추니 몸이 빛나며 뜨거웠다. 고후가 동으로 서로 피하여도 햇빛이 따라다니며 비추는 것을 그치지 않았다. 고후는 이 같은 꿈을 여러 날 꾸자 이상하게 생각되어 아버지 고양(高颺)에게 고하였다. 고양은 요동인(遼東人) 민종(閔宗)에게 딸의 꿈에 대해 몽점을 청하였다. 민종이 말하기를 "이는 기이한 징조요. 장차 따님은 말로 표현할 수 없을 만큼 귀현(貴顯)할 것이오. 태양은 임금의 덕이며 제왕(帝王)의 상징이오. 햇빛이 여자의 몸에 비추었으니 반드시 성은(聖恩)을 입을 운명이오." 그 후 고후는 과연 입궁하게 되었고 성은을 입어 세종(世宗)을 낳고 광평왕(廣平王)도 낳았다.

耶律興遼、

요(遼)를 흥성하게 한 야율(耶律),

金史曰、遼王太祖耶律億母蕭氏、夢日墮懷中。有娠生億。

《금사(金史)》[13]에 이르기를, 요(遼)의 왕(王) 태조(太祖) 야율억(耶律億)[14]의 모후(母后)인 소씨(蕭氏)는 꿈에 해가 품 안에 떨어지고 나서 임신을 하여

야율억을 낳았다.

咸有夢日之兆、豈非據鎭一方。統馭萬姓、其照溢之誼、名位至尊、固有日
之象也哉。善乎。衛靈公有信曰、夢見人君者、夢見日、非竈君可喩也。

이들 모두가 꿈에 해를 본 징조를 지니고 있는데 어찌 한 지방을 다스린 자
들만을 근거하여 말할 수 있겠는가? 임금에서 백성에 이르기까지 햇빛이
옳게 비춘 뜻은 명위(名位)가 존귀해지는 해만의 상징이다. 좋구나! 위(衛)
영공(靈公)이 말하기를, 꿈에 해를 보는 것은 임금을 보는 것이다.그러나 조
군(竈君)을 비유한 것은 아니다.

> 戰國策曰、衛靈公近癰疽、彌子瑕二人、專君之勢、以蔽左右。復塗偵謂公
> 曰、昔日臣夢見君。公曰、子何夢。曰、夢見竈君。公忿然作色曰、吾聞夢見
> 人君者夢見日、今子夢見竈君、而言寡人、何也。對曰、日幷燭天下、一物
> 不能蔽也。若竈則不然、前之人煬、則後之人無從見也。今臣疑人之有煬
> 於君者也、是以夢見竈君。

> 《전국책(戰國策)》[15]에 이르기를, 위(衛)의 영공(靈公)에게 옹저증(癰疽症)[16]이
> 생겨 정무(政務)를 소홀히 하게 되자 미자가(彌子瑕) 등의 두 사람이 전횡
> (專橫)하며 영공의 측근의 일을 덮어 감추었다. 그러자 이를 걱정한 복도
> 정(復塗偵)이 영공에게 고하기를 "신(臣)은 지난 날 꿈에 군왕(君王)을 뵈온
> 적이 있나이다." 영공이 묻기를 "그대는 어떠한 꿈을 꾸었는가?" 복도정
> 이 답하기를 "조군(竈君)[17]을 뵈었나이다." 영공이 진노한 채 낯빛이 변하
> 여 "내가 아는 바로 꿈에 해를 본 것이 군왕을 본 것인데 어찌하여 조군이
> 군왕의 상징이라고 말하는가?" 답하기를 "해가 빛나 천하를 비추면 어떤
> 물건도 해를 덮어 가릴 수 없나이다. 그러나 아궁이 안의 불은 앞사람이
> 가리고 있으면 잘못 타고 있어도 뒷사람이 보지 못합니다. 신은 현재 몇
> 사람이 아궁이의 불을 덮어 가리듯이 공(公)을 모시는 것을 염려하고 있습
> 니다. 그러므로 조군을 뵈었다고 고하는 것입니다."

夢鬪日不勝、而知齊景公之病瘳。

꿈에 해와 서로 싸워 이기지 못하는 것을 보고 제(齊)의 경공(景公)은 병이

나을 것을 알았다.

灌畦暇語曰、齊景公夜夢、與二日鬪而不勝。晏子朝、公曰、吾夢如是殆死
矣。晏子對曰、請召占夢者。占人至、晏子迎於公門。告以故使對公曰、病
者陰也、日者陽也。一陰不勝二陽、公病將瘳。居三日而公病愈。

《관휴가어(灌畦暇語)》[18]에 이르기를, 제(齊)의 경공(景公)[19]이 병을 앓다가
꿈을 꾸었다. 두 개의 태양을 상대로 싸웠는데 이기지 못하였다. 경공이
잠에서 깨어 안자(晏子)[20]에게 말하기를 "내가 꿈에 두 개의 태양과 싸워
서 이기지 못했으니 곧 죽을 것이오." 안자가 답하기를 "점몽자(占夢者)를
부르소서." 점몽자가 오자 안자는 공문(公門) 밖까지 나가 영접하여 인도
하였다. 점몽자가 경공에게 고하기를 "공의 병은 음(陰)이고 태양은 양(陽)
입니다. 일음(一陰)이 이양(二陽)을 이기지 못하였으니 공의 병은 쾌유할
것입니다." 3일 후 경공은 병이 나았다.

夢日繞軍營、而知晉明帝駕至。

꿈에 해가 군영(軍營)을 둘러싸는 것을 보고 진(晉)의 명제(明帝)의 어가(御駕)
가 이를 것을 알았다.

晉書曰、王敦叛、帝自出覘軍。敦晝夢日環其營。驚悟曰、黃鬚鮮卑兒來
耶。帝母鮮卑出也。亟遣人追之不及。

《진서(晉書)》에 이르기를, 왕돈(王敦)[21]이 반란을 일으키자 명제(明帝)[22]는
스스로 군(軍)을 독려(督勵)하며 출군(出軍)하였다. 왕돈은 낮잠을 자다가
꿈을 꾸었는데 해가 그의 진영(陣營)을 둥그렇게 둘러싸는 내용이었다. 왕
돈이 놀라 깨어나 스스로 해몽하기를 "누런 수염 난 선비족(鮮卑族) 젊은
이가 공격해오리라." 왕돈은 즉시 부하들을 인근에 파견하여 선비족 젊은
이를 찾게 하였으나 뜻을 이루지 못하였다. 실은 명제의 모후(母后)가 선
비족이었다.

陳高祖夢朱衣神人捧日、而納其口。

진(陳)의 고조(高祖)는 꿈에 붉은 옷을 입은 신인(神人)이 해를 받들고 그의 입에 넣어 주었다.

陳書曰、高祖覆先嘗遊義興、舘於許氏。夜夢天開數丈、有四人朱衣、捧日而至、令高祖開口納焉。及覺、腹中猶熱。

《진서(陳書)》에 이르기를, 진(陳)의 고조(高祖) 패선(覆先)[23]은 일찍이 의흥(義興)으로 유람을 갔다가 관(舘)에서 허씨(許氏)를 만난 적이 있는데 밤에 꿈을 꾸었다. 하늘이 여러 장(丈)이 되게 열리고 붉은 옷을 입은 네 사람이 해를 받들고 와서 고조에게 입을 벌리라고 명령하였다. 그리고 해를 고조의 입속에 넣어 주었는데 뱃속에서 뜨겁게 느껴졌다.

唐玄宗夢緋褌兵士負己、而出井。

당(唐)의 현종(玄宗)은 꿈에 붉은 잠방이를 입은 병사(兵士)의 등에 업혀 우물 안에서 밖으로 나왔다.

存心錄曰、唐玄宗夢入井、有一兵士著緋褌、背負而出。明日使人尋訪苑中、見馬閑緋褌、便引見。上問汝昨夜有何夢。對曰、臣夢從井中、背負日出登天。上觀其形狀、與夢相似、遂賜五萬錢。

《존심록(存心錄)》[24]에 이르기를, 당(唐)의 현종(玄宗)은 꿈에 우물에 들어갔다가 밖으로 나오지 못하여 고통스러웠다. 이때 갑자기 붉은 잠방이를 입은 병사(兵士) 하나가 나타나 현종을 등에 업고서 우물 밖으로 나왔다. 현종은 잠에서 깨자 즉시 측근들에게 명하여 꿈에 본 병사를 후원(後苑)에서 찾게 하였다. 얼마 후 한 관리가 말 옆에서 한가롭게 앉아있는 병사를 발견하고 대령시켰다. 현종이 반가와 하며 병사에게 묻기를 "너는 지난 밤 어떤 꿈을 꾸었느냐?" 답하기를 "소인은 꿈에 우물 속으로 들어가 해를 등에 업고서 하늘까지 올라갔습니다." 현종이 병사의 형상을 보니 꿈에서 본 바와 흡사하였으므로 5만 전(五萬錢)을 하사하였다.

故魏文帝·陳世祖皆夢日墜地、而懷其三分之一者、未能總合寰區之象也。

위(魏)의 문제(文帝)와 진(陳)의 세조(世祖)는 해가 땅에 떨어지자 그 삼분의 일을 품은 사람이므로 천하통일을 하지 못한 형상을 하게 된 것이다.

談叢曰、魏文帝爲王時、夢日墜地爲三分、其得一分、而納諸懷中。陳書曰、陳世祖夢兩日鬪一大一小、大者光滅墜地、色正黃、其大如斗。世祖因三分取一而懷之。

《담총(談叢)》[25]에 이르기를, 위(魏)의 문제(文帝)[26]가 위왕(魏王)이었을 때 꿈을 꾸었다. 해가 땅으로 떨어져 세 조각으로 나뉘자 그중 하나를 집어서 품에 넣었다.
《진서(陳書)》에 이르기를, 진(陳)의 세조(世祖)[27]가 꿈을 꾸었다. 두 개의 해가 서로 싸우는데 하나는 크고 다른 하나는 작았다. 큰 해가 빛이 없어지며 땅에 떨어졌는데 진황색이고 크기는 한 말 정도였다. 세조는 그 삼분의 일을 품 안에 넣었다.

夫日爲至陽之精、近之者顯。

무릇 해는 지극한 양기(陽氣)의 정화(精華)이다. 가까이 한 사람은 현달(顯達)하게 된다.

尸子曰、日五色、至陽之精、象君德也。

시자(尸子)[28]가 말하기를, 해에는 다섯 가지 색이 있으니 이는 지극한 양기(陽氣)의 정화(精華)이다. 군왕(君王)의 덕(德)을 상징한다.

程立夢捧日以立、而更名曰、昱。歸氏夢朝日初出、而命男曰、暘。

정립(程立)은 꿈에 해를 받들고 서있었으므로 이름을 욱(昱)이라고 고쳤다. 귀씨(歸氏)는 꿈에 아침 해가 처음 뜨는 것으로써 사나이의 운명을 받았다고 해서 양(暘)이라고 하였다.

魏志曰、程立夢登太山捧日、立以白太祖、太祖遂加日於立上。因改名昱。

元史曰、歸暘字彥溫、汴梁人。將生、其母楊氏夢朝日出東山上、有輕雲來掩之。故名暘。至順元年進士、後爲杞賊范孟所繫、竟無害、官至禮部尙書。

《위지(魏志)》에 이르기를, 정립(程立)은 꿈에 태산(太山)에 올라서서 태조(太祖)에게 해를 받들겠다고 말하니 태조는 서 있는 정립의 위에 해를 얹어주었다. 정립은 잠에서 깬 후 이로 인해 이름을 욱(昱)[29]으로 고쳤다.
《원사(元史)》[30]에 이르기를, 귀양(歸暘)[31]은 자(字)가 언온(彥溫)으로 변량인(汴梁人)이다. 그가 장차 태어나려고 할 때 그의 어머니 양씨(楊氏)가 꿈을 꾸었다. 아침 해가 동쪽 산에서 뜨는데 가벼운 구름이 다가와 둘러싸는 것이었다. 그리하여 이름을 양(暘)으로 하였다. 귀양은 지순원년(至順元年)에 진사(進士)가 되었고 후에 기주(杞州)의 역적 범맹(范孟)과 관련되었으나 끝내 해를 입지 않았으며 관직은 예부상서(禮部尙書)에까지 이르렀다.

陶母夢日精在懷、而弘景以仙術揚名。

도씨(陶氏)의 어머니는 일정(日精)을 품에 둔 꿈을 꾸었기 때문에 도홍경(陶弘景)은 선술(仙術)로써 이름을 날렸다.

　雲笈經曰、陶隱居初生、母夢日精在懷。

　《운급경(雲笈經)》[32]에 이르기를, 도은거(陶隱居)가 처음 태어날 때 어머니는 일정(日精)이 품 안에 있는 꿈을 꾸었다.

楊母夢日光射身、而煥然以文章致貴。

양씨(楊氏)의 어머니는 꿈에 햇빛이 몸에 쏘듯이 비추었다. 이로써 환연(煥然)은 문장(文章)으로 귀하게 되었다.

　元史曰、楊奐母夢東南日光射其身、旁一神人以筆授之。已而奐生。其父以爲文明之象、因名奐字煥然。

　《원사(元史)》에 이르기를, 양환(楊奐)[33]의 어머니는 꿈에 동남쪽에서 햇빛이 몸에 쏘듯이 비추었다. 옆에서 한 신인(神人)이 붓을 주기에 받고서 양환을 낳았다. 양환의 아버지는 이것을 문장으로 유명해질 상징이라고 말하였다. 이 꿈으로 인해 이름을 환(奐), 자(字)는 환연(煥然)으로 하였다.

賈隱林夢日墜於首、而職陞糾察。

가은림(賈隱林)은 꿈에 해가 머리 위에 떨어져서 규찰(糾察)의 직위에 올랐다.

白孔六帖曰、賈隱林奏曰、臣嘗夢日墜、以首承之。帝曰、非朕耶。因令糾察行在。

《백공육첩(白孔六帖)》에 이르기를, 가은림(賈隱林)[34]이 황제에게 상주(上奏)하기를 "신(臣)이 일찍이 꿈을 꾸었는데 해가 떨어지는 것을 머리로 받았습니다." 황제가 말하기를 "짐이 아니면 누구랴?" 이로 인해 가은림에게 규찰행재(糾察行在)를 제수(除授)하였다.

范應鈴夢日照於戶、而官任少卿。

범응령(范應鈴)은 꿈에 해가 창문을 통해서 비추는 것을 보고서 소경(少卿)으로 임관되었다.

宋史曰、范應鈴字旂叟、豐城人。方娠、大父夢雙日照庭。開熙元年、擧進士、歷大理少卿。

《송사(宋史)》에 이르기를, 범응령(范應鈴)[35]은 자(字)가 기수(旂叟)로 풍성인(豐城人)이다. 어머니가 범응령을 막 임신하였을 때 종조부(從祖父)는 두 개의 해가 뜰을 비추는 꿈을 꾸었다. 개희원년(開禧元年 A.D 1205)에 진사(進士)가 되었으며 대리소경(大理少卿)을 역임(歷任)하였다.

楊炎夢登山捧日、而位進中書。

양염(楊炎)은 꿈에 산에 올라 해를 받들고서 승진하여 중서(中書)의 직위(職位)에 올랐다.

宣室志曰、唐楊炎夢登山視日、日光赫然、以左右手捧之。後登相位。

《선실지(宣室志)》에 이르기를, 당(唐)의 양염(楊炎)[36]이 꿈에 산에 올라 해를 보니 햇빛이 매우 밝게 빛나기에 양쪽 손바닥으로 햇빛을 받들었다. 양염은 후일 재상(宰相)이 되었다.

鄭光夢馳車載日、而爵除節度。

정광(鄭光)은 꿈에 마차에 해를 싣고서 절도사(節度使)의 작위(爵位)를 제수(除授)받았다.

> 唐書曰、會昌末、鄭光夢御大車載日月、行中衢、煇照六合。寤而占之、占者曰、君暴貴。不關月、宣宗卽位、光興民伍、拜諸衛將軍、薦平盧節度使。

> 《당서(唐書)》에 이르기를, 회창(會昌 A.D 841~846)의 끝 무렵 정광(鄭光)이 꿈을 꾸었다. 큰 수레에 해와 달을 싣고서 네거리 한 가운데로 몰고 갔는데 빛나는 빛이 육합(六合)을 비추었다. 정광이 잠에서 깬 뒤 몽점(夢占)을 치니 점사(占師)가 말하기를 "그대는 갑자기 크게 귀하게 될 것이오." 과연 몇 달도 못 되어 선종(宣宗)이 즉위하자 정광은 광흥민오(光興民伍)에 올랐고 그 뒤 제위장군(諸衛將軍)을 배수(拜受)하였으며 평로절도사(平盧節度使)에 천거(薦擧)되었다.

海陵守夢以身承日、而驟典機密之政。

해릉수(海陵守)는 꿈에 몸으로 해를 받고서 갑자기 기밀(機密)의 정무(政務)를 맡게 되었다.

> 太平廣記曰、世祖出海陵守。夢日隨身上、尋卽召還、典機密。

> 《태평광기(太平廣記)》에 이르기를, 세조(世祖)가 해릉수(海陵守)를 불렀다. 해릉수(海陵守)는 몸 위로 해가 떨어지는 꿈을 꾸고서 곧바로 소환되어 기밀(機密)을 맡게 되었다.

肥如令夢以牛挽日、而終授散騎之銜。茲非近君之驗耶。

비여령(肥如令)은 꿈에 소로써 해를 끌어당기고서 마침내 산기(散騎)의 관직(官職)을 제수(除授)받았다. 이러한 것들이 임금과 가까워지는 징험이 아니고 무엇이겠는가?

> 夢雋曰、後魏閭英爲肥如令、夢日隨所居黃山水中、村人以牛車挽致不
> 出、英抱戴而歸。後至散騎常侍。

《몽준(夢雋)》에 이르기를, 후위(後魏)의 여영(閭英)은 비여령(肥如令)이었을
때 꿈을 꾸었다. 그가 다스리고 있는 황산(黃山)의 호수 가운데로 해가 떨
어졌다. 마을 사람들이 소달구지로 해를 끌어내리려고 해도 나오지 않자 여
영이 호수로 들어가 양팔로 싸서 들어 머리에 이고서 나왔다. 그 뒤 여영
은 산기상시(散騎常侍)까지 관직이 올랐다.

> 然毛貞輔夢吞日腹熱、可謂貴兆。而占者謹許爲赤烏場官。蓋得推夢之圓
> 法矣。

이렇게 모정보(毛貞輔)가 꿈에 해를 삼키고서 배가 뜨거워진 것은 귀하게
될 징조라고 이를 만하다. 이로써 점사(占師)는 모정보가 적오장관(赤烏場官)
이 될 것이라고 신중히 말했다. 점사는 꿈을 막힘없이 해석하는 방법을 터
득한 것이다.

> 稽神錄曰、僞吳毛貞輔累爲邑宰、應選之廣陵、夢吞日。旣寤、腹猶熱。以
> 問侍御史楊廷式、曰、此夢至大、非君所能當。若以君言、當爲赤烏場官
> 也。果如其言。

《계신록(稽神錄)》에 이르기를, 위오(僞吳)의 모정보(毛貞輔)는 읍재(邑宰)를
연임하다가 선발되어 광릉(廣陵)에 부임하여 꿈을 꾸었다. 해를 삼켰는데
깨어보니 꿈이었다. 그 후 모정보는 항상 배가 뜨거워 시어사(侍御史) 양정
식(楊廷式)에게 몽점을 청하였다. 답하기를 "지극히 큰 꿈이니 임금이 아
니면 해당되지 않소. 그러나 만약 그대의 꿈이 사실이라면 마땅히 적오장
관(赤烏場官)[37]이 될 것이오." 과연 그 말처럼 되었다.

> 乃若月爲衆陰之長。

따라서 이같이 달은 여러 음기(陰氣)의 우두머리가 된다.

漢書曰、月者衆陰之長、后妃大臣諸侯之象也。書曰、卿士惟月。

《한서(漢書)》에 이르기를, 달이란 여러 음기(陰氣)의 우두머리이다. 후비(后妃), 대신(大臣), 제후(諸侯)의 상징이다. 서책(書冊)에 이르기를, 공경(公卿)과 선비는 오직 달 같은 것이다.[38]

亦上天之使也。

역시 해와 같이 상천(上天)께서 부린다.

淮南子曰、日月天之使也。

회남자(淮南子)가 말하기를, 해와 달은 하늘이 부리는 것이다.

呂錡夢射月、而楚師敗者。周王爲日、而楚爲月也。

여기(呂錡)는 꿈에 달을 향해 활을 쏘아 초왕(楚王)을 패하게 했다. 이는 주왕(周王)은 해가 되고 초왕(楚王)은 달이 되기 때문이다.

解見宗空篇、呂錡夢射月注。

풀이는 《종공편(宗空篇)》의 '여기(呂錡)가 꿈에 달을 향해 활을 쏘았다.' 56p를 보시라.

漢元后之生、與夫齊婁后之生女也、皆有懷月之夢。果應妃后之尊。

한(漢)의 원후(元后)의 어머니와 제(齊)의 루후(婁后)는 모두 달을 품는 꿈을 꾸고 딸을 낳았는데 과연 존귀한 후비(后妃)가 되는 응험이 있었다.

漢書曰、孝元皇后、王莽之姑也。父王禁母李氏、李夢月入其懷而生后。北齊書曰、神武婁后生二女、皆夢月入懷、而女爲魏之二后。

《한서(漢書)》에 이르기를, 효원황후(孝元皇后)는 왕망(王莽)[39]의 고모(姑母)이다. 아버지는 왕금(王禁)이고 어머니는 이씨(李氏)인데 이씨는 꿈에 달이 품 안에 들어오는 것을 보고 효원황후(孝元皇后)를 낳았다.

《북제서(北齊書)》에 이르기를, 신무루후(神武婁后)는 딸을 둘 낳았는데 모두 꿈에 달이 품에 들어오는 것을 보았다. 두 딸은 모두 위(魏)의 후비(后妃)가 되었다.

孫策·蕭繹·其母皆夢月、而策爲吳王、定都江左、繹爲梁帝、肇迹湘東、然享國皆不久遠。豈能外其盈虧之數乎。

손책(孫策)과 소역(蕭繹)[40]의 어머니들은 모두 꿈에 달을 보았다. 그리하여 손책은 오(吳)의 왕이 되어 강의 좌측에 도읍을 정하였고 소역(蕭繹)은 양(梁)의 황제가 되어 상강(湘江)의 동쪽에 개국하여 잘 다스렸으나 모두 오래가지 못하였다. 그 차고 기움이 운수 밖이라고 어찌 능히 말할 수 있겠는가?

三國志曰、吳孫堅妻初妊子策、夢月入懷。梁書曰、梁武帝夢眇目僧執香爐、託生王宮。旣而采女侍、武帝幸之、采女夢月墮懷中。遂有孕、天監七年八月丁巳生世祖、果盲一目。

《삼국지(三國志)》에 이르기를, 오(吳)의 손견(孫堅)의 아내가 처음으로 아들 손책(孫策)[41]을 임신하였을 때 달이 품 안으로 들어오는 꿈을 꾸었다.
《양서(梁書)》[42]에 이르기를, 양(梁)의 무제(武帝)[43]가 꿈을 꾸었다. 애꾸눈 중이 향로(香爐)를 들고 와 왕궁 내에 태어나게 해달라고 부탁하였다. 이때 한 궁녀가 무제를 모시고 있었는데 궁녀도 달이 품 안으로 들어오는 꿈을 꾸었다. 그리고 나서 궁녀는 잉태하여 천감 7년(天監七年 A.D 508) 8월 정사일(丁巳日)에 세조(世祖)를 낳았는데 과연 한 눈이 멀어 있었다.

闞澤幼年夢在月中。范純仁初誕、夢兒墮月中。其淸輝高譽、傳映後世宜矣。

함택(闞澤)은 어렸을 적에 달 가운데 있는 꿈을 꾸었고 범순인(范純仁)이 처음 태어날 때 그의 어머니는 아이가 달로부터 떨어지는 꿈을 꾸었다. 두 사람의 맑게 빛나는 높은 명예는 후세까지 비춤이 당연하다.

會稽先賢傳曰、闞澤年十三、夢見名字炳然在月中。宋史曰、范純仁始生之夕、母李氏夢兒墮月中、承以衣裾。寤而生純仁。

《회계선현전(會稽先賢傳)》에 이르기를, 함택(闞澤)⁴⁴⁾은 13세 때 꿈을 꾸었다. 자신의 이름 글자가 달가운데서 밝게 빛나는 것을 보았다.

송사(宋史)에 이르기를, 범순인(范純仁)⁴⁵⁾이 태어나던 날 저녁에 그의 어머니 이씨(李氏)는 꿈을 꾸었다. 달 가운데서 아기가 떨어지기에 옷자락으로 받고서 잠에서 깨어 범순인을 낳았다.

■ 注疏

1) 무제(武帝): 漢의 武帝. 재위 B.C 141~87. 景帝의 아들 名은 徹. 즉위의 해를 建元元年(B.C 140)으로 하니 帝王의 연호의 시초가 되었다. 재위 시에 西域과 通하고 西南夷, 東越, 南越, 匈奴 등을 평정하였다. 儒學을 숭상하여 黃老와 韓非의 학문을 배척하고 太學을 세우고 五經博士를 두었다. 神仙을 좋아하였고 賦斂과 重刑으로 도적이 창궐하였다. 말년에는 이를 후회하여 方士들을 내치고 重農桑民하여 국내가 평안하여 졌다.

2) 태종(太宗): 宋의 太宗. 재위 A.D 976~997. 太祖의 아우. 즉위 후 이름을 炅으로 고쳤다. 沈謀英斷하여 治世에 재능이 있었다. 太祖를 좇아 창업하였고 태조가 죽자 즉위하였다. 北漢을 멸하여 강역을 넓혔다. 幽州를 취하기 위하여 契丹과 싸웠으나 패했다.

3) 준의관사(浚儀官舍): 浚儀는 安徽省의 毫縣의 동남지방. 官舍는 관청건물.

4) 진종(眞宗): 宋의 眞宗. 재위 A.D 997~1022. 太宗의 셋째 아들. 名은 恒. 거란과 澶州에서 盟約을 맺어 물러가게 했다. 그러나 그 후 王欽若, 丁謂 등을 재상으로 삼으니 항상 天書나 符瑞에 朝野가 미혹하였다. 또한 진종도 封禪의 일에 빠져 政治를 잘 하지 못하였다.

5) 인종(仁宗): 宋의 仁宗. 재위 A.D 1022~1063. 眞宗의 太子. 初名은 嗣. 즉위하였으나 나이가 어려 太后가 臨政하였다. 태후가 죽고 親政할 때 西夏와 遼가 변경을 자주 혼란시켰다. 韓琦와 范仲淹 등으로 하여금 西夏에 대항하게 하며 遼와 화친하였다. 狄靑을 장수로 삼아 儂智高를 평정케 하여 사방이 평안하였다. 內政을 勤修하고 형벌을 신중히 하고 愛民하니 仁主라는 칭송을 들었다. 재위 41년.

6) 영종(寧宗): 宋의 寧宗. 재위 A.D 1197~1224. 이름은 趙擴, 光宗의 次子. 처음 嘉王에 봉해졌다가 內禪을 받았다.

7) 손권(孫權): 삼국시대 吳의 開國皇帝. 재위 A.D 222~252. 吳郡의 富春人, 字는 仲謀. 豪俠하고 養士하였다. 형인 손책이 죽자 그 위를 계승하였다. 江東의 지역을 방어하며 劉備를 도와 曹操를 赤壁에서 破하였다.

8) 유연(劉淵): 晉시에 前漢의 主. 재위 A.D 304~310. 어려서부터 兵書와 武藝를 익히고 魏의 咸熙(A.D 264~265) 중에 劉豹의 左部帥가 되어 輕財하여 잘 베풀었다. 雋傑들이 모여하고 漢王이라고 칭하고 太原을 함락시키고 河東까지 진격하여 국호를 漢이라 칭하고 황제의 자리에 올랐다.

9) 유총(劉聰): 前漢의 三代皇帝. 재위 A.D 310~318. 劉淵의 넷째아들. 字는 玄明.

10) 《위서(魏書)》: 北齊의 魏收가 撰한 魏의 역사서. 114권으로 되어있는데 紀가 13, 列傳이 92. 現今本은 宋의 劉恕, 范祖禹 등이 校補한 것이다.

11) 위(魏)의 태조(太祖): 남북조시대의 北魏의 太祖 拓跋珪. 재위 A.D 386~409. 北魏는 A.D 386~556 까지 171년 19제가 즉위하였다.

12) 위(魏)의 세종(世宗): 남북조시대 北魏의 8대 황제. 재위기간 A.D 499~515.

13) 《금사(金史)》: 元의 托克托이 撰한 金의 역사. 135권으로 구성. 本紀 19, 志 39, 表 4, 列傳 73권으로 되어있다.

14) 야율억(耶律億): 遼太祖, 字는 阿保機. 재위 A.D 916~926. 雄武하고 말타기와 활쏘기에 능했고 세상의 일에 밝았다. 唐 이전의 국호는 거란이었다. 唐末에 八部의 部長大人이 되었다. 女眞의 여러 부족들을 통합하여 王으로 추대되어 梁의 貞明 2年(A.D 916)에 稱帝를 하고 臨潢에 도읍하였다.

15) 《전국책(戰國策)》: 《國策》이라고도 한다. 《長短書》라는 명칭도 있다. 漢의 劉向이 先秦의 여러 나라의 기록 중에서 戰國時의 사건을 東西周, 秦, 楚, 燕, 齊, 三晉, 宋, 衛, 中山 등의 12국을 나누어 기술하였다. 司馬遷의 《史記》를 《戰國策》에 많이 인용하였다.

16) 옹저증(癰疽症): 瘡瘍의 큰 것, 큰 종기. 《靈樞玉版篇》에 이르기를, 陰氣는 부족하고 陽氣는 남아 營氣를 행하지 못하니 癰疽가 발생한다.

17) 조군(竈君): 竈神. 즉 부엌, 아궁이의 神이다. 불과 연관된 古神人인 炎帝, 祝融을 총칭하기도 하며 崑崙老母, 種火老母元君이라고도 한다. 玉皇大帝의 使者로서 인간들의 功過를 上奏한다고 한다.

18) 《관휴가어(灌畦暇語)》: 책 이름. 지은이 미상으로 한 권이다. 책 중의 학설은 모두 元和(A.D 806~820) 이후의 사람들의 것이다. 朱子의 설을 인용하였고 그 宗旨는 黃老에서 나왔어도 聖賢을 비난하지는 않았다.

19) 제(齊)의 경공(景公): 春秋시대의 齊人. 莊公의 아우 靈公子, 名은 杵臼.

20) 안자(晏子): 春秋시대 齊의 晏嬰의 존칭. 또는 책 이름으로 《晏子春秋》의 약칭.

21) 왕돈(王敦): 晉의 臨沂 사람. 武帝의 딸 襄城公主와 결혼하여 駙馬都尉, 侍中, 江州牧이 되어 반란을 일으켰으나 明帝의 軍에게 征討당하자 병으로 죽었다.

22) 명제(明帝): 晉의 明帝. 재위 A.D 322~325. 晉元帝의 아들. 將士를 善撫하며 보필하였다. 王敦이 반란을 일으키자 親征하여 大破하였다.

23) 진(陳)의 고조(高祖): 남북조시대 陳의 開國皇帝 陳霸先. 재위는 A.D 557~559이다. 陳은 A.D 557~589년까지 존속하며 5제가 즉위하였다가 隋에게 멸망되었다.

24) 《존심록(存心錄)》: 책 이름. 明의 吳沈이 撰한 10권.

25) 《담총(談叢)》: 《說苑》의 篇名.

26) 위(魏)의 문제(文帝): 三國시대의 魏主. 재위 A.D 220~226. 이름은 曹丕, 曹操의 長子. 조조가 죽자 뒤를 이어 魏王이 되어 漢을 찬탈하고 洛陽에 도읍하여 國號를 魏라고 하였다. 이때부터 蜀과 吳도 서로 뒤를 이어 稱帝하였다. 文學을 좋아하여 詩賦 등의 많은 저술을 남겼다.

27) 진(陳)의 세조(世祖): 남북조시대 陳의 2대 황제. 재위 A.D 559~566. 이때 천하는 北齊, 北周, 陳으로 3분되어 있었다.

28) 시자(尸子): 戰國시대의 楚人. 名은 佼, 秦의 商鞅의 스승. 立法 등에 관한 저서 20편이 있다. 《漢志》에서는 그의 學이 法家에 가깝다고 했다.

29) 정욱(程昱): 서 있을 立 위에 해(日)가 있으니 昱이 되었다. 三國시대 魏國사람. 都督兗州事에서 文帝시에 衛尉가 되었고 安鄕侯에 봉해졌다.

30) 《원사(元史)》: 책 이름. 明의 宋濂 등이 勅命에 의해 撰. 本紀 47, 志 53, 表 6, 列傳 97권으로 구성.

31) 귀양(歸暘): 元의 汴梁人. 至順에 進士가 되었다가 同知潁州事, 集賢學士에 이르러 사임하였다.

32) 《운급경(雲笈經)》: 《雲笈七籤》의 약칭. 책 이름. 宋의 張君房이 撰하였는데 120권으로 구성되어 있다. 眞宗 시에 王欽若 등이 추천하여 道書를 校正하는 일을 張君房이 맡아 그 精要를 추려 책을 완성

하였다. 七籤이란 명칭은 天寶君이 說한 洞眞을 上乘, 靈寶君이 說한 洞元을 中乘, 神寶君이 說한 洞神을 下乘, 太元, 太平, 太淸의 三部, 正一의 一部, 총 7부로 구성되었기 때문이다.

33) 양환(楊奐): 元, 乾州의 奉天人. 字는 煥然, 다른 이름은 知章. 아기였을 때 어머니가 죽고 哀毁하며 성인이 되었다. 金末에 일찍이 《萬言策》을 지었고 元初에 은거하며 후학을 지도했다. 耶律楚材가 추천하여 河南廉訪使를 역임하였다. 그의 詩文은 光明俊偉하였다. 저서는 《還山集》.

34) 가은림(賈隱林): 唐의 永平兵馬使로, 朱泚의 난 때 적군에게 포위당하자 용감히 물리쳐 神策統軍을 제수받았다.

35) 범응령(范應鈴): 開禧(A.D 1205~1207) 때 進士가 되었고 知崇仁縣. 추천에 의하여 金部郞이 된 후 直諫을 자주 하였으며 湖南轉運判官 겸 按撫事가 되어 峒獠의 난을 한 달 만에 평정하여 大理少卿으로 발탁되었다. 저서는 《西堂集》, 《對越集》이 있다.

36) 양염(楊炎): 唐의 鳳翔사람. 字는 公南. 德宗 때 門下侍郞同平章事가 되어 兩稅法을 창시하여 租와 庸을 대신하게 하였다. 처음에는 편리하였으나 후일에 많은 문제점이 생겼고 盧杞 등의 上奏에 의해 賜死되었다.

37) 적오장관(赤烏場官): 僞吳國의 禮部尙書.

38) 달이란 여러 음기(陰氣)의~달 같은 것이다: 陽上陰下하여 陽은 언제나 陰을 명령하고 陰은 陽을 감싼다. 后妃, 大臣, 諸侯, 公卿, 선비는 군왕의 주위를 감싸고 있으며 군왕의 명령을 들으니 이는 달이 태양의 주위를 도는 것과 같다.

39) 왕망(王莽): 漢의 東平陵人, 字는 巨君. 永始元年(B.C 16)에 新都侯에 봉해졌다가 일시에 人望을 얻어 大司馬가 되어 정권을 잡고 哀帝를 세웠다가 죽자 平帝를 세웠고 帝位를 찬탈하여 국호를 新으로 바꾸고 虐政을 하자 光武帝가 春陵에서 起兵하여 王莽軍을 크게 파하고 長安에 입성하자 왕망은 살해되었다.

40) 소역(蕭繹): 梁의 元帝. 재위 A.D 552~554. 武帝의 일곱째 아들로 湘東王에 봉해졌다. 천성이 永發하고 독서와 詩文을 즐겼다. 平侯景의 난 때 즉위하여 魏를 패퇴시켰다. 저서는 《孝德傳》, 《忠臣傳》, 《漢書注》, 《周易講疏》 등이 있다.

41) 손책(孫策): 三國시대 吳人. 孫堅의 큰아들, 孫權의 형. 袁術을 따랐다가 공을 세워 折衝校尉가 되었다. 원술이 거짓되이 王을 칭하자 절교하고 許昌에서 獻帝를 만나려다가 죽었다.

42) 《양서(梁書)》: 책 이름. 唐 貞觀 3년(A.D 629) 姚思廉과 魏徵이 勅命에 의해 撰한 56권. 本紀 6권, 列傳 50권으로 되어 있다.

43) 양(梁)의 무제(武帝): 재위 A.D 502~549. 南北朝시대 梁의 開國王. 姓은 蕭, 名은 衍. 南蘭陵人 南齊와 동족으로 齊를 섬겼다가 자립하였다. 불교를 崇信하였다.

44) 함택(闞澤): 三國시대 吳나 山陰人. 총명함이 過人했고 여러 서적을 두루 연구하였으며 曆數에 밝았다. 孫權의 신임을 얻어 中書令을 연임하였고 都鄕侯에 봉해졌다. 조정의 議典制를 訂正하였다.

45) 범순인(范純仁): 宋의 吳縣人. 皇祐(A.D 1049~1053)년간에 進士가 되었고 일찍부터 胡瑗과 孫復學을 추종하였다. 知諫院이 되어 王安石의 變法의 폐해에 대해 上奏했다가 知河中府로 좌천되었다. 哲宗 시에 尙書僕射를 연임하였다.

3. 뇌우편 雷雨篇第三

雷·雨·星·雷·雲·飇·火·氷·晴·晦之類、皆天象也。風雷爲號令、雨爲恩
澤、瑞星·彩雲·雷火爲文明、氷泮爲婚媾之期、此理徵矣。齊之竇母、夢雷
電耀目而生泰。

우레, 비, 별, 번개, 구름, 회오리바람, 불볕, 얼음, 맑음과 어둠의 종류는 모
두 하늘의 형상이다. 바람과 우레는 호령(號令)이 되고 비는 은택(恩澤)이 된
다. 상서로운 별, 빛깔 있는 구름, 번갯불은 문명(文明)이 되고 얼음의 풀림
은 결혼(結婚)과 교구(姣媾)의 시기(時期)가 되니 이러한 이치는 천리(天理)의
징험이다. 제(齊)의 두씨(竇氏)의 어머니는 꿈에 우레와 번개의 빛남에 눈이
부시고서 두태(竇泰)를 낳았다.

> 北史曰、北齊竇泰母、夢風雷暴起、若有雨狀、出庭觀之、見雷光奪目、
> 駛雨霑洒、寤而驚汗、遂有娠。期而不産大懼、有巫曰、渡河湔其裙、産
> 子必易。便向水所、忽見一人曰、當生貴子。可從而南、泰母從之、俄而
> 生泰。

《북사(北史)》에 이르기를, 북제(北齊)의 두태(竇泰)[1]의 어머니가 꿈을 꾸었
다. 바람과 우레가 광폭(狂暴)하게 일어남이 마치 비가 오는 것 같아 뜰에
나가 바라보니 번개가 치는데 그 빛에 눈이 부셨으며 그러는 동안에 몸은
폭우에 흠뻑 젖어 있었다. 놀래서 잠에서 깨었는데 온몸에 땀이 흥건하였
다. 두태의 어머니는 이 꿈으로 인하여 임신하였고 기일이 되었어도 출산
하지 못하자 크게 두려워 무사(巫師)에게 물었다. 답하기를 "강을 건너면
서 치마를 씻으면 출산하기가 반드시 쉬울 것이오." 두태의 어머니가 강
을 향해 걸어가니 갑자기 한 사람이 나타나 말하기를 "마땅히 귀한 아들

을 낳을 것이니 걸어서 강을 건너 남쪽 땅으로 가시오." 두태의 어머니는 그 말대로 행하고서 잠시 후 두태를 낳았다.

宋之宗母、夢雷電燭身、而生澤。

송(宋)의 종택(宗澤)의 어머니는 꿈에 우레와 번개가 치며 그 빛이 몸을 비추고서 종택을 낳았다.

> 宋史曰、宗澤字汝霖、母劉夢天大雷電、光燭其身。翌日而澤生。
>
> 《송사(宋史)》에 이르기를, 종택(宗澤)[2]은 자(字)가 여림(汝霖)이다. 그의 어머니 유씨(劉氏)는 꿈에 하늘에서 큰 우레와 번개가 치며 그 빛이 몸을 비추고서 이튿날 종택을 낳았다.

夢雨中戴帽者、未沾一命之榮、夢江上逢雷者、果百里之宰。

꿈에 빗속에 모자를 쓴 사람은 운명(運命)의 영광(榮光)을 몸에 적시지 못하였으나 꿈에 강에서 우레를 만난 사람은 과연 백리(百里)를 다스리는 관직을 받았다.

> 葆光錄曰、王校書與徐判官、各求邑宰。王夢戴帽雨中行、徐夢行於江間被霹靂。以問葉光遠、葉曰、王未得官、戴帽雨中行、恩澤未霑渥耳。徐可得官、蓋江者浦也。徐果授江浦令。
>
> 《보광록(葆光錄)》에 이르기를, 왕교서(王校書)와 서판관(徐判官)은 각각 읍재(邑宰)되기를 원하고 있었다. 그러던 어느 날 왕교서는 꿈에 모자를 쓰고 빗속을 걸었고 서판관은 꿈에 강변을 걷다가 벼락을 맞았다.
> 두 사람이 엽광원(葉光遠)에게 해몽을 청하니 답하기를 "왕수재(王秀才)는 관직을 얻지 못할 것이오. 모자를 쓰고 빗속을 걸었으니 은택에 젖지 못하였소. 그러나 서수재(徐秀才)는 득관(得官)할 것이오. 우레를 맞았으며 강변(浦)을 걸었기 때문이오." 서수재는 과연 강포령(江浦令)이 되었다.

若夫星爲元氣之英、

이처럼 대저 별이 원기(元氣)의 정화(精華)라면,

> 二五曆曰、星者元氣之英。
>
> 《이오력(二五曆)》에 이르기를, 별이란 원기(元氣)의 정화(精華)이다.

豈惟庶民之象。故北斗爲尙書之位、而士人夢之、則有魁元之選。

어찌 오직 서민(庶民)의 상징만 되겠는가? 그러므로 북두(北斗)는 상서(尙書)의 관직이 되는 것이니 이로써 선비가 이 꿈을 꾸면 선발되어 괴원(魁元)이된다.

> 雜記曰、袁郭初應擧、夢入北斗下。果第七人及第。
>
> 잡기(雜記)에 이르기를, 원곽(袁郭)이 처음 과거(科擧)에 응시할 때 꿈에 북두칠성(北斗七星)의 아래에 서 있었다. 과연 7등으로 급제(及第)하였다.

長庚星叶於李翰林。

장경성(長庚星)은 이한림(李翰林)과 화통(和通)하였다.

> 唐書曰、李白母夢長庚星。及生子因以命名。
>
> 《당서(唐書)》에 이르기를, 이백(李白)[3]의 어머니는 꿈에 장경성(長庚星)[4]을 보고 아들을 낳고서 이로 인해 이름을 지었다.

老人星應於臧諫議。

노인성(老人星)은 장간의(臧諫議)에 감응하였다.

> 閑覽曰、臧諫議少嘗夢、其父召至中庭、向空指曰、此老人星也。仰視果見黃星明潤、因望而拜。旣寤、以其出丙入丁、乃改名丙、字夢壽。
>
> 《한람(閑覽)》에 이르기를, 장간의(臧諫議)가 젊었을 때 꿈을 꾸었다. 아버지

가 부르기에 마당 가운데로 나가니 아
버지가 손가락으로 공중을 가리키며
"저 별은 노인성(老人星)[5]이다." 고개를
들어 쳐다보니 누런 별이 밝게 빛나고
있었다. 장간의는 별을 향해 엎드려
절하였는데 깨어보니 꿈이었다. 장간
의는 스스로 해몽하여 노인성이 정방
(丁方)으로부터 와서 병방(丙方)으로 갔
으므로 이름을 장병(臧丙)[6]으로 고쳤
고 자(字)는 몽수(夢壽)로 지었다.

▲ 노인성(老人星)

黃亢之母夢吞星、而亢名顯於宋代。

황항(黃亢)의 어머니는 꿈에 별을 삼킴으로써 황항(黃亢)은 송시대(宋時代)에
고명(高名)하였다.

> 宋書曰、黃亢字績臣、母夢星隕於懷、操而吞之。遂有娠。

> 《송서(宋書)》에 이르기를, 황항(黃亢)[7]은 자(字)가 적신(績臣)이다. 그의 어
> 머니는 꿈에 품 안으로 별이 떨어지는 것을 감싸 쥐어 삼킴으로써 황항을
> 임신하였다.

黃溍之母夢懷星、而溍業著於元朝。

황진(黃溍)의 어머니는 꿈에 별을 품음으로써 황진은 원조(元朝)에 저술(著
述)로 업적을 남겼다.

> 元史曰、黃溍字晉卿、母童氏夢、大星墜於懷。乃有娠、二十四月始生
> 溍。

> 《원사(元史)》에 이르기를, 황진(黃溍)[8]은 자(字)가 진경(晉卿)이다. 그의 어머
> 니 동씨(童氏)는 꿈에 큰 별이 품 안으로 떨어지는 것을 보고 임신하여 24
> 개월이 지나 황진을 낳았다.

北齊高歡步履星樞、南唐伍喬名符星號。

북제(北齊)의 고환(高歡)은 성추(星樞)를 밟으며 걸었고 남당(南唐)의 오교(伍喬)는 이름이 별이름과 부합하였다.

> 北史曰、北齊高祖皇帝、姓高諱歡、嘗夢履衆星而行。姓源珠璣曰、伍喬南唐人、力學家貧。有浮屠夢一大星。人曰、伍喬星也。既覺、訪得喬、資奉之。後擧進士第一、爲考功郎。
>
> 《북사(北史)》에 이르기를, 북제(北齊)의 황제(皇帝) 고조(高祖)는 성(姓)이 고(高)이고 휘(諱)는 환(歡)[9]이다. 일찍이 꿈에 많은 별들을 밟고서 걸었다.
>
> 《성원주기(姓源珠璣)》에 이르기를, 남당(南唐) 사람 오교(伍喬)[10]는 가난하였어도 학문에 힘썼다. 어떤 중이 꿈을 꾸었다. 한 커다란 별을 보고 있는데 신인(神人)이 말하기를 "이는 오교(伍喬)의 별이다." 중은 깬 후 오교를 방문하여 꿈을 말하고 오교에게 여러 해 동안 재물을 대주어 공부하는데 어려움이 없게 하니 오교는 진사시(進士試)에 일등으로 급제하여 고공낭(考功郎)이 되었다.

由是觀之、則知夢星臨身者爲吉、夢星墜野者非祥、火亦陽精、飈爲噫氣。智伯夢火光見於秦楚之邦、仲尼夢亦飈起豊沛之郡。

이러한 연유로 관찰하여 보면 꿈에 별이 몸에 임하는 것은 길(吉)함이 되고, 꿈에 별이 들판에 떨어지는 것은 상서롭지 못하고, 불은 또한 양정(陽精)이 되고 회오리바람은 트림이 됨을 알 수 있다. 지백(智伯)은 꿈에 진초(秦楚)의 지방에서 불빛이 나는 것을 보았고, 중니(仲尼)는 꿈에 붉은 회오리바람이 풍패(豊沛)의 군(郡)에서 일어나는 것을 보았다.

> 瑣語曰、智伯敗、夢火見於西方、乃出秦。又夢火見於南方、遂奔楚。赤飈解見、宗空篇三槐赤氣注。
>
> 《쇄어(瑣語)》[11]에 이르기를, 지백(智伯)[12]은 패하기 전에 꿈을 꾸었다. 서쪽에 불이 나는 것을 보고 진(秦)을 탈출하였다. 또한 꿈에 남쪽에 불이 나는 것을 보고 초(楚)에서 달아났다.

붉은 회오리바람의 풀이는 《종공편(宗空篇)》의 '회화나무 세 그루와 붉은 기(氣).' 52p를 보시라.

化彩雲而成鳳、徐陵降誕之禎。

채색구름이 화하여 봉황(鳳凰)이 되었는데 이는 서릉(徐陵)이 내려와 태어날 상서(祥瑞)이다.

陳書曰、徐陵母臧氏、嘗夢五色雲化而爲鳳、集左肩上。已誕陵。詳鳳鳥 篇、天上麒麟注。

《진서(陳書)》에 이르기를, 서릉(徐陵)[13]의 어머니 장씨(臧氏)가 일찍이 꿈을 꾸었다. 오색구름이 봉황으로 변하여 날아와 자신의 어깨 위에 앉았다. 이런 후 서릉을 낳았다. 상세한 것은 《봉조편(鳳鳥篇)》의 '천상(天上)의 기린 (麒麟).' 428p를 보시라.

立堅氷而語人、令狐媒介之兆。

견고한 얼음 위에 서서 사람과 말을 한 것은 영호(令狐)가 중매를 할 징조 이다.

晉書曰、索紞字叔徹、善占夢。令狐策夢立氷上、與氷下人語。紞曰、氷上 爲陽、氷下爲陰、陰陽事也。士如歸妻迨氷未泮、婚姻事也。君在氷上與 氷下人語、爲陽語陰、媒介事也。君當爲人作媒、會太守田豹、因策爲子 求、鄕人張公徵女、仲春而成婚焉。

《진서(晉書)》에 이르기를, 색담(索紞)은 자(字)가 숙철(叔徹)인데 점몽(占夢) 에 능하였다. 영호책(令狐策)이 어느 날 꿈을 꾸었다. 얼음 위에 서서 얼음 아래에 있는 사람과 대화하였다. 영호책이 잠에서 깨어 색담을 찾아가 점 몽을 청하니 답하기를 "얼음 위는 양지(陽地)이고 얼음 밑은 음지(陰地)이 니 이는 음양(陰陽)의 일이오. 얼음 위에서 얼음 밑에 사람에게 말을 하였 으니 음인(陰人)에게 양어(陽語)로써 말하는 것이니 그대는 반드시 중매(仲 媒)를 할 것이오. 지난 날 사여귀(士如歸)의 아내가 꿈에 얼음 위에 서서 뜨거운 물을 부었는데도 얼음이 녹지 않아 잠에서 깬 후 어쩔 수 없이 중매한 예도 이와 비슷하오." 영호책이 겨울인 정월에 태수(太守) 전표(田豹)를 만난 뒤 태수의 아들을 위해 같은 고향 사람인 장공징(張公徵)의 딸에게 중매를 서니 2월에 혼인이 이루어졌다.

錦虹升天、驗李雄之僭號。

비단 같은 무지개가 하늘까지 뻗쳐있음은 이웅(李雄)이 잠호(僭號)[14]를 쓸 것을 징험한 것이다.

> 常璩華陽國志曰、李特長子盈、少子雄。母羅夢兩虹自地升天、一虹中斷。羅曰、吾二兒若有先亡者、後必有大貴。雄果王蜀。
>
> 《상거화양국지(常璩華陽國志)》[15]에 이르기를, 이특(李特)의 큰 아들은 이영(李盈)이고 어린 아들은 이웅(李雄)[16]이다. 이웅의 어머니 나씨(羅氏)가 꿈을 꾸었다. 무지개 둘이 스스로 땅에서부터 하늘까지 뻗쳐있는데 하나는 중간에 끊어져 있었다. 나씨가 말하기를 "나에게 두 아들이 있는데 먼저 죽는 아들이 있다면 뒤의 아들은 반드시 크게 귀(貴)하게 될 것이다." 그 뒤 이웅은 과연 촉왕(蜀王)이 되었다.

黑風破屋、歎夏桀之將亡。

검은 바람이 집을 부숨으로써 하걸(夏桀)은 장차 망할 것이라고 탄식하였다.

> 解見宗空篇、黑風大雷之夢注。
>
> 풀이는 《종공편(宗空篇)》의 '검은 바람과 큰 우레의 꿈.' 50p를 보시라.

雲團入口、知文譽之將興。

구름 덩어리가 입에 들어옴으로써 문예(文譽)가 장차 흥할 것을 알았다.

> 郡閣雅談曰、張迴少年苦吟、未有所得。夢五色雲從天而下、取一團吞之。

由是詩學精進。

《군각아담(郡閣雅談)》에 이르기를, 장회(張迴)가 젊었을 때 시학(詩學)을 탐구하였으나 진보하지 못하였다. 어느 날 장회가 꿈을 꾸었다. 오색구름이 하늘에서 내려오자 이를 한 덩어리로 모아서 삼켰다. 장회는 잠에서 깬 후 시학이 정미롭게 진보하였다.

雲氣暗星、測北敵之爲禍。

구름의 기운(氣運)과 별의 어둠을 보고 북쪽의 적이 화란(禍亂)을 만들 것을 예측하였다.

解見字畫篇、槐爲木旁鬼注。

풀이는《자획편(字畫篇)》의 '회나무 괴(槐)는 나무 목(木) 옆에 귀신 귀(鬼)가 있다.' 307p를 보시라.

張鷟夢慶雲覆身、而射策對一。

장작(張鷟)은 꿈에 경사(慶事)스러운 구름이 몸을 덮고서 책대(策對)에 일등을 하였다.

太平廣記曰、鷟初擧進士、至懷州、夢慶雲覆其身。其年對策考功第一。

《태평광기(太平廣記)》에 이르기를, 장작(張鷟)[17]이 처음으로 진사시(進士試)에 응시하기 위하여 회주(懷州)에 이르렀을 때 꿈을 꾸었다. 경사(慶事)스러운 구름이 몸을 덮었다. 장작은 그해 대책고공(對策考功)에서 일등을 하였다.

崔母夢碧雲授函、而生女爲仙。

최씨(崔氏)의 어머니는 꿈에 푸른 구름 가에서 주는 상자를 받고 딸을 낳았는데 신선(神仙)이 되었다.

太平廣記曰、崔少玄者、唐汾州刺史崔恭之小女也。其母夢神人縞衣、駕紅龍、持紫函授於碧雲之際。乃孕十四月而生少玄。

《태평광기(太平廣記)》[18]에 이르기를, 최소현(崔少玄)은 당(唐)의 분주자사(汾州刺史) 최공지(崔恭之)의 작은 딸이다. 최소현의 어머니는 어느 날 꿈에 관복을 입고 붉은 용을 탄 신인(神人)이 푸른 구름 가에서 자색(紫色)상자를 주기에 받고서 잉태하여 열네 달 후에 최소현을 낳았다.

其文虔祈晴、許份禱雪、達奚武淸雨之夢。

문건(文虔)은 개이기를 기도(祈禱)하고 꿈을 꾸었고 허빈(許份)은 눈 그치기를 기도하고 꿈을 꾸었으며 달해무(達奚武)는 비 오기를 기도하고 꿈을 꾸었다.

長沙耆舊傳曰、文虔字仲孺。時霖雨廢民業、太守有憂色、虔補戶曹掾、奉教齋戒。夜夢白頭翁謂曰、爾來何遲。虔具白太守曰、昔禹夢蒼水使者、若掾此夢、將可比也。明日果大霽。姓源珠璣曰、許份知蔡州。嘗禱雪、夜夢使者告雪已至。家人之夢亦然、達旦雪遂渥。後周達奚武、以太保爲同州刺史、時旱武祀華山廟、攀蘿而上、藉草而宿。夢白衣執武手勞慰。武驚覺旦而澍雨。

《장사기구전(長沙耆舊傳)》에 이르기를, 문건(文虔)은 자(字)가 중유(仲孺)이다. 장마로 인하여 백성들이 생업마저 폐하게 되자 태수(太守)는 근심하다가 보호조연(補戶曹掾)[19] 문건(文虔)을 불러 비 그치기를 기도하라고 명령하였다. 문건은 제계(齋戒)하고 간절히 기도하였다. 문건이 밤에 꿈을 꾸었다. 백발노인이 말하기를 "그대는 어찌하여 이토록 늦게 청하는가? 내가 비를 그치게 하리라." 문건이 잠에서 깬 후 태수에게 꿈을 고하기를 "옛적에 우(禹)는 꿈에 창수(蒼水)의 사자(使者)를 만나 치수(治水)하였다고 합니다. 그대의 꿈도 이와 비교될 만합니다." 말이 끝나자 비가 그치고 날이 개었다.
《성원주기(姓源珠璣)》에 이르기를, 허빈(許份)[20]은 지채주(知蔡州)이다. 일찍이 눈 그치기를 기도하다가 밤에 꿈을 꾸었다. 천관(天官)이 고하기를 눈은 이미 그쳤다고 하였다. 잠에서 깨니 과연 눈은 그쳐 있었고 집에 이르니 가인(家人)도 지난밤에 같은 꿈을 꾸었다고 말하였다.

후주(後周)의 태보(太保) 달해무(達奚武)[21]가 동주자사(同州刺史)일 때의 일이다. 극심한 한발(旱魃)이 들어 달해무는 비 오기를 빌려고 화산묘(華山廟)[22]를 찾아가 여러 날 기도한 후 산 정상을 향하여 새삼 덩굴을 잡으며 산을 오르다가 무성한 풀 속에서 잠이 들었다. 꿈에 백의신인(白衣神人)이 달해무의 손을 잡으며 노고를 위로하였다. 달해무가 놀라서 잠이 깨니 아침인데 비가 쏟아지기 시작하였다.

則精誠感格、上下流通、亦恒理爾、未足訝也。

이러한 사례들은 정성이 정리(正理)에 감응하여 상하가 유통된 것이다. 항구(恒久)한 이치이니 의심하기에 부족하다.

■ 注疏

1) 두태(竇泰): 北齊, 大安捍殊人. 말 타기와 활쏘기에 능하고 勇略이 있었다. 高歡이 晉州를 다스리게 됨으로써 두태는 鎭城都督이 되었다. 領御史中尉까지 올랐는데 百官들이 두려워하였다. 天平(A.D 534~537) 중에 于文泰와 小關에서 전투하다 패하여 자살하였다.

2) 종택(宗澤): 宋, 義烏人. 元祐(A.D 1086~1094)년간에 進士가 되었다가 副元帥가 되어 磁州에 원군으로 가서 여러 번 공을 세웠다. 東京留守가 되어 北狩가 두 번 다시 침범하지 못하게 하였다.

3) 이백(李白): A.D 701~762. 唐代 蜀의 昌明人. 漢의 將軍 李廣의 후예이다. 字는 太白, 號는 酒仙翁, 靑蓮居士. 천부적으로 才能이 있고 英特하고 縱橫術을 좋아하였다. 少時에는 任俠하고 밤낮으로 술 마시기를 좋아하고 재물을 가볍게 여겨 베풀기를 좋아하였다. 名山, 大川을 遍歷하였는데 洞庭에서 노닐었고 金陵, 楚, 雲夢을 유람했으며 安陵에서 10년을 지냈다. 道士 吳筠, 賀知章과 교우하였다. 賀知章은 李白의 문장을 보고 謫仙이라고 찬탄하였다. 玄宗으로부터 翰林을 제수받았으며 호방한 詩句로 인해 楊貴妃의 분노를 사기도 하였다. 그의 詩는 高妙하고 淸逸하였으며 杜甫와 쌍벽을 이룬다. 《太白集》이 傳한다.

4) 장경성(長庚星): 金星, 太白星.

5) 노인성(老人星): 南極星의 다른 이름. 즉 壽星. 晉灼이 말하기를, 壽星은 땅에 가까이 있다. 《史記封禪書》에 이르기를, 壽星은 南極老人星이다. 사람들은 福과 壽命을 받기 위해 壽星에게 기도한다. 壽星은 이마가 튀어나오고 키가 작은 노인으로 畵像化되어 신앙의 대상이 되었다.

6) 장병(臧丙): 宋, 大名人. 大平興國(A.D 976~983)에 進士가 되었다가 江陵府知까지 관위가 올랐다. 剛果하며 幹才가 있었다. 그의 이름의 근원이 된 丁方은 남남서이고 丙方은 남남동이다.

7) 황항(黃亢): 宋, 浦城人. 字는 淸臣. 어렸을 적에 奇靈함이 있어 15세 때 文章 때문에 章得象을 찾아가 만나 奇才라는 칭찬을 받았다. 저서는《東溪集》.

8) 황진(黃溍): 元, 義烏人 延祐(A.D 1314~1320) 중에 進士가 되어 侍講學士, 知制誥를 역임하였다. 저서는《義烏志》,《日損齋稿》.

9) 고환(高歡): 北齊의 高祖. 그의 선대는 발해인이었는데 祖父 때 懷朔으로 이주하였다. 처음에는 後魏를 섬겨 平陽郡公으로 봉해졌다. 朱兆가 孝莊帝를 죽이자 起兵하여 주조를 멸하고 孝武帝를 옹립하였다. 스스로 丞相이 되어 전권을 휘두르자 효무제가 달아나서 孝靜帝를 세우니 이후 魏가 둘로 나누어지게 되었다. 아들 高洋이 帝位를 찬탈하여 북제를 개국하여 神武帝로 추존하였다. 고환이 꿈에 별을 밟고 나서 천하의 覇權을 잡게 된 것은 별이 제후, 영웅, 고관을 상징하기 때문이다.

10) 오교(伍喬): 五代시대, 南唐의 廬江人. 渡江하여 廬山에 들어가 학문에 힘써 李璟 때에 進士第一로 합격하였고 관위는 考功郎까지 이르렀다.

11) 쇄어(瑣語):《汲瑣語》.《晉書東晳傳》에 이르기를, 汲冢에서 竹書 수십 수레가 발굴되었는데《瑣語》 11편이 있었다. 내용은 여러 나라의 점, 꿈, 妖怪와 祥瑞이다.

12) 지백(智伯): 後漢의 鄧彪의 字.

13) 서릉(徐陵): 陳人. 8세에 능히 文章을 이해하였다. 梁에 入仕하여 通直散騎, 安成王이 輔政하며 專橫함을 상주하여 탄핵하였다. 옛 문체를 고쳐 徐庾體라는 이름을 얻었으며 저서는《徐孝穆集》,《玉臺新詠》 등이 있다. 詩人 杜子美는 서릉의 두 아들이 奇俊함에 대해 시로써 읊었다.

徐卿二子歌

杜子美

君不見 徐卿二子生絶奇 感應吉夢相追隨 孔子釋氏親抱送 竝是天上麒麟兒
大兒九齡色淸徹 秋水爲神玉爲骨 小兒五歲氣食牛 滿堂賓客皆回頭
吾知徐公百不憂 積善袞袞生公侯 丈夫生兒有如此二雛者 名位豈肯卑微休

서경이자가

두자미

그대는 보지 못하였는가?
서경(徐卿)의 두 아들이 뛰어나게 잘난 것을!
길몽에 감응하여 연이어 태어났다네.
공자와 석가께서 몸소 안아다 주셨다니
두 아들 모두 천상(天上)의 기린아(麒麟兒)라네.
큰 아들은 아홉 살로 속이 비쳐 보일 듯 살갗이 투명하고
추수(秋水)같이 맑은 정신에 옥골(玉骨)을 지녔다네.
작은 아이는 다섯 살이지만 황소라도 잡아먹을 만큼 기개가 높아
만당(滿堂)한 손님들 고개 돌려 보면서 감탄하네.
서공(徐公)은 어떠한 일에도 걱정하지 않음을 내가 잘 아나니
선행을 많이 쌓아 귀하게 될 아들을 낳았기 때문이라네.
장부(丈夫)가 아이를 낳되 두 아이만 같다면야
명성과 지위가 어찌 낮고 천한데서 그치겠는가?

14) 잠호(僭號): 거짓되게 誇張한 稱號.

15) 《상거화양국지(常璩華陽國志)》: 常璩는 成漢의 江原人으로 李勢시에 散騎常侍까지 관위가 이르렀다. 저서는 《華陽國志》 12권, 부록 1권. 巴蜀의 일을 13志로 나누었고 개벽에서부터 永和 3년(A.D 138)까지의 일을 기록하였는데 文辭가 典雅하였다.

16) 이웅(李雄): 成漢의 武帝. 재위 A.D 304~334. 晉의 永興(A.D 304~306) 초에 成都王을 僭稱하다가 帝位에 올랐다. 자신을 비우고 愛人하니 降付하는 자가 많았다.

17) 장작(張鷟): 唐, 陸澤人. 字는 文成. 調露(A.D 679~680) 중에 進士가 되었고 考功員外郞으로 발탁되었다. 至學士를 연임하였고 문장과 서예에 능하여 新羅, 日本의 사신까지도 그의 書字를 구하려고 하였다. 저서는 《龍筋鳳髓判》, 《朝野僉載》 등이 있다.

18) 《태평광기(太平廣記)》: 500권으로 구성된 聞記. 宋, 太平興國(A.D 976~983)년간에 李昉 등이 奉勅하여 撰. 50部로 나뉘어져 있으며 인용서는 345종에 달한다. 古來부터의 軼聞, 瑣事, 僻笈 등을 기재하였다. 神仙, 異僧, 應感, 義氣, 知人, 文章, 卜筮, 醫, 相, 酒食, 龍虎, 昆蟲 등에 대해 실었다.

19) 보호조연(補戶曹掾): 郡縣府의 戶曹官의 보좌관리.

20) 허빈(許份): 宋人, 字는 子大. 崇寧(A.D 1102~1106) 중에 등과하여 知鄧州까지 관위가 이르렀다. 惠政을 베풀었다고 한다.

21) 달해무(達奚武): 北周人. 文帝 시에 東秦州刺史, 太傅까지 관위가 올랐고 鄭國公에 봉해졌다.

22) 화산묘(華山廟): 陝西省 華陰縣에 있는 西岳인 華山의 神靈을 제사지내는 사당.

春日醉起言志

處世若大夢 胡爲勞其生
所以終日醉 頹然臥前楹
覺來眄庭前 一鳥花間鳴
借問此何時 春風語流鶯
感之欲歎息 對酒還自傾
浩歌待明月 曲盡已忘情

봄날 취(醉)한 채 일어나 뜻을 말하다.

당 · 이백

인생이란 한바탕 꿈과 같으니
어찌 괴롭게 살 수 있으랴?
종일토록 술 마시고 취하여
기둥 앞에 푹 쓰러져 자다가
깨어나 곁눈으로 뜰 앞을 보니
새 한 마리 꽃 사이에서 기우는구나.
지금이 어느 때인가 곁에 물으니
봄바람 탄 꾀꼬리 울음이 대답하네.
봄이 흥겨워 감탄(感歎)하고자
술잔 들어 마시니 다시 기우는 구나.
큰소리로 노래 부르며 달뜨기 기다렸는데
노래 끝나니 흥겨운 정(情)도 잊혀지네.

이백(李白, 701~762)
당대(唐代), 촉(蜀)의 창명인(昌明人). 字는 太白, 號는 靑蓮居士. 少時부터 任俠하였고, 遊歷을 즐기며 詩賦
에 능하여 賀知章은 그를 謫仙이라고 찬탄하였다. 그의 詩風은 高妙하고 淸逸 하였으며 저서는《太白集》.

卷之四外篇

4. 산천편 山川篇第四

山川道路土石、皆地之屬。王充論衡曰、山陵樓臺、官位之象也。人夢升山
陵 上樓臺、輒得官位、信斯言也。則峯巒殿閣、爲貴顯之標、江海波濤、爲財
富之數。故劉穆之夢、海峯秀而應召。

산, 내, 도로, 흙, 돌은 모두 땅에 소속되어 있다. 왕충(王充)의《논형(論衡)》
에 이르기를, 산릉(山陵)과 누대(樓臺)는 관위(官位)의 상징이다. 사람이 꿈에
산릉(山陵)에 오르거나 누대 위에 있게 되면 갑자기 관위를 얻게 된다. 이런
말은 믿을 수 있다. 그런 즉 봉난(峯巒)과 전각(殿閣)은 귀하고 현달(顯達)하
게 되는 징표이다. 강, 바다, 파도는 재산과 부(富)의 운수(運數)이다. 그러므
로 유목지(劉穆之)는 꿈에 바다에 있는 빼어난 봉우리를 보고서 부름에 응
하였다.

> 陳書曰、劉穆之夢與宋武帝、汎海遇大風、俯視船下見二白龍挾船、旣而
> 至一山、山峯聳秀、意甚悅。及武帝克京城、穆之應府主簿。

《진서(陳書)》에 이르기를, 유목지(劉穆之)가 꿈을 꾸었다. 송(宋)의 무제(武
帝)[1]와 더불어 넓은 바다에 나가 큰 바람을 만났다. 엎드려 배 밑을 보니
흰 용(龍) 두 마리가 배를 양쪽에서 끼고 있는 것이 보였다. 흰 용에 의해
배가 산에 이르렀는데 산봉우리가 수려하게 솟아 있어 마음이 매우 즐거
웠다. 유목지(劉穆之)가 잠에서 깬 뒤 무제(武帝)가 경성(京城)을 회복하고
유목지를 부르니 응하여 부주부(府主簿)가 되었다.

李虛中夢泰山裂、而大還。

이허중(李虛中)은 꿈에 태산(泰山)이 갈라지는 것을 보고서는 큰 귀환(歸還)을 하였다.

> 韓愈集、李虛中墓銘曰、虛中將疾、謂其友韓愈曰、吾夢泰山裂、流出赤黃物如金。有人曰、是所謂大還者。虛中旣沒、愈追占其夢曰、山者艮象、艮爲背、裂而流疽象也。大還者其去之矣。
>
> 《한유집(韓愈集)》에 있는 이허중묘명(李虛中墓銘)에 쓰여 있기를, 이허중(李虛中)[2]이 장차 병들려고 할 때에 벗 한유(韓愈)[3]에게 말하기를 "내가 꿈을 꾸었네. 태산(泰山)[4]이 갈라져 붉고 누런 물질이 흘러나오는 것이 금 같았네." 이 꿈에 대해 어떤 사람이 말하기를 "이는 큰 귀환(歸還)을 이른 것이다." 이허중이 이미 죽은 뒤 한유가 이허중의 꿈을 돌이켜 생각하여 해몽하기를 "산이란 간(艮)을 상징하고 인체에서는 등(背)이다. 갈라져 흘러나옴은 등에 발생한 옹저(癰疽)가 터져 고름이 유출되는 것이니 큰 귀환이란 죽는 것이구나!"

薛琡夢張亮掛絲在山。

설숙(薛琡)은 꿈에 장량(張亮)이 산(山)에 실을 걸어 놓는 것을 보았다.

> 後魏書曰、薛琡夢張亮於山上掛絲。覺而告亮、且占之曰、山上絲是幽字、君爲幽州乎。未期而琡拜幽州刺史。
>
> 《후위서(後魏書)》에 이르기를, 설숙(薛琡)[5]은 꿈에 장량(張亮)[6]이 산(山) 위에 실을 걸어 놓는 것을 보았다. 설숙이 잠에서 깬 뒤 장량(張亮)에게 고축(告祝)하고 점을 치니 점사(占師)가 말하기를 "산(山) 위에 실(絲)이 있으니 이는 유자(幽字)요. 공(公)은 유주(幽州)에 갈 것이오." 설숙은 얼마 되지 않아 유주자사(幽州刺史)를 배수(拜受)하였다.

謝奉夢鄭猷爭錢落水。

사봉(謝奉)은 꿈에 정유(鄭猷)가 돈을 다투다가 물에 떨어지는 것을 보았다.

搜神記曰、謝奉與鄭猷善。忽夢猷與人爭錢、因落水死、奉爲凶具。忽
覺則往猷處具設。猷曰、吾昨夜夢與人爭錢、落廁而死。奉爲凶具、一
如前夢。

《수신기(搜神記)》[7]에 이르기를, 사봉(謝奉)과 정유(鄭猷)는 서로 친하였다.
사봉이 홀연히 꿈을 꾸었다. 정유가 어떤 사람과 돈을 다투다가 물에 떨
어져 죽었는데 사봉 자신은 관구(棺具)를 장만하였다. 사봉은 잠에서 깬
후 정유가 죽었을 거라고 여겨져 관구를 가지고 정유의 집에 갔다. 정유
가 말하기를 "내가 어젯밤 꿈에 어떤 사람과 돈을 다투다가 측간(廁間)에
떨어져 죽었는데 자네가 관구를 장만하였네." 두 사람이 꾼 꿈이 똑같았
고 관구도 똑같았다.

唐玄宗夢遊歷潛山之井。

당(唐)의 현종(玄宗)은 꿈에 잠산(潛山)의 우물에서 놀았다.

一統志曰、應夢井在潛山眞源宮。唐玄宗嘗夢遊於此、因賜名。

《일통지(一統志)》[8]에 이르기를, 응몽정(應夢井)은 잠산(潛山)[9]의 진원궁(眞源
宮)에 있다. 당(唐)의 현종(玄宗)은 일찍이 꿈에 이곳에서 놀았던 인연으로
이름을 하사하였다.

齊世祖夢踐文王之田。

제(齊)의 세조(世祖)는 꿈에 문왕(文王)의 밭을 밟았다.

南齊書曰、世祖夢人指己所踐地曰、文王之田。

《남제서(南齊書)》에 이르기를, 세조(世祖)[10]는 꿈에 자신이 밟고 있는 땅을
어떤 사람이 손가락으로 가리키며 "문왕(文王)의 밭"이라고 말했다.

漢武帝夢登嵩山。

한(漢)의 무제(武帝)는 꿈에 숭산(嵩山)에 올랐다.

漢武帝內傳曰、武帝夜夢與李少君俱上嵩山、至半道、有繡衣使者乘龍持節、從雲中下、言太乙君召。覺卽告近臣曰、如朕夢、少君將舍朕去矣。

《한무제내전(漢武帝內傳)》에 이르기를, 무제(武帝)가 밤에 꿈을 꾸었다. 이소군(李少君)[11]과 함께 숭산(嵩山)[12]을 올라가는데 중턱에 이르렀을 때 구름가운데서 용을 탄 천관(天官)이 내려왔는데 수놓은 비단옷을 입고 부절(符節)을 지니고 있었다. 천관이 이소군에게 고하기를 "태을군(太乙君)[13]께서 부르십니다." 무제가 잠에서 깬 후 즉시 근신(近臣)에게 말하기를 "만약 짐의 꿈처럼 된다면 이소군은 장차 짐에게서 떠나리라."

隋文帝夢遭洪水。

수(隋)의 문제(文帝)는 꿈에 홍수(洪水)를 만났다.

隋唐嘉話曰、隋文帝夢洪水沒城。意惡之、乃移都大興。占者云、洪水卽唐高祖之名也。

《수당가화(隋唐嘉話)》에 이르기를, 수(隋)의 문제(文帝)[14]는 꿈에 홍수(洪水)를 만나 성(城)이 침몰되었다. 문제는 불쾌히 여겨 대흥(大興)으로 천도하려고 하였다. 후일 점자(占者)가 이르기를 "홍수는 즉 당(唐)의 고조(高祖)의 이름이다."

宋主夢河中水涸。

송주(宋主)는 꿈에 하천(河川) 가운데의 물이 마르는 것을 보았다.

玉海曰、宋主有疾、夜夢河水乾。憂形於色、以爲人君龍象、今下無水、是龍不獲水居矣。時有占夢者曰、河無水、乃可字。主君之疾當痊可。帝欣然、疾果愈。

《옥해(玉海)》[15]에 이르기를, 송주(宋主)가 병이 들었는데 밤에 꿈을 꾸었다. 하천(河川)의 물이 마르는 것을 보았다. 송주가 잠에서 깨어 걱정스런 형색으로 꿈을 묻기를 "짐은 위인(爲人)으로서 임금이니 용이 그 상징인데 하천에 물이 없으니 물을 얻지 못한 용의 신세를 어찌 걱정하지 않으랴?"

점몽자가 대답하기를 "하(河)에 물이 없으면 가자(可字)가 됩니다. 주군(主君)의 병은 반드시 전가(痊可)하게 됩니다." 송주는 흔연(欣然)하였고 질병은 과연 나았다.

梁君夢田邊水深。

양군(梁君)은 꿈에 밭 가장자리가 물이 깊음을 느꼈다.

陳書曰、曹武頗知人。初梁武帝在襄陽、武饋武帝獨厚曰、卿必大貴、我當不及見、今以弱子相託。時武帝在戎多乏、亦向曹武借至十七萬、及武帝卽位忘其惠。天監二年、武帝忽夢如田塍下行、兩邊水深無底、夢中甚懼。忽見曹武來、負武帝得過。卿今爲天下主、乃忘我顧託之言耶。我兒饑寒、昔所借十七萬、可還其市宅。武帝覺卽使主書從錢還之、使市宅、子世澄世宗並蒙擢用。

《진서(陳書)》에 이르기를, 조무(曹武)[16]는 사람을 잘 알아보았다. 처음 양(梁)의 무제(武帝)가 황제가 되기 전 양양(襄陽)에 있을 때 조무는 무제만을 후하게 공궤(供饋)하였다. 어느 날 조무가 무제에게 말하기를 "공(公)은 기필코 대귀(大貴)할 것이오. 혹시 내가 공의 대귀함을 보지 못할 수도 있으니 장차 각자의 어린 아들들을 서로 돌보아주기로 약속함이 어떠하오?" 이때에 무제는 주변으로부터 위협을 받고 있어 조무로부터 군자금 17만 전(萬錢)을 빌려 전투에 승리하여 즉위하였다. 그러나 무제는 조무의 은혜를 잊고 있다가 천감 2년(天監 A.D 503)에 꿈을 꾸었다. 밭 가운데를 걷는 중, 가장자리가 물이 깊어 바닥에 발이 닿지 않아 크게 두려웠다. 이때 조무가 나타나 무제 자신을 등에 업고서 무사히 안전한 곳으로 데려다주었다. 조무가 무제에게 말하기를 "폐하는 이제 천하의 주인이 되셨으나 신(臣)과의 고탁(顧託)을 잊고 계십니다. 지금 신의 아들들은 기한(飢寒) 속에 있으니 17만 전을 빌려 드린 일을 기억하시어 시택(市宅)으로 돌아올 수 있게 하소서." 무제는 잠에서 깨자 주서(主書)에게 명하여 조무의 아들 조세징(曹世澄)과 조세종(曹世宗)을 찾아 거금의 부채를 갚게 하고 시택(市宅)을 하사하였으며 두 사람을 발탁(拔擢)하였다.

鄭獬夢遇吏而浴池。

정해(鄭獬)는 꿈에 관리를 만나 못에서 목욕을 하였다.

青瑣鄭獬傳曰、鄭獬未貴時病瘟。夢至一處若宮闕、有吏迎謁甚恭。公爲
吏曰、吾思涼浴。吏云、已爲公辨矣。引至小池、甃以明玉、水灎灎、公乃坐
甃上、以水沃身。俄視兩臂生鱗、視水中影則頭已角、公驚遽出。吏云、此
玉龍池也。惜乎公不入其中、入則爲宰輔。乃覺後登第。爲詩落句云、霹靂
一聲從地起、到頭終是白龍翁。

《청쇄정해전(青瑣鄭獬傳)》에 이르기를, 정해(鄭獬)[17]가 귀하게 되기 전에
온병(瘟病)이 들었는데 어느 날 꿈을 꾸었다. 궁궐 같은 곳에 이르니 한 관
리가 매우 공손하게 영접하였다. 정해가 관리에게 말하기를 "나는 지금
서늘한 목욕을 하고 싶소." 답하기를 "이미 공(公)을 위해 준비해 놓았습
니다." 관리는 정해를 작은 못으로 인도하였다. 정해가 보니 못의 변두리
와 바닥은 벽돌인데 밝은 옥이고 맑은 물이 가득하였다. 정해는 옷을 벗
고 물에 들어가자마자 옥 벽돌 위에 앉아 몸을 적시기 시작하면서 양팔을
보니 비늘이 생겼고 물에 비친 그림자를 보니 머리에는 뿔이 나 있었다.
정해는 경악하여 급히 못 밖으로 나왔는데 관리가 말하기를 "이곳은 옥룡
지(玉龍池)입니다. 공은 애석하게도 못의 한가운데까지 들어가 완전히 몸
을 담구지 않으셨습니다. 그렇게 목욕하셨다면 미래에 틀림없이 재상이
되실 것입니다." 정해는 잠에서 깬 후 온병이 나았고 과거에 급제하였다.
급제시(及第詩)의 낙구(落句)에 이르기를, 우레 치는 한 소리에 땅으로부터
일어나서 당도(當到)하여 될 것은 백룡옹(白龍翁)[18]이리라.

張敏夢尋友而迷路。

장민(張敏)은 꿈에 벗을 찾아 미로를 헤매었다.

韓非子曰、六國時張敏與高惠爲友、每想惠不能見。敏便於夢中往尋至半
道、卽迷不知路。

한비자(韓非子)[19]가 말하기를, 6국시(六國時)[20], 장민(張敏)은 고혜(高惠)와
서로 벗이 되었는데 멀리 떨어져 있게 되었다. 장민은 고혜를 그리워하다

가 어느 날 꿈을 꾸었다. 고혜를 보기 위해서 길을 떠났는데 중도에서 미혹해져 결국 길을 찾지 못하였다.

謝靈運夢茅洞。

사령운(謝靈運)은 꿈에 모동(茅洞)을 보았다.

謝靈運、羅浮山賦序曰、客夜夢見楚陵茅山洞。在京之東南、且得洞經。所載羅浮山事云、茅山是洞庭口、南通羅浮。與夢中意相會。遂感而作羅浮山賦。

사령운(謝靈運)[21]의 《나부산부(羅浮山賦)》의 서(序)에 이르기를, 나그네는 밤에 꿈속에서 모산동(茅山洞)의 초릉(楚陵)을 보았네. 이는 사령운이 밤에 꿈을 꾸고 그 내용을 표현한 글이다. 사령운은 나부산부(羅浮山賦)를 짓고 나서 아침에 경사(京師)의 동남쪽에 있는 모산동(茅山洞)에서 선경(仙經)을 얻었다. 선경에 적혀있는 나부산사(羅浮山事)에 이르기를, 모산(茅山)은 동정(洞庭)의 입구이고 남쪽으로 나부산에 통한다. 이는 꿈의 내용과 일치하니 먼저 감응하여 나부산부를 지은 것이다.

趙相璟夢柳河。

조상경(趙相璟)은 꿈에 유하(柳河)를 보았다.

劉賓客嘉話錄曰、趙相璟入蕃、謂二張判官曰、前幾里合柳河、河邊柳樹下合有一官、著慘服立、旣而悉然。二張問之、趙曰、某年三十前夢此行。

《유빈객가화록(劉賓客嘉話錄)》[22]에 이르기를, 조상경(趙相璟)이 번(蕃)[23]에 부임하였다. 관부(官府)에서 두 사람의 장판관(張判官)에게 말하기를 "전방으로 몇 리를 못 가 유하(柳河)가 있고 강변의 버드나무 아래에는 한 관리가 매우 슬픈 표정으로 관복(官服) 차림으로 서있을 것이오." 사실, 그러하였다. 두 장판관이 어떻게 그 사실을 아느냐고 물으니 조상경이 답하기를 "나는 30살 전에 꿈에 이곳에 왔었소."

孫贊明夢浴溫泉。

손찬명(孫贊明)은 꿈에 온천에서 목욕하였다.

> 吳越備史曰、孫贊明守福州。初贊明武肅王時爲吳江尉、嘗夢浴於溫泉、
> 至是將及福州。途次見飛泉、因問從者、答曰、此溫泉也。方悟前夢、欲汲
> 而浴、從者曰、此非佳者、至州頗佳。贊明至郡際、亟取其泉而浴焉。

《오월비사(吳越備史)》[24]에 이르기를, 손찬명(孫贊明)은 복주(福州)의 수령(守令)이다. 손찬명은 무숙왕(武肅王) 때 처음으로 오강위(吳江尉)가 되어 꿈에 복주의 온천물로 목욕하고서 복주수령이 되었다. 손찬명이 꿈 꾼 후 복주의 지역 내를 순찰하다가 샘에서 물방울이 위로 튀는 것을 보고 시종에게 물으니 온천이라고 답하였다. 손찬명이 자세히 보니 꿈에서 보았던 온천과 똑같음을 깨달아 들어가 목욕하려고 하였다. 그러자 시종이 말하기를 "길 옆이니 아름답지 못합니다." 손찬명은 온천수를 통에 담아 운반하여 주계(州界)를 못 미친 한적한 곳에서 목욕하였다.

鄧士載夢觀山水。

등사재(鄧士載)는 꿈에 산과 물을 바라보았다.

> 三國志曰、魏鄧艾字士載。伐蜀夢坐山上有水流。問袁邵、邵曰、山上有水
> 塞塞、利西南、往有功也。不利東北、其道窮也。往必克蜀、其不還者乎。

《삼국지(三國志)》[25]에 이르기를, 위(魏)의 등애(鄧艾)[26]는 자(字)가 사재(士載)이다. 촉(蜀)을 정벌하려고 하던 차에 꿈을 꾸었다. 산 위에 앉아있는데 앉은자리 아래로 물이 질펀하게 흐르는 것이었다. 이 꿈을 원소(袁邵)에게 물으니 원소가 말하기를 "산 위에 물이 질펀한 것은 서남쪽이 이롭다는 뜻입니다. 그곳에 가면 공을 세울 것입니다. 동북쪽은 길이 막혀있으니 불리합니다. 서남쪽으로 가면 반드시 촉(蜀)을 정벌할 수 있으

▲ 등애(鄧艾)

니 어찌 돌아오지 못할 수가 있겠습니까?"

夢持浮磬之精、則生令子。

꿈에 부경(浮磬)의 정(精)을 지님으로써 아들을 낳게 되었다.

> 後周書曰、高琳母祓禊泗濱、見一石光彩朗潤、遂持以歸。夜夢人衣冠若
> 仙、謂母曰、夫人向持歸之石、是浮磬之精、若能寶持、必生令子。母驚寤
> 汗浹。俄而有娠 及生子、因名琳 字季珉。

> 《후주서(後周書)》에 이르기를, 고림(高琳)[27]의 어머니는 일찍이 사빈(泗濱)
> 에서 불계(祓禊)[28]를 지냈다. 한 돌을 바라보니 매우 광채가 나기에 가지
> 고 집으로 돌아왔다. 밤에 꿈을 꾸니 선인(仙人) 같은 의관을 갖춘 사람이
> 고림의 어머니에게 말하기를 "부인이 집으로 지니고 온 돌은 부경(浮磬)[29]
> 의 정(精)입니다. 만약에 능히 소중히 지닌다면 꼭 귀하게 될 아들을 낳게
> 될 것입니다." 놀라서 잠에서 깨어보니 땀에 온몸이 젖어있었다. 얼마 뒤
> 임신하여 아들을 낳았다. 이로 인해 이름을 고림(高琳)으로 짓고 자(字)는
> 계민(季珉)으로 하였다.

夢浣西江之水、則進佳文。

꿈에 서강(西江)의 물에 씻음으로써 아름다운 문장으로 진보되었다.

> 五代史曰、王仁裕夢剖腸胃、以西江水濯之、見沙石皆爲篆籒文、因飮之。
> 文思益進、因號詩集爲西江集。

> 《오대사(五代史)》[30]에 이르기를, 왕인유(王仁裕)[31]는 꿈에 배를 열고 장위(腸
> 胃)를 서강(西江)의 물에 씻었다. 또한 바라보니 모든 모래와 돌에 전유문
> (篆籒文)[32]이 쓰여 있어 이것을 먹었다. 왕인유는 잠에서 깬 뒤 문사(文思)
> 가 더욱 진보하였으며 이로 인해 시집(詩集)의 제호(題號)를 《서강집(西江
> 集)》으로 지었다.

夢丘陵頓起、果徵道路之崎嶇。

꿈에 구릉(丘陵)이 불쑥 솟아있는 것을 보고서 과연 도로가 험준함을 징험
하였다.

> 南史曰、孔覬起兵、夢行宣陽門道上、顧望皆丘陵。覬寤私語人曰、丘陵弗
> 平之象、建康其殆難克。

> 《남사(南史)》[33]에 이르기를, 공개(孔覬)[34]가 거병(擧兵)하려는데 꿈을 꾸었
> 다. 선양문(宣陽門)의 앞길에 서서 주위를 둘러보니 모두 구릉(丘陵)뿐이었
> 다. 공개가 잠에서 깬 후 사적(私的)으로 사람들에게 말하기를 "꿈속의 구
> 릉은 평탄하지 못한 상징이니 건강(建康)이 위태하다 하나 점령하기는 어
> 려우리라."

夢中原告平、終驗寰宇之寧謐。

꿈에 중원(中原)이 평화롭다는 보고를 받고서 마침내 국역(國域)이 안녕(安
寧)한 징험(徵驗)이 있었다.

> 梁書曰、大同中、梁高祖夢中原平、擧朝稱慶。旦以語朱异、异曰、此宇乃
> 方一之徵。太淸二年、侯景果歸附。

> 《양서(梁書)》[35]에 이르기를, 대동(大同 A.D 535~546)년간에 양(梁)의 고조
> (高祖)[36]가 꿈을 꾸었다. 중원(中原)이 평화롭다는 보고를 받고서 조회 때
> 백관(百官)이 경하드리는 것이었다. 고조가 잠에서 깬 뒤 주이(朱异)에게
> 꿈을 말하였다. 주이가 말하기를 "이는 국내에서 문득 일어날 일의 징조
> 입니다." 태청 2년(太淸 A.D 548) 후경(侯景)이 과연 귀부(歸附)해 왔다.

夢海濱送塔、而僧言可訝。

꿈에 바닷가에서 탑(塔)이 떠내려간다는 말을 듣고서 중의 말을 의심하였다.

> 獨異志曰、揚州西靈塔極峻。淮南詞客劉隱之遊明州、夢中如泛海見、僧
> 懷信居塔三層、與隱之言、暫送塔至東海、旬日而還。隱之歸揚州、卽訪懷
> 信曰、記海上相見時否。隱之了然省記、數夕塔毁於火。

《독이지(獨異志)》[37]에 이르기를, 양주(揚州)에 있는 서령탑(西靈塔)은 극히 높고 험준하였다. 회남(淮南)에 사는 사객(詞客)[38] 유은지(劉隱之)가 명주(明州)에 유람갔을 때 꿈을 꾸었다. 양주의 넘실대는 바다에서 뱃놀이를 하다가 바닷가 언덕 위에 있는 서령탑의 3층에 있던 중 회신(懷信)과 서로 눈이 마주쳤다. 회신이 유은지에게 소리치기를 "얼마 후면 서령탑이 동해(東海)로 떠내려가니 열흘 안에 찾아오시오." 유은지는 잠에서 깨자 서령탑으로 가서 회신을 만났다. 회신이 말하기를 "그대는 바다 위에서 탑 안에 있던 나와 마주 본 일을 기억하고 있나요?" 유은지는 탑, 회신의 모습과 말이 꿈과 같아 놀래 망연(茫然)하였다. 수일이 지나자 저녁에 서령탑은 불에 타 사라졌다.

夢東南傾地、而江左難乎。

꿈에 동남쪽 땅이 기울어져 있었으므로 강의 좌측은 평정하기 어려웠다.

太平廣記曰, 苻堅將欲南伐、夢滿城出菜、又地東南傾。其后曰、菜多難爲將也。東南傾、江左不可平也。

《태평광기(太平廣記)》에 이르기를, 왕(王) 부견(苻堅)[39]이 남쪽을 정벌하려고 할 때 꿈을 꾸었다. 성(城)에 풀이 가득 자라있고 또한 동남쪽이 기울어져 있었다. 부견이 잠에서 깬 후 왕후(王后)에게 꿈을 말하자 답하기를 "풀이 무성함은 장차 어려움이 있는 것이고 동남쪽이 기울어져 있음은 강의 좌측은 평정할 수 없다는 징조입니다."

然則陶唐氏夢登山乘龍者、豈非尊踐天位之兆。

그러한 즉 도당씨(陶唐氏)는 꿈에 용을 타고 산에 올랐으니 그 밟고 오른 존위(尊位)를 어찌 천위(天位)의 조짐(兆朕)이라고 하지 않을 수 있으랴?

詳見宗空篇、乘龍之夢注.

상세(詳細)한 것은 《종공편(宗空篇)》의 '용(龍)을 탄 꿈.' 48p를 보시라.

高皇帝夢流水及足者、又非功銘邊界之符也。

고황제(高皇帝)는 꿈에 흐르는 물이 발에 와 닿았다. 이는 또한 공(功)을 세워 변방의 돌에 새길만한 일에 부합(符合)함이 아니고 무엇이겠는가?

皇明通記曰、洪武二十一年四月、藍玉等北征、至曲律河、招降平章阿晚禿等、俘獲甚衆。而大軍進次遊魂南道、無水軍士渴甚、至一小山、忽聞有聲如砲、視之則四泉湧出、士馬得不困乏、餘流溢出如溪。先是上夢殿西北隅有小山、流泉直下、至御足而止、至是泉湧、適與夢符。

《황명통기(皇明通記)》에 이르기를, 홍무21년(洪武 A.D 1388) 4월에 고황제(高皇帝)[40]가 남옥(藍玉) 등을 데리고 북방을 정벌하기 위해 진군하였다. 대군이 곡률하(曲律河)에 이르니 평장(平章), 아만출(阿晚禿) 등이 찾아와 항복함으로써 이들을 따르는 많은 민중도 얻었다. 대군이 다음 나아간 곳은 유혼남도(遊魂南道)인데 물이 없어 군사들이 갈증으로 고통스러워하였다. 계속 진군하여 한 작은 산에 이르렀을 때 갑자기 포(砲) 소리가 나기에 고황제가 쳐다보니 네 개의 샘에서 물이 포(砲)처럼 솟구치는 소리였다. 샘물을 마신 군사와 말들은 곤핍(困乏)하지 않게 되었는데 남은 물이 넘쳐흐르니 시내를 이루었다. 이런 일이 있기 전 고황제가 꿈을 꾸었다. 궁궐의 서북쪽 작은 산에서 샘물이 넘쳐흘러 곧바로 내려와 고황제의 발밑에 이르러 멈추었는데 그 자리가 용천혈(湧泉穴)[41]이었다. 과연 사실이 꿈과 부합되었다.

至於樓臺城郭、厥兆不同。漢明帝夢金人御殿。

누대(樓臺)와 성곽(城郭)에 이르기까지 그 징조는 같지 않다. 한(漢)의 명제(明帝)는 꿈에 금인(金人)이 어전(御殿)에서 움직이는 것을 보았다.

見神怪篇、明帝金人丈餘注。

풀이는 《신괴편(神怪篇)》의 '명제(明帝)는 꿈에 한 장(一丈)이 넘는 금인(金人)을 보았다.' 364p를 보시라.

唐明皇夢諸仙遊月宮。

당(唐)의 명황(明皇)은 여러 신선(神仙)과 함께 월궁(月宮)에서 노닐었다.

開元傳信記曰、明皇夢遊月宮、諸仙奉上淸之樂、流亮淸越、殆非人間所
聞。覺以玉笛寫之、名紫雲迴曲。

《개원전신기(開元傳信記)》에 이르기를, 명황(明皇)은 꿈에 월궁(月宮)에서
노닐었다. 여러 신선들이 상청(上淸)의 음악을 연주하는데 유량(流亮)하고
청월(淸越)함이 거의가 인간세에서 자못 듣지 못하던 바였다. 명황은 잠에
서 깬 뒤 꿈에서 들은 음악을 옥적(玉笛)으로 모사(模寫)하여 《자운회곡(紫
雲迴曲)》이라고 이름 지었다.

王素夢至玉京。

왕소(王素)는 꿈에 옥경(玉京)에 이르렀다.

古今詩話曰、王素待制嘗夢至玉京黃闕、有紺服翠冠者曰、吾東門侍郎、
公則西門侍郎、昔以奏牘訐責於世、公晩歲思玉京之夢。作詩曰、

碧虛中藏白玉京
夢魂飛入黃金城
何時再步烟霞外
晧齒靑童已掃廳

《고금시화(古今詩話)》에 이르기를, 대제(待制) 왕소(王素)가 어느 날 꿈을 꾸
었다. 옥경(玉京)[42]의 황궐(黃闕)[43]에 이르니 취관(翠冠)을 쓰고 자줏빛 옷을
입은 관리가 말하기를 "나와 그대는 예전에 이곳에서 함께 근무하였소. 나
는 동문시랑(東門侍郎), 그대는 서문시랑(西門侍郎)이었는데 그대는 독알(牘
訐)[44]을 상주한 벌로 인간세상으로 귀양을 갔었소. 지금 그대는 오랜 세월
뒤 꿈에 옥경을 다시 찾아 온 것이오." 왕소가 잠에서 깨어 시를 짓기를,

푸른 허공 가운데 백옥경(白玉京)이 감추어져 있으니
꿈에 혼(魂)이 날아서 황금성(黃金城)에 들어갔도다.
어느 때나 다시 세상 밖 선계(仙界)를 노닐어 볼거나……

선녀(仙女)와 청동(靑童)은 천궁(天宮)의 뜰을 쓸어 놓았는데……

牛益夢至天第。

우익(牛益)은 꿈에 천궁(天宮)에 이르렀다.

李綽、尙書故實曰、進士牛益、夢至天第。吏曰、此羣玉宮也。見殿上有白
玉碑朱書字、蒙以絳紗。大字云、中洲天仙籍、其次皆姓字數千、其中有識
數人、乃呂夷簡·李迪·余靖而已。有故人呂臻掌此官、益問今世卿相亦皆
仙乎。曰、十中七八。

이작(李綽)이 저술한 《상서고실(尙書故實)》에 이르기를, 진사(進士) 우익(牛
益)이 꿈에 천궁(天宮)에 이르니 천관(天官)이 말하기를 "이곳은 군옥궁(群
玉宮)이오." 우익이 상대(上臺)를 보니 백옥비석이 있었는데 윗부분은 붉은
비단으로 장식하였다. 비석에는 중주천선적(中洲天仙籍)이라고 큰 글씨로
제목이 새겨 있었고 그 아래로 수천 명의 이름이 새겨져 있었는데 읽어보
니 아는 사람은 불과 몇 사람이었다. 즉 여이간(呂夷簡), 이적(李迪), 여정(余
靖)이었다. 평소 알고 지내던 여진(呂臻)이 천관으로 있다기에 만나 물어보
기를 "금세(今世)의 공경(公卿), 재상(宰相)은 본시 모두 천궁의 선관(仙官)이
었습니까?" 답하기를 "열에 일곱, 여덟은 그러하오."

方朝散夢玉華殿。

방조산(方朝散)은 꿈에 옥화전(玉華殿)을 보았다.

夷堅志曰、莆田人方朝散、病劇而蘇。夢至玉華殿、道士云、先生昔有蔭
功、帝召見白玉樓、詩文一首、帝覽之大喜、拜爲玉華侍郞、有過讁墮人
世、不久當返。

《이견지(夷堅志)》[45]에 이르기를, 보전인(莆田人) 방조산(方朝散)은 극병(劇病)
이 들었으나 어느 날 꿈을 꾸고 나서 소생하였다. 방조산이 꿈에 옥화전
(玉華殿)에 이르니 한 도사가 말하기를 "선생은 예전에 음공(蔭功)[46]을 지은
바 있어 상제(上帝)의 부름을 받고 백옥루(白玉樓)에서 상제를 배알하고 시

한 수를 지어 바쳤소. 상제께서는 선생의 시에 크게 감탄하시어 선생께
옥화시랑(玉華侍郎)을 제수하셨소. 그러나 선생은 근무 중 과오를 범하여
벌로 인간세상으로 귀양을 갔소. 그러나 아직 기간이 남았으므로 병이 쾌
유하여 더 살다가 옥화전(玉華殿)으로 돌아오게 될 것이오."

王平甫夢靈芝宮。

왕평보(王平甫)는 꿈에 영지궁(靈芝宮)을 보았다.

> 東軒筆錄曰、王平甫在朝、一夕夢至水殿、榜曰靈芝宮、邀平甫曰、欲與之
> 俱往。有人隔水止之曰、時未至也、他日迎之。平甫恍然夢覺、禁中已鳴鍾
> 矣。平甫每自負、爲詩曰、

> 萬頃波濤木葉飛
> 笙蕭宮殿號靈芝
> 揮毫不似人間世
> 長樂鐘聲夢覺時.

後四年平甫卒.

《동헌필록(東軒筆錄)》[47]에 이르기를, 왕평보(王平甫)가 궁궐에서 야간근무
를 하다가 잠깐 조는 사이에 꿈을 꾸었다. 용궁(龍宮)에 이르렀는데 현액
(懸額)을 보니 영지궁(靈芝宮)이라고 쓰여 있었다. 왕평보는 궁궐을 구경한
후 감탄하여 말하기를 "이곳에 머물 수 있다면 누구나 오려고 할 것이다!"
이때 한 관리가 다가와 바다 밖으로 인도한 후 말하기를 "지금은 그대가
올 때가 아니오. 다른 날 영접하리다." 왕평보가 놀래서 깨어보니 졸 때
시작한 종소리의 여운이 아직도 울리고 있었다. 왕평보는 이를 매번 자부
(自負)하다가 회상하며 시를 지었는데,

만경파도(萬頃波濤) 치는데 나뭇잎은 휘날리고
생소(笙簫)[48] 소리 들리는 궁전의 제호(題號)는 영지궁(靈芝宮)이라네.
휘호(揮毫)는 인간세와 비슷하지 않아도
긴 여운의 종소리는 꿈 깰 때까지 울리네.

4년 후 왕평보는 죽었다.

蔡君謨夢臥瞧樓。

채군모(蔡君謨)는 꿈에 초루(瞧樓)에 누웠다.

> 東齋記事曰、蔡君謨守福州、以疾不視事者累日。每夜夢臥瞧樓皷上。疾
> 愈與府判言及、連日不打三更皷事。云、數夜有大蛇盤皷上、司皷者不敢
> 近故也。君謨始知己爲蛇精。

《동재기사(東齋記事)》에 이르기를, 채군모(蔡君謨)[49]는 복주(福州)의 수령(守令)인데 병이 들어 누워 지내며 여러 날 동안 업무를 처리하지 못하였다. 채군모는 와병 중 매일 밤 초루(瞧樓)[50]의 북 위에 누워있는 꿈을 꾸었다. 채군모는 병이 낫자 부판(府判)과 대화하다가 연일 3경(更)에 북을 치지 않는 연유를 물었다. 부판이 답하기를 "여러 날 밤 큰 뱀이 북위에 있어 북치기가 감히 접근하지 못했습니다." 채군모는 처음으로 자기가 밤마다 뱀의 정령(精靈)이 되었음을 알았다.

沈瑀夢書范宅。

심우(沈瑀)는 꿈에 범씨택(范氏宅)이라고 쓰여 있는 것을 보았다.

> 梁書曰、沈瑀在竟陵王家、素與范雲善。齊末嘗就雲宿、夢坐屋梁桂上、
> 仰見天中字曰、范氏宅。其後瑀爲梁高祖說之、高祖曰、雲得不死。此夢
> 可驗。

《양서(梁書)》에 이르기를, 심우(沈瑀)[51]가 경릉왕(竟陵王)의 저택에 있을 때 평소 범운(范雲)[52]과 가까웠다. 제말(齊末), 심우가 범운의 집에서 잠을 자다가 꿈을 꾸었다. 대들보 위에 앉아서 하늘 한가운데를 바라보니 "범씨택(范氏宅)"이라고 쓰여 있었다. 후일 이 꿈을 양(梁)의 고조(高祖)에게 말하니 고조가 말하기를 "구름을 얻었음은 죽지 않는다는 뜻이다." 이 꿈은 과연 징험하였다.

應鈴之祖、夢雙日照戶。

범응령(范應鈴)의 조상은 꿈에 두 개의 해가 문에 비추는 것을 보았다.

解見日月篇、貴任少卿注。

풀이는《일월편(日月篇)》의 '소경(少卿)의 귀임(貴任)을 맡다.' 151p를 보시라.

張猛之母、夢襲綬登樓。

장맹(張猛)의 어머니는 꿈에 끈을 두르고 누대(樓臺)에 올랐다.

藝文類聚曰、張奐爲武威太守、其妻懷孕。夢帶奐印綬、登樓浩歌。訊之占夢者曰、必將生男 復臨茲邦、命終此樓。既已生子猛、以建安中爲武威太守、殺刺史邯鄲、商州兵圍之急、猛耻見擒、乃登樓自焚死、如其占。

《예문류취(藝文類聚)》에 이르기를, 장환(張奐)이 무위태수(武威太守)로 재직할 때 그의 아내가 꿈을 꾸었다. 장환의 인수(印綬)[53]를 허리에 차고 부내(府內)의 누대(樓臺)에 올라 호탕하게 노래를 부르고 임신하였다. 장환의 아내가 점몽자에게 물으니 답하기를 "반드시 아들을 낳을 것이오. 그는 장성하여 이곳 무위태수로 부임하여 그 누대에서 명을 마칠 것이오." 장환의 아내는 그 후 장맹(張猛)을 낳았고 장맹은 건안(建安 A.D 196~220)

▲ 장환(張奐)

중에 무위태수로 임관하였다. 장맹이 자사(刺史)를 미워하여 한단(邯鄲)[54]에서 죽이자 상주군(商州軍)이 급히 무위(武威)로 쳐들어와 포위하였다. 장맹은 급박해지자 생포됨을 부끄럽게 여겨 누대에 올라 불을 지르고 불에 타서 죽었다. 그의 어머니 꿈이 징험하였다.

衛莊公夢至昆吾臺。

위(衛)의 장공(莊公)은 꿈에 곤오대(昆吾臺)에 이르렀다.

解見宗空篇、衛莊公夢良夫注。

풀이는《종공편(宗空篇)》의 '위(衛)의 장공(莊公)이 양인(良人)을 죽이다.'
58p를 보시라.

齊世祖夢行太極陛。

제(齊)의 세조(世祖)는 꿈에 태극계(太極陛) 위를 걸었다.

南齊書曰、世祖在襄陽、夢著桑履、行太極殿陛之上。庾溫曰、履者運應木
也、桑字四十二點。世祖年遇、此卽帝位。

《남제서(南齊書)》에 이르기를, 세조(世祖)가 양양(襄陽)에 있을 때 꿈에 뽕
나무신발을 신고 태극전(太極殿)[55]의 계단 위를 걸었다. 유온(庾溫)이 해
몽하기를 "신발은 응(應)하여 옮기는 나무이고 뽕나무 상자(桑字)는 42점
(四十二點)입니다[56]." 세조는 42세가 되어 즉위하였다.

傅游藝夢陟湛露殿。

부유예(傅游藝)는 꿈에 담로전(湛露殿)에 올랐다.

白孔六帖曰、傅游藝夢登湛露殿、以語所親、有告其謀反者。下獄自殺。

《백공육첩(白孔六帖)》에 이르기를, 부유예(傅游藝)[57]가 꿈에 담로전(湛露殿)
에 오르니 어떤 사람이 가까이 와서 모반자의 이름을 알려주었다. 부유예
는 깬 즉시 모반자를 체포하여 옥에 가두니 그는 옥 안에서 자살하였다.

荀伯玉夢上廣陵城。

순백옥(荀伯玉)은 꿈에 광릉성(廣陵城)에 올랐다.

南齊書曰、太祖在淮南、荀伯玉假還廣陵。夢上廣陵城南樓、上有二靑衣
小兒語曰、草中蕭九五相追逐、伯玉視城下人頭皆有草。

《남제서(南齊書)》에 이르기를, 태조(太祖)가 회남(淮南)에 있을 때 순백옥(荀伯玉)[58]은 거짓으로 광릉(廣陵)에 돌아왔다. 순백옥이 어느 날 꿈을 꾸었다. 광릉성(廣陵城)의 남루(南樓)에 오르니 청의동자(靑衣童子) 둘이서 대화하기를 "풀 중의 쑥(蕭)이 구오(九五)가 되려고 서로 쫓고 쫓기는구나.[59]" 순백옥이 성 아래에 있는 사람들을 내려다보니 모두 머리 위에 풀이 있었다.

崔元綜夢赴履信坊.

최원종(崔元綜)은 꿈에 이신방(履信坊)에 다다랐다.

月老新書曰、崔元綜將娶婦、夜夢人告曰、此非君婦、君婦今日生。夢中隨至東京履信坊、一婦生女。崔寤殊不信、議婦果暴死。後年三十八、乃婚府尹韋陟妹年十九。詢之乃是所夢日月人家。

《월로신서(月老新書)》에 이르기를, 최원종(崔元綜)[60]이 장차 취처(娶妻)하려고 할 때 밤에 꿈을 꾸었다. 신인(神人)이 말하기를 "그대는 그녀와 결혼할 수 없소. 그대의 아내는 오늘 태어났소." 최원종은 꿈속에서 신인이 이끄는 대로 따라가 동경(東京)의 이신방(履信坊)에 당도하였는데 한 여자가 계집아이를 막 낳아놓은 것이 보였다. 최원종은 잠에서 깬 후 꿈이 기이하여 믿지 않았는데 혼담이 있었던 여자가 갑자기 죽고 그 후 38세가 되어서야 부윤(府尹) 위척(韋陟)의 19세 된 누이와 결혼했다. 최원종이 과거의 꿈이 생각나 아내에게 출생에 대해 물으니 태어나 자란 집이 꿈에 본 그 집이었다.

丁元珍夢謁黃牛廟.

정원진(丁元珍)은 꿈에 황우묘(黃牛廟)에 참배하였다.

歐公詩話曰、丁元珍嘗夢與予至一寺、出門見馬隻耳。後興元珍俱貶、同泝峽謁黃牛廟、宛如夢中所見、門外泥馬、果缺一耳、相視大驚云。

《구공시화(歐公詩話)》에 이르기를, 정원진(丁元珍)이 일찍이 꿈을 꾸었다. 참배하기 위해 한 묘(廟)에 이르니 정문 앞에는 한쪽 귀가 없는 말 한 필이

있었다. 그 후 흥원(興元 A.D 784) 때 정원진은 조정에서 쫓겨나 길을 가다
가 동소협(同泝峽)에 이르렀을 때 황우묘(黃牛廟)[61]가 있어 들어가 참배하
였는데 꿈에 보았던 묘(廟)와 완연히 같았고 정문 밖으로 나와 우연히 보
니 진흙 말이 있는데 한쪽 귀가 없어 더욱 놀랐다.

若夫石曼卿爲芙蓉城主、

이처럼 석만경(石曼卿)이 부용성(芙蓉城)의 주인이 된 것,

> 歐公詩話曰、石曼卿卒、有人夢曼卿言、我今爲仙所主芙蓉城、言訖乘青
> 騾如飛。

> 《구공시화(歐公詩話)》에 이르기를, 석만경(石曼卿)[62]이 죽은 뒤 어떤 사람
> 의 꿈에 나타나 말하기를 "나는 지금 신선이 되어 부용성(芙蓉城)[63]의 주
> 인이 되었다."라는 말을 마치자 푸른 노새를 타고 나는 듯이 달려가는 것
> 이었다.

歐仲純爲長白山君、

구중순(歐仲純)이 장백산(長白山)의 신령(神靈)이 된 것,

> 東坡詩注曰、歐公子仲純、嘗與東坡說、吾夢道士特告吾、授上帝命、汝爲
> 長白山主者、何祥也。後一年仲純卒。

> 《동파시주(東坡詩注)》[64]에 이르기를, 공자(公子) 구중순(歐仲純)이 일찍이 동
> 파(東坡)에게 말하기를 "내가 꿈을 꾸었다네. 도사가 나에게 특별히 고하
> 기를 '상제(上帝)의 명을 받아 너에게 장백산주(長白山主)[65]를 주노라.'라고
> 하였으니 어찌 상서롭지 아니한가?" 일 년 뒤 구중순은 죽었다.

蔣兒爲太山伯、

장씨(蔣氏)의 아이가 태산백(太山伯)이 된 것,

白孔六帖曰、蔣濟字子通。妻夢亡兒曰、今爲太山伯。憔悴困苦不可言、今
廟西有謳士孫珂爲太山令、願囑珂令轉我樂處。濟訪得珂告以故、珂許
之。後月餘夢兒曰、已得轉太山錄事矣。

《백공육첩(白孔六帖)》에 이르기를, 장제(蔣濟)66)는 자(字)가 자통(子通)이다.
장제의 아내의 꿈에 죽은 아들이 나타나 말하기를 "저는 지금 태산백(太山
伯)이 되었습니다. 하지만 초췌(憔悴)하고 곤궁함을 말로 할 수 없을 정도
입니다. 지금 묘(廟)의 서쪽에 살고 있는 가수(歌手) 손가(孫珂)가 태산령(太
山令)이니 손가에게 부탁하여 저를 편안한 곳으로 옮겨 주십시오." 장제가
손가를 방문하여 연유를 말하고 청탁하니, 손가는 승낙하였다. 그 후 한
달이 넘어 장제의 꿈에 아들이 나타나 말하기를 "저는 이미 옮겨 태산록
사(太山錄事)가 되었습니다."

趙父爲澧州神、

조씨(趙氏)의 아버지가 예주(澧州)의 신(神)이 된 것,

幽怪錄曰、趙汝澗守澧州。咸淳甲戌五月間、忽謂次子曰、生爲太守、死爲
城隍神、有何不可。問其故、答曰、夜來得此夢耳。越數日趙父果卒。

《유괴록(幽怪錄)》에 이르기를, 조여간(趙汝澗)은 예주태수(澧州太守)이다.
함순갑술년(咸淳甲戌年 A.D 1274), 5월 조여간이 둘째 아들에게 말하기를
"살아서는 태수(太守)가 되고 죽어서는 성황신(城隍神)이 되는 것이 어찌
불가능하랴?" 둘째 아들이 연유를 물으니 답하기를 "내가 어젯밤 그러한
꿈을 꾸었다." 수일이 지나자 조여간은 죽었다.

玄宗造九天採訪宮、

현종(玄宗)이 구천채방(九天採訪)에 의해 궁(宮)을 축조(築造)한 것,

宣室志曰、唐開元中玄宗夢神人朱衣金冠、謁帝曰、我九天採訪。巡糾人
間、欲於廬山西北置一下宮、自有木石基址、但須工力而已。帝寤遣中使
親山西北、果有基址、江邊忽有巨木數千自至、堂殿廊宇皆得足用。工成

中便夢神人曰、赭堊丹綠在廟北地中、掘之果然。

《선실지(宣室志)》에 이르기를, 당(唐)의 개원(開元 A.D 713~741) 중에 현종(玄宗)이 꿈을 꾸었다. 붉은 옷에 금관(金冠)을 쓴 한 신인(神人)이 현종을 배알(拜謁)하여 말하기를 "저는 구천채방(九天採訪)[67]입니다. 인간세를 규찰(糾察)하기 위해 순력(巡歷)하다가 여산(廬山)[68]의 서북쪽에 묘궁(廟宮)을 짓기에 적합한 땅과 충분한 목재들이 있는 것을 보았으니 묘궁을 건립하십시오. 이 일은 많은 인부를 동원해야 가능합니다." 현종이 잠에서 깬 뒤 여산의 서북에 관리를 파견하여 알아보게 하니 그가 돌아와 보고하기를 "과연 묘궁을 지을 만한 땅이 있으며 강변에는 거목 수천 주(株)가 떠내려와 있나이다." 현종이 관리에게 묘궁을 건립하도록 명하자 그는 거목들을 사용하여 당전(堂殿)[69]과 낭우(廊宇)[70]를 지었는데 충분하였다. 완공 무렵 관리의 꿈에 신인(神人)이 나타나 고하기를 "자악(赭堊)[71]과 단록(丹綠)[72]이 묘궁 북쪽의 땅속에 있소." 관리가 잠에서 깨어 파보니 과연 꿈과 같았다.

陸泊判九州陽明府、

육계(陸泊)가 양명부(陽明府)의 판구주(判九州)가 된 것,

稽神錄曰、陸泊爲淮南副使、與李承嗣雅善。乙丑歲九月、泊夢人以騎召去、止大明寺西可數里、至一大府署曰、陽明府。入門西序復有東向大門下馬入一室、吏引入階下、門中有二綠衣吏、捧一案、案上有書、一紫衣秉笏取書。宣云、泊可爲陽明府侍郎、判九州都監事。來年九月十七日、本府上事、復以騎送歸。奄然驚悟、泊與人言、至明九月十六日、承嗣復往候之。泊曰、府中已辨明當行矣。承嗣曰、君無近妖乎。泊曰、君與我有緣、他日當爲鄰。明日遂卒、葬于菜曼灣。承嗣後爲楚州刺史卒、葬泊基之北云。

《계신록(稽神錄)》[73]에 이르기를, 육계(陸泊)는 회남부사(淮南副使)가 된 뒤 이승사(李承嗣)와 매우 친하였다. 을축년(乙丑年) 9월 육계(陸泊)가 꿈을 꾸었다. 어떤 사람이 말을 탄 채 부르기에 따라가 대명사(大明寺)에서 쉬었다가 다시 서쪽으로 수 리(數里)를 가 큰 집에 이르니 양명부(陽明府)라고 써

있었다. 먼저 서문(西門)으로 들어가 동쪽을 향하여 가다가 큰 문에 이르러 말에서 내려 어떤 방에 들어가니 한 관리가 계단아래에 서 있도록 명하자 그대로 따랐다. 그러자 잠시 후에 녹색옷의 관리가 안상(案床)을 받들고 왔는데 그 위에는 책이 있었다. 곁의 적색 옷에 홀(笏)[74]을 쥔 관리가 책을 펴고 읽어 선포(宣布)하기를 "육계(陸洎)를 양명부시랑(陽明府侍郎) 겸 판구주도감사(判九州都監事)에 임명하오."라고 말한 후 다시 "다음해 9월 17일부터 양명부(陽明府)에 근무해야 하니 귀가하였다가 근무시작일 전에 돌아오시오." 육계는 경악하여 잠에서 깬 후 사람들에게 말하였다. 다음해 9월 16일이 되자 육계가 이승사에게 꿈을 말한 후 고하기를 "양명부의 근무는 이미 결정되었으므로 나는 내일 그곳으로 떠날 것이네." 이승사가 놀래어 말하기를 "그대는 요사(妖邪)에 가까이 한 적이 없는데도 왜 그러한가?" 육계가 말하기를 "그대와 나는 숙연(宿緣)이 있으니 마땅히 후일에 서로 함께 있게 될 것이네." 육계는 다음날 죽어 채만만(菜曼灣)에 묻혔다. 이승사는 얼마 후 초주자사(楚州刺史)가 되었고 죽은 뒤 육계 무덤의 북쪽 가까이 묻혔다.

崔宅禱疾於后土、

최씨(崔氏)의 가인(家人)이 질병을 후토신(后土神)에게 기도한 것과,

稽神錄曰、江南司農少卿崔萬安、分務廣陵、常病脾泄、家人禱于后土祠。萬安夢一婦人 珠珥珠履衣五重、皆編珠爲之。謂萬安曰、可取靑木香·肉荳蔲合棗肉爲丸、米飮下二十丸。如其言病愈。

《계신록(稽神錄)》에 이르기를, 강남(江南)의 사농소경(司農少卿) 최만안(崔萬安)은 광릉(廣陵)에 자주 출장을 다녀야 했으나 비설(脾泄)[75]이 심하여 가족이 후토사(后土祠)[76]에 가서 병의 쾌유를 기도하였다. 그러자 최만안이 꿈을 꾸었다. 한 부인이 진주귀고리에 구슬신발을 신고 다섯 겹의 옷을 입은 채 말하기를 "청목향(靑木香)[77]과 육두구(肉荳蔲)[78]를 합해 가루로 만들어 대조육(大棗肉)[79]으로 버무려 알약을 만들어 미음(米飮)에 20알씩 삼키라." 최만안이 잠에서 깬 즉시 그대로 하였더니 과연 병이 나았다.

徐精生子爲社公、

서정(徐精)이 아들을 낳았는데 사공(社公)이 된 것,

> 太平廣記曰、晉咸和初徐精遠行、夢與妻寢有身。占夢者曰、當爲巫師、
> 死作社公。明年妻果産後如其言。

《태평광기(太平廣記)》에 이르기를, 진(晉)의 함화(咸和 A.D 326~334) 초에 서정(徐精)이 먼 길을 떠났는데 꿈에 아내와 동침(同寢)을 하니 서정의 아내는 임신하였다. 점몽자가 말하기를 "그 아이는 반드시 무사(巫師)가 될 것이고 죽어서는 사공(社公)[80]이 될 것이다." 다음해 서정의 아내는 출산하였고 훗날 그 말처럼 되었다.

則又夢之怪誕、難於究詰者也。

이러한 즉 꿈이 괴이(怪異)하고 거짓된 것이라 하여 힐문(詰問)[81]하여 따지려 함은 어렵다.

■ 注疏

1) 송(宋)의 무제(武帝): 南朝의 宋의 高祖武皇帝. 재위 A.D 420~422 姓은 劉, 名은 裕. 庚申年에 晉으로부터 禪位받아 皇帝位에 올랐다.

2) 이허중(李虛中): 唐人, 字는 常容. 進士가 된 후 元和(A.D 806~820) 중에 殿中御史에 이르렀다. 五行에 정통하여 생년월일만으로도 壽夭貴賤을 맞힘이 백에 하나의 틀림도 없었다. 그가 주석한 《命書》 3권이 전하는데 '鬼谷子撰 李虛中注'라고 쓰여 있으며 後人은 그를 星命家의 祖로 숭상하고 있다.

3) 한유(韓愈): 唐의 昌黎人. 字는 退之. 3세에 고아가 되어 형수가 양육하였다. 독서를 하며 성장하여 6경(六經)과 百家學에 통달하였다. 進士에 급제한 뒤 張建의 추천을 받아 府推官이 되었고 그 뒤 四門博士, 監察御使가 되어 宮市와 貶山에 대해 상소하였다. 吏部侍郎을 하던 중에 죽으니 門人들이 《昌黎先生集》을 편찬하였다.

4) 태산(泰山): 山東省의 膠州灣의 서남에서 일어나 運河의 동쪽 언덕에서 끝난다. 東岳에 해당.

5) 설숙(薛琡): 北齊人. 魏에 仕任하여 典客令, 吏部尙書가 되었고 高歡의 권유로 天平에 丞相長史가 되었다. 尙書僕射를 연임하였다.

6) 장량(張亮): 北齊의 陽城人. 처음에는 神武가 爾朱兆를 정벌하자 이주조는 秀容으로 달아나 죽었다.

오직 張亮만이 이주조의 시신 앞에 엎드려 우니 신무가 이를 가상히 여겨 丞相參軍을 제수하였고 光祿勳을 연임하였고 安定縣男에 봉해졌다.

7) 《수신기(搜神記)》: 책 이름. 20권으로 구성. 舊本에는 晉의 干寶가 撰하였다고 쓰여 있다. 古今의 異變, 神祇, 人物 등을 기록하였다. 《搜神後記》 10권도 있다.

8) 《일통지(一統志)》: 전국의 地理를 기록한 책. 元의 《一統志》는 岳璘이 撰하였으나 분실되었고 明의 《一統志》로 李賢 등이 奉勅하여 撰하였고 淸의 《一統志》는 乾隆 29 A.D 1764년에 和坤 등이 봉칙하여 찬하였다. 京師, 省分, 諸縣, 諸蕃, 朝貢國 342권으로 구성.

9) 잠산(潛山): 현재의 安徽省, 潛山縣의 서북쪽에 있는 산.

10) 제세조(齊世祖): 南北朝시대의 南齊의 2대 황제. 재위 A.D 482~493.

11) 이소군(李少君): 漢의 臨淄人. 武帝에게 竈君에게 기도하는 법과 不老의 방술을 가르쳤다. 丹砂를 黃金으로 변화시켜 이를 먹으면 海中의 蓬萊山에서 사는 仙人을 만날 수 있으며 長生할 수 있다고 하였다.

12) 숭산(嵩山): 河南省의 登封縣의 북쪽에 있는 산. 五嶽 중의 中嶽.

13) 태을군(太乙君): 北辰의 神名. 혹은 太一과 혼용해서 쓰기도 한다. 太一은 大道, 元氣의 뜻이다. 天神 중의 최고 존귀자의 명칭이기도 하다.

14) 수(隋)의 문제(文帝): 楊堅. 隋의 개국왕. 재위 A.D 581~604. 華陰人. 廟號는 高祖. 처음에는 北周를 섬겨 相國이 되었고 황제를 시해하고 자립하여 국호를 隋라고 하며 남하하여 梁을 멸하였다. 재위 24년 꿈에 洪水를 만났는데 이것은 淵이다. 隋를 멸망시킨 당의 고조의 이름은 李淵이다.

15) 《옥해(玉海)》: 宋의 王應麟이 撰한 책 이름. 200권과 《詞學指南》 4권으로 구성. 天文, 地理, 文藝, 詔令, 禮儀, 音樂, 官制, 朝貢 등으로 내용이 이루어져 있다.

16) 조무(曹武): 曹虎. 南齊시대의 下邳人. 字는 士威. 劉宋 때 仕官하여 前軍將軍, 南齊에 들어와 공을 세워 제후가 되었다.

17) 정해(鄭獬): 宋의 安陸人. 皇祐(A.D 1049~1053) 중에 進士가 되어 集賢院, 神宗 시에는 權知開封府가 되어 新法에 반대하여 王安石의 미움을 받아 知杭州로 좌천되었다. 저서는 《郇溪集》.

18) 백룡옹(白龍翁): 白龍山에 사는 늙은이. 이 산은 浙江省의 處州에 있는 산으로 정상에 冷泉이 있다고 한다. 정해가 꿈에 본 곳이 이곳으로 노후에 백룡산에서 은거할 뜻을 나타내었다.

19) 한비자(韓非子): 戰國시대 사람. 또는 그의 저서명. 20권 55편으로 이루어졌는데 내용의 大旨는 法術을 숭상하여 상벌을 밝히고 엄격히 刑을 집행할 것을 주장하였다. 그리고 많은 부분이 儒者의 義로써 어렵지 않게 결론내릴 수 있는데도 道家의 虛靜의 설로 보충하였다.

20) 6국시(六國時): B.C 403~221. 周의 威烈王으로부터 秦始皇帝가 통일하기까지의 齊, 楚, 燕, 趙, 魏, 秦의 7국시대. 秦이 6국을 병합하였다고 하여 6국시대, 戰國시대라고 한다.

21) 사령운(謝靈運): 南朝시대 宋의 陽夏人. 어려서부터 好學하여 여러 책을 널리 읽고 書畵에 능했으며 文章이 아름다웠다. 顔延과 더불어 江左에서 제일이란 칭송을 들었다. 康樂公을 襲封하였다. 宋이 晉으로부터 禪位받은 후 항상 울분을 지녀 永嘉太守로 나가 山水를 즐겼다.

22) 《유빈객가화록(劉賓客嘉話錄)》: 唐의 韋絢이 撰한 책 1권. 長慶元年(A.D 821)에 白帝城에 있으면서 劉禹錫으로부터 들은 이야기를 적은 것이다. 그 내용이 《尙書》와 같으나 상서에 없는 부분만을 책으로 적은 것이다.

23) 번(蕃): 변방, 국경, 궁궐 밖을 통칭한다.

24) 《오월비사(吳越備史)》: 宋의 錢儼이 撰한 4권의 책. 《錢氏舊事》, 《訖太祖開寶》, 《補遺》 1권 등이 중요 내용이다.

25) 《삼국지(三國志)》: 晉의 陳壽가 저작한 魏, 蜀, 吳 3국의 역사. 南朝宋의 裵松之가 注하여 《魏志》 30권, 《內本紀》 4권, 《列傳》 26권, 《蜀志列傳》 20권으로 撰하였다. 《三國志通俗演義》는 元末明初에 羅

貫中이 撰한 소설로 上과 下로 나뉘어져 있으며 120회로 구성되어 있다.

26) 등애(鄧艾): 三國시대 魏의 棘陽人. 司馬懿를 도와 蜀과 싸우는 데 공을 세워 關內侯, 鎮西將軍, 鄧侯에 봉해졌다. 元帝 시에 成都를 破하고 蜀의 後主를 항복하게 하여 太尉가 되었다.

27) 고림(高琳): 北周人. 그의 이름 琳은 푸른색 옥으로 부딪히면 아름다운 소리를 내는 美玉이다. 그의 선조는 高句麗 사람이다. 魏의 正光 중에 万俟醜奴를 破하여 寧朔將軍을 제수받았다. 高歡을 沙苑에서 破하여 保定(A.D 561~565) 초에 梁州總管十州諸軍事가 되었고 天和(A.D 566~571) 중에는 柱國이 되었다.

28) 불계(祓禊): 재앙을 없애고 福을 구하는 제사, 祈禱.

29) 부경(浮磬): 泗濱에서 나는 돌로 磬을 만들 수 있는 돌. 磬이란 石板으로써 두드려 소리를 내는 악기이다.

30) 《오대사(五代史)》: 宋의 薛居正 등이 奉勅하여 撰한 150권의 역사서. 宋의 歐陽修가 撰한 史書.

31) 왕인유(王仁裕): 五代시대 周의 天水人. 文辭로 유명하였다. 蜀의 翰林學士. 저서는 《紫泥集》, 《西江集》, 《入洛集》 등이 있다.

32) 전유문(篆籀文): 篆文과 籀文. 모두 古代書體의 일종.

33) 《남사(南史)》: 唐의 李延壽가 撰한 80권의 책. 南北兩史에 대해 썼다. 宋, 齊, 梁, 陳의 4국 역사는 《南史》에 있고 174년의 역사이다. 《北史》는 魏의 登國元年(A.D 386)부터 244년의 역사이다.

34) 공개(孔覬): 南朝宋人. 山陰人. 字는 思遠. 孝武帝 시에 散騎常侍, 員素하고 儉約하였다. 輔國將軍, 太子詹事 등을 지냈다.

35) 《양서(梁書)》: 唐代의 貞觀3年(A.D 629)에 姚思廉, 魏徵 등이 奉勅하여 撰한 56권의 梁의 역사서. 本紀 6권 列傳 50권으로 구성되어있다.

36) 양(梁)의 고조(高祖): 南朝梁의 武帝 蕭衍. 재위 A.D 502~549. 蕭帝와 동족으로 齊의 鎮襄陽이 되었다가 齊主가 無道하자 起兵하여 建康을 함락시키고 寶融을 영립하고자 하였으나 弑害당하자 梁王이 된 후 帝位를 禪位받았다. 국호를 梁. 善政을 베풀어 국세가 大盛하였다. 佛教를 篤奉하였고 侯景이 반란을 일으켜 臺城이 함락되자 스스로 굶어죽었다.

37) 《독이지(獨異志)》: 唐의 李亢이 撰한 3권의 책. 《唐宋藝文志》 중에서 洪庶에서 唐代에 이르는 故事를 채록하였다.

38) 사객(詞客): 詩詞에 능한 자. 詞는 韻文의 一體이다. 옛날의 樂府에서 演變하여 唐宋에 盛하였고 曲이 되었다. 一名 詩餘, 長短句라고 한다.

39) 부견(苻堅): 晉시대의 前秦王. 博學하고 才藝가 많았다. 晉의 升平 중에 鄴에서 起兵하여 前燕을 멸하고 仇池를 取하고 漢中을 함락시켰다. 당시16국 중에서 最強이었다.

40) 고황제(高皇帝): 明의 太祖. 朱元璋. 재위 A.D 1368~1398. 濠洲人. 字는 國瑞. 廟號는 太祖, 諡號는 高皇帝. 어려서 고아가 되어 일찍이 皇覺寺에 들어가 중이 되었다. 元末에 郭子興을 도와 擧兵하여 곽자흥의 신임을 얻어 따로이 軍團을 이루었다. 스스로 吳國公, 吳王이라고 칭하고 陳友諒, 張士誠 등을 멸하고 燕京을 점령하여 元을 대신하여 천하를 가졌다. 布衣에서 15년 만에 제업을 이루었으며 南京에 도읍을 정했다.

41) 용천혈(湧泉穴): 足心의 陷中으로 足少陰腎經에 속하여 있다. 《素問》에 이르기를, 少陰根은 湧泉에서 일어난다. 《靈樞》에 이르기를, 腎脈은 용천에서 출발한다. 主病은 尸厥, 面黑, 咳血, 心痛, 舌乾, 上氣, 黃疸, 腸澼, 痿厥, 腰痛, 失音, 風癎, 大便難, 小便不利, 女子如娠, 婦人無子, 喜忘, 腹脹 등이다.

42) 옥경(玉京): 白玉京. 玉皇上帝가 살고 있는 天界의 都市.

43) 황궐(黃闕): 玉皇上帝가 거주하는 궁궐.

44) 독알(牘訐): 타인의 숨겨진 잘못을 탄핵하는 서찰.

45) 《이견지(夷堅志)》: 宋의 洪邁가 撰한 50권의 책. 모두 神怪에 관한 내용이다.

46) 음공(陰功): 드러나지 않은 善行.

47) 《동헌필록(東軒筆錄)》: 宋의 魏泰가 撰한 15권의 책. 부모, 처자, 형제 등의 人倫에 관한 내용이 대부분이다.

48) 생소(笙簫): 笙簧과 퉁소. 둘 다 입으로 부는 竹管樂器이다.

49) 채군모(蔡君謨): 蔡襄. 宋의 仙遊人. 성품은 忠直하고 詩文에 능하고 역사에 밝으며 書法에 밝았다. 知開封, 知福州 등을 역임하였고 洛陽橋를 준공하였다.

50) 초루(譙樓): 망루. 전망대.

51) 심우(沈瑀): 梁의 武康人. 처음에는 齊를 섬겼다. 竟陵王 子良의 추천으로 參軍이 되었다가 梁의 武帝 시에는 潯陽太守를 연임하였다.

52) 범운(范雲): 南朝 때 梁의 順陽人. 처음에 齊에 入仕하였다가 梁이 개국하자 승진하여 吏部尙書에 이르렀다. 沈瑀를 발탁하여 등용하였다.

53) 인수(印綬): 도장과 도장 끈. 직위를 상징한다. 지아비의 인수를 허리에 차고 임신하였으니 아들은 장차 아버지의 직위를 계승하게 된다. 列子가 말하기를 "꿈에 노래하거나 춤을 춘 자는 울게 된다." 樓臺에서 노래를 불렀으니 누대에서 그녀의 아들이 울게 되었다.

54) 한단(邯鄲): 河南省 北部와 河南省 西南部의 지방.

55) 태극전(太極殿): 天子가 政務를 보는 正殿.

56) 뽕나무~입니다.: 桑은 十이 또 있으니(又) 二十, 또 있으니(又) 三十, 또 있으니(又) 四十에 두 점(八)을 더하니 四十二이다.

57) 부유예(傅游藝): 唐, 汲人. 左補闕을 하다가 武后 시에 符書를 上書하여 給事中으로 발탁되었다. 鸞臺侍郞 중에는 袍衣를 하사받았다.

58) 순백옥(荀伯玉): 南齊 廣陵人. 高帝가 淮陰에 있을 시 좌우를 호위한 공으로 즉위 후 南豊縣子, 輔國將軍을 제수받았으나 英明(A.D 483~493) 초에 武帝에 의해 주살되었다.

59) 풀 중의 쑥(蕭)~꽃기는 구나.: 南齊(A.D 479~502)는 劉宋의 장군 蕭道成이 創業한 왕조이다. 쑥은 蕭氏를 의미하고 머리 위에 풀이 있는 사람 또한 蕭氏다. 九五는 易學으로 皇位의 다른 명칭이다. 明帝가 즉위하자 2대 武帝의 아들과 형제, 손자 30여 명을 죽였다.

60) 최원종(崔元綜): 唐, 新鄭人. 天授(A.D 690~692) 초에 鸞臺侍郞을 역임하였다. 성격은 신중하고 세밀하며 謹厚한 중에 각박함도 있었다.

61) 황우묘(黃牛廟): 襄公이 秦을 개국하여 노새, 소, 양을 각 3마리씩 上帝에게 제사지내던 것을 기원으로 諸侯들이 黃牛廟를 건립하여 이를 따랐다.

62) 석만경(石曼卿): 石延年. 宋, 宋城人. 기백과 절개가 있고 호탕하며 世事에 힘쓰지 않았다. 文辭가 뛰어나고 詩에 능했다. 眞宗 시에 大理寺丞, 太子中允에 이르렀다. 술 마시기를 즐겨 酒仙이라 불렸다.

63) 부용성(芙蓉城): 仙人이 사는 城.

64) 《동파시주(東坡詩注)》: 《蘇東坡注》.

65) 장백산주(長白山主): 長白山의 神靈.
① 장백산은 山東省의 長白縣의 북쪽에 있다. 옛이름은 不咸山, 漢에서는 單單大嶺, 蓋馬大山, 後魏에서는 太白山, 徒太山이라고 한다. 朝鮮에서는 白頭山이라고 불렸는데 산정에 있는 녹지 않는 흰 눈 때문에 붙여진 명칭이다. 山頂에 잇는 天池는 鴨綠, 松河, 圖們 세 강의 발원지이다.
② 山東省 鄒平縣의 남쪽에 있는 泰山의 副峰.

66) 장제(蔣濟): 三國시대 魏人, 字는 子通. 明帝 때 中護軍이었다가 齊王이 즉위하자 太尉가 되었고 都鄕侯에 봉해졌다.

67) 구천채방(九天採訪): 九天은 하늘을 八方과 중앙으로 나눈 것이고 採訪이란 직접 방문하여 기록하는 임무를 맡은 관리이다.

68) 여산(廬山): 江西省의 九江縣에 있는 산. 匡山, 廬阜, 匡廬라고도 한다. 삼면이 물에 닿아있고 서쪽만이 육지에 이어있다. 白鹿洞, 墨池, 玉淵 등의 명승이 있다.

69) 당전(堂殿): 本殿, 正殿.

70) 낭우(廊宇): 本堂과 다른 건물사이의 回廊, 복도.

71) 자악(赭堊): 붉은 흙으로 된 돌. 약한 돌 정도의 硬度를 지녔다.

72) 단록(丹綠): 丹砂 성분의 매우 빨간 돌.

73) 《계신록(稽神錄)》: 宋의 徐鉉이 撰한 6권의 책으로 唐末五代의 異聞을 기록하였는데 모두 150가지이다.

74) 홀(笏): 官吏가 관복을 입고 가슴 앞에서 양손으로 세워 쥐는 길다란 牌. 나무, 象牙, 玉으로 되었는데 品階와 이름이 쓰여 있다.

75) 비설(脾泄): 脾臟이 원인인 泄瀉病. 《難經五十七難》에 이르기를, 脾泄은 배가 脹滿한 병이다. 과다한 비(雨)로 인하여 생긴 腹疾이다. 脾는 濕을 싫어하는데 邪氣가 正氣를 이기니 배가 팽창되어 충만하다. 泄注는 濕氣가 체내에서 脾를 하여 水穀이 나뉘지 못하므로 無度하게 泄利하는 것이다. 보통 建中湯 혹은 理中湯으로 다스린다.

76) 후토사(后土祠): 后土夫人을 모시는 祠堂. 본시 皇天后土라 하여 大地를 人格神化한 것이다. 어떤 자는 그 유래가 唐人의 소설 《后土夫人傳》이라 하고 혹은 神仙의 說이라고도 한다. 呂用之, 張守一 등이 후토부인의 靈祐로 귀신을 부리고 黃白의 術을 행하였다. 귀신의 兵馬를 부렸다는 내용을 李筌이 《太白陰經》에 기술하였다. 이후 백성들이 후토부인에게 甲馬의 형상을 그려 바치고 寫經하며 祈禱하기 시작하였다. 揚州, 西漢에서 숭배가 盛하였고 山西省의 榮河縣의 북쪽에 있는 后土祠가 유명하다.

77) 청목향(青木香): 木香. 心腹의 일체의 氣를 다스리고 嘔逆返胃, 霍亂泄瀉痢疾, 健脾消食, 胃氣를 和하게 한다.

78) 육두구(肉荳蔲): 肉果, 迦拘勒. 主治는 溫中, 消食止泄, 冷이 쌓여 心腹이 脹痛하는 것을 다스린다. 脾胃虛冷, 腹痛, 宿食痰飮을 치료한다.

79) 대조육(大棗肉): 大棗의 씨를 제거한 肉質部. 棗는 心腹의 邪氣를 제거하고 安中하며 脾氣를 기르고 胃氣를 平하게 하고 百藥을 和하게 한다. 補中益氣, 腸澼을 除하고 五臟을 補하고 陰陽을 和하게 한다.

80) 사공(社公): 神에게 祭祀, 祈禱하는 것을 業으로 하는 사람. 혹은 神界의 官吏.

81) 힐문(詰問): 꾸짖어 질문함. 따지어 질문함.

5. 형모편 形貌篇第五

形貌聲音、發於夢兆、至無定也。莊子曰、夢哭泣者、旦而田獵。列子曰、夢歌舞者哭。長柳經曰、夢吹噓者欲有求、是哀樂相倚伏、而氣機自旋轉、知此而他可測矣。昔晉侯夢楚子鹽其腦。

형상(形象)과 성음(聲音)의 꿈의 예시(豫示)로서의 발생은 꼭 일정한 법칙대로만 되지는 않는다. 장자(莊子)가 말하기를, 꿈에 울거나 눈물을 흘린 자는 아침에 사냥을 나가게 된다. 열자(列子)가 말하기를, 꿈에 노래하거나 춤춘 자는 울게 된다. 《장류경(長柳經)》에 이르기를, 꿈에 입으로 "후"하고 불은 자는 구하려고 하는 것이 있다. 이는 슬픔과 기쁨이 서로 의지하고 감춤으로서 기기(氣機)가 스스로 회전하는 것이다. 그러므로 이것을 알아야 다른 것을 추측할 수 있다.옛적에 진후(晉侯)는 꿈에 초인(楚人)의 앞에서 자신의 뇌(腦)를 감쌌다.

解見宗空篇、晉文楚子注。

풀이는 《종공편(宗空篇)》의 '진문공(晉文公)이 꿈에 초인(楚人)을 보다.' 58p를 보시라.

鄭灼夢皇侃唾其口。

정작(鄭灼)은 꿈에 황간(皇侃)이 자신의 입에다 뱉었다.

陳書曰、鄭灼少夢與皇侃過於途、侃謂灼曰、鄭郎開口、侃內藥灼口中。自後義理逾進。

《진서(陳書)》에 이르기를, 정작(鄭灼)[1]이 젊었을 때 꿈을 꾸었다. 황간(皇侃)[2]과 함께 길을 가는 중에 황간이 말하기를 "정작아 입을 벌려라." 정작이 입을 벌리자 황간은 자신의 입안에 있던 약을 정작의 입에 뱉었다. 이런 후로 두 사람 사이의 의리(義理)는 더욱 진전되었다.

劉之遴夢爲折臂太守.

유지린(劉之遴)은 꿈에 팔이 부러지고 태수(太守)가 되었다.

> 梁書曰、劉之遴在荊府. 嘗寄居南郡廨、忽夢前太守袁彖謂曰、卿後當爲折臂太守. 卽居此中之遠後、果損臂遂臨此郡.

《양서(梁書)》에 이르기를, 유지린(劉之遴)[3]은 형부(荊府)의 관리인데 과거에 남군역(南郡驛)에서 생활한 적이 있었다. 그때 유지린이 꿈을 꾸었다. 전임 태수(前任太守) 원시(袁彖)가 말하기를 "그대는 이곳에 계속하여 머물다가 팔이 부러지고 나서 남군태수(南郡太守)가 될 것이다." 유지린은 후일 과연 팔을 다치고 나서 남군태수가 되었다.

張司直夢爲懷孕婦人.

장사직(張司直)은 꿈에 임신한 부인이 되었다.

> 葆光錄曰、張司直疾病、夢懷孕. 甚惡之. 葉光遠曰、此去遇壬辰日當愈. 懷孕姙娠也、有大福在也. 壬辰日果愈.

《보광록(葆光錄)》에 이르기를, 장사직(張司直)에게 질병이 있었는데 꿈에 임신을 하였다. 장사직은 잠에서 깬 후 매우 불쾌히 여겨져 엽광원(葉光遠)에게 꿈을 물었다. 답하기를 "시일이 경과하여 임진일(壬辰日)이 되면 반드시 쾌유할 것입니다. 회잉(懷孕)은 임신(姙娠)인데 이는 큰 복을 가진 것입니다." 임진일(壬辰日)이 되자 장사직은 과연 병이 나았다.

揚子雲夢吐五臓.

양자운(揚子雲)은 꿈에 오장(五臟)을 입으로 토(吐)하였다.

桓譚新論曰、揚雄應成帝詔、作甘泉賦、倦臥夢其五臟出在地、以手收內。
及覺少氣、遂有疾、一歲而亡。金樓子曰、揚雄作賦、有夢腸之談。曹植爲
文、有返胃之論、言勞神也。

《환담신론(桓譚新論)》에 이르기를, 양웅(揚雄)[4]이 성제(成帝)의 조칙(詔勅)에
응해서《감천부(甘泉賦)》를 짓고 피곤하여 누웠다가 잠들어 꿈을 꾸었다. 자
신의 오장(五臟)이 몸 밖에 나와 땅 위에 있는 것을 손으로 거두어들이려다
가 잠에서 깨었다. 그 뒤 양웅은 기력이 감소되어 일 년쯤 살다가 죽었다.
《금루자(金樓子)》에 이르기를, 양웅(揚雄)은 부(賦)를 짓고 꿈에서 장(腸)에
관하여 담론하였다. 그것은 조식(曹植)[5]의 문장에 있는《반위론(返胃論)》[6]
인데 이는 정신의 노고에 관한 말이다.

張審通夢增一耳。

장심통(張審通)은 꿈에 귀 하나가 더 생겼다.

太平廣記曰、兗州張審通夢額增一耳。旣寤頗癢、果生一耳。時號三耳秀
才。事詳張君房脞說坡詩、第十六券注。

《태평광기(太平廣記)》에 이르기를, 예주(兗州)에 사는 장심통(張審通)은 꿈
에 이마에 귀 하나가 더 생기었다. 장심통은 잠에서 깬 뒤 이마의 귀가 생
긴 자리에서 가려움을 느꼈다. 그러자 장심통은 즉시 호(號)를 삼이수재
(三耳秀才)로 지었다. 상세(詳細)한 것은 장군방(張君房)[7]의《좌설파시(脞說坡
詩)》의 제16권의 주(注)를 보시라.

魏延夢頭上生角。

위연(魏延)은 꿈에 머리 위에 뿔이 났다.

三國志曰、諸葛亮出北谷口、魏延爲前鋒。出亮營十里、延夢頭上生角、以
問占夢趙直。詐延曰、夫麒麟有角而不用、此不戰而賊欲自破之象也。而
告人曰、角字刀下用也。頭上用刀其凶甚矣。

《삼국지(三國志)》에 이르기를, 제갈량(諸葛亮)이 북곡구(北谷口)로 출정할

때 위연(魏延)[8]을 선봉장으로 삼았다. 위연은 제갈량의 본영(本營)에서 10리 더 나아간 곳에 주둔하고 있으면서 밤에 꿈을 꾸었다. 자신의 머리에 뿔이 나 있었다. 위연은 잠에서 깬 후 조직(趙直)에게 점몽을 청하였다. 조직이 위연에게 거짓으로 말하기를 "무릇 기린(麒麟)에게는 뿔이 있으나 사용하지 않습니다. 이는 전투하지 않고도 적이 스스로 무너질 징조입니다." 조직이 물러나와 다른 사람에게 말하기를 "뿔 각자(角字)는 칼도(刀) 아래에 쓸용(用)이 있습니다. 이는 머리 위에서 칼(刀)을 쓸(用)일이 있으니 그 흉함이 심합니다."

鄭獬夢臂上生鱗。

정해(鄭獬)는 꿈에 팔 위에 비늘이 생겼다.

解見山川篇、鄭獬夢遇吏而浴池注。

풀이는《산천편(山川篇)》의 '정해(鄭獬)는 꿈에 관리를 만나 못에서 목욕을 하였다.' 177p를 보시라.

鄭玄夢刀破其心、尹知章之少年、亦夢鑿破其心。

정현(鄭玄)은 꿈에 칼로 그 심장(心臟)이 쪼개졌고 윤지장(尹知章)도 젊었을 때 꿈에 끌로 심장이 파였다.

鄭玄師馬融三載無聞、融鄙而遣之。玄過於樹、假寐夢一老父以刀開其心、謂曰、子可以學矣。於是欲返、遂成大儒。唐書曰 尹知章少年未通、夢人持巨鑿破其心、若內劑焉。驚寤心思開徹、遂明六經。

정현(鄭玄)[9]의 스승인 마융(馬融)은 삼 년 동안이나 정현의 소식을 듣지 못하여 비처(鄙處)[10]에까지 사람을 파견하여 정현을 찾았으나 헛수고였다. 정현이 길을 지나다가 나무 밑에서 휴식하는 사이에 졸다가 꿈을 꾸었다. 한 노인이 다가와 칼로 정현의 심장을 가르며 말하기를 "그대는 학문을 함이 가하다." 정현은 잠에서 깬 후 마음이 바뀌어 되돌아가 마침내 대유(大儒)가 되었다.

《당서(唐書)》에 이르기를, 윤지장(尹知章)[11]은 젊었을 때 학문에 통하지 못하였다. 윤지장이 어느 날 꿈을 꾸었다. 한 신인(神人)이 커다란 끌을 가지고와 윤지장의 심장을 쪼개고 심장 안에 약을 넣었다. 윤지장은 놀라 깬 뒤부터 마음 깊이 생각하는 습관이 생겨 결국 개철(開徹)하였고 이에 따라 6경(六經)에 밝게 되었다.

丁固夢松生其腹、張志和之母氏、亦夢楓生其腹。

정고(丁固)는 꿈에 배에 소나무가 생겼다. 또한 장지화(張志和)의 어머니도 꿈에 배에 단풍나무가 생겼다.

> 吳錄曰、丁固夢松樹生其腹上。謂人曰、松字十八公、後十八年當爲公。遂如夢。唐書曰、張志和母、夢楓生腹上。遂産志和。

《오록(吳錄)》에 이르기를, 정고(丁固)[12]는 꿈에 소나무가 배 위에 생겼다. 정고가 잠에서 깨어 사람에게 말하기를 "소나무 송(松)은 십팔공(十八公)이니 나는 십팔 년 후에 반드시 공(公)이 될 것이오." 정고는 과연 꿈처럼 되었다. 《당서(唐書)》에 이르기를, 장지화(張志和)[13]의 어머니는 꿈에 단풍나무가 배 위에 생기고 나서 장지화를 낳았다.

齊景公夢人黑而短。

제(齊)의 경공(景公)은 꿈에 검고 작은 사람을 보았다.

> 博物志曰、齊景公伐宋、過泰山夢二人怒。公謂太公之神。晏子乃謂湯與伊尹也。爲言其狀。湯晳容多髮、伊尹黑而短、卽所夢也。景公不聽進軍果毀。

《박물지(博物志)》에 이르기를, 제(齊)의 경공(景公)이 송(宋)을 정벌하기 위해 태산(泰山)을 지나다가 꿈을 꾸었다. 두 사람이 분노한 채 경공을 보고 있었다. 경공이 잠에서 깨어 말하기를 "나는 꿈에 강태공(姜太公)을 보았다." 안자(晏子)가 말하기를 "탕(湯)과 이윤(伊尹)을 보신 것입니다. 탕은 명석한 용모에 머리털이 많았고 이윤은 검은 얼굴에 작은 키입니다." 경공이 들으니 꿈에 본 모습과 똑같았다. 그러나 경공은 안자의 말을 듣지 않고 진공(進攻)하여 과연 대패하였다.

李林甫夢人晳而鬍。

이임보(李林甫)는 꿈에 명변(明辨)하며 구레나룻이 난 사람을 보았다.

> 唐書曰、李林甫夢人晳而鬍、將遇己。寤而物色、得裵寬類所夢。曰、寬欲代我。李適之黨逐之、其後楊國忠代林甫、貌類寬云。
>
> 《당서(唐書)》에 이르기를, 이임보(李林甫)[14]는 꿈에 명변(明辨)하며 구레나룻이 난 사람이 자기에게 오는 것을 보았다. 이임보는 잠에서 깬 뒤 꿈에 본 사람을 물색(物色)하여 배관(裵寬)을 얻고 말하기를 "장차 배관이 내 뒤를 이으리라." 이임보가 이적(李適)의 일당을 조정에서 쫓아낸 후 죽자 그 뒤 양국충(楊國忠)이 이임보의 직위를 계승하였는데 모습이 배관과 비슷하였다고 한다.

馮德明夢易肺肝。

풍덕명(馮德明)은 꿈에 폐(肺)와 간(肝)이 바뀌었다.

> 杭志曰、馮俊字明德、錢塘人。年十八夢上帝遣神、易其肺腑云、將有徽命。既寤豁然開明、不習文藝、至是書傳大通、禍福皆前之、未嘗出戶、而人或見之江海上。元祐中、有舟渡江、值大風、俊見形雲間、自言名氏、顚波頓息。大觀三年十一月、忽語人曰、上帝命司江濤事、不疾而卒、年三十六。紹興二十年、賜順濟廟額、慶元庚申封靈祐公、紹定間封英烈王。
>
> 《항지(杭志)》에 이르기를, 풍준(馮俊)은 자(字)가 덕명(德明)이고 전당인(錢塘人)인데 18세 때 꿈을 꾸었다. 상제(上帝)의 명(命)을 받은 신관(神官)이 풍덕명의 폐부(肺腑)를 바꾸고 나서 고하기를 "그대에게 장차 휘명(徽命)[15]이 있으리라." 풍덕명은 잠에서 깬 뒤 활연개명(豁然開明)하여 문예(文藝)를 배우지 않고도 《서전(書傳)》[16]에 이르기까지 크게 통하였고 화복(禍福)을 미리 알았으며 문밖으로 나가지 않고도 사람이 강이나 바다에 있는 것을 보았다. 원우(元祐 A.D 1086~1094) 중에 사람들이 배를 타고 강을 건너다가

큰 바람을 만나 위태하였는데 구름사이에 풍덕명이 나타나 "나는 풍덕명이다."라고 말하니 풍랑이 즉시 멈추었다. 대관 3년(大觀 A.D 1109) 11월 풍덕명이 홀연히 사람들에게 말하기를 "나는 상제(上帝)의 명(命)을 받아 바다와 강을 다스리게 되었소." 그런 후 병 없이 죽으니 나이 36이었다. 사람들은 풍덕명을 숭모하여 사묘(祠廟)를 세웠는데 소흥 20년(紹興 A.D 1150)에는 황제가 순제묘(順濟廟)라는 현액(顯額)을 하사하였고 경원의 경신년(慶元 庚申年 A.D 1200)에는 영우공(靈祐公)에 봉해졌고 소정(紹定 A.D1228~1233)에는 영렬왕(英烈王)에 봉해졌다.

王仁裕夢洗腸胃。

왕인유(王仁裕)는 꿈에 장위(腸胃)를 씻었다.

> 解見山川篇、夢浣西江之水注。
>
> 풀이는《산천편(山川篇)》의 '꿈에 서강(西江)의 물에 씻었다.' 180p를 보시라.

張后夢神劍決脇。

장후(張后)는 꿈에 신(神)이 칼로 옆구리를 갈랐다.

> 唐書后妃傳曰、肅宗在東宮時、張后忽寢壓不寤。太子問之、曰、夢神降我介、而劍決我脇而入、殆不能甚。燭至其文隱然、遂生代宗。葆光錄載、此事更詳。
>
> 《당서후비전(唐書后妃傳)》에 이르기를, 숙종(肅宗)이 태자(太子)였을 때의 일이다. 장후(張后)가 홀연히 잠들었다가 가위눌리어 깨어나지 못했다. 숙종이 물으니 장후(張后)가 답하기를 "꿈에 신(神)들이 내려와 모두 칼을 들고 저의 옆구리를 가르고 몸 안으로 들어왔으나 통증이 거의 없었습니다." 숙종이 장후(張后)의 옆구리를 촛불로 비추어보니 칼자국이 희미하였다. 이후 장후는 잉태하여 대종(代宗)을 낳았다. 더욱 상세한 사항은《보광록(葆光錄)》에 실려 있다.

孫母夢吳門繞腸。

손씨(孫氏)의 어머니는 꿈에 오궁(吳宮)의 문(門)을 장(腸)으로 감쌌다.

> 三國志曰、孫堅母夢腸出、繞吳閶門。以告鄰母、鄰母曰、吉。

《삼국지(三國志)》에 이르기를, 손견(孫堅)[17]의 어머니는 손견을 낳을 때 꿈을 꾸었다. 몸 밖으로 장(腸)이 나오기에 손으로 장을 들어 오궁(吳宮)의 창문(閶門)[18]을 휘감았다. 손견의 어머니가 인근의 여인에게 점몽하니 답하기를 "길하오."

賈弼之夢人易其頭。

가필지(賈弼之)는 꿈에 다른 사람과 머리를 바꾸었다.

> 幽明錄曰、河東賈弼之、義熙中爲琅琊府參軍。夜夢有一人、面查皰甚、多鬚大鼻瞷目、謂之曰、愛君之貌、欲而頭可乎。乃於夢中許易。明朝起、自不覺而人悉驚走。弼之坐自陳說、後能半面笑、兩足手口各提一筆俱、書辭意皆美、此爲異也。餘並如先。

《유명록(幽明錄)》에 이르기를, 하동(河東)의 가필지(賈弼之)는 의희(義熙 A.D 405~418) 중에 낭야부참군(琅琊府參軍)이 되었는데 어느 날 밤에 꿈을 꾸었다. 어떤 사람이 가까이 왔는데 얼굴에 종기가 심하고 코가 크며 구레나룻이 많았다. 그가 간청하기를 "나는 그대의 용모를 사랑하오. 서로 머리를 바꾸는 것이 어떻소?" 가필지는 꿈속에서 바꾸는 것을 허락하였다. 가필지가 아침에 일어나 길을 나서니 보는 사람마다 놀래어 달아났는데 가필지는 이유를 알지 못했다. 가필지는 꿈 때문이라고 여기고 앉아서 설명하였는데 뒤의 반쪽 얼굴은 웃고 있었다. 가필지는 좌우손발과 입에 붓을 쥐거나 물고서 다섯으로 글을 쓸 수 있었는데 모두 내용이 다르고 문사(文辭)가 아름다웠다. 가필지는 이외에도 비슷한 이상한 능력들이 있었다.

司馬懿夢帝枕其膝。

사마의(司馬懿)는 꿈에 황제(皇帝)가 자기의 무릎을 베고 누웠다.

晉書曰、司馬懿至襄平、夢天子枕其膝曰、視吾面。俛視有異於常、心惡
之。尋有詔、懿遽歸 入嘉福殿、臥內升御牀、流涕問疾、天子執懿手、目齊
王曰、以後事相託。

《진서(晉書)》에 이르기를, 사마의(司馬懿)[19]가 양평(襄平)에 이르렀을 때 꿈
을 꾸었다. 황제(皇帝)가 자기 무릎을 베고 누워 말하기를 "짐의 얼굴을 보
라." 사마의가 몸을 굽혀 용안(龍顔)을 보니 평소와 달리 병색이 깊었다.
사마의는 잠에서 깬 후 불쾌하였는데 이때 입궐하라는 조칙(詔勅)이 당도
하였다. 사마의가 부랴부랴 가복전(嘉福殿)에 드니 황제는 침상에 누워 있
었다. 사마의가 문병하며 눈물을 흘리자 황제가 사마의의 손을 잡고 곁의
제왕(齊王)[20]을 쳐다보며 말하기를 "뒤의 일은 서로 협조하라."

王處訥夢剖胸、納其巨鑑。

왕처눌(王處訥)은 꿈에 가슴을 가르고 큰 거울을 넣었다.

五代史曰、王處訥洛陽人。夢人持巨鑑、星宿燦然、滿中剖胸納之。覺而汗
浹、月餘心胸猶覺痛、因究星曆占候之學、深得其旨。

《오대사(五代史)》에 이르기를, 왕처눌(王處訥)[21]은 낙양인(洛陽人)인데 어느
날 꿈을 꾸었다. 한 신인(神人)이 칼로 왕처눌의 가슴을 가르고서 별이 가
득하여 찬란한 큰 거울을 가슴속에 넣었다. 왕처눌이 놀래서 깨어보니 온
몸에 땀이 흥건하였다. 한 달이 넘자 왕처눌은 가슴에서 이상한 감각과
통증을 느꼈고 이로 인해 성력점후(星曆占候)[22]의 학문을 연구하여 깊은
원리를 터득하였다.

武元照夢滌腹、受其靈符。

무원조(武元照)는 꿈에 배 안을 씻고 영부(靈符)를 받아 넣었다.

一統志曰、武元照蕭山人。夜夢神人告曰、汝本玉女坐累暫謫塵世、可絶
食。欲不食、母强之食。又夢神怒曰、違吾戒也。剖腹滌之、因授靈寶法。自
是以符水療人疾立效、宋紹興十一年尸解。

《일통지(一統志)》에 이르기를, 무원조(武元照)는 소산인(蕭山人)이다. 밤에 꿈을 꾸었다. 신인(神人)이 말하기를 "너는 본시 천계의 선녀인데 누사(累事)에 연좌(緣坐)되어 속세에 귀양 왔으니 세속의 음식을 끊고 선도(仙道)를 수련하라." 무원조는 잠에서 깬 후 음식을 끊었으나 어머니의 강압에 못 이겨 다시 먹게 되었다. 무원조의 꿈에 또다시 신인이 나타나 노한 채 말하기를 "너는 내가 가르친 금계(禁戒)를 어겼다." 신인은 무원조의 배를 가르고 영보(靈寶)[23]와 법방(法方)을 넣었다. 무원조는 잠에서 깬 후부터 부수(符水)[24]로써 사람들의 질병을 치료하였는데 언제나 즉석에서 효험이 있었다. 무원조는 소흥 11년(紹興 A.D 1141)에 시해(尸解)[25]하였다.

沈約夢斷舌、而巫人之言相同。

심약(沈約)은 꿈에 혀가 잘렸는데 이로써 무사(巫師)의 말처럼 되었다.

> 梁書曰、沈約夢齊和帝以劍斷其舌。召巫視之、巫言如夢。約懼尋卒。
>
> 《양서(梁書)》에 이르기를, 심약(沈約)[26]은 꿈에 제(齊)의 화제(和帝)[27]가 진노하여 칼로 자기 혀를 잘랐다. 심약은 잠에서 깨자 무사(巫師)를 불러 꿈을 말하고 혀를 보였다. 그러자 무사가 해몽하기를 "공(公)은 꿈처럼 될 것이오." 과연 심약은 두려워하다가 죽었다.

唐主夢斷頭、而太子之禪不祥。

당(唐)의 임금은 꿈에 머리를 잘림으로써 태자(太子)에게 선위(禪位)하는 불상(不祥)을 범했다.

> 五代史曰、南唐烈祖、將有禪位之事、周宗請之。烈祖曰、吾夜夢人引劍斷吾頭。宗下拜賀曰、當冊立耳。居數日而內禪。
>
> 《오대사(五代史)》에 이르기를, 남당(南唐)의 열조(烈祖)[28]가 장차 선위(禪位)하는 일을 상의하려고 주종(周宗)을 청하였다. 열조가 말하기를 "내가 밤에 꿈을 꾸었는데 어떤 사람이 칼을 빼어들고 나의 머리를 잘랐소." 주종이 배례(拜禮)한 후 고하기를 "다음 황제를 책립함이 당연합니다." 그러자

열조는 며칠 안에 선위(禪位)하였다.

夢擧體毛生、而齊世祖卽位。

꿈에 온몸을 덮을 만큼 털이 나 있음으로 인해 제(齊)의 세조(世祖)는 즉위하
였다.

> 南齊書曰、世祖武皇帝年十三、夢擧體生毛、髮生至足。
>
> 《남제서(南齊書)》에 이르기를, 세조(世祖) 무황제(武皇帝)[29]는 13세 때에 꿈
> 을 꾸었는데 온몸을 덮을 만큼 털이 나 있었고 머리카락은 발에 이를 정
> 도로 자라 있었다.

夢擧體火熱、而張敬兒伏誅。

꿈에 온몸이 불처럼 뜨거웠으므로 장경아(張敬兒)는 주살(誅殺)당했다.

> 南齊書曰、張敬兒妻謂敬兒、昔時夢手熱如火、而君得南陽郡。元徽中夢
> 半身熱、而君得襄陽令。今復夢擧體熱矣。有奄人聞其言、達之世祖、少日
> 敬兒伏誅。
>
> 《남제서(南齊書)》에 이르기를, 장경아(張敬兒)[30]의 아내가 장경아에게 말하
> 기를 "지난 날 첩이 꿈을 꾸었는데 첩의 손이 불처럼 뜨겁더니 낭군(郞君)
> 께서 남양군(南陽郡)이 되셨고, 원휘(元徽 A.D 473~477) 중에는 꿈에 첩의
> 반신이 뜨겁더니 낭군께서 양양령(襄陽令)이 되셨습니다. 그런데 오늘 아
> 침의 꿈에는 첩의 온몸이 매우 뜨거웠습니다.[31] 장경아는 이 말이 소문나
> 지 않도록 엄폐(掩蔽)하였으나 결국 세조(世祖)의 귀에 들어갔다. 며칠 뒤
> 장경아는 주살(誅殺)당하였다.

夢換鬼眼、而陶學士不至尊官。

꿈에 귀신의 눈과 바꾸고서 도학사(陶學士)는 존귀한 관직에 오르지 못
했다.

紀異錄曰、陶穀少時夢數。吏云、奉符換眼、吏求錢十萬、換第一眼、穀不
應。又云、錢五萬換第二眼、復不應。吏曰、換第三眼。卽以二丸入眼中。旣
寤眼深碧。後相者曰、好貴人相、禁一雙鬼眼。何必不至大位。

《기이록(紀異錄)》에 이르기를, 도곡(陶穀)은 젊었을 때 꿈을 자주 꾸었다.
꿈에 한 천관(天官)이 말하기를 "부절(符節)[32]을 받들고 왔으니 내가 가진
세 쌍의 눈 중에서 한 쌍과 바꾸자. 나에게 십만 전(十萬錢)을 내고 첫째 눈
과 바꾸겠는가?" 도곡이 불응하자 "오만 전(五萬錢)을 내고 둘째 눈과 바
꾸겠는가?" 도곡이 재차 불응하자 "그러면 아무것도 받지 않고 셋째 눈과
바꾸겠는가?" 도곡이 기뻐하며 즉시 응하자 관리는 도곡의 좌우 눈을 꺼
내어 가져가고 셋째 눈을 넣어 주었다. 도곡이 잠에서 깨어난 뒤부터 눈
이 매우 푸르렀다. 어느 날 어떤 관상가가 도곡의 얼굴을 보고 말하기를
"귀인(貴人)이 될 좋은 상(相)인데 어찌하여 귀신의 눈 한 쌍을 가졌는가?
결코 대위(大位)에 오르지 못하리라."

夢變虎頭、而李太守卽承封誥.

꿈에 호랑이 머리로 변하고서 이태수(李太守)는 곧 봉고(封誥)[33]를 받았다.

傳奇曰、唐李勝美爲太守。夢己頭變虎頭、覺而不悅。妻問君夢變虎頭否。
勝美曰、何以知之。妻對曰、夜夢臨鏡照、妾頭是虎頭、妾甚歡、蓋君龍臣
虎、必有封誥。旬日後召勝美爲右相、夫婦加封。

《전기(傳奇)》에 이르기를, 당(唐)의 이승미(李勝美)가 태수(太守)로 있을 때
꿈을 꾸었는데 자신의 머리가 호랑이 머리로 변하였다. 이승미가 잠에서
깬 뒤 크게 불쾌하여 말이 없자 아내가 묻기를 "낭군(郎君)께서는 꿈에 호
랑이 머리로 변하시지 않았습니까?" 이승미가 놀래어 "어떻게 그것을 아
시오?" 아내가 답하기를 "신첩도 어젯밤에 꿈을 꾸었는데 거울에 몸을 비
쳐보니 호랑이 머리였습니다. 신첩은 지금 매우 기쁩니다. 임금은 용이고
신하는 호랑이기 때문입니다.[34] 머지않아 필시 고관이 되실 것입니다."
과연 열흘 뒤 황제가 이승미를 불러 우상(右相)을 제수하고 부부에게 봉호
(封號)를 더해주었다.

夢與鬚者、位登宰相。

꿈에 수염을 받은 사람이 재상(宰相)의 위치에 올랐다.

> 宋史曰、周必大以燔庫藏、咎爲己任、免官就謫所。往辭婦翁、翁夢人曰、
> 掃雪迎宰相、而必大謫至。時必大夢至一所、殿上語曰、彼貌雖陋以帝鬚
> 與之。寤而頤癢生美鬚、後入相。時相者莫識其貴良、久捋其鬚曰、帝王鬚
> 也。又曰、呂蒙正夢神人添鬚。

《송사(宋史)》에 이르기를, 주필대(周必大)[35]는 관리였는데 창고에 불이 나
자 면책당해 유배형(流配刑)에 처해졌다. 주필대는 유배 전에 장인을 방문
하여 작별인사를 하려고 하였다. 주필대가 방문하는 날 새벽, 장인의 꿈
에 한 사람이 나타나 말하기를 "눈을 쓸고 재상(宰相)을 맞이하라." 주필
대는 장인을 만난 후 유배지로 갔다. 주필대가 어느 날 꿈을 꾸었다. 궁궐
에 이르니 전상(殿上)에서 누군가가 말하기를 "너의 모습이 누추하나 제왕
(帝王)의 수염을 주겠노라."[36] 주필대가 잠에서 깨자 턱이 가렵더니 아름
다운 수염이 생겼다. 그 후 주필대는 복직하여 후일에 재상이 되었다. 주
필대가 어느 날 한 관상가를 찾으니 재상인 것도 모르고 주필대의 수염을
오랫동안 쓰다듬은 후 "제왕의 수염이구나!" 또한 이르기를, 여몽정(呂蒙
正)[37]은 꿈에 신인(神人)이 수염을 더하여 주었다.

夢擇鼻者、官止郞中。

꿈에 코를 선택한 사람은 관직이 낭중(郞中)에 그쳤다.

> 紀異錄曰、徐郞中夢神人攜一竹籃、其中皆人鼻。視徐曰、形相不薄、但鼻
> 曲而小剗之。乃於籃中擇一鼻易之。神笑曰、安擇一正郞鼻也。徐鼻月餘
> 端直、歷官郞中。

《기이록(紀異錄)》에 이르기를, 서낭중(徐郞中)이 꿈을 꾸었다. 신인(神人)이
대바구니를 하나를 들고 왔는데 사람의 코들이 가득 차 있었다. 신인(神
人)이 서(徐)를 바라보며 말하기를 "너의 형상이 박(薄)하지는 않으나 단지
코가 작고 굽은 것이 흠이다.[38] 바구니 중의 하나를 선택하여 너의 코로
삼아라." 그러자 서(徐)는 그중 하나를 집어 들어 자신의 코에 붙였다. 그

러자 신인이 웃으며 "어찌하여 하필 낭중(郎中)의 코를 택했는가?" 서(徐)는 잠에서 깬 뒤 한 달이 지나자 코가 단정해졌다. 그 뒤 서(徐)는 여러 관직을 거쳐 낭중(郎中)에서 그쳤다.

李廣夢苦心。

이광(李廣)은 꿈에 마음이 괴로웠다.

> 唐古今五行記曰、北齊文宣天保年、侍御李廣勤學博物、拜侍御史。夜夢一人出廣身中、謂廣曰、君用心過苦、今辭君去、尋有疾卒。

> 《당고금오행기(唐古今五行記)》에 이르기를, 북제(北齊)의 문선왕(文宣王), 천보년간(天保年間 A.D 550~559)에 시어(侍御)[39] 이광(李廣)[40]은 근학(勤學)하고 박물(博物)하다 하여 시어사(侍御史)를 배수(拜受)하였다. 이광이 밤에 꿈을 꾸었다. 한 사람이 이광의 몸 가운데서 나와 이광에게 말하기를 "그대는 마음 씀이 지나쳐 괴로워하고 있소. 지금 나는 그대에게서 떠난다는 말을 하는 것이오." 얼마 뒤 이광은 갑자기 병으로 죽었다.

劉誕夢失髮。

유탄(劉誕)은 꿈에 머리카락이 빠졌다.

> 續異錄曰、竟陵王誕、在廣陵晝眠、夢人告之曰、王須髮爲消耗、及覺已失髮矣。

> 《속이록(續異錄)》에 이르기를, 경릉왕(竟陵王) 유탄(劉誕)[41]이 광릉(廣陵)에 있을 때 낮잠을 자다가 꿈을 꾸었다. 한 사람이 고하기를 "왕(王)께서는 꼭 머리카락이 빠질 것입니다." 유탄이 잠에서 깨어보니 이미 머리카락이 빠져 있었다.

周昭王夢摩臆。

주(周)의 소왕(昭王)은 꿈에 가슴이 쓰다듬어졌다.

壬子年拾遺記曰、周昭王夢羽衣人、授以上仙之術、乃以指畫王心、應手即裂。王驚寤心痛旬日、忽見所夢者來、出方寸綠囊中藥、以手摩王之臆。王疾遂愈。

《임자년습유기(壬子年拾遺記)》에 이르기를, 주(周)의 소왕(昭王)[42]이 어느 날 꿈을 꾸었다. 한 도사가 소왕에게 상선(上仙)의 도술(道術)을 전수(傳受)하겠다고 말한 후 손가락으로 소왕의 가슴에 그림을 그리는데 닿는 부위마다 살이 찢어졌다. 소왕은 놀라서 잠에서 깨었는데 열흘 동안 흉심통(胸心痛)이 있었다. 11일째 되는 날 소왕이 꿈을 꾸었다. 지난 꿈에 보았던 도사가 다시 찾아와 방촌(方寸) 크기의 초록주머니에서 약을 꺼내어 소왕의 가슴에 바르는 것이었다. 소왕은 잠에서 깬 뒤 병이 나았다.

隋文帝夢獨拳。

수(隋)의 문제(文帝)는 꿈에 한 손만 주먹을 쥐었다.

獨異志曰、隋文帝未貴時、常舟行江中。夜泊蘆中、夢無左手。覺甚惡之、及登岸詣一草庵、中有一老僧、帝以夢告之、僧起賀曰、無左手者獨拳也、當爲天子。帝卽位後、建此菴爲吉祥寺。居武昌下三十里。

《독이지(獨異志)》에 이르기를, 수(隋)의 문제(文帝)는 귀하게 되기 전에 항상 작은 배를 타고 강에 나아갔다. 밤에 갈대 가운데에서 잠을 자다가 꿈을 꾸었는데 왼손이 없었다. 문제가 잠에서 깬 뒤 매우 불쾌해하며 배를 언덕에 대고 오르니 한 초암(草庵)[43]에 이르게 되었다. 노승(老僧)이 있기에 꿈을 말하니 노승이 일어나 하례(賀禮)하며 말하기를 "왼손이 없음은 한손만으로 주먹을 쥔 것입니다. 마땅히 천자(天子)가 되실 것입니다.[44]" 문제는 즉위 후에 이 초암을 중창(重創)하여 길상사(吉祥寺)라고 이름 지었다. 이절은 무창(武昌)의 아래쪽 30리에 있다.

米元宗夢妻面黑痕。

미원종(米元宗)은 꿈에 아내의 얼굴에 검은 반흔(瘢痕)이 있는 것을 보았다.

搜神記曰、諸仲務女、嫁爲米元宗妻、産亡於家。俗於生亡者、以黑點面。

其母不忍、仲務密自點之、無人見者。元宗爲始新縣丞、夢妻來上牀、分明見新白粧、而有黑點。

《수신기(搜神記)》에 이르기를, 제중무(諸仲務)의 딸은 미원종(米元宗)에게 출가(出嫁)하였는데 친정에서 출산하다가 죽었다. 속습(俗習)에 의하면 출산하다가 죽은 여인에게는 얼굴에 먹으로 점(點)을 찍었다. 그러나 그녀의 어머니가 슬픔에 겨워 점(點)을 찍지 못하여서 제중무가 비밀리에 점을 찍으니 아무도 보지 못하였다. 이때 미원종은 아내가 죽은 것도 모르고 현승(縣丞)으로 부임하여 관사에서 꿈을 꾸었다. 아내가 관사를 찾아와 탑상(榻牀)[45) 위에 앉았는데 희게 화장을 했는데도 먹점이 분명하게 보였다.

宋羅妻夢佛手如�。

송라(宋羅)의 아내는 꿈에 부처의 손이 자리 같았다.

述異記曰、宋羅妻費氏、誦法華經不倦、後費病甚、夢佛自窗中投手如褯。費病尋愈。

《술이기(述異記)》[46]에 이르기를, 송라(宋羅)의 아내 비씨(費氏)는 법화경(法華經)[47]을 독송(讀誦)하기를 게을리 하지 않았다. 후일 비씨가 병이 심했을 때 꿈을 꾸었다. 부처가 스스로 창문으로 손을 넣어 비씨를 쓰다듬어 주었는데 손이 자리 같았다. 비씨의 병은 마침내 나았다.

榮婦夢人流血、而避亂。

영(榮)의 아내는 꿈에 사람이 피 흘리는 것을 보고서 난을 피하였다.

廣異記曰、上元初、豆盧榮爲溫州別駕卒。榮妻卽金河公主女也。天寶初、臨海山賊袁晁、攻下台州、公主女、夜夢一人披髮流血曰、溫州將亂宜速去。公主乃移居梧州陷、輕身走去。竟如夢中所言。

《광이기(廣異記)》에 이르기를, 상원(上元 A.D 760~762) 초에 두로영(豆盧榮)은 온주별가(溫州別駕)로 재직하다가 죽었다. 두로영(豆盧榮)의 아내는 금하공주(金河公主)의 딸이다. 천보(天寶 A.D 742~756) 초에 임해(臨海)의 산적(山賊) 원조(袁晁)가 내려와 태주(台州)를 공격하였다. 두(豆)의 아내가 밤에 꿈을 꾸었다. 한 사람이 머리카락을 늘어뜨리고 피를 흘리며 말하기를 "온주(溫州)에 장차 난리가 날것이니 마땅히 빨리 피하시오." 두(豆)의 아내는 오주(梧州)로 이주하였으나 오주도 함락되었다. 그러나 몸이 가벼워 달려 달아나니 필경은 꿈에 한 말과 같았다.

顧琮夢母下體、而得生。

고종(顧琮)은 꿈에 어머니의 하체(下體)를 보고 살아나게 되었다.

廣異記曰、顧琮爲補闕宥罪、繫詔獄、罪當伏法。夢見母下體、琮愈懼。時有善解夢者、賀曰、子其免乎。問何以知之、曰太夫人下體、是足下生路、吾是以賀也。明日門下侍郎薛直奏免琮、後至宰相。

《광이기(廣異記)》에 이르기를, 고종(顧琮)이 보궐(補闕)의 직위에 있을 때 죄를 지어 조칙에 의하여 하옥(下獄)되었다. 이는 죄인으로서 당연히 법대로 따른 것이다. 고종은 옥중에서 꿈을 꾸었는데 어머니의 하체(下體)를 보았다. 고종은 잠에서 깬 후 더욱 두려워하다가 저명한 점몽자를 불러 꿈을 말하였다. 그가 축하하며 말하기를 "공은 곧 사면될 것이오." 고종이 어떻게 아느냐고 묻자 답하기를 "태부인(太夫人)의 하체란 발밑에 길이 난 것이오. 거듭 살 길이 보이니 경하하오." 다음 날 문하시랑(門下侍郎) 설직(薛直)이 황제에게 상주하니 고종은 사면되었고 후일 재상에까지 올랐다.

夢臀黑而知晉侯、受命於天神。

꿈에 엉덩이가 검음으로써 진후(晉侯)가 천신(天神)으로부터 명(命)을 받았음을 알았다.

周語單子曰、吾聞晉侯成公之生、夢神規其臀以黑、使有晉國、此天所命也。

《주어(周語)》[48]에 단자(單子)가 말하기를 "내가 듣건대 진(晉)의 성공(成公)이 잉태될 때 그의 어머니의 꿈에 신(神)이 그의 엉덩이를 바로잡아 검게 함으로써 진국(晉國)이 있게 하였다. 이는 천명(天命)이다."

夢陰毛而知酈範、豪盛於齊下。

꿈에 음모(陰毛)를 봄으로써 역범(酈範)은 제(齊)의 아랫녘에서 번성할 것을 알았다.

> 後魏書曰、酈範字世則、范陽人。嘗夢陰毛拂踝。他日說之、時齊人有占夢者曰、豪盛於齊下也。範果爲青州刺史。
>
> 《후위서(後魏書)》에 이르기를, 역범(酈範)[49]은 자(字)가 세칙(世則)이고 범양인(范陽人)이다. 일찍이 꿈에 음모(陰毛)가 발목까지 휘날리는 것을 보았다.[50] 이 꿈을 다른 날 말하니 제인(齊人) 중에 점몽하는 자가 말하기를 "제(齊)의 아랫녘에서 번성할 것입니다." 역범은 과연 청주자사(青州刺史)가 되었다.

推斯類也、若有神明握其樞柄、非人力所能轉移者矣。

이러한 종류를 추측하여 보면 신명(神明)이 그 추병(樞柄)[51]을 쥐고 있는 것 같지 사람의 능력에 의하여 전이(轉移)된 것은 아니다.

---

1) 정작(鄭灼): 陳의 東陽人. 梁의 簡文帝를 섬겨 西省義學士, 陳에 들어가 中散大夫 겸 國子博士를 연임하였다. 성품은 精勤하고 三禮에 精通하였다.

2) 황간(皇侃): 皇偘. 梁의 吳郡人. 어려서부터 好學하여 會稽의 賀瑒에게 事師하였다. 國子助教가 되어 禮記를 講했다. 員外散侍郎이 되었으며 孝誠이 지극하였다. 저서는 《論語義》,《禮記義》.

3) 유지린(劉之遴): 梁人. 15세에 과거에 급제하고 20세에 眆異에 임명받고 太常卿이 되었다. 湘東王이 그의 학문을 질투하여 독살하였다.

4) 양웅(揚雄): 字는 子雲. 漢의 成都人. B.C 53~A.D 18. 簡易하고 佚蕩하였으며 劇言하지를 못했다. 博學하고 깊이 생각하여 文章으로 유명하였다. 成帝의 부름을 받고 甘泉, 河東, 長楊 등의 賦를 바쳤다. 《太玄經》을 作하여 易를 擬倫하였다. 《法言》을 저작하여 《論語》를 擬倫하였고 그의 글은 文義가 지극히 깊어 不詭하면서도 聖人을 論하였다.

5) 조식(曹植): 三國시대 魏武帝의 3남, 文帝의 아우. 字는 子建. 10세에 능히 문장을 지었는데 문제가

등극하자 그의 재능을 시기하여 해치기 위해 七步詩를 짓게 하였다. 문제는 그 시에 감동하여 그를 석방하였다. 그는 才思가 민첩하여 詞는 호탕하고 아름다웠다. 저서는《曹子建集》.

6) 《반위론(返胃論)》: 返胃의 원인, 증상, 치료법 등에 대하여 쓴 論文. 返胃는 嘔吐, 吃逆, 惡心 등으로 胃內의 음식물이 넘어오려고 하는 느낌이 들거나 넘어오는 증상이다. 과거에는 대부분이 胃機能의 底下性障碍가 그 원인이었으나 근래에 들어서는 胃機能障礙와 무관한 返胃症을 많이 볼 수 있다. 즉 신경 쓰거나 공부를 하면 메스꺼운 증상이 바로 本書에서 말하는 返胃症이다. 위 기능장애의 返胃와 다른 점은 過食하지 않았고 평소 소화기능은 양호하며 頭痛이나 頭重, 眩暈과 함께 발병하는 예가 흔하다는 점이다.

7) 장군방(張君房): 宋代의 安陸人. 祥符(A.D 1008~1016) 중에 集賢校理에서 좌천되어 寧海에 있으면서 勅命에 의하여 祕閣道書를 정리하여《雲笈七籤》을 저술함. 이는 道藏을 축약한 명저이다.

8) 위연(魏延): 蜀漢의 征西大將軍. 諸葛亮이 그를 써주지 않자 항상 恨하였다. 長史에서 退軍 시에 먼저 남쪽으로 돌아와 閣道가 불타버리자 南谷口에서 반역을 일으켜 패전하여 죽임을 당하였다.

9) 정현(鄭玄): 東漢의 高密人. 字는 康成. 太學에 유학하였으며 諸經에 博通하였고 三統歷과 九章算術에 밝았다. 다시 西로 돌아와 風馬融을 섬기며 배웠다. 14년간 禁固생활 후 北海相 孔融은 鄭玄을 공경하여 鄭公鄕이라고 부르게 하였으며 黃巾賊도 그를 숭배하였다. 저서는《鄭志》8편,《天文七政編》,《六藝論》등이 있다.

10) 비처(鄙處): 酒色街나 건전하지 못한 장소.

11) 윤지장(尹知章): 唐의 絳州人. 武后 때에 定王府文學으로 발탁되었다가 張說이 추천하여 國子博士에 이르렀다.

12) 정고(丁固): 三國시대 吳人. 丁賢의 아들. 字는 子賤. 관직은 司徒에까지 이르렀다.

13) 장지화(張志和): 唐의 金華人. 나이 16세에 明經第에 발탁되었고 肅宗 시에 左金吾衛錄事參軍, 江湖에 은거하였고 安眞卿과 교유하였다.

14) 이임보(李林甫): 唐人. 字는 月堂. 성격은 유순하나 權術이 있었다. 玄宗 시에 兵部尙書까지 관위가 올랐고 中書門下三品과 中書令을 겸하였다. 환관, 妃嬪과 친하여 황제의 동정을 살펴 上奏함이 황제의 뜻에 항상 일치하였다. 19년간 朝廷에서 專橫하였다.

15) 휘명(徽命): 큰 행운적인 운명.

16) 《서전(書傳)》:《尙書》의 傳述書.《漢書六藝略》에 의하면 '四篇'이 있다고 한다.《伏生尙書大傳》,《孔傳》,《蔡傳》등이 있다.

17) 손견(孫堅): 東漢末의 富春人. 勇毅하고 權略이 있었다. 獻帝 시에 黃巾賊을 破하고 長沙의 亂賊, 區星을 평정하여 烏程侯로 봉함을 받았다. 董卓이 화친을 구했으나 불응하였고 魯陽으로 환군하였으며 후에 劉表를 정벌하였고 黃祖와의 峴山의 전투에서 죽었다.

18) 창문(閶門): 窓門.

19) 사마의(司馬懿): 三國시대 魏人. 字는 仲達. 雄才가 있고 權變이 있어 文帝가 그를 매우 중히 여겼다. 文帝의 사후 明帝를 보필하여 蜀의 諸葛亮과 싸웠다. 曹爽이 專權을 휘두르자 그를 죽이고 丞相의 자리에 올랐다. 후에 그의 손자 炎이 魏를 찬탈하고 宣帝로 추존하였다.

20) 제왕(齊王): 三國시대 魏의 3대 황제. 曹芳. 曹操의 증손자이다. 재위 A.D 239~254.

21) 왕처눌(王處訥): 五代 시의 漢朝 때 判司天監事를 지냈다. 星曆占候에 밝았다.

22) 성력점후(星曆占候): 해, 달, 별, 기후의 변화를 관찰하고 기록하여 미래를 예측하는 일.

23) 영보(靈寶): 책, 부적, 神物.

24) 부수(符水): 符籍을 불에 태워 그 재를 탄 물 혹은 그 방법.

25) 시해(尸解): 죽은 뒤 무게가 전혀 없는 매미껍질 같은 형체, 또는 보통사람과 같은 屍身을 남겼다가

일정 기일이 지난 뒤 육체를 지닌 채 다시 살아나 昇天하는 것. 白日昇天하는 金仙에 비교하여 地仙이라고 한다. 예수, 달마대사, 스리유크테스와르, 姜甑山, 崔風憲 등의 많은 도인이 地仙이 되어 昇天하였다.

26) 심약(沈約): 梁의 武康人. 劉宋, 南齊를 섬기다가 武帝가 禪位받자 尚書令이 되었다. 저서는《晉書》, 《宋書》, 《梁武帝紀》, 《四聲譜》 등이 있다.

27) 제(齊)의 화제(和帝): 南北朝시대 南齊의 7대, 마지막 황제. 재위 A.D 501~502.

28) 남당(南唐)의 열조(烈祖): 李昪. 五代의 十國 중의 하나인 南唐의 개국왕이다. 재위 A.D 937~643. 吳로부터 受禪하여 金陵에서 稱帝하며 국호를 齊라고 했다가 唐으로 고쳤다. 지금의 江西全省, 江蘇, 安徽의 두 성의 일부와 淮水 이남이 영토이다.

29) 세조(世祖) 무황제(武皇帝): 南北朝시대의 南齊 2대 황제. 재위 A.D 482~493.

30) 장경아(張敬兒): 南齊의 冠軍 사람. 膽氣가 있고 맹수사냥을 즐겼으며 활솜씨는 百發百中이었다. 처음에는 宋을 섬겨 寧朔將軍을 연임하였으며 齊에 들어와 공을 여러 번 세워 車騎將軍이 되었다가 주살되었다.

31) 첩의 손이 불처럼~온 몸이 매우 뜨거웠습니다.: 手는 垂와 동음으로 아래로 내려뜨리고 있으니 南이고 뜨거우니 陽이어서 南陽郡이 된 것이다. 半身은 문맥상으로 보아 後面半身으로 추측된다. 동양의학에서 背部는 陽이니 동음의 裏으로 해석하고 뜨거우니 陽이어서 襄陽令이 된 것이다. 온몸이 뜨거운 것은 擧體火熱인데 이는 동음의 車體禍裂로 보아 수레에 매달려 온몸을 찢기는 禍로 보거나 體 대신 身으로 보면 목이 베어지는 禍로 생각할 수 있다.

32) 부절(符節): 문자나 그림이 새겨진 玉으로 일부러 깨뜨려 서로 나누어 지니고 있다가 맞춰 봄으로써 그 약속을 확인하기 위해서 쓰인다. 혹은 신분을 나타내는 징표에 관한 통칭이기도 하다.

33) 봉고(封誥): 임금으로부터 관직이나 명예적 칭호를 받음.

34) 신하는 호랑이이기 때문입니다: 武官의 朝服에는 가슴과 등에 호랑이를 수놓는다.

35) 주필대(周必大): 宋의 慶陵人. 紹興 때 進士가 되었고 起居郎 때 蜀中의 혼란을 잘못된 법령을 폐함으로써 진정시켰다. 左丞相, 益國公에 봉해졌다.

36) 제왕(帝王)의 수염을 주겠노라.:《水鏡神相集》에 이르기를, 수염은 山川의 松柏之象이다. 수염은 너무 성기지도 조밀하지도 않은 淸秀한 상을 귀하게 여긴다. 검은 색으로 다섯 갈래로 아래로 늘어뜨려져 있는 것을 極上의 相으로 친다.

37) 여몽정(呂蒙正): 宋代의 河南人. 太平興國(A.D 975~983) 때 進士가 되어 淳化에서 咸平(A.D 998~1003) 때까지 3번 재상을 지냈다. 관후하고 안정되어 있으나 국사에는 直言을 하여 賢相이라고 불렸다. 許國公에 봉해졌다.

38) 단지 코가 작고 굽은 것이 흠이: '콧마루가 곧으면서 콧방울이 바른 사람은 忠正하고 治家에 있어 대나무를 곧게 자른 듯 일정함이 있고 祿과 壽를 겸전한다.(梁直而蘭廷正者 主爲人忠正 治家有方 齊如載筒 祿壽皆通)' 이상은《水鏡神相集》에 쓰여 있다.

39) 시어(侍御): 천자의 御駕의 좌우에 있으면서 천자를 시종하는 관리. 侍御史는 御史中丞인데 殿中侍御史와 監察侍御史의 2종이 있다.

40) 이광(李廣): 北齊의 范陽人. 여러 책을 섭렵하였고 才思가 있었다. 御史, 修國史, 中書郎을 역임하였다.

41) 유탄(劉誕): 南朝宋人, 文帝의 여섯 째 아들. 竟陵王에 봉해졌다.

42) 주(周)의 소왕(昭王): 周의 4대 왕. 재위 B.C 1053~1000. 남쪽을 巡歷하다가 荊人이 구멍을 뚫은 배를 타고 漢水를 건너다가 익사하였다.

43) 초암(草菴): 풀로 엮어 지은 작은 암자. 혹은 매우 작은 규모의 암자.

44) 왼손이~것입니다.: 국내 제일의 技藝人을 國手, 一手라고 부른다. 手는 머리 首와 동음이니 한 팔만 있음은 천하의 우두머리라는 뜻이다. 주먹을 쥠은 움켜쥐는 掌握이니 이는 소유함을 의미한다. 즉 천하를 소유하게 된다는 뜻이다.

45) 탑상(榻床): 앉거나 눕는 용도로 쓰이는 나무로 된 넓은 牀.

46) 《술이기(述異記)》: 梁의 任昉이 撰한 2권의 책. 여러 小說로 이루어져있으며 眞僞가 半씩이다.

47) 《법화경(法華經)》: 《妙法蓮華經》. 7권. 梵名은 Sadharmapuṇḍarīka-sūtra. 西晉의 竺法護의 번역본, 姚秦의 鳩摩羅什의 번역본, 隋의 闍那堀多의 번역본의 3종이 있다. 중요한 부분은 《如來壽量品》으로 영원한 생명이요 근원적 생명으로서의 붓다를 체현하고자 하는 보살들의 佛陀觀을 반영하고 있다.

48) 《주어(周語)》: 周의 左丘明이 저작한 《國語》. 다른 이름으로 《春秋外傳》의 篇名.

49) 역범(酈範): 後魏의 涿鹿人. 字는 世則. 관직이 尙書右丞, 靑州刺史에까지 이르렀다.

50) 음모(陰毛)가~보았다.: 陰毛는 배꼽 아래에 있으니 배꼽 臍 아래 下이다. 齊下와 동음이니 齊땅의 아랫녘이다.

51) 추병(樞柄): 중심축의 손잡이.

6. 식의편 食衣篇第六

食衣人生之切用。昔何點夢服丸藥一掬、而病瘥。

먹는 것과 입는 것은 사람이 살아가는 데 절실하게 필요하다. 옛적에 하점
(何點)은 꿈에 알약 한 움큼을 먹고서 병이 나았다.

> 梁書曰、何點少患渴痢、積歲不愈。後在吳中石佛寺建講、晝夢一道人授
> 丸藥一掬、夢中服之。自此而差。人爲淳德所感。
>
> 《양서(梁書)》에 이르기를, 하점(何點)은 젊었을 때 소갈(消渴)[1]과 이질(痢疾)[2]
> 을 앓았는데 여러 해가 지나도록 낫지 못했다. 후일 오(吳) 지역에 있으며
> 석불사(石佛寺)의 강원(講院)을 건축하던 중 낮잠을 자다 꿈을 꾸었다. 한
> 도인(道人)이 알약 한 움큼을 주기에 받아먹었다. 하점은 잠에서 깬 후 저
> 절로 병이 나았다. 사람들은 하점이 순덕(淳德)하여 하늘과 감통(感通)하였
> 다고 말하였다.

齊后夢食麻粥兩甌、而乳出。

제(齊)의 황후(皇后)는 꿈에 삼 죽 두 사발을 먹는 꿈을 꾸고 젖이 나왔다.

> 南齊書曰、宣孝陳皇后生太祖、年二歲乳人乏乳。後夢人以兩甌麻粥與
> 之。覺而乳大出。
>
> 《남제서(南齊書)》에 이르기를, 효진황후(孝陳皇后)가 태조(太祖)를 낳았는데
> 태조가 두 살 때에는 유모에게서도 젖이 나오지 않았다. 효진황후는 크게
> 걱정하다가 밤에 꿈을 꾸었다. 어떤 사람이 삼 죽[3] 두 사발을 주기에 받아

마셨는데 잠에서 깨자 젖이 분출하였다.

韓退之夢呑丹篆一卷。

한퇴지(韓退之)는 꿈에 붉은 전자(篆字)로 된 두루마리를 삼켰다.

異人傳曰、韓文公少時、夢人與丹篆一卷、强呑之、旁一人拊掌而笑。後覺
胃中如物噎。後見孟郊、乃夢中旁笑者。龍城錄曰、退之常說、少時夢人
與呑丹篆、後胸中如物噎、能記其一二字、筆勢非人間書。

《이인전(異人傳)》에 이르기를, 한퇴지(韓退之)[4]는 젊었을 때 꿈을 꾸었다.
어떤 사람이 붉은 전자(篆字)[5]로 된 두루마리 하나를 주기에 억지로 삼키
니 옆에 있던 사람이 웃는 것이었다. 한퇴지는 잠에서 깬 뒤 위(胃) 속에
물체가 있는 것 같아 딸꾹질을 하였다. 그리고 후일에 맹교(孟郊)를 보았
는데 그는 꿈에 옆에서 웃던 사람이었다.
《용성록(龍城錄)》에 이르기를, 한퇴지(韓退之)는 항상 젊었을 적에 꾼 꿈 이
야기를 했다. 어떤 사람이 붉은 전자(篆字)를 주기에 삼켰는데 그 후 가슴
가운데 물체가 있는 것 같아 딸꾹질이 나온다고 하였다. 그리고 그중 한
두 자는 능히 기억하나 필세(筆勢)가 사람이 쓴 것은 아니라고 말하였다.

虞仲翔夢呑周易三爻。

우중상(虞仲翔)은 꿈에 주역(周易)의 삼효(三爻)를 삼켰다.

漢書曰、虞翻立易法。奏曰、郡史陳桃、夢臣與道士布易六爻、撓其三以飲
臣、臣盡呑之。道士言、易道在天、三爻足矣。

《한서(漢書)》에 이르기를, 우중상(虞仲翔)은 역법(易法)을 바꾸어 세웠다. 우
중상(虞仲翔)이 상주(上奏)하기를 "군사(郡史) 진도(陳桃)가 꿈을 꾸었는데
신(臣)과 도사(道士)가 육효(六爻)[6]를 포역(布易)하여 신(臣)이 그중 셋을 흔
들어 마셨는데 완전(完全)히 삼켰습니다. 도사가 말하기를, '역도(易道)는
하늘에 있으니 삼효(三爻)면 족하오.'라고 하였습니다."

張迴夢吞五色雲團。

장회(張迴)[7]는 꿈에 오색구름 덩어리를 삼켰다.

> 解見雷雨篇、雲團入口注。
>
> 풀이는 《뇌우편(雷雨篇)》의 '구름 덩어리가 입에 들어갔다.' 165p를 보시라.

李母夢吞八仙字錄。

이씨(李氏)의 어머니는 꿈에 팔선인(八仙人)이 준 자록(字錄)을 삼켰다.

> 宋史曰、李至母張氏、嘗夢八仙人自天降、授字圖使吞之。及寤猶若有物在胸中。未幾生至。

▲ 팔선인(八仙人)

> 《송사(宋史)》에 이르기를, 이지(李至)[8]의 어머니 장씨(張氏)는 일찍이 꿈을 꾸었다. 팔선인(八仙人)[9]이 스스로 하늘에서 내려와 자록(字錄)[10]을 장씨에게 주며 삼키게 하였다. 이 때문에 장씨는 잠에서 깨었는데 어떤 물체가 가슴 한가운데 있는 것 같았다. 그 뒤 얼마 지나지 않아 이지를 낳았다.

趙道士夢吞靑栢葉。

조도사(趙道士)는 꿈에 푸른 잣나무 잎을 삼켰다.

> 宋史曰、趙自然繁昌人、幼疾甚、父抱詣靑華觀、許爲道士。後夢老人自云姓陰、引之登高山、謂曰、汝有道氣、吾將敎汝避穀之法、乃出靑栢葉、令食之。及覺遂不食歲餘。復夢向見老人、敎以篆書數百字。寤悉能記寫、以示人、皆不能識。或云、此非篆也。乃道家神籙耳。宋太宗召問、賜道士服。
>
> 《송사(宋史)》에 이르기를, 조자연(趙自然)은 번창인(繁昌人)이다. 어렸을 때

병이 심하여 그의 아버지가 그를 안고서 청화관(靑華觀)으로 가서 도사(道士)가 되는 것을 허락받았다. 조자연은 도사가 되자 한 꿈을 꾸었다. 한 노인이 자기는 음씨(陰氏)라고 소개하고 조자연을 이끌고 높은 산에 올라 이르기를 "너에게 도기(道氣)가 있으니 내가 피곡(避穀)[11]의 방법을 가르쳐주리라." 노인은 품에서 푸른 잣나무 잎을 꺼내어 조자연에게 먹게 하였다. 그리하여 조자연은 잠에서 깬 후부터 여러 해 동안 곡식을 먹지 않았다.[12] 그런 뒤 꿈에 그 노인이 다시 나타나 전서(篆書) 수백 자를 가르쳐주었다. 조자연은 꿈에서 깬 뒤 이를 모두 기억하여 필사(筆寫)하여 사람들에게 보였는데 어느 누구도 알지 못하였다. 어떤 자가 말하기를 "이는 전서가 아니라 도가(道家)의 신록(神籙)이다." 송태종(宋太宗)은 조자연의 명성을 듣고 초빙하여 묻고서 도사복(道士服)을 하사하였다.

馮侍郎夢吞紺蓮華。

풍시랑(馮侍郎)은 꿈에 보랏빛 연꽃을 삼켰다.

> 宋史曰、馮元七歲讀易。母夜夢異人、以紺蓮華與元吞之。且曰、後必貴顯、元果任至戶部侍郎。

《송사(宋史)》에 이르기를, 풍원(馮元)[13]은 일곱 살에 역경(易經)을 읽었다. 풍원의 어머니가 밤에 꿈을 꾸었다. 이인(異人)이 보랏빛 연꽃을 풍원에게 주니 풍원은 이를 삼켰다. 덧붙여 말하기를 "풍원은 후일에 반드시 귀현(貴顯)하게 될 것이다." 풍원은 과연 관직이 호부시랑(戶部侍郎)에까지 이르렀다.

劉贊夢吐金龜。

유찬(劉贊)은 꿈에 금 거북이를 토(吐)했다.

> 牧豎閑談曰、五代時劉贊文思遲、乃禱乾象、乞文才。一夕夢吞小金龜。自後大有文思。一日夢吐金龜投水中、不久卒。

《목수한담(牧豎閑談)》에 이르기를, 오대(五代)때 유찬(劉贊)은 문사(文思)가

늦어 건상(乾象)[14]에 문재(文才) 있기를 애타게 기도하였다. 유찬은 어느 날
밤에 꿈을 꾸었는데 꿈속에서 작은 금 거북이를 삼켰다. 유찬은 잠에서
깬 후부터 문재가 매일 진보하여 대가(大家)가 되었다. 후일 유찬은 꿈에
금 거북이를 토하여 수중(水中)에 떨어뜨렸는데 곧 죽었다.[15]'

邵婦夢用玉筯。

소씨(邵氏)의 며느리는 꿈에 옥 젓가락을 사용하였다.

邵康節母李氏、其姑張氏遇之其嚴、一夕欲自盡。夢神人令以玉筯、食羹
一杯、告曰、當生佳兒。後生康節。

소강절(邵康節)의 어머니 이씨(李氏)는 시어머니 장씨(張氏)가 매우 엄하게
대하여 자살을 결심한 채 잠들었는데 꿈을 꾸었다. 신인(神人)이 이씨에게
국 한 사발을 주며 옥 젓가락으로 저어서 먹게 하였다.[16] 그런 후 말하기
를 "기필코 가아(佳兒)를 낳으리라." 그 후 이씨는 소강절을 낳았다.

侯弘實夢飮河水。

후홍실(侯弘實)은 꿈에 강물을 마셨다.

鑑戒錄曰、五代侯弘實十三四歲、嘗寐於簷下、天大雨、虹自河貫於弘實
口、良久沒。及覺、母問有夢否。對曰、適夢入河飮水、飽足而歸。數月有僧
詣門、母乎弘實、請僧相之。僧曰、此蜺龍也、官必顯榮。同光三年、弘實從
興聖太子收蜀、節制夔州。

《감계록(鑑戒錄)》[17]에 이르기를, 오대(五代) 때, 후홍실(侯弘實)이 열서너 살
적에 일찍이 처마 밑에서 잠이 들어 꿈을 꾸었다. 하늘에서 큰 비가 온 뒤
무지개가 섰는데 강을 관통하여 자신의 입에까지 닿아있었다. 무지개가
오랫동안 잘 있다가 없어지며 잠에서 깼다. 어머니가 꿈의 유무(有無)를
묻자 대답하기를 "꿈을 꾸었는데 강에 들어가 물을 배부를 정도로 마시
고 돌아왔습니다." 여러 달 뒤 어떤 중이 대문에 이르렀는데 어머니는 후
홍실을 불러 중에게 관상(觀相)을 보게 하였다. 중이 말하기를 "이 아이는
예룡(蜺龍)[18]입니다. 관직으로 반드시 현영(顯榮)할 것입니다." 동광 3년(同

光 A.D 925) 후홍실은 흥성태자(興聖太子)를 수종(隨從)하여 촉(蜀)에 갔으며
절제기주(節制夔州)의 위(位)에 올랐다.

王仁裕夢飮西江。

왕인유(王仁裕)는 꿈에 서강(西江)의 물을 마셨다.

解見山川篇、西江之水注。

풀이는 《산천편(山川篇)》의 '꿈에 서강(西江)의 물을 마셨다.' 180p를 보
시라.

張汝明夢服南星。

장여명(張汝明)은 꿈으로 인해 남성(南星)을 먹었다.

異聞集曰、張汝明事親孝、執喪哀毀尩羸、行輒踣。夢父授以服天南星法、
用之驗。人以爲孝感。

《이문집(異聞集)》에 이르기를, 장여명(張汝明)[19]은 꿈에 양친(兩親)을 잘 섬
기며 효도(孝道)를 했다. 부친상(父親喪)을 당해 슬픔이 과해 몸을 훼손하
여 허약해졌는데도 큰 절을 많이 했다. 꿈에 아버지가 나타나 천남성(天
南星)[20]을 먹는 방법을 가르쳐주어 잠에서 깬 뒤 복용하여 효험을 보았다.
사람들은 이를 효성에 감응한 것이라고 했다.

唐玄宗夢餐藤蕋。

당(唐)의 현종(玄宗)은 꿈에 등 꽃술을 밥 삼아 먹었다.

逸史曰、明皇微時、至洛陽令崔日知宅。設饌未熟明皇因寢、庭前一架藤
花初開、日知見巨蛇食藤花、逡巡不見、明皇覺曰、饑甚夢中食藤花甚飽。
日知乃知他日啟聖之驗也。

《일사(逸史)》[21]에 이르기를, 당(唐)의 현종(玄宗)이 황제가 되기 전에 낙양령

(洛陽令) 최일지(崔日知)의 집에 이르렀는데 반찬이 익지 않아 기다리다가 잠이 들어 꿈을 꾸었다. 현종 자신이 큰 뱀이 되어 뜰에 들어갔는데 한 가지에 등꽃이 처음 피어있었다. 현종은 등꽃을 맛있게 먹고 뜰을 돌아다녔다. 이때 최일지는 뜰에 있는 등꽃을 큰 뱀이 먹은 후 사라지는 것을 보았는데 이때 현종이 잠에서 깨어 "매우 배가 고파서 꿈속에서 등꽃을 먹으니 배부르구나!"라고 말하는 것을 최일지가 듣고서 후일 성은(聖恩)이 비출 징조를 알았다.

夏候訢夢仙藥、可以療母。

하후은(夏候訢)은 선약(仙藥)의 꿈을 꾸고 어머니를 치료할 수 있었다.

姓源珠璣曰、夏候訢性至孝、母病醫無方。夢其父告曰、汝母非凡藥可愈、天帝憐汝孝、賜以仙藥、在居後桑樹枝上、汝自取之。既寤往視之、果得藥、進服母病遂瘥。

《성원주기(姓源珠璣)》에 이르기를, 하후은(夏候訢)[22]의 성품은 지극히 효성(孝誠)스러우나 어머니의 병에 대해 치료할 방책이 없었다. 하후은이 밤에 꿈을 꾸었다. 그의 아버지가 말하기를 "너의 어머니의 병은 보통 약으로는 나을 수 없어 천제(天帝)가 너의 효성을 불쌍히 여겨 선약(仙藥)을 하사하였다. 집 뒤에 있는 뽕나무 가지 위에 있으니 네가 스스로 취(取)하도록 하라." 하후은이 잠에서 깨어 가서 보니 과연 약을 얻을 수 있었다. 이를 어머니께 드려 먹게 하니 결국 병이 효차(效瘥)하였다.

陳宜中夢大黃、可以愈天灾。

진의중(陳宜中)은 대황(大黃)의 꿈을 꾸고 하늘의 재앙을 고칠 수 있었다.

宋史曰、陳宜中夢人告曰、今年天灾流行、人死且半、服大黃者生。後疫癘大作、服者果不死。

《송사(宋史)》에 이르기를, 진의중(陳宜中)[23]은 꿈에 어떤 사람이 고하기를 "금년에는 하늘로부터 재앙이 유행하여 백성의 반은 죽을 것이오. 그러나 대황(大黃)[24]을 먹는 사람은 살게 될 것입니다." 후일에 역려(疫癘)[25]가 크게 유행하였는데 대황을 먹은 사람은 과연 죽지 않았다.

江紑夢飲慧眼之泉。

강부(江紑)는 꿈에 혜안(慧眼)이 되는 샘물을 마시는 것을 알았다.

南史曰、江紑字含潔、幼有孝性。蒨患眼、紑侍疾期月、衣不解帶。夜夢一
僧曰、患眼者飲慧眼水必差。及覺說之、莫能解。紑第三叔祿、與草堂寺、
智者法師善、往訪之。智者曰、無量壽經云、慧眼見眞、能度彼岸。蒨乃因
智者啟捨里舍爲寺、名爲慧眼寺。及創造泄故井、井水淸冽異常。依夢取
水洗眼、及煮藥疾遂廖。

《남사(南史)》에 이르기를, 강부(江紑)는 자(字)가 함결(含潔)이다. 어렸을 적
에 효성(孝誠)이 있어 아버지 강천(江蒨)의 안질(眼疾)을 오랫동안 간호하느
라 옷과 띠를 풀지 못했다. 강부는 꿈을 꾸었다. 한 중이 말하기를 "안질
이 있는 사람은 혜안수(慧眼水)를 마시면 낫는다." 강부는 잠에서 깨어 사
람들에게 혜안수를 물어보았는데 아무도 알지 못하였다. 그러던 어느 날
강부는 셋째 숙부 강록(江祿)과 함께 초당사(草堂寺)의 지자법사(智者法師)
를 찾아갔다. 자자법사가 말하기를 "《무량수경(無量壽經)》[26]에 이르기를
혜안(慧眼)으로써 진리를 보면 능히 피안(彼岸)에 도달하리라." 강부가 이
말을 아버지 강천에게 고하니 강천은 살던 집을 고쳐 사찰로 만들고 혜안
사(慧眼寺)라고 이름 지었다. 그런 후 강천은 집안에 있던 옛 우물을 다시
팠는데 새로 솟아오른 물의 맛은 달고 청량하여 이상하였다. 강천은 우물
물로 눈을 씻고 약을 다려먹었는데 얼마 지나지 않아 쾌유하였다.

丘傑夢噉生菜之毒。

구걸(丘傑)은 꿈에 생나물의 독(毒)을 씹었다.

史箇鈔曰、丘傑烏程人。年十四遭喪、以熟菜有味不嘗於口、歲餘有病。忽
夢母曰、死止是分別耳。何事乃爾茶苦、汝噉生菜、遇蝦蟆毒、靈牀前有三
丸藥、可取服之。傑驚起、果得甌、甌中有藥、服之下科斗子數升。丘氏世
譜此甌、大明七年災火焚失之。

《사절초(史節鈔)》에 이르기를, 구걸(丘傑)[27]은 오정인(烏程人)인데 14세 때 모친상(母親喪)을 당하였다. 구걸은 상심(傷心)하여 익힌 나물들은 맛보기조차 싫어져서 2년이 넘도록 생나물만 먹었고 그 결과 중병이 생겼다. 그러던 어느 날 밤에 구걸이 꿈을 꾸었다. 어머니가 나타나 훈계하기를 "분별(分別)하면 죽으리라. 너는 어찌하여 불에 끓인 나물국은 쓰다하여 먹지 않느냐? 너는 생나물만 씹어 먹다가 하막독(蝦蟆毒)[28]이 생겼으니 영상(靈牀)[29] 앞에 있는 알약 3개를 먹어라." 구걸이 놀라 잠깨어 일어나 영상 앞을 보니 과연 사발이 있고 사발 안에 약이 있었다. 구걸은 알약을 먹고 나서 올챙이를 여러 되 배설하고 나서 병이 나았다. 《구씨세보(丘氏世譜)》에 의하면 이 사발은 대명 7년(大明 A.D 463) 화재 때 불타 없어졌다고 한다.

謝進士夢呑珠顆、而詩名大播。

사진사(謝進士)는 꿈에 구슬들을 삼키고서 시명(詩名)이 크게 전파(傳播)되었다.

稽神錄曰、進士謝諤家于南康、舍前有谿、諤爲兒時、嘗夢溪谷中、人以珠一器遺之曰、卽呑此則明矣。諤度其大者不可呑、卽呑細者六十餘顆。及長善爲詩。進士裵說、選其善者六十餘篇行世。

《계신록(稽神錄)》에 이르기를, 진사(進士) 사악(謝諤)[30]의 집은 남강(南康)인데 집 앞에 계곡이 있었다. 사악이 아이였을 때 일찍이 꿈을 꾸었다. 계곡에서 목욕을 하는데 어떤 사람이 구슬 한 사발을 주면서 말하기를 "즉시 이것을 삼키면 밝아지리라." 사악은 그중 큰 것은 삼키지 못하고 가는 구슬은 60개 넘게 즉시 삼켰다. 사악은 성인(成人)이 되어 시(詩)를 잘 지었다. 진사(進士) 배설(裵說)이 사악의 시들 중에서 가작(佳作) 60여 편을 간추려 세상에 통용케 하였다.

唐僖宗夢呑棋經、而奕旨頓通。

당(唐)의 희종(僖宗)은 꿈에 바둑책을 삼키고서 바둑의 이치에 갑자기 통하게 되었다.

補錄記曰、僖宗自晉王卽位。幼而多能、素不曉棋。夜夢人以碁經三卷、焚而吞之。及覺詔觀碁、凡所指畫、皆出人意。

보록기(補錄記)[31]에 이르기를, 희종(僖宗)[32]은 진왕(晉王)으로 있다가 황제(皇帝)에 즉위하였다. 희종은 어렸을 적에 많은 것에 능했으나 바둑에는 어두워 아는 게 없었다. 희종은 밤에 꿈을 꾸었는데 어떤 사람이 바둑책 3권을 주기에 불태워 삼켰다. 희종은 잠에서 깬 뒤 바둑을 두게 한 후 관전(觀戰)했는데 손가락으로 가리키는 곳마다 모두 바둑 두는 사람의 뜻에 맞았다.

然則劉敬宣夢吞土而吉、梁太宗夢吞土而凶、又豈可一端論乎。

이러한 즉 유경선(劉敬宣)은 꿈에 흙을 삼키고 길(吉)하였는데도 양(梁)의 태종(太宗)은 꿈에 흙을 삼키고 흉(凶)하였으니 또한 어찌 한쪽 끝만으로서 논(論)할 수 있겠는가?

> 南史曰、劉敬宣夢丸土服之、覺而喜曰、丸者還也。丸吞吾當復本土乎。梁書曰、梁太宗久受幽縶、夜夢吞吐、其後見殺、實口以土焉。

《남사(南史)》에 이르기를, 유경선(劉敬宣)[33]은 꿈에 흙덩어리를 먹었다. 유경선이 잠에서 깨어 기뻐하며 말하기를 "덩어리 환(丸)은 돌아올 환(還)과 동음(同音)이다. 나는 흙덩어리를 삼켰으므로 마땅히 본토(本土)를 회복하게 되리라."
《양서(梁書)》에 이르기를, 양(梁)의 태종(太宗)[34]은 오랫동안 유령(幽靈)에게 괴롭힘을 받았다. 태종은 어느 날 밤에 흙을 삼킨 꿈을 꾸고 나서 시해되었는데 입 안에 흙이 가득하였다.

若夫有夏神禹之初生也、而修己夢吞薏苡。

이와 같이 무릇 하신(夏神)이 우(禹)로 처음 태어나기 위하여 수기(修己)는 꿈에 율무를 삼켰다.

> 帝王世紀曰、鯀妻修己、見流星貫昴、夢接意感。又夢吞神珠薏苡、胸坼而生禹。

《제왕세기(帝王世紀)》에 이르기를, 곤(鯀)의 아내 수기(修己)는 유성(流星)이

묘성(昴星)35)을 꿰뚫는 것을 보고 꿈에 별과 접촉한 의감(意感)을 가졌다. 수기(修己)는 또한 꿈에 신주(神珠)와 율무를 삼키고 나서 가슴을 열고 우(禹)를 낳았다.

迨我大明太祖之方娠也、而陳后夢吞藥丸。

진후(陳后)는 꿈에 알약을 삼킨 후 아조(我朝) 대명국(大明國)의 태조(太祖)를 잉태하였다.

> 皇明啓運錄曰、太祖母陳太后、夢一神人朱衣象簡、餽藥如丸、燁燁有光、吞之。旣覺異香襲體、遂娠焉。桑悅兩都賦曰、天眷仁祖、爰及陳后夢歆藥食。覺聞蘭臭、聖祖降天、匪先匪後。
>
> 《황명계운록(皇明啓運錄)》에 이르기를, 태조(太祖)의 어머니 진태후(陳太后)가 어느 날 꿈을 꾸었다. 붉은 옷에 상간(象簡)36)을 쥔 신인(神人)이 밝게 빛나는 둥그런 신약(神藥)을 주기에 이를 삼켰다. 잠에서 깨니 이상한 향기가 온몸을 엄습(掩襲)하였고 이로 인해 임신하였다.
> 《상열양도부(桑悅兩都賦)》에 이르기를, 하늘의 권속(卷屬)인 어진태조께서 진태후(陳太后)에게 이르니 그 징조로서 진태후는 꿈에 알약을 드셨고 잠에서 깬 후 난초향(蘭草香)을 맡았다. 이는 성스러운 태조께서 하늘에서 하강하심이니 이런 인물은 전에도 없고 후에도 없으리라.

此則兩儀純粹之氣、鍾於二代聖母之身。史冊流輝、古今傳映、非凡夢比也。至於衣服之夢、亦有可占、索充夢虜脫衣。

성모(聖母)의 몸을 통해 2대에 영향을 끼친 것이다. 역사서에 그 사실이 전하여 빛나고 고금에 전하여 그 빛이 비추니 평범한 꿈과 비교할 수 없다. 의복에 관한 꿈도 점칠 수 있으니 색충(索充)이 꿈에 노자(虜者)가 옷 벗은 것을 본 것이다.

> 晉書曰、索充夢見一虜、脫上衣來詣。充以問索紞、紞曰、虜去上衣、下半男字、夷狄陰類、君婦當生男、終如其言。
>
> 《진서(晉書)》에 이르기를, 색충(索充)은 꿈에 한 노자(虜者)37)가 웃옷을 벗은

채 찾아온 것을 보았다. 색충이 잠에서 깨어 색담(索紞)에게 점몽을 청하
니 답하기를 "노자(虜者)가 웃옷을 벗으면 아래에 남자(男字)만 남소. 이는
오랑캐의 나쁜 일의 종류요. 그대의 며느리는 반드시 사내아이를 낳을 것
이오." 마침내 그 말처럼 되었다.

陳遵夢兒挽袖。

진준(陳遵)은 꿈에 아기가 소매를 끌어당겼다.

> 楚紀曰、秦光亨鄂人。其俗生子過多、貧不能養則溺之。光亨初生、其舅陳
> 遵夢小兒挽其衣袖。遵念其姊方娠、趨視之、兒已在水盆中、救以起。後爲
> 安州司法。

《초기(楚紀)》에 이르기를, 진광형(秦光亨)은 악인(鄂人)이다. 속습(俗習)에 아
기를 많이 낳으면 가난하여 양육할 수 없어 익사시켰다. 진광형이 처음
태어날 때 그의 외숙 진준(陳遵)은 아기가 소매를 당기는 꿈을 꾸었다. 진
준이 잠에서 깨어 생각해 보니 누이가 막 출산하려는 것 같았다. 달려가
보니 아기는 방금 물동이 속에 넣었으므로 급히 꺼내어 구하였다. 진광형
은 후일 안주사법(安州司法)이 되었다.

漢武帝夢繡衣使者。

한(漢)의 무제(武帝)는 꿈에 수(繡)놓은 옷을 입은 사자(使者)를 보았다.

> 解見山川篇、漢武帝夢登嵩山注。

풀이는 《산천편(山川篇)》의 '한(漢)의 무제(武帝)가 꿈에 숭산(嵩山)에 오르
다.' 174p를 보시라.

王相國夢綠衣艸童。

왕상국(王相國)은 꿈에 녹색(綠色) 옷을 입은 초동(艸童)을 보았다.

> 湘山野錄曰、相國王公、丙申歲爲瞧幕、殖逃亡數千百。公奏之、貸種粒

牛糧、朝廷可之。一夕次驛舍、夢人召公出拜見、一人紫綬象簡、如牧守之儀。遣艸童一綠衣、艸童曰、以汝有憂民之心、上帝喜之、以此童爲宰相子授。訖寤、是夕夫人、亦有祥兆而孕焉。後果生子名慶之、嘗談紫府間事、祥符壬子歲。謂所親曰、上元夫人命我爲玉童、只爲吾父未受相印、受則吾去矣。不數日公拜相、踰月慶之卒。

《상산야록(湘山野錄)》[38]에 이르기를, 왕상국(王相國)은 상국(相國)이 되기 전 말단 관리 때에 많은 소들을 키웠는데 병신년(丙申年)에는 초막(瞧幕)들을 지어놓고 감시하였어도 수백, 수천의 소들이 먹이를 찾아 달아났다. 그리하여 왕상국은 종자를 뿌려 재배하여 소의 식량으로 삼을 것을 상주(上奏)하였는데 조정에서 허락하였다. 왕상국이 역사(驛舍)에서 잠을 자다가 밤에 꿈을 꾸었다. 한 사람이 왕상국을 찾아와 절을 하는데 자줏빛 수놓은 옷을 입은 모습이 목수(牧守)[39]의 위의(威儀) 같았다. 그가 녹색 옷의 초동(艸童)을 주면서 말하기를 "상제(上帝)께서는 그대의 우민지심(憂民之心)[40]을 가상(嘉尙)히 여겨 이 아이를 하사하셨소. 이 아이가 그대를 재상(宰相)으로 만들 것이오." 왕상국이 깨어보니 꿈이었다. 이날 저녁 왕상국의 아내도 상조(祥兆)를 얻음과 동시에 잉태하였다. 얼마 후 아들을 낳으니 이름을 왕경(王慶)이라고 지었다. 왕경이 성장하여 어느 날 가까운 사람들에게 담론(談論)하기를 "자부(紫府)[41]의 상부(祥符 A.D 1008~1016)의 임자년(壬子年)에 맞아 떨어질 것이오." 그런 후 여러 해 지난 어느 날 가까운 사람들에게 말하기를 "나는 천상(天上)의 상원부인(上元夫人)[42]의 명령을 받아 왕씨 가문에 태어났소. 나는 부친을 재상(宰相)으로 만들기 위하여 세상에 왔으므로 부친이 재상의 인(印)만 받으면 떠나려 하오." 며칠 후 부친은 상국공(相國公)이 되었고 왕경은 다음 달에 죽었다. 그해는 임자년(壬子年)이었다.

李皇后夢羽衣、降自窓中。

이황후(李皇后)는 꿈에 날개옷을 입고 창(窓)가운데서 스스로 뛰어 내렸다.

宋史曰、仁宗母章懿皇后、夢羽衣跣足、從窗而下、遂娠仁宗。

《송사(宋史)》에 이르기를, 인종(仁宗)의 어머니 장의황후(章懿皇后) 이씨(李氏)는 꿈에 날개옷을 입고 맨발로 창(窗)에서 뛰어 내리고서 인종을 잉태하였다.

齊世祖夢桑屐、行於殿上。

제(齊)의 세조(世祖)는 꿈에 뽕나무로 된 신발을 신고서 대전(大殿) 위를 걸었다.

解見山川篇、夢行太極殿注。

풀이는《산천편(山川篇)》의 '꿈에 태극전(太極殿)을 걸었다.' 189p를 보시라.

劉將軍夢褥席之賜。

유장군(劉將軍)은 꿈에 욕석(褥席)을 하사받았다.

南史曰、梁時劉世隆爲大將軍、子慶遠亦爲征虜將軍。子津嗣、慶遠嘗謂津曰、吾昔夢太尉以褥席見賜、吾遂典台司。吾今又夢以褥席賜汝、汝必光我宗。

《남사(南史)》에 이르기를, 양대(梁代)에 유세륭(劉世隆)은 대장군(大將軍)이었는데 아들 유경원(劉慶遠)도 정로장군(征虜將軍)이 되었다. 유경원이 아들 유진사(劉津嗣)에게 어느 날 말하기를 "나는 지난 날 꿈에 태위(太尉)로부터 욕석(褥席)[43]을 하사받고서 전대사(典台司)가 되었다. 그런데 내가 오늘 아침 꿈을 꾸니 태위가 너에게 욕석을 주었다. 그러니 너는 기필코 우리 가문을 빛내리라."

寶中丞夢股肱之衣。

두중승(寶中丞)은 꿈에 반바지와 반팔웃옷을 보았다.

煙花錄曰、唐寶參爲御史中丞、夢德宗以文錦半臂賜之。參曰、半臂股肱之衣。後日果大貴。

《연화록(煙花錄)》에 이르기를, 당대(唐代), 두참(寶參)은 어사중승(御史中丞)

이 되기 전에 꿈을 꾸었다. 덕종(德宗)이 무늬 있는 비단으로 된 반팔옷 옷을 하사하였다. 두참이 잠에서 깨어 말하기를 "반팔옷옷이란 속옷이다.[44]" 며칠 후 두참은 과연 대귀(大貴)하게 되었다.

費絢夢衣錦在井、而榮歸。

비현(費絢)은 꿈에 비단옷을 입고 우물 안에 있은 후 영광(榮光)되게 돌아왔다.

> 茅亭客話曰、費絢應擧、衣錦在井中。覺自喜曰、及第衣錦遊鄕井耳。
>
> 《모정객화(茅亭客話)》[45]에 이르기를, 비현(費絢)은 과거(科擧)에 응시하기 전에 꿈을 꾸었다. 비단옷을 입고 우물 가운데에 있었다. 비현이 잠에서 깨어 스스로 기뻐하며 말하기를 "나는 급제하여 비단옷을 입고 향정(鄕井)[46]을 유가(遊街)할 것이다."

托跋夢脫冠臥地、而被害。

탁발(托跋)은 꿈에 관(冠)을 벗고 땅에 누웠다가 피해를 입었다.

> 解見字劃篇、槐爲木旁鬼注。
>
> 풀이는《자획편(字劃篇)》의 '회나무괴(槐)는 나무 목(木) 옆에 귀신 귀(鬼)가 있다.' 307p를 보시라.

夢筆畫衣邊者、徵南齊帝位之踐。

꿈에 옷 가장자리에 붓으로 그림을 그린 것은 남제(南齊)의 제위(帝位)가 옮겨간다는 징조이다.

> 南史曰、齊世祖在郢州、夢人從天飛下、頭插筆來、畫上衣兩邊、不言而去。庾溫云、畫者、山龍華蟲也。
>
> 《남사(南史)》에 이르기를, 제(齊)의 세조(世祖)가 영주(郢州)에 있을 때 꿈을

꾸었다. 신인(神人)이 하늘에서 내려왔는데 머리에 붓을 꽂고 있었다. 그가 세조에게 다가와 웃옷의 양변에 붓으로 그림을 그려 놓고 말없이 떠나갔다. 세조가 잠에서 깨어 꿈을 말하려 하자 유온(庾溫)이 먼저 말하기를 "그 그림에는 산에 용이 있고 꽃과 곤충들이 그려져 있을 것입니다."[47]

夢日入裙下者、兆北齊後主之生.

꿈에 해가 치마 아래로 들어간 것은 북제(北齊)의 후주(後主)가 탄생할 징조이다.

> 北史曰、北齊後主母胡氏、夢於海上坐玉盆、日入裙下。遂有姙娠、生後主。

《북사(北史)》에 이르기를, 북제(北齊)의 후주(後主)[48]의 모후(母后) 호씨(胡氏)가 꿈을 꾸었다. 바다 위에 옥항아리를 띄워놓고 그 안에 앉아 있는데 해가 치마 밑으로 들어오는 것이었다. 호씨는 따라서 임신하여 후주를 낳았다.

鄧攸夢水旁斷囊、而授汝陰太守之符。

등유(鄧攸)는 꿈에 물가에서 주머니를 끊는 것을 보고서 여음태수(汝陰太守)의 부인(符印)을 받았다.

> 晉書曰、鄧攸夢行水邊、見女子猛獸自後斷其肇囊。占者曰、水邊女是汝字、斷肇囊者、新獸代故獸首也、非汝南則汝陰守耳。果遷汝陰守。

《진서(晉書)》에 이르기를, 등유(鄧攸)[49]가 꿈을 꾸었다. 물가에 갔는데 여자가 보이고 맹수(猛獸)가 뒤에서 나타나 여자허리띠 뒤에 달려있는 주머니를 끊었다. 등유가 잠에서 깨어 점몽을 청하니 답하기를 "물 옆에 여자(女子)가 있으면 여(汝)이고, 매달린 주머니를 끊음은 자(子)를 끊고 새로이 짐승 수(獸)가 대신함인데 짐승 수(獸)는 우두머리 수(首)와 같으니 여남태수(汝南太守)아니면 여음태수(汝陰太守)가 될 것입니다." 등유는 과연 여음태수가 되었다.

到漑夢湘東脫帽、而應會稽長史之職。

도개(到漑)는 꿈에 상동(湘東)에서 모자 벗은 이를 보고서 회계(會稽)의 관리와 장사(長史)가 되었다.

南史曰、到漑字茂灌、仕梁爲通事舍人中書郎兼吏部。湘東王繹爲會稽太守、以漑爲輕車長史。漑嘗夢武帝遍見諸子、至湘東而脫帽與之。其後湘東王果卽位、是爲元皇帝。

《남사(南史)》에 이르기를, 도개(到漑)[50]는 자(字)가 무권(茂灌)이다. 양국(梁國)의 회계태수(會稽太守), 경거장사(輕車長史)를 역임하여 통사사인중서랑(通事舍人中書郎)이 되어 이부(吏部)의 업무까지 겸하였다. 그것은 도개가 꿈으로서 상동왕(湘東王) 역(繹)이 황제로 등극할 것을 알고 상동왕에게 예고하자 등극하여 도개를 승진시킨 것이다. 도개가 일찍이 꿈을 꾸었다. 무제(武帝)가 여러 왕자들을 보기 위해 편력하다가 상동(湘東)에 이르러 모자를 벗어서 상동왕에게 주었다. 그 후 과연 상동왕이 등극하였으니 이가 원황제(元皇帝)이다.

樂彦禎夢解帶履而行、果有警於軍土。

낙언정(樂彦禎)은 꿈에 허리띠와 신발을 벗고서 걸었는데 과연 군사(軍土)에게 놀랬다.

白孔六帖曰、樂彦禎嘗夢解佩帶履而行。旣寤曰、此神告我、下將有背乎。已而軍果亂尋誅之。

《백공육첩(白孔六帖)》에 이르기를, 낙언정(樂彦禎)[51]이 일찍이 꿈을 꾸었다. 허리띠와 신발을 벗어버리고 걸었다. 낙언정이 잠에서 깨어 말하기를 "이 꿈은 신(神)이 나에게 부하장수가 배반할 것을 알려주는 것이다." 그 뒤 과연 군란(軍亂)이 일어나 낙언정은 이로 인해 주벌(誅罰)당하였다.

王源叔夢引紫服而進、終有驗於荊公。

왕원숙(王源叔)은 꿈에 자주색 옷을 입은 사람에게 이끌리어 나아갔는데 마침내 형공(荊公)이 되는 징험이 있었다.

> 宋史曰、王洙字源叔。王氏談錄曰、公言予始作禮官時、夢入禁苑中、引一
> 紫衣人至後苑中、見上踰年荊公受紫服。予時爲太常卿、引入苑中、其徑
> 路所至、皆夢中所見。

《송사(宋史)》에 이르기를, 왕수(王洙)[52]는 자(字)가 원숙(源叔)이다.
《왕씨담록(王氏談錄)》에 이르기를, 왕원숙(王源叔)이 말하기를 "내가 예관
(禮官)을 시작했을 때 꿈을 꾸었다. 금원(禁苑) 가운데 들어갔는데 자주색
옷을 입은 사람에게 이끌리어 후원(後苑) 가운데 이르렀다. 위를 쳐다보니
'다음 해에 형공(荊公)[53]이 되어 자주색 옷을 받는다.'라고 쓰여 있었다. 나
는 그 뒤 태상경(太常卿)이 되었는데 안내되어 후원(後苑)까지 간 경로가 모
두 꿈에 보았던 대로이다."

李固言夢著宰相禮衣。

이고언(李固言)은 꿈에 재상(宰相)의 예복(禮服)을 입었다.

> 續定命錄曰、李固言夢著宋景衣。長慶初、穆宗有事圓丘時、固言居左拾
> 遺、舊例諫官從駕行禮。太上各頒禮衣一襲、固言所服有字云、左補闕宋
> 景衣。

《속정명록(續定命錄)》에 이르기를, 이고언(李固言)[54]은 일찍이 꿈에 송경의
(宋景衣)[55]를 입은 적이 있다. 장경(長慶 A.D 821~824) 초기에 목종(穆宗)이
원구(圓丘)에서 국정을 관할할 때 이고언은 좌습유(左拾遺)가 되었는데 구
례(舊例)에 의하면 간관(諫官)으로써 어가를 수종하는 의례가 임무 중의 하
나이다. 목종은 재상들에게 예복 한 벌씩을 하사하였는데 이고언이 받은
예복에는 "좌보궐(左補闕)의 송경의(宋景衣)"라고 수놓아 있었다.

劉審義夢受孝子緋服。

유심의(劉審義)는 꿈에 효자(孝子)로부터 비단옷을 받았다.

玉堂編事曰、劉檀本名審義。夢一孝子引令上檀香樹謂曰、君速登。劉乃登、遂向懷內出緋衣、令服之。覺因改名檀。未及一年、蜀郡牧請一杜評事、充倅職、奏授殿中侍御史內供奉、賜緋效下、杜光丁憂未行、杜遂擧劉于郡牧、乃擧檀、而所授官與杜光丁擬無別、杜又遣劉新緋公服、果符夢焉。

《옥당편사(玉堂編事)》에 이르기를, 유단(劉檀)은 본명(本名)이 심의(審義)인데 일찍이 꿈을 꾸었다. 한 효자(孝子)가 단향(檀香)나무 위에서 "그대는 빨리 오르라."라고 말하며 유심의를 끌어 올렸다.[56] 유심의가 나무에 오르니 효자는 품에서 비단옷을 꺼내어 주며 입도록 청하니 유심의는 이를 따랐다. 그리하여 유심의는 잠에서 깬 후 이름을 유단이라고 바꾸었다. 이로부터 일 년이 채 못 되어 촉군목(蜀郡牧)이 어느 날 황제에게 상주하기를 자신은 사직코자 하니 후임자를 보내달라고 하였다. 전중시어사(殿中侍御史)가 어명에 따라 두광정(杜光丁)을 촉군목으로 임명하며 비단관복을 전하였는데 두광정은 걱정하여 부임하지 않은 채 유단을 촉군목으로 천거하였다. 전중시어사가 보니까 직급이 두광정과 비슷하여 다르지 않아 허락하니 두광정은 비단관복을 유단에게 보냈는데 과연 꿈에 본 것과 똑같았다.

薛母夢錦衣一篋、而生子爲祕書監。

설씨(薛氏)의 어머니는 꿈에 비단옷이 담긴 상자를 보고 아들을 낳았는데 비서감(祕書監)이 되었다.

壬子年拾遺記曰、薛夏天水人。母孕夏時、夢有人遣一篋錦衣云、夫人必生賢明之子、爲帝王所宗。母記所夢、夏生甫弱冠才術過人、魏文帝與之講論、彌日不息、辭華暢越、應對如流、無有碍滯。帝曰、昔公孫龍稱爲辨捷、而迂誕恅妄。今子所說、非聖人言不談、則子游・子貢之儔、不能過也。若仲尼在魏、復爲入室弟子、製書與夏、題云入室生。位至祕書丞、帝解御衣賜之、以符母夢。

《임자년습유기(壬子年拾遺記)》에 이르기를, 설하(薛夏)[57]는 천수인(天水人)이다. 그의 어머니가 설하를 잉태하였을 때 꿈을 꾸었다. 신인(神人)이 비단옷이 담긴 상자를 주며 말하기를 "부인은 장차 현명(賢明)한 아들을 낳을 것이고 그는 제왕(帝王)의 종무(宗務)를 봉행(奉行)할 것이다." 설하의 어머니는 이 꿈을 기억하였다. 때가 되어 설하가 태어났는데 나면서부터 재능과 능력이 뭇사람 중에 뛰어나 약관(弱冠)에 위(魏)의 문제(文帝)에게 발탁(拔擢)되었다. 설하는 문제에게 응대하여 여러 날을 쉬지 않고 강론하였는데, 그런데도 문사(文辭)가 탁월하고 화려하며 통창(通暢)하여 흐르는 물처럼 막힘이 없었다. 그러자 문제가 감탄하여 말하기를 "옛적의 공손룡(公孫龍)[58]은 변재(辨才)의 민첩이 지나쳐 우회(迂回)하여 황탄(荒誕)으로 흘렀고 결국 괴이하게 망령되었다고 평한다. 그런데 지금 그대는 공손룡보다 언변(言辨)이 더욱 나아도 성인(聖人)의 말이 아니면 담론(談論)하지 않으니 자유(子游)[59], 자공(子貢)[60]이라도 그대를 능가하지 못하리라. 만약 중니(仲尼)가 지금 위(魏)에 있다면 그대를 입실제자(入室弟子)로 삼아 그대와 더불어서 저술(著述)하여 제(題)에 입실생(入室生)으로서 그대의 이름을 넣으리라." 설하는 관직이 비서승(祕書丞)에 이르렀고 문제가 어의(御衣)를 벗어 설하에게 하사하니 태몽과 부합하였다.

仙母夢朱衣滿空、而生子爲司命君。

선모(仙母)는 꿈에 붉은 옷을 입은 사람들이 공중에 가득 찬 것을 보고서 아들을 낳으니 그는 사명군(司命君)이 되었다.

仙傳拾遺曰、司命君家世奉道。其母夢朱衣天人滿空、皆長丈餘、旅旗蔭其居宅、金色照身、因而有孕遂生司命君。幼穎悟與唐元環同學舍、年十五六出遊采眞、遂得仙術。

《선전습유(仙傳拾遺)》에 이르기를, 사명군(司命君)[61]의 집에서는 대대로 도(道)를 받들어 왔으므로 사명군이 출생한 것이다. 사명군의 어머니가 어느 날 꿈을 꾸었다. 붉은 옷의 천인(天人)들이 공중에 가득히 있는데 키가 모두 한 장(一丈)이 넘었고 깃발들이 그들이 사는 집을 덮었으며 금빛이 자신의 몸을 비추었다. 이로 인해 잉태하여 사명군을 낳았는데 사명군은 출생 시부터 총명하였으며 당원환(唐元環)과 같은 학사(學舍)에서 공부하였다. 그는 15, 6세에 집을 나와 유력(遊歷)하며 수도하여 마침내 선술(仙術)을 얻었다.

至於方父夢赤衣、跪告緩期、

방씨(方氏) 아버지의 꿈에 붉은 옷을 입은 사람이 무릎을 꿇고 기일(期日)을 늦추어 줄 것을 말한 것에서부터,

解見施報篇、方父焚蛇注。

풀이는《시보편(施報篇)》의 '방씨(方氏)아버지가 뱀을 불태우다.' 513p를 보시라.

裴君夢繡衣、拜稱謝德、

배군(裴君)의 꿈에 수놓은 옷을 입은 사람이 절하며 그 덕(德)에 감사(感謝)해 하는 것,

隋書曰、裴安祖天熱止樹下、有鷙鳥逐雉、雉急投之遂、觸樹而死。安祖愍之、乃取置蔭、地徐徐護視、久而得蘇放之。後夜忽夢一丈夫衣冠甚偉、著編衣曲領、向安祖再拜。安祖怪問之、其人云、感君前日見放、故來謝德。聞者異焉。

《수서(隋書)》에 이르기를, 배안조(裴安祖)가 어느 날 길을 가다가 햇볕이 뜨거워 나무 밑 그늘로 가서 쉬고 있었다. 이때 독수리가 꿩을 쫓고 있었는데 꿩은 달아나다가 배안조가 있는 나무로 뛰어들었다가 나무에 부딪혀 혼절하였다. 배안조가 꿩을 불쌍히 여겨 그늘진 곳에서 극진히 보살피니 얼마 후 꿩은 소생(蘇生)하여 날아갔다. 그런 후 밤에 홀연히 꿈을 꾸었다. 한 장부(丈夫)가 수놓은 구부러진 옷을 입었는데 의관(衣冠)이 매우 위의(威儀)로웠다. 그가 배안조에게 두 번 절하자 괴이하게 여겨 물으니 답하기를 "공(公)이 지난날 저를 살려준 것을 고맙게 여겨 찾아와 덕(德)에 감사드립니다." 그 후 이 꿈을 전해들은 사람은 누구나 신기하게 여겼다.

乃蛇雉化形、禍福有報者也。

이러한 것들은 뱀, 꿩 등이 형체를 변화하여 화(禍)와 복(福)을 알려준 것이다.

■ 注疏

1) 소갈(消渴): 갈증이나 물을 자주 마시는 병. 당뇨병도 이에 해당된다. 그 원인은 外因으로는 太陽司 天과 歲水太過가 있다. 內因으로는 嗜慾不節, 膏粱厚味, 病後血衰, 房事過度 등이 있는데 증상에 따라 上消, 中消, 下消가 있다.

2) 이질(痢疾): 대변에 黏物이 섞여있으면서 시원치 않은 증상. 대개 小腹痛, 泄瀉 등을 겸하였고 赤痢, 白痢, 膿血痢 등의 여러 종류가 있다.

3) 삼죽: 大麻, 麻仁으로 만든 죽. 大麻의 歸經은 脾, 胃, 肺, 大腸이다. 主治는 補中益氣, 逐水氣, 破血積, 潤五臟, 滑大便, 利小便, 通便閉, 祛産後瘀血이다.

4) 한퇴지(韓退之): 唐의 昌黎人, 韓愈. 字는 退之. 3세에 고아가 되었으나 스스로 독서하면서 성장하여 六經에 통달하였고 百家를 공부하였다. 進士에 급제한 후 府推官, 兵部侍郎, 禮部尙書까지 승진하였다. 저서는 《韓昌黎集》이 있다.

5) 전자(篆字): 篆書. 서체의 하나로 해서, 예서의 원체인 고대의 字型으로 大篆과 小篆이 있다. 實印이나 碑文의 題字에 쓰인다.

6) 육효(六爻): 易卦를 그린 것을 爻라고 한다. 괘를 거듭하여 여섯을 그린 것을 六爻라고 하는데 爻는 음(--)과 양(一)으로 구분한다. 아래에서부터 시작하여 전부 陽爻라면 初九, 九二, 九三, 九四, 九五, 上九라고 부르고 전부 陰爻라면 初六, 六二, 六三, 六四, 六五, 上六이라고 부른다.

7) 장회(張迥): 唐人. 젊었을 때 고생하였다. 꿈에 오색구름이 하늘로부터 내려와 이를 삼키고부터 雅道가 진보하고 정밀하여졌다. 全唐詩二十七을 보시라.

8) 이지(李至): 宋의 眞定人. 字는 言幾. 少時 때 沈靜하고 好學하였고 長成하여서는 文辭가 있었으며 典籍에 밝아 進士가 되었고 太宗 시에는 右諫議大夫, 參知政事가 되었다.

9) 팔선인(八仙人): 대체적으로 漢鍾離·張果老·韓湘子·鐵拐李·曹國舅·呂洞賓·藍采和·何仙姑의 8명의 선인을 지칭한다. 이외에 蜀八仙으로는 容成公·李耳·董仲舒·張道陵·嚴君平·李八百·范長生·爾朱先生이 있다.

10) 자록(字錄): 書冊.

11) 피곡(避穀): 불을 사용하여 조리한 음식을 끊는 것으로 生食을 의미하기도 한다.

12) 곡식(穀食)을 먹지 않았다.: 趙自然은 잠에서 깬 후부터 과일과 맑은 샘물만을 먹었다고 하며 《玄道歌》를 지어 大道의 要諦를 밝혔다.

13) 풍원(馮元): 宋, 南海人. 易經에 精通하였으며 進士가 된 후 江陰尉, 崇文院檢討까지 관직이 올랐으며 眞宗 시에는 부름을 받고 易을 강의하였고 戶部侍郎에까지 이르렀다.

14) 건상(乾象): 天象. 형체적 의미의 하늘.

15) 금 거북이를 토하여~곧 죽었다.: 금은 부귀를 상징하고 거북이는 극히 장수하는 동물이므로 수명을 상징한다. 거북이는 본시 물에서 사는데 본처로 돌아갔으니 죽음으로써 부귀도 함께 잃었다. 또한 落水는 落壽와 동음이니 죽음을 뜻한다.

16) 국 한 사발을 주며 옥 젓가락으로 저어서 먹게 하였다.: 옥 젓가락을 사용하게 하기 위해 국을 주었다. 옥 젓가락은 易學·占術의 상징인 算가지로 해석할 수 있다. 산가지로 대나무, 옥, 은을 사용한다. 소강절은 성장하여 역학의 대가가 되어 《象數論》을 저술하였고 高麗의 徐敬德은 제일 난해한 부분을 유일하게 주해하여 그 명성이 중국에까지 알려졌다. 자세한 것은 《衆占篇》의 注疏 6) 邵子 44p를 참조하시라.

17) 《감계록(鑑戒錄)》: 五代의 後蜀, 何光遠이 撰한 10권. 66條로 구성. 唐五代의 雜事, 神怪의 이야기가

실려 있다.

18) 예룡(蜺龍): 무지개를 일으키는 용.

19) 장여명(張汝明): 宋, 眞州人. 進士에 급제한 뒤 大觀(A.D 1107~1110) 중에 監察御使를 하며 곧은 성품으로 신임을 받았다. 그의 학문은 經史와 百家를 꿰뚫었으며 저서는《易索書》,《張子卮言》,《大究經》이 있다.

20) 천남성(天南星): 原名은 虎掌. 唐 이후부터 南星이라고 불렸다. 氣味는 苦·溫·有毒하다. 主治는 心痛·寒熱結氣·積聚伏梁·傷筋痿拘緩·除陰下濕·風眩 등이다.

21) 일사(逸史): 正史 이외의 역사.

22) 하후은(夏候訢): 漢의 寧陵人. 字는 長況.

23) 진의중(陳宜中): 宋의 永嘉人. 景定 중에 殿試에 2위로 급제하였고 右丞相을 역임하였다. 元兵이 침범하자 閩地로 피난하여 益王을 옹립하였다. 그 뒤 元兵이 다시 침범하자 달아나다가 죽었다.

24) 대황(大黃): 한약재. 黃良, 將軍 등의 다른 이름도 있다. 氣味는 苦, 寒, 無毒하다. 主治는 下瘀血閉, 寒熱, 破癥瘕積聚, 推陳致新, 除痰實, 心腹脹滿, 貼熱腫毒 등이다.

25) 역려(疫癘): 유행성 전염병. 장티푸스, 콜레라, 파라티푸스 등이 이에 해당된다.

26) 《무량수경(無量壽經)》: 曹魏의 康僧鎧가 A.D 252에 번역한 佛經. 내용은 阿彌陀佛이 法藏菩薩이었을 때 수행 중에 세웠던 四十八願을 성취하면 생명을 지닌 모든 것이 궁극에는 西方極樂淨土에 태어나게 되는 원리를 상세히 설명하였다. 또한 정토에 태어난다고 하는 것은 佛의 깨달음을 여는 것이며 이를 위해서는 佛의 광대한 구제력인 慈悲를 믿고 그의 名號인 南無阿彌陀佛을 칭념하라고 설하였다.

27) 구걸(丘傑): 南朝宋의 吳興人. 字는 偉蹄. 孝子로서 이름이 높았다.

28) 하막독(蝦蟆毒): 蝦蟆風. 腎과 肝의 二經에 속한 병이다. 원인은 肺虛하여 風濕의 邪氣가 皮膚에 축적되어 오래되어도 흩어지지 않아 熱로 化하여 毒이 된 것이다. 營衛가 不行하니 온몸에 덩어리가 생겨 마치 蝦蟆의 형상과 같다. 破하면 瘡이 되어 고름과 피가 흐르는데 냄새가 매우 좋지 않다. 하막은 두꺼비와 비슷한데 작다. 보통 맹꽁이라고 부른다.

29) 영상(靈牀): 祭壇으로 쓰는 牀.

30) 사악(謝諤): 宋의 新喩人. 字는 昌國. 어렸을 때 총명하여 매일 千言을 기억하였고 성현의 학문에 뜻을 두었다. 紹興(A.D 1131~1162) 말에 진사가 되어 知分宜縣이 되었을 때 惠政을 하였고 監察御使 시에는 義役法을 창제하였다. 만년에는 桂山에 거하며 저술에 힘썼다. 《聖學淵源》,《詩書解》,《論語解》,《左氏講義》 등의 저서가 있다.

31) 보록기(補錄記): 초보자용으로 抄錄한 책. 혹은 책의 미비한 점을 교정, 고증, 보록한 책.

32) 희종(僖宗): 唐의 21대 황제. 재위 A.D 873~888. 李儇. 懿宗의 5남. 즉위 후 王仙芝와 黃巢가 난을 일으켜 황소가 長安을 점령하게 되자 興元까지 피했다가 李克用이 회복하자 귀환하였다.

33) 유경선(劉敬宣): 南朝宋人. 諮議參軍이 되어 元興(A.D 402~404) 초에 아버지와 공모하여 桓玄未果를 습격하였다. 그러나 아버지는 죽고 劉敬宣은 慕容德에 패해 달아났다가 武帝 시에 부름을 받고 다시 공격하여 鮮卑族을 破하였다.

34) 양(梁)의 태종(太宗): 南北朝시대 南梁의 2대 황제. 재위 A.D 549~551.

35) 묘성(昴星): 28宿 중의 하나. 白虎七宿의 第四宿. 七姊妹星團. Pleiades.

36) 상간(象簡): 관리가 朝禮 때 가슴 앞에서 양손으로 쥐는 관직과 이름이 새겨진 象牙로 된 笏.

37) 노자(虜者): 종, 노예, 오랑캐.

38) 《상산야록(湘山野錄)》: 宋, 釋文瑩이 撰한 책으로 3권, 續錄 1권으로 구성되어 있다. 北宋의 雜事를 기록하였다.

39) 목수(牧守): 牧使와 太守.

40) 우민지심(憂民之心): 백성을 사랑하여 근심하는 마음.

41) 자부(紫府): 神仙의 거처. 仙宮.

42) 상원부인(上元夫人): 女仙名. 《漢武帝內傳》에 이르기를, 西王母가 漢宮에 하강하였을 때 "상원부인은 三天眞皇의 어머니이며 上元은 高尊이다."라고 말하였다.

43) 욕석(褥席): 요, 자리, 방석을 총칭한다. 몸에 직접 닿는 친근한 물건이니 上官의 총애를 의미한다.

44) 반팔웃옷이란 속옷이다.: 반팔웃옷과 반바지는 속옷으로 몸에 직접 닿는 친근한 물건이니 대개 임금의 총애를 의미한다. 股肱之衣는 股肱之臣과 뜻이 통한다.

45) 《모정객화(茅亭客話)》: 宋의 黃休復이 撰한 10권의 책. 蜀의 軼事를 모아놓은 책으로 王孟, 二氏에서부터 宋의 眞宗 시까지이다.

46) 향정(鄕井): 市井, 鄕里, 故鄕.

47) 그가 세조(世祖)에게 다가와~그려져 있을 것입니다.: 웃옷의 兩邊은 소매 袖로도 해석할 수 있는데 옮길 輸과 동음이므로 周邊의 인물에게 疆土가 移讓된다는 뜻이다. 세조가 죽자 蕭鸞이 많은 왕자를 제치고 스스로 즉위하였다.

48) 북제(北齊)의 후주(後主): 5대 황제로 이름은 高緯. 재위 A.D 565~577.

49) 등유(鄧攸): 晋의 襄陵人. 字는 伯道. 孝行이 지극하였다. 建興간에 河東太守가 되었다가 元帝 시에는 吳郡太守가 되어 청렴하였다. 尙書左僕射를 연임하였다.

50) 도개(到漑): 梁人. 字는 茂灌. 아우 洽과 함께 유명하여 時人들은 二陸에 비유하였다.

51) 낙언정(樂彦禎): 唐의 魏州人. 檢校工部尙書, 節度使를 역임하며 王室에 대해 驕滿不軌하여 子從訓에 의해 죽임을 당하였다.

52) 왕수(王洙): 宋의 宋城人. 進士가 된 후 侍講學士를 연임하였다. 群書를 읽어 圖讖, 算數, 音律, 訓詁, 篆隷까지 통하지 못함이 없었다. 《易傳》과 雜文十餘篇을 저술하였다.

53) 형공(荊公): 公은 명예직으로 王 다음가는 서열. 출신지역을 명칭으로 하여 황제가 封하는데 荊은 荊州이다.

54) 이고언(李固言): 唐의 趙人. 進士가 된 후 文宗 시 吏部侍郎이되어 何延慶을 杖殺하였고 同平章事, 宣宗 시에는 太子太傅가 되었다.

55) 송경의(宋景衣): 문헌에 나오지 않는다. 宋은 춘추전국시대의 나라 이름인데 후일 姓氏가 되었으며 劉宋과 趙宋의 명칭의 母胎가 되었다. 李固言은 唐시대의 사람으로 출신지는 趙나라 땅이니 宋과 전혀 무관하다. 그러니 클 景을 높은 벼슬 卿의 誤記로 보지 않으면 해석할 수 없다.

56) 한 효자(孝子)가~끌어 올렸다.: 孝子는 웃어른을 잘 모시니 임금의 측근, 충신을 의미하고 登檀은 登壇과 동음이니 승급, 入仕를 의미한다.

57) 설하(薛夏): 三國시대, 魏의 天水人. 字는 宣聲. 博學하며 재능이 있어 武帝가 크게 禮遇하였다. 黃初 A.D 220~226 중에 祕書丞이 되었고 武帝와 매일 《書傳》에 대해 논하였다.

58) 공손룡(公孫龍): 戰國시대의 趙人. 堅白의 다르고 같음의 변론으로 유명하다. 鄒衍이 趙를 지나다가 至道에 대해 말한 것이 公孫龍의 사상의 근원이 되었다. 그의 저서 《公孫龍子》의 내용 중, 3권 중의 6편에 있는 《白馬論》과 《堅白論》이 그의 白眉이다.

59) 자유(子游): 春秋시대의 吳人. 孔門의 제자인데 禮에 밝고 문학에 관해 많은 저술을 하였다.

60) 자공(子貢): 春秋시대의 衛人. 孔門의 제자인데 口才가 있고 사무에 능하였다.

61) 사명군(司命君): ① 神名: 《楚辭·九歌·大司命注》에 이르기를, 五臣이 말하기를 "司命은 인간의 生死를 主知하고 輔天하여 行化하여 惡을 誅하고 善을 권합니다."
② 星名: 書에 이르기를, 上台司命은 文昌二星의 가까이에 있는 별로 司命이 되어 인간의 수명을 주관한다.

寫眞

唐 · 澹交

圖形期自見
自見却傷神
已是夢中夢
更逢身外身
水花凝幻質
墨彩染空塵
堪笑予兼尔
俱爲末了人

초상화

당 · 담교

그림 그려지기 기다려 나를 보니
나를 본 순간 설렘도 사라졌네.
이미 이것은 꿈속에서 꿈을 꾸는 것이고
몸 밖의 몸을 다시 만난 것이네.
번진 물감은 환(幻)과 질(質)을 머금었고.
묵(墨)무늬는 공(空)과 진(塵)을 물들였구나.
내가 남인 것에 웃음을 참으니
둘 다 못 깨우친 사람들이네.

담교(澹交)
晩唐, 僖宗시대의 蘇州 昭隱寺 승려. 全唐詩에 그의 시 3首가 실려있다.

卷之五外篇

7. 기물편 器物篇第七

器物應夢、昔有明徵、如商湯夢人負鼎。

기물(器物)이 꿈에 감응하는 바가 옛적에는 밝게 징험하였다. 상탕(商湯)의 꿈에 사람이 솥을 등에 진 것이 이와 같은 예이다.

> 帝王世紀曰、湯夢有人負鼎抱俎、對己而笑。後得伊尹、果負鼎抱俎來見。
>
> 《제왕세기(帝王世紀)》[1]에 이르기를, 상탕(商湯)[2]이 꿈을 꾸었다. 어떤 사람이 솥을 등에 지고 제상(祭床)을 안고 자기를 보고 웃고 있었다. 상탕이 후일 이윤(伊尹)을 얻을 때 이윤이 솥을 등에 지고 제상을 안고 찾아오니 꿈과 똑같았다.

劉沔夢人授燭。

유면(劉沔)은 꿈에 어떤 사람으로부터 촛불을 받았다.

> 齊書曰、劉沔初爲從武小校、從討淮西爲賊兵傷中。臥草中、日黑不知歸路、昏然而睡、夢人授以雙燭曰、子方大貴、此行無患、可持此而還。覺起炯然、有雙光在前。
>
> 《제서(齊書)》에 이르기를, 유면(劉沔)[3]은 처음 군대의 장교가 되었을 때 회서(淮西)의 도적들을 토벌하다가 중상을 입었다. 유면은 풀 가운데 누워 있던 중, 해가 지니 돌아갈 길도 몰라 걱정하였다. 유면이 잠이 들었는데 꿈에 어떤 사람이 나타나 쌍 촛불을 주며 말하기를 "그대는 곧 대

귀(大貴)할 몸이오. 쌍 촛불을 가지면 아무런 어려움 없이 돌아갈 수 있소." 유면이 잠에서 깨어보니 쌍광(雙光)이 형연(炯然)하게 앞길을 비추고 있었다.

陶侃夢司馬與鎧。

도간(陶侃)은 꿈에 사마씨(司馬氏)와 함께 투구를 썼다.

晉書曰、陶侃爲廣州時、夢有司馬與侃鎧者。長史陳協占之曰、司馬者國姓也、鎧者扞禦之器、君當進位。侃果加平南將軍。

《진서(晉書)》에 이르기를, 도간(陶侃)이 광주(廣州)에 있을 적에 꿈에 사마씨(司馬氏)와 함께 투구를 썼다. 이를 장사(長史) 진협(陳協)이 점쳐 말하기를 "사마씨(司馬氏)는 임금의 성(姓)이고 투구는 방어하는 무기이니 그대는 마땅히 승진할 것이오." 도간은 과연 평남장군(平南將軍)이 되었다.

魏武夢三馬同槽。

위(魏)의 무제(武帝)는 꿈에 세 마리 말이 같은 구유에 있는 것을 보았다.

幽明錄曰、魏武帝猜忌。常夢三匹馬在一槽中共食。意甚疑之、因召晉文帝告以所夢。云、防理自多、無爲橫慮。帝然之。後果害族移器、遂如夢。

《유명록(幽明錄)》에 이르기를, 위(魏)의 무제(武帝)[4]는 시기(猜忌)하는 마음이 있었다. 같은 꿈을 자주 꾸었는데 세 마리 말이 한 구유통에서 같이 여물을 먹고 있었다. 무제는 마음에 집히는 데가 있어 진(晉)의 문제(文帝)[5]를 불러 꿈을 말하였다. 문제가 고하기를 "예방하는 방법은 사리(事理)에 따라 얼마든지 있으니 괜한 걱정은 하실 필요가 없습니다." 무제는 그럴 것이라고 여겼다. 그러나 후일 무제의 친족이 해를 입고 국권을 빼앗김이 결국 꿈과 같았다.

梁太子夢對奕擾道。

양(梁)의 태자(太子)는 꿈에 바둑을 두자 바둑판 줄이 흐트러졌다.

梁書曰、太宗初封晉安王、大通三年被徵入朝。未至而昭明太子謂左右
曰、我夢與晉安王對奕擾道、我以班劍授之、王還當有此加乎。四月昭明
太子薨、五月立晉安王爲皇太子。

《양서(梁書)》에 이르기를, 태종(太宗)은 처음에 진안왕(晉安王)에 봉해졌는
데 징조(徵兆)를 입어 조정(朝庭)에 들어오게 되었다. 태종이 들어오기 전
에 소명태자(昭明太子)가 좌우 사람들에게 말하기를 "내가 꿈에 진안왕과
더불어 바둑을 두었는데 바둑판 줄이 비뚤어져 있었다. 내가 검을 빼어
줄을 바르게 새기려고 하자 진안왕은 도리어 삐뚤어진 줄이 바르다고 주
장하였다." 4월에 소명태자가 죽으니 진안왕이 황태자로 책봉되었다.

唐武后夢雙六不勝。

당(唐)의 무후(武后)는 꿈에 쌍륙(雙六)을 이기지 못하였다.

唐書曰、武后召狄仁傑謂曰、朕數夢雙六不勝、何也。仁傑與王方慶同辭
對曰、雙六不勝、無子也。后感悟卽日召迎盧陵王。

《당서(唐書)》에 이르기를, 무후(武后)[6]가 적인걸(狄仁傑)을 불러 이르기를
"짐(朕)이 자주 꿈을 꾸는데 항상 꿈에 쌍륙(雙六)을 이기지 못하는데 어찌
하여서인가?" 적인걸과 왕방경(王方慶)이 같은 말로 답하기를 "쌍륙을 이
기지 못함은 투자(骰子)가 없기 때문입니다." 무후는 느끼고 깨달아 당일
로 여릉왕(盧陵王)[7]을 불러 맞아들였다.

張猛之母、夢佩印綬於樓中。

장맹(張猛)의 어머니는 꿈에 누각(樓閣) 안에서 인수(印綬)를 몸에 찼다.

解見山川篇、襲綬登樓注。

풀이는 《산천편(山川篇)》의 '누각(樓閣)에 올라 인수(印綬)를 몸에 찼다.'

188p를 보시라.

李白之母、夢得碁子於戶外。

이백(李白)의 어머니는 꿈에 창문 밖에서 바둑알을 얻었다.

> 續異苑曰、李白母夢二道士奕棋房外、往觀之、其人取局中一子授焉。遂
> 生白。
>
> 《속이원(續異苑)》에 이르기를, 이백(李白)의 어머니가 꿈을 꾸었다. 도사 둘
> 이서 방 밖에서 바둑을 두기에 가서 관전(觀戰)하니 그중 한 도사가 바둑
> 판 위의 흰 바둑알 하나를 집어서 주자 받았다. 이로부터 잉태하여 얼마
> 후 이백을 낳았다.

劉勰夢執丹漆禮器。

유협(劉勰)은 꿈에 빨간 옻칠을 한 예기(禮器)를 손에 들었다.

> 梁書曰、劉勰著文心雕龍。自序云予齒在踰立、嘗夜夢執丹漆之禮器、隨
> 仲尼而南行。
>
> 《양서(梁書)》에 이르기를, 유협(劉勰)은 《문심조룡(文心雕龍)》[8]을 저술(著述)
> 하였다. 서문(序文)에 이르기를 "나는 뛰어 놀던 어린 시절에 밤에 꿈을 꾸
> 었었다. 밤에 빨간 옻칠을 한 예기(禮器)를 손에 들고 중니(仲尼)를 따라서
> 남쪽으로 갔었다."

王茂夢墮鐘磬樂器。

왕무(王茂)는 꿈에 경종악기(磬鍾樂器)가 떨어지는 것을 보았다.

> 梁書曰、王茂以元勳、高祖賜以鐘磬之樂。茂在江州、夢鐘磬在格、無故自
> 墮。及覺命奏樂、鐘磬在格果墮。茂心惡之、俄而病卒。
>
> 《양서(梁書)》에 이르기를, 왕무(王茂)[9]는 으뜸가는 공훈(功勳)을 세워 고조

(高祖)로부터 경종악기(磬鍾樂器)[10]를 하사받았다. 왕무가 강주(江州)에 있을 때 꿈을 꾸었다. 경종이 격목(格木)에 매달려 있었는데 아무 까닭 없이 스스로 떨어졌다. 왕무는 잠에서 깬 후 황제의 부름을 받아 어전에서 연주하였다. 연주 중에 격목에 매달려 있던 경종(磬鍾)이 떨어졌는데 꿈과 똑같았다. 이후 왕무는 이를 크게 걱정하다가 얼마 지나지 않아 병으로 죽었다.

錢鞏之夢以銀盃爲珓。

전공지(錢鞏之)는 꿈에 은잔으로 점치는 것을 보았다.

宋史曰、安丙字子文、廣安人、開禧四年、吳曦僭號建官、改元稱臣於金。從事郎錢鞏之、夢曦禱神祠、以銀盃爲珓擲之、神起立謂曦曰、公何疑後事、已分付安子文矣。鞏之覺、心異其事 以語曦、曦以丙爲丞相長史、丙乃陰與楊巨源·李好義等謀誅曦。

《송사(宋史)》에 이르기를, 개희 4년(開禧 A.D 1207) 송(宋)을 섬기던 제후 오희(吳曦)[11]는 갑자기 금(金)을 섬겨 송의 연호(年號)를 버리고 금의 연호를 쓰기 시작하며 관부(官府)를 개설하였다. 이때 오희의 휘하 종사랑(從事郎) 전공지(錢鞏之)가 꿈을 꾸었다. 오희가 신사(神祠)에서 기도한 후 은잔을 던져 신에게 점괘를 청하였다. 신이 일어서서 오희에게 말하기를 "뒷일은 안병(安丙)에게 분부하면 되는데 어찌하여 의심하는가?" 전공지는 잠에서 깬 후 이상히 여겨져 오희에게 꿈을 고하였다. 그러자 오희는 기뻐하며 안병을 장사승상(長史丞相)으로 삼았다. 안병은 비밀리에 양거원(楊巨源), 이호의(李好義) 등과 모의하여 오희를 주살하였다. 안병은 자(字)가 자문(子文)으로 광안인(廣安人)이다.

張瞻夢以石臼爲炊。

장첨(張瞻)은 꿈에 돌절구에 불을 땠다.

酉陽雜俎曰、張瞻嘗客外、將歸一夕、忽夢炊臼中。就江淮王生解之、王生曰、君歸不見妻矣。臼中炊、無婦也。蓋釜婦同音耳。瞻歸妻果卒。

《유양잡조(酉陽雜俎)》에 이르기를, 장첨(張瞻)이 일찍이 타향에 있을 때 집으로 돌아가려고 하였는데 밤에 꿈을 꾸었다. 장첨 자신이 돌절구에 불을 땠다. 장첨이 잠에서 깨어 강회(江淮)에 사는 왕생(王生)에게 꿈을 말하니 왕생이 해몽하기를 "그대는 귀가해도 아내를 만나지 못할 것이오. 돌절구에 불을 땠음은 솥이 없기 때문이오. 솥 부(釜)와 아내 부(婦)는 동음(同音)이오." 장첨이 귀가해보니 아내는 죽어 없었다.

王濬夢懸四刀。

왕준(王濬)은 꿈에 칼 네 자루를 매달았다.

晉書曰、王濬在郡、夢懸四刀於其梁。甚惡之、濬主簿李毅拜賀曰、夫三刀爲州、而見四、益一也。明府其臨益州乎。已而果然。

《진서(晉書)》에 이르기를, 왕준(王濬)[12]이 군(郡)에 있을 때 꿈을 꾸었다. 칼 네 자루를 관부(官府)의 대들보에 매달았다. 왕준은 잠에서 깬 뒤 매우 불쾌히 여기다가 주부(主簿) 이의(李毅)에게 꿈을 말하였다. 그러자 이의가 경하(慶賀)한다며 절을 한 후 말하기를 "대저 칼 세 자루는 합성하면 주자(州字)가 되는데 넷을 보셨으니 하나를 더한(益) 것입니다. 공은 장차 익주(益州)로 부임하실 것입니다." 과연 그렇게 되었다.

徐溥夢授六鑰。

서부(徐溥)는 꿈에 열쇠 여섯 개를 받았다.

蹇齋瑣綴錄曰、徐溥初試京師夢至一所、若今文淵閣者、有三老授以鑰牡六焉。溥入仕歷司經局·左右春坊·詹事·吏卿·至內閣·司印、果六。

《건제쇄철록(蹇齋瑣綴錄)》에 이르기를, 서부(徐溥)[13]가 경사(京師)에서 초시(初試)에 응시하기 전에 꿈을 꾸었다. 한 곳에 이르러 보니 현재의 문연각(文淵閣)[14] 같았는데 그곳에 세 노인이 있다가 서부에게 열쇠 6개를 주기에 받았다. 서부는 잠에서 깬 뒤 급제하여 사경국(司經局), 좌우춘방(左右春坊), 첨사(詹事), 이경(吏卿), 내각(內閣), 사인(司印)을 역임하니 과연 여섯이었다.

劉仁恭夢佛幡出指上。

유인공(劉仁恭)은 꿈에 손가락 위에서 불번(佛幡)이 나왔다.

> 北夢瑣言曰、劉仁恭微時夢佛幡、於手指上飛出。或曰、君年四十九、必有
> 旌幢之貴。果然。

《북몽쇄언(北夢瑣言)》에 이르기를, 유인공(劉仁恭)[15]은 미시(微時)[16]에 꿈을
꾸었는데 손가락 위에서 불번(佛幡)이 나와 날아갔다. 유인공이 점몽을 청
하니 그가 답하기를 "그대는 49세에 반드시 정당(旌幢)[17]을 할 만큼 귀하
게 될 것이오." 과연 그 말대로 되었다.

沈慶之夢鹵簿入廁中。

심경지(沈慶之)는 꿈에 노부(鹵簿)를 따라 칙간(廁間) 가운데로 들어갔다.

> 陳書曰、沈慶之嘗夢引鹵簿入廁中、慶之甚惡入廁之鄙。時有善占夢者
> 云、君必大富貴、然未在旦夕。問其故、答云、鹵簿固是富貴、容廁中所謂
> 後帝也。知君富貴不在今生。

《진서(陳書)》에 이르기를, 심경지(沈慶之)[18]가 일찍이 꿈을 꾸었다. 노부(鹵
簿)에 이끌리어 칙간(廁間) 가운데로 들어갔다. 심경지는 잠에서 깬 후 칙
간의 더러움을 매우 불쾌히 여기면서 점몽에 능한 자에게 꿈을 말하였다.
그가 답하기를 "그대는 반드시 크게 부귀(富貴)할 것이오. 그러나 아침저
녁 사이에 되지는 않소." 심경지가 연유를 물으니 답하기를 "노부(鹵簿)는
본시 부귀함을 뜻하고 그를 따라 칙간에 들어간 것은 후대에 황제가 되는
것을 의미하오. 그러므로 그대의 부귀는 금생(今生)에 있지 않소.[19]"

陶母夢香爐降室、徵弘景之登仙.

도씨(陶氏)의 어머니는 꿈에 향로(香爐)가 실내로 내려온 것을 보았다. 이것
은 도홍경(陶弘景)이 등선(登仙)할 징조이다.

> 梁書曰、陶弘景字通明。母夢兩天人手執香爐、來至其所。已而有孕生弘

景。雲笈經曰、陶隱居初生、母夢日精在懷、二人手執金香爐降于室。

《양서(梁書)》에 이르기를, 도홍경(陶弘景)은 자(字)가 통명(通明)이다. 그의
어머니가 어느 날 꿈을 꾸었는데 천인(天人) 둘이 향로(香爐)[20]를 같이 받들
고 집으로 들어왔다. 그런 후 도홍경을 잉태하여 낳았다.
《운급경(雲笈經)》에 이르기를, 도홍경이 잉태될 때 그의 어머니는 일정(日
精)을 품는 꿈을 꾸었고 천인(天人) 둘이 금향로(金香爐)를 함께 받들고 실
내로 내려오는 꿈을 꾸었다.

任母夢彩蓋懸鈴、兆彦升之通顯。

임씨(任氏)의 어머니는 꿈에 채색된 휘개(麾蓋)와 매달린 방울을 보았는데
이는 임언승(任彦升)이 현달(顯達)하게 될 징조이다.

> 梁書曰、任昉字升彦。升母裴氏、夢五色彩蓋、四角懸鈴、一鈴落入懷中。
> 遂有娠生昉、八歲能屬文、任爲御史中丞。

《양서(梁書)》에 이르기를, 임방(任昉)[21]은 자(字)가 언승(彦升)이다. 그의 어
머니 배씨(裴氏)가 어느 날 꿈을 꾸었다. 오색빛깔로 된 휘개(麾蓋)의 사방
에 방울들이 매달려 있었는데 그중 하나가 떨어져 품 가운데로 들어왔다.
그러고 나서 임신하여 임언승을 낳았다. 임언승은 8세에 능히 문장을 지
었고 입사(入仕)하여서 어사중승(御史中丞)이 되었다.

夢女子攜巨篩行空中、驗金陵之漂杵。

꿈에 여자가 큰 체를 끌면서 공중을 날았는데 이는 금릉(金陵)이 위태한 징
조였다.

> 西京詩話曰、王師伐金陵、城將破。或夢女子行空中、以巨篩篩物、散落如
> 豆、著地皆成人。問其故曰、此當死於難。復見一貴人盛冠服、墮地云、此
> 徐舍人也。既寤聞錯死圍城中。後王平甫和篩字韻、詩云

> 當時徐氏擅筆墨
> 夜圍夢墮空中篩

謂此。

《서경시화(西京詩話)》에 이르기를, 왕사(王師)[22]가 금릉성(金陵城)을 공타(攻打)하였는데 성이 장차 함락되려고 할 때 어떤 자가 꿈을 꾸었다. 여신(女神)이 공중을 날면서 큰 체 안에서 콩 같은 것들을 꺼내어 땅에 뿌렸는데 땅에 닿자 모두 사람이 되었다. 그들에게 연유를 물으니 "우리는 어려움을 당해 모두 죽을 것이오." 그중 의관(衣冠)을 갖춘 귀인(貴人)이 말하기를 "나는 서사인(徐舍人)이오." 꿈꾼 자가 소문을 들으니 성이 포위되어 성안의 사람들은 서로 부둥켜안고 죽었다고 하였다. 후일 왕평보(王平甫)가 체사자(篩字)로 운(韻)을 삼아 시를 짓기를,

당시에 서씨(徐氏)는 필묵(筆墨)으로 마음대로 했건만
포위된 밤 꿈에 공중의 체에서 떨어졌구나……

이 시는 바로 금릉성 함락의 참상(慘狀)을 읊은 것이다.

夢神人舁大秤較天下、知昭容之秉衡。

꿈에 신인(神人)이 천하를 측량하는 큰 저울을 들고서 주는 것을 보고 소용(昭容)이 형권(衡權)을 잡을 것을 알았다.

唐書曰、上官昭容名婉兒。母鄭氏方娠、夢神人舁大秤曰、持此秤量天下。婉兒生踰月、母戲曰、秤量者豈爾耶。輒啞然應。後秉機政、符其夢。

《당서(唐書)》에 이르기를, 상관소용(上官昭容)[23]의 성(姓)은 상관(上官) 이름은 완아(婉兒)이다. 어머니 정씨(鄭氏)가 소용(昭容)을 막 잉태하였을 때 꿈을 꾸었다. 신인(神人)이 큰 저울을 주면서 말하기를 "이 저울로 천하를 측량하리라." 소용은 출산예정 달을 넘겨 출생하였다. 정씨가 소용에게 희롱하기를 "측량을 칭하는 자가 어찌 너뿐일까?" 하니 "아! 아!" 하고 응답함이 매번 물어도 언제나 같았다. 후일 소용이 기정(機政)[24]을 잡게 되니 과연 태몽과

▲ 상관소용(上官昭容)

부합하였다.

到母夢置鏡在懷、而生男。

도씨(到氏)의 어머니는 꿈에 품 안에 거울을 넣어두고 사내아이를 낳았다.

南史曰、到鏡字圓照、到漑之子也。母夢懷鏡及生、因以名焉。

《남사(南史)》에 이르기를, 도경(到鏡)은 자(字)가 원조(圓照)인데 도개(到漑)의 아들이다. 어머니가 꿈에 거울을 품에 넣고 나서 그를 낳아 이로 인해 이름을 지었다.

王子夢納鏡在胸、而明術。

왕자(王子)는 꿈에 거울을 가슴 안에 넣고서 술수(術數)에 밝아졌다.

解見形貌篇、王處訥夢剖胸注。

풀이는 《형모편(形貌篇)》의 '왕처눌(王處訥)은 꿈에 가슴을 갈랐다.' 208p를 보시라.

元質夢挽弓射狗、而得第。

배원질(裴元質)은 꿈에 활을 당겨 개를 쏘고서 급제(及第)하였다.

朝野僉載曰、裴元質擧進士。夢一狗從竇出、挽弓射之、其箭遂擊、以爲不祥。夢神解之曰、狗第字頭也、弓者第字身也、箭字第字竪也、有擎成第字。果及第。

《조야첨재(朝野僉載)》[25]에 이르기를, 배원질(裴元質)이 진사시(進士試)에 응시하기 전에 꿈을 꾸었다. 개 한 마리가 구멍으로부터 나오길래 활을 쏘아 개를 꿰뚫었다. 배원질은 잠에서 깬 후 이를 흉(凶)하게 여겼다. 그러나 《몽신해지(夢神解之)》에 쓰여 있기를, 개 구(狗)는 제자(第字)의 머리이고 활 궁(弓)은 몸이다. 화살 전(箭)은 곧게 세울 수 있는 것이니 화살로 몸을 꿰뚫으면 제자(第字)가 이루어진다. 배원질은 과연 급제(及第)하였다.

混塡夢載弓入海、而成功。

혼진(混塡)은 꿈을 꾸고서 바다로 나아감으로써 성공하였다.

> 外夷傳曰、扶南之先、女人爲主、名柳葉。有模扶國、人字混塡。好事神、夜
> 夢神賜弓一張、敎載買人船入海。混塡覺遂往廟、神樹下得弓。便載大船
> 入海、神逈風令至扶南。柳葉欲劫取之、混塡擧神弓射焉、貫船通渡柳葉
> 懼伏、混塡因王扶南。

《외이전(外夷傳)》에 이르기를, 부남국(扶南國)[26]은 옛날에 여인 유엽(柳葉)이
왕이었다. 같은 시대에 모부국(模扶國)[27]에 혼진(混塡)이 살고 있었는데 그
는 신(神)을 섬기기를 좋아했다. 혼진의 꿈에 신이 나타나 일장(一張)의 활
을 주며 지시하기를 "너는 이 활을 지니고 사람과 큰 배를 사서 타고서 바
다로 나아가라." 혼진은 잠에서 깨어나자 묘(廟) 앞에 있는 신수(神樹) 밑에
서 활을 발견하였다. 혼진이 활을 메고 큰 배를 타고 바다로 나아가니 신
이 순풍으로 도와 부남국의 해안 가까이 이르렀다. 해안에 있던 부남왕
유엽은 바다에 큰 배가 보이자 큰 배와 물건들을 빼앗기 위해 군사들을
데리고 배를 타고 혼진이 탄 배를 향해 돌진하였다. 그러자 혼진이 신궁
(神弓)을 들어 유엽의 배를 향해 쏘니 화살이 배를 뚫고 바닷물 위로 날아
갔다. 유엽이 두려워 항복하니 혼진은 부남왕이 되었다.

夢威儀喧迎、而宣宗踐祚。

꿈에 위의(威儀)를 갖춘 사람들을 큰 소리로 맞아들이는 것을 보고서 선종
(宣宗)은 직위(職位)를 옮겼다.

> 宣室志曰、盧尙書貞猶、子爲僧。會昌中沙汰、僧徒斥歸家、以蔭補光王府
> 參軍。夜夢八面屯兵、千乘萬騎、旌旗日月、衣裳錦繡、儀衛四合、軍中人
> 喧言迎光王。驚寤、宣宗果自光邸踐祚。

《선실지(宣室志)》[28]에 이르기를, 상서(尙書) 노정유(盧貞猶)의 아들은 중이

되어 회창(會昌)에 있었는데 사태(沙汰)가 나자 승도(僧徒)를 추방하니 귀가 하였다가 음보(蔭補)[29]로서 광왕부(光王府)의 참군(參軍)이 되었다. 참군이 어느 날 밤에 꿈을 꾸었다. 광왕부의 둘레를 천 수레와 기병(騎兵) 만 명이 둘러싸고 있는데 깃발들은 해와 달처럼 빛나고 있었다. 또한 관리들이 수 놓은 의상을 입고 있었는데 위의(威儀)는 사방의 관리 모두가 같았다. 이 때 군중(軍中)의 한 사람이 큰 소리로 광왕(光王)을 맞아들였다. 참군은 놀라서 잠에서 깨었는데 아침이 되자 광왕은 찾아온 많은 관리들과 함께 입궐하여 황제 선종(宣宗)으로 즉위하였다.

夢絳帳流繞、而尹喜誕生。

꿈에 붉은 빛깔의 휘장(揮帳)이 흘러내려 몸을 감싸고 나서 윤희(尹喜)를 낳았다.

關令內傳曰、關令尹喜、周之大夫。其母晝寢、夢絳帳自天而下、流繞其身、見長人語、母咽之。既覺口有異味。及喜生時、有雙光若日、飛遊其側室內皆明。

《관령내전(關令內傳)》에 이르기를, 관령(關令) 윤희(尹喜)[30]는 주(周)의 대부(大夫)이다. 그의 어머니가 낮잠을 자다가 꿈을 꾸었다. 붉은 빛깔의 휘장(揮帳)이 하늘에서 스스로 떨어져 흘러내려 몸을 감싸는 것이었다. 이때 한 키 큰 사람이 나타나 말하는 대로 휘장(揮帳)을 삼키었다. 깨어보니 꿈이었다. 입안에는 이상(異常)한 맛이 느껴졌다. 그리고 나서 윤희(尹喜)를 낳았는데 햇빛 같은 빛 덩어리들이 윤희의 곁을 감싸며 맴도니 실내가 모두 밝았다.

夢道士持旌節、而李涼公卒於天宮。

꿈에 도사(道士)가 정절(旌節)을 지닌 것을 보고 이량공(李涼公)은 천궁사(天宮寺)에서 죽었다.

續怪錄曰、涼武公李愬、殊勳之子、擒蔡破鄆、長慶元年秋、自魏博節度使·左僕射·平章事、召徵還京。將入洛、其衙門將石季武先在洛、夢涼公

登天津橋、季武爲導、有道士八人乘馬、持絳
節幡幢、導騎呵之、對曰、我迎仙公、安知宰
相。謂季武曰、可記我詩聞於相公。詩曰、

聳轡排金闕
乘軒入漢査
浮名何足戀
高擧入煙霞

▲ 이소(李愬)

後三日、涼公果登天津橋、季武爲導、因入憩
天宮寺、月餘而薨。

《속괴록(續怪錄)》에 이르기를, 양무공(涼武公) 이소(李愬)[31]는 이수훈(李殊
勳)의 아들이다. 이소는 채주(蔡州)의 역적두목을 생포하고, 운주(鄆州)를
평정하였다. 장경원년(長慶元年 A.D 821) 가을, 위박절도사(魏博節度使), 좌
복야(左僕射), 평장사(平章事)를 입궐토록 소집하자 이소는 아문장(衙門將)
석계무(石季武)를 먼저 낙양(洛陽)으로 출발시켜 준비하게 하였는데 석계
무가 밤에 꿈을 꾸었다. 자기가 양무공을 인도하여 낙양성 내에 있는 천
진교(天津橋)에 오르니 도사 8인이 말을 타고 붉은 정절(旌節)[32]과 번당(幡
幢)[33]을 세운 채 영접하였다. 석계무가 도사들에게 이는 재상에 대한 무
례(無禮)라고 꾸짖자 한 도사가 답하기를 "우리는 선공(仙公)[34]을 영접하려
하오. 양무공을 재상으로만 알고 있지는 않소." 다시 향도(嚮導)[35]인 석계
무에게 말하기를 "내가 양무공으로부터 들은 시를 읊겠소."

뛰어 나온 말고삐를 당겨 금궐(金闕)을 멀리하고
수레타고 은하수(銀河水)에 들어갔네.
헛되이 뜬 명예를 어찌 족히 연연(戀戀)하리오?
높이 올라 연하(煙霞)[36]에 들면 그만인 것을……

석계무는 잠에서 깨어 3일 후 양무공을 인도하여 천진교에 올랐고 양무
공은 이 기회에 휴식하려고 조금 떨어진 천궁사(天宮寺)를 찾았는데 그곳
에서 한 달 넘게 있다가 죽었다.

夢僧童持寶幢、而薛中丞卒於臺省。

꿈에 동승(童僧)이 보당(寶幢)을 지니고 왔기 때문에 설중승(薛中丞)은 대성(臺省)에서 죽었다.

朝野僉載曰、御史中丞薛存誠、元和末、由臺丞入給事中、復亞臺長。臺吏
夢僧童數十人、持寶幢謂吏曰、中丞元是羅漢、謫來俗界、五十年足、故來
迎耳。未幾薛卒年甫五十。

《조야첨재(朝野僉載)》에 이르기를, 어사중승(御史中丞) 설존성(薛存誠)은 원화(元和 A.D 806~820) 말에 대승(臺丞)에서 급사중(給事中)으로 들어갔다가 다시 아대장(亞臺長)이 되었다. 대리(臺吏)가 꿈을 꾸었다. 동승(童僧) 수십 인이 보당(寶幢)[37]을 지니고서 대리(臺吏)에게 말하기를 "중승(中丞)은 원래 나한(羅漢)[38]이었는데 속계로 귀양 온 것입니다. 50년이면 족하기 때문에 영접하러 찾아온 것입니다." 얼마 되지 않아 설존성(薛存誠)이 죽었는데 나이가 50세였다.

乃若舟車之器、應夢亦殊、鄭光夢車載日月。

따라서 배와 수레 같은 기물(器物)도 꿈에 감응하는 바가 다른 기물과 다르다. 정광(鄭光)은 꿈에 수레에 해와 달을 실었다.

解見日月篇、鄭光注。

풀이는 《일월편(日月篇)》의 '정광(鄭光).' 152p를 보시라.

劉穆之夢舟施華蓋。

유목지(劉穆之)[39]는 꿈에 배에 화개(華蓋)를 덮었다.

解見天者篇、合舟升天注。

풀이는 《천자편(天者篇)》의 '배를 합쳐 하늘에 올랐다.' 133p를 보시라.

沈嶓求夢渡江覆船、水分二段。

심파구(沈嶓求)는 꿈에 강을 건너다가 배가 뒤집혀 강물이 양쪽으로 갈라졌다.

> 葆光錄曰、沈嶓求爲邑宰。夜夢還家、渡江船覆、水分爲二、西淸東濁、遂
> 沿東而過。以問友人、對曰、君當授分水縣。後旬日果驗。往謝之、友人勉
> 曰、爲政宜淸、沿濁而過、非嘉。嶓後以濫敗。

《보광록(葆光錄)》에 이르기를, 심파구(沈嶓求)는 읍재(邑宰)[40]가 되기 위해 노력하던 중에 어느 날 밤 꿈을 꾸었다. 귀가(歸家)차 강을 건너기 위해 배를 탔는데 배가 뒤집혔다. 강물이 양쪽으로 갈라졌는데 서쪽은 맑고 동쪽은 탁했다. 심파는 동쪽 연안(沿岸)으로 헤엄쳐 나왔다. 심파가 잠에서 깨어 벗에게 꿈을 물어보니 대답하기를 "그대는 마땅히 분수현(分水縣)을 다스리게 될 것이네." 그 후 10여 일이 지나니 과연 징험하였다. 심파가 벗을 찾아가 감사해 하자 벗이 힘주어 말하기를 "정치는 맑게 하는 것이 당연한데 그대는 동쪽의 탁한 물을 통과하였으니 좋지는 않네." 그런 후 심파는 분수현을 함부로 다스리다가 실패하였다.

行休夢乘舟渡水、舟判兩頭。

행휴(行休)는 꿈에 배를 타고 물을 건너는 것과 배가 양쪽머리 쪽으로 갈라지는 것을 보았다.

> 唐書曰、義陽王琮、與二弟同死桂林。開元四年、琮子行休請迎柩、旣至無
> 封樹。議者謂不可復得。行休席地以祈。是夜夢王乘舟、舟判爲二、旣而適
> 野、見東州中斷。乃悟焉、發之果得。

《당서(唐書)》에 이르기를, 의양왕(義陽王) 종(琮)과 둘째 아우는 계림(桂林)에서 같이 죽었다. 개원 4년(開元 A.D 716) 종(琮)의 아들 행휴(行休)는 부친이 사망했다는 연락을 받고 운구(運柩)하기 위해 계림으로 갔다. 행휴는 관 뚜껑을 구하지 못했는데 주위에 물어보니 이곳에서는 구할 수 없다고 답하였다. 행휴는 고민하다가 하늘에 기도하였다. 그러고 나서 그날 밤 꿈을 꾸었다. 아버지가 배를 타고 항해하고 있었는데 갑자기 강 가운데의 벌판에 부딪혀 둘로 갈라지고 말았다. 주위를 보니 그곳은 동주(東州)였다. 행휴는 잠에서 깨자 즉시 동주로 가서 관 뚜껑을 구할 수 있었다.

謝安夢乘桓溫之輿。

사안(謝安)은 꿈에 환온(桓溫)의 수레를 탔다.

> 晉書曰、謝安遇疾篤。謂所親曰、昔桓溫在時、吾常懼不全。忽夢乘溫輿行十六里止、乘溫輿者、代其位也。

《진서(晉書)》에 이르기를, 사안(謝安)[41]은 어느 날부터 갑자기 근실(勤實)하게 말하고 행동하였다. 사안이 이에 대해 가까운 사람에게 말하기를 "지난 날 환온(桓溫)[42]이 살았을 때 그를 보면 나는 완전해지지지 못할까 두려웠소. 그런데 어느 날 홀연히 나는 꿈에 환온의 수레를 타고 16리를 가서 그쳤소. 나는 환온의 수레를 탔으니 그의 직위를 계승할 것이오."

杜稜夢討侯景之艦。

두릉(杜稜)은 꿈에 후경(侯景)의 함선(艦船)을 정토(征討)하려는 것을 보았다.

> 陳書曰、高祖進兵大雷。軍人杜稜、夢雷池君周何神自稱征討大將軍、乘朱航、陳甲仗、稱下征侯景。須臾便還、云已殺景竟。景兵果敗。

《진서(陳書)》에 이르기를, 고조(高祖)가 진군할 때 큰 천둥이 쳤다. 군인 중 두릉(杜稜)[43]이 꿈을 꾸었다. 뇌지군(雷池君)[44]이 알 수 없는 신(神)들에게 둘러싸인 채 정토대장군(征討大將軍)이라고 칭하며 붉은 함선을 타고 갑장(甲仗)을 진열한 채 후경(侯景)을 정벌하겠다면서 전진하였다. 잠시 후에 뇌지군이 돌아와 말하기를 "이미 후경을 죽였노라." 마침내 후경은 과연 패전하였다.

此舟車之應夢者也。舟車之外、有益民用者、孰非器物也哉。惟聖人能制器而尙象、在君子貴藏往而知來。

이는 배와 수레가 꿈에 감응한 것이다. 배와 수레 외에 백성을 유익하게 하기 위해 이용할 수 있는 것이 꼭 기물(器物)만은 아니다. 오직 성인(聖人)만이 형상(形相) 이상의 것을 제어할 수 있고, 군자(君子)는 형상에 간직되어 있는 것이 감으로써 오게 되는 이치를 앎을 귀하게 여긴다.

■ 注疏

1) 《제왕세기(帝王世紀)》: 晉의 皇甫謐이 撰한 1권의 책. 역대 제왕의 治蹟과 身邊事가 기록되어 있다.

2) 상탕(商湯): 殷湯이라고도 한다. 商의 開國王. 契의 후손으로 名은 履. 臺에서 살기 시작하면서 夏의 方伯이 되었다. 葛伯이 不祀하자 湯이 이를 처음으로 정벌하였다. 伊尹에게 國政을 맡겼으며 夏桀이 無道하자 湯이 이를 伐하여 南巢에 놓아주었다. 이로써 천하를 얻어 국호를 商이라고 하였다. 재위 B.C 1783~1754.

3) 유면(劉沔): 唐人. 幼時에는 貧寒하였으나 후에 涇原節度使, 太子太傅가 됨.

4) 위(魏)의 무제(武帝): 曹操. 後漢 沛國의 楚人. 字는 孟德. 젊은 시절에 機智와 權術이 있어 20세에 孝廉이 되었고 洛陽北部尉를 제수받았다. 騎都尉가 되어 黃巾賊을 토벌하였고 義兵을 일으켜 董卓을 쳤으며 袁紹, 袁術을 破하고 스스로 大將軍이 되었다. 丞相에 올랐다가 魏王이 되었으며 스스로를 周文王에 비유하였다. 廟號는 太祖이다.

5) 진(晉)의 문제(文帝): 三國시대 魏의 溫縣人. 司馬懿의 차남. 이름은 司馬昭, 字는 子上이다. 曹髦가 재위할 때 대장군이 되어 국정을 전횡하여 스스로 相國이 되었다. 조모를 시해하고 元帝를 세웠는데 그의 아들 炎이 魏를 찬탈하고 사마소를 文帝로 추존하였다. 위무제의 꿈속에 말 셋은 魏, 蜀, 吳 3국이고 한 구유통은 말을 다스림(=司馬)이니 이 꿈은 장차 司馬氏가 천하의 주인이 된다는 豫示이다.

6) 무후(武后): 武則天. 唐代의 文水人. 高宗의 后妃이다. 權略이 있으며 知人에 능하였다. 처음에는 太宗의 才人이었다가 태종이 죽자 출궁하여 여승이 되었다가 고종이 즉위하자 입궁하여 황후가 되었다. 고종이 죽자 中宗을 세웠다가 폐하고 睿宗을 세웠으나 다시 폐하고 스스로 皇位에 올라 開國하여 周라고 칭하였다. 후일 宰相 張東之가 중종을 복위시켰다.
雙六은 博戱의 일종으로 骰子를 던져 점수대로 말을 옮기는데 상대의 말을 잡아먹으면 이긴다. 骰子는 본시 2개였으나 후일에 6개로 변했다고 한다. 투자는 주사위로 아들을 의미하는데 당시의 투자 2개는 무후의 아들 중종과 예종을 가리킨다. 쌍육이 가진 의미는 六은 一과 함께 水에 해당되는데 水는 流通이며 자녀를 의미하고 6×6=36은 周天數로 하늘 같은 帝王의 道를 의미한다.

7) 여릉왕(廬陵王): 唐高宗과 武則天 사이에서 출생한 7번째 왕자. 이름은 李顯. 고종의 뒤를 이어 中宗으로 등극하였으나 무측천에 의해 폐위되고 여릉왕으로 강등되어 均州로 유배되었으나 무측천이 선위하자 중종으로 복위되었다.

8) 《문심조룡(文心雕龍)》: 梁의 劉勰이 찬술한 10권. 原道, 徵聖, 宗經, 正緯, 風骨, 章句, 知音 등이 그 내용이다. 크게 전반부는 문장의 體制. 후반부는 문장의 巧拙을 논했다.

9) 왕무(王茂): 梁人. 兵書를 애독하였고 臺郎이 되었다. 齊가 장차 망하려고 하자 변방의 직책을 자원하였다가 武帝가 起兵하자 가장 앞장섰다. 司空을 연임하였다. 성품은 寬厚하고 거처함은 단정하였다.

10) 경종악기(磬鍾樂器): 鍾磬이라고도 한다. 磬은 돌을 깎아 만든 ㄱ자 모양의 작은 석판이고 鍾은 작은 금속성 종인데 磬은 磬대로 鍾은 鍾대로 각기 여러 개를 音階대로 매달아 놓고 두드려 연주한다. 중요 祭禮, 儀式에 주로 사용한다. 중국의 민간금기 중에는 鍾은 마칠 終과 동음이라 하여 鍾이나 시계를 선물하지 않는다.

11) 오희(吳曦): 宋代의 慶元(A.D 1195~1200) 중에 仕官하여 四川宣撫副使 겸 陝西河東招撫使가 되어 관외의 4개주를 金에 바치고 蜀王으로 봉함을 받았다. 成都에 도읍하려다가 부하관원에게 살해되었다.

12) 왕준(王濬): 晉의 弘農人. 字는 士治. 博學하며 큰 뜻을 지녔다. 益州刺史 시에 명을 받들어 견고한 선박을 만들어 吳를 정벌하려고 하였으나 오군(吳軍)이 쇠줄로 晉의 船團을 막으려고 하자 뗏목으로 쇠줄을 녹이고 진군하니 吳主 孫晧가 항복하였다. 撫軍大將軍까지 관위가 올랐다. 칼의 篆書는 이니 좌획을 점으로 보면 ·l이 되니 고을 州의 3분의 1이다.

13) 서부(徐溥): 明人, 華蓋殿大學士. 성품은 凝重하고 節度가 있었다. 人才를 애호하여 獄事에 연루될 인재들을 음양으로 救護하였다.

14) 문연각(文淵閣): 內閣의 하나. 明代에 成祖가 南京에 설치하였다가 北京으로 옮겼다. 典籍을 모아 넣고 천자의 講讀하는 곳으로 사용되었는데 淸代에는《四庫全書》를 편집하여 보관하였다.

15) 유인공(劉仁恭): 唐人. 盧龍節度使로 豪縱하고 智略이 있었다. 후에 朱全忠을 따라 반역하여 참수당하였다.

16) 미시(微時): 출세하지 못했던 시절.

17) 정당(旌幢): 官位의 상징인 그림이 있는 旗를 旌이라 하고 상하로 긴 비단에 관위와 성명을 수놓은 기를 幢이라고 한다.

18) 심경지(沈慶之): 南朝宋人. 晉末에 孫恩이 반란을 일으켰을 때 20세 전인데도 鄕族과 함께 이를 여러 차례 격퇴하여 용맹을 떨쳤다. 후에 寧遠中兵參軍이 되어 蠻族을 수차례 격퇴하였다. 元嘉 중에 공을 거듭 세워 建威將軍이 되어 만족과 弑逆者들을 토벌하였다. 孝武帝 즉위 후 始興郡公에 봉해졌으며 侍中太尉에 올랐다.

19) 노부(鹵簿)는 본시~있지 않소: 鹵簿는 고관이나 제후가 車駕로 행차 시 맨 앞에서 羽旗를 들고 行團을 인도하는 職名이다. 鹵簿는 老簿와 同音이다. 즉 본시부터 富者라는 뜻으로 쓰인다. 廁間의 廁은 임금명령 勅, 법칙 則과도 동음이며 대변색이 노란 것은 黃金色, 황제의 색이다. 칙간은 "뒤를 보는 곳" 의 뜻이 있으니 後代를 의미하고 則도 後代의 뜻이 있다.

20) 향로(香爐): 향로는 祈禱를 의미한다. 도홍경은 역사 이래 최초로 도교의 신, 신선들을 망라하여 서열에 따른 계보를 작성하였으니 그 명칭은《靈寶眞靈位業圖》이다.

21) 임방(任昉): 南朝의 梁人. 어려서부터 학문을 좋아하여 일찍부터 이름을 얻었다. 武帝 때에는 新安太守를 하면서 善政의 명성이 있었다.《祕閣四部篇卷》이 粉雜하였는데 任昉이 校列하여 篇目을 정하였다. 雜傳, 地記, 文章에 관해 많은 저술을 하였다.

22) 왕사(王師): 王의 군대.

23) 상관소용(上官昭容): 唐의 陜州人. 上官儀의 손녀이다. 지혜롭고 문장에 능하였다. 14세에 武后의 부름을 받고 입궐하여 조칙을 관장하였으며 昭容이 된 후 황제에게 주청하여 書舘을 크게 짓고 學士를 증원케 하였다. 韋后가 패하자 참수당하였다.

24) 기정(機政): 度, 量, 衡을 정하여 감찰하고 시행하는 행정.

25) 《조야첨재(朝野僉載)》: 唐의 張鷟이 撰한 6권의 책. 장작이 天寶(A.D 742~756) 전에 죽자 핵심 부분인 敬宗, 宣宗 시의 일을 諸書에서 채록하여 원본에 없던 이 부분을 다시 無名氏가 成編하여 補遺를 만들었다. 내용은 唐代, 朝野의 軼聞, 猥雜事에 관한 것이다.

26) 부남국(扶南國): 옛 나라 이름. 《中文大辭典》은 暹羅地=타일랜드이나, 《諸蕃志》에 의하면 지금의 베트남이다. 옛 이름은 安南이다.

27) 모부국(模扶國): 不明. 《諸蕃志》에도 나오지 않는다.

28) 《선실지(宣室志)》: 唐의 張讀이 撰한 10권, 補遺 1권으로 된 책. 내용은 鬼神과 靈異의 일들이다.

29) 음보(蔭補): 선조에게 官位나 공훈이 있을 시에 후손에게 몇 품계 낮게 주는 官職.

30) 윤희(尹喜): 周人. 字는 公度. 函谷關吏로 있으면서 노자(老子)가 西遊하려고 함을 氣를 살펴 眞人이 지나갈 것을 미리 알았다. 과연 老子를 만나 五千言의 《道德經》을 받았다. 저서는 《關尹子》가 있다.

31) 이소(李愬): 唐의 成紀人. 字는 元直. 謀略에 능하고 말 타기와 활에도 능하였다. 元和(A.D 806~820) 중에 蔡州에서 반란이 일어나자 채주에 들어가 吳元濟를 사로잡았다. 涼國公에 봉해졌고 太子少保를 연임하였다.

32) 정절(旌節): 使者가 가지고 다니는 끈에 마디가 있는 모양의 기.

33) 번당(幡幢): 官位, 신분 등을 적거나 수놓은 상하로 긴 기.

34) 선공(仙公): 神仙.

35) 향도(嚮導): 貴人이나 官人의 행차 시에 앞에서 소리치며 앞길을 인도하는 사람.

36) 연하(煙霞): 仙界.

37) 보당(寶幢): 幡幢.

38) 나한(羅漢): arhat. 聲聞四果 중의 하나. 應供, 應眞, 殺賊, 不生의 뜻이 있다. 三界見과 迷惑을 끊음이 다하여 盡智를 증득한 성자. 小乘佛敎에서는 最高果位를 일컫는다.

39) 유목지(劉穆之): 南朝宋人. 字는 道和. 武帝를 좇아 建業을 평정하고 안으로는 朝政을 총괄하고 밖으로는 軍旅를 다스렸다. 尙書右僕射까지 관위가 올랐다. 결단함이 물 흐르듯 하였다.

40) 읍재(邑宰): 縣邑의 長. 縣令을 통칭하는 옛말.

41) 사안(謝安): 晉人. 용모가 빼어나고 정확하였으며 침착하고 총명하였다. 명예를 중요시하지 않았으나 桓溫으로부터 司馬의 직위를 계승한 후 侍中에까지 이르렀다. 孝武帝를 끝내 잘 보필하여 尙書僕射, 領中書令이 되었으며 苻堅의 침공를 大破하였다.

42) 환온(桓溫): 晉人. 태어났을 때부터 울음소리가 하도 커 英雄으로 여겨 이름을 溫으로 지었다. 元帝 시에 駙馬都尉가 되었고 明帝 시에는 蜀을 쳐서 征西大將軍, 그 뒤 大司馬, 南郡公에 봉해졌으며 燕에 패한 후 文帝를 세우고 帝位를 찬탈하려다 죽었다.

43) 두릉(杜稜): 陳人. 소년시절에는 불우하였다. 처음에는 梁에서 벼슬하였으나 공을 거듭 세워 右衛將, 永定初(A.D 557~559)에는 侍中中領軍, 右光祿大夫까지 관직이 이르렀다.

44) 뇌지군(雷池君): 雷池의 水神. 雷池의 始源은 大雷水이다. 湖北省의 黃梅縣에서 출발하여 安徽省의 宿松縣을 중심으로 하여 머물렀다가 동쪽으로는 長江으로 들어간다.

8. 재화편 財貨篇第八

財貨之夢、珠玉錢帛之類是也。夢糞穢木石者得財貨、夢珠玉錢帛者多光顯。昔樂史之母、夢珠五色。

재물(財物)과 화폐(貨幣)의 꿈이란 구슬, 옥, 돈, 비단의 종류이다. 꿈에서 똥, 오물(汚物), 나무, 돌 등을 본 사람은 재물과 화폐를 얻게 된다. 또한 꿈에서 구슬, 옥, 돈, 비단 등을 본 사람은 빛나게 드러나게 된다. 옛적에 낙사(樂史)의 어머니는 꿈에 오색구슬을 보았다.

> 宋史曰、樂史宜黃人。母夢異人授五色珠、而生史。力學有文、南唐進士第一、入宋復登科甲。著太平寰宇記。
>
> 《송사(宋史)》에 이르기를, 낙사(樂史)[1]는 의황인(宜黃人)이다. 그의 어머니가 꿈에서 이인(異人)으로부터 오색구슬을 받고서 낙사를 낳았다. 배움에 힘써 문장(文章)을 갖게 되어 남당(南唐)의 진사시(進士試)에서 일등으로 급제하였다. 그 뒤 송(宋)에 들어가 다시 과거에 급제하였다. 저서로는《태평환우기(太平寰宇記)》가 있다.

佛祖之母、夢珠二枚。

불조(佛祖)의 어머니는 꿈에 구슬 두개를 보았다.

> 佛書曰、二十四祖母、夢吞珠二枚、一羅漢曰、當生二子。一卽二十四祖卽鵄尼。
>
> 불서(佛書)에 이르기를, 24조(二十四祖)의 어머니는 꿈에서 구슬 두 개를

삼켰다. 한 나한(羅漢)이 이르기를 "마땅히 두 아들을 낳을 것이오."라고
하였다. 그중 하나가 24조(二十四祖), 즉 추니(貂尼)[2]이다.

西施之母、夢珠射身。

서시(西施)의 어머니는 구슬이 날아와 몸에 맞는 꿈을 꾸었다.

> 翰府名談曰、西子母夢明珠射體、感而有孕。
>
> 《한부명담(翰府名談)》에 이르기를, 서시(西施)[3]의 어머니는 밝은 구슬이 날
> 아와 몸에 맞는 꿈을 꾸고 감응하여 서시를 잉태하였다.

寇瑊之母、夢珠入口。

구함(寇瑊)의 어머니는 구슬을 삼키는 꿈을 꾸었다.

> 宋史曰、寇瑊字次公、臨汝人。母夢神人授吞之而娠。遂生瑊、擢進士。
>
> 《송사(宋史)》에 이르기를, 구함(寇瑊)[4]은 자(字)가 차공(次公)으로 임여(臨汝)
> 사람이다. 그의 어머니는 꿈에 신인(神人)이 주는 구슬을 삼키고서 구함을
> 잉태하여 낳았다. 구함은 진사(進士)로 발탁(拔擢)되었다.

南齊桓氏、夢食玉勝。

남제(南齊)의 환씨(桓氏)는 옥승(玉勝)을 먹는 꿈을 꾸었다.

> 南齊書曰、高昭劉皇后母桓氏、夢吞玉勝而娠。遂生后。
>
> 《남제서(南齊書)》에 이르기를, 고소유황후(高昭劉皇后)의 어머니 환씨(桓氏)
> 는 꿈에서 옥승(玉勝)[5]을 삼키고 임신하고 따라서 황후를 낳았다.

北齊胡氏、夢坐玉盆。

북제(北齊)의 호씨(胡氏)는 옥(玉)항아리 위에 앉는 꿈을 꾸었다.

解見食衣篇、日入裙下注。

풀이는《식의편(食衣篇)》의 '해가 치마 밑으로 들어갔다.' 236p를 보시라.

邵康節之母、夢用玉筯。

소강절(邵康節)의 어머니는 옥 젓가락을 사용하는 꿈을 꾸었다.

解見食衣篇、邵婦夢用玉筯注。

풀이는《식의편(食衣篇)》의 '소부(邵婦)가 꿈에서 옥 젓가락을 사용하였다.' 225p를 보시라.

章得象之母、夢獲玉像。

장득상(章得象)의 어머니는 옥상(玉像)을 얻는 꿈을 꾸었다.

宋史曰、章得象字希言。母娠時夢登山遇神、授以玉像。

《송사(宋史)》에 이르기를, 장득상(章得象)은 자(字)가 희언(希言)이다. 그의 어머니가 임신하였을 적에 꿈을 꾸었는데 산(山)에 올라 신(神)을 만나 옥상(玉像)을 받았다.

宰相張說、夢玉燕而生。

재상(宰相)인 장열(張說)은 어머니가 옥제비의 꿈을 꾸고 낳았다.

開元遺事曰、張說母夢一玉燕飛入懷中、因而有孕。生說、後爲宰相。故人有飛燕投懷之句。

《개원유사(開元遺事)》에 이르기를, 장열(張說)[6]의 어머니가 꿈을 꾸었는데 한 마리 옥 제비가 날아서 품으로 들어왔다. 이로 인해 임신하여 장열을 낳았고 후에 재상이 되었다. 그리하여 사람들은 "제비가 날아서 품에 들었다." 라는 구절을 읊게 되었다.

郎中李朝、夢玉魚而卒。

낭중(郎中)인 이조(李朝)는 옥어(玉魚)의 꿈을 꾸고서 죽었다.

戎幕閑談曰、唐貞元中、司勳郎中李朝歸第、二黃衫人引至一所、其中有人曰、時未至須玉魚下也。後朝當龍尾道上見一玉魚。把玩至家、數日卒。

《융막한담(戎幕閑談)》에 이르기를, 당(唐)의 정원(貞元 A.D 785~805) 중에 사훈낭중(司勳郎中)인 이조(李朝)가 귀가하는 중 꿈을 꾸었다. 누런 적삼을 입은 두 사람이 인도(引導)하여 한 곳에 이르렀다. 그중 한 사람이 말하기를 "때가 이르지 않았으나 반드시 옥어(玉魚)[7]를 하사하겠다." 이조는 잠에서 깬 후 출발하여 용미(龍尾)에 이르러 길에서 옥어(玉魚) 한 마리를 주웠다. 이조는 옥어를 품에 넣고 즐기며 집에 당도한 지 며칠만에 갑자기 죽었다.

彦緒夢取寶鏡。

노언서(盧彦緒)는 꿈에서 보경(寶鏡)을 얻었다.

廣異記曰、許州司倉盧彦緒所居溷。夏雨暴至、水滿其中、復臾漏盡、彦緒使人觀之、見其下有古壙、瓦棺中有婦人年二十餘、潔白凝浮、指爪長五六寸、頭插金釵十餘隻。銘誌云、是秦時人、千載後當爲盧彦緒開運數然也。閉之吉、啓之凶。又有金花寶鏡一枚、持以照日、花如金輪、彦緒取釵鏡數十物、乃閉之。夕夢婦人云、何以取吾玩具、有怨色。經一年、彦緒卒。

《광이기(廣異記)》에 이르기를, 허주사창(許州司倉)인 노언서(盧彦緒)는 거처(居處)에서 물난리를 당했다. 여름인데 폭우가 쏟아져 거처에 물이 가득차 크게 곤란했는데 갑자기 한 구멍으로 물이 빠져 원래대로 되었다. 노언서가 사람을 시켜 구멍 안으로 들어가 살펴보게 하니 구멍 안에 오래된 방이 있고 방 가운데에 옹기로 된 관(棺)이 있다고 하였다. 노언서가 관 위에 덮여있는 명기(銘旗)[8]를 보니 "이 사람은 진대(秦代)의 사람이다. 천 년 뒤에 반드시 노언서가 이글을 읽게 된다. 관을 그대로 두면 길하고 열면 흉하리라." 노언서가 관을 열어보니 한 부인이 누워있었는데 20여 세 정도이고 살결은 희며 응결되기도 하고 부풀기도 하였다. 손톱은 5,6촌이고 머리에는 금장신구를 10여 개 꽂고 있었다. 또한 둘레는 금화(金花)로 장식한 보경(寶鏡)을 쥐고 있었는데 들고서 햇빛에 비추어보니 금화는 금륜(金輪) 같았다. 노언서는 보경과 보물들을 모두 꺼내어 갖고 관을 닫았다. 그날 밤 노언서가 꿈을 꾸었다. 관안에 있었던 부인이 나타나 진노한 채 꾸짖기를 "너는 어찌하여 나의 아끼는 물건들을 훔쳤느냐?" 노언서는 잠에서 깬 후 일 년이 지나 죽었다.

閻陟夢女子贈金錢。

염척(閻陟)은 여자가 금전(金錢)을 주는 꿈을 꾸었다.

廣異記曰、閻陟幼時、父任密州長史、陟隨父在任。夢女子年十五六容色妍麗、來與己會、寢輒夢之。後夢女來別曰、妾是前長史女、死殯東南角、明日來迎妾喪矣。今有百千錢相贈。言訖、送錢于寢下。陟覺視牀下、惟有百千紙錢。

《광이기(廣異記)》에 이르기를, 염척(閻陟)은 어렸을 적에 그의 아버지가 밀주장사(密州長史)에 임관되었으므로 아버지를 따라 임지(任地)에서 살았다. 어느 날 염척이 꿈을 꾸었다. 15, 6세 정도의 매우 아름다운 여자가 찾아왔길래 함께 잠자리에 들었다. 염척은 이후 꿈속에서 그 여자와 빈번하게 동침하였다. 마지막 꿈에 그녀가 각별(恪別)히 고하기를 "첩은 본시 전임장사(前任長史)의 딸인데 죽어 동남쪽에 빈(殯)했습니다. 내일 출상(出喪)하니 오셔서 맞이해 주세요. 지금 백천 전(百千錢)이 있으니 드리겠습니다." 말을 마치자 돈을 침상 밑에 넣는 것이었다. 염척이 잠에서 깨어나 침상 밑을 보니 오직 종이돈 백천 전뿐이었다.

范母夢金席、而生男。

범씨(范氏)의 어머니는 금(金)자리의 꿈을 꾸고 남아(男兒)를 낳았다.

林邑記曰、林邑謂紫磨金爲上金、俗謂之楊邁金。范邁母夢人鋪楊邁金席、與己生兒。兒生席色昭晰、後生兒名爲邁、爲林邑王。

《임읍기(林邑記)》에 이르기를, 임읍(林邑)[9]에서는 보라색이 나도록 갈아 만든 금(金)을 상품(上品)으로 친다. 속간(俗間)에서는 이것을 양매금(楊邁金)이라고 부른다. 범매(范邁)의 어머니가 어느 날 꿈을 꾸었다. 어떤 사람이 양매금으로 도금한 자리를 주면서 아기를 준다고 말하였다. 그 후 잉태하여 아기를 낳았는데 아기의 몸 색이 양매금 색으로 밝게 빛났다. 그리하여 이름을 매(邁)라고 지었는데 범매는 임읍왕(林邑王)이 되었다.

晉帝夢玉盤、而亨位。

진제(晉帝)는 꿈에 옥쟁반을 보고 나서 제위(帝位)를 평안하게 유지하였다.

玉堂閑語曰、開運甲辰歲暮、晉帝遣中使至內署。宣問諸學士云、朕夜夢一玉盤中、有玉枕及玉帶、皆有碾文、光瑩可愛、是何徵也。承旨李愼儀奏云、玉者帝王之寶、帶者誓公之兆、盤盂者守器之象、此爲吉夢。

《옥당한어(玉堂閑語)》에 이르기를, 개운갑진년(開運甲辰年 A.D 944)이 거의 저물어갈 무렵, 진제(晉帝)는 내서(內署)에 통보한 후 직접 내서(內署)까지 가서 학사(學士)들에게 질문하였다. "짐이 어젯밤에 꿈을 꾸었다. 옥쟁반 위에 옥 베게와 옥대(玉帶)가 있었는데 모두 문자가 조각되어 있으면서 빛이 찬란해 사랑스러웠다. 이는 어떠한 징조인가?" 승지(承旨) 이신(李愼)이 예의를 갖추어 아뢰기를 "옥은 제왕(帝王)의 보물이고 띠는 공(功)을 맹서할 징조입니다. 쟁반, 발우(鉢盂)[10] 등은 기물(器物)을 수호하는 물건이니 길몽(吉夢)입니다."

梁主夢曹武借錢.

양주(梁主)는 조무(曹武)로부터 돈을 꾸었던 일을 꿈꾸었다.

解見山川篇、田邊水深注。

풀이는 《산천편(山川篇)》의 '논가의 물은 깊다.' 176p를 보시라.

謝奉夢鄭猷爭錢。

사봉(謝奉)[11]은 정유(鄭猷)가 돈 때문에 다투는 꿈을 꾸었다.

解見山川篇、爭錢落水注。

풀이는《산천편(山川篇)》의 '돈 때문에 다투다가 물에 빠졌다.' 173p를 보시라.

夢司錄貸錢千萬、而貧儒頓富。

사록(司錄)에 의해 천만 전(千萬錢)을 빌리는 꿈을 꾸고서 가난한 유생(儒生)이 갑자기 부자가 되었다.

干寶搜神記曰、周攬貧夜耕。因臥夢天公過而哀之、司錄案籍、此人相貧、限不過此、惟有張車子錢千萬、車子未生、請以借之。天公曰善。

《간보수신기(干寶搜神記)》에 이르기를, 주주(周攬)는 가난하여서 밤까지 밭일을 하였다. 주주가 어느 날 밤에 꿈을 꾸었다. 천공(天公)[12]이 주주의 집을 지나다가 주주가 빈궁한 것을 보고 차마 그냥 지나치지 못하였다. 천공이 주주를 돕고 싶어 수종한 사록(司錄)[13]에게 물으니 사록은 장부를 들춰보고 나서 "주주는 본시 빈궁하고, 인근의 장씨(張氏)와 차씨(車氏)의 아들이 각기 천만 전(千萬錢)을 가졌는데 차씨의 아들은 아직 잉태되지도 않았으니 차씨 아들의 돈을 주주에게 꾸어 주는 것이 어떻겠습니까?" 천공이 말하기를 "좋다."

夢神人貿錢百萬、而長子驟亡。

신인(神人)과 백만 전(百萬錢)을 거래하는 꿈을 꾸고서 큰 아들이 별안간 죽었다.

晉史曰、王導長子悅卒。先是導夢人以百萬錢買悅。導潛爲祈禱。尋掘地得錢百萬、意甚惡之 悅臥疾尋卒。幽明錄曰、丞相茂弘夢人欲以百萬錢、買大兒長孺。後得一窖錢、其數百萬、長孺無病而死。白孔六帖曰、丞相

長男掘得錢而被買。

《진사(晉史)》에 이르기를, 왕도(王導)의 큰아들 왕열(王悅)이 갑자기 죽었다. 죽기 전에 왕도의 꿈에 어떤 사람이 백만 전(百萬錢)을 내고서 왕열을 사갔다. 왕도는 잠에서 깬 후 마음을 가라앉히기 위해 기도하였다. 왕도는 그 후 이곳저곳을 탐색하여 땅을 파 백만 전을 얻었는데 매우 꺼림직하였다. 그러자 아들 왕열이 병으로 눕더니 바로 죽었다.

《유명록(幽明錄)》에 이르기를, 승상(丞相) 무홍(茂弘)이 어느 날 꿈을 꾸었다. 어떤 사람이 백만 전(百萬錢)을 내놓으며 큰아들을 사가겠다고 말하였다. 무홍은 잠에서 깬 후 땅을 파다가 한 무더기의 돈을 얻었는데 세어보니 백만 전이었다. 그러자 큰아들이 아무런 병 없이 죽었다. 이를 두고 《백공육첩(白孔六帖)》에 이르기를 "승상의 큰아들은 땅을 파서 생긴 돈에 팔렸다."

曹丕夢磨錢。

조비(曹丕)는 엽전을 문지르는 꿈을 꾸었다.

> 三國志注曰、魏文帝夢磨錢欲便文滅、而更愈明。以問周宣、宣曰、此陛下家事、雖意欲爾、而太后不聽。

《삼국지주(三國志注)》에 이르기를, 위문제(魏文帝)가 꿈을 꾸었다. 자신이 엽전을 문질러 무늬를 없앤 후 더욱 빛나게 하려고 하였다. 위문제가 잠에서 깨어 주선(周宣)에게 해몽을 청하니 답하기를 "폐하께서는 가사(家事)를 뜻대로 행하려고 하시나 태후께서 듣지 않으시는 것입니다.[14]"

章奐夢積笏。

장환(章奐)은 홀(笏)이 쌓이는 꿈을 꾸었다.

> 宋史曰、章得象初生、其父奐夢、家庭積笏如山。

《송사(宋史)》에 이르기를, 장득상(章得象)이 태어나기 직전 그의 아버지 장환(章奐)은 꿈에 집 뜰에 홀(笏)이 산처럼 쌓이는 것을 보았다.

沈弘先夢得絹兩疋、而壽算有定。

심홍선(沈弘先)은 비단 두 필(匹)을 얻는 꿈을 꾸고 수명(壽命)을 산정(算定)하였다.

> 南史曰、沈慶之字弘先、年八十。夢有人以兩疋絹與之、此絹足度、寤而謂人曰、老子今年不免矣。兩疋八十尺也、足度無餘也。
>
> 《남사(南史)》에 이르기를, 심경지(沈慶之)[15]는 자(字)가 홍선(弘先)이고 나이 여든 때에 꿈을 꾸었다. 어떤 사람이 비단 두 필을 주면서 말하기를 "이 비단은 길이가 딱 맞습니다." 심경지가 잠에서 깨어 사람들에게 말하기를 "이 늙은이는 금년을 넘기지 못할 것이오. 두 필은 여든 척(尺)이니 이는 딱 맞는 내 나이오." 과연 심경지는 여든 살에 죽었다.

江文通夢還錦數尺、而文名遽衰。

강문통(江文通)은 비단 수 척(數尺)을 되돌려주는 꿈을 꾸고서 문명(文名)이 급히 쇠퇴하였다.

> 齊書曰、江淹字文通、爲宣城太守、罷歸泊禪靈寺渚。夜夢一人、自稱張景陽謂曰、前以匹錦相寄、今可見還、淹深懷中、得數尺與之。其人大意曰、那得割截都盡、顧見丘遲謂曰、餘此數尺、旣無用以遺君。自後淹文章躓矣。
>
> 《제서(齊書)》에 이르기를, 강엄(江淹)[16]은 자(字)가 문통(文通)이다. 선성태수(宣城太守)로 재직하던 중 어느 날 업무를 끝내고 선령사(禪靈寺) 곁의 강가로 유람을 가서 잠을 잤다. 꿈에 한 사람이 나타나 자신은 장경양(張景陽)이라고 말한 후 "내가 지난 날 공(公)에게 비단 한 필을 주었으니 되돌려 주시오." 강엄이 품속을 뒤져보니 비단 여러 척(尺)이 손에 잡혀 그대로 그에게 주었다. 그러자 장경양이 흡족해하며 "어찌하여 모두 토막을 내었소?" 다시 고개를 돌려 천천히 돌아본 후 "나머지 수 척은 필요 없으니 공이 쓰도록 남겨 놓겠소." 강엄은 잠에서 깬 후부터 문장(文章)이 급속히 쇠퇴하였다.

夫財貨之夢不一、此固其式也。

대저 이렇게 보면 재물(財物)과 화폐(貨幣)의 꿈도 하나의 방식(方式)만으로 해석할 수는 없다는 것이 규범(規範)이다.

■ 注疏 ──────────────────────────────

1) 낙사(樂史): 宋의 宜黃人, 字는 子正. 太平興國(A.D 976~983) 때 進士가 되었다. 神仙에 대해 이야기하기를 좋아했으며 많은 저술을 하여 太宗에게 400여 권을 헌상하니 著作郞을 제수하였다. 太常博士를 역임하였고 저서 중에《太平寰宇記》가 유명하다.

2) 추니(芻尼):《景德傳燈錄》의 권2에 기록되어 있기를, 天竺傳法第二十一祖, 婆修盤頭의 아우이다. 芻尼는 전생에 산까치였다. 釋尊의 수행 중에 정수리에 둥지를 지은 인연으로 석존의 성도 후 那提國의 왕이 되었다.

3) 서시(西施): 春秋시대, 越의 미녀. 苧蘿山의 나무꾼의 딸이다. 越王 句踐이 吳에게 패하여 會稽를 지키고 있을 때 吳王, 夫差가 好色함을 알고 미녀를 헌상하여 정치를 문란하게 하고자 하였다. 그리하여 西施를 鄭旦에서 얻어 옷차림, 걸음걸이, 技藝 등을 교육시켜 吳王에게 헌상하니 크게 기뻐하였다. 과연 미혹하여 政事를 잊으니 吳는 越에게 멸망되었다.

4) 구함(寇瑊): 宋, 臨汝人, 字는 次公. 進士가 된 후 蓬州推官을 제수받았다. 軍民을 다스림에 있어 쌀과 소금을 적절하게 거두고 배분하여 軍의 식량을 유족하게 하였다. 樞密直學士까지 관위가 올랐다. 音律을 통하였고 術數에도 밝았다.

5) 옥승(玉勝): 옥으로 만든 머리에 꽂거나 다는 장신구.

6) 장열(張說): 唐, 洛陽人, 字는 道濟. 永泰 중에 賢良이 되었다가 中書令을 연임하였으며 燕國公에 봉해졌다. 그의 文思는 精壯하여 朝廷의 큰 문서는 그의 손을 거쳤다. 저서는《張燕公集》.

7) 옥어(玉魚): 同音으로 獄御이니 이는 옥에 갇히어 제어 당한다는 뜻이다. 그러나 물고기는 알을 많이 낳아 풍요를 상징하기도 하므로 玉魚를 收藏, 휴대하기도 한다.

8) 명기(銘旗): 棺의 위에 덮는 비단으로 된 커다란 헝겊. 죽은 사람의 家系, 관직이 쓰여 있다.

9) 임읍(林邑): 國名. 秦의 林邑縣, 漢의 日南郡 象林縣.

10) 발우(鉢盂): 승려가 식기로 사용하는 나무로 된 그릇.

11) 사봉(謝奉): 晉人, 安南將軍, 廣州刺史, 吏部尙書를 역임하였다. 후에 관직에서 파면되어 東으로 가는 중에 謝安을 만나 3일간을 같이 지냈다. 사안은 사봉의 파면이유를 알고 그를 위로하였으나 사봉은 자신의 파직이 타인의 잘못임을 한마디도 말하지 않자 사안은 사봉을 奇士라고 감탄하였다.《世說新語》에 전한다.

12) 천공(天公): 天帝, 上帝.

13) 사록(司錄): 사람의 富貴貧賤과 壽夭를 적은 책. 혹은 이 일을 맡은 관리.

14) 위문제(魏文帝)는~것입니다: 命理學에서 妻妾과 재물은 財神으로 규정한다. 자기 소유의 엽전은 자기 아내나 본서에서는 母后를 지칭하였으니 오래된 엽전일 것이다. 그리고 엽전의 한가운데는

구멍이 있으니 이는 여성의 상징이기도 하다.

15) 심경지(沈慶之): 南朝宋人, 武康人. 晉末에 孫恩이 난리를 일으켰을 때 20세 미만에 鄕族과 함께 여러 번 싸워 이겼다. 寧遠中兵參軍이 되어 여러 번 공을 세워 建威將軍이 되었고 孝武帝를 보좌한 공으로 始興郡公으로 봉해졌다.

16) 강엄(江淹): 南朝시대의 考城人. 처음에는 宋, 齊를 섬겼으나 梁의 天監(A.D 502~519) 중에 金紫光祿大夫에까지 올랐고 醴陵侯에 봉해졌다.

9. 필묵편 筆墨篇第九

筆墨亦器物之類也。然文人才士、賴此以展其情、往蹟奇聞、得是以傳於
遠。其爲器物雖微、而功用甚大。故特著於篇云、昔吳王夢筆點額。

붓과 먹은 모두가 기물(器物)의 종류이다. 문인(文人)과 재사(才士)는 붓과 먹
에 의존하여 심정(心情)을 펼치니 그들은 업적(業績)을 가서 보고, 기이(奇異)
한 일을 듣고 느낀 바를 멀리까지 전한다. 붓과 먹이 비록 작은 기물(器物)
이라고는 하나 그 공효(功效)가 쓰이는 바는 매우 크다. 그러므로 특별히 저
술한 어느 편(篇)에 이르기를, 옛적 오왕(吳王)은 꿈에 신인(神人)이 이마에
붓으로 점을 찍어 주었다.

> 齊書曰、高洋夢人以筆點其額。王曇哲賀曰、王當作主。昔吳孫權夢亦同、
> 熊循亦如此解之。
>
> 《제서(齊書)》에 이르기를, 고양(高洋)[1]이 황제가 되기 전, 신인(神人)이 고양
> 자신의 이마에 붓으로 점을 찍는 꿈을 꾸었다.[2] 고양이 잠에서 깨어 왕담
> 철(王曇哲)에게 해몽을 청하니 왕담철이 경하하며 "대왕께서는 장차 천하
> 의 주인이 되실 것입니다." 과거, 오(吳)의 손권(孫權)도 같은 꿈을 꾸었고
> 웅순(熊循)도 역시 이같이 해몽하였다.

齊主夢筆畫衣。

제주(齊主)는 붓으로 옷에 그림을 그리는 꿈을 꾸었다.

> 解見食衣篇、徵帝位之踐注。

풀이는《식의편(食衣篇)》의 '제위(帝位)에 오를 징조(徵兆).' 235p를 보시라.

舍人李嶠夢筆二枝、與馬裔孫之夢相同。

사인(舍人)인 이교(李嶠)는 붓 두 자루를 얻는 꿈을 꾸었는데 마예손(馬裔孫)의 꿈과 서로 같았다.

> 錦繡萬花谷曰、李嶠字巨山。爲兒時夢人遺雙筆。自是有文辭十五通五
> 經、爲薛元起所稱、二十擢進士第、爲鳳閣舍人。職官分紀曰、馬裔孫五代
> 唐人。爲河中從事赴闕宿邏店、其池上有邏神祠、夢神人手授二筆、一小
> 一大及爲相。入中治事、吏奉二筆、大小如夢。

《금수만화곡(錦繡萬花谷)》[3]에 이르기를, 이교(李嶠)[4]는 자(字)가 거산(巨山)이다. 어렸을 때 꿈속에서 신인(神人)으로부터 붓 두 자루를 받은 후부터 문사(文辭)가 있게 되어 15세에 오경(五經)[5]에 통달하니 설원기(薛元起)가 추천하여 20세에 진사(進士)로 발탁되었고 봉각사인(鳳閣舍人)까지 승급하였다.

《직관분기(職官分紀)》에 이르기를, 마예손(馬裔孫)은 오대시대(五代時代)의 당인(唐人)이다. 하중부(河中府)에 근무하다가 입궐하는 길에 나점(邏店)에서 숙박하게 되었다. 호수위에 나신사(邏神祠)[6]가 있어 기도한 후 그날 밤 꿈을 꾸었다. 신인(神人)이 붓 두 자루를 주었는데 하나는 작고 다른 하나는 컸다. 그런 후 후일 마예손은 재상(宰相)이 되었는데 사무를 보는 중에 한 관리가 붓 두 자루를 바쳤는데 크기와 모양이 똑같았다.

范質·和凝夢筆五色、與江文通之夢弗異。

범질(范質)과 화응(和凝)은 오색 붓을 얻는 꿈을 꾸었는데 강문통(江文通)의 꿈과는 다르다.

> 宋史曰、范質字文素。質生之夕、母夢神人授以五色筆、九歲能屬文、擧進
> 士、仕至宰相、封魯國公。續編韻府曰、和凝年十七、擧明經至京師、忽夢
> 人以五色筆一束與之謂曰、子可少年擧進士、自是才思敏贍十九登第。齊

書曰、江淹字文通. 夢五色筆、自是文藻。後夢有人稱郭璞取筆. 爾後詩無
美句。時人謂之才盡。

《송사(宋史)》에 이르기를, 범질(范質)[7]은 자(字)는 문소(文素)이다. 범질의
어머니는 어느 날 꿈에 신인(神人)이 오색 붓을 주기에 이를 받고서 범질
을 임신하였다. 범질은 9세부터 학문에 뜻을 두더니 얼마 후 진사시(進
士試)에 급제하였고 재상(宰相)까지 승진하였으며 노국공(魯國公)에 봉해
졌다.

《속편운부(續編韻府)》에 이르기를, 화응(和凝)은 17세 때에 명경과(明經科)[8]
에 응시하기 위하여 경사(京師)에 갔는데 응시 전날에 꿈을 꾸었다. 한 신
인(神人)이 홀연히 나타나 오색 붓 한 묶음을 주며 "그대는 스스로 재사(才
思)가 민첩(敏捷)하다고 자부하여 진사시(進士試)에 응시하려고 하는구나.
그러나 19세에 등제(登第)하리라." 과연 그 말처럼 되었다.

《제서(齊書)》에 이르기를, 강엄은(江淹)은 자(字)는 문통(文通)이다. 꿈에 오
색 붓을 받고나서부터 나날이 문조(文藻)가 발전하였다. 여러 해가 지난
후 어느 날 꿈에 곽박(郭璞)[9]이 나타나 붓을 가져가니 그 후부터 강엄의 시
(詩)에는 미구(美句)가 없게 되었다. 사람들은 "강엄의 재능은 다하였다."
라고 평하였다.

黃天叟夢得墨漬之筆於孔子。

황천수(黃天叟)는 꿈에서 공자(孔子)로부터 묵을 적신 붓을 얻었다.

四如集曰、黃淵字天叟、莆田人。宋寶慶二年五月八日、晝夢一神人坐於
龕、諦視之、乃孔子燕居像也。亟再拜稽首、神曰、汝來言、吾授汝筆二、淵
受之又拜、一神曰、勿拜。退懷其一、圓徑三寸許漬墨甚。神而請業於神、
偶角丱來覓句。遂覺乃作夢筆記。

《사여집(四如集)》[10]에 이르기를, 황연(黃淵)[11]은 자(字)가 천수(天叟)이고 자
며 꿈을 꾸었다. 한 신인(神人)이 탑(塔) 아래 방에 앉아있어 자세히 살펴보
니 공자(孔子)가 한가히 앉아 있었다. 황연이 급히 다가가 두 번 절하고 머
리를 조아리니 공자가 말하기를 "그대가 나에게 왔으므로 붓 두 자루를
주노라." 황연이 붓을 받은 후 고마워서 계속 절하니 "그만 절하라." 라고

말하였다. 황연이 기뻐하며 품었던 붓 중 하나를 보니 직경이 3촌(寸)인데 묵을 적시니 듬뿍 되었다. 황연은 공자에게 사별(辭別)하고 탑 모퉁이를 돌아 나오다가 꿈을 깨었다. 황연은 그 후 꿈 내용을 회상하여《몽필기(夢筆記)》를 저술하였다.

紀少瑜夢受靑鏤之管於陸倕。

기소유(紀少瑜)는 꿈에서 육추(陸倕)로부터 푸른 강철대롱을 받았다.

> 梁書曰、紀少瑜字幼瑒。嘗夢陸倕以一束靑鏤之管授之云、我以此猶可用、卿自擇其善者。少瑜文詞因此大進、王僧孺見而賞之。
>
> 《양서(梁書)》에 이르기를, 기소유(紀少瑜)[12]는 자(字)가 유양(幼瑒)이다. 어느 날 꿈을 꾸었다. 육추(陸倕)[13]가 푸른 강철대롱으로 된 붓 한 묶음을 주면서 말하기를 "이 붓들은 내가 사용하고 있는 것이오. 경(卿)에게 주겠으니 하나를 택하시오." 기소유는 붓 한 자루를 집은 뒤에 잠에서 깨었다. 그후 기소유는 문장이 크게 진보하였는데 왕승유(王僧孺)는 기소유의 문장을 보고 감탄하여 상을 주었다.

楊奐初誕、夢神授筆、而光射身旁。

양환(楊奐)[14]이 처음 태어날 때 그의 어머니가 꿈을 꾸었는데 신(神)이 붓을 주는데 햇빛이 몸 주위까지 비추었다.

> 解見日月篇、日光射身注。
>
> 풀이는《일월편(日月篇)》의 '햇빛이 몸을 쏘다.' 150p를 보시라.

李白少時、夢筆生花、而名聞天下。

이백(李白)은 젊었을 때 붓에서 꽃이 피는 꿈을 꾸고 이름이 천하에 알려졌다.

唐書曰、李白少時、夢筆頭生花。自後天才瞻逸、名聞天下。

《당서(唐書)》에 이르기를, 이백(李白)은 젊었을 때 붓 머리에서 꽃이 피는 꿈을 꾸었다. 그러한 후에 그의 천재성이 뛰어나게 우러러보이면서 이름이 천하에 알려졌다.

王珣夢大筆如椽。

왕순(王珣)은 서까래처럼 큰 붓의 꿈을 꾸었다.

晉書曰、王珣爲桓溫椽。嘗夢人以大筆與之。旣覺曰、此當有大手筆事。俄而武帝崩、冊諡議 皆珣所草。

《진서(晉書)》에 이르기를, 왕순(王珣)[15]이 환온연(桓溫椽)이 되기 전 일찍이 꿈을 꾸었는데 어떤 사람이 서까래처럼 큰 붓을 주는 것이었다. 잠에서 깬 뒤에 왕순이 말하기를 "이것은 반드시 크게 붓을 쓸 일을 이름이라." 갑자기 무제(武帝)가 죽자 관리들이 슬퍼하며 추존(追尊)하는 서적을 만들기로 의결하여 서적을 왕순이 초안(草案)하였다.

王勃夢丸墨盈袖。

왕발(王勃)은 꿈에 둥근 묵(墨)이 소매 속에 가득하였다.

西陽雜俎曰、王勃嘗夢人遺丸墨盈袖。自是文章日進。

《유양잡조(西陽雜俎)》에 이르기를, 왕발(王勃)[16]이 일찍이 꿈을 꾸었다. 신인(神人)이 동그란 먹(墨)들을 소매 속에 가득히 넣어주었다. 왕발은 잠에서 깬 후 문장이 나날이 진보하였다.

▲ 왕발(王勃)

此皆吉兆也。乃若詞·賦·歌·謠之夢、則取驗紛然不一。是故趙武靈王夢處女之歌。

이상의 꿈들은 모두 길조(吉兆)이다. 그러나 사(詞), 부(賦), 가(歌), 요(謠)의 꿈은 꾸는 내용이 각각 다르므로 해몽이 하나로 일치하지 않는다. 그러므로 조(趙)의 무령왕(武靈王)의 '처녀의 노래'에 관한 꿈을 말하겠다.

史記曰、趙武靈王遊大陵、夢處女倚瑟而歌曰、

美人熒熒兮
顔若苕之榮
命乎命乎
曾無我嬴

異日王飮酒、數言所夢見其狀。吳廣聞之、因夫人而納其女娃嬴·孟姚也。
孟姚甚有寵於王、是爲惠后。

《사기(史記)》에 이르기를, 조(趙)의 무령왕(武靈王)[17]이 어느 큰 릉(陵)에 놀러 갔을 때 꿈을 꾸었다. 한 처녀가 거문고를 타면서 노래를 부르기를,

미인(美人)은 빛나네. 빛나네.
얼굴이 우아(優雅)하여 빛나는 것 같네.
내보입니다. 내보입니다.
나에게 더할 아름다움이 없음을

그 뒤 다른 날 무령왕은 술을 마실 때면 꿈에 본 상황을 자주 말했다. 오광(吳廣)이 이를 듣고 두 딸 왜영(娃嬴)과 맹요(孟姚)를 무령왕께 바쳐 부인(夫人)으로 삼게 하였다. 무령왕은 맹요를 보자 꿈에 본 미인과 똑같으므로 크게 기뻐하여 총애하여 혜후(惠后)로 봉하였다.

司馬相如夢大人之賦。

사마상여(司馬相如)는 대인부(大人賦)에 관한 꿈을 꾸었다.

釣磯立談曰、相如將獻賦、未知所爲。夢一黃鬚翁謂之曰、可爲大人賦。相如乃爲大人賦以獻、賜錦百疋。

《조기입담(釣磯立談)》[18]에 이르기를, 사마상여(司馬相如)[19]는 웃전에 부(賦)를

지어서 바치려고 하였으나 어떻게 지어야할지 몰랐다. 사마상여의 꿈에 누런 수염이 난 노인이 말하기를 "대인부(大人賦)를 지어라." 사마상여는 잠에서 깨자 대인부를 지어 웃전에 바치고 비단 백 필(百疋)을 하사받았다.

令狐熾夢桐椎之語。

영호치(令狐熾)는 꿈에서 동추(桐椎)에 관한 말을 들었다.

> 晉書曰、涼後主名歆字士業、少字桐椎。敦煌父老令狐熾、夢白頭公謂熾曰、南風吹動長木、胡桐椎不中轂。言訖不見。士業至是亡。

《진서(晉書)》에 이르기를, 양(涼)의 후주(後主)의 이름은 흠(歆)이고 자(字)는 사업(士業)이다. 젊었을 때의 자(字)는 동추(桐椎)[20]였다. 돈황(敦煌)에 살고 있는 장로(長老) 영호치(令狐熾)가 어느 날 밤 꿈을 꾸었다. 백발인 사람이 영호치에게 말하기를 "남풍이 불어와 큰 나무까지 흔들 것인데 어찌하여 동추(桐椎)에는 중심추가 없는가?" 말을 마치자 사라졌다. 영호치가 잠에서 깬 뒤 얼마 지나지 않아 양(涼)의 후주(後主)는 망하였다.

荀伯玉夢草蕭之謠。

순백옥(荀伯玉)은 풀과 쑥에 관한 동요(童謠)의 꿈을 꾸었다.

> 解見山川篇、夢上廣陵城樓注。

풀이는 《산천편(山川篇)》의 '꿈에 광릉성루(廣陵城樓)위에 있었다.' 189p를 보시라.

蕭貫夢撰曉寒之詞。

소관(蕭貫)은 꿈에서 효한(曉寒)의 사(詞)를 지었다.

> 宋史曰、蕭貫新瑜人、夢綠衣中人召至帝所、賦禁中曉寒歌。詞語淸麗、人以比唐李賀。古今詩話曰、蕭貫少時夢至一宮殿、羣女如神仙。一人修紙

云、此衍波箋煩賦曉寒歌、授筆立成云、

十二嶢關隱宮綠　獸猊呀酒椒壓馥
渴烏涓涓不相續　轆轤欲轉霏紅玉
百刻香殘殞蓮燭　五龍吐水漫寒漿
紅綃佩魚無左璠　兩兩懸足瞻扶桑
紅萍半規出波面　回首觚稜九霞絢
鳴鞘遠從天上來　大劍高冠滿前殿

仙曰、子詩甚有奇語、異日必貴。祥符中登蔡齊榜進士。

《송사(宋史)》에 이르기를, 신유인(新瑜人) 소관(蕭貫)[21]이 어느 날 꿈을 꾸었다. 녹색 옷을 입은 사람의 인도로 궁궐에 들어 감흥을 적어《효한가(曉寒歌)》를 지었다. 《효한가》는 사어(詞語)가 청아(淸雅)하여 사람들은 당(唐)의 이하(李賀)와 비교하였다.

《고금시화(古今詩話)》에 이르기를, 소관은 젊었을 때 꿈을 꾸었다. 궁전에 이르니 많은 여인이 있었는데 모두 선녀 같았다. 그중 한 여인이 소관에게 종이를 주며 "여기에 그대의 느낀 바를 거리낌 없이 부(賦)로 적어《효한가》를 완성하세요." 이르기를,

열두 겹 깊고 깊은 궁궐 안 숲 속
사자(獅子)는 술과 산머루향기로 배부른데
목마른 까마귀의 물 삼키는 소리는 그칠 줄 모르네.
날은 저물어 붉은 옥을 휘날리려 하고
백각향(百刻香)[22]은 거의 타고 연촉(蓮燭)[23]은 꺼지려 하는데
다섯 용이 물을 토하니 한장(寒漿)[24]이 가득하구나.
어느 여인, 붉은 비단옷에 물고기 패물 왼쪽 귀걸이는 없네.
양 발뒤꿈치 높이 들고 부상(扶桑)[25]을 우러러 보니
붉은 부평(浮萍)이 물결 위를 반쯤 엿보고 있고
돌아보니 술잔 모서리에는 아홉 노을이 비단처럼 어렸네.
울고 있는 칼집은 멀리 천상으로부터 따라 왔으니
큰 칼과 높은 관(冠)이 궁궐 앞을 가득 채우는구나.

선녀가 소관에게 말하기를 "그대의 시부(詩賦)에는 기이(奇異)함이 있군요. 다른 날 반드시 귀하게 될 것이오." 소관은 잠에서 깬 후 얼마 지나지 않아 상부(祥符 A.D 1008~1016) 중에 채제방(蔡齊榜)[26]에 진사(進士)로 급제하였다.

邢郎夢聽陽春之曲。

형랑(邢郞)은 꿈에서 양춘(陽春)의 곡(曲)을 들었다.

異聞錄曰、邢鳳之子夢一婦人、歌踏陽春曲曰、

陽春人間二月雨塵
陽春踏盡秋風起
愁盡人間白髮人

《이문록(異聞錄)》에 이르기를, 형봉(邢鳳)의 아들이 꿈을 꾸었다. 한 부인이 《양춘곡(陽春曲)》[27]을 노래하며 춤추기를,

따뜻한 봄 사람 세상을 2월의 봄비가 흙을 적시네.
따뜻한 봄은 흙을 눌러 다졌건만
가을바람은 흙을 남김없이 휘날리게 하네.
사람은 시름이 다하면 백발이 된다네.

許渾夢改飛瓊之句。

허혼(許渾)은 꿈에서 허비경(許飛瓊)의 시구(詩句)를 고쳤다.

鍾嶸詩品曰、詩人許渾嘗夢登山、有宮室凌雲。人云、此崑崙也。旣入見數人方飲酒招之、至暮而罷、賦時曰、

曉入瑤臺露氣清
坐中惟有許飛瓊
塵心未斷俗緣在

十里下山空月明

他日復夢至其處

飛瓊曰、子何故顯予姓名於人間、坐中卽改爲、天風吹下步虛聲。曰善。

《종영시품(鍾嶸詩品)》[28]에 이르기를, 시인(詩人) 허혼(許渾)[29]이 어느 날 꿈을 꾸었다. 산을 올랐는데 구름을 뚫고 정상 가까이에 이르자 궁전이 있었다. "이곳은 곤륜산(崑崙山)[30]이다."라는 음성이 궁전 안에서 들려 안으로 들어가 보니 여러 사람이 모여 술을 마시려고 하고 있었다. 그들의 권유로 허혼도 밤늦게까지 술을 마셨는데 그중 한 사람이 시부(詩賦)를 짓기를,

이른 새벽 요대(瑤臺)[31]에 드니 이슬기운 맑은데
오직 허비경(許飛瓊)[32]만이 뛰어났으나
마음에 먼지 껴 속세의 인연을 끊지 못하였구나.
십리 아래의 산은 텅 비고 달은 밝으니
어느 날 꿈에라도 다시 그곳에 갈거나.

허비경이 허혼에게 말하기를 "그대는 어찌하여 나의 이름을 세상에 드러내려고 하지 않는가?" 허혼이 보니 마지막 구절(句節)이 어색하므로 즉석에서 끝 구절을 고쳐 읊기를, "하늘에서 바람이 불 때 소리 없이 걸어 내려가리라." 허비경이 "좋다."

蘇軾夢作回文之詩。

소식(蘇軾)은 꿈에서 회답하는 시(詩)를 지었다.

東坡詩集自敍曰、大雪始晴、夢人以雪水烹茶、使美人歌以飮。余夢中爲作回文詩、覺而記一句云、

亂點茶花唾碧衫

意用飛燕唾花故事也。

《동파시집(東坡詩集)》의 서문에 저자 동파(東坡)가 글쓰기를, 나는 꿈속에서 다음의 시를 들었다. "큰 눈이 내리다가 개이기를 시작하니 꿈속의 사람이 눈물(雪水)로 차를 끓인 후 미인에게 노래를 청해 들으며 차를 마시네." 나도 꿈속에서 회답하는 시를 지었는데 깬 후에는 한 구절만 생각났다.

흩날리는 차 물방울이 푸른 옷을 적시는구나.

나는 '조비연(趙飛燕)[33]이 꽃을 뱉었다.'는 고사를 생각하다가 이 구절을 기억하였다.

狄遵度夢爲佳城篇。

적준탁(狄遵度)은 꿈을 꾸고서 《가성편(佳城篇)》을 지었다.

宋史曰、狄遵度好爲古文、尤嗜杜甫詩、嘗讚其集。一夕夢見甫誦、世所未見詩。及覺纔記十餘字、遵度卒成是爲佳城篇。後數月乃卒。

《송사(宋史)》에 이르기를, 적준탁(狄遵度)[34]은 고문(古文)을 좋아하였다. 특히 두보(杜甫)[35]의 시(詩)를 아주 좋아하여 자주 그의 시집을 칭찬하였다. 적준탁이 어느 날 밤에 꿈을 꾸었다. 두보가 세상에 본 적이 없는 시를 읊고 있었다. 적준탁은 잠에서 깨어나자마자 겨우 10여 자를 기억하여 이로써 즉시 《가성편(佳城篇)》[36]을 지었다. 적준탁은 그 후 몇 달 지나 죽었다.

李長吉夢爲玉樓記。

이장길(李長吉)은 꿈에서 옥루기(玉樓記)를 지었다.

唐書曰、李賀字長吉。夢人駕赤虬持版召賀曰、天帝新作白玉樓 請君爲記。賀不得已隨之。遂卒。宣室志曰、唐李賀母夢賀曰、上帝近遷都丹圃、建白瑤宮、召某爲新宮記。又作凝虛殿、使某輩纂進樂章。

《당서(唐書)》에 이르기를, 이하(李賀)[37]는 자(字)가 장길(長吉)이다. 꿈에 신인(神人)이 붉은 용을 타고 현판(懸板)을 가지고 찾아와 이하에게 말하기를 "천제(天帝)께서 새로이 백옥루(白玉樓)[38]를 지었는데 그대에게 현판(懸板)에 글을 쓰도록 청하셨소." 이하는 부득이 이에 따랐고 잠에서 깬 후 얼마 후 죽었다.

《선실지(宣室志)》에 이르기를, 당(唐)의 이하(李賀)의 어머니가 꿈을 꾸었다. 꿈속에서 이하가 말하기를 "상제(上帝)께서 요즈음 단포(丹圃)로 도읍을 옮기시어 백요궁(白瑤宮)[39]을 건축하고 저를 불러 신궁기(新宮記)[40]를 지으라고 하십니다. 또한 응허전(凝虛殿)도 신축하고 진락장(進樂章)[41]을 편찬(編纂)하라고도 명령하십니다."

索綏夢題封角。

색수(索綏)는 꿈에 봉서(封書)의 뿔에 적힌 제자(題字)를 읽었다.

> 晉書曰、索綏夢東郡有二角書詣綏、大角朽敗、小角有頭題、一在前、前胸也、一在後、後背也。當有胸背之間。時綏父在東郡、居三日而凶聞至。

《진서(晉書)》에 이르기를, 색수(索綏)가 어느 날 밤 꿈을 꾸었다. 동군(東郡)으로부터 서찰을 배달받았는데 양모서리가 모두 무늬비단으로 되어있었다. 큰 모서리는 낡아 부서져 있었고 작은 모서리는 앞면에 전흉(前胸), 뒷면에 후배(後背)라고 글자가 쓰여 있었다. 색수는 잠에서 깨자 마땅히 흉(胸)과 배(背) 사이의 일이라고 여겼다.[42] 3일 후 동군으로부터 흉(凶)한 소식이 왔는데 아버지가 사망했다는 내용이었다.

杜牧夢書白駒。

두목(杜牧)은 꿈에 백구(白駒)라고 썼다.

> 唐書曰、杜牧夢人告曰、爾應名畢。復夢書皎皎白駒字。或曰、過隙也。牧尋卒。

《당서(唐書)》에 이르기를, 두목(杜牧)[43]의 꿈에 신인(神人)이 고하기를 "그대는 명자(名字)에 응하여 생(生)을 끝내리라." 그 후 두목은 다시 꿈을 꾸었

는데 꿈속에서 백구(白駒)[44]라고 썼는데 밝게 빛났다. 혹은 과극(過隙)이라
고도 한다. 두목은 잠에서 깬 후 꿈으로 인하여 죽었다.

唐寅夢中呂之字、而悲壽年。

당인(唐寅)은 꿈에 본 중(中)과 여(呂) 두 자(字)로 인해 오래 살지 못했다.

> 震澤長語曰、唐寅字子畏。應鄕試第一、罹橫語坐癈。自吳至閩詣九仙祈
> 夢、夢人示中呂二字、歸以語人、莫之曉也。一日過王鰲家、見壁中揭東坡
> 滿庭芳詞、下有中呂二字。寅驚曰、此夢中所見也。試誦之、有百年强半、
> 來日苦無多之語。寅果年五十三而卒。

《진택장어(震澤長語)》[45]에 이르기를, 당인(唐寅)[46]은 자(字)가 자외(子畏)이
다. 향시(鄕試)에 응시하여 일등을 하였으나 횡어(橫語)[47]에 관련되었다고
하여 취소되었다. 당인은 크게 상심하여 합격을 회복하기 위해 오(吳)에
서 민(閩)까지 찾아가 구선(九仙)[48]에게 기도하였다. 당인은 그날 밤 꿈을
꾸었다. 신인(神人)이 중(中)과 여(呂) 두 자를 보여주며 "귓갓길에 누군가
가 그 뜻을 알려줄 것이다."라고 말하였다. 당인은 잠에서 깨어 아무리 생
각해도 그 뜻을 알 수 없었다. 당인은 귀가 길에 왕오(王鰲)의 집에 들렀는
데 벽에 동파(東坡)가 지은 《만정방사(滿庭芳詞)》가 쓰여 있었고 아래쪽에
중(中), 여(呂) 두 자가 있는 것을 보고 꿈이 생각나 크게 놀랐다. 읊어보니
"백 년을 딱 반으로 잘랐으니 올 날들은 괴로울 것인데 많은 말은 필요 없
으리." 당인은 과연 53세에 죽었다.[49]

王勃夢太極之言、而著易理。

왕발(王勃)은 꿈에서 태극(太極)에 관한 말을 듣고도 역리서(易理書)를 저술
(著述)하였다.

> 唐書曰、王勃嘗談易。夢有人告曰、易有太極、子勉思之。寤而作易發揮數
> 篇、至晉卦、曾病卒。

《당서(唐書)》에 이르기를, 왕발(王勃)이 일찍이 역(易)에 대한 꿈을 말한 적
있었다. 꿈에 신인(神人)이 말하기를 "역(易)에는 오직 태극(太極)이 있을 뿐

인데 그대는 애써 깊게 생각하는구나." 왕발은 잠에서 깬 뒤에도 신인의
말을 따르지 않고 역발휘(易發揮)를 여러 편(篇) 지었는데 진괘(晉卦)[50]까지
저술했을 때 병으로 죽었다.

蔡少霞之五雲閣吏、而書碑碣。

채소하(蔡少霞)는 오운각(五雲閣)의 관리(官吏)로써 석판(石版)에 글을 썼다.

神仙傳曰、蔡少霞夢人見書碑。略云、昔乘魚車、今履雲端、觸空仰塗、綺
輅輪困。其末題云、五雲閣吏蔡少霞書。

《신선전(神仙傳)》[51]에 이르기를, 채소하(蔡少霞)는 꿈에 신선이 글이 새겨
진 석판을 주길래 받았다. 그 대요(大要)는,

"옛적에는 어거(魚車)[52]를 탔었건만
 지금 어거는 구름 끝에 덮여 있구나.
 하늘을 우러러 만지고 더듬으려 해도
 비단휘장과 바퀴는 닿기도 어렵구나."

끝에 제자(題字)가 새겨있기를 "오운각(五雲閣)[53]의 관리 채소하(蔡少
霞)가 썼다."

山玄卿爲紫陽眞人、而書宮銘。

산현경(山玄卿)은 자양진인(紫陽眞人)이 되어 궁명(宮銘)을 썼다.

太平廣記曰、唐有人夢書新宮銘者。云、紫陽眞人山玄卿撰。其略曰、良常
西麓、原澤東池、新宮宏宏、崇崇轣轆。

《태평광기(太平廣記)》에 이르기를, 당대(唐代)의 어떤 사람은 꿈속에서 신
궁명(新宮銘)[54]을 읽었다. 그가 본 바에 의하면 자양진인(紫陽眞人)[55] 산현
경(山玄卿)이 찬(撰)했으며 대요(大要)는 "양상(良常)의 서쪽 기슭과 원택(原
澤)의 동쪽 못 사이에 있는 신궁(新宮)은 크고 넓으며 우람하다."

王生夢作西施輓歌。

왕생(王生)은 꿈에서 서시(西施)의 만가(輓歌)를 지었다.

廣異記曰、姚合謂沈亞之云、吾友王生、元和初夢遊吳、侍吳王。聞軍中出
葦鳴笳、吹簫擊鼓。言西施葬、王悲悼、召門客作輓歌詞。生應教爲詞曰、

西望吳王闕
雲書鳳字牌
連江起珠帳
擇地葬金釵
滿路紅心草
三層碧玉階
春風無處所
悽恨不勝懷

王甚嘉之、寤能記其事。

《광이기(廣異記)》에 이르기를, 요합(姚合)[56]이 한 이야기이다. 심아지(沈亞
之)가 이르기를 "나의 벗 왕생(王生)은 원화(元和 A.D 806~820)의 초기 쯤에
꿈을 꾸었다. 혼(魂)이 오(吳)에 가서 오왕(吳王)을 수종하였었다. 군중(軍中)
에서 피리, 퉁소, 북소리가 나며 왕비의 수레가 나오는 것이 보였다. 측근
에서 서시(西施)의 장례라고 말해주었다. 오왕은 비통해하다가 조문객들
에게 만가(輓歌)[57]의 사(詞)를 짓도록 청하였다. 왕생도 어지(御旨)에 따라
사(詞)를 짓기를,

서쪽으로 오왕의 궁궐이 보이는 곳에
구름은 봉자(鳳字) 모양으로 패(牌)를 지었구나.
연접한 강에서는 물방울이 일어 장막을 이룬
그곳을 택해 금비녀와 함께 장사(葬事)지냈네.
왔던 길에는 홍심초(紅心草)가 무성한데
황후 능의 삼층 푸른 옥 계단에는
봄인데도 미풍조차 이르지 않으니

애처로운 한은 심회(心懷)를 누르지 못하는구나.

오왕은 만가를 읽고 매우 흡족해하였다. 왕생은 잠에서 깬 후 꿈에서 겪은 일을 모두 기록하였다.

沈婿夢爲秦女墓刻。

심(沈)사위는 꿈에서 진녀(秦女)의 묘비(墓碑)를 새겼다.

白孔六帖曰、沈亞之夢爲秦公幼女弄玉婿、公主死作輓歌應教曰、

泣葬一枝紅
生同死不同
金釵墜芳草
香綉滿春風
舊日聞所處
高樓明月中
梨花寒食夜
深閉翠微宮

異夢錄曰、太和初、沈亞之往邠、出長安城、客橐泉邸舍。夢秦穆公曰、寡人有愛女與大夫、備洒掃、後一年公主忽卒。公追傷不已、使亞之作墓誌.
獨憶其銘曰、

白楊風哭兮
石甃鬖莎
雜英滿地兮
春色烟加
朱愁粉瘦兮
不主綺羅
深深埋玉兮
其恨如何

《백공육첩(白孔六帖)》에 이르기를, 심아지(沈亞之)는 꿈에서 진공(秦公)의 어린 딸 농옥(弄玉)[58]의 남편이 되었다. 농옥이 죽자 진공은 크게 슬퍼하며 심아지에게 만가(輓歌)를 짓게 하였다. 만가의 내용은,

한 가지 붉은 꽃을 울며 장사(葬事)지내니
삶은 같이 했건만 죽기는 달리했구나.
금비녀는 방초(芳草) 위에 떨어져 있는데
향(香)내음 비단수(緋緞繡)는 봄바람이 가득하네.
지난 날 그대의 퉁소 소리 듣던 그곳,
높은 누대(樓臺)에서 보니 밤하늘에 달은 밝고
배꽃은 한식(寒食)[59]날 밤에 피는데
취미궁(翠微宮)은 깊게 닫혀있구나.

《이몽록(異夢錄)》에 이르기를, 태화(太和 A.D 827~835) 초에 심아지(沈亞之)는 빈(邠)에 가기 위해 장안성(長安城)을 떠났는데 고천(橐泉)에서 하룻밤 자다가 꿈을 꾸었다. 진목공(秦穆公)이 심아지에게 말하기를 "과인(寡人)에게는 사랑하는 딸이 있는데 그대에게 출가시키려 하니 비로 쓸고 물 뿌려 준비하라." 심아지는 진목공의 딸과 결혼하였는데 일 년쯤 지나자 진목공의 딸이 죽었다. 진목공은 상심한 채 딸을 추모하다가 심아지에게 묘지(墓誌)를 쓰게 하였다. 심아지 역시 비할 데 없는 회억(懷憶)으로 그 명(銘)에 쓰기를,

바람은 울부짖으며 흰 버들을 휘날리는데
부서진 돌기와에는 이끼와 풀들 자랐고
땅에는 잡초만 무성하구나.
봄의 정취는 아지랑이로 더해가니
붉은 수심(愁心) 분분하여 수척해졌네.
아름다운 무늬비단 옷도 입지 못하고
깊고 깊게 묻혀 있는 옥과 같으니
그 한(恨)은 무엇과 같다 할까?'

郭仁表夢道士題紙。

곽인표(郭仁表)는 도사(道士)가 종이에 글을 쓰는 꿈을 꾸었다.

稽神錄曰、僞吳春坊郭仁表病。夢道士衣金花紫帳從一小童、入坐堂上。
仁表因門疾何時可愈。道士色厲曰、甚則有之。既寤疾甚。數夜復夢則道
士、因叩頭遜謝久之、道士色解、索紙筆曰、

飄風暴雨可思惟
鶴望巢門斂翅飛
吾道之宗正可依
萬物之先數在茲
不能行此次何爲

夢中不曉其義、既寤疾愈。

《계신록(稽神錄)》에 이르기를, 위오국(僞吳國)[60]의 춘방리(春坊吏)인 곽인표
(郭仁表)가 병중에 꿈을 꾸었다. 자색 도복(紫色道服)에 머리에 금화(金花)
를 꽂은 도사가 시동(侍童)을 데리고 허락도 없이 집에 들어와 당(堂) 위에
앉는 것이었다. 곽인표가 불쾌한 표정으로 묻기를 "내 병은 언제쯤 낫겠
소?" 도사가 엄숙하게 말하기를 "심한 상태로 계속될 것이오." 곽인표는
잠에서 깬 후 날이 갈수록 병이 심해졌다. 곽인표가 꿈을 꾸었는데 며칠
전의 그 도사가 다시 찾아왔다. 곽인표가 도사에게 고개 숙여 절하며 사
과하기를 오래하니 도사는 비로소 굳은 표정을 풀고 도사는 즉석에서 붓
으로 시(詩)를 써주었다. 그 내용은,

거센 바람과 폭우는 생각에 잠기게 하고
학은 둥지가 보이면 편 날개를 거두네.
나의 도(道)의 근간(根幹)은 올바르니 믿을 만하도다.
만물은 먼저 각기 정해진 운수(運數)가 있으니
이 뜻을 알아 행하지 못하면 다음에 무엇을 할 수 있나?[61]

곽인표는 시를 이해하지 못하였으나 잠에서 깬 후 궁리하여 크게 깨닫자
즉시 병이 나았다.

上官魏夢煬帝惜書。

상관위(上官魏)는 수양제(隋煬帝)가 책을 아끼는 꿈을 꾸었다.

> 大業拾遺曰、武德四年、東都平後觀文殿寶廚新書、有八千許卷、將載還
> 京師。上官魏夢見煬帝云、何因輒將我書向京師。于時大府卿宋遵貴、以
> 大船載書往京師、河中値風覆沒。魏復夢煬帝甚喜云、我已得書。帝平日
> 愛書、寶廚新書大業所祕之書也。

《대업습유(大業拾遺)》[62]에 이르기를, 무덕 4년(武德 A.D 621)에 당군(唐
軍)이 동도(東都)를 평정하고 관문전(觀文殿) 내를 검열하다가 《보주신서
(寶廚新書)》8천여 권을 발견하고 이를 경사(京師)[63]에 보내기로 결정하
였다.

그러자 동도의 관리 상관위(上官魏)의 꿈에 수양제(隋煬帝)가 나타나 꾸짖
기를 "그대들은 어찌하여 짐의 책을 장안(長安)에 보내어 문제를 일으키려
고 하는가?" 상관위가 꿈을 꿀 때는 대부경(大府卿) 송준귀(宋遵貴)가 《보주
신서》를 장안으로 이송 중이었는데 며칠 후 큰 배에 《보주신서》를 싣고서
강을 건너다가 풍랑을 만나 배가 침몰하였다. 그날 밤 상관위의 꿈에 양
제가 기뻐하며 말하기를 "짐은 이제 《보주신서》를 되찾았노라." 양제는
평소 책을 아꼈는데 그중 보주신서는 대업(大業 A.D 605~617)년간의 비밀
이 그 내용이었다.

蘇檢夢妻氏裁牋。

소검(蘇檢)은 그의 아내가 종이를 자르는 꿈을 꾸었다.

> 聞奇錄曰、蘇檢登第歸吳、行至同州登城懸樓上、醉後夢妻取筆硯篋中、
> 剪紅牋爲詩曰、

> 楚水平如鏡
> 週迴一鳥飛
> 金陵幾多地
> 一去不知歸

檢亦裁蜀牋賦詩曰、

還吳東去下登城
樓上清風洒半醒
想得到家春欲暮
海棠千樹已凋零

詩成俱送所臥席下、又見其妻答檢所挈妾小靑。及窹乃於席下得其詩、視
篋中紅牋、亦有剪處。小靑暴疾後卒、及歸妻卒、乃登城所夢之日。

《문기록(聞奇錄)》에 이르기를, 소검(蘇檢)은 과거(科擧)에 급제한 뒤 오(吳)로
귀향하는 길에 동주(同州)에 이르렀다. 성곽(城郭)에 올라 망루(望樓) 위에
서 술에 취하여 잠들었는데 꿈을 꾸었다. 처가 상자에서 붓과 벼루를 꺼
내어 붉은 종이를 잘라 시를 쓰기를,

초(楚)의 강물은 잔잔함이 거울과 같아
흰 새들이 맴돌며 그 위를 날건만
금릉(金陵)땅은 어찌도 땅이 넓은지
한 번 간님은 돌아올 줄 모르네.

소검(蘇檢)도 역시 촉(蜀)의 종이를 잘라 시부(詩賦)를 쓰기를,

오(吳)로 돌아가는 동쪽 길에 성곽(城郭)에 오르니
망루(望樓) 위에 맑은 바람이 불어 술 취함이 반은 깨었네.
상상(想上)으로 집에 도착하니 봄, 해는 저물려 하고
때찔레나무 천 그루는 이미 시들어버렸네.

시를 완성한 후 사람을 시켜 아내에게 보냈는데 얼마 후 첩 소청(小靑)이
아내의 답장을 가지고와 침상 밑에 넣는 것이었다. 소검이 잠에서 깨어
침상 아래를 보니 상자 안에 붉은 종이에 아내가 쓴 시가 있었고 자른 부
분도 꿈과 일치하였다. 소검이 집에 당도하니 소청과 아내는 갑자기 죽었
다고 하는데 그날은 자신이 성루에 올라 꿈을 꾼 날이었다.

韋檢夢美姬賡律.

위검(韋檢)이 꿈에서 미희(美姬)와 율(律)을 서로 주고받았다.

抒情記曰、韋檢有美姬、捧心而卒。檢痛悼吟詩曰、

寶劍化龍歸碧落
帝娥隨日下黃泉
一盃酒向清風脫
寂寞書窓恨獨眠

夜夢姬和詩曰、

春雨濛濛不見天
家家門外柳如煙
如今腸斷空垂淚
歡笑重逢別有年

檢終日悒悒、後又夢姬曰、即可相見、果即世。

《서정기(抒情記)》에 이르기를, 위검(韋檢)에게는 한 미희(美姬)가 있었는데 극진히 보살폈는데도 갑자기 죽었다. 위검은 비통한 마음으로 애도하며 시를 읊었다.

보검(寶劍)은 용(龍)이 되어 하늘로 돌아간다니
황제의 애희(愛姬)도 때 되면 황천(黃泉)으로 가리라.
청풍(淸風) 향해 한잔 술을 마실 때는 초탈(超脫)한 듯하나
적막한 서재(書齋)에서 창밖 바라보다 한스럽게 홀로 잠드네.

밤에 위검의 꿈에 미희가 나타나 화답의 시를 읊기를,

봄비 오니 아득하여 하늘은 보이지 않고
집집마다 문밖에 서있는 버드나무는 연기(煙氣) 같으니

허전하여 단장(斷腸)[64]의 눈물만 흐릅니다.
웃으며 반갑게 재회할 날 한 해도 못될 것입니다.

위검은 잠에서 깬 후 매일 종일토록 마음이 편치 못했다. 그러다가 어느 날 위검은 다시 꿈을 꾸었다. 꿈에 미희가 말하기를 "곧 서로 만나게 될 것입니다." 과연 위검은 곧 세상을 떠났다.

張省躬夢友人賦贈。

장성궁(張省躬)은 꿈에서 벗으로부터 부(賦)를 받았다.

酉陽雜俎曰、枝江令張汀、子名省躬。汀亡因住枝江、夢張垂贈詩曰、

戚戚復戚戚
秋堂百年色
而我獨茫茫
荒郊遇寒食

驚覺數日卒.

《유양잡조(酉陽雜俎)》에 이르기를, 지강령(枝江令)인 장정(張汀)의 아들 장성궁(張省躬)은 아버지가 죽자 지강(枝江)에서 살았다. 어느 날 밤 장성궁이 꿈을 꾸었다. 친한 벗 장수(張垂)가 나타나 시를 읊어 주었다. 그 내용은,

슬프고 우울하구나. 끊임없이 슬프고 우울하구나……
가을의 누대(樓臺)는 빛바랬으니
나는 홀로 아득하고 막연하다가
황폐된 교외(郊外)에서 한식(寒食)을 만났구나……

장성궁은 놀래서 잠을 깬 후 수일 후 갑자기 죽었다.[65]

李仲雲夢故弟誦詩。

이중운(李仲雲)은 죽은 아우와 시를 읊는 꿈을 꾸었다.

廣異記曰、監察御使李叔霽、與兄仲雲、俱進士擢第、大歷中叔霽卒。歲餘
其妹夫與仲雲、同夢叔霽、相見依依、然語及仲雲、音容慘愴曰、幽明理
絶、歡會無由、止當百年之後、方得聚耳。吟詩云、

忽作無期別
沉冥恨有餘
長安雖不遠
無信可傳書

後數年、仲雲亦卒.

《광이기(廣異記)》에 이르기를, 감찰어사(監察御使) 이숙제(李叔霽)와 그의
형 이중운(李仲雲)은 일찍이 함께 진사(進士)에 급제하였으나 이숙제는 감
찰어사가 된 후 대력(大歷 A.D 766~779) 중에 죽었다. 그해 말 이숙제의
매부와 이중운은 똑같이 꿈을 꾸었는데 두 사람이 만난 김에 우연히 이
숙제에 관해 말하다가 같은 꿈을 꾼 것을 알았다. 꿈속에서의 이숙제의
용모와 음성은 참창(慘愴)[66]하였는데 이숙제가 말하기를 "유명계(幽明界)
의 법칙에 의해 세연(世緣)이 끊겼으니 기쁘게 만날 이유가 없소. 장차 백
년간은 서로 만날 수 없어 이렇게 작별을 고하오." 이숙제가 다시 시를
읊기를,

인사도 못하고 헤어졌으니
저승의 깊은 한(恨)이 남는구나……
장안(長安)이 비록 멀지 않으나
소식 없다가 이제야 시문(詩文)으로 전하오.

수년 후 이중운 역시 갑자기 죽었다.

若夫蟾泣桂香、長吉昇天之韻。

이처럼 '두꺼비의 울음, 계수나무 향내음.'이라고 이장길(李長吉)은 승천시
(昇天詩)를 지었다.

白孔六帖曰、李賀夢中作昇天詩云、

老兔寒蟾泣天色
雲樓半開壁斜白
玉輪軋露濕團光
鸞佩相逢桂香陌

《백공육첩(白孔六帖)》에 이르기를, 이하(李賀)는 꿈속에서 승천시(昇天詩)를
지었는데 이르기를,

늙은 토끼와 차가운 두꺼비[67]는 하늘색을 슬퍼해 울고
구름누각(樓閣)은 반쯤 열린 채 흰 벽은 비스듬하구나.
옥 맷돌 돌아 이슬과 빛 방울을 내어 적시고 비추니
난패(鸞佩)[68]와 계수(桂樹)나무가 서로 엉켜 향내음 나는 길을 이루었구나.

蜩鳴槐綻、孫樵乞巧之文。

'느티나무숲 속에서 말매미 우네.'라고 손초(孫樵)는 걸교문(乞巧文)을 지
었다.

唐書曰、孫樵字可之。作乞巧文云、

曉鼓一發
車馳馬奔
子方高枕
偃然就寢
腹搖鼻息
夢到鄉國
槐花滿院
鳴蜩噪庭

《당서(唐書)》에 이르기를, 손초(孫樵)는 자(字)가 가지(可之)이다. 걸교문(乞
巧文)[69]을 짓기를,

새벽 북소리 한 번 울리니
말은 수레를 끌고 달리는데
나는 비로소 높은 베개 베고
잠자리에 들었다.
배를 요동(搖動)치며 코 골면서
꿈속에 고향에 이르니
회화꽃 가득한 정원에는
말매미 우는 소리 시끄럽구나.

池生春草、謝公憶弟之章。

'못에서 봄풀이 자랐네.' 이것은 사공(謝公)이 아우를 깊게 그리워하며 지은
장구(章句)이다.

> 古今詩話曰、謝靈運會稽人、玄之孫. 嘗與弟惠連吟弄、每有佳句、弟不在
> 思未得。晚夢惠連、忽得池塘生春草、園林變鳴禽之句、以爲神助。

《고금시화(古今詩話)》에 이르기를, 사령운(謝靈運)은 회계인(會稽人)으로 사
현(謝玄)의 자손이다. 일찍부터 아우 사혜련(謝惠連)과 더불어 시부(詩賦)를
비교하여 즐겼는데 아우는 언제나 가구(佳句)를 지었다. 아우가 갑자기
죽자 사령운은 가구(佳句)를 생각해도 얻을 수 없었다. 사령운은 늦은 밤
에 아우의 꿈을 꾸고서 홀연히 가구를 얻었다. 즉 "못가에 봄풀이 자라니
원림(園林)은 새 지저귐으로 바뀌누나." 이는 아우의 혼신(魂神)이 도운 것
이다.

魂過大江、閨婦寄夫之作。

혼(魂)이 큰 강을 건너서, 규중(閨中)의 아내가 남편을 그리며 지은 글을 보
았다.

> 紀異錄曰、有書生聚後遊大學、久不歸。一夕夢還其家、見妻秉燭寫詩云、

> 數日相望極

須知志思迷
夢魂不怕險
飛過大江西

書生旣覺、怳而記之。後家書之、妻有詩一首如夢中句、夢歸之夕、乃修書時也。

《기이록(紀異錄)》에 이르기를, 어느 서생(書生)이 장가를 간 후 대학(大學)에 유학을 갔는데 오랫동안 집에 돌아가지 못했다. 서생은 어느 날 밤에 꿈 속에서 자기 집에 돌아가 보니 아내가 촛불을 밝히고 시를 쓰고 있었다. 시에 이르기를,

여러 날 동안 서로 그리워함이 극에 달했으니
뜻과 생각이 미혹해 지셨는지 꼭 알고 싶군요.
꿈속에서 혼(魂)은 험난함을 두려워하지 않는다 하니
큰 강 서쪽까지 날아서 건너오세요.

서생은 꿈에서 깨어난 후 괴이하게 여겨 기록하였다. 여러 날 후 집으로 부터 서신이 와서 뜯어보니 아내가 쓴 시 한수(詩一首)가 있었는데 꿈에 본 시와 글자 하나 틀리지 않고 똑같았다.

此皆得之夢寐者也、而胡釘鉸之詩集。

이러한 꿈 이야기들 중에는 모두가 호정교(胡釘鉸)의 시집(詩集)에 관한 것도 있다.

茶譜曰、胡生以釘鉸爲業、居近白蘋州。旁有古墳、每茶飮必尊之。忽夢一人謂曰、吾姓柳 平生善詩而嗜茗、感子尊茗之惠、無以爲報、欲敎子爲詩。生辭以不能、柳强之曰、但率意言之、當有致矣。生後遂工詩焉。時人謂之、胡釘鉸詩、柳當是柳惲也。

《다보(茶譜)》에 이르기를, 호생(胡生)은 못과 가위 만드는 일을 하며 백빈주(白蘋州)근처에 살고 있었다. 호생의 집 가까이에는 오래된 무덤이 있었는

데 호생은 필시 귀인(貴人)의 무덤일 것이라고 여겨 항상 차(茶)를 바치며 존경하였다. 그러던 어느 날 호생은 꿈을 꾸었다. 한 사람이 나타나 말하기를 "나의 성(姓)은 유(柳)요. 평생 시(詩)를 좋아하며 차를 즐겼는데 죽은 후에도 그대로부터 극진한 차 대접을 받아 감동하였소. 그대에게 시를 가르쳐 보답하겠소." 호생은 자신에게 재능이 없다고 사양하는데도 유자(柳子)가 극구 권하기를 "다만 뜻을 솔직(率直)하게 말하면 마땅히 이룰 수 있소." 호생은 잠에서 깬 후부터 열심히 노력하여 시에 통달하였다. 이를 두고 당시 사람들은 "호정교(胡釘鉸)[70]의 시는 당연히 유자(柳子)의 시이다." 유자(柳子)는 바로 유운(柳惲)[71]이다.

鄭述祖之琴譜、

정술조(鄭述祖)의 거문고 악보(樂譜)처럼,

> 北齊書曰、鄭述祖字恭文、開封人。能鼓琴、自造龍吟十弄云、嘗夢人彈
> 琴、寤而寫得。當時人以爲絶妙。

《북제서(北齊書)》에 이르기를, 정술조(鄭述祖)[72]는 자(字)가 공문(恭文)이고 개봉인(開封人)이다. 거문고를 잘 타《용음십농(龍吟十弄)》을 작곡하고서 사람들에게 말하기를 "나는 어느 날 꿈을 꾼 적이 있는데 꿈에 어떤 사람이 거문고를 타는 것을 보고 잠에서 깬 뒤 그 음률(音律)을 옮겨 적은 것이다." 당시의 사람들은 그 곡을 절묘하다고 평하였다.

又非夢中傳習者哉。

또는 꿈이 아닌 중에 전달받아 익힌 자들도 있다.

◾ 注疏 —————————————————————————————

1) 고양(高洋): 北齊의 개국황제, 재위 A.D 550~559. 큰 도량과 강한 성격을 가졌으면서도 용모는 유순하였다. 繁劇함을 이치에 맞게 잘 다스렸으며 魏武 때에는 齊王에 봉해졌다. 孝靜帝가 폐위된 뒤

자립하여 국호를 제(齊)라 하고 鄴에 도읍하였다. 諡號는 文宣, 廟號는 顯祖이다.

2) 이마에 붓으로 점을 찍는 꿈을 꾸었다: 임금 王 위에 점을 찍으면 주인 主가 되니 천하의 주인이 되는 임금을 의미한다.

3) 《금수만화곡(錦繡萬花谷)》: 책 이름. 前集 40권, 後集 40권, 續集 40권으로 구성되어 있으나 저자명은 밝혀져 있지 않다. 宋孝宗 시의 사람으로 추정되는데 내용은 주로 雜事이다.

4) 이교(李嶠): 唐의 贊皇人. 進士에 급제한 뒤 給事中, 潤州司馬, 鳳閣舍人. 神龍(A.D 705~707) 중에는 同中書門下三品으로 특진하였다.

5) 오경(五經):《易經》,《書經》,《詩經》,《禮記》,《春秋》. 漢의 武帝 때 五經博士를 두어서 五經이라는 말이 생겼다.

6) 나신사(邏神祠): 긴나라(緊那羅)의 祠堂. 梵名 Kiṃnara. 원래는 인도신화 속의 神이었으나 후에 불교에 흡수되어 八部衆의 七部에 속하였다. 미묘한 음성과 가무에 능하다. 관세음보살이 중생제도를 위하여 現身하는 32종 형상 중에 29번째 상에 속한다.

7) 범질(范質): 宋. 宋城人, 字는 文素. 後唐 때 進士가 되었다가 知制誥가 되었다. 後周 시에는 知樞密院을 연임하였고 太祖 시에는 侍中이 되었고 魯國公에 봉해졌다. 저서는 《五代通錄》,《邑管記》가 있다.

8) 명경과(明經科): 科擧制度의 하나. 漢武帝가 과거를 四科로 나누어 실시한 후 唐代에 明經科와 進士科가 있었으나 宋神宗 이후 진사과만 존속했다.

9) 곽박(郭璞): 晉代의 聞喜人. 博學하고 高才하여 古文에 능하였고 詞賦는 東晉의 일인자였다. 음양오행에도 능하고 점술과 해몽에도 뛰어났다. 元帝 시에 著作佐郎을 지냈고 저서는 《洞林》,《新林》,《卜韻》,《爾雅注》.

10) 《사여집(四如集)》: 宋의 黃仲元이 撰한 5권의 책. 文四卷, 附錄一卷으로 되어있다. 문장은 端厚樸直한 기운을 지니고 있는데 황중원이 강의한 내용이 대부분이다.

11) 황연(黃淵): 宋, 黃仲元.

12) 기소유(紀少瑜): 梁의 秣陵人. 일찍부터 고아가 되었으나 志節을 지녀 13세에 능히 문장을 지었다. 용모가 뛰어났으며 武陵王記室參軍에 제수되었다.

13) 육추(陸倕): 梁人. 어려서부터 학문에 힘써 독서를 한 후 책을 덮고 반드시 口誦하였다. 漢書를 빌려서 공부하다가 《五行志》 4권을 분실하자 다시 한자도 틀림없이 記述하여 보완하였다. 武帝가 그의 재능을 아껴 새로 만든 漏刻에 그의 이름을 새기게 하였고 太常卿까지 관직이 올랐다.

14) 양환(楊奐): 元의 乾州奉天人. 字는 煥然. 아기였을 때 어머니가 죽어 슬퍼하며 성장하였다. 金末에 《萬言策》을 지었고 元初에는 은거하며 후학을 가르쳤다. 耶律楚材가 천거하여 河南廉訪使가 되었다. 그의 詩文은 光明하고 俊偉하였으며 저서는 《還山集》이 있다.

15) 왕순(王珣): 晉人, 字는 元琳. 弱冠에 陳軍謝玄과 桓溫椽이 되었다. 尙書右僕射를 지냈고 東亭侯에 봉해졌다.

16) 왕발(王勃): 唐人. 6세에 文辭가 奇麗하여 唐初의 四傑 중의 하나이다.《滕王閣序文》을 쓴 일화는 유명하다. 墨汁을 여러 되 마신 뒤 사람을 엎드리게 한 후 등 위에서 묵즙을 입으로 뿜어 얼룩지게 한 뒤 다시 붓으로 글을 쓰니 문자에 단 한 점의 먹물흔적도 없었다. 사람들은 이것을 腹稿라고 불렀다. 29세에 溺死하였다.

17) 조(趙)의 무령왕(武靈王): 戰國시대의 趙王. 肅侯의 아들이다. 재위 27년.

18) 《조기입담(釣磯立談)》: 저자 미상의 한권의 책으로 南唐의 事蹟에 대해 썼으며 附로는 《論斷》이 있다.

19) 사마상여(司馬相如): 漢의 成都人, 字는 長卿. 젊은 시절 書道와 擊劍을 좋아하였다. 景帝 시에 武騎

常侍, 獻帝 시에는 西南夷와 通하는 공을 세워 孝文園令이 되었다. 그의 글은 漢代의 詞宗이 되었다. 漢武帝가 神仙術을 좋아하여 이에 몰두하자 이를 그치게 하기위해서 大人賦를 헌상하여 諫하였다. 大人賦는 임금의 德을 찬양하는 글이다.

20) 동추(桐椎): 五胡十九國시대의 西涼國은 수도가 돈황이고 마지막 왕의 이름은 李歆, 재위 A.D 417~420이고 字는 桐椎이다. 오동나무로 된 기둥이라는 뜻인데 기둥, 중심추가 없으니 이는 멸망을 의미한다.

21) 소관(蕭貫): 宋人, 字는 貫之. 俊邁하며 문장에 능하였다. 進士甲科에 급제한 뒤 仁宗 시에 兵部員外郎에 거듭 천거되었다.

22) 백각향(百刻香): 하루는 百刻으로 나눌 수 있다. 一刻은 14분 40초, 즉 하루 동안 타는 香.

23) 연촉(蓮燭): 연꽃 모양의 초.

24) 한 장(寒漿): 차가운 물.

25) 부상(扶桑): 東海 중에 있다는 섬나라. 神木 둘이 서로 기대고 있다 하여 扶桑이라고 부른다.

26) 채제방(蔡齊榜): 蔡齊는 宋의 仁宗조의 禮部侍郎, 參知政事이다. 그가 주관한 科擧의 春榜.

27) 양춘곡(陽春曲): 陽春에 대한 노래. 陽春은 溫暖한 봄. 즉 1월이다.

28) 《종영시품(鍾嶸詩品)》: 鍾嶸이 지은 시집 이름. 종영은 梁의 潁川人, 字는 仲偉. 齊를 섬겨 南康王國侍郎이 되었다가 天監(A.D 502~519) 중에 西中郎, 晋安王記室이 되었다. 《周易》에 精通하였으며 《詩品》 3권에서는 漢魏 이래의 시인 103인의 우열을 논하였다.

29) 허혼(許渾): 唐人, 字는 仲晦. 太和(A.D 827~835) 때에 進士가 되었다가 大中(847~860) 중에 監察御使, 虞部員外郎, 睦郢二君刺史를 하며 善政을 베풀었다. 저서로는 시집인 《丁卯集》이 있다.

30) 곤륜산(崑崙山): 중국의 서방의 靈山. 西王母가 사는 곳으로 산 위에는 醴泉, 瑤池가 있다. 신화적인 산으로 실제로는 중국 최대의 산맥으로 보아야 맞다. 《山海經, 海內西經》에 이르기를, 곤륜은 帝都의 서북에 있다. 둘레는 10,800리요, 높이는 10,000仞이다. 동남에서는 赤水가 源하고 동북에서는 河水가 源出하여 북서남을 거쳐 渤海로 들어간다.

31) 요대(瑤臺): 지극히 아름다운 樓臺. 仙界를 말하기도 함.

32) 허비경(許飛瓊): 西王母의 시녀인 仙女. 飛瓊이라고도 한다.

33) 조비연(趙飛燕): 漢成帝의 正妃. 成陽侯 趙臨의 딸이다. 어려서부터 歌舞에 능하여 성제가 이를 본 후 황궁으로 초청하여 許后를 폐하고 황후로 삼았다.

34) 적준탁(狄遵度): 宋人, 字는 元規. 少時적부터 穎悟하였다. 侍御史까지 관위가 이르렀으며 학문을 좋아하여 《春秋雜說》 등을 저술하였다.

35) 두보(杜甫): 唐, 襄陽人, 字는 子美. 스스로 杜陵布衣, 少陵野老라고 칭하였다. 젊었을 때 빈한하였고 進士에도 급제하지 못하였다. 玄宗 시에 待制集賢院을 지냈고 華州司功參軍을 지내다가 관직을 버리고 秦州, 劍南을 유랑하였다. 嚴武에 의탁하였다가 엄무의 上奏로 檢校工部員外郎이 되었다. 博識하고 詩歌에 능했다. 저서는 《杜工部詩集》.

36) 《가성편(佳城篇)》: 佳城은 墓地이다. 篇은 詩의 이름.

37) 이하(李賀): 唐의 宗室이다. 字는 長吉. 어려서부터 穎悟하여 詩文에 능하였다. 그는 시를 지음에 있어 언제나 먼저 제목을 짓지 않고 지었다. 작은 종이 끄는 약한 말을 타고 말 위에는 언제나 오래된 비단주머니를 매달았다가 시를 지으면 주머니 안에 넣었다. 그의 文體勢는 崇巖峭壁과도 같고 萬刃屈起와도 같았다. 憲宗 시에 協律郎을 제수받았다. 27세에 죽었고 저서는 《昌谷集》.

38) 백옥루(白玉樓): 天上의 白玉京에 있는 天帝가 居하는 宮殿 중의 樓閣.

39) 백요궁(白瑤宮): 白玉樓.

40) 신궁기(新宮記): 궁궐을 신축한 기념으로 社稷과 帝德을 찬양하고 新宮을 신축하기까지의 내력, 과

정, 규모 등을 기록한 글.

41) 진락장(進樂章): 임금의 치적을 찬양하며 즐거움을 더하기 위하여 짓는 글.

42) 작은 모서리는~여겼다: 前胸은 前凶과 동음이니 장차 凶이 있다고 해석할 수 있다. 胸과 背사이의 일이란 가슴 안에 크게 특별한 감정을 갖게 된다는 뜻이다.

43) 두목(杜牧): 唐代 京兆人, 字는 牧之. 문장에 능하여 進士에 급제한 후 殿中侍御史를 역임하였다. 會昌(A.D 841~846) 중에는 中書舍人으로 천거되었다. 성품은 剛直하고 奇節하였다. 杜甫와 구별하여 小杜라고 불렸다. 저서는 《樊川集》.

44) 백구(白駒)라고 썼는데~過隙이라고도 한다: 《莊子·知北游》에 이르기를, 사람이 天地 사이에 태어나 사는 것은 흰 망아지가 틈새를 지나는 것처럼 홀연히 끝나는 일이다.(人生天地之間 若白駒之過隙 忽然而已). 이로부터 白駒過隙은 인생의 덧없이 빠름을 묘사한 成語로 쓰이게 되었다.

45) 《진택장어(震澤長語)》: 明의 王鏊가 撰한 두 권의 책. 事物을 考訂하는 내용으로 官制, 文章, 音律, 姓氏, 夢兆, 仙釋 등에 관해 기술하였다.

46) 당인(唐寅): 明의 吳縣人. 弘治(A.D 1488~1505) 중에 향시에 1등을 하였으나 관직에 나가지 않았다. 성품이 穎異하고 詩文에 능했다. 徐禎卿 등 4인과 함께 吳中四才로 불리었다.

47) 횡어(橫語): 나쁜 소문의 말.

48) 구선(九仙): 구종의 선인. 즉 上仙·高仙·大仙·元仙·天仙·眞仙·神仙·靈仙·至仙.

49) 아래쪽에 中, 呂 두 자가~죽었다: 呂를 파자하여 보면 口가 둘이니 日이고 한 획을 삐치니 白이 되고 百과 같은 의미이다. 그 가운데는 50이고 반쯤 되는 곳에 내일이 괴롭다는 뜻은 죽는다는 뜻이니 53세에 죽었다.

50) 진괘(晉卦): 火地晉. 坤下離上이니 땅위로 해가 뜨듯이 밖으로 나아간다는 뜻의 晉이다. 64괘 중 29번째에 해당한다. 卦辭에 '진은 나라를 잘 다스리는 제후에게 상주는 일을 많이 하고 하루에 3번 만나보는 것이다.(晉 康侯 用錫馬蕃庶 晝日三接).'

51) 《신선전(神仙傳)》: 晉의 葛洪이 撰한 10권의 책. 그의 제자 滕升이 仙人의 有無를 물음에 기인하여 저작하였다. 84인의 신선의 이야기를 여러 서적에서 인용하였다.

52) 어거(魚車): 神仙이나 諸侯가 타는 魚皮로 장식한 수레. 주로 神仙이 타는 수레를 지칭한다.

53) 오운각(五雲閣): 神仙이 사는 궁궐이름. 五雲은 靑, 白, 赤, 黑, 黃의 오색구름으로 祥瑞의 상징이다.

54) 신궁명(新宮銘): 신궁기(新宮記)와 同一함. 銘은 돌에 새긴다는 뜻이다.

55) 자양진인(紫陽眞人): 《雲笈七籤》에 의하면 '紫陽眞人 周義山은 汝陰人이다. 蒙山에 들어가 羨門子를 만나 長生要訣을 간구하였다. 선문자가 말하기를 "그대의 이름은 이미 丹台玉室 중에 있는데 어찌 신선되지 못함을 걱정하는가?'《仙術祕庫》에 의하면 '紫陽眞人은 張伯端이다. 海蟾祖師를 만나 金丹術을 전수받아 漢陰山에서 仙道를 이루어 南宗의 제1조가 되었다.

56) 요합(姚合): 唐人. 元和(A.D 806~820)에 進士가 되었고 武功尉가 되었다. 詩에 능하였고 監察御使로 천거되었고 祕書監까지 관위가 이르렀다. 저서는 《極元集》,《姚少監少集》이 있다.

57) 만가(輓歌): 상여가 나갈 때 상여꾼이 부르는 노래. 그 기원은 漢武帝 때이다. 또는 죽은 이를 애도하여 지은 詩歌.

58) 농옥(弄玉): 春秋시대 秦의 穆公의 딸. 퉁소의 명인인 蕭史에게 시집가 퉁소를 배워 퉁소를 부니 鳳이 날아와 집 위에 앉았으며 이로 인하여 穆公이 鳳臺를 지어 주었다. 그 뒤 농옥은 봉을 타고 소사는 학을 타고 하늘로 날아올라 갔다고 한다.

59) 한식(寒食): 節名. 冬至 후 105일, 혹은 103일, 106일이다. 이날 나라에서는 宗廟에 祭享을 지내고 민간에서는 省墓를 한다.

60) 위오국(僞吳國): 나라로 인정할 수 없는 거짓된 吳國.

61) 거센 바람과 폭우는~무엇을 할 수 있나?:

인간의 生老病死는 貪, 瞋, 痴의 업보이다. 사람은 큰 고난을 겪으면 자기를 반성하고 그 원인을 알게된다. 남을 용서하고 받을 돈과 직위를 포기하고 병이 나은 사람은 東西古今에 不知其數이다.

62) 《대업습유(大業拾遺)》: 唐의 顏師古가 撰한, 隋國의 煬帝가 治世하던 A.D605~617의 史實을 기록한책. 大業은 양제의 年號이다.

63) 경사(京師): 王都. 임금이 살고 있는 수도.

64) 단장(斷腸): 매우 슬퍼 괴로움. 痛恨하여 창자가 끊어져 죽은 원숭이의 고사에서 비롯된 成語.

65) 장성궁(張省躬)은~죽었다.: 寒食은 晉의 介子推의 죽음을 애도하기위하여 차가운 음식을 먹는 날로冬至로부터 105일째이다. 본 詩는 죽음을 예고하였다.

66) 참창(慘愴): 가슴이 에이는 것처럼 극히 슬픔, 처참.

67) 늙은 토끼와 차가운 두꺼비: 老兔는 달의 형체, 寒蟾은 달의 정기인 月華를 뜻한다.

68) 난패(鸞佩): 鸞鳥는 봉황의 보좌역으로 赤色의 깃털에서 광채가 난다. 난조 모양의 패물이나 천자가사용하는 패물.

69) 걸교문(乞巧文): 음력 7월 7일을 기념하는 글. 乞巧는 七夕이다. 舊俗에는 부녀자가 뜰에 있는 오래된 오이를 향해 앉는다. 혹은 부녀자가 바느질솜씨가 향상되기를 기원하는 날이라 하여 乞巧라는명칭이 생겼다.

70) 호정교(胡釘鉸): 唐시대 사람, 釘은 못, 鉸는 가위이다. 못과 가위를 만드는 직업인이라고 남이 부르는 명칭을 이름으로 정하였다. 생업에 종사하다가 詩에 능하여졌다.

71) 유운(柳惲): 梁人, 字는 文暢. 好學하고 尺牘과 詩에 능하였다. 武帝 때에 여러 차례 吳興太守를 하며선정을 폈다. 거문고와 바둑에 능해 《棋品》3권을 저술하였고 醫術에도 정통하였다.

72) 정술조(鄭述祖): 北齊人, 字는 恭文. 天保(A.D 550~559) 중에 儀同三司에까지 올랐고 兗州刺史를하며 惠政을 베풀어 전임예주자사인 아버지는 大鄭公, 鄭述祖는 小鄭公이라고 불렸다.

10. 자획편 字畫篇第十

字畫屢變、後世非蒼頡之舊矣。而析文解夢、往往取効、如松爲十八公。

문자(文字)의 획(畫)이 거듭 변하니 후세에는 창힐(蒼頡)[1]의 옛 문자가 아니게 되었다. 그러나 문자를 분석하여 해몽하여도 때때로 효험을 얻었으니 송(松)이 십팔공(十八公)으로 된 것이 이와 같은 예이다.

解見形貌篇、松生其腹注。

풀이는《형모편(形貌篇)》의 '그 배에 소나무가 생겼다.' 204p를 보시라.

槐爲木旁鬼。

괴(槐)는 나무(木) 옆에 귀(鬼)가 있는 것이다.

隋書曰、北魏托跋順爲陵戶、鮮于康奴所害、初莊帝在落。順夢黑雲從西北、直觸東南、日月俱蔽、復翳諸星、天地盡暗、俄而雲消日出、西南隅甚明。云長樂王曰。又見莊帝、從閶闔門入登太極殿、唱萬歲者三、百官咸加仍服謁帝、惟順在集書省步廊西槐下、脫衣冠臥。旣寤告元暉業曰、夜夢不佳。因解曰、黑雲之惡者、是北方之色、終有北敵亂京師、害二宮、殘毁百寮、日君象也。月后象也。衆星百官象也。京邑其當禍乎。彭城王勰有文德於天下、今夢其兒爲天子、積德之報、此必然矣。但恨得之不久、日出西南、以時易年、不過三載、但恨我不見之、我臥槐下。槐字木旁鬼、身與鬼幷、復解冠冕、寧不死乎。然亡後乃得三公賜耳、後果與其言。野乘曰、廣陵王克淵、夢著袞衣倚槐立。湯元愼曰、廣陵王死矣、槐字木旁鬼。果然。

《수서(隋書)》에 이르기를, 북위(北魏)의 탁발순(托跋順)²⁾은 능호(陵戶)가 된 뒤에 선비(鮮卑)의 강노(康奴)³⁾로부터 침범을 당하였는데 이때는 장제(莊帝)가 황제로 등극하기 전에 변방을 지키고 있을 때이다. 탁발순이 꿈을 꾸었다. 검은 구름이 서북쪽에서 일어나 곧바로 동남쪽까지 뻗쳐 닿았고 해와 달은 부서졌고 별들은 탁기(濁氣)에 여러 겹으로 가려져 있었으므로 천지는 어두움이 더할 수 없을 정도였다. 그런데 갑자기 구름이 걷히고 해가 나타나 서남쪽이 밝아지며 "새 임금이 등극하여 오랜 세월을 잘 다스리리라." 라는 소리가 들렸다.

이때 장제(莊帝)가 나타나 여합문(閶闔門)을 통과하여 태극전(太極殿)에 올라 황제로 등극하니 문무백관이 만세(萬歲)를 부르며 경하하였다. 이때 탁발순은 집서성(集書省)의 복도의 서쪽에 있는 회화나무 아래에 의관을 벗은 채로 누워있었다. 탁발순은 잠에서 깨자 원휘업(元暉業)을 만나 꿈을 말하였고 원휘업이 해몽하기를 "검은 구름은 북방의 악(惡)을 의미합니다. 장차 북방의 적들이 경사(京師)에 침공하여 이궁(二宮)을 훼손시키고 관리들을 해칠 것입니다. 해는 임금, 달은 황후, 별들은 관리들을 상징합니다. 그러나 서남쪽에서 장제(莊帝)가 거병하여 적군을 퇴치하고 나서 황제로 등극하여 나라를 오래 동안 잘 다스리게 될 것입니다." 과연 얼마 지나지 않아 북방의 적들이 경읍(京邑)을 침공했고 장제가 이들을 물리치고 황제로 등극한 후 오래 동안 선정을 폈다.

팽성왕(彭城王) 협(勰)은 문덕(文德)이 천하에 알려져 있었다. 협은 꿈에 아들이 천자로 등극하는 것을 보았다.⁴⁾ 협은 잠에서 깬 후 덕을 쌓은 응보로 반드시 그렇게 될 것이라고 믿었다. 협은 아들 단한아(但恨我)가 출생한 후 오래지 않아 해가 서남쪽에서 떠올라 이를 큰 상서(祥瑞)라고 여겼다. 이후 3년이 지난 어느 날 단한아가 눈에 띄지 않아 찾아보니 회나무(槐) 아래에 누워있었다. 협이 경악하여 탄식하기를 "회나무(槐)는 목(木) 옆에 귀(鬼)가 있으니 몸이 귀(鬼)와 함께 있는다는 뜻이고 더구나 의관까지 벗었으니 어찌 죽지 않을 수 있으랴?" 얼마 지나지 않아 단한아가 죽고 협은 삼공(三公)의 직위에 오르니 과연 그 말처럼 되었다.

《야승(野乘)》에 이르기를, 광릉왕(廣陵王) 극연(克淵)은 꿈속에서 임금의 옷을 입고 회나무(槐)에 기대어 서있었다. 탕원신(湯元愼)이 광릉왕의 꿈을 전해 듣고서 말하기를 "광릉왕은 죽을 것이다. 괴(槐)의 목(木)옆에 귀(鬼)가 있기 때문이다." 과연 그렇게 되었다.

垢去土而爲后。

구(垢)에서 토(土)를 빼면 후(后)가 된다.

解見宗空篇、風后力牧注。

풀이는 《종공편(宗空篇)》의 '풍후(風后)와 역목(力牧)' 46p를 보시라.

虜脫衣而爲男。

종로(虜)가 옷(衣=虍)을 벗으니 사내 남(男)이 되었다.

解見食衣篇、夢虜脫衣注。

풀이는 《식의편(食衣篇)》의 '꿈에서 종(虜)이 옷을 벗다.' 231p를 보시라.

羊無角尾而爲王。

양(羊)에게 뿔(ˊ)과 꼬리(丨)가 없으면 왕(王)이 된다.

塵談曰、沛公始爲亭長、夢逐一羊扳角尾皆落。占曰、羊無角尾、王也。一云、光武有此夢。

《주담(塵談)》[5]에 이르기를, 패공(沛公)[6]이 처음 정장(亭長)이 되었을 때 꿈을 꾸기를 양 한 마리를 쫓아가 뿔과 꼬리를 잡아당기니. 모두 빠져 떨어졌다. 점(占)을 쳐보니 양(羊)에게 뿔과 꼬리가 없으면 왕(王)이라 하였다.
또한 이르기를 "광무(光武)도 이 같은 꿈을 꾸었다고 한다."

筆點額顚而爲主。

이마(額)나 정수리(顚)에 붓으로 점을 찍으면 임금 주(主)가 된다.

> 解見筆墨篇、吳王夢筆注。
>
> 풀이는《필묵편(筆墨篇)》의 '오왕(吳王)이 붓의 꿈을 꾸다.' 276p를 보시라.

木破天而爲未。

나무(木)가 하늘(天)을 부수니 미(未)가 된다.

> 晉書曰、王敦謀逆、夢一木上破天。占曰、此是未字、未可動耳。
>
> 《진서(晉書)》에 이르기를, 왕돈(王敦)이 역모(逆謀)를 하는 중에 꿈을 꾸었다. 하나의 나무(木)가 위로 하늘(天)을 부수었다. 왕돈이 잠에서 깨어 점을 치니 해몽하기를 "이는 미자(未字)니 움직이지 마십시오."

河無水而爲可。

강(河)에 물(水=氵)이 없으면 옳을 가(可)가 된다.

> 解見山川篇、河中水涸注。
>
> 풀이는《산천편(山川篇)》의 '강(江) 가운데 물이 말랐다.' 175p를 보시라.

狼啖脚而爲卻。

늑대에게 다리(脚)의 살(肉=月)을 뜯어 먹히니 물러날 각(卻=却)이 되었다.

> 晉書曰、郡功曹張邈嘗奉使、欲詣州。夜夢狼啖一脚。索紞占曰、脚肉被啖爲卻、會東虜反 遂不行。

《진서(晉書)》에 이르기를, 군공조(郡功曹) 장막(張邈)은 왕명을 받든 사자(使者)로서 지방에 가려고 하였다. 밤에 꿈을 꾸었는데 늑대가 나타나 자신의 한쪽 다리의 살을 뜯어 먹었다. 장막이 잠에서 깬 후 색담(索紞)에게 점을 치니 답하기를 "다리 살이 뜯어 먹혔으니 각(卻)이 되었소." 장막은 중도에서 동로(東虜)의 반란군을 만나 가지 못하였다.

人上山而爲凶。

사람(人)이 산(山) 위에 있으니 흉할 흉(凶)이 되었다.

晉書曰、郡主簿張宅、夢走馬上山、還繞舍三周、但見松柏、不知門處。索紞占曰、馬屬離、離爲火、火禍也、人上山爲凶字、但見松柏、墓門象也。不知門處、無門也、三周、三期也、後三年必有大禍。果以謀反伏誅。

《진서(晉書)》에 이르기를, 군주부(郡主簿) 장택(張宅)이 꿈을 꾸었다. 말 타고 산 위에 올랐다가 귀가하여 집 주위를 세 번 돌았어도 소나무와 잣나무는 보이는데도 문이 있는 곳은 알 수 없었다. 장택이 잠에서 깨어 색담(索紞)에게 점몽을 청하니 답하기를 "말(馬)은 이괘(離卦)에 속하고 이괘는 오행(五行) 중의 화(火)에 속하는데 화(火)는 화(禍)요. 사람(人)이 산(山) 위에 있으면 흉자(凶字)가 되는 것이고[7] 소나무와 잣나무만 보임은 묘문(墓門)의 형상이오. 문이 있는 곳을 알 수 없음은 문이 없다는 뜻이오. 세 번 돈 것은 세 번 돌아오는 날이니 3년이 지난 후 반드시 큰 화(禍)가 이를 것이오." 장택은 과연 모반에 연루되어 주살(誅殺)되었다.

三刀爲州。

칼(刀=·刂)세 자루는 고을 주(州)가 된다.

解見器物篇、夢懸四刀注。

풀이는《기물편(器物篇)》의 '꿈에 칼 네 자루가 매달려 있다.' 251p를 보시라.

二山爲出。

산(山)이 둘이면 날 출(出)이 된다.

> 宋紀曰、楊文廣被蠻困於柳州百日、夜夢奔二山。術者云、二山出字也。明
> 日果脫。

《송기(宋紀)》[8]에 이르기를, 양문광(楊文廣)[9]은 만족(蠻族)으로부터 공격을
당해 유주(柳州)에서 백 일 동안이나 곤궁하였다. 양문광이 밤에 꿈을 꾸
었는데 산(山) 둘이 달리는 것이었다. 잠에서 깨어 술자(術者)에게 해몽을
청하니 "산(山)이 둘이니 출자(出字)입니다." 양문광은 그날 탈출하였다.

片犬爲狀。

조각 편(片)과 개 견(犬)을 합하면 모양 장(狀)이 된다.

> 異苑曰、梁顯進選前十日、夢人賜犬肉一片。顯不悅以問術者。解曰、片犬
> 狀字也。果爲狀元。

《이원(異苑)》에 이르기를, 양현(梁顯)이 과거에 응시하기 열흘 전에 꿈을 꾸
었다. 어떤 사람이 개고기 한 조각을 주길래 받아먹었다. 양현은 잠에서
깬 후 불쾌한 채로 술자(術者)에게 점몽을 청하였다. 그가 풀이하기를 "조
각 편(片)과 개 견(犬)을 합하면 모양 장자(狀字)가 됩니다." 양현은 과연 장
원(狀元)을 하였다.

失禾爲秩。

잃을 실(失)과 벼 화(禾)를 합하면 차례 질(秩)이 된다.

> 後漢書曰、蔡茂在廣漢、夢坐大殿、極上有三穗禾茂、跳取之、得其中穗、
> 輒復失之。以問主簿郭賀。賀曰、大殿者、宮府之象也、極而有禾、人臣之
> 上祿也、取中穗是中台之位也、於字禾失爲秩、雖曰失之、乃所以得祿秩
> 也。旬月而茂徵焉。

《후한서(後漢書)》[10]에 이르기를, 채무(蔡茂)[11]가 광한(廣漢)에 있을 때 꿈을

꾸었다. 매우 큰 집 가운데 앉아 있다가 위를 쳐다보니 천정(天井)의 높은 곳에 벼이삭 세 개가 상하로 매달려 있었다. 채무가 훌쩍 위로 뛰어 셋 중 가운데의 벼이삭을 붙잡았으나 내려오면서 손에서 놓쳤다. 채무는 꿈에서 깬 뒤 주부(主簿) 곽하(郭賀)에게 점몽을 청하였다. 답하기를 "매우 큰 집은 궁전이고 높은 곳에 벼이삭이 있음은 인신(人臣)이 되어 높은 녹(祿)을 받는 것입니다. 가운데 벼이삭을 잡았으니 중대(中台)의 직위를 얻을 것이며 벼(禾)를 잃음은 차례 질(秩)이 되니 녹(祿)을 얻은 후 잃는 것이 차례대로 될 것입니다." 열흘이 지나자 과연 징험하였다.

車掛肉而爲斬。

수레(車)에 살(肉)이 걸리면 벨 참(斬)이 된다.

晉書曰、易雄夜夢乘車、掛肉其旁。自占曰、肉必有筋、筋者斤也、車旁有斤、吾其戮乎。尋爲雄所斬。

《진서(晉書)》에 이르기를, 역웅(易雄)[12]이 어느 날 꿈을 꾸었다. 수레를 탔는데 살이 수레의 옆에 걸렸다. 역웅은 잠에서 깬 뒤 스스로 해몽하여 말하기를 "살에는 반드시 근(筋)이 있고 근(筋)은 근(斤)이다. 수레 옆에 근(斤)이 있으니 나는 죽임을 당하리라." 역웅은 해몽대로 참형(斬刑)을 받았다.

箭射狗而爲第。

화살(箭)로 개(狗)를 쏘니 급제(及第)하게 되었다.

解見器物篇、挽弓射狗注。

풀이는 《기물편(器物篇)》의 '활을 당겨 개를 쏘다.' 255p를 보시라.

符融知馮昌殺董豐之婦。

부융(符融)은 풍창(馮昌)이 동풍(董豐)의 아내를 죽였다는 것을 알았다.

晉書曰、京兆人董豐、游學三年而返、過宿妻家、時夜妻爲賊所殺。妻兄疑
豐殺之、送豐有司、招掠誣引殺妻。苻融察而異之、問曰、汝行往還頗有
恠異及卜筮否。豐曰、初將發、夜夢乘馬南渡水、反而北渡、復自北而南、
馬停水中、鞭策不去、俯而視之見兩日在於水下、馬左白而濕、右黑而乾。
覺而心悸、竊以爲不祥。還之夜、復夢如初。問之筮者云、憂獄訟、遠三枕、
避三沐。旣至妻爲俱沐、夜奉新枕、豐記筮者之言、皆不從之。妻乃自浴、
枕新枕而死。融曰、吾知之矣。周易坎爲水、馬爲離、夢乘馬南渡又北而南
者、從坎之離 三爻動變、變而成離、離爲中女、坎爲中男、兩日兩夫之象、
坎爲執法吏、吏詰其夫、婦人被流血而死、坎二陰一陽、離二陽一陰、相承
易位、離下坎上旣濟。文王遇之、因羑里、有禮而生、無禮而死。馬左而濕、
水也、左水右馬、馮字也、兩日昌字也、其馮昌殺之乎。於是推檢、獲昌而
詰之、昌首服曰、本與其妻謀殺董豐、期以新沐枕、枕爲驗、後不審、是以
誤中婦人。

《진서(晉書)》에 이르기를, 경조인(京兆人) 동풍(董豐)은 학업을 위해 3년 동
안 떠돌다가 집으로 돌아오는 길에 처가에서 하루 밤을 자게 되었다. 그
날 밤 처가에 도둑이 들어와 동풍의 아내를 죽였다. 다음 날 처형은 동풍
이 그의 아내를 죽인 걸로 의심하여 관사(官司)로 끌고 가서 관사에 고하
기를 동풍이 도적과 짜고 끌어들여 죽였다고 하였다. 관장(官長)인 부용
(苻融)이 살펴보니 고한 내용과 사실이 틀린 것 같아 동풍에게 묻기를 "이
일은 매우 괴이하여 복서(卜筮)로나 가릴 수 있다. 그대가 출발하여 일을
겪기까지의 과정을 상세히 고하라." 동풍이 답하기를 "저는 귀가하기 위
해 출발하기 전날 꿈을 꾸었습니다. 말을 타고 남에서 북으로 강을 건넜
다가 다시 북에서 남으로 건너 되돌아오는데 말이 강 가운데 멈추어 움직
이지 않아 채찍질을 해도 소용없었습니다. 몸을 굽혀 강을 보니 두 개의
태양이 물속에 있고 말의 왼쪽은 희게 젖어있고 오른쪽은 검게 말라 있었
습니다. 잠에서 깬 뒤 가슴이 뛰는 걸로 보아 좋지 않은 일로 느껴졌습니
다. 그리고 그 후 똑같은 꿈을 아내가 살해되던 날 밤에 아내와 동침하다
가 꾸었습니다. 저는 처음 꿈꾼 날 아침에 산(算)가지로 점을 치는 사람에
게 해몽을 청하니 답하기를 "송사(訟事)로 인하여 하옥(下獄)되는 내용입
니다. 세 사람이 함께 잠자리를 같이하지 말고 목욕도 세 번 하지 마십시
오.[13]" 저는 처갓집에 당도하여 아내와 함께 목욕하고 잠자리를 같이 하

였습니다. 그때 점사(占師)의 말이 생각났으나 해당되지 않는다고 생각하였는데 저의 아내는 다시 밖으로 나가 목욕하고 들어와 저와 다시 같이 자다가 도적의 칼에 찔려 죽었습니다."

부융이 말하기를 "나는 알겠노라. 《주역(周易)》에 이르기를, 감(坎)은 수(水)가 되고 말(馬)은 이(離)가 된다. 꿈속에서 남(南)에서 북(北)으로 강(江)을 건넌 후에 다시 북(北)에서 남(南)으로 강(江)을 건넌 것은 감(坎)이 이(離)를 따라서 삼효(三爻)가 같이 변하여 이(離)가 된 것이다. 이(離)는 중녀(中女)가 되고 감(坎)은 중남(中男)이 된다.[14] 두 개의 태양(太陽)은 두 지아비의 상(象)이다. 감(坎)은 법(法)을 집행(執行)하는 관리가 되어 지아비를 힐책(詰責)하기를 "아내가 왜 피를 흘리며 죽었는가?"라고 하는 것이다. 감(坎)은 음(陰)이 둘이고 양(陽)은 하나인데 이(離)는 양(陽)이 둘이고 음(陰)은 하나이다. 서로가 이어서 그 자리를 바꾸면 이(離)는 아래 감(坎)은 위에 있게 되니 기제괘(旣濟卦)[15]이다. 문왕(文王)이 유리(羑里)에 갇혔을 때 예(禮)를 갖추면 살고 잃으면 죽는 경우와 같다. 말의 왼쪽이 젖어 있는데 젖음은 수(水)이다. 왼쪽이 수(水)이고 오른쪽이 말이면 풍자(馮字)가 되고[16] 두 개의 태양(日)은 창자(昌字)가 된다. 이는 풍창(馮昌)이 죽였음을 나타내는 것이다. 이렇게 미루어 검색(檢索)하여 풍창(馮昌)을 붙잡아서 심문하니 고개를 떨구고 자백하기를 "저는 동풍의 아내와 모의하여 동풍을 죽이려고 하였습니다. 동풍의 아내가 새로 목욕하고 잠자리에 들기를 기다렸는데 목욕 후 방안에서 동풍과 그의 아내의 잠자리의 위치가 바뀐 것도 모르고 오인하여 동풍의 아내를 죽인 것입니다."

李公佐知申春殺小娥之夫。

이공좌(李公佐)는 신춘(申春)이 소아(小娥)의 지아비를 죽였음을 알았다.

唐書曰、段居貞妻謝、字小娥。居貞與謝父同賈江蒲、並爲盜所殺。小娥夢父謂曰、殺我者車中猴、門東草。又夢夫謂曰、殺我者禾中走一日夫。遍問內外姻、莫能曉。隴西李公佐、占得其意、車中猴者、申也、門東草者、蘭也、禾中走者、穿田過、亦申也、一日夫者、春也。是殺汝父者、申蘭、殺汝夫者、申春也。小娥以占求之、諸申乃名盜亡命者也、小娥詭服爲男子、與傭保雜物色、歲餘得蘭於江州、得春於獨樹浦、蘭與春從兄弟也。小娥託傭蘭家、效勤蘭漸倚信、小娥見所盜、段謝服用故在、益知所夢不疑。伺蘭春醉、拔劍斬蘭、急呼鄉人擒春、乃始自言狀。刺史張錫、嘉其烈白。

《당서(唐書)》에 이르기를, 단거정(段居貞)의 처(妻)는 사씨(謝氏)이고 자(字)는 소아(小娥)이다. 단거정은 처(妻), 장인(丈人) 셋이 가강(賈江)의 부들밭 곁에서 살았다. 그러던 어느 날 단거정(段居貞)과 그의 장인은 도적에게 살해되었다. 단거정의 처 사소아(謝小娥)의 꿈에 그녀의 아버지가 말하기를 "나를 죽인 자는 수레 가운데의 원숭이(車中猴)이며 문의 동쪽에 있는 풀(門東草)이다." 또한 그녀의 지아비도 꿈에 나타나 이르기를 "나를 죽인 자는 벼 가운데 달림(禾中走)이요 하루지아비(一日夫)이다." 꿈에서 깬 후 친인척에게 두루 꿈 내용을 물어보아도 알 수 없었다. 농서(隴西)의 이공좌(李公佐)는 사소아로부터 사건과 꿈을 들은 후 점을 쳐 은밀한 뜻을 얻었다. 이공좌가 사소아에게 말하기를 "수레 가운데의 원숭이(車中猴)는 신(申)이고 문의 동쪽에 있는 풀(門東草)은 란(蘭)이다. 벼 가운데 달림(禾中走)은 논(田)을 꿰뚫듯이 통과(通過)하였으니 역시 신(申)이고 하루지아비(一日夫)는 춘(春)이다. 그러므로 그대의 아비를 죽인 자는 신란(申蘭)이고 그대의 지아비를 죽인 자는 신춘(申春)이다.[17]"

사소아는 점괘를 따르기로 하고 초라하게 남복(男服)으로 변장한 후 신씨(申氏) 중에서 도적질을 하고 도주한 자들을 수소문하였다. 사소아는 일 년 만에 신란(申蘭)은 강주(江州), 신춘(申春)은 독수포(獨樹浦)에 살고 있는 것을 알았으며 둘은 종형제(從兄弟)라는 것을 알았다. 사소아는 신란을 찾아가 머슴으로 부려 주기를 간청하였고 허락하자 신란의 믿음을 얻기 위해 열심히 일하였다. 그러던 어느 날 신춘이 신란을 찾아오니 두 사람은 흥겹게 술을 마시다가 대취하여 잠이 들었다. 이 틈에 사소아가 방에 들어가 보니 남편 옷과 자기 옷이 걸려 있어 해몽대로 두 사람이 범인임을 확신하였다. 사소아가 검을 뽑아 신란을 찔러 죽이니 신춘이 깨어났는데 사소아가 급히 소리치니 동네 사람들이 몰려와 신춘을 생포하였다. 사소아가 관부(官府)를 찾아가 사건의 전모를 설명하니 자사(刺史) 장석(張錫)은 신춘을 주살(誅殺)하고 사소아의 열백(烈白)[18]을 가상(嘉尙)히 여겨 상을 주었다.

晉祚將盡、預悟昌明之言。

진왕조(晉王朝)가 장차 다하려 할 때에 창명(昌明)할 것이라는 말을 미리 깨달았다.

> 晉書曰、孝武帝諱曜、字昌明。初簡文帝、夢晉祚盡昌明、及武在孕。李太后夢神人曰、汝生男、以昌爲字。及産東方始明、因以爲字。簡文帝乃流涕。
>
> 《진서(晉書)》에 이르기를, 효무제(孝武帝)[19]의 휘(諱)는 요(曜)이고 자(字)는 창명(昌明)이다. 어느 날 간문제(簡文帝)가 꿈을 꾸었다. 진왕조(晉王朝)가 쇠망하여 가다가 다시 번창하여 빛이 났다. 그리고 나서 이태후(李太后)가 효무제(孝武帝)를 잉태하였다. 이태후가 잉태할 때 꿈을 꾸었다. 한 신인(神人)이 말하기를 "황후(皇后)는 장차 사내아이를 낳을 것이니 이름을 창(昌)으로 정하시오." 달이 차 출산하는데 마침 새벽이어서 동쪽이 밝아(明)지기 시작하였다. 이로 인해 이름을 창명(昌明)이라고 하였고 간문제는 이 일로 감격하여 눈물을 흘렸다.

曾妻于歸、方識田日之姓。

증씨(曾氏)의 아내는 결혼할 때 비로소 전일(田日)의 성(姓)을 알았다.

> 西京雜記曰、曾崇範之妻、先許聘數人、每至親迎之夕其夫輒死。一夕夢人謂曰、田頭有鹿角田尾有日灸、乃汝夫也。後嫁曾氏方悟。
>
> 《서경잡기(西京雜記)》에 이르기를, 증숭범(曾崇範)의 아내는 결혼 전에 몇 사람과 선을 본 적이 있었다. 한번은 자신의 집으로 혼례를 치르기 위해 온 신랑감이 식도 치르기 전에 갑자기 죽은 적도 있었다. 그리하여 크게 상심하자 꿈에 신인(神人)이 나타나 말하기를 "밭머리에 사슴뿔(丶)이 돋아 있고 밭 꼬리에 해(日)가 불타고 있는 것이 너의 지아비가 되리라." 그 후 증씨(曾氏)에게 시집을 가게 되자 해몽하게 되었다.

崔湜座下聽法、而照鏡。

최식(崔湜)은 아래에 앉아 설법을 들으며 거울에 자신을 비추어 보았다.

太平廣記曰、唐右丞盧藏用、中書令崔湜、流嶺南至荆州。湜夢講座下聽
法、而照鏡。問占夢張猶、猶謂盧右丞曰、崔公大忌、夢座下聽法、音從上
來也、鏡字金旁竟也、其竟於今日乎。尋有御史賫勅令至、湜自盡。

《태평광기(太平廣記)》에 이르기를, 당(唐)의 우승(右丞) 노장용(盧藏用)과 중
서령(中書令) 최식(崔湜)[20]은 함께 영남(嶺南)으로 유배되어 가다가 형주(荆
州)에서 숙박하였다. 밤에 최식(崔湜)이 꿈을 꾸었는데 앉아서 설법을 들은
후 거울에 얼굴을 비추어 보았다. 잠에서 깨자 노장용에게 꿈을 말하였는
데 노장용은 장유(張猶)에게 해몽을 청하였다. 장유가 답하기를 "우승(右
丞)께서는 중서령(中書令)에게 조심하라고 충고하십시오. 앉아서 설법을
들음은 소식이 위에서 아래로 내려오는 것이고 거울 경자(鏡字)는 쇠 금
(金) 곁에 다할 경(竟)이 있으니 금일(金日=今日)에 목숨이 다하게 됩니다."
과연 그날 어사(御史)가 칙령(勅令)을 가지고 당도하여 최식에게 전하니 최
식은 자결하였다.

李令載草入水、而持刀。

이령(李令)은 풀을 머리에 이고 물에 들어가 칼을 쥐고 있었다.

稽神錄曰、江南李令、老無復宦情、築室廣陵法雲寺之西、爲終焉之計。嘗
夢束草加首、口銜一刀、兩手各持一刀、入水而行。意甚異之。俄而孫儒陷
廣陵、儒部將李瓊、屯兵法雲寺 恒止李令家、父事令、及馬殷據湖南、瓊爲
觀察使、用令爲荔蒲令。果應草頭三刀入水之夢。

《계신록(稽神錄)》에 이르기를, 강남(江南)의 이령(李令)은 늙어서 다시 관직
을 가질 뜻이 없었다. 그리하여 광릉(廣陵)의 법운사(法雲寺)의 서쪽에 집을
짓고 그 집에서 여생을 마치려고 하였다. 이령이 그 집에서 살며 꿈을 꾸
었다. 풀을 묶어 머리 위에 이고 입에 칼 한 자루를 물고 양손에 각각 칼
한 자루씩 쥐고 물에 들어가 행동하였다.[21] 이령은 잠에서 깬 후 이상한
느낌이 들었으나 해몽을 하지 않았다.
그런지 얼마 되지 않아 손유(孫儒)가 광릉을 평정하기 위해 부하장수 이경
(李瓊)에게 명하여 출정케 하였다. 이경은 군사들을 거느리고 법운사에 주
둔하면서 근처의 아버지 이령의 집을 자주 방문하여 봉양하였다. 이렇게

지내는 중에 마은(馬殷)이 호남(湖南)에서 반란을 일으키자 황제는 마은을 토벌하기 위해 이경을 관찰사(觀察使)로 임명하고 이령은 예포령(荔蒲令)으로 제수하였다. 이령은 과연 풀을 머리에 이고 칼 세 자루를 가지고 물에 들어간 꿈이 징험하였다.

柳刺史柴欠七千。

유자사(柳刺史)는 땔나무 칠천 다발이 부족하였다.

西陽雜俎曰、司農郎韋正貫應擧時、嘗至汝州、刺史柳俊留、署軍事判官。柳嘗夢有人呈案 言欠柴七千七百束。因訪韋解之。韋曰、柴薪木也、公將不久乎。月餘柳疾卒、韋爲部署 查鏹帛、唯官中欠柴七千七百束。披案方省前夢。

《유양잡조(酉陽雜俎)》에 이르기를, 사농랑(司農郞) 위정관(韋正貫)은 지난 날 과거(科擧)에 응시하기 위해 여주(汝州)에 간 적이 있었다. 이때 자사(刺史) 유준(柳俊)이 군사(軍事)를 처리하기 위해 군부(軍府)에 머물다가 꿈을 꾸었다. 어떤 사람이 "모자란 땔나무 칠천칠백 다발(欠柴七千七百束)"이라는 글귀를 보이고 말한 후 사라졌다. 유준은 잠에서 깨자 위정관을 방문하여 해몽을 청하였다. 위정관이 말하기를 "시(柴)는 땔나무입니다. 불에 태워 없어질 나무이니 자사는 오래가지 못하실 것입니다." 그 후 한 달이 조금 더 지나자 유준은 갑자기 죽었다. 위정관이 관리들에게 청하여 부서(府署) 내의 물품들을 모두 점고하였는데 금전은 이상이 없었고 창고 내의 땔나무 칠천칠백 다발이 품목에 비해 부족하였다. 이리하여 위정관은 해몽해 주었던 구절의 의미를 깨달았다.

孟少卿字書九十。

맹소경(孟少卿)은 꿈에 구십(九十)이라는 자(字)를 보았다.

野人閑記曰、蜀宗正少卿孟德崇、燕王貽鄴之子也。脫略傲誕、嘗太廟行事、携妓而往。一夕夢一老人責之、且取案上筆急令開手、大書九十字而覺。客語及此事自言老人責我、是惜我也、書九十字、賜我壽之九十也。客有封璉戲之曰、九十字迺是行書卒字、亞卿其卒乎。不旬日果卒。

《야인한기(野人閑記)》에 이르기를, 촉국(蜀國)의 종정소경(宗正少卿)인 맹덕숭(孟德崇)은 연왕(燕王) 맹이업(孟貽鄴)의 아들이다. 평소 오만하고 방자하여 태묘(太廟)[22]의 행사 때 기생(妓生)을 데리고 간적도 있었다. 맹덕숭은 어느 날 꿈을 꾸었다. 한 노인이 맹덕숭을 꾸짖은 후 붓으로 급하게 안상(案床) 위에 구십(九十)이라고 크게 썼다. 맹덕숭이 잠에서 깨어 빈객(賓客)들에게 자랑하기를 "나는 어젯밤 꿈을 꾸었소. 한 노인이 나를 문책하였으나 진실로 나를 아꼈으므로 안상 위에 구십(九十)이라고 써서 나에게 구십 살까지 살게 하셨소." 그러자 빈객 중에서 봉련(封璉)이 장난삼아 말하기를 "구십(九十)은 행서(行書)로 졸(卆=卒)[23]자가 되니 경(卿)은 끝나게 되오." 과연 열흘도 못되어 맹덕숭은 갑자기 죽었다.

至於內人爲肉。

내(內) 안에 사람(人)이 있으니 육(肉)이 되었다.

晉書曰、宋柟夢內中有一人、著赤衣、柟手把兩杖亟打之。索紞曰、內中有人、肉字也、肉赤色也、兩杖箸象也、亟打之、飽食肉也。果驗。

《진서(晉書)》에 이르기를, 송각(宋柟)은 꿈을 꾸었는데 방(房) 안에 한 사람이 붉은 옷을 입은 채 있어서 지팡이 두 자루를 쥐고 그 사람을 때렸다. 잠에서 깬 뒤 색담(索紞)에게 물어보니 말하기를 "안(內)에 사람(人)이 있으면 육(肉)이 되는 것이요, 고기(肉)는 붉은 색(色)이고 두 자루의 지팡이는 젓가락의 형상이며 빠르게 때린 것은 고기를 배부르게 먹는 것입니다." 과연 응험하였다.

火軍爲煇。

불(火)과 군(軍)을 합(合)하면 휘(煇)가 된다.

東齋記事曰、有堂吏夢火山軍、姓劉人作狀元、明年劉煇果狀元及第。

《동재기사(東齋記事)》[24]에 이르기를, 어떤 당리(堂吏)가 꿈을 꾸었다. 화산

(火山)의 정상을 향해 많은 사람이 올랐는데 유성(劉姓)의 군인(軍人)이 일등으로 도착했다. 과연 다음해에 유휘(劉輝)가 장원급제(狀元及第)하였다.

絲山成幽。

실(絲)과 산(山)을 합(合)하면 유(幽)가 된다.

解見山川篇、卦絲在山注。

풀이는《산천편(山川篇)》의 '실(絲)을 산(山)에 걸었다.' 173p를 보시라.

昆皆有比。

곤(昆)과 개(皆)에는 비(比)가 있다.

異錄曰、杜牧與宰執求代不遂。夢人曰、辭春不及秋、昆脚與皆頭。果得比部員外尙書。

이록(異錄)에 이르기를, 두목(杜牧)은 승진을 원하고 있었으나 조정에서 원하는 자격을 갖추지 못하였다. 두목이 꿈을 꾸었다. 신인(神人)이 말하기를 "봄이 지나고 가을이 되기 전에 곤(昆)의 다리와 개(皆)의 머리가 되리라." 두목은 과연 비부원외상서(比部員外尙書)가 되었다.

角爲刀下用。

각(角)은 도(刀) 아래 용(用)으로 이루어졌다.

解見形貌篇、頭上生角注。

풀이는《형모편(形貌篇)》의 '머리 위에 뿔이 났다.' 202p를 보시라.

汝爲水邊女。

여(汝)는 물(氵)가에 여자(女子)가 있는 것이다.

解見食衣篇、水旁斷囊注。

풀이는《식의편(食衣篇)》의 '물 옆에서 주머니를 끊었다.' 236p를 보시라.

甄爲土·西·瓦。

진(甄)은 토(土), 서(西), 와(瓦)로 이루어졌다.

晉書曰、鄒湛字潤父。嘗夢一人拜、自稱甄仲舒求葬。湛覺思之曰、字合西
土瓦中人也、乃敢葬之。復夢其人拜謝。

《진서(晉書)》에 이르기를, 추담(鄒湛)은 자(字)가 윤부(潤父)이다. 일찍이 꿈
을 꾼 적이 있는데 어느 한 사람이 절하며 자기는 진중서(甄仲舒)라고 소개
하며 시신을 장사지내 주기를 간청하는 것이었다. 추담은 잠에서 깬 뒤 생
각하기를 "진(甄)은 서(西)쪽 흙(土) 속에 기와(瓦)로 된 관 속(仲)"이라고 풀
이하고 집 근처 서쪽을 탐색해보니 과연 허물어진 묘가 있었다. 개수(改修)
하였는데 그날 밤 꿈에 진중서가 다시 나타나 절하며 고맙다고 말하였다.

聞爲門中耳。

들을 문(聞)은 집 문(門) 가운데 귀(耳)가 있는 것이다.

定命錄曰、魏仍與李龜年同選。魏夢侍郎、使人偵於銓門中側耳聽之。李
夢有人報縣丞。明日共解此夢、以爲門中側耳、是聞字、聽是聞喜、魏果聞
喜尉、李果蘄縣丞、李後貶齊安郡黃岡尉。准敕量、移夢拾得一毛繩子。李
占云、毛字千下有七、應移一千七百里。如其言。

《정명록(定命錄)》에 이르기를, 위내(魏仍)와 이구(李龜)는 친구 사이인데 모
두 같은 해에 관리로 임명되었다. 그리고 두 사람은 임명되기 전에 꿈을
꾸었다. 위내는 꿈에 시랑(侍郎)이 되어 부하에게 정탐하도록 명령하니 그
는 전문(銓門)[25] 가운데에 귀를 대고 들었다. 같은 날 이구도 꿈을 꾸었는
데 어떤 사람이 찾아와 이구에게 현승(縣丞)이 되었다고 고하였다. 다음
날 위내와 이구는 만나 각기 꿈을 말하고 해몽하였다. 문(門) 가운데에 귀
를 댄 것은 들을 문(聞)자가 되니 좋은 소식을 듣게 될 것이라고 풀이하였

다. 과연 위내는 위직(尉職)에 임명되었고 이구도 기현승(蘄縣丞)이 되었다. 그리고 위내는 후일에 비방을 받아 제안군(齊安郡)의 황강위(黃岡尉)로 좌천되었다.

어느 날 준칙량(准敕量)은 꿈속에서 털로 된 새끼 줄 하나를 얻었다. 준칙량이 이구에게 몽점을 청하니 답하기를 "털 모(毛)의 모양은 천(千) 아래에 칠(七)이 있으니 그대는 1,700리(里) 떨어진 곳으로 옮기게 될 것이오." 과연 꿈처럼 되었다.

與夫·蘇·棘·丹砂·丘八之字、並著徵驗、豈非數有前定也哉。

더불어 말하건대 무릇 소(蘇), 극(棘), 단사(丹砂), 구팔(丘八)의 자(字)로 보아도 모두가 현저(顯著)한 징험(徵驗)이 있는데, 운수(運數)대로 앞일이 정해져 있음을 어찌 부정하랴?

蓉塘詩話曰、高季迪、蘇州吳人。夜夢人執其手、書一蘇字。又曰、爾必見殺。季迪疑之 凡蘇姓不相交接、及郡府移治廳事、衛官誣奏部守逮獄。季迪因作上梁文、亦棄市。酉雜俎曰、王子董善占夢。有人夢棘。董曰、棘字重朿也、朿朿鬼呼魂之狀、其人果卒。太平廣記曰 江南太子校書周延翰好脩服餌之事。夢神人以一卷書與之、其文皆七字句。惟記末句云、紫髯之伴有丹砂。延翰窹而喜、以爲必得丹砂之效、後從事建業卒、葬於吳大帝陵側。無妻子、唯一侍僮名丹。續晉書曰、符堅遣慕容垂、侍中權翼諫不聽。乃私遣壯士、要路而擊之。垂是夜夢行路路窮、顧見孔子墓傍墳有八。覺而心惡之、召占夢者。占曰、行路窮、道盡也、不可行。孔子名丘、以八配之、兵字也、路有伏兵乎。垂從別路進、翼伏兵擒之。

《용당시화(蓉塘詩話)》에 이르기를, 고계적(高季迪)은 소주부(蘇州府)에 근무하는 관리로 오인(吳人)이다. 고계적이 어느 날 밤에 꿈을 꾸었다. 한 신인(神人)이 고계적의 손바닥 위에 소자(蘇字)를 쓰고서 "그대는 반드시 살인을 목격하리라." 고계적은 잠에서 깬 후부터 꿈을 믿어 소씨(蘇氏)와의 접촉을 피하였고 소주부(蘇州府)의 출입도 꺼려 공무조차 관부의 밖에서 처결하였다. 그러자 한 관원이 고계적의 이러한 언동을 부수(府首)에게 고하니 부수는 노하여 고계적을 옥에 가두었다. 고계적은 소주(蘇州)의 시정(市井)까지 기피하였는데 이러한 일련의 일들로 인하여 상량문(上樑文)[26]을 짓게 되었다.

《유양잡조(酉陽雜俎)》에 이르기를, 왕자근(王子董)은 점몽에 능하였다. 어느 날 어떤 사람이 왕자근에게 와서 가시나무(棘)를 꿈에 보았다고 말하며 해몽을 청하였다. 왕자근이 답하기를 "극(棘)은 속(束)이 거듭된 자(字)로 슈슈(shù shù, 束束)는 귀신이 사람의 혼을 부르는 소리요." 그 뒤 그 사람은 갑자기 죽었다.

《태평광기(太平廣記)》에 이르기를, 강남(江南)의 태자교서(太子校書)인 주정한(周廷翰)은 평소 복이법(服餌法)[27]으로 수도(修道)하기를 좋아했다. 주정한이 어느 날 꿈을 꾸었다. 한 신인(神人)이 책을 주길래 펴서 읽어보니 7자(字)로 된 구절(句節)들로 이루어져 있었다. 읽은 후 잠에서 깨었는데 책 내용을 기억하려고 해도 맨 끝구절만 생각날 뿐이었다. 즉 "자색수염(紫色鬚髯)의 도반(道伴)이 단사(丹砂)[28]를 가지고 있다." 주정한은 단사를 먹고 선도(仙道)를 이루리라고 결심하고 단사를 구입할 비용을 마련하기 위해 건축업을 시작하였다. 그러나 얼마 지나지 않아 갑자기 죽었다. 주정한에게는 처자(妻子)가 없었으므로 유일한 도반이자 시동(侍童)이 그를 오대제(吳大帝)[29]의 능 옆에 장사지냈다. 그 시동의 이름은 "단(丹)"이다.

《속진서(續晉書)》에 이르기를, 부견(苻堅)이 모용수(慕容垂)[30]를 파견하려 하자 시중(侍中)인 권익(權翼)이 부당하다고 부견에게 간(諫)하였다. 그러나 부견은 듣지 않았다. 권익은 장사(壯士)를 보내 요로(要路)에서 모용수를 치고자 하였다. 모용수가 밤에 꿈을 꾸었다. 길을 가는데 길이 험하고 막히어 주위를 둘러보니 공자묘(孔子墓)가 있고 옆에는 봉분(封墳)이 여덟 기(基)가 보이는 것이었다. 잠에서 깬 뒤 나쁜 느낌이 들어 점몽자(占夢者)를 불러 물어보니 이르기를 "행로(行路)가 궁(窮)한 것은 길이 다 끝난 것이니 가시는 것을 삼가시지요. 공자(孔子)의 이름은 구(丘)인데 여기에 팔(八)을 배합하면 병자(兵字)가 되니 가는 길에 복병(伏兵)이 있습니다." 모용수는 그 말에 따라 다른 길로 나아가서 권익의 복병을 잡을 수 있었다.

▣ 注疏

1) 창힐(蒼頡): 黃帝의 史官. 《韓非子》에 이르기를, 蒼頡이 文字를 만들었다. 《呂氏春秋》에 이르기를, 蒼頡이 文字를 만들었다.

2) 탁발순(托跋順): 後魏人으로 昭成帝의 孫이다. 登國 초에 南安公으로 봉해 道武帝 中山을 칠 때 京師에 남아 지켰고 賀力이 대중을 모아 난을 꾸미자 탁발순이 정토하였으나 이기지 못하였다. 그러나 견고하게 지켜 백성을 안심시켜 이로 인해 王으로 봉해졌다. 도무제가 黃老의 설을 좋아하여 여러 왕, 대신, 권속을 모아놓고 직접 설법하는 자리에서 무례를 범하여 廢王이 되자 급사하였다.

3) 강노(康奴): 西戎의 별칭.

4) 아들이 天子로 등극하는 것을 보았다.: 이는 위로 올라가 하늘나라의 어린이가 되는 것으로 해석할 수 있으니 죽는다는 징조이다.

5) 《주담(麈談)》: 한 가지 사실에 대하여 異聞과 異說을 말하는 것 또는 그러한 책. 그 기원은 麈는 사슴 종류인데 駝鹿이라고도 한다. 머리는 사슴, 다리는 소, 꼬리는 노새, 등은 낙타모양이어서 四不像이라고 속칭한다.

6) 패공(沛公): 漢의 高祖 劉邦, 豐人. 字는 季. 秦 시에 泗上亭長이었는데 秦二世 시에 沛에서 起兵하여 스스로 沛公이라고 하였다. 후에 咸陽에 입성하니 秦王 子嬰이 항복하였다. 漢王이 되어 蕭何를 相, 韓信을 大將으로 삼았다. 項羽를 垓下에서 破한 후 帝位에 올라 국호를 漢, 도읍을 關中으로 하였다. 재위 B.C 206~195.

7) 사람(人)이 산(山) 위에 있음은 흉자(凶字)가 되는 것이고: 山+人=凶

8) 송기(宋紀): 宋에 관한 正史나 野史의 총칭으로 특정서적 이름은 아니다.

9) 양문광(楊文廣): 宋人, 字는 仲容. 討賊의 공으로 殿直을 제수받았고 韓琦의 명령하에 성을 쌓을 때 군중을 잘 통솔하여 빨리 잘 쌓아 적이 침범하려다 다시 돌아갔다. 步軍都虞侯에 봉해졌다.

10) 《후한서(後漢書)》: 南朝宋의 范曄이 撰한 120권. 《東觀漢紀》를 비롯한 10家의 서적을 참고하여 10紀, 10志, 80列傳의 백 편을 만들었으나 중간에 죽자 梁의 劉昭因이 《續漢書》등을 인용하여 완성하였다.

11) 채무(蔡茂): 後漢, 懷人, 字는 子禮. 儒學이 높아 徵試博士, 議郎, 侍中. 光武 때에는 廣漢太守, 司徒를 역임하였다.

12) 역옹(易雄): 晉, 瀏陽人, 字는 興長. 郡主簿 시에 스스로 高達할 수 없음을 알고 官服을 縣門에 걸어놓고 退職하였다. 후에 孝廉에 천거되었고 春陵令이 되었다. 王敦이 역모를 하여 義兵과 함께 싸우다 포로가 되었으나 굽히지 않자 죽임을 당하였다.

13) 세 사람이 함께~마십시오: 잠자리를 셋이 같이 함은 동풍과 그의 아내가 같이 자고 있는데 풍창이 자기 위해 방에 들어온 것이다. 목욕을 세 번 함은 동풍과 그의 아내가 각기 한 번, 아내만이 따로 한 번.

14) 감(坎)이 리(離)를 따라서~중남(中男)이 된다: 坎卦(☵)는 상하가 음이고 중이 양이니 中男이고 離卦(☲)는 상하가 양이고 중이 음이니 중녀이다. 즉 남자 둘 사이에 여자가 누워있는 형상이다.

15) 기제괘(旣濟卦): 水火旣濟卦. 《象傳》에 이르기를, 물이 불 위에 있으니 旣濟이다. 군자는 患을 생각하여 예방한다. 즉 물은 坎卦(☵), 불은 離卦(☲)이니 水昇火降하는 원리이니 동양의학의 이상적인 生理觀이다.

16) 왼쪽이 수(水)이고~풍자(馮字)가 되고: 水와 氵와 冫은 모두 같은 물의 뜻이다.

17) 수레 가운데 원숭이~신춘(申春)이다.: 車 중에는 원숭이 申이 들어 있다. 門 안에 東자가 들어있고 위에 있는 艹는 草와 같다. 田을 상에서 하로 꿰뚫으면 申이 된다. 하루지아비는 一+夫+日=春이다.
18) 열백(烈白): 萬歲에 龜鑑이 될 용기 있는 훌륭한 행동.
19) 효무제(孝武帝): 晉의 15대 황제. 재위 A.D 372~396.
20) 최식(崔湜): 唐人, 字는 澄瀾. 進士에 급제한 후 考功員外郎, 中書門下平章事, 中書令. 玄宗 시에 逆謀罪로 賜死되었다.
21) 풀을 묶어 머리 위에 이고~행동하였다: 풀(草=艸=艹) 밑에 칼(刀) 세 자루가 있으니 荔이다. 물(水= 氵)속에서 칼을 使用하였으니 艹+氵+用=蒲이다.
22) 태묘(太廟): 宗廟. 역대제왕을 祭享하는 사당.
23) 졸(卆=卒): 楷書는 正字體이고 行書는 약간 흘림체인데 해서의 卒은 행서의 卆이다.
24) 《동제기사(東齋記事)》: 宋의 范鎭이 撰한 6권의 책. 蜀에 관한 내용이 많으며 祖宗의 美政과 怪異한 일도 쓰여 있다.
25) 전문(銓門): 사람을 가리기 위해 만든 매우 작은 문으로 출입문 옆이나 복판에 따로 만든다.
26) 상량문(上樑文): 집을 지을 때 기둥에 보를 얹고 그 위에 마룻대를 올리는 式을 할 때 이를 慶賀하기 위해 읽는 글.
27) 복이법(服餌法): 長生不死하기 위하여 生食하거나 丹藥 등을 먹는 것.
28) 단사(丹砂): 朱砂. 頁岩粘板岩 속에 광맥으로 있는 천연의 黃化水銀이다. 五臟의 백병을 치료하고 정신을 기르며 魂魄을 안정시킨다. 仙道에서는 長生不死의 要藥으로 극히 중요시 한다.
29) 오대제(吳大帝): 이름은 吳本, 字는 華基. 宋代 A.D 979에 福建泉州府의 同安縣에서 출생하였으나 昇天년대는 미상. 출생 때부터 총명하고 道性이 있어 天文地理, 醫學에 통하였는데 17세 때에 崑崙山으로 가서 西王母로부터 濟世의 약 처방과 驅魔의 도술을 전수 殿試받고 돌아와 救民하였다.
30) 모용수(慕容垂): 前燕 때 吳王으로 봉해졌다가 枋頭에서 桓溫을 파한 후 太傅에 올랐으나 前秦의 苻堅에게 귀부하였다. 부견이 晉에 패하자 독립하여 中山에서 稱帝하였다. 즉 五胡十九國시대 後燕의 개국황제이다. 시호는 世祖. 재위 A.D 384~396.

古風

莊周夢蝴蝶
蝴蝶爲莊周
一體更變易
萬事良悠悠
乃知蓬萊水
復作淸淺流
靑門種瓜人
昔日東陵侯
富貴故如此
營營何所求

고풍

당 ·이백

장주(莊周)가 꿈에 나비가 되었는가?
나비가 꿈에 장주(莊周)가 되었는가?
한 몸도 이렇게 변하여 바뀌거늘
모든 일은 더욱 아득하구나.
알겠구나! 봉래산(蓬萊山)의 불노수(不老水)도
다시 맑은 개울 되어 흐르나니
청문(靑門)에 사는 오이씨 뿌리는 농부도
전날에는 동릉후(東陵侯)였다네.
부귀(富貴)란 원래 이 같은 것인데
그리 분주히 좇아 뭘 하려오?

卷之六外篇

11. 과갑편 科甲篇第十一

科甲爵品、莫不有前兆焉。昔孫屋夢踐積木之上。

과거(科擧)에 급제하거나 작위(爵位), 품계(品階)를 받음에 있어서 어찌 징조가 없겠는가? 이러한 예로 옛적에 손옥(孫屋)은 꿈에 쌓아 놓은 나무들 위에 올라가 이를 밟았다.

> 摭言曰、孫屋夢積木數百、踐其上。自謂必作狀元、居衆材之上。已而果然。

> 《척언(摭言)》[1]에 이르기를, 손옥(孫屋)은 수백 그루의 나무가 쌓인 더미 위에 올라 나무들을 밟았다.[2] 잠에서 깬 후 스스로 이르기를 "여러 재목 위에 올랐으니 반드시 장원(狀元)할 것이다." 과연 그렇게 되었다.

袁郭夢立北斗之下。

원곽(袁郭)은 꿈에서 북두칠성(北斗七星)의 아래에 서있었다.

> 新增韻府曰、袁郭初應擧、夢立北斗下。果第七人及第。

> 《신증운부(新增韻府)》에 이르기를, 원곽(袁郭)은 처음으로 과거(科擧)에 응시했을 때 꿈을 꾸기를 북두칠성(北斗七星)의 아래에 서있었다. 과연 7등으로 급제하였다.

李迪夢剃髭。

이적(李迪)은 꿈에 수염이 깎였다.

青箱雜記曰、李文定公迪、美髭髯。御試先一夕、夢人剃其髭髯俱盡。迪惡
之、有解者曰、秀才須作狀元、今歲狀元是劉滋、已替滋矣。歲果第一。

《청상잡기(靑箱雜記)》[3]에 이르기를, 문정공(文定公) 이적(李迪)은 그 수염이
잘 생겼다. 어시(御試)[4]가 있기 전날 저녁에 꿈을 꾸었다. 어떤 사람이 이
적의 수염을 모두 깎아(剃)[5]버렸다. 잠에서 깬 뒤 기분이 나빠 해몽을 청
하니 이르기를 "수재(秀才)께서는 반드시 장원(狀元)을 하실 것입니다. 올
해의 장원은 유자(劉滋)일 것이라고 모든 사람이 생각하고 있었으나 이미
바뀌(替)었습니다." 이적은 과연 금년에 제일을 하였다.

曾迴夢添耳。

증회(曾迴)는 귀를 하나 더 다는 꿈을 꾸었다.

謇齋瑣綴錄曰、嘉興曾迴應擧時、夢一小兒 右邊又生一耳、忽見小兒無
兩手。以爲不祥、語其兄迫。迫曰、又添一耳、耳邊添又、是取字、子無兩
手、是了字、考必取了。已而果然。

《건제쇄철록(謇齋瑣綴錄)》에 이르기를, 가흥(嘉興 A.D 417~420) 때 증회(曾
迴)는 과거(科擧)에 응시하기 전에 꿈을 꾸었다. 한 어린이의 오른쪽 귀 옆
에 귀 하나가 더 생겨나 있었는데 홀연히 다시 보니 어린이에게 양손이
없었다. 증회는 잠에서 깬 후 상서(祥瑞)롭지 못하게 여겼으나 형 증추(曾
迫)에게 해몽을 청하였다. 답하기를 "오른 귀 옆에 또 하나의 귀를 다시 더
했으니 귀 이(耳) 옆에 또 우(又)를 더한 것으로 얻을 취(取)가 된다. 어린이
(子)에게 양손이 없으면 마칠 료(了)이니 반드시 취료(取了)하리라." 증회는
과연 급제하였다.

胥偃夢斬項。

서언(胥偃)은 꿈에 목이 베어졌다.

南部新書曰、胥偃應擧時、夢徐將軍斬項。作詩云、

昔作樹頭花
今爲塚中骨

以爲不祥、明年徐奭榜第二人及第。

《남부신서(南部新書)》[6]에 이르기를, 서언(胥偃)은 과거(科擧)에 응시하기 전
에 꿈을 꾸었다. 서장군(徐將軍)이 나타나 서언의 머리 아래의 목을 베어
버렸다.[7] 그러자 서언이 시를 짓기를,

옛적에 나무 끝의 꽃이 되려고 했으나
지금은 무덤속의 뼈가 되었네.

서언은 잠에서 깨어 불길하다고 여겼으나 다음해에 서석방(徐奭榜)에 2등
으로 급제하였다.

劉沆夢落頭。

유항(劉沆)은 꿈에 머리통이 떨어졌다.

青箱雜記曰、劉公沆、天聖中赴省、夢被人斫落頭。甚惡之、人解曰、狀元
不可得、只得第二、雖斫落頭、留項在、劉留沆項同音。果第二人及第。

《청상잡기(青箱雜記)》에 이르기를, 유항공(劉沆公)은 천성(天聖 A.D 1022~1031)
때에 과거에 응시하기 위해 성중(省中)에 머물다가 꿈을 꾸었다. 어떤 사람
이 칼로 자신의 목을 베니 머리통이 땅에 떨어졌다. 유항은 잠에서 깬 후
불쾌히 여기며 점몽을 청하였다. 점사(占師)가 말하기를 "장원은 못 되고 2
등을 할 것이오. 머리통이 베어져 땅에 떨어졌어도 목(項)은 남아(留)있는데
유(劉)는 유(留)와, 항(沆)은 항(項)과 음(音)이 같기 때문입니다." 유항(劉沆)[8]
은 과연 2등으로 급제하였다.

楊寘夢狀元、投刺乃稱龍首山人。

양치(楊寘)는 꿈에 명패(名牌)를 보이면서 용수산인(龍首山人)이라고 칭한 후 장원(狀元)을 하였다.

括異志曰、黃通與楊寘狀元相善。夢寘投刺、自稱龍首山人。慶歷中登第
而卒。後人解曰、龍首狀元也。山人無祿之稱。

《괄이지(括異志)》에 이르기를, 황통(黃通)과 양치(楊寘)는 장원(壯元)을 다투
었으나 서로 친하였다. 황통이 어느 날 꿈을 꾸었다. 양치가 명패(名牌)를
내보이며 자신을 용수산인(龍首山人)이라고 칭하였다. 그런 후 양치는 경
력(慶歷 A.D1041~1048) 중에 장원급제(壯元及第)하고서 갑자기 죽었다. 후
인(後人)이 그 꿈을 풀이하기를 "용수(龍首)는 장원(狀元)이고 산인(山人)은
녹(祿)이 없음을 칭한 것이다."

堂吏夢狀元、姓劉乃稱火山軍士。

당리(堂吏)는 꿈을 꾸어 화산(火山)에 오른 군사(軍士) 유씨(劉氏)가 장원(狀元)
할 것을 알았다.

解見字畫篇、火軍爲煇注。

풀이는 《자획편(字畫篇)》의 '화군(火軍)은 휘(煇)가 된다.' 320p를 보시라.

王黻夢作樂、迎狀元至。

왕불(王黻)은 꿈에 악기를 연주하며 장원(狀元)의 소식을 들었다.

宋景濂文集曰、洪武庚戌五月二十二日、臨川通判王黻、夢城中作樂迎狀
元、黻訝之、二十五日、使者來頒科擧之詔、其年秋、吳伯宗江西鄉試第
一、廷對復第一。

《송경렴문집(宋景濂文集)》에 이르기를, 홍무(洪武) 중 경술년(庚戌年 A.D
1370) 5월 22일에 임천(臨川)의 통판(通判)인 왕불(王黻)은 꿈에 성안에서
악기를 연주하다가 오백종(吳伯宗)이 장원한다는 말을 들었다. 왕불은
잠에서 깬 뒤 이를 의심하였는데 25일에 사자가 당도하여 과거를 시행

한다는 조칙(詔勅)을 반포(頒布)하였다. 그해 가을 강서(江西)의 향시(鄕試)
에 오백종이 일등을 하였고 정대시(廷對試)[9]에서도 역시 장원으로 급제
하였다.

張黼夢登第狀元前。

장보(張黼)는 꿈에서, 장원자(狀元者)의 이름 앞에 자기 이름이 적힐 것이라
고 들었다.

> 謇齋瑣綴錄曰、張黼松江人。未第時夢人言、若登第在狀元前。覺而思之、
> 世豈有科名先狀元者乎。及成化二十三年丁未、會試名在十五、鉛山費宏
> 十六、是科宏狀元及第。計得夢時、宏尙未生也。

《건제쇄철록(謇齋瑣綴錄)》에 이르기를, 장보(張黼)는 송강(松江) 사람이다.
과거(科擧)에 급제하기 전에 꿈을 꾸었다. 신인(神人)이 장보(張黼)에게 말
하기를 "만약 과거에 급제한다면 그대의 이름이 장원급제자의 이름 앞에
적히리라." 장보가 잠에서 깬 뒤 생각하기를 "급제자 이름이 어찌 장원급
제자의 이름 앞에 올 수 있겠는가?" 장보는 성화 23년(成化 A.D1487) 정미
년(丁未年)에 회시(會試)[10]에 급제하였는데 방(榜)에 자신의 이름은 15번째
이고 16번째에 연산(鉛山)의 비굉(費宏)이었는데 비굉 위에 장원급제라고
적혀있었다. 장보가 꿈꾼 때를 계산해보니 그때는 비굉이 출생하지 않았
었다.

馬希先夢靈槎之題。

마희선(馬希先)은 꿈에서 영사(靈槎)가 제목(題目)인 것을 알았다.

> 一統志曰、馬希先懷遠人、擧鄕貢進士。一夕夢靈槎賦、及試果然。

《일통지(一統志)》에 이르기를, 마희선(馬希先)은 회원(懷遠) 사람이다. 향
시(鄕試)[11]에 급제하여 진사(進士)가 되었다. 마희선은 응시하기 전날 저
녁 꿈에서 《영사부(靈槎賦)》를 보았다. 다음 날 시험을 보니 과연 꿈과 같
았다.

秦少游夢殯柩之葬。

진소유(秦少游)는 운구(運柩)하여 장례하는 꿈을 꾸었다.

蘇東坡集曰、秦少游夢發殯而葬者、是劉發之柩。是歲劉發首薦。

《소동파집(蘇東坡集)》에 이르기를, 진소유(秦少游)는 꿈에서 발빈(發殯)[12]하여 장례(葬禮)하는 것이 유발(劉發)의 관(棺)이라는 것을 알았다. 그해에 유발은 수석으로 천거(薦擧)되었다.

林榮祖改名溫、而鄕闈薦擧第一。

임영조(林榮祖)는 온(溫)으로 이름을 바꾸어 향위(鄕闈)에서 제일로 급제되었다.

宋景濂文集曰、永嘉林溫、生於延祐丁巳八月八日、至三歲名榮祖又十二歲更名溫。又十歲 當至正壬午、以春秋經試浙江鄕闈第一、董彝第四、董朝宗第五、朱公遷第二十八。溫授奉化州學正、丁亥之官、會董彝亦爲慶元學正。彝曰、吾大父昔得奇夢、記諸籍。云丁巳年九月七日、夜夢林溫作魁、朱姓人鎖榜、第四吾人姓董。其最異者、溫之生甫一月耳。

《송경렴문집(宋景濂文集)》에 이르기를, 영가(永嘉) 출신의 임온(林溫)은 연우(延祐)년간의 정사년(丁巳年 A.D 1317) 8월 8일에 태어나 3세 되어서야 이름을 영조(榮祖)라고 지었고 12세 때 다시 온(溫)으로 바꾸었다. 22세 때 지정(至正)의 임오년(壬午年 A.D 1342)에 절강(浙江)의 향위(鄕闈)[13]에서 시행하는 춘추경시(春秋經試)에 응시하여 1등하였다. 이때 동이(董彝)는 4등, 동조종(董朝宗)은 5등, 주공천(朱公遷)은 28등으로 급제하였다. 임온(林溫)은 봉화주학정(奉化州學正), 동이(董彝)는 경원학정(慶元學正)으로 임명을 받아 정해년(丁亥年)에 부임하게 되었는데 부임 전에 두 사람은 만나서 대화하였다. 동이가 말하기를 "나의 조부는 지난 정사년(丁巳年) 9월 9일에 기이한 꿈을 꾸시고 이를 기록하셨다네. 춘추경시의 급제자 명단을 보니 임온이 1등, 내가 4등, 주공천이 끝이었네. 그중 최고로 기이한 것은 그때는 임온 그대가 태어나 한 달 되는 날이니 이름이 없던 때이네."

孫貫改名抃、而春榜列擧第三。

손관(孫貫)은 손변(孫抃)으로 이름을 바꾸어서 춘방(春榜)에 3등으로 이름이
올랐다.

> 青箱雜記曰、孫樞密抃、舊名貫。應擧時夢至一官府、廳上有抄錄人名、貫
> 以春榜遍覽無名、偶觀第三名下有空白處、貫欲塡之。空中人語曰、無孫
> 貫、有孫抃。夢中卽塡孫抃。寤而改名抃。是歲果中第三。

> 《청상잡기(青箱雜記)》에 이르기를, 추밀(樞密) 손변(孫抃)[14]의 옛 이름은 손
> 관(孫貫)이었다. 손관은 과거에 응시하기 전에 꿈을 꾸었다. 손관이 어떤
> 관청에 갔는데 책상 위에 인명(人名)을 기록한 장부가 있길래 그 춘방(春
> 榜)[15]을 두루 살펴보았으나 자신의 이름은 보이지 않았다. 손관이 자세히
> 보니 나란히 열거한 인명의 셋째 칸은 인명이 없는 빈칸이었으므로 자신
> 의 이름을 적어 넣으려고 하였는데 공중에서 신인(神人)이 말하기를 "손관
> (孫貫)은 없고 손변(孫抃)이 있다." 손관은 빈칸에 손변이라고 써서 메웠다.
> 손관은 잠에서 깬 후 손변으로 이름을 바꾸었다. 손변은 그해에 과거에
> 응시하여 춘방에 3등으로 이름이 올랐다.

彭時·岳正得魁首、皆預夢於外官。

팽시(彭時)와 악정(岳正)은 수석을 하였다. 모두가 외관(外官)들이 꿈으로 미
리 안 것이다.

> 筆記曰、正統十二年丁卯冬、湖廣廣濟縣官入覲、夢開額榜第一名彭時。
> 至京言於廣濟監生張端本、訪彭告之其時。又有朝覲官、夢第一名者岳正
> 也。明年春試、會元岳正、狀元彭時 二夢俱驗。

> 필기(筆記)에 이르기를, 정통 12년(正統 A.D 1447) 정묘년(丁卯年)겨울, 호
> 광(湖廣)의 광제현(廣濟縣)의 관리가 입근(入覲)[16]하던 중에 꿈을 꾸었다. 자
> 기가 스스로 자신의 이마를 열고 방(榜)을 꺼냈는데 팽시(彭時)가 장원이라

고 적혀있었다. 관리는 잠에서 깬 뒤 경사(京師)로 가서 광제감생(廣濟監生) 장단본(張端本)을 방문하여 팽시의 거처를 알아내 팽시를 만나 자신의 꿈을 말하였다. 또한 한 조근관(朝覲官)[17]은 1등의 이름이 악정(岳正)이라는 꿈을 꾸었다. 다음해 춘시(春試)[18]에 악정이 회원(會元)[19]을 하고 팽시는 어전시(御殿試)에서 장원을 하였다. 이로써 두 꿈이 모두 징험하였다.

王鏊·錢福爲狀頭、並應夢於主考。

왕오(王鏊)와 전복(錢福)의 장원(狀元)은 모두 주고(主考)의 꿈에 감응(感應)하였다.

說錄曰、成化十一年乙未會試、徐溥·丘濬主考。溥夢大澤中一物若黿、叩首登岸、以三箭插其上、開榜王鏊第一、鏊家太湖。其後溥又薦爲學士、薦爲少詹事、併會試三箭之驗。又弘治三年庚戌會試、徐溥·汪諧主考。溥夢人饋一大錢。是年錢福第一。

설록(說錄)에 이르기를, 성화 11년(成化 A.D 1476) 을미년(乙未年)의 회시(會試)에 서부(徐溥)와 구준(丘濬)은 주고(主考)[20]를 맡았다. 회시 전날 서부가 꿈을 꾸었다. 매우 넓은 호수에서 큰 자라가 나타나 언덕 위까지 올라와 서부에게 절을 하는데 머리에 화살 3개가 꽂혀있고 각기 깃발이 달려있었다. 서부가 깃발들을 보니 "왕오(王鏊)가 일등한다.[21]" "왕오가 학사(學士)가 된다." "왕오가 첨사(詹事)가 된다."라고 적혀 있었다. 회시에 과연 왕오가 일등을 하였는데 그의 집은 태호(太湖)였다. 그 후 서부는 왕오를 추천하여 젊은 나이에 첨사가 되게 하였다. 이로써 서부의 꿈은 응험하였다. 또한 홍치 3년(弘治 A.D 1490) 경술년 회시(庚戌年會試)에도 서부는 왕해(汪諧)와 함께 주고를 맡았다. 서부는 어떤 사람이 큰 돈 꾸러미를 먹는 꿈을 꾸었는데 그해에는 전복(錢福)이 일등하였다.[22]'

王文博夢熊誼·劉鑄之次第。

왕문박(王文博)은 꿈을 꾸었는데 웅의(熊誼)가 앞, 유주(劉鑄)가 뒤의 등수였다.

宋景濂文集曰、王載字文博、奉新人。夢與劉鑄至江西省署、見開鄕貢進士榜、諦視之、高懸朱牌十枚、上書金字、日光炫燿不可讀。隸卒曰、第一名南昌熊誼、汝第六。遙呼鑄曰、爾名亦在後載。寤與人言、皆笑之。後八年洪武庚戌始設科、江西四十名額、南昌占其十、正符朱牌之數、熊誼第一、載名第六、鑄名第十九、廷試載名亦第六。

《송경렴문집(宋景濂文集)》에 이르기를, 왕재(王載)는 자(字)가 문박(文博)이고 봉신인(奉新人)이다. 왕재가 꿈을 꾸었다. 유주(劉鑄)와 함께 강서성(江西省)의 관부(官府)에 당도하여 향공(鄉貢)으로 진사(進士)가 된 사람들의 명단을 보려고 하였다. 왕재가 두리번거리다가 어느 높은 곳을 보니 주패(朱牌) 열 개가 나란히 걸려있어 자세히 보니 금자(金字)의 예서(隸書)가 햇빛에 찬란히 빛나고 있어 눈이 부셨다. 1등은 남창(南昌)의 웅의(熊誼), 6등은 왕재 자신이었다. 왕재는 곁의 유주를 향해 "그대의 이름은 내 이름 뒤이리라." 왕재는 잠에서 깨자 꿈을 다른 사람들에게 말하였으나 모두 웃어 넘길 뿐이었다. 8년 뒤 홍무 경술년(洪武庚戌年 A.D 1370)에 강서성에서 향시(鄉試)가 있었는데 40명이 급제하였다. 그중 남창 출신은 10명으로 주패의 수와 일치하였는데 그중 웅의가 일등, 왕재는 6등, 유주는 19등이었다. 왕재는 다음의 회시(會試)를 통과하여 어전시(御殿試)에서 6등을 하였다.

丁咸序夢龍起、駱起之聯名。

정함서(丁咸序)는 용을 타고 날아오르려다 뒤에 있는 낙타를 타고 날아오르는 꿈을 꾸고서 연판(聯版)에 이름이 올랐다.

江南野史曰、丁咸序未第時、夢乘龍而起、回顧又有駱駝在後。二十年方捷殿榜出、亞咸序者。乃龍起、次駱起也、因悟夢。

《강남야사(江南野史)》[23]에 이르기를, 정함서(丁咸序)는 과거(科擧)에 급제하기 오래 전에 꿈을 꾸었다. 용을 타고 하늘을 오르려다 뒤를 보니 낙타가 있어 낙타에 올라타고 하늘을 날았다. 정함서는 20년이 흐른 후에 비로소 급제하여 전방(殿榜)[24]에 이름이 올랐는데 "차원(次元) 정함서(丁咸序)"라고 쓰여 있었다. 정함서는 그제야 용 다음에 있는 낙타를 탄 꿈의 내용을 깨달았다.

宋嶽改名言、而春魁及第。

송악(宋嶽)은 이름을 언(言)으로 바꾸고 춘시(春試)에 상위(上位)로 급제하였다.

> 雲溪友議曰、宋言本名嶽、十擧不第。大中十一年、將取府解、夢人報云、
> 宋秀才頭上載山、無因姓名、去山自當通泰。旣寤思去山不可名獄、幷去
> 二犬、改名言。來春果第四及第。

《운계우의(雲溪友議)》[25]에 이르기를, 송언(宋言)의 본명(本名)은
악(嶽)이다. 과거(科擧)에 열 번을 응시하였으나 모두 낙방하였다. 대중 11년(大中 A.D
857), 송악(宋嶽)은 장차 부리(府吏) 자리나 하나 얻으려고 노력하였다. 송
악이 꿈을 꾸었다. 신인(神人)이 말하기를 "송수재(宋秀才)는 머리에 산을
이고 있으니 명성을 얻지 못한 것이오. 산을 버리고 나면 저절로 당연히
크게 통달할 것이오." 송악(宋嶽)은 잠에서 깬 뒤 생각해 보니 악(嶽)에서
산(山)을 빼면 옥(獄)이 되는데 이름으로는 불가하여 양옆의 개(犬) 둘을 빼
니 언(言)이 되었다. 송언(宋言)은 다음 춘시(春試)에 응시하여 과연 4등을
하였다.

輒眞改名著、而四擧登科。

첩진(輒眞)은 이름을 저(著)로 바꾸고서 과거(科擧)에 네 번째 응시하여 급제
하였다.

> 傳載曰、豆盧著本名輒眞。少年旅于衢州、刺史鄭式瞻厚待之。謂曰、子複
> 姓不宜二名、吾爲子易之。乃書署·睹·助、三字授之曰、吾恐子郡徒中有
> 同者、子自擇焉。其夕夢老父告之曰、使君與君易名、君當四擧成四者甚
> 佳。又曰、君後二十年牧者郡。又指一方地曰、此處可建亭臺。旣寤、因改
> 名、署、下第、及又改睹、助、復不第、第四擧乃自改名著也。後二十年果爲
> 衢州刺史、於所夢之地立徵夢亭。

전재(傳載)에 이르기를, 두로저(豆盧著)의 본명(本名)은 첩진(輒眞)이다. 소년
때에 구주(衢州)에 여행을 가서 자사(刺史) 정식첨(鄭式瞻)으로부터 후대를
받았다. 그때 자사(刺史)가 말하기를 "그대의 성명(姓名)은 중복이 되어 이
름이 둘이 되니 좋지 않소. 내가 만약 그대라면 이름을 바꾸겠소." 라고 하
며 서(署), 도(睹), 조(助) 세 자(三字)를 써주면서 말하기를 "나는 군(郡)안의

사람들 중에 같은 이름이 있을까봐 두렵소. 그러나 글자는 그대가 스스로 선택해야 하오." 그날 저녁에 첩진이 꿈을 꾸었다. 한 노인이 나타나 말하기를 "나는 그대에게 이름을 바꿀 것을 청하노라. 그대는 과거에 네 번 응시하여 급제할 운명이다. 그러나 응시 때마다 새 이름을 써야만 하는데 네 번째 이름이 매우 아름다우리라. 그런 후 그대는 20년 후 이곳 구주(衢州)를 다스리게 될 것이니 그때 경치 좋은 언덕에 정각(亭閣)을 세우라." 노인은 손가락을 가리켜 언덕을 보여 준 후 사라졌다. 첩진은 꿈에서 깬 후 응시 때마다 서(署), 도(睹), 조(助)로 이름을 바꾸었으나 낙방하였고 네 번째는 자의(自意)로 저(著)라고 이름을 바꾸고 급제하였다.[26] 20년 뒤에는 구주자사(衢州刺史)로 부임하여 꿈에 보았던 언덕에 징몽정(徵夢亭)을 세웠다.

韋詞夢狀頭李固言。

위사(韋詞)는 꿈에 이고언(李固言)이 장원을 하는 꿈을 꾸었다.

> 元和六年、京兆韋詞、爲苑陵廉使、房武從事。夢一人投刺、題曰李故言。俄有人言明年及第狀頭。是時元和初、有李顧言及第、意甚訝之、謂名中少有故字。秋八月、果有取解擧人、具名投刺、一如夢中、但故爲固耳、卽今西帥李公也。詞曰、足下明年必擢第、仍居衆君之首。是冬兵部侍郎許孟容知貢擧、果擢爲榜首。

> 원화 6년(元和 A.D 811), 위사(韋詞)는 경조(京兆)[27]에서 원릉염사(苑陵廉使)의 부하 무관(武官)으로 근무하고 있었다. 위사가 어느 날 꿈을 꾸었다. 한 사람이 나타나 "이고언(李故言)"이라는 명패(名牌)를 던져주며 "내년에 이고언(李故言)이 장원급제를 할 것이다." 라고 말하였다. 위사는 잠에서 깬 후 의심하였는데 그것은 비슷한 이름의 이고언(李顧言)이 원화(元和 A.D 806~820) 초에 급제하였으며 이름 중에 고자(故字)를 쓰는 예가 극히 드물기 때문이었다.
> 가을 8월에 겨울 지공거(知貢擧)[28]의 응시생들의 예비소집이 있었다. 위사는 응시생들의 명패를 유심히 검사하며 이고언(李故言)을 찾았는데 이름 중 고(故)가 아닌 고(固)로 된 이고언(李固言)[29]이 있었다. 물어보니 그는 서진(西陳)의 장수(將帥)였다. 위사가 이고언에게 말하기를 "족하(足下)[30]는 다음 해에 급제하여 여러 사람 중의 으뜸이 될 것이오." 과연 겨울이 되어

병부시랑(兵部侍郎) 허맹용(許孟容)이 예정대로 지공거(知貢擧)를 실시하자 과연 이고언(李固言)이 장원급제하였다.

樊系夢榜首王正卿。

번계(樊系)는 방(榜)의 첫머리에 왕정경(王正卿)이 있는 꿈을 꾸었다.

定命錄曰、員外郎樊系夢及第、榜出王正卿爲榜頭、一榜二十六人。明年應擧登科、王正卿爲首、人數亦同。

《정명록(定命錄)》에 이르기를, 원외랑(員外郎) 번계(樊系)가 과거(科擧)에 관해서 꿈을 꾸었다. 급제자의 방(榜)의 첫머리는 왕정경(王正卿)이고 한 방(榜)에 26사람이 있었다. 다음 해에 실시된 과거에 등과(登科)한 사람 중에 과연 왕정경이 수위(首位)를 하였으며 급제자의 수도 꿈과 같았다.

楊敬之夢濮陽之姓。

양경지(楊敬之)는 꿈에 복양(濮陽)이라는 성(姓)을 보았다.

唐闕史曰、楊敬之子戴。應擧時、慶之夢新榜四十進士、子名在焉、其鄰則姓濮陽。旣寤大喜、訪於詞場、有濮陽愿爲文甚高、臨試而愿暴卒。自謂夢虛矣。明年子及第、至慈恩寺 題名曰、弘農楊戴、濮陽吳當、楊公見之如夢中。

《당궐사(唐闕史)》[31]에 이르기를, 양경지(楊敬之)[32]의 아들은 대(戴)이다. 양대(楊戴)가 과거에 응시하기 전에 양경지가 꿈을 꾸었다. 새로운 방(榜)에는 급제하여 진사(進士)가 된 사람의 이름이 40명이 적혀 있었는데 그중에는 아들의 이름도 있고 그 곁에는 복양(濮陽)[33]이라는 이름도 보였다. 깨어보니 꿈이었다. 양경지는 매우 기뻐하며 사장(詞場)[34]을 찾아가 복양원(濮陽愿)을 만나보니 학문이 매우 높았다. 그러나 복양원은 과거시험에 임박하여 갑자기 죽었다. 양경지는 스스로 말하기를 "꿈이란 헛된 것이다." 다음해에 아들은 급제하였다. 얼마 후 양경지는 자은사(慈恩寺)에 갔는데 현액(顯額)에 제명(題名)이 쓰여있기를 "홍농(弘農)은 양주(揚州)를 머리에 이고 있으나 복양(濮陽)은 오국(吳國)땅에서 제일이다."[35] 과연 양경지가 꿈에서 본바와 같았다.

皇甫弘夢石波之神。

황보홍(皇甫弘)은 석파신(石波神)의 꿈을 꾸었다.

逸史曰、皇甫弘應進士擧、華州取解。酒忤刺史錢徽、被逐出陝州、聞錢自
華遷知貢擧。生自知必不中、遂東歸、行數程。夜夢亡妻乳母曰、皇甫郎何
去。具言主司有隙。乳母曰、皇甫郎須求石波神。乃引至店北、草間見破石
人。乳母曰、皇甫郎欲應擧婆看得否。石人點頭曰、得。生卽拜謝。乳母送
至店門。遂覺卻入城應擧。錢刺史意欲挫之。及榜成將寫。錢心欲改換一
人、未決謂子第曰、汝另取卷來。旣開、乃皇甫弘。錢曰、此天定也。及第來
歸 至陝州、尋石波祭之。

《일사(逸史)》에 이르기를, 황보홍(皇甫弘)은 진사거(進士擧)에 응시하기 위
해 화주(華州)에 머물렀다. 황보홍은 어느 날 대취하였다가 술을 미워하
는 자사(刺史)인 전휘(錢徽)에게 쫓겨나 협주(陝州)에 이르렀을 때 자사(刺
史) 전휘(錢徽)가 화주(華州)의 지공거(知貢擧)의 추천권을 가졌음을 들었
다. 황보홍은 맞지 않은 일이라 생각하고 집을 향해 계속 동쪽으로 걸었
다. 황보홍은 주막에 이르러 잠을 자다가 꿈을 꾸었다. 죽은 아내의 유모
(乳母)가 나타나 말하기를 "황보랑(皇甫郎)께서는 어디로 가십니까?" 황보
홍이 자초지종(自初至終)을 말하자 "그런 중대사를 어찌 포기하렵니까? 반
드시 석파신(石波神)³⁶)을 찾아보세요." 하며 이끄는 대로 따라가 보니 마을
의 북쪽 풀 사이에 돌사람이 부숴진 채 있었다. 유모가 말하기를 "황보랑
께서 과거에 응시하여 급제함의 여부(與否)는 석파신을 어떤 식으로 대하
느냐에 달려있습니다." 황보홍이 석파신(石波神)의 석상 아래 무수히 절하
며 과거급제를 간절히 청하자 드디어 석파신이 고개를 끄덕이며 "이루었
노라."라고 말하였다. 황보홍은 크게 기뻐하며 보은(報恩)을 언약하며 석
파신에게 배사(拜謝)하였다. 그런 후 유모는 황보홍을 원래의 주막집 문앞
까지 인도한 후 작별하였다. 황보홍은 잠에서 깬 뒤 화주성(華州城)에 다시
돌아가 과거에 응시하여 급제하였다. 그러나 자사(刺史) 전휘(錢徽)는 법을
어기면서까지 황보홍을 낙방시키려고 급제자의 명단에서 미급제자(未及
第者) 한 사람과 바꾸려고 하였다. 그리하여 아들에게 말하기를 "너는 다
른 답안지를 가지고 오너라." 아들이 가지고 온 두루마리를 펼쳐보니 바
로 황보홍의 답안지였다. 전휘가 말하기를 "이것은 하늘이 정한 일이구

나!" 이리하여 황보홍은 급제하였고 귀가하는 중도에 협주에 이르러 꿈에서 본 기억을 되살려 석파신을 찾아가 제(祭)를 올렸다.

宋主策土夢、菜齊殿基。

송(宋) 임금의 책사(策土)는 꿈에서 궁전 주춧돌 앞의 풀들을 뽑아 깨끗하게 하였다.

> 東齋遺事曰、宋眞宗策土、夢殿下菜甚盛、與殿基齋。拆卷第一人、乃菜齊也。
>
> 《동재유사(東齋遺事)》에 이르기를, 송(宋) 진종(眞宗)의 책사(策土)는 꿈을 꾸었는데 궁전 아래에 풀들이 자라 주춧돌까지 무성하자 제초(除草)하여 깨끗하게 하였다. 잠에서 깬 후 조정에서 청렴하기로 으뜸인 채제(菜齊)라고 이름이 알려졌다.[37]

沈晦中魁、夢身跨鵬背。

심회(沈晦)가 장원급제(壯元及第)한 것은 꿈에 붕(鵬)새의 등에 올라탔기 때문이다.

> 氏族大全曰、沈晦赴省、至天長道中。夢身跨大鵬、搏風而上。因作大鵬賦、以紀其事。宋宣和中、果魁天下。
>
> 《씨족대전(氏族大全)》에 이르기를, 심회(沈晦)[38]가 성시(省市)에 응시하기위해 집을 출발하여 천장(天長)까지 가는 도중에 꿈을 꾸었다. 큰 붕(鵬)새를 타고서 바람을 가르며 하늘위로 솟아올랐다. 심회는 잠에서 깬 후 꿈을 기억하여 대붕부(大鵬賦)를 지었고 송(宋)의 선화(宣和 A.D 1119~1125) 중에는 과연 장원급제하여 천하에 알려졌다.

是科甲之顯、實有先徵、況爵品之榮。又非前定者乎。故文彦博入江瀆廟 而巫祝知其顯職。

이러한 과거(科擧)에 대하여 나타남은 진실로 먼저 징조가 있는데 하물며 품계(品階)에 있어서야! 그러나 또한 예정되어 있지 않은 예도 있구나! 그러므로 문언박(文彦博)은 강독묘(江瀆廟)에 들어가 신(神)께 빌어서 그가 오를 벼슬을 알았다.

邵氏錄曰、文路公少從其父赴蜀州、幕官入江瀆廟、廟祝接之甚勤。且言夜夢神令洒掃、明日有宰相來。官人豈異日宰相乎。公笑曰、宰相非所望、若爲成都守、當令廟室一新。慶歷中、公以樞密直學士知益州、謁廟有感、方經營、忽有大木數千章、蔽流而下、取以爲村廟成。

《소씨록(邵氏錄)》에 이르기를, 문로공(文路公)은 젊었을 때 촉주(蜀州)에 부임하는 아버지를 따라가다가 일행이 모두 임시로 강독묘(江瀆廟)[39]에 숙박한 적이 있었다. 문로공은 묘신(廟神)에게 극히 공손하게 소원을 빌었다. 그날 수행하는 관원들은 모두 똑같은 꿈을 꾸었다. 묘신이 나타나 말하기를 "묘(廟)의 안팎을 비로 쓸고 물을 뿌려라. 재상(宰相)이 와 계신다." 관원들이 잠에서 깨어 말하기를 "재상이 지금 어디에 계시며 어찌 날도 정하지 않고 오시겠는가?" 문로공은 기도에 응답한 것이라고 여기고 웃으며 "나는 재상은 바라지 않고 만약 가능하다면 성도수령(成都守令)이 좋소. 그러나 묘신의 명령이니 모두 묘우(廟宇)를 깨끗이 청소하시오." 문로공이 당당하게 명령하니 관원들은 대청소를 하여 묘우가 새로워졌다. 후일 문로공은 추밀직학사지익주(樞密直學士知益州)가 되었을 때 강독묘에 다시 찾아와 참배하였다. 문로공은 문득 강독묘를 중수(重修)하고 싶었는데 때마침 묘 앞의 강에 큰 나무 수천 그루가 하류로 떠내려가지 못한 채 있자 이를 재목으로 사용하여 강독묘를 중수하였다.

裴玄眞過華山祠、而老人報以貴期。

배현진(裴玄眞)은 화산사(華山祠)를 지날 때 노인이 귀하게 될 시기를 일러주었다.

唐書曰、裴寂字玄眞、隋開皇中、調左親衛。家貧徒步京師、過華山祠、祈神月下。夜夢老人謂曰、君年餘四十當貴。後貴震當世。

《당서(唐書)》에 이르기를, 배적(裴寂)[40]은 자(字)가 현진(玄眞)이다. 수(隋)의 개황(開皇 A.D581~600) 중에 좌친위(左親衛)에 속하였다. 젊었을 적에 집안이 가난하여 걸어서 경사(京師)에 가는 중에 화산사(華山祠)[41]에 들러 한 달간 묵으며 화산신령(華山神靈)에게 기도하였다. 배현진이 밤에 꿈을 꾸었다. 한 노인이 말하기를 "그대는 40세가 넘어 반드시 대귀(大貴)하리라." 배현진은 그 후 귀현(貴顯)해져 명성이 당세(當世)를 진동시켰다.

張文懿爲相、已預兆於寺僧。

장문의(張文懿)가 재상(宰相)이 되기 전 이미 절의 중에게 징조가 있었다.

王氏見聞錄曰、張文懿爲社令、時出城過村寺、村寺老僧出迎、邂逅之亦必出。文懿恠而詰之。僧曰、夜夢山神告某相公至矣。一日復往、而僧不出。文懿曰、不出何也。僧謝曰、神不我告也。文懿以爲誕、使僧問其所以。夜夢告曰、長官誤斷殺牛事、天符已下、不復上矣。文懿驚駭、省之果嘗有殺牛事、遂復改之。明日過寺、僧復出曰、昨夕山神言長官復爲相、明日當來、但減算耳。後果三入中書。

《왕씨견문록(王氏見聞錄)》에 이르기를, 장문의(張文懿)가 사령(社令)으로 있을 때 성 밖의 어느 절을 가끔 찾아갔다. 장문의가 절에 당도하니 늙은 중이 이미 절문 밖까지 나와서 기다리고 있었다. 장문의가 절에 갔을 때마다 어김없이 중이 문 밖에서 영접하였으므로 이상히 여겨 "내가 올 것을 어떻게 미리 알았소?" 라고 물으니 답하기를 "소승의 꿈에 산신이 나타나 상공(相公)이 절을 찾아 올 것이라고 말하였습니다." 그 뒤 장문의가 장관(長官)으로 승진하여 그 절을 방문하였는데 늙은 중이 영접하지 않자 이유를 물었다. 답하기를 "산신이 소승에게 일러주지 않았습니다." 장문의가 거짓으로 여겨 추궁하자 중이 답하기를 "사실 어젯밤 꿈에 산신이 말하기를 장관께서, 소를 죽인 사건을 오판하시어 천부(天符)[42]에서 어긋나 상공이 되지 못할 것이라고 하셨소." 장문의가 크게 놀라 관청으로 돌아가 소를 죽인 사건을 재조사하니 과연 자신의 오판임을 알게 되어 시정하였다. 그런 후 어느 날 장문의가 다시 그 절을 찾아가니 늙은 중이 말하기를 "어젯밤 산신이 소승에게 말하기를 장관께서는 재상이 될 운을 찾으셨으나 조금 늦게 되실 것이고 그 후 다시 이 절에 오실 것입니다." 장문의는 과연 3년을 지체하여 중서(中書)가 되었다.

呂夷簡當權、亦先兆於濠州。

여이간(呂夷簡)이 응당 권세를 갖게 되기 전에 호주(濠州)에서 징조가 있었다.

宋史曰、楊詢坐議天書、出知濠州。夢人告曰、呂丞相至矣。旣而呂夷簡通判州事、故侍之甚厚。其後援詢於廢斥中、已至貴顯 夷簡力世。

《송사(宋史)》에 이르기를, 양순(楊詢)은 평소 천서(天書)를 연구하여 자신이 근무하는 호주(濠州)에서 좋은 인연을 갖게 될 것을 미리 알았다. 양순이 밤에 꿈을 꾸었다. 어떤 사람이 말하기를 "여승상(呂丞相)이 이곳에 이르렀소." 양순은 잠에서 깬 후 통판주사(通判州事)로 새로 부임한 여이간(呂夷簡)[43]을 극진히 받들었다. 그 후 양순이 징계를 당하자 여이간이 뒤에서 도왔고 그 후 여이간이 힘을 써 양순을 귀현(貴顯)하게 하였다.

王播夢坐於杜之左。

왕파(王播)는 꿈에 두씨(杜氏)의 왼쪽에 앉았다.

逸史曰、王播少貧居揚州、唯一軍將供給。僕射杜亞在淮南、端午爲競渡之戲、王夢身居杜之左、判官在下、多於杜、後爲宰相、除淮南鹽鐵使、臨江宴會如夢中。

《일사(逸史)》에 이르기를, 왕파(王播)는 어렸을 때 양주(揚州)에 살았는데 너무 빈궁하여 한 군인장교로부터 식량을 공급받으며 성장하였다. 왕파가 어느 날 꿈을 꾸었다. 단오(端午)에 회남(淮南)의 강에서 배를 빠르게 젓는 경기가 열려 강변에 연회석을 마련하고 복야(僕射) 두아(杜亞)가 앉아 있었다. 왕파 자신은 회남염철사(淮南鹽鐵使)를 제수받아 복야의 좌측에 앉았고 뒤에는 재상(宰相), 아래에는 판관(判官)들이 앉아있었다. 왕파는 잠에서 깬 후 여러 해후에 고귀해져 임강연(臨江宴)에 참석했는데 꿈에서 본 장면과 똑같았다.

潘玠夢立於趙之東。

반개(潘玠)는 꿈에 조씨(趙氏)의 동쪽에 서있었다.

定命錄曰、潘玠自稱、出身得官、必先有夢。與趙自勤同選、俱送名上堂、
而官久不出。後玠云、已作夢、官欲出矣。夢玠與自勤同謝官、玠在前行自
勤在後、及謝處、玠在東、自勤在西、相視而笑。後三日官出、玠爲御史、自
勤爲拾遺。同日謝初引玠在前、自勤在後、入朝則玠東立、自勤西立、兩人
相視、而笑如夢。

《정명록(定命錄)》에 이르기를, 반개(潘玠)가 어느 날 말하기를 "내가 관직
에 올라 출세하게 될 때는 반드시 꿈을 꾸게 되리라." 이때 반개는 조자근
(趙自勤)과 함께 뽑혀 상당(上堂)까지 명단이 올랐건만 관직을 받지 못한 상
태였다.
반개가 꿈을 꾸었다. 반개, 조자근이 사관(謝官)과 함께 걸었는데 반개는
사관의 앞, 조자근은 사관의 뒤였는데 사관이 멈추자 반개는 사관의 동
쪽, 조자근은 서쪽에 서서 서로 바라보며 웃었다. 반개는 잠에서 깨어 3
일째 되는 날 어사(御史)를 제수받고 조자근은 습유(拾遺)를 임명받았다.
같은 날 사관(謝官)이 반개와 조자근을 인도하여 반개를 앞, 조자근을 뒤
에서 걷게 하여 조정에 들어가니 반개는 동쪽, 조자근은 서쪽에 서게 되
어 서로 바라보고 웃으니 꿈과 똑같았다.

高襄州·商衡陽夢有人呼。

고양주(高襄州)와 상형양(商衡陽)은 꿈에서 어떤 사람이 불렀다.

集異記曰、襄陽節度使高元裕、初任司勳員外郎、寓宿南宮。晝夢人告曰、
十年作襄州刺史。旣寤私異之、因記于廳之東檻隱處。至大中三年、由天
官尙書授鉞漢南。異苑曰、商靈均義熙中、夢人來縛其身、將去形神乖
散。復有一人云、且置之、須作衡陽、當取之耳。後除衡陽守、果卒于官。

《집이기(集異記)》에 이르기를, 양양(襄陽)의 절도사(節度使) 고원유(高元裕)[44]
는 처음에는 사훈원외랑(司勳員外郎)으로 임관(任官)되어 남궁(南宮)에 근무
하였다. 고원유가 어느 날 낮잠을 자다가 꿈을 꾸었다. 어떤 사람이 말하
기를 "그대는 10년 후 양주자사(襄州刺史)가 되리라." 고원유는 잠에서 깬
후 이상히 여겨 꿈 내용을 종이에 적어 청사(廳舍)의 동쪽 난간에 숨겼다.
대중 3년(大中 A.D 849), 천관상서(天官尙書)의 추천으로 양주자사를 제수

받고 부월(斧鉞)을 지니고 한남(漢南)으로 떠났다.

《이원(異苑)》에 이르기를, 상령균(商靈均)은 의희(義熙 A.D405~418)년간에 어느 날 꿈을 꾸었다. 어떤 사람이 다가와서 자신의 몸을 묶고서 끌고 가려고 하니 몸은 부서지고 마음도 산란하였다. 이때 다른 사람이 말하기를 "지금은 그대로 둡시다. 후일 이 자가 형양수령(衡陽守令)이 되었을 때 잡아갑시다." 상령균은 잠에서 깬 후 여러 해를 지나 형양수령이 되었는데 부임하자 즉시 죽었다.

何僕射·朱少卿夢聞鬼語。

하복야(何僕射)와 주소경(朱少卿)은 꿈에서 귀신이 말하는 것을 들었다.

> 稽神錄曰、何致雍賈人之子、幼好學、嘗從叔父泊舟皖口。叔夜夢一人若官吏、乘馬從數僕、來往岸側、徧閱舟船人物之數。復一人自後呼曰、何僕射在此、勿驚之。旣寤徧訪鄰舟、無姓何者、乃移舟入深浦中。翌日大風乍所、泊舟皆沒、唯何氏存。叔父乃謂致雍曰、我家世貧賤、吾復老矣、何僕射必汝也、善自愛。致雍後爲湖南節度判官、會楚王殷自稱尊號、以致雍爲戶部侍郎翰林學士、致雍自謂當作相矣。後楚王希範嗣立、復去帝稱、以致雍爲節度判官、檢校僕射、竟卒於任。王氏見聞錄曰、王蜀時有朱少卿、少貧賤、客于成都旅舍。夢有人扣扉覓朱少卿、又夢一人手執卷云、少卿果在此。朱曰、吾姓卽同、少卿則不是其人。示卷有朱少卿三字。續有一人、牽馬與朱。朱視之、馬無前足。遂驚覺、及王蜀開國、朱至司農少卿、後患瘡、雙足自膝俱落、以五月五日殂。馬夢之徵也。

《계신록(稽神錄)》에 이르기를, 하치옹(何致雍)은 본시 상인(商人)의 아들이었으나 어릴 때부터 학문을 좋아하였다. 하치옹은 어렸을 적에 숙부(叔父)와 함께 배를 타고 가다가 환구(皖口)[45]에 정박한 적이 있는데 그날 밤 숙부가 꿈을 꾸었다. 관리로 보이는 한 사람이 말 타고 많은 노복(奴僕)을 거느리고 와서 강의 언덕 쪽으로 가니 사람들이 자기 배를 움직여 정렬하였다. 그 관리가 사람과 배들을 열람하고 있는데 갑자기 하늘에서 신인(神人)이 나타나 관리를 향해 외치기를 "하복야(何僕射)는 속히 안전한 곳으로 피하시어 놀랠 일을 방지하소서." 숙부가 잠에서 깨어 하복야의 배를 찾아보아도 그런 배는 없었다. 그러자 숙부는 배를 안전한 곳으로 옮겼는데 그날 밤 태풍이 불어 정박 중인 모든 배들이 파손되어 침몰되고 숙부의 배만 남았다. 그러자 숙부가 하치옹에게 말하기를 "우리가문은 대대로 빈천했고 나 또한 늙었으며 하씨는 우리뿐이니 하복야는 반드시 너다." 이후 숙부는 하치옹을 더욱 사랑하였다. 여러 해 후 하치옹은 사관(仕官)하여 호남절도판관(湖南節度判官)이 되었다. 이때 그 지역에서 은회(殷會)가 초왕(楚王)을 칭하며 하치옹을 호부시랑(戸部侍郎) 겸 한림학사(翰林學士)에 임명하니 하치옹은 "나는 재상(宰相)이 되어야 맞다."고 말하였다. 은회가 죽자 희범(希範)이 왕위를 계승하고 칭제(稱帝)하며 하치옹을 절도판관(節度判官) 겸 검교복야(檢校僕射)로 삼았으나 임관하자마자 죽었다.

《왕씨견문록(王氏見聞錄)》에 이르기를, 왕촉(王蜀)[46]의 때에 주소경(朱少卿)이 있었다. 젊었을 때에는 빈천하여 성도(成都)의 작은 여관에 살았는데 이름은 소경(少卿)이 아니었다. 주소경이 어느 날 밤에 꿈을 꾸었다. 어떤 사람이 사립문을 잡아당기며 들어와 주소경을 보자 "주소경이 과연 여기 계시는구나." 주소경이 말하기를 "성은 맞으나 이름은 틀리오." 그 사람이 장부를 펼쳐 보이며 "여기에 주소경이라는 3자가 분명히 있소." 그러자 뒤에 있던 사람이 말을 끌고 와 주소경에게 주는데 보니 말의 앞다리가 없었다. 주소경이 놀라 깨어보니 꿈이었다.

이에 따라 주소경은 이름을 소경(少卿)이라고 바꾸었는데 왕씨(王氏)가 촉국(蜀國)을 세우자 주소경은 임관되어 사농소경(司農少卿)에 까지 승진하였다. 주소경은 후일 창병(瘡病)[47]을 앓아 양쪽다리가 무릎까지 떨어져나가 5월 5일에 죽었다. 말의 꿈이 징험한 것이다.

曹確夢爲僧、而杜宰相退位。

조확(曹確)이 꿈에서 중이 되니 두재상(杜宰相)이 자리에서 물러났다.

北夢瑣言曰、曹確判度支、有台輔之望。確夢剃髮爲僧。以問占者、對曰、出家號剃度、公替度相矣。後杜相出鎭江西、後果替杜爲相。

《북몽쇄언(北夢瑣言)》에 이르기를, 조확(曹確)[48]은 판탁지(判度支)인데 재상(宰相)인 태보(台輔)가 되고 싶어 했다. 조확이 꿈을 꾸었는데 머리를 깎고 중이 되었다. 조확이 잠에서 깨어 점사(占師)에게 물으니 답하기를 "출가(出家)를 체도(剃度)라고 부릅니다. 공(公)은 탁(度)이 바뀌어 재상이 되실 것

입니다.49)" 그 후 두재상(杜宰相)이 강서(江西)로 출진(出鎭)하니 황제는 조
확을 후임으로 임명하였다.

玄宗夢孝子、而韋見素持衡。

현종(玄宗)은 꿈에 효자(孝子)를 보고 위견소(韋見素)를 대신(大臣)으로 임명
했다.

廣異記曰、玄宗夢浴殿、有孝子扶上。他日以問高力士、對云、孝子素衣、
是韋見素耳。帝然之、數日拜相。

《광이기(廣異記)》에 이르기를, 당(唐)의 현종(玄宗)이 꿈을 꾸었다. 궁전 내
에서 목욕을 하다가 몸이 기울어지자 한 효자(孝子)가 나타나 부축하였다.
현종이 잠에서 깨어 고력사(高力士)에게 해몽을 청하니 답하기를 "효자는
소의(素衣)를 입는 법이니 이는 위견소(韋見素)입니다."50) 현종은 옳다고 생
각되어 수일 후 위견소(韋見素)51)를 재상에 임명하였다.

張鎰夢任調拜麻。

장일(張鎰)은 임조(任調)의 꿈을 꾸고 어명(御命)을 받았다.

異集曰、張鎰大歷中、守工部尙書判度支、奏事稱之。代宗面許宰相、累旬
無信。忽夢人報曰、任調拜相。寢思中外無此人、尋繹不解。有外甥李通禮
賀曰、舅作相矣。任調反語饒甜、饒甜無進甘草、甘草獨爲珍藥。反語卽舅
名氏也。俄有走馬吏報曰、麻下、公拜平章事。

《이집(異集)》에 이르기를, 장일(張鎰)52)은 대력(大曆 A.D 766~779) 중에 공
부상서(工部尙書) 겸 판탁지(判度支)로서 사무를 상주하여 칙지(勅旨)를 받
아 시행하였다. 당(唐)의 대종(代宗)은 장일을 인정하여 면전에서 재상을
삼겠다고 말하였으나 수십 일이 지나도 아무런 소식이 없었다. 장일이 꿈
을 꾸었다. 신인(神人)이 고하기를 "임조(任調)가 재상이 되었소." 장일은
잠에서 깬 뒤 생각해 보아도 임조가 누구인지 모르겠고 뜻을 연구해도 풀
지 못하였다. 장일이 외조카 이통(李通)에게 해몽을 청하자 이통이 하례(賀
禮)하며 "외숙께서는 재상이 되셨습니다. 임조(任調)는 넉넉히 달다는 뜻

입니다. 달기로는 감초(甘草)보다 더 한 약재가 없으며 그 약성(藥性)이 제약(諸藥)을 화해(和解)시키니 감초보다 진귀한 약재는 없습니다. 그런데 감초는 바로 외숙의 별명(別名)입니다.[53]" 다음 날 한 관리가 말 타고 달려와 장일에게 고하기를 "성상(聖上)께서 공(公)에게 평장사를 제수하셨소."

奚陟夢吏書汙墨。

계척(奚陟)은 꿈에 관리와 문서에 먹물을 흠뻑 젖게 하였다.

逸史曰、侍郎奚陟、少年夢與朝客二十餘人同啜茶、時暑陟渴甚、俄有吏人肥黑、抱簿書請押。陟忿推其案曰、且將去。濃墨滿硯、汙文書並吏人之面。驚寤錄藏巾笥。後十五年、爲吏部侍郎時、與同省郎就廳茶會、有一吏肥黑、抱文簿至。陟推案曰、且將去、案倒、正中吏面、簿書盡汙。方悟昔年之夢、與同省郎取所記、驗之無差。

《일사(逸史)》에 이르기를, 시랑(侍郎) 계척(奚陟)[54]은 소년 때 한 꿈을 꾸었다. 계척(奚陟)이 시랑(侍郎)이 되어 20여 사람과 함께 더위의 심한 갈증을 풀기 위해 차를 마시고 있었다. 이때 갑자기 뚱뚱하며 검은 피부의 관리가 들어와 계척에게 문서를 들이대며 압인(押印)을 청하였다. 계척이 관리의 조급함에 분노하여 문서들을 손으로 밀치며 "지금은 불가하니 문서들을 가져가시오."라고 말하는데 벼루에 가득한 먹물이 문서와 관리의 얼굴에 튀겨 흠뻑 젖었다. 계척은 잠에서 깬 후 꿈 내용을 기록하여 건사(巾笥)[55]에 넣어 보관하였다. 15년 후 계척은 이부시랑(吏部侍郎)이 되어 같은 성(省)의 시랑, 관원들과 청사(廳舍)에 모여 다회(茶會)를 하였다. 이때 갑자기 뚱뚱하며 검은 피부의 관리가 문서를 안고 와서 압인(押印)을 청하였다. 계척은 관리의 성급과 휴식을 방해한 것에 대해 분노가 치밀어 서류를 손으로 밀치며 "이것들을 다시 가져가시오."라고 말하는데 책상 위에 있던 벼루에 가득한 짙은 먹물이 문서와 관리의 얼굴에 튀어 흠뻑 젖었다. 계척은 그 순간 오래전 꿈이 생각나 참석했던 사람들의 수를 세어보니 그것도 꿈과 같았다.

羨之夢先人告以當貴。

서선지(徐羨之)는 꿈에 조상(祖上)이 마땅히 귀하게 된다고 일러주었다.

幽明錄曰、徐羨之夢父謂曰、汝從今勿渡朱雀街、當貴。羨之後行半街、憶先人夢廻馬。果爲宰相。

《유명록(幽明錄)》에 이르기를, 서선지(徐羨之)[56]는 어느 날 꿈을 꾸었다. 아버지가 나타나 말하기를 "네가 지금부터라도 주작가(朱雀街)를 지나지 않는다면 반드시 귀하게 되리라." 서선지는 잠에서 깬 후 그대로 실천했는데 어느 날 주작가를 반쯤 지나다가 꿈이 생각나 급히 말머리를 돌렸다. 서선지는 훗날 과연 재상이 되었다.

劉穆之夢鎭軍忽爾相迎。

유목지(劉穆之)는 꿈에서 어떤 사람이 얼굴을 가까이 하며 진군(鎭軍)이라고 불렀다.

續異記曰、劉穆之夢有人稱劉鎭軍相迎。覺曰、吾死矣。今豈有劉鎭軍邪。後宋武帝遣人迎 共定大業、武帝諡爲鎭軍將軍。

《속이기(續異記)》에 이르기를, 유목지(劉穆之)가 꿈을 꾸었다. 신인(神人)이 다가와 얼굴을 마주하며 "유진군(劉鎭軍)!"이라고 불렀다. 유목지가 잠에서 깨어 주위 사람들에게 말하기를 "나는 곧 죽을 것이다. 지금 어찌 유진군이라고 불릴 수 있겠는가?" 유목지가 송(宋)의 무제(武帝)와 함께 대업(大業)을 이룩하고 죽자 무제는 유목지의 공훈을 기려 유목지에게 진군장군(鎭軍將軍)이라는 시호(諡號)를 내렸다.

沈裕可授五品之官。

심유(沈裕)는 오품(五品)의 벼슬을 받을 수 있었다.

太平廣記曰、戴冑與州別駕沈裕善、冑以貞觀七年死。至八年八月裕在州、夢行京師義勇坊西南街見冑。謂曰、吾平生與君善、竟不能進君官位。君今自得五品、文書已過天曹 故相報、裕果授五品、婺州治中。

《태평광기(太平廣記)》에 이르기를, 심유(沈裕)와 대주(戴冑)는 같은 주(州)의 별가(別駕)로 직급이 같았으므로 친하게 지냈다. 그러다가 대주는 정관 7년(貞

觀 A.D 634)에 갑자기 죽었다. 정관 8년 8월 심유는 주부(州府)에서 자다가 꿈을 꾸었다. 경사(京師)에 갔는데 의용방(義勇坊)의 서남쪽에서 대주와 마주쳤다. 대주가 극히 반가워하며 말하기를 "자네와 나는 오래 동안 친밀했었는데 내가 어찌 자네를 승급시키지 못하겠는가? 내가 천조(天曹)[57]에서 자네를 5품관(五品官)으로 추천한 문서가 통과되었으므로 그것을 알리려고 만난 것이네." 심유는 잠에서 깬 후 5품관인 목주치중(婺州治中)을 제수받았다.

邢陶難得水部之牒。

형도(邢陶)는 수부(水部)의 첩지(牒紙)를 받기 어려웠다.

稽神錄曰、江南大理司直邢陶。癸卯歲夢人告云、君當爲涇州刺史。既而爲宣州涇縣令考滿、復夢其人告云、宣州諸縣官人來春皆替、而君告不到。邢甚惡之。明年罷歸、有薦陶爲水部員外郎。牒下而所司失去、復請二十餘日、竟未拜而卒。

《계신록(稽神錄)》에 이르기를, 강남대리사직(江南大理司直)인 형도(邢陶)는 계묘년(癸卯年)에 꿈을 꾸었다. 신인(神人)이 고하기를 "그대는 응당 경주자사(涇州刺史)가 되리라." 선주경현령(宣州涇縣令)의 임기가 끝날 무렵 꿈에 그 신인(神人)이 다시 말하기를 "선주(宣州)의 여러 현(縣)의 관리들은 오는 봄에 모두 바뀌나 그대의 임관소식은 없으리라." 형도는 잠에서 깬 후 매우 불쾌하였다. 해가 바뀌자 형도는 강남대리사직에서 파면되어 귀향을 준비하였는데 이때 선주(宣州)의 수부원외랑(水部員外郎)에 추천되어 부임하라는 첩지(牒紙)를 받았다. 그러나 첩지를 관사(官司) 내에서 분실하여 재교부 해줄 것을 신청하고 20여 일을 기다리다가 결국 받지 못하고 갑자기 죽었다.

薛長史旬日除招討之職。

설장사(薛長史)는 열흘 뒤에 초토사(招討使)의 직(職)을 제수(除授)받았다.

朝野僉載曰、唐薛季昶爲荊州長史、夢猫兒伏臥於當限上、頭向外。以問占者張猶、猶曰、猫兒者爪牙、限者閫外之事、君必知軍馬。未旬日、除洪州都督嶺南招討使。

《조야첨재(朝野僉載)》에 이르기를, 당(唐)의 설계창(薛季昶)[58]이 형주장사(荊州長史)로 있을 때 꿈을 꾸었다. 고양이가 집안의 구석진 곳에 엎드린 채 머리를 문밖으로 향하고 있었다. 설계창이 잠에서 깨어 장유(張猶)에게 해 몽을 청하니 답하기를 "고양이는 조아(爪牙)[59]입니다. 구석진 곳에 엎드려 머리를 문밖으로 향한 것은 도성(都城) 밖으로 나가게 되는 것을 의미합니 다. 공은 장차 지방에서 군마(軍馬)를 다스릴 것이오." 열흘도 못되어 설계 창은 홍주도독(洪州都督) 겸 영남초토사(嶺南招討使)를 제수받았다.

王小將終身掌將相之權。

왕소장(王小將)은 종신토록 장군(將軍)과 재상(宰相)의 권력을 손에 쥐고 있 었다.

> 稽神錄曰、僞吳鄂帥王瓔、少爲小將。從軍圍潁州、夜夢道士告曰、旦有流 星墮地、能避之、當至將相。明日衆軍攻城、城中石如雨、瓔仗劍倚柵木而 督戰、俄有大石正中其柵木、及瓔鎧甲之半皆碎、而瓔無傷。卒至大官。

《계신록(稽神錄)》에 이르기를, 위오국(僞吳國), 악주(鄂州)의 대장(大將)인 왕 여(王瓔)는 젊었을 때 소장(小將)이 되었다. 군단을 이끌고 영주(瀛州)로 가 서 대진(對陣)하고 있을 때 꿈을 꾸었다. 도사가 말하기를 "그대는 내일 전투 중에 유성(流星)이 땅에 떨어질 것이니 피하라. 생존한다면 반드시 장상(將相)의 위(位)까지 오르리라." 아침이 되자 많은 수의 아군이 적성(敵 城)을 공격하니 투석기(投石機)로 포석(砲石)을 발사하는데 큰 별들이 떨어 지는 것 같았다. 왕여는 장검을 들고 목책(木柵)에 기대어 전투를 지휘하 고 있었는데 갑자기 큰 돌이 날아와 떨어지니 왕여는 급히 피했는데 큰 돌은 목책의 가운데 떨어져 목책을 부수고 왕여의 갑옷의 반을 파괴했 다. 그러나 왕여는 전혀 손상당하지 않았고 이후 급속히 승진하여 고관 이 되었다.

陣安平東司異遷。

진안평(陣安平)은 동사(東司)로 이상(異常)하게 옮겼다.

朝野僉載曰、陣安平年滿赴選、與鄉人李仙藥、臥夢十二月養蠶、仙藥曰、十二月養蠶、冬絲也、君必遷東司、數月果遷吏部。

《조야첨재(朝野僉載)》에 이르기를, 진안평은 늦은 나이에 관리로 선발되어 관청에 근무하였다. 같은 고향사람인 이선약(李仙藥)과 함께 잠을 자다가 꿈을 꾸었다. 12월에 양잠(養蠶)을 하였다. 진안평이 잠에서 깨어 이선약에게 꿈을 물으니 답하기를 "12월에 양잠(養蠶)하는 것은 동사(冬絲)이니 그대는 반드시 동사(東司)로 옮길 것이다." 몇 달 뒤 진안평은 과연 동쪽의 관부(官府)인 이부(吏部)로 옮겼다.

李輔國官祿已盡。

이보국(李輔國)의 관록(官祿)은 이미 다하였다.

杜陽編曰、李輔國恣橫無君、代宗惡之。因寢夢登樓、見高力士領數百鐵騎、以戟刺輔國首 流血灑地、前後歌呼、自北而去。遣謁者問其故、力士曰、明皇之命、輔國官祿盡矣。帝覺不言、及輔國爲盜所殺。帝異之、方以夢語左右。

《두양편(杜陽編)》에 이르기를, 이보국(李輔國)[60]은 황제인 대종(代宗)을 무시하고 권력을 마음대로 휘둘렀으므로 대종은 그를 미워하였다. 대종이 꿈을 꾸었다. 누대(樓臺)에 오르니 고력사(高力士)가 철기병(鐵騎兵) 수백을 거느리고 나타나 이보국의 머리를 창으로 찌르니 피가 흘러 땅을 적신 채 이보국은 죽었다. 사방에서 환호성과 노래가 진동하자 즉시 고력사는 북으로 떠났는데 대종은 관리를 파견해 고력사에게 사건의 경위를 물었다. 고력사가 답하기를 "명황(明皇)[61]의 어명을 받고서 이보국의 관록을 끊었나이다." 대종은 잠에서 깨자 꿈을 아무에게도 말하지 않고 이보국을 도둑으로 몰아 죽였다. 대종의 이상한 행동은 꿈에 들은 말에 의해 좌우된 것이다.

華母夢其子爲司隸。

화씨(華氏)의 어머니는 그 아들이 사예(司隸)가 되는 꿈을 꾸었다.

謝承後漢書曰、華松家本孤微。其母夜夢兩人來門、言司隸在此。松後果爲司隷。

《사승후한서(謝承後漢書)》에 이르기를, 화송(華松)의 가문은 본래 한미(寒微)하였다. 화송(華松)의 어머니가 어느 날 꿈을 꾸었다. 두 사람이 문(門)을 끼고 서 134 있으면서 "사예(司隷)[62]께서 이곳에 계시오." 라고 말하였다. 이로 인해 잉태하여 화송을 낳았고 화송은 후일 사예가 되었다.

楊礪夢其主爲天尊。

양려(楊礪)는 그의 주군(主君)이 천존(天尊)처럼 되는 꿈을 꾸었다.

史略曰、宋眞宗初名元侃、封襄王。有擧人楊礪嘗夢至一大殿者。語之曰、
我非汝主。來和天尊汝主也、汝當大貴。指示令謁之。礪後進士第一、入爲
襄王府記室、如夢中所見。

《사략(史略)》[63]에 이르기를, 송(宋)의 진종(眞宗)의 처음 이름은 원간(元侃)으로 양왕(襄王)에 봉해졌었다. 거인(擧人)[64] 양려(楊礪)[65]가 일찍이 꿈을 꾼 적이 있다. 한 큰 궁전에 이르니 중앙에 높은 자리에 앉아있는 귀인(貴人)이 있어 배례(拜禮)하려고 하자 그가 말하기를 "나는 너의 주군(主君)이 아니다. 이곳으로 와도 천존(天尊)[66]과 동등한 사람이 너의 주군이니 그를 찾아 알현(謁見)하라. 그러면 너는 고귀하게 되리라." 양려는 장원급제하여 진사(進士)가 되었고 양왕부(襄王府)의 기실(記室)로 임명받았다. 이로써 양려는 장차 황제가 될 양왕을 알현하게 되니 꿈이 징험하였다.

至於陳文帝之夢昭達、宋神宗之夢馮京。

진(陳)의 문제(文帝)는 꿈에 장소달(章昭達)을 보았고 송(宋)의 신종(神宗)은 꿈에 풍경(馮京)을 보았다.

陳書曰、章昭達以功授、鎭軍將軍開府儀同三司、初陳文帝、嘗夢昭達升
鉉台、及旦以夢吉之 至是侍宴酒酣、顧昭達曰、卿憶夢否、何以償夢。昭
達對曰、當效犬馬之用、以盡臣節 其餘無以奉償。宋史曰、馮京江夏人、
以資政殿學士、徙知成都。帝以王安石爲欺、召京知樞密院、京以疾、未

至。帝中夜呼左右語曰、適夢馮京入朝、甚慰人望、乃賜詔、有渴想儀刑、不忘夢寐之語。

《진서(陳書)》에 이르기를, 장소달(章昭達)은 공(功)을 세워 진군장군개부의 동삼사(鎭軍將軍開府儀同三司)를 제수(除授)받았다. 그러기 전 진(陳)의 문제(文帝)가 꿈을 꾼 적이 있다. 장소달이 현대(鉉台)[67]에 올라 조례(朝禮)를 올렸다. 문제는 아침이 되자 길몽이라고 여겨 현대에서 주연을 베풀었다. 문제가 술맛이 돌기 시작할 즈음 장소달에게 묻기를 "경은 어젯밤 꾼 꿈을 기억하는가? 어떤 꿈이 상을 받을 만한 꿈이라고 생각하는가?" 답하기를 "마땅히 개와 말처럼 쓰이는 공효(功效)가 있음으로써 신하의 충절(忠節)을 다하는 것이지 다른 것은 없나이다."

《송사(宋史)》에 이르기를, 풍경(馮京)[68]은 강하인(江夏人)으로 자정전학사(資政殿學士)로 재직하다가 성도(成都)로 부임하여 그곳을 다스렸다. 이때 조정에서는 왕안석(王安石)이 황제를 속이려 하였으므로 황제는 이에 대처하기 위하여 풍경(馮京)에게 지추밀원(知樞密院)을 제수하여 궁궐로 불렀다. 풍경은 칙명을 받자 궁궐을 향해 빠른 속도로 길을 떠났는데 풍경이 당도하기 전에 황제는 밤에 꿈을 꾸었다. 풍경이 입궐하여 좋은 말로 극진히 위로하는 것이었다. 황제는 잠에서 깬 후 좌우인을 불러 꿈을 말하고 애타게 생각하였던 왕안석에 대한 형벌을 꿈에 들었던 풍경의 말에 준해 시행하였다.

此與高宗之夢傅說、成祖之夢周舟、何以異哉。

고종(高宗)의 부열(傅說)에 관한 꿈과 성조(成祖)의 주주(周舟)에 관한 꿈을 어찌 다르다고 하랴?

長沙府志曰、周舟益陽人、永樂年人才、知句容入觀。成祖夢金水河、大舟載小舟。次晨見羣臣名、有周舟者。以爲夢應也、遂招擢大理卿。

《장사부지(長沙府志)》에 이르기를, 주주(周舟)는 익양인(益陽人)이다. 영락(永樂 A.D 1403~1424)년간의 인재(人才)인데 지구용(知句容)이 되어 입근(入覲)하기 전에 성조(成祖)가 꿈을 꾸었다. 금수하(金水河)에 큰 배(大舟)가 작은 배(小舟)를 실은 채로 물위에 떠있었다.[69] 다음 날 새벽 성조(成祖)가 많은 신하의 이름을 살펴보니 주주(周舟)라는 자가 있었다. 꿈이 응험한 것이다. 따라서 성조는 주주를 대리경(大理卿)으로 발탁(拔擢)하였다.

是皆君臣神會、幾兆不凡。而劉禹錫所謂、夢想神明之遊、柳宗元所謂、寤寐天顔之近、要非諛也已。

이러한 일은 모두 임금과 신하의 정신이 모이는 것으로 대부분의 징조가 평범하지 않다. 유우석(劉禹錫)은 이르기를 "꿈과 생각은 신명(神明)의 노님"이라고 하였고 유종원(柳宗元)은 이르기를 "자나 깨나 천안(天顔)가까이 있기를 원한다."고 하였는데 이는 결코 아첨은 아니다.

劉禹錫請朝覲表曰

屛營魏闕之思
夢想神明之遊

柳宗元爲崔中丞、請朝表曰

雲漢昭回
固瞻仰而莫及
天顔咫尺

誠寤寐而無違

유우석(劉禹錫)[70]이 임금께 조회(朝會) 때 알현(謁見)을 청하여 상주(上奏)하기를,

위궁(魏宮)의 일을 생각하면 근심스러워
꿈에서도 신명(神明)은 궁궐 안을 배회합니다.

유종원(柳宗元)[71]은 최중승(崔中丞)을 위하여 임금께 조회 때 알현을 청하여 상주하기를,

은하수(銀河水)밝게 빛나건만
애타게 바라보아도 빛은 비추지 않습니다.
천안(天顏)이 가까이 계시니
정성은 자나 깨나 다르지 않습니다.

■ 注疏 ──────────────────────────────────────

1) 《척언(摭言)》: 五代의 王定保가 撰한 책 이름. 唐社會의 軼聞에 대해 썼다. 특히 唐代의 貢擧制에 대해 상세하다.

2) 수백 그루의~나무들을 밟았다: 큰 능력 있는 인물을 棟樑之材라고 부른다. 人材라는 말도 있다. 人材 위에 있으니 장원급제가 당연하다.

3) 《청상잡기(靑箱雜記)》: 宋의 吳處厚가 撰한 10권의 책 이름. 唐代의 見聞과 詩話, 詩論 등이 실려 있는데 往往 취할만한 것도 있다.

4) 어시(御試): 省試에 합격한 자들이 황제 앞에서 치르는 殿試.

5) 깎아(剳): 깎을 剳와 바꿀 替는 同音異義이다.

6) 《남부신서(南部新書)》: 宋의 錢希白이 撰한 10권의 책 이름. 唐代의 故事 800여 편과 五代의 軼聞을 실었다.

7) 서장군(徐將軍)이 나타나~베어 버렸다: 머리 바로 밑이니 목만 남게 되어 2등을 한 것이다. 또한 徐輿榜은 서석 장군이 주관한 과거의 방이니 서장군의 꿈이 응험한 것이다.

8) 유항(劉沆): 宋의 吉州人, 字는 沖之. 天聖(A.D 1022~1031) 중에 進士가 되었고 工部尙書까지 官位가 올랐다.

9) 정대시(廷對試): 科擧의 會試합격자들을 御殿에서 天子의 親策하에 考試하는 것. 廷試, 殿試라고도 한다. 1위를 狀元, 2위를 榜眼, 3위를 探花라고도 한다.

10) 회시(會試): 鄕試의 급제자가 省都에 모여 치르는 覆試로 禮部에서 집행한다. 中式이라고도 하며 합격자는 貢士라고 한다.

11) 향시(鄕試): 地方, 州縣의 과거시험.

12) 발빈(發殯): 棺 안에 있는 시신을 葬地로 옮기는 것.

13) 향위(鄕闈): 지방의 한 행정단위 이내의 지역.

14) 손변(孫抃): 宋人, 字는 夢得. 皇祐(A.D 1049~1053) 중에 權御史의 임무를 잘 수행하여 參知政事에 오름.

15) 춘방(春榜): 봄에 실시한 과거급제자의 이름을 적은 目錄.

16) 입근(入覲): ① 入闕하여 天子를 알현함.
② 관리나 제후가 관청이나 조정에 公務를 수행하기 위해 출근하여 근무하거나 숙직함.

17) 조근관(朝覲官): 어떤 임무를 당일에 담당하는 관리.

18) 춘시(春試): 봄에 실시한 과거.

19) 회원(會元): 會試의 제1위 합격자.

20) 주고(主考): 科擧試官의 우두머리.

21) 매우 넓은 호수에서~일등한다.: 매우 넓은 太 호수는 湖, 즉 太湖는 왕오의 거주지이고 큰 자라는 王鼇로 鼇와 驁는 同音異義이다. 화살 셋은 장원급제, 學士, 詹事이다. 鼇는 본시 발이 셋인 祭器인데 물건을 태우는 데 사용한다.

22) 어떤 사람이 ~1등하였다: 돈은 錢으로, 먹을 服은 복 福으로 해석할 수 있다.

23) 《강남야사(江南野史)》: 宋의 龍袞이 撰한 10권의 책. 南唐의 일을 紀傳으로 기록하였다.

24) 전방(殿榜): 궁전의 벽에 붙이는 긴 목판으로 여기에 文句를 써넣는다.

25) 《운계우의(雲溪友議)》: 唐의 范攄가 撰한 3권의 책. 中唐後의 雜事와 詩話가 내용이다.

26) 네 번째는~급제하였다.: 署, 睹, 助, 著의 네 자 중에 마지막 著는 文章을 짓는다는 뜻이다.

27) 경조(京兆): 궁성이 있고 많은 사람이 사는 도시, 서울.

28) 지공거(知貢擧): 唐과 宋시대의 進士를 선발하는 특별고시, 會試 중의 特別試.

29) 이고언(李固言): 唐의 趙人, 字는 仲樞. 進士에 급제한 뒤 文宗 시에는 吏部侍郞, 同平章事, 宣宗 시에는 太子太傅가 되었다.

30) 족하(足下): 대등한 사람에 대한 존칭.

31) 《당궐사(唐闕史)》: 五代의 高彦修가 撰한 2권의 책. 51편으로 구성되었는데 주로 怪妄事가 실려있다.

32) 양경지(楊敬之): 唐人, 字는 茂孝. 元和(A.D 806~820) 중에 進士가 되었고 國子祭酒를 연임하였으며 太常少卿을 겸하였다. 두 아들 戎과 戴도 登科하였다. 工部尙書까지 관위가 올랐으며 文學을 애호하였다.

33) 복양(濮陽): 지금의 河南省 滑縣.

34) 사장(詞場): 詩人, 文士의 모임, 詩壇과 文壇.

35) 홍농(弘農)은~제일이다. '弘農은 揚州(揚州)의 다음이고 濮陽은 弘農, 揚州를 포함한 吳國땅에서 제일이다.'라고 풀이할 수 있다. 문맥상 慈恩寺는 홍농, 즉 河南省 靈寶縣에 있다고 사료되며 府試로 추정할 수 있다. 위의 문장은 重義法으로, 복양이 일등하고 楊戴가 2등하는데 戴는 머리에 일 대이니 정수리 위에 무엇을 얹는다는 뜻으로 2등을 의미한다. 戴가 있기 위해 홍농을 사용한 것은 우연이나 참으로 절묘하다.

36) 석파신(石波神): 石波의 토속신. 石波는 雅州의 蘆山縣의 동쪽 3리에 있는 언덕이다.

37) 풀들이 자라 주춧돌까지~알려졌다: 풀 菜는 채나라 蔡와 동음이고 伐草와 除草를 함은 가지런할 齊가 되니 바로 菜齊를 의미한다.

38) 심회(沈晦): 宋人, 字는 元用. 宣和(A.D 1119~1125) 중에 進士가 된 후 鎭江府를 역임하고 徽猷閣直學士, 知潭州를 지냈다.

39) 강독묘(江瀆廟): 그 지역의 江을 다스리는 神을 제사지내는 祠堂.

40) 배적(裴寂): 唐, 桑泉人. 隋의 大業(A.D 605~617) 중에 侍御史까지 올랐다. 唐의 개국 후에도 唐高祖와 어렸을 적에 친한 인연으로 尙書左僕射를 지냈다.

41) 화산사(華山祠): 西岳인 華山의 神靈을 제사지내는 사당.

42) 천부(天符): 하늘에서 내리는 祥瑞.《易經》에 이르기를, 氏星을 天符라고 한다.

43) 여이간(呂夷簡): 宋人, 字는 坦夫. 進士에 급제 후 眞宗 시에는 刑部郞中, 知開封府. 仁宗 시에는 中書門下平章事, 許國公에 봉해졌다.

44) 고원유(高元裕): 唐, 渤海人, 字는 景圭. 進士가 된 후 右補闕이 되어 敬宗의 施政에 대해 적극적으로 諫하여 李宗閔에 의하여 諫議大夫로 발탁되었다. 吏部尙書에까지 올랐다.

45) 환구(皖口): 皖水가 長江으로 들어가는 입구. 安徽省 懷寧縣의 서쪽이다.

46) 왕촉(王蜀): 5대11국시대의 前蜀國. 王建이 A.D 907에 개국하여 2帝 925년까지 19년간 존속하였다. 도읍은 成都이고 강역은 四川省 일대였다.

47) 창병(瘡病): 원 이름은 瘡瘍이다. 癰疽의 종류에 속하며 피부의 일부가 腫起하여 重하면 化膿되어 潰爛하게 된다.《素問至眞要大論》에 이르기를, 여러 瘡瘍의 통증은 모두 心에 속한다. 여러 濕腫과 脹滿은 脾에 속한다. 心은 血을 주관하고 脾는 肉을 주관하기 때문이다.

48) 조확(曹確): 唐, 河南人, 字는 剛中. 進士가 된 후 兵部侍郎을 연임하였고 同平章事를 지냈으며 畢誠과 함께 宰相으로써 雅望이 있어 曹畢로 불렸다. 儒學에 精通하였고 器識이 方重하였다.

49) 출가하는 것은~되실 것입니다: 剃度란 머리 깎고 佛門에 들어가는 것이다. 머리 깎을 剃는 바꿀 替와 同音이고 법도 度는 헤아릴 度와 같은 字이다. 즉 剃度支에서 바뀌게 되니 승진을 의미한다.

50) 효자(孝子)는 소의(素衣)를~위견소(葦見素)입니다: 素衣를 보았다.(＝見) 즉 見素가 된다.

51) 위견소(葦見素): 唐人, 字는 會微. 進士에 급제한 후 文部侍郎을 역임하였다. 안록산의 반란을 피해 玄宗을 좇아 蜀까지 갔었고 肅宗 시에는 太子太師에까지 올랐다.

52) 장일(張鎰): 唐人, 字는 季權. 殿中侍御史를 지내고 建中(A.D 780~783) 초에는 中書侍郎, 同平章事를 역임하였다.

53) 그런데 감초는 바로 외숙의 別名입니다: 任調는 調和하는 任務라고 풀이할 수 있다. 여러 사람 사이의 갈등을 조화하는 역할이 장일의 성품에 알맞기 때문에 任調를 張鎰로 볼 수 있다. 이에 비유한 甘草는 性이 平하고 無毒하고 味는 달다. 효능은 百藥의 毒을 풀며 諸火를 완화시킨다. 또한 五臟六腑의 寒熱邪氣를 解和시키며 溫中下氣하고 煩滿短氣를 다스린다.

54) 계척(奚陟): 唐, 京兆人, 字는 殷卿. 소년 시부터 篤志하여 群書에 통하였다. 大曆(A.D 766~779) 말에 進士가 된 후 中書舍人이 되어 작은 일에도 노고를 아끼지 않았으며 吏部侍郎을 연임하였다.

55) 건사(巾笥): 모자나 두건을 넣는 상자.

56) 서선지(徐羡之): 南朝宋人, 字는 宗文. 晉의 義熙(A.D 404~418) 말에 吏部尙書, 丹陽尹이 되었고 散騎常侍까지 올랐다가 元嘉(A.D 424~453) 중에 弑逆罪로 인하여 자살하였다.

57) 천조(天曹): 하늘나라의 官府. 또는 中國의 朝庭, 官府를 칭하기도 한다.

58) 설계창(薛季昶): 唐, 龍門人. 武后 시에 上書하여 布衣의 신분으로 監察御史, 후에 戶部侍郎을 연임하였다.

59) 조아(爪牙): 발톱과 어금니. 그러므로 용맹하고 충성스러운 부하장수라는 成語로 사용된다. 고양이는 용맹하여 두려움을 모르는 맹수의 기질이 있고 발톱과 어금니는 무기로서 주로 쥐를 잡는 데 쓰인다. 장수로서 도둑을 소탕하는 招討使의 임무를 수행하게 된다는 뜻이다.

60) 이보국(李輔國): 唐人. 肅宗을 潛邸에서 모시고 있다가 숙종이 靈武에서 즉위한 뒤 河隴兵으로 復興을 도왔다. 行軍司馬로 발탁된 뒤 代宗을 세운 후 司空, 尙父가 되어 專橫을 일삼다가 죽임을 당했다.

61) 명황(明皇): 唐의 玄宗.《古法篇》의 注疏 12) 100p를 보시라.

62) 사예(司隸): 지방관으로서 순찰, 捕盜 등을 담당하는 고위무관. 周代, 漢代에 존재했었다.

63) 《사략(史略)》: 책 이름. 唐의 杜信이 撰한 30권과 宋의 高似孫이 撰한 6권의 두 종류가 있다.

64) 거인(擧人): 唐宋시대의 進士試驗의 수험자의 총칭.

65) 양려(楊礪): 宋人, 字는 汝礪. 建隆(A.D 960~963) 초에 進士에 일등으로 급제하였다. 翰林學士, 樞密副使를 지냈다.

66) 천존(天尊): 上帝, 天帝.

67) 현대(鉉台): 궁궐 내에 御殿을 받치고 있는 넓은 臺로 고품의 관원만이 오를 수 있다. 본서의 臺鉉이란 宰相의 보조직무관원, 혹은 고위관원을 일컫는 용어로 鉉台와 臺鉉은 동일한 뜻이다.

68) 풍경(馮京): 宋, 江夏人, 字는 當世. 鄕試에서 廷對試에 이르기까지 일등을 하였다. 翰林學士, 開封府知를 지냈고 王安石의 失政을 논하였으며 太子小師를 지냈다.

69) 큰 배(大舟)가 작은 배(小舟)를~떠있었다.: 감쌀, 두루 周와 배 舟를 합하면 周舟가 되고 또한 두 척의 배이니 舟舟이고 同音인 周로 바꾸어도 周舟가 된다.

70) 유우석(劉禹錫): 唐의 中山人, 字는 夢得. 詩文을 잘 하였으며 貞元(A.D 785~805)간에 進士가 되었고 監察御使에 올랐으며 順宗 즉위 후 屯田員外郎으로 발탁되었고 9년간의 귀양생활 중에 많은 詩文, 詞, 賦를 남겼다. 다시 소명 받아 太子賓客을 연임하였다. 그의 詩는 만년에는 더욱 節雅하여졌다. 저서는 《劉賓客文集》및 《外集》.

71) 유종원(柳宗元): 唐人, 字는 子厚. 젊었을 때부터 文章이 卓偉精緻하였다. 進士가 된 후 監察御史, 柳州刺史를 지냈다. 唐宋八大家의 하나이고 韓愈는 그를 평하기를 "雄深雅健함이 司馬子長과 비슷하다"고 하였다. 저서는 《柳先生文集》, 《外集》, 《龍城錄》.

12. 신괴편 神怪篇第十二

神怪之譚、聖哲所悶也。易稱睽鬼、詩詠百神、書紀六宗、禮別五祀。是
蓋體物之旨、均非欺俗之文。若謂夢魂之有交、豈免謬悠之深議。然緗
函靑史、或炯炯載焉、何得槪以爲虛也。茲條數端、用例波蔓、亦足以見
事有定而難更。幾有兆而莫匿、詎非君子修身、俟命之監乎。昔唐堯夢
白帝遺子。

신괴(神怪)의 이야기는 성철(聖哲)께서 아득하고 깊게 여겼던 바이다. 《주역
(周易)》에서는 규귀(睽鬼)[1]라고 칭하였고 《시경(詩經)》에서는 백신(百神)이라
고 읊었다. 《서전(書傳)》에서는 육종(六宗)[2]으로 적었고 《예기(禮記)》에서는
오사(五祀)[3]로 나누었다. 이러한 기록은 물체의 모든 원리를 가리킨 것이니
대체로, 거짓되고 속된 글은 아니다. 이처럼 꿈에 혼(魂)이 교류함이 그 원
인 중의 하나인데 어찌 잘못된 깊은 논의를 면할 수 있겠는가? 그리고 신괴
(神怪)에 관한 기록은 상함(緗函)[4]에 보존되어 전하거나 사서(史書)에 실리어
세상에 빛나는데도 꿈으로 얻은 것들을 어찌 대부분 헛되다고 평할 수 있
는가? 신괴에 관한 조문(條文)은 많은 갈래가 있고 인용한 사례는 물결과 엉
킨 넝쿨처럼 많으며 신괴로 인해 발생하는 일은 예정되어 있으므로 원하는
대로 바꾸기 어렵다. 그리고 대부분의 징조는 숨어 있지 않으니 군자가 수
신(修身)함에 운명을 기다리며 살피는 데 어찌 쓰지 않을 수 있겠는가? 옛적
에 당요(唐堯)는 꿈에 백제(白帝)가 군자(君子)를 주었다.

> 春秋元命苞曰、堯爲天子、季秋下旬、夢白帝遺以鳥啄子者、皐陶也。其母
> 曰、扶始升高丘 祀白帝、上有雲如虎、感而生皐陶。
>
> 《춘추원명포(春秋元命苞)》에 이르기를, 요(堯)는 천자(天子)가 된 뒤 9월 하

순에 꿈에 백제(白帝)로부터 까마귀부리 모양의 사람을 받았다. 그는 바로 고요(皐陶)[5]였다. 또한 고요의 어머니가 말하기를 "저는 높은 언덕에 올라 백제(白帝)[6]에게 기도하였는데 호랑이처럼 생긴 구름이 머리 위로 내려와 이에 감응하여 고요를 잉태하였습니다."

夏禹夢蒼水告書。

하우(夏禹)[7]는 꿈에 창수(蒼水)로부터 책에 대해 들었다.

解見宗空篇、禹有山書之夢注。

풀이는《종공편(宗空篇)》의 '우(禹)가 산서(山書)의 꿈을 꾸다.' 49p를 보시라.

迨我高皇、夢天神授衣。

아조(我朝)의 고황제(高皇帝)께서는 꿈에 천신(天神)으로부터 옷을 받았다.

謏烈輯遺曰、太祖夢西北天上有一朱臺、四周有欄。上立二人如金剛、臺南幞頭抹額者數人列坐、中立三尊、若道家三淸之狀。數紫衣羽士、以絳衣來授、揭裏視之、有五彩。問此何物。道士曰、文理眞人服。此上帝明命之驗。

《모열집유(謏烈輯遺)》에 이르기를, 명국(明國)의 태조(太祖)가 꿈을 꾸었다. 서북쪽 하늘 위에 한 붉은 누각(樓閣)이 있는데 사방에 난간이 있었다. 문 앞에 금강역사(金剛力士)[8]같은 두 사람이 서있었고 각 내(閣內)에는 두건으로 머리를 동여맨 신선들이 횡렬(橫列)로 앉아있었고 중앙의 고좌(高座)에는 삼존(三尊)[9]이 있었는데 보니 도교(道敎)의 삼청(三淸)[10]이었다. 이때 자색 옷을 입은 여러 도사가 한 상자를 태조에게 바치는데 보니 붉은 옷이었고 옷의 안쪽을 보니 오색이 영롱하였다. 태조가 감탄하여 도사에게 묻기를 "이는 어떠한 옷입니까?" 답하기를 "문리진인(文理眞人)의 옷입니다." 이는 태조가 상제(上帝)로부터 천명(天命)을 받았음을 징험한 것이다.

成祖夢城隍救駕。

성조(成祖)는 꿈에 성황(城隍)이 어가(御駕)를 구하였다.

> 陳建皇明通紀曰、革除年間、成祖夢與平安戰、將敗一男子豐貌美髥、乘
> 白馬持大刀、自西北來、聲言救駕、卽砍安馬、應聲而倒。成祖問其姓名、
> 對曰、臣莘縣城隍神也。旣覺異之。及與平安戰、安操長鎗、馳追成祖幾及
> 之、留馬躩弗克前、果如夢。

《진건황명통기(陳建皇明通紀)》에 이르기를, 성조(成祖)가 혁명(革命)의 전투를 하는 기간 중 어느 날 꿈을 꾸었다. 평안(平安)과 전투하다가 참패하여 죽게 될 순간에, 잘 생긴 수염에 듬직한 용모의 남자가 백마를 타고 큰 칼을 쥔 채 서북쪽에서 달려와 어가(御駕)를 구하겠다고 말하며 평안이 탄 말을 칼로 내리치니 평안은 비명을 지르며 말에서 굴러 떨어졌다. 성조가 그에게 성명을 물으니 답하기를 "신(臣)은 신현(莘縣)의 성황신(城隍神)[11]입니다." 성조는 잠에서 깬 뒤 이를 기이(奇異)하게 여겼다. 그날 성조는 출전하여 평안과 전투하였는데 패하여 달아나니 평안은 긴 창을 쥐고 말을 달려 쫓아왔다. 평안이 성조에게 근접하여 위험한 순간 갑자기 평안의 말이 뛰듯이 일어서며 멈추니 과연 꿈과 같았다.

此則聖君之夢、關屬運代、非可以神怪論也。若虢公夢蓐收。

이는 성군(聖君)의 꿈들이므로 천운(天運)의 이어짐에 관한 내용이니 신괴(神怪)의 종류라고만 논해서는 안 된다. 괵공(虢公)이 꿈으로 인해 돗자리를 받은 것도 이와 같다.

> 國語曰、虢公夢人面白毛虎爪、執鉞立於西阿。史囂曰、如君之言、則蓐收
> 也、天之刑神也。

《국어(國語)》[12]에 이르기를, 괵공(虢公)[13]이 꿈을 꾸었다. 사람 얼굴에 몸은 흰털로 덮였고 호랑이 발톱을 한 형상(形象)이 도끼를 쥐고 서아(西阿)[14]에 서 있었다. 깨어나서 사연(史囂)[15]에게 물어보니 말하기를 "주군(主君)의 말과 같다면 자리를 받으실 것입니다. 그는 하늘의 형신(刑神)입니다."

趙嬰夢天使、子玉夢河伯。

조영(趙嬰)은 꿈에 천사(天使)를 보았고 자옥(子玉)은 꿈에 하백(河伯)을 보았다.

解見宗空篇、天使河伯注。

풀이는《종공편(宗空篇)》의 '천사(天使)와 하백(河伯).' 64p를 보시라.

秦皇夢海神。

진황(秦皇)은 해신(海神)의 꿈을 꾸었다.

史記曰、秦皇夢與海神戰、如人狀。問占夢博士曰、水神不可見、以大魚蛟
龍爲候。今上禱祀備謹而有此惡神、當除去、而吉神可致。乃令入海者、獲
捕巨魚具、而自以連弩候、大魚出射之。

《사기(史記)》에 이르기를, 진시황(秦始皇)[16]은 꿈에 사람 형상의 해신(海神)
과 싸웠다. 진시황이 잠에서 깬 후 몽박사(夢博士)에게 점몽하니 답하기를
"수신(水神)은 본시 볼 수 없으니 이는 대어(大魚)나 교룡(蛟龍)이 나타날 징
조입니다. 성상(聖上)께서는 그러한 악신(惡神)에 대해서는 기도(祈禱)로써
근실(謹實)하게 대비하시며 마땅히 제거하신 후 길신(吉神)을 불러들이소
서." 진시황은 몽점에 따라 모든 수군(水軍)과 어업자(漁業者)에게 명령하
여 일제히 대어를 포획(捕獲)하여 물 밖으로 끌어내어 연이어 서있는 노수
(弩手)[17]들로 하여금 사살(射殺)시켰다.

明帝夢金人丈餘。

명제(明帝)는 꿈에 일장(一丈)이 넘는 금인(金人)을 보았다.

後漢書曰、明帝夢金人丈餘、頭有光明、飛行殿庭。以問羣臣。或曰、西方
有神、名曰佛、其形丈六尺而黃金色。

《후한서(後漢書)》에 이르기를, 명제(明帝)[18]가 꿈을 꾸었다. 키가 일 장(一丈)
이 넘고 머리에서 밝은 빛이 나는 금인(金人)이 궁전 앞뜰을 비행하였다.
명제가 잠에서 깬 후 여러 신하들에게 물으니 한 신하가 답하기를 "어떤

자가 말하기를 서역(西域)에 신(神)이 있는데 이름은 부처이고 키는 일 장 육 척(一丈六尺), 모습은 황금색이라고 하였습니다."

劉曜夢金人東向。

유요(劉曜)는 꿈에 금인(金人)이 동쪽에 있는 것을 보았다.

晉書曰、咸和三年、劉曜夜夢三人金面丹脣、東向逡巡、不言而退、曜拜而履其跡。旦召公卿議之、咸以爲吉。惟太史令任義曰、三者歷運統之極也。東位震位、王者之始次也、金爲兌位、物衰落也、脣丹不言、事之畢也、逡巡揖讓、舍之道也。拜者屈伏於人也、履跡而求、愼不出彊也、東是晉分也。西是趙分也、晉兵必暴、是亡主喪師留敗趙地。遠至三年近七百日、其應不違。曜大懼、果驗。

《진서(晉書)》에 이르기를, 함화 3년(咸和 A.D 328)에 유요(劉曜)[19]가 밤에 꿈을 꾸었다. 금빛 얼굴에 붉은 입술을 한 세 사람이 동쪽으로부터 와서 서쪽을 향해 서 있다가 다시 동쪽으로 문칫 문칫 돌아가니 유요는 엎드려 절하면서 그들의 발자취를 따라갔다. 유요는 잠에서 깬 후 공경(公卿)들을 소집하여 해몽을 청하였다. 대부분이 길하다고 고하였으나 태사령(太史令) 임의(任義)만이 다르게 말하기를 "세 사람은 역대의 국운을 통섭(統攝)하는 신(神)입니다. 동쪽은 진위(震位)로 임금의 시작이고 서쪽은 태위(兌位)로 쇠락의 시기를 의미합니다. 붉은 입술에 무언은 일의 마침이고 다시 동쪽으로 돌아갔음은 버린다는 천도(天道)입니다. 발자취를 따르며 구함은 신중하여 영토 밖으로 나가지 않음이고 절을 함은 굴복입니다. 장차 동쪽으로부터 진병(晉兵)이 맹렬하게 침공하면 조병(趙兵)은 패전할 것이고 주군(主君)께서는 진병에게 굴복하여 강화(講和)를 청하실 것이며 진병은 물러갈 것입니다. 7백 일에서 3년 사이에 그리 될 것입니다." 유요는 크게 놀래어 두려워했는데 과연 꿈처럼 되었다.

苻健夢朱衣使者、授龍驤大帥。

부건(苻健)은 꿈에 붉은 옷의 사자(使者)가 용양대수(龍驤大帥)라는 칭호를 주었다.

晉書曰、苻健入關、夢天神遣使者、朱衣赤冠、命拜堅爲龍驤將軍。健翌日爲壇於曲沃、以授 曰、予祖昔授此號、今予復爲神明所命。

《진서(晉書)》에 이르기를, 부건(苻健)[20]은 관성(關城)을 함락시킨 후 꿈을 꾸었다. 붉은 옷에 빨간 관(冠)을 쓴 사람이 나타나 자신은 천신(天神)이 보낸 사자라고 밝히고 용양장군(龍驤將軍)이라는 칭호를 바쳤다. 부건은 잠에서 깨자 곡옥(曲沃)에 단(壇)을 쌓고 칭호를 받는 의식을 행하며 외치기를 "나의 조상이 옛적에 천신으로부터 용양장군이라는 칭호를 받았는데 오늘 나도 같은 칭호를 천신에게서 받았노라!"

杜稜夢朱航池君、稱征討將軍。

두릉(杜稜)[21]은 꿈에 지군(池君)이 붉은 배에 타고 정토장군(征討將軍)이라고 칭하는 것에 관한 것을 보았다.

> 解見器物篇、夢討侯景注。

> 풀이는 《기물편(器物篇)》의 '꿈에 후경(侯景)을 정토(征討)하다.' 261p를 보시라.

張闡名定於神書。

장천(張闡)은 꿈에 신(神)이 글로 써서 이름을 정해주었다.

> 宋史曰、張闡字大猷永嘉人、幼善屬文。將命名、夢神人大書闡字曰、以是名爾子。其父異之、遂以爲名。

> 《송사(宋史)》에 이르기를, 장천(張闡)[22]은 자(字)가 대유(大猷)로 영가인(永嘉人)이다. 어렸을 적부터 학문하기를 즐겼다. 그의 아버지가 장차 이름을 지어주려고 하던 중에 꿈을 꾸었다. 신인(神人)이 크게 천자(闡字)를 쓰며 말하기를 "이것이 너의 아들의 이름이다." 잠에서 깬 뒤 이상하게 생각하며 천(闡)을 이름으로 정했다.

趙槩名更於金錄。

조개(趙槩)는 금록(金錄)에 의하여 이름을 고쳤다.

宋史曰、趙槩字叔平、虞城人、初名禋。嘗夢神人金書名錄、有趙槩、更名槩。

《송사(宋史)》에 이르기를, 조개(趙槩)[23]는 자(字)가 숙평(叔平)으로 우성인(虞城人)이다. 처음 이름은 인(禋)이었다. 일찍이 꿈을 꾼 적이 있는데 신인(神人)이 조개(趙槩)라는 이름을 금자(金字)로 써서 주었다. 조인(趙禋)은 잠에서 깨어나자 조개(趙槩)라고 이름을 바꾸었다.

孫抃名塡春榜。

손변(孫抃)은 춘방(春榜)에 이름을 적어 넣었다.

解見科甲篇、孫貫改名抃注。

풀이는 《과갑편(科甲篇)》의 '손관(孫貫)은 변(抃)으로 이름을 고치었다.' 334p를 보시라.

鄭權名署於滄門。

정권(鄭權)은 창주(滄州)의 문(門)에 이름을 적었다.

唐書曰、藩鎭鄭權、始名執恭、嘗夢滄州諸門、悉署權字。乃改名權以應之、及入朝詔御史、鄭權代之。

《당서(唐書)》에 이르기를, 번진(藩鎭)에 있던 정권(鄭權)[24]은 처음 이름이 집공(執恭)이었다. 일찍이 한 꿈을 본 적이 있는데 창주(滄州)의 모든 문에 빠짐없이 권자(權字)를 썼다. 잠에서 깨어나자 정집공은 이름을 정권으로 바꾸고 이에 응하여 입조(入朝)하여 어사(御史)를 제수받았다.

秦彦名變於人呼。

진언(秦彦)은 신인(神人)이 부른 소리로 인해 이름을 바꾸었다.

高駢傳曰、秦彦者本名立、隷戎伍籍。乾符中、以盜繫械且死。夢人呼曰、秦彦而從我去。寤而視械破、因得亡命。卽名彦。

《고변전(高駢傳)》에 이르기를, 진언(秦彦)[25]의 본명(本名)은 입(立)으로 본시 도적의 무리에 속하였다. 건부(乾符 A.D 874~879) 중에 도적 노릇을 하다 가 붙잡혀 감옥에서 형구(形具)에 묶인 채로 죽음을 기다리다가 꿈을 꾸었다. 신인(神人)이 외치기를 "진언(秦彦)이는 나를 따라 나오너라." 잠에서 깨어보니 형구와 옥문이 부서져 있어 탈출하여 목숨을 구하였다. 그런 후 즉시 이름을 진언(秦彦)으로 바꾸었다.

曹熙名同於賢諱。

조희(曹熙)는 이름이 선현(先賢)의 이름과 같았다.

> 宋史曰、曹穎叔字秀之、亳州譙人、初名熙。嘗夢往官府見穎叔。既寤更名 穎叔。

《송사(宋史)》에 이르기를, 조영숙(曹穎叔)[26]의 자(字)는 수지(秀之)로 호주(亳 州)의 초인(譙人)이다. 처음 이름은 조희(曹熙)였다. 조희가 어느 날 꿈을 꾸 었다. 관부(官府)에 가서 조영숙(曹穎叔)이라는 이름을 보았다. 조희는 잠에 서 깬 후 조영숙으로 이름을 고쳤다.

謝敷夢山神、而得利。

사부(謝敷)는 꿈에 산신(山神)을 보고 이득을 보았다.

> 孔靈符會稽記曰、諸暨縣有烏帶山、其上多紫石、世人莫知。謝敷遊此山、 夢山神語曰、當以五十萬相助。旦見主人牀下、有異色石、聞所從來、云出 此山。遂往掘之、得利不貲。

《공령부회계기(孔靈符會稽記)》에 이르기를, 제기현(諸暨縣)에는 조대산(烏帶 山)이 있는데 산상에는 자줏빛 돌들이 많은데도 세상 사람들은 알지 못하 였다. 사부(謝敷)가 그 산에 유람 차 갔다가 꿈을 꾸었다. 산신이 말하기를 "내가 마땅히 50만 전(萬錢)을 돕겠소." 사부가 잠에서 깨어 침상 밑을 보 니 이상한 자줏빛 돌들이 있었다. 주인에게 돌의 출처를 물으니 조대산에 서 캐었다고 말하였다. 사부는 조대산의 정상까지 올라가 자줏빛 돌들을 캐내어 팔아 큰 이득을 얻으니 꿈과 같은 금액이었다.

習郁夢山神、而封侯。

습욱(習郁)은 꿈에 산신(山神)을 보고 제후(諸侯)에 봉(封)해졌다.

漢書曰、習郁以侍中、從光武宰犂丘。郁與光武、俱夢蘇嶺山神。後光武封郁襄陽侯、使立蘇山神祠。刻二石鹿夾道、百姓謂之鹿門廟。

《한서(漢書)》에 이르기를, 습욱(習郁)[27]은 시중(侍中)[28]으로 한(漢)의 광무제(光武帝)를 수종(隨從)하여 재리구(宰犂丘)에 갔다. 숙박하며 습욱과 광무제는 같은 밤 꿈에 소령산 산신(蘇嶺山山神)을 보았다. 광무제는 잠에서 깬 후 습욱을 양양후(襄陽侯)로 봉한 후 소령산에 산신사(山神祠)를 건립하도록 명령하였다. 습욱은 산신사를 세웠는데 사문(祠門)의 좌우에 돌사슴 둘을 조각하여 안치하니 백성들은 녹문묘(鹿門廟)라고 불렀다.

許攸夢爲北斗星君。

허유(許攸)는 꿈에 북두성군(北斗星君)이 되었다.

幽明錄曰、許攸夢烏衣吏奉六封書曰、府君當爲北斗君、陳康伯爲主簿。旣覺陳康伯來謁、攸告之。康伯曰、我作道歸、死不過社公、今得北斗主簿滿足矣。明年同日而卒。

《유명록(幽明錄)》에 이르기를, 허유(許攸)[29]가 꿈을 꾸었다. 우복(羽服)을 입은 선관(仙官)이 6봉서(六封書)를 받들고서 말하기를 "부군(府君)은 북두성군(北斗星君)이 되실 것이며 진강백(陳康伯)도 북두주부(北斗主簿)가 되십니다." 허유가 잠에서 깨니 진강백이 찾아왔다. 허유가 진강백에게 꿈을 말하니 진강백이 답하기를 "나는 죽음을 귀향으로 여기며 세상을 뜨려고 하네. 살아서 무사(巫師)로 지내는 것보다 죽어 북두주부로 지내는 것에 만족하네." 허유와 진강백은 다음해 같은 날에 갑자기 죽었다.

明皇夢得終南山進士。

명황(明皇)은 꿈에 종남산진사(終南山進士)의 도움을 받았다.

歲時記曰、明皇晝寢夢虛耗二鬼、怒呼武士。偶有一人頂帽宜袍、捉鬼擘
啖之。問其姓氏 曰、終南山進士鍾馗。

《세시기(歲時記)》에 이르기를, 명황(明皇)이 낮잠을 자며 꿈을 꾸었다. 허
(虛)와 모(耗) 두 귀신이 나타나 달려들자 진노하여 무사를 불렀다. 그러자
맞은편에서 모자 쓰고 도포(道袍)를 입은 사람이 나타나 귀신들을 잡아 누
르며 꾸짖는 것이었다. 명황이 그의 성씨(姓氏)를 물으니 종남산(終南山)의
진사(進士) 종규[30](鍾馗)라고 답하였다.

楚王夢遇巫山神女。

초왕(楚王)은 꿈에 무산(巫山)의 신녀(神女)를 만났다.

宋玉高唐賦序曰、昔者先王、嘗遊高唐晝寢。夢婦人曰、妾巫山之女也、爲
高唐之客、聞君遊高唐、願薦枕席。王因幸之。去而辭曰、妾在巫山之蔭、
高唐之側、朝爲行雲、暮爲行雨、朝朝暮暮、陽臺之下。

송옥(宋玉)[31]의 《고당부서(高唐賦序)》에 이르기를, 옛적에 초왕(楚王)이 고
당(高唐)에 유람 갔을 때 낮잠을 자다가 꿈을 꾸었다. 한 미인이 나타나 말
하기를 "첩은 무산(巫山)의 신녀(神女)입니다. 고당을 찾아오신 임금에게서
좋은 말씀을 들으며 함께 즐겁게 지내고 싶습니다. 잠자리를 함께 하기도
원합니다." 초왕은 크게 기뻐하며 흔쾌히 허락하였다. 초왕은 신녀와 더
불어 매일 행복하게 지내다가 작별을 하게 되었다. 신녀가 말하기를 "첩
은 무산의 그늘진 곳, 고당의 곁에 살고 있으면서 아침에는 구름이 되어
떠있고 저녁에는 비가 되어 내립니다. 어느 아침, 어느 저녁이든 양대(陽
臺)의 아래에 있습니다."

后羿夢逢洛水仙妃。

후예(后羿)[32]는 꿈에 낙수(洛水)[33]의 선비(仙妃)를 만났다.

柳尺對主曰、后羿夢與洛水神妃交。

유척(柳尺)이 주군(主君)과 대하여 말하기를 "후예(后羿)는 꿈에 낙수신(洛水
神)의 비(妃)와 교합(交合)하였다."

田千秋夢白頭翁、而知訟太子之冤。

전천추(田千秋)는 꿈에 흰머리 노인으로부터 알게 된 사실로써 태자(太子)의 원한을 호소하였다.

> 漢書曰、田千秋訟太子冤曰、臣夢白頭翁教臣言。

> 《한서(漢書)》에 이르기를, 전천추(田千秋)[34]가 태자의 원한을 황제에게 호소하기를 "신(臣)은 꿈에 흰머리 노인으로부터 신(臣)이 할 말을 가르침 받았습니다."

劉靈哲夢黃衣老、而能愈母氏之病。

유영철(劉靈哲)은 꿈에 누런 옷의 노인을 보고서 어머니의 병을 낫게 했다.

> 南齊書曰、劉靈哲字文明。其母嘗病、靈哲祈禱。夢見黃衣老曰、可取南山竹筍食之。靈哲覺、如言而疾瘳。

> 《남제서(南齊書)》에 이르기를, 유영철(劉靈哲)[35]은 자(字)가 문명(文明)이다. 그는 어머니가 일찍이 병이 들자 쾌유되기를 기도하였다. 그러던 어느 날 유영철이 꿈을 꾸었다. 누런 옷을 입은 노인이 말하기를 "남산(南山)에서 자라는 죽순(竹筍)[36]을 구하여 그대의 어머니에게 먹여라." 유영철이 잠에서 깬 후 그 말대로 행하니 어머니의 병은 쾌유되었다.

徐孝嗣夢童子、請移牀而免禍。

서효사(徐孝嗣)는 꿈에 동자(童子)가 청하여 평상(平牀)에서 몸을 옮기어 화를 면하였다.

> 陳書曰、徐孝嗣在率府、晝臥齋北壁下、夢兩童子遽云、移公牀。孝嗣驚起、聞壁有聲、行數步而壁崩墮牀。

> 《진서(陳書)》에 이르기를, 서효사(徐孝嗣)[37]가 솔부(率府)[38]에 있을 때의 일이다. 제실(齋室)[39] 북벽 아래서 낮잠에 들었다. 꿈에 동자 둘이 급히 말하기를 "공(公)은 평상에서 멀리 몸을 옮기소서." 서효사가 놀라 일어나니 벽에서 소리가 들렸다. 즉시 몇 걸음 옮기니 벽이 무너져 평상(平牀) 위에

떨어졌다.

喬執中夢神人來畀職、而遽殂。

교집중(喬執中)은 꿈에 찾아 온 신인(神人)으로부터 직책(職責)을 받고 곧 죽었다.

> 宋史曰、喬執中字希聖、高郵人。以寶文閣待制知郢州、夢神人畀以騎都
> 尉詰。且爲客言之、談笑而逝。

> 《송사(宋史)》에 이르기를, 교집중(喬執中)[40]은 자(字)가 희성(希聖)으로 고우
> 인(高郵人)인데 보문각대제(寶文閣待制)였다가 지운주(知郢州)가 되었다. 꿈
> 에 신인(神人)이 꾸짖은 후에 기도위(騎都尉)에 임명하였다.[41] 교집중은 잠
> 에서 깨어 아침에 손님과 담소하다가 죽었다.

崔浩夢魂爭義、而定元曆。

최호(崔浩)는 꿈에 귀신과 더불어 옳고 그름을 따지고서 원력(元曆)을 정하
였다.

> 隋書曰、崔浩上五寅元曆表云、臣專心思慮、忘寢與食、乃夢與鬼爭義、遂
> 得周公·孔子之要術。

> 《수서(隋書)》에 이르기를, 최호(崔浩)가 《상오인원력(上五寅元曆)》을 정하여
> 황제에게 아뢰기를 "신(臣)은 마음을 다해 깊이 생각하여 잠자고 먹는 것
> 도 잊었습니다. 그리하여 꿈에 귀신과 더불어 옳고 그름을 따지고서 주공
> (周公)과 공자(孔子)의 도술(道術)을 얻게 되었습니다."

王延壽夢睹魂變形、而作夢賦。

왕연수(王延壽)는 꿈에 귀신의 변하는 형태를 쳐다보고 몽부(夢賦)를 지었다.

> 後漢王延壽、夢賦曰、余夜寢息、乃有非常之夢、悉睹鬼神之變怪。

> 후한(後漢)의 왕연수(王延壽)[42]가 몽부(夢賦)를 짓고 나서 말하기를 "내가 지

난밤에 이상한 꿈을 꾸었다. 귀신의 변괴(變怪)를 모두 보았다."

晉帝夢河神求馬。

진제(晉帝)는 꿈에 하신(河神)이 말을 구하는 것을 보았다.

孔約志怪曰、晉明帝時、獻馬者、夢河神請之及至、與帝夢同。卽投河以奉
神、時太傅褚褒亦好此馬。帝云、已與河神。及褚公卒。軍人見公乘此馬。

《공약지괴(孔約志怪)》에 이르기를, 진(晉)의 명제(明帝) 때에 어떤 사람이 준
마(駿馬)를 명제(明帝)에게 바치며 고하기를 "소인은 하신(河神)의 청을 받
고 왔습니다." 명제도 지난밤에 오늘의 일을 꿈꾸었으므로 기이하게 여겼
다. 명제는 즉시 준마를 강으로 끌고 가 강물에 빠뜨려 하신에게 제사(祭
祠)를 행하였다. 이를 본 태부(太傅) 저보(褚褒)가 "저 말은 좋은 말인데…"
하며 아쉬워했다. 명제가 말하기를 "이미 하신(河神)에게 준 것이오." 그러
고 나서 저보는 갑자기 죽었다. 그 뒤 어느 군인(軍人)은 저보가 그 말을 타
고 있는 것을 보았다고 했다.

桓豁夢山鬼告行。

환할(桓豁)은 산귀(山鬼)가 행동할 바를 고하는 꿈을 꾸었다.

甄異記曰、荊州刺史桓豁、所住齋中見一人、長丈餘。夢曰、我龍山之神、
來無好意、使君旣貞固、我當自去耳。

《견이기(甄異記)》에 이르기를, 형주자사(荊州刺史) 환할(桓豁)이 산신각(山神
閣)에 머물다가 키가 한 장(一丈)이 넘는 신상(神像)을 보았다. 환할이 밤에
꿈을 꾸었다. 낮에 본 신상이 말하기를 "나는 이곳 용산(龍山)의 산신이오.
공은 이곳에 찾아왔어도 호의를 갖고 있지 않으나 나는 공이 머무는 동안
안전하게 지킨 후 떠나겠소."

史浦夢神人來自天上、而知陳氏當興。

사포(史浦)는 꿈에 천상에서 스스로 찾아온 신인(神人)으로부터 진씨(陳氏)가

반드시 흥왕(興旺)할 것을 알았다.

> 獨異志曰、陳霸先朱貴時、有直閣吏史浦。夢神人朱衣執玉簡、自天而降。簡上金字書曰、陳氏五世三十四年。及後主降隋、史浦尙在。

《독이지(獨異志)》에 이르기를, 진패선(陳霸先)[43]이 귀하게 되기 전에 사포(史浦)는 직각리(直閣吏)로 있었다. 사포가 어느 날 꿈을 꾸었다. 신인(神人)이 붉은 옷에 옥간(玉簡)을 쥐고 하늘에서 내려왔다. 옥간 위에 금자(金字)로 쓰여 있기를 "진씨 5세 34년(陳氏五世三十四年)." 사포는 잠에서 깬 후 꿈을 말하지 않고 간직하였다. 사포가 꿈 꾼 날은 후주(後主) 진패선(陳霸先)이 수(隋)땅에 태어난 날이다.

> 子嬰夢神人至自沙丘、而知天下將亂。

자영(子嬰)은 꿈에 신인(神人)이 스스로 사구(沙丘)에 내려오는 것을 보고 장차 천하에 난이 생길 것을 알았다.

> 壬子年拾遺記、秦王子嬰、寢於望夷宮、夜夢神人、身長十丈、鬢髮絶偉、納玉舃而乘丹車、駕朱馬。至宮中云、欲見秦王。嬰閽者許進、子嬰與之言。乃謂嬰曰、余天使也、從沙丘來、天下將亂、當有誅暴者。

《임자년습유기(壬子年拾遺記)》에 이르기를, 진왕(秦王) 자영(子嬰)[44]이 망이궁(望夷宮)에서 밤에 꿈을 꾸었다. 키가 열 장(十丈)이고 구레나룻과 머리카락이 준수한 신인(神人)이 옥신을 신은 채 붉은 말이 끄는 수레를 타고 궐문에 당도하여 알현을 청하였다. 진왕이 허락하자 신인이 궐하(闕下)에서 고하기를 "저는 하늘의 사자입니다. 장차 천하에 대란이 생기는데 그때 사구(沙丘)에 하강하여 폭도(暴徒)들을 주멸할 것입니다."

> 趙旭夢靑童爲配。

조욱(趙旭)은 꿈에 청동(靑童)을 짝으로 하였다.

> 通幽記曰、天水趙旭居廣陵、嘗夢一女靑衣挑笑牖間。及覺猶見異之、因祝曰、是何靈異。忽聞窗外笑聲、旭復祝之、乃言曰、吾上界女靑童君也。

《통유기(通幽記)》에 이르기를, 천수인(天水人) 조욱(趙昱)이 광릉(廣陵)에 있을 때 꿈을 꾸었다. 푸른 옷의 소녀가 입을 가린 채 웃으며 창 밖에 서 있었다. 잠에서 깨자 밖을 보니 그 소녀가 실제로 있어 조욱이 이상히 여겨 기도하기를 "이것은 어떠한 영이(靈異)입니까?" 이때 창밖에서 웃음소리가 나길래 다시 기도하니 소녀가 말하기를 "저는 상계(上界)의 여청동군(女靑童君)⁴⁵⁾입니다."

弦超夢玉女爲妻。

현초(弦超)는 꿈에 옥녀(玉女)를 아내로 삼았다.

集仙錄曰、魏、濟北郡、從事掾、弦超字義起。嘉平中、夜夢神女相從爲配、自稱天上玉女、東郡人、姓成公字智瓊、早失父母、天帝哀其孤苦、令得下嫁。

《집선록(集仙錄)》에 이르기를, 위(魏)의 제북군(濟北郡)에서 종사연(從事掾)으로 재직하는 현초(弦超)는 자(字)가 의기(義起)이다. 현초가 가평(嘉平 A.D249~253) 중 어느 날 밤에 꿈을 꾸었다. 신녀(神女)와 더불어 부부가 되었다. 신녀는 자신을 천상옥녀(天上玉女)라고 말하고 본시 동군인(東郡人)으로 성(姓)은 성공(成公), 자(字)는 지경(智瓊)인데 어린 나이에 죽어 부모와 이별하여 천상에서 고독히 지내며 괴로워하자 천제(天帝)께서 애석히 여겨 하계(下界)로 출가시켰다고 고하였다.

夢羣仙奏樂、而傳紫雲之音。

꿈에 많은 선인(仙人)이 악기를 연주하여 자운(紫雲)의 음악을 전하였다.

宣室志曰、唐玄宗夢仙子十餘輩、御卿雲而下、列於庭、各執樂器奏之、度曲淸越、樂闋一仙人前奏曰、陛下知此樂乎、此神仙紫雲曲也。玄宗喜甚。俄而寤、餘響猶在耳。

《선실지(宣室志)》에 이르기를, 당(唐)의 현종(玄宗)이 어느 날 꿈을 꾸었다. 십여 명의 선인(仙人)들이 경운(卿雲)을 타고 하강하여 궁전의 뜰에 늘어앉아 각기 악기를 연주하는데 그 곡의 품격이 맑고도 뛰어났다. 연주가 끝나고 한 선인(仙人)이 앞으로 나와 아뢰기를 "폐하 이 음악을 아십니까?

이는 신선(神仙)의《자운곡(紫雲曲)》입니다." 현종은 매우 기뻐하다가 곧바
로 잠에서 깨었는데 그 남은 울림이 아직도 귀에 있는 것 같았다.

夢列宿守邊、而得石洞之像。

꿈에 별들이 늘어서 변방을 지키는 것을 보게 됨으로써 석굴에서 그 상(像)
들을 얻게 되었다.

> 神仙感遇傳曰、玄宗晝寢、夢二十七仙人云、我輩二十八宿也。一人寓直
> 天上、我輩寄羅底三年矣、與陛下鎭護國界、不令戎虜侵邊。帝寤勑使者
> 訪求、於寧州·羅州縣、山洞中獲石像二十七、進之供於內殿。

《신선감우전(神仙感遇傳)》에 이르기를, 현종(玄宗)은 낮잠을 자다가 꿈을
꾸었다. 선인(仙人) 27명이 나타나 이르기를 "저희들은 28수(二十八宿)[46]입
니다. 한 사람만이 천상(天上)을 지키고 있고 저희들은 하계(下界)에 내려
와 머문 지 3년이 되었습니다. 폐하와 더불어 국계(國界)를 진호(鎭護)하여
오랑캐가 변방을 침입하지 못하게 하기 위함입니다." 현종은 잠에서 깨자
관리들에게 명하여 성신(星神)의 상(像)을 구해오게 하였다. 얼마 후 한 칙
사(勑使)가 영주(寧州)와 나주현(羅州縣)의 일대를 수색하여 산 속의 동굴에
서 석상 27기(基)를 발견하여 옮겨와 내전(內殿)에 모셨다.

乃若呂光夢傅曜被殺。

따라서 이처럼 여광(呂光)은 꿈에서 부요(傅曜)가 피살되었음을 알았다.

> 晉書曰、張掖督郵傅曜、考覈屬縣而丘池令尹興殺之、投諸空井。曜見夢
> 於呂光曰、臣張掖郡小吏、案校諸縣、而丘池令尹興贓狀狼籍、懼臣言之、
> 殺臣投於南窪空井中、臣衣冠形狀如是。光寤猶見久之乃滅。遣使覆之、
> 如夢光怒殺興。

《진서(晉書)》에 이르기를, 장액(張掖)은 독우(督郵)[47]로서 현(縣)의 업무에 대
해 부요(傅曜)를 조사하려고 하였다. 그러자 구지령(丘池令) 윤흥(尹興)은 자
신의 비리를 알고 있는 부요를 남모르게 죽여 토막 내어 여러 곳의 빈 우

물에 던져 버렸다. 고관(高官)인 여광(呂光)의 꿈에 부요가 나타나 말하기를 "장액은 군(郡)의 소리(小吏)로서 업무상 여러 현(縣)의 서류를 검사하던 중 구지령 윤흥에게 많은 부정이 있음을 알게 되었습니다. 그리하여 장액이 윤흥의 부정을 캐고자 소인 부요를 조사할 것을 알고 윤흥은 저를 죽여 남쪽 도랑에 있는 여러 빈 우물에 나누어 버렸습니다. 소인의 의관과 모습은 이와 같습니다." 여광은 잠에서 깨었는데도 부요의 모습은 역력하게 있다가 사라졌다. 여광은 부관(部官)을 파견하여 빈 우물들을 찾아보게 하였는데 꿈과 부합하였다. 여광은 대노하여 윤흥을 체포하여 주살(誅殺)하였다.

范式夢元伯告亡。

범식(范式)은 원백(元伯)이 죽음을 고하는 꿈을 꾸었다.

> 後漢書曰、范式字巨卿、與張元伯爲友。式仕郡爲功曹、後夢元伯玄冠垂纓屣履走呼曰、我死當以時葬、永歸黃泉、子不我忘、豈能奔喪。式便馳赴焉。

《후한서(後漢書)》에 이르기를, 범식(范式)[48]은 자(字)가 거경(巨卿)인데 장원백(張元伯)과 더불어 벗이 되었다. 범식은 군(郡)의 관직에 나아가 공조(功曹)가 되었다. 어느 날 밤 범식이 꿈을 꾸었다. 장원백(張元伯)이 검은 갓을 쓰고 갓끈을 늘어뜨린 채 신발을 끌며 급히 걸어와서 크게 말하기를 "나는 얼마 전에 죽었으나 아무도 장례를 해주지 않아 황천으로 가지 못하고 있다. 그대만이 상(喪)을 치를 수 있는데 왜 행하지 못하는가? 내말을 잊지 말라." 범식은 잠에서 깨자 장원백의 시신을 찾아 장례를 치렀다.

皇甫謐夢曹爽受誅。

황보밀(皇甫謐)은 조상(曹爽)이 벌을 받는 꿈을 꾸었다.

> 漢晉春秋曰、安定皇甫謐夢至洛陽、自廟中出見率騎甚衆、以物呈廟云、誅大將軍曹爽。寤而告人、後果驗。

《한진춘추(漢晉春秋)》에 이르기를, 황보밀(皇甫謐)[49]은 안민(安民)하던 중에 꿈을 꾸었다. 낙양(洛陽)에 이르러 한 사묘(祠廟)에 갔는데 사묘 문 앞에는 수레를 탄 많은 사람들이 운집하였다. 그들은 사묘 안으로 들어가 공물(貢物)을 바치며 신에게 기도하기를 "대장군(大將軍) 조상(曹爽)[50]을 꼭 처벌하소서." 황보밀은 잠에서 깬 뒤 꿈 내용을 사람들에게 말하였다. 후일에 과연 징험함이 있었다.

陶弘景夢蕭鏗言別。

도홍경(陶弘景)의 꿈에 소갱(蕭鏗)이 이별의 말을 하였다.

陳書曰、宜都王蕭鏗、年十歲出閤、陶弘景爲侍讀八九年、甚相接遇、鏗至十八歲飮藥卒。時弘景隱山、忽夢鏗來、慘然言別云、某日命過無罪、後三年當生某家。弘景訪以幽事、多祕不出。覺後卽遣信出都參訪、果與事符、弘景因著夢記。

《진서(陳書)》에 이르기를, 의도왕(宜都王) 소갱(蕭鏗)[51]은 10세에 왕(王)이 되었고 도홍경(陶弘景)은 소갱을 8, 9년간 시독(侍讀)[52]을 하면서 매우 친밀하였다. 그러다가 도홍경은 입산하여 은둔하였는데 소갱은 18세에 약을 마시고 죽었다. 도홍경이 어느 날 산중에서 잠을 자다가 꿈을 꾸었다. 소갱이 처참한 표정으로 말하기를 "나는 천운(天運)이 다해 죽어 사부(師傅)에게 이별을 고하기 위해 온 것입니다. 나는 비록 억울하게 죽었지만 후일 무죄로 밝혀질 것입니다. 그리고 3년이 지난 후 다시 태어날 것입니다." 도홍경이 사유를 물었는데 소갱은 침묵하였다. 도홍경은 잠에서 깬 후 사람을 도읍에 보내어 조사하였는데 과연 억울한 죽음이었다. 그 후 소갱의 죽음의 내막이 공개되었고 도홍경은 이로 인하여 몽기(夢記)를 저술하였다.

魏高祖夢嵇紹迎謁。

위(魏)의 고조(高祖)는 꿈에 혜소(嵇紹)의 알현(謁見)을 받았다.

魏書曰、高祖夜夢一老公、頭髮晧白、正理衣冠、拜立道左。朕怪而問之、自云、晉侍中嵇紹奉迎。寤告左右、使求嵇紹兆域、弔祭焉。

《위서(魏書)》에 이르기를, 고조(高祖)[53]가 밤에 꿈을 꾸었다. 고조가 행차 중인데 머리와 수염이 매우 흰 노인이 바른 의관차림으로 길의 왼쪽에서 엎드려 절을 하였다. 괴이하게 여겨 누구냐고 물으니 답하기를 "진국(晉國)의 시중(侍中) 혜소(嵇紹)[54] 봉영(奉迎)하나이다." 고조는 잠에서 깬 후 꿈에 보았던 장소를 찾도록 관리들에게 명령하였다. 그리고 얼마 후 혜소가 죽은 장소를 찾아 그곳에서 조제(弔祭)를 치렀다.

盧元明夢王由贈詩。

노원명(盧元明)은 꿈에 왕유(王由)로부터 시(詩)를 받았다.

魏書曰、盧元明字幼章、與潁川王由友善。忽夢由攜洒言別、賦詩爲贈。及明憶其詩十字云

自茲一去後
朝市不復遊

元明嘆曰、由性不狎俗旅寄人間、乃今有夢。又復如此、必有他故。經三日、果聞由爲亂兵所害。尋其亡日、乃是得夢之夜。

《위서(魏書)》에 이르기를, 노원명(盧元明)[55]은 자(字)가 유장(幼章)이다. 영천(潁川)의 왕유(王由)와 친밀하였다. 노원명이 어느 날 저녁에 홀연히 꿈을 꾸었다. 왕유가 이별한다고 말하며 술을 권한 후 시부(詩賦)를 지어서 주었다. 노원명은 아침에 깬 뒤에도 시(詩) 중의 10자가 생각났으니,

스스로 이곳을 한번 떠난 뒤에는
조시(朝市)[56]에 다시 돌아와 놀 수 없다네.

노원명이 탄식하기를 "왕유는 사람들 사이에서 사는 것을 싫어하였으므로 이러한 꿈을 꾼 것이다." 다음날도 노원명은 같은 꿈을 꾸자 해몽하기를 "왕유는 필시 타향에서 변괴를 당했으리라." 3일 후 왕유가 난병(亂兵)에게 죽었다는 소문을 들었는데 죽은 날이 바로 처음 꿈을 꾼 날이었다.

賈餗夢沈傳師報休。

가속(賈餗)은 꿈에 심부사(沈傳師)가 휴직(休職)하라고 일러주었다.

> 白孔六帖曰、賈餗少與沈傳師善。傳師前死。餗嘗夢傳師云、君可休矣。餗
> 寤而祭諸寢。復夢曰、事已爾奈何。遂及誅。

《백공육첩(白孔六帖)》에 이르기를, 가속(賈餗)[57]은 젊었을 때 심부사(沈傳師)와 자주 어울렸다. 심부사(沈傳師)가 먼저 죽었는데 일찍이 가속의 꿈에 나타나서 말하기를 "그대는 휴직(休職)하라." 가속은 잠에서 깬 후 휴직하지 않고 여러 왕릉을 돌아다니며 안전하도록 기도를 올렸다. 심부사가 다시 가속의 꿈에 나타나 말하기를 "이제 일이 이미 끝났으니 어찌 하려는가?" 가속은 잠에서 깬 뒤 주살되었다.

虞集夢陳仲興對語。

우집(虞集)은 꿈에 진중흥(陳仲興)과 대화하였다.

> 元史曰、陳旅字仲興、與虞集雅善。一日集夢旅舉杯相向曰、旅甚思公、亦
> 知公之不忘旅也、但不得相見耳。旣而聞旅卒、集深悼之。

《원사(元史)》에 이르기를, 진려(陳旅)는 자(字)가 중흥(仲興)인데 우집(虞集)[58]과 자주 어울렸다. 우집이 어느 날 꿈을 꾸었다. 진중흥(秦仲興)이 술잔을 들고 우집을 향하여 말하기를 "나는 그대를 깊게 생각하고 있으며 그대 또한 나를 잊지 않고 있는 것을 나 역시 알고 있네. 다만 서로 만나지 못할 뿐이네." 우집은 잠에서 깨자 진중흥이 죽었다는 소식을 들었다. 우집은 그제야 꿈을 이해하고 크게 슬퍼하였다.

石虎夢宣咸、而託其子。

석호(石虎)의 꿈에 선함(宣咸)이 그 아들을 부탁하였다.

> 趙書曰、宣咸卒後五年、石虎夢見咸、涕洒囑其子奮。虎覺曰、非心慮所達
> 也。奮今何在。左右對曰、爲趙郡守。於是擢拜廷尉、遷太常。

《조서(趙書)》에 이르기를, 선함(宣咸)이 죽은 지 5년이 되었을 때 석호(石

虎)[59]가 꿈을 꾸었다. 선함이 나타나 눈물을 뿌리며 아들 선분(宣奮)의 장래를 부탁하였다. 석호는 잠에서 깬 뒤 "이 꿈은 나의 마음과 생각이 만든 것이 아니다." 석호가 관리들에게 지금 선분이 어디에 있냐고 물으니 조군(趙郡)의 군수(郡守)라고 답하였다. 석호는 선분을 정위(廷尉)[60]로 발탁(拔擢)하였다가 다시 태상(太常)으로 승진시켰다.

張駿夢子瑜、而擢其孫。

장준(張駿)은 자유(子瑜)의 꿈을 꾸고서 그 자손을 발탁(拔擢)하였다.

燉煌錄曰、涼文王張駿、夢一人鬚眉晧白、自稱子瑜曰、地上之事府汝、地下之事付我。王寤問之、有侯子瑜已死。得其曾孫亮、爲祁連令。

《돈황록(敦煌錄)》에 이르기를, 양문왕(涼文王) 장준(張駿)이 어느 날 밤에 꿈을 꾸었다. 수염과 눈썹이 매우 흰 사람이 나타나 "소신(小臣)의 이름은 자유(子瑜)입니다. 지상의 일은 주군(主君)께 맡겼으니 지하의 일은 소신에게 맡기소서." 장준이 잠에서 깬 후 관리들에게 자유(子瑜)에 대해 물으니 답하기를 "제후 중에 자유가 있었는데 그는 죽은 지 오래입니다." 장준은 자유의 증손(曾孫) 자량(子亮)을 찾아 기연령(祁連令)으로 임명하였다.

蔡謨夢張甲病死。

채모(蔡謨)는 장갑(張甲)이 병으로 죽은 꿈을 꾸었다.

幽明錄曰、張甲與司徒蔡謨有親、僑住謨家、行過期不返。謨晝眠夢甲云、暫行忽暴病、某時死。謨覺使人往就行所、驗之果死。

《유명록(幽明錄)》에 이르기를, 장갑(張甲)은 사도(司徒) 채모(蔡謨)와 절친하여 채모의 집에 머물다가 출타하여 여러 날이 지났는데도 돌아오지 않았다. 채모가 낮잠을 자다가 꿈을 꾸었다. 장갑이 나타나 말하기를 "나는 빨리 걷다가 병을 얻어 갑자기 길에서 죽었으니 공(公)이 내 시신을 찾아 거두어 주시게." 채모는 잠에서 깨자 사람을 시켜 장갑이 갔던 길을 가게 하였는데 과연 길 위에 죽은 채 있었다.

楊渥夢徐善遠來。

양악(楊渥)은 꿈에 서선(徐善)이 멀리서 찾아왔다.

稽神錄曰、江南僞中書舍人徐善、幼孤家于豫章。楊吳克豫章、善之妹爲
軍校所虜、善詣揚都訴之。時渥初嗣藩服、府庭嚴、布衣游士歲不得一見。
而善始至白沙、渥夢人言曰、江西秀才將來見公。今在白沙逆旅、其人良
士也。公其厚遇之。渥遣騎迎至、問所欲言、善具白其妹事。卽命贖歸。

《계신록(稽神錄)》에 이르기를, 강남(江南)의 위중서사인(僞中書舍人)[61] 서선
(徐善)[62]은 어렸을 때 고아(孤兒)가 되어 누이와 함께 예장(豫章)에서 살고
있었다. 어느 날 양오(楊吳)가 예장을 점령했는데 그의 부하 군교(軍校)가
서선의 누이를 붙잡아갔다. 이때 양주부사(揚州府使) 양악(楊渥)은 처음 사
관(仕官)하여 지방관으로 부임한 사람이었다. 서선은 부사(府使)를 만나 누
이의 사정을 말하고 구명(救命)하려고 했으나 관부(官府)는 매우 엄숙하여
포의유사(布衣游士)[63] 따위는 관부의 뜰에 가려고 일 년을 아문(衙門) 밖에
서 기다려도 불가한 때였다. 서선도 그런 줄 알지만 고심하다 못해 관부
를 향해 집을 출발하였다. 서선은 백사(白沙)에 이르러 여관에서 잠을 잤
는데 그날 밤 부사 양악이 꿈을 꾸었다. 한 젊은이가 말하기를 "저는 강서
(江西)에 사는 수재(秀才) 서선(徐善)인데 곧 부사를 뵈올 것입니다." 양악은
그가 매우 선량해 보였다. 양악은 잠에서 깬 후 즉시 백사에 말을 보내어
서선을 맞아들여 후대하였다. 서선이 양악에게 누이가 부득이 죄를 진 사
정을 상세히 고하고 사면을 간청하니 양악은 서선의 누이의 죄를 사하고
함께 귀가케 하였다.

王奉先夢愛子至家庭。

왕봉선(王奉先)은 사랑하는 사람이 집으로 찾아올 것을 꿈으로써 먼저 알
았다.

幽明錄曰、永興令王奉先子死。奉先夢與之相對如平生。奉先問遠有行色
乎。答云、某日至家問婢。後覺、問其婢云、此日夢郞君來。

《유명록(幽明錄)》에 이르기를, 영흥령(永興令) 왕봉선(王奉先)은 아들이 죽

은 후 얼마 안 있어 어느 날 꿈을 꾸었다. 한 여자가 말하기를 "저는 평생 공(公)을 모시기 위해 왔습니다." 왕봉선이 묻기를 "그대는 누구이고 행색이 먼 길을 온 것 같구려." 답하기를 "모월 모일에 들어오는 계집종에게 물어보소서." 왕봉선이 잠에서 깬 후 그날이 되자 그날 들어 온 계집종에게 물어보니 "꿈을 꾸고 나서 낭군을 찾아왔습니다." 과연 얼굴까지 꿈에 본 그 여자였다.

陸休符夢友人爲隷卒。

육휴부(陸休符)는 꿈에 벗이 붙잡혀 죽는 것을 보았다.

> 酉陽雜俎曰、進士王惲有才操。會昌二年、友人陸休符夢被錄至一處、有驛卒止之、屏外見若胥靡數十、王惲在其中。陸與之語、惲垂泣曰、近受一職司、厭人間矣。陸覺時惲住揚州、越七日訃至、其卒日乃休符之夢夕。

《유양잡조(酉陽雜俎)》에 이르기를, 진사(進士) 왕운(王惲)은 재능이 있었다. 회창 2년(會昌 A.D 842) 벗인 육휴부(陸休符)가 꿈을 꾸었다. 포졸이 함거(檻車)에 죄인들을 태우고 길을 가다가 어느 한곳에 이르자 멈추었다. 함거에 둘렀던 휘장을 거두고 명부(名簿)를 들고 호명(呼名)하여 한 사람씩 꺼내어 베어 죽이는 것이었다. 육휴부가 보니 왕운이 함거 안에 있어 다가가 사연을 물어보니 왕운이 눈물을 뿌리며 말하기를 "나는 임관하여 재직하다가 미움을 받아 누명을 쓰고 형장에 끌려온 것이네." 육휴부는 잠에서 깬 지 7일 만에 왕운이 양주(揚州)에서 관리로 있다가 처형되었다는 소식을 들었는데 처형일은 왕운의 꿈을 꾼 날이었다.

諸葛母夢元崇罹禍。

제갈(諸葛)의 어머니는 꿈에서 원숭(元崇)이 화(禍)를 당한 것을 알았다.

> 太平廣記曰、南宋諸葛覆、爲九眞太守病亡。惟長子元崇隨任。覆門生何法僧貪其資。與伴推元崇墮水死。元崇母陳氏在揚都、夢元崇還。具述父亡及身被殺之故。陳氏託姑表弟徐道立訪之、果然乃收行兇二人服於刑。

《태평광기(太平廣記)》에 이르기를, 남송(南宋)의 제갈복(諸葛覆)은 구진태수
(九眞太守)였는데 병으로 죽으니 큰 아들 제갈원숭(諸葛元崇)이 아버지의 업
무를 계승하였다. 이때 항간에 "제갈복의 문중에는 어떤 법이 있길래 중
이 재물을 탐하는가?"라는 말이 유행하였다. 제갈원숭은 그 말을 듣고 관
리들의 뒤를 조사하기 시작하였다. 그런 중 제갈원숭은 친구와 함께 배를
탔는데 친구가 밀어 익사하였다. 양도(揚都)에 사는 제갈원숭의 어머니 진
씨(陳氏)가 꿈을 꾸었다. 제갈원숭이 나타나 아버지의 죽음과 자신이 피살
된 연유를 상세히 말하는 것이었다. 진씨는 잠에서 깬 후 시외숙인 서도
립(徐道立)을 만나 꿈을 말하니 서도립은 제갈복과 제갈원숭의 죽은 연유
를 수사하여 범인 둘을 붙잡아 형을 받게 하였다.

緱氏尉夢叔敏告災。

구씨위(緱氏尉)는 꿈에 노숙민(盧叔敏)이 재난(災難)을 일러 주었다.

太平廣記曰、盧叔敏赴擧、早行爲賊所殺。緱氏尉鄭楚夢、
叔敏披髮流血、訴被賊殺。問其由。賊今捉未得、乃牽一白牛、跛左足。曰、可記此牛。明年
八月一日、賊牽此牛過西郭門。鄭竆牒訪賊不得、至期果有牽白牛跛足、
過西郭門者、擒之、一鞫卽服。

《태평광기(太平廣記)》에 이르기를, 노숙민(盧叔敏)은 과거(科擧)를 보기 위
하여 여러 날 일찍 출발하여 길을 걷다가 도적들에게 붙잡혀 살해되었
다. 구씨위(緱氏尉) 정초(鄭楚)가 꿈을 꾸었다. 한 사람이 머리를 풀어 헤친
채 피가 흐르는 모습으로 나타나 비통한 표정으로 말하기를 "저는 노숙민
인데 과거에 응시하기 위해 길을 가다가 도적에게 죽임을 당하였으니 저
의 원한을 풀어주소서." 정초(鄭楚)가 묻기를 "도적놈들을 잡으려면 어찌
해야 하느냐?" 노숙민이 답하기를 "지금은 놈들을 잡지 못합니다. 내년 8
월 1일에 도적 두목이 왼쪽 다리를 절뚝이는 흰 소를 끌고서 서곽문(西郭
門)을 지날 것입니다." 정초는 잠에서 깬 후 군사들을 이끌고 도적들이 있
을 만한 곳을 수색했으나 발견하지 못했다. 그리하여 때를 기다려 8월 1
일에 서곽문에 매복하여 있으니 과연 왼쪽 다리를 절뚝이는 흰 소를 끌고
지나가는 자가 있어 체포해 문초하니 즉시 자백하였다.

唐太宗夢魏徵·杜如晦。

당(唐)의 태종(太宗)은 꿈에 위징(魏徵) 혹은 두여회(杜如晦)를 보았다.

唐書曰、魏徵疾甚、帝與太子至徵第。是夕帝夢徵若平生。及旦薨。又曰、
杜如晦薨、帝夢如晦若平生。

《당서(唐書)》에 이르기를, 위징(魏徵)[64]의 병이 심하자 당태종(唐太宗)[65]과
태자가 위징의 집까지 찾아가 문병하였다. 그날 밤 당태종은 꿈에 위징으
로부터 평생을 함께하겠다는 말을 들었다. 당태종이 아침에 관리들에게
꿈을 말하였으나 그날 위징이 죽었다. 그러자 한 관리가 말하기를 "두여
회(杜如晦)가 죽을 것을 성상(聖上)께서 꿈에 아신 것이다." 두여회가 평생
을 함께 하겠다고 말한 것이다.

唐太宗夢薛收·虞世南。

당(唐)의 태종(太宗)은 꿈에 설수(薛收)와 우세남(虞世南)을 보았다.

唐書曰、薛收卒、秦王即位、嘗夢收如平生。又虞世南死、帝夢進讜言若平生。

《당서(唐書)》에 이르기를, 설수(薛收)[66]가 죽고 진왕(秦王)이 태종(太宗)으로
즉위하였는데 태종이 꿈을 꾸었다. 설수가 평생을 함께하겠다고 말하였
다. 우세남(虞世南)[67]이 죽자 태종이 꿈을 꾸었는데 우세남이 앞으로 나와
고하기를 평생을 함께하겠다고 하였다.

此則遊魂未久、憑夢相通者也。亦有往代之英、遠寓後人之夢。如齊景公夢
伊尹。

이러한 꿈들은 오래되지 않은 떠도는 혼(魂)들이 꿈에 의탁하여 서로 통하
게 된 것이다. 그래서 과거의 이러한 꿈의 예로 보아 미래 사람의 꿈도 비
유해 알 수 있다. 제(齊)의 경공(景公)이 이윤(伊尹)의 꿈을 꾼 것이 이 같다.

解見形貌篇、夢人黑而短注。

풀이는 《형모편(形貌篇)》의 '사람이 검으면서 작다.' 204p를 보시라.

漢桓帝夢老聃。

한(漢)의 환제(桓帝)는 노담(老聃)의 꿈을 꾸었다.

高士傳曰、桓帝好老子之書、夜夢見老子。乃詔立老子祠。

《고사전(高士傳)》[68]에 이르기를, 환제(桓帝)[69]는 평소 노자(老子)의 책을 탐
독(耽讀)하였는데 어느 날 밤 꿈에 노자를 보았다. 환제는 잠에서 깨자 노
자의 사묘(祠廟)를 건립하였다.

吳孫晧夢霍光。

오(吳)의 손호(孫晧)는 곽광(霍光)의 꿈을 꾸었다.

杭志曰、顯忠廟祠漢大將軍霍光。相傳吳王孫晧有疾、夢神降於庭、自稱
霍光、求立祠於金山之鹹塘、以捍水患。祠而立疾愈。晉天福間、吳越王立
廟於此。宋理宗賜廟額曰、顯忠。

《항지(杭志)》에 이르기를, 현충묘(顯忠廟)에서는 한(漢)의 대장군(大將軍) 곽
광(霍光)[70]을 제사지낸다. 오왕(吳王) 손호(孫晧)[71]에게는 병이 있었는데 어
느 날 밤 꿈을 꾸었다. 신장(神將)이 뜰에 하강하여 고하기를 "저는 곽광(霍
光)입니다. 금산(金山)의 소금제방 위에 저의 사묘(祠廟)를 세워 주십시오.
그러면 폐하의 병을 낫게 하고 홍수를 막겠나이다." 손호는 잠에서 깨자
관리들에게 명하여 곽광의 사묘를 세우니 병이 쾌유하였다. 진(晉)의 천복
(天福 A.D936~943) 중에도 오월왕(吳越王)이 이 지역에 곽광의 사묘를 세
웠고 또한 송(宋)의 이종(理宗)은 현충묘(顯忠廟)라는 현판을 하사하였다.

宋高宗夢崔令。

송(宋)의 고종(高宗)은 최령(崔令)의 꿈을 꾸었다.

杭志曰、顯應觀祠磁州崔府君、府君名子玉。唐貞觀間爲磁州釜陽縣令、
有異政、民立祠之。靖康間、高宗避金寇迷路、忽有白馬導之、暮至祠下、
有土馬汗如雨。因假寐廡下、夢府君以杖擊地、促其行。白馬復導至斜橋

谷、會耿南仲來迎。馬忽不見。

《항지(杭志)》에 이르기를, 자주(磁州)의 현응관(顯應觀)에서는 최부군(崔府君)[72]을 제사(祭祀)지내고 있다. 최부군(崔府君)의 이름은 자옥(子玉)인데 당(唐)의 정관(貞觀 A.D 627~649) 사이에 자주의 부양현령(釜陽縣令)으로 있으면서 선정(善政)을 펴니 그가 죽은 후에 백성들이 사당(祠堂)을 세워 해마다 제사를 지냈다. 정강(靖康 A.D 1126~1127)년간에 고종(高宗)은 금군(金軍)을 피하여 달아나다 좁은 길로 접어들었다. 이때 백마가 나타나 인도하길래 따라가니 황혼에 한 사당(祠堂)에 당도하였는데 백마는 보이지 않고 사당 앞의 토마(土馬)가 땀을 비 오듯이 흘리고 있었다. 고종은 사당에 참배하고 나서 졸다가 꿈을 꾸었다. 최부군이 나타나 지팡이로 땅을 치며 속히 떠나라고 말하였다. 고종은 잠에서 깬 후 다시 백마의 인도로 사교곡(斜橋谷)에 이르렀는데 경남중(耿南仲)이 기다리고 있었다. 고종이 보니 백마는 보이지 않았다.

司馬括夢鄧艾。

사마괄(司馬括)은 꿈에 등애(鄧艾)를 보았다.

異苑曰、京口新城有鄧艾廟、毀已久。晉譙王、司馬括爲都督、夢一人自稱鄧公、求治舍宇。括乃令與修之。

《이원(異苑)》에 이르기를, 경구(京口)의 신성(新城)에는 등애묘(鄧艾廟)가 있는데 훼손된 지가 이미 오래였다. 진(晉)의 초왕(譙王) 사마괄(司馬括)이 신성(新城)의 도독(都督)으로 재직하던 시절에 밤에 꿈을 꾸었다. 한 장수가 말하기를 "저는 등애(鄧艾)입니다. 저의 묘우(廟宇)가 많이 훼손되었으니 보수하여 주십시오." 사마괄은 잠에서 깬 후 명령하여 묘우를 수리하였다.

呂子明夢羲·文。

여자명(呂子明)은 꿈에 복희(伏羲)와 문왕(文王)을 보았다.

壬子年拾遺記曰、呂蒙字子明。入吳王勸其學、乃博覽羣籍、以易爲宗。嘗

在孫策坐、酣醉忽睡、俄而驚起。衆皆問之。蒙云、向夢伏羲·周公·文王與
我談易。

《임자년습유기(壬子年拾遺記)》에 이르기를, 여몽(呂蒙)[73]은 자(字)가 자명(子
明)이다. 오(吳)에 입국하니 오왕(吳王) 손책(孫策)이 그에게 학문을 하도록
권장하였다. 그리하여 여몽은 역학(易學)의 서적을 정독하여 일가(一家)를
이루었다. 어느 날 여몽은 손책이 베푼 주연에 참석하였다가 대취하여 곯
아 떨어졌는데 갑자기 놀래 깨어나 앉았다. 사람들이 연고를 물으니 답하
기를 "나는 꿈속에서 복희(伏羲), 주공(周公), 문왕(文王)을 만나 역학에 대
하여 토론하였는데 성현들의 높은 경지에 놀라 깨어났소."

李壻夢田先生。

이(李)사위는 전선생(田先生)의 꿈을 꾸었다.

仙傳拾遺曰、田先生、九華洞中大仙也。元和中、隱於饒州郵亭村、作小學
童子師。饒州牧齊推有女、招李生爲壻。數月而孕、李生赴擧長安、其婦將
産於州之後堂。夢鬼神責其腥穢。推不信。及産果爲鬼神魘死、殯於官道
側。明年李生登第歸饒、日晩野中見其妻。訴以前事、乃曰、往求郵亭村田
先生、神力可得再生。李生如其言、懇求田先生、其婦果再生。田不復見。

《선전습유(仙傳拾遺)》에 이르기를, 전선생(田先生)은 구화동(九華洞)에 선도
(仙道)를 이룬 대선인(大仙人)이다. 원화(元和 A.D 806~820) 중에 요주(饒州)
의 우정촌(郵亭村)에서 은거하며 동자들에게 소학(小學)을 가르치며 지냈
다. 이때 요주목사(饒州牧使) 제추(齊推)에게는 묘령의 딸이 있었는데 제추
는 이생(李生)을 데릴사위로 삼았다. 얼마 후 딸이 임신하자 사위 이생은
과거에 응시하기 위해 장안(長安)으로 떠났고 딸은 산월(産月)이 가까워지
자 주청(州廳)의 후당(後堂)에서 출산을 준비하였다. 이때 제추가 밤에 꿈
을 꾸었다. 신인(神人)이 노하여 꾸짖기를 "후당은 오래 동안 나를 받들던
사당이었는데 어찌하여 출산의 비린내와 더러움으로 나를 모욕하려느
냐? 다른 곳에서 출산하라!" 제추는 잠에서 깬 후 예정대로 출산케 하였
다. 그러자 딸은 출산 중에 사망하였는데 제추는 딸을 대로변에 빈(殯)하
였다. 다음해 이생은 급제하였고 요주로 돌아오는 대로변의 아내의 빈소

(殯所) 곁을 지나다가 늦은 오후에 말 위에서 조는 사이에 꿈에 아내를 보았다. 아내가 말하기를 "소첩은 귀신의 해침을 받고 죽었습니다. 우정촌의 전선생을 찾아가 저를 살아나게 해달라고 간청하세요." 이생이 즉시 전선생을 방문하여 간청하니 전선생은 이생의 아내를 허락하는 순간에 살렸다. 그 뒤 전선생을 어느 누구도 보지 못하였다.[74]

玄宗夢孫思邈。

현종(玄宗)은 꿈에 손사막(孫思邈)을 보았다.

▲ 손사막(孫思邈)

白孔六帖曰、玄宗幸蜀、夢思邈乞武都雄黃。乃命中使、齎雄黃十斤送峨嵋山頂上。未半見一老人、幅巾披褐、二童青衣夾侍。指大磐石曰、可致藥於此上、有表錄上皇帝。中使視石上朱書百餘字、隨錄隨滅。須臾白氣漫起、忽不見。

《백공육첩(白孔六帖)》에 이르기를, 현종(玄宗)이 다행히 촉(蜀)에 피해있을 때 꿈을 꾸었다. 손사막(孫思邈)[75]이 무도(武都)의 웅황(雄黃)[76]을 구하고 있었다. 현종은 잠에서 깬 뒤 중사(中使)에게 명을 내려 좋은 웅황 10근을 아미산(峨嵋山)의 정상에 가져다 놓게 하였다. 중사가 웅황을 갖고 아미산의 반도 못 올랐을 때 한 노인이 나타났는데 두건(頭巾)을 하고 베옷을 입고 있었는데 청의동자(青衣童子) 둘이 수종하고 있었다. 노인이 크고 넓은 바위를 가리키며 말하기를 "나는 손사막이다. 웅황을 저 위에 놓아라. 황제께 올리는 표서(表書)는 바위 위에 있다." 중사가 웅황을 바위 위에 놓고 보니 붉은 문자 백여 자가 새겨져 있었다. 중사는 붓을 꺼내어 종이에 옮겨 적기 시작하였는데 한 글자를 기록하면 그 글자는 사라졌고 모두 기록하고 나니 갑자기 백기(白氣)가 만연하더니 손사막, 동자, 웅황은 보이지 않았다.

孝武夢漢高祖。

효무제(孝武帝)는 꿈에 한(漢)의 고조(高祖)를 보았다.

漢武故事曰、上自封禪後、夢古祖在明堂。羣臣亦夢、於是祀古祖於明堂。

《한무고사(漢武故事)》에 이르기를, 한(漢)의 무제(武帝)는 봉선(封禪)[77]한 후 밤에 꿈을 꾸었다. 고조(高祖)가 명당(明堂)[78]에 있는 것을 보았다. 무제가 잠에서 깨어 신하들에게 말하니 신하들도 똑같은 꿈을 꾸었다고 고하였다. 그리하여 무제는 명당에서 고조에게 제를 올렸다.

黃翻夢孤竹君。

황번(黃翻)은 꿈에 고죽군(孤竹君)을 보았다.

博物志曰、漢靈帝時、遼西太守黃翻、夢海上流屍、告曰、我伯夷弟孤竹君也。求見掩藏。

《박물지(博物志)》에 이르기를, 한(漢)의 영제(靈帝)때 요서태수(遼西太守) 황번(黃翻)이 꿈을 꾸었다. 바다 위에 떠다니는 시신이 고하기를 "저는 백이(伯夷)의 아우 고죽군(孤竹君)[79]입니다. 부디 저를 땅에 묻어 주십시오." 황번은 잠에서 깬 후 고죽군의 시신을 찾아 고이 장례를 치렀다.

此與孔子夢周公、同乎異乎。至於孔子在天之靈、則劉勰·張之純·黃淵·黃澤·鄭玄·譙周·齊季鉉、所嘗夢接者也。

이렇게 공자(孔子)가 꿈에 주공(周公)을 만난 것은 사실(事實)과 같은가? 다른가? 꿈에 공자가 주공을 본 것은 타고난 신령(神靈)함이 지극했기 때문이다. 그러므로 유협(劉勰), 장지순(張之純), 황연(黃淵), 황택(黃澤), 정현(鄭玄), 초주(譙周)와 제계현(齊季鉉) 등도 일찍이 꿈에 원기(圓機)와 접하였다.

元史曰、張孔孫字夢符。父之純爲東平萬戶府參軍、夜夢謁孔子廟、得賜嘉果。已而生子 因丐名於衍聖公、遂名孔孫。又曰、黃澤字楚望。嘗夢見孔子、以爲適然。旣而屢夢見之、最後乃夢、孔子手授所較六經、字畫如新。由是深有感發。續漢書曰、鄭玄夢孔子告之曰、起起。今年歲在辰、明年歲在巳。旣寤以讖台之、知命當終。有頃寢疾而卒。白孔六帖曰、譙周夢見孔子。周曰、昔孔子七十三而歿、吾今年過七十、恐將不免、明年周卒。三國典略曰、齊季鉉字寶鼎、渤海人爲六經疏例、多發己意。鉉嬰疾、夜夢孔子、忿其廣爲疏例、擊而捶之。旣寤。其疏例被焚、尋而病愈。劉勰夢孔子、解見器物篇、丹漆禮器注。黃淵夢孔子、解見筆墨篇、墨漬之筆注。

《원사(元史)》에 이르기를, 장공손(張孔孫)[80]은 자(字)가 몽부(夢符)이다. 그의 아버지 장지순(張之純)이 동평만호참군(東平萬戶參軍)으로 재직할 때 한 꿈을 꾸었다. 장지순이 공자묘(孔子廟)에 가서 공자에게 참배하니 공자가 아름다운 과일을 주었다. 이 꿈으로 인해 장지순의 아내는 잉태하여 아들을 낳았고 장지순은 애칭으로 연성공(衍聖公)으로 부르다가 마침내 장공손(張孔孫)이라고 작명하였다.

또한 이르기를, 황택(黃澤)[81]은 자(字)가 초망(楚望)이다. 어느 날 꿈에 공자를 본 뒤 적연(寂然)함을 얻었고 그 후 여러 번 꿈에 공자를 보았다. 제일 마지막 꿈에서는 공자가 교정한 6경(六經)을 주었는데 펴보니 자획이 새로웠다. 황택은 잠에서 깬 후 꿈으로 인해 감격하여 크게 발심(發心)하였다.

《속한서(續漢書)》에 이르기를, 정현(鄭玄)이 꿈을 꾸었다. 공자(孔子)가 정현(鄭玄)에게 말하기를 "금년의 세(歲)는 진(辰)에서부터 일으키고 명년의 세(歲)는 사(巳)에서 일으켜야 한다." 정현은 잠에서 깬 후 꿈의 내용대로 추연(推演)하여 보고 자신이 곧 죽을 것을 알았다. 정현은 그날 잠을 자다가 죽었다.

《백공육첩(白孔六帖)》에 이르기를, 초주(譙周)가 꿈에 공자(孔子)를 보고 잠에서 깨어 주위 사람들에게 고하기를 "옛적에 공자께서는 73세에 몰(歿)하셨는데 나도 이제70살이 넘었으니 장차 이를 면하지 못할까 두렵소." 초주는 다음해에 죽었다.

《삼국전략(三國典略)》에 이르기를, 제계현(齊季鉉)은 자(字)가 보정(寶鼎), 발해인(渤海人)이다. 《6경소례(六經疏例)》를 저술하여 자기의 주관을 많이 밝혔다. 저서가 거의 완성되었을 때 제계현의 어린 아기도 병이 들었다. 제계현의 꿈에 공자(孔子)가 나타나 말하기를 "너는 소례(疏例)를 저술한다고 저급한 주관을 과다히 늘어놓았구나! 그 벌로 아기가 병든 것을 아느냐?" 공자는 소례를 패댕이 치고 짓밟았다. 제계현은 잠에서 깨자마자 참회하고 소례를 불태우니 아기의 병이 즉시 나았다.

'유협(劉勰)[82]이 꿈에 공자(孔子)를 보다.'의 풀이는 《기물편(器物篇)》의 '붉은 칠(漆)을 한 예기(禮器).' 249p를 보시라.

'황연(黃淵)이 꿈에 공자(孔子)를 보다.'의 풀이는 《필묵편(筆墨篇)》의 '먹물을 적신 붓.' 278p를 보시라.

若夫維嶽降神之雅詩、蓋亦玄宰生人之妙道。故榮王夢金帽神人入室、而生
理宗。

이와 같이 무릇 산신이 내려와 아름다운 시(詩)를 일러준 인연 등, 이러한
모든 것이 현재(玄宰)[83]가 사람을 출생하게 하는 묘도(妙道)이다. 그러므로
영왕(榮王)은 금모자를 쓴 신인(神人)이 방에 들어오는 꿈을 꾸고서 이종(理
宗)을 낳았다.

> 宋史曰、理宗榮王之子也。母全氏、帝生於山陰縣虹橋里際。前一夕、榮王
> 夢紫衣金帽神人來謁。

> 《송사(宋史)》에 이르기를, 이종(理宗)은 영왕(榮王)의 아들이다. 모후(母后)
> 전씨(全氏)는 이종을 산음현(山陰縣)의 홍교리(虹橋里) 부근에서 낳았다. 이
> 종(理宗)을 낳기 전 어느 날 저녁에 영왕의 꿈에 붉은 옷에 금 모자를 쓴 신
> 인(神人)이 찾아와 배알(拜謁)하였다.

阿蘭夢金色神人趨榻、而産元祖。

아란(阿蘭)은 꿈에 금색신인(金色神人)이 빨리 걸어와서 침대에 눕는 꿈을 꾸
고서 잉태하여 원조(元祖)를 낳았다.

> 元史曰、太祖之十世孛端叉兒、母曰阿蘭果火。寡居夜寢帳中、夢白光自
> 天窗中入、化爲金色神人、來趨臥榻。阿蘭警覺。遂有孕産子卽孛端叉兒。

> 《원사(元史)》에 이르기를, 태조(太祖)의 10대 조상(十代祖上)인 패단차아(孛
> 端叉兒)의 모친은 아란과화(阿蘭果火)이다. 일찍이 과부가 되어 막사에서
> 밤에 홀로 자다가 꿈을 꾸었다. 하늘로부터 흰빛이 창문을 통해 들어와
> 금색신인(金色神人)으로 변한 후 다가와 침대 위로 올라오는 것이었다. 아
> 란과화는 놀래서 잠에서 깨었고 이로 인해 잉태하여 아들 패단차아를 낳
> 으니 이가 바로 원조(元祖)이다.

尹氏夢老翁賜男、而名子爲瑞。

윤씨(尹氏)는 꿈에 노인으로부터 사내아이를 받고서 아들의 이름을 서(瑞)라고 지었다.

魏書曰、拓跋瑞母尹氏、有娠致傷。後晝寢夢老翁具衣冠告曰、吾賜汝一子、汝勿憂也。寤而私喜、未幾生子、遂名瑞字天賜。

《위서(魏書)》에 이르기를, 탁발서(拓跋瑞)[84]의 어머니 윤씨(尹氏)는 임신 중에 상처를 입자 태아에게 이상이 있을까 크게 근심하였다. 윤씨가 낮잠을 자다가 꿈을 꾸니 의관을 갖춘 노인이 말하기를 "너에게 훌륭한 아들 하나를 줄 테니 걱정하지 말라." 윤씨는 잠에서 깨자 안심하였고 얼마 지나지 않아 아들을 낳아 이름은 서(瑞), 자(字)는 천사(天賜)라고 지었다.

劉述夢神馬載兒、而名子爲駰。

유술(劉述)은 꿈에 아이가 신마(神馬)를 타고 있는 것을 보고 아들의 이름을 인(駰)이라고 지었다.

元史曰、劉因字夢吉。父述年四十未有子。述夢神人馬載一兒、至其家曰、善養之。旣覺而生子、乃名駰字夢驥、後改名因。

《원사(元史)》에 이르기를, 유인(劉因)[85]은 자(字)가 몽길(夢吉)이다. 그의 아버지 유술(劉述)은 나이 마흔에도 아들이 없었다. 유술이 어느 날 꿈을 꾸었다. 신인(神人)이 말에 탄 채 아기를 안고서 집에 이르러 유술에게 아기를 주며 말하기를 "이 아기를 잘 키우시오." 유술이 잠에서 깬 후 아내가 잉태하여 아들을 낳으니 유술은 이름을 인(駰), 자(字)는 몽기(夢驥)라고 지어 주었는데 후에 이름을 인(因)으로 고쳤다.

高母夢仙語、而名子爲琳。

고(高)의 어머니는 꿈에 선어(仙語)를 듣고 아들의 이름을 임(琳)으로 지었다.

解見山川篇、浮磬之精注。

풀이는 《산천편(山川篇)》의 '부경(浮磬)의 정(精).' 180p를 보시라.

劉父夢奇事、而名子爲儁。

유(劉)의 아버지는 꿈에 이상한 일을 보고 나서 아들의 이름을 준(儁)으로 지었다.

> 楚紀曰、劉儁字子奇、江陵人。父感異夢、書儁字、是夕生子、遂以爲名。官至兵部尙書、贈少傅、謚忠愍。

> 《초기(楚紀)》에 이르기를, 유준(劉儁)은 자(字)가 자기(子奇)이고 강릉인(江陵人)이다. 그의 아버지는 이상(異常)한 꿈에서 준자(儁字)를 쓰고 잠에서 깬 뒤 저녁에 아들을 낳았다. 그리하여 이러한 이름이 된 것이다. 유준은 관직이 병부상서(兵部尙書)에까지 이르러 소부(少傅)를 가봉(加封)받았고 시호(謚號)는 충민(忠愍)이다.

高彦夢道士投生、而名子爲禮。

고언(高彦)은 꿈에 도사(道士)가 살려고 하는 것을 보고 아들의 이름을 예(禮)로 지었다.

> 葆光錄曰、湖州高彦司徒。夢一道士仗劍至、臥內曰、來爲司徒子、要戮數千讐耳。高覺異之、是月妻有孕、期而生禮。

> 《보광록(葆光錄)》에 이르기를, 호주(湖州)의 고언(高彦)은 사도(司徒)이다. 꿈에 한 도사가 장검(長劍)을 쥐고 찾아와 안방에 누우면서 말하기를 "나는 사도의 아들이 되기 위하여 찾아왔소. 그리하여 원수 수천 명을 죽이려 하오." 고언은 잠에서 깬 후 이상히 여겼는데 이로부터 아내가 잉태하여 기일이 차니 아들 고례(高禮)를 낳았다.[86]

馬從政夢妾父致謝、而名子爲涓。

마종정(馬從政)은 꿈에 첩의 아비가 감사해 하는 것을 보고 아들의 이름을 연(涓)으로 지었다.

> 宋史曰、馬涓南部人。父從政、初未有子、買一妾、詢知其父母死、不克葬、

故自鬻遂歸妾、不責所負。夢一翁謝曰、我妾父也、聞之上蒼矣、願君家富貴涓涓不絶。及生子、因以夢中語爲名。元祐中、登進士第一。

《송사(宋史)》에 이르기를, 마연(馬涓)은 남부인(南部人)이다. 그의 아버지 마종정(馬從政)은 초혼(初婚)에 아들이 없자 첩을 사들였다. 마종정은 첩의 부모가 죽었는데도 장례도 치르지 못하고 온 것을 알았다. 마종정은 첩에게 의무를 탓하지 않고 고향으로 가서 장례를 치르고 돌아오게 하였다. 마종정은 첩이 떠난 후에 혼자서 죽을 끓여 먹으며 지내다가 밤에 꿈을 꾸었다. 한 노인이 나타나 말하기를 "나는 공(公)의 첩의 아비요, 딸이 장례를 치름으로써 나는 하늘에서 공의 은덕을 알게 되었소. 공의 가문은 장차 부귀가 연연(涓涓)[87]할 것이오." 첩이 돌아오자 잉태하여 아들을 낳으니 마종정(馬從政)은 꿈속의 말을 기념하여 마연(馬涓)이라고 이름 지었다. 마연은 원우(元祐 A.D 1086~1094) 중에 진사(進士試)에 장원으로 급제하였다.

趙葵·虞集均叶夢於南衡。

조규(趙葵)와 우집(虞集)은 모두가 남악(南嶽)인 형산(衡山)의 꿈에 감응(感應)하였다.

宋史曰、趙葵字南仲。父方爲蒲圻尉、鄰人嘗夢南嶽神降其家。乃生葵焉。葵官特授少師、封冀國公、諡忠靖。元史曰、虞集字伯生、父汲、母楊氏、國子祭酒文仲女也。咸淳間、文仲守衡、以汲從、未有子、禱於南嶽。集之將生、文仲辰起衣冠、坐而假寐、夢一道士之前。牙兵啟曰、南嶽眞人來見。既覺聞生館得男、文仲異之。

《송사(宋史)》에 이르기를, 조규(趙葵)[88]는 자(字)가 남중(南仲)이다. 그의 아버지 조방(趙方)이 포경위(蒲圻尉)로 있을 때 인근 사람이 일찍이 꿈을 꾸었다. 남악신인(南嶽神人)이 그의 집으로 하강하는 것이었다. 그러고 나서 조규가 태어났다. 조규는 특별하게 소사(少師)[89]를 제수(除授)받았고 기국공(冀國公)에 봉하여졌으며 시호(諡號)는 충정(忠靖)이다.
《원사(元史)》에 이르기를, 우집(虞集)은 자(字)가 백생(伯生)인데 그의 아버지는 우급(虞汲)이고 어머니 양씨(楊氏)는 국자제주(國子祭酒) 양문중(楊文仲)의 딸이다. 함순(咸淳 A.D 1265~1274) 간에 양문중이 형주(衡州)의 수령

(守令)이었을 때 우급은 종사관(從事官)이었다. 우급은 결혼한 지 여러 해가 되었어도 아들이 없자 남악산신(南嶽山神)에게 기도하니 결국 응험하여 아내가 잉태하였다. 산월(産月)의 어느 날 새벽에 양문중이 일어나 의관을 갖추고 앉았다가 졸면서 꿈을 꾸었다. 한 군졸이 고하기를 "지금 남악진인(南嶽眞人)⁹⁰)께서 찾아오셨습니다." 양문중이 보니 늠름한 젊은 도사였다. 졸음에서 깨어나니 꿈에 본 군졸이 달려와 고하기를 "따님께서 남아를 방금 출산하셨습니다." 양문중은 이를 매우 기이하게 여겼다.

倪岳尙書特有感於北嶽。

상서(尙書)인 예악(倪岳)은 북악(北嶽)에 특이하게 감응하였다.

> 謇齋瑣綴錄曰、倪岳父謙、禮部尙書、諡文僖。祀北嶽禱於神、母姚氏夢緋袍神人入室、寤而生子。以爲岳神所感、因名岳。任至吏部尙書、諡文毅。

《건제쇄철록(謇齋瑣綴錄)》에 이르기를, 예악(倪岳)⁹¹)의 아버지는 예겸(倪謙)인데 예부상서(禮部尙書)이고 시호(諡號)는 문희(文僖)이다. 예겸이 북악산신(北嶽山神)⁹²)에게 기도하였는데 아내인 요씨(姚氏)가 꿈을 꾸었다. 비단도포를 입은 신인(神人)이 실내로 들어오는 것이었다. 잠에서 깬 뒤 아들을 낳았는데 이는 북악산신의 감응으로 이루어졌다 하여 이름을 악(岳)으로 지었다. 예악은 임직(任職)이 이부상서(吏部尙書)까지 이르렀고 시호(諡號)는 문의(文毅)이다.

夢鄧禹而生范祖禹、夢李白而生郭祥正。

등우(鄧禹)의 꿈을 꾸고 범조우(范祖禹)를 낳았고, 이백(李白)의 꿈을 꾸고 곽상정(郭祥正)을 낳았다.

> 范氏家傳曰、范祖禹母夢一丈夫披金甲、至寢曰、吾故漢將鄧禹也。祖禹是日生、故名祖禹字夢得。溫公以傳、稱鄧禹、篤行淳備、故改字淳甫。宋史曰、郭祥正字公父、當塗人、母夢李白而生。少有詩聲、梅堯臣見而嘆曰、天才如此、眞李白後身也。

《범씨가전(范氏家傳)》에 이르기를, 범조우(范祖禹)[93]의 어머니가 꿈을 꾸었다. 금색갑옷을 입은 사나이가 침실에 이르러 말하기를 "나는 한국(漢國)의 장수 등우(鄧禹)[94]이다." 이로부터 태기(胎氣)가 있어 아들을 낳으니 그의 아버지는 아들의 이름을 범조우(范祖禹), 자(字)는 몽득(夢得)이라고 지었다. 온공(溫公)이 전하기를 "등우는 언행이 돈독(敦篤)하고 순후(淳厚)하였다." 그래서 범조우는 자(字)를 순보(淳甫)로 고친 것이다.

《송사(宋史)》에 이르기를, 곽상정(郭祥正)[95]은 자(字)가 공부(公父)이고 당도인(當塗人)이다. 그의 어머니가 꿈에 이백(李白)을 보고서 곽상정을 낳았다. 어린 시절에 시성(詩聲)이 있어 매요신(梅堯臣)이 시(詩)를 보고 감탄하기를 "천재는 이와 같구나! 참으로 이백(李白)의 후신(後身)이다."

夢謝靈運而生邊鎬、夢牛僧孺而生劉沆。

사령운(謝靈運)의 꿈을 꾸고 변호(邊鎬)를 낳았고 우승유(牛僧孺)의 꿈을 꾸고 유항(劉沆)을 낳았다.

> 玉壺清話曰、邊鎬初生、父夢前永嘉守、謝靈運來謁、願託君爲父子。鎬生貌類夢者。後平建州、克湘潭、號爲邊羅漢。宋史曰、劉沆祖所居山、有牛僧孺讀書臺、沆母夢衣冠丈夫曰、牛相公來。已而有娠、乃生沆。

《옥호청화(玉壺清話)》에 이르기를, 변호(邊鎬)[96]가 처음 태어나기 전에 그의 아버지가 꿈을 꾸었다. 영가태수(永嘉守)였던 사령운(謝靈運)이 찾아와 절을 하며 아버지로 삼고 싶으니 허락하라고 하였다. 이로 인해 변호가 태어나니 용모가 꿈에 본 사람과 비슷하였다. 변호는 성장하여 건주(建州)를 평정하고 상담(湘潭)을 정벌하였으며 호(號)를 변라한(邊羅漢)이라고 하였다.

《송사(宋史)》에 이르기를, 유항(劉沆)의 선조(先祖)가 거처하였던 산에는 우승유(牛僧孺)[97]가 독서하였다는 누대(樓臺)가 있다. 유항의 어머니가 꿈을 꾸었다. 의관을 갖춘 사나이가 말하기를 "우상공(牛相公)이 찾아왔소이다." 이런 뒤 임신하여 유항을 낳았다.

夢戒禪師而生蘇軾、夢許眞君而生宋庠。

계선사(戒禪師)의 꿈을 꾸고 소식(蘇軾)을 낳았고, 허진군(許眞君)의 꿈을 꾸고 송상(宋庠)을 낳았다.

> 志林曰、蘇子由在高安時、與聰禪師同夢迎戒禪師。坡集云、某八九歲時夢身是僧、往來陝西。又云、妣方孕某時、夢一僧瘠而眇來謁託宿。聰驚曰、戒、陝西人、失一目。宋史曰、宋庠父祀、嘗爲九江掾、與妻鍾氏禱蘆阜、鍾夢道士授以書曰、以遺爾子、視之小戴禮也。已而産生。他日見許眞君像、卽夢中所見者。

《지림(志林)》[98]에 이르기를, 소자유(蘇子由)[99]가 고안(高安)에 있을 때 총선사(聰禪師)와 더불어 같은 꿈을 꾸었는데 계선사(戒禪師)를 만난 내용이었다.
《소동파집(蘇東坡集)》에 이르기를, 나는 8, 9세 때 꿈에 중이 되어 협서(陝西)를 왕래하였다. 또한 돌아가신 어머니가 나를 잉태할 때 꿈을 꾸었는데 수척한 애꾸눈 중이 찾아와 묵게 해달라고 청하길래 어머니는 허락하셨다. 내가 총선사를 만났을 때 어머니가 꾼 태몽을 말하니 그가 놀래어 말하기를 "그는 협서에 사는 계선사인데 살다가 한 눈을 잃었다고 하오."
《송사(宋史)》에 이르기를, 송상(宋庠)[100]의 아버지 송사(宋祀)는 일찍이 구강연(九江掾)이었을 때 그의 아내 종씨(鍾氏)와 더불어 갈대언덕에서 기도하였다. 종씨가 꿈을 꾸었다. 도사(道士)가 책을 주며 말하기를 "이 책을 너의 아들에게 주노라." 보니 《소대례(小戴禮)》[101]였다. 이로 인해 잉태하여 송상이 태어났다. 어느 날 종씨가 허진군(許眞君)[102]의 상(像)을 바라보니 바로 꿈속에서 보았던 사람이었다.

兹雖載之簡編、猶未足爲奇異。惟楊億始生、而體有鶴蛻。

여러 모음집에 기록하였다고 해도 수많은 기이(奇異)한 일을 오히려 충분히 적을 수는 없다. 오직 양억(楊億)이 처음 태어났을 때 몸에 학(鶴)의 허물이 있었던 일만을 적겠다.

> 宋史曰。楊億字大年、浦城人。祖文逸、南唐玉山令。億將生、文逸夢道士、自稱懷玉山人來謁。未幾億生、有毛被體長尺餘、經月乃落。詩書曰、楊大年母章氏、夢羽衣自言武夷君託化。旣生乃一鶴雛、盡室驚駭棄之江。叔父曰、吾聞世間之人、其生必異追視之。則鶴蛻而嬰兒具焉、體尙有毳、經

月乃落。

《송사(宋史)》에 이르기를, 양억(楊億)[103]은 자(字)가 대년(大年)이고 포성인(浦城人)이다. 그의 조부 양문일(楊文逸)은 남당(南唐) 때 옥산현령(玉山縣令)이다. 양억이 장차 태어나려고할 때 양문일이 꿈을 꾸었다. 한 도사가 스스로 회옥산인(懷玉山人)[104]이라고 칭하며 찾아와 배알(拜謁)하는 것이었다. 얼마 되지 않아 양억이 태어났는데 길이가 한 척(一尺)이 넘는 털이 온 몸에 덮여 있었는데 한 달이 넘어 모두 떨어졌다.

시서(詩書)에 이르기를, 양억(楊億)의 어머니 장씨(章氏)가 꿈을 꾸었다. 흰 새털 옷을 입은 사람이 말하기를 "나는 무이군(武夷君)[105]인데 사람으로 태어나게 해주시오." 장씨가 허락하자 이로부터 잉태하여 새끼 학을 낳는데 온 가족이 크게 놀래어 강가에 버리려고 했다. 그러자 장씨의 시동생이 말하기를 "세상 사람들 중에는 출생에 기이(奇異)가 있는 예도 있으니 버리지 말고 주시해 봅시다." 과연 얼마 지나지 않아 학의 털이 빠지고 허물이 벗어지더니 갓난아이가 되었는데 다시 한 달이 지나니 솜털조차도 모두 떨어지고 정상아기가 되었다. 이가 바로 양억이다.

薛瑄初誕、而肌若水晶。

설선(薛瑄)은 처음 태어날 때 살이 수정(水晶)같았다.

> 楚紀曰、薛瑄河津人、父貞教論玉田。母齊氏夢一紫衣人入謁、逐生瑄於學舍。初生肌如水晶、五臟皆露。祖仲義聞其啼聲曰、必貴人也。

《초기(楚紀)》에 이르기를, 설선(薛瑄)[106]은 하진인(河津人)이다. 그의 아버지 설정(薛貞)은 평소 사람들을 교육시킬 때 자주 옥전(玉田)을 비유하였다. 그의 처 제씨(齊氏)가 어느 날 꿈을 꾸었다. 한 자색 옷을 입은 사람이 방으로 들어와 절을 하였다. 그런 후 제씨는 잉태하여 학사(學舍)에서 설선을 낳았다. 설선은 처음 태어났을 때 살이 수정 같아 오장(五臟)이 모두 보였다. 할아버지 설중의(薛仲義)는 설선이 크게 울자 "이 아이는 반드시 귀인이 되리라."

則今昔所鮮聞也。豈輪廻邪說云哉。

이런 이야기들은 지금이나 옛날이나 듣기가 어렵다. 그렇다고 어찌 윤회(輪廻)를 사설(邪說)이라고 말할 수 있으랴?

■ 注疏 ────────────────────────────────

1) 규귀(暌鬼): 현실과는 다른 靈異.

2) 육종(六宗): 祭를 지내는 대상인 六神. 時·寒暑·日·月·星·水旱.

3) 오사(五祀): 5종의 祭祀. 苟芒·蓐收·玄冥·祝融·后土이다. 그중 后土는 祭祀對象名이며 祭祀名이다.

4) 상함(緗函): 비단으로 도배한 상자.

5) 고요(皐陶): 虞舜 시의 獄官의 長. 靑陽氏의 후손이며 大業의 아들이다.

6) 백제(白帝): 西方을 다스리는 天帝.

7) 하우(夏禹): 夏國의 개국왕. 姓은 姒, 號는 禹이다. 처음에 河伯에 봉해졌다. 그의 아버지 鯀이 治水에 공이 없어 죽음을 당하고 禹가 그의 아버지의 業을 이어받아 水患을 平定시켰다. 舜으로부터 天子의 위를 禪位 받아 천하의 명칭을 夏라고 하였다. 安邑에 도읍하였고 南巡 중에 죽었다.

8) 금강역사(金剛力士): 仁王, 二王이라고도 하며 那羅延金剛과 密迹金剛 두 神將을 합하여 칭한다. 佛法과 伽藍의 守護神으로 사찰의 正門 좌우에 그려 놓거나 안치한다.

9) 삼존(三尊): 세 분의 부처, 세 분의 神.

10) 삼청(三淸): 도교의 三神. 玉淸元始天尊·上淸靈寶道君·太淸太上老君.

11) 성황신(城隍神): 城域을 수호하는 토속신, 민간신앙의 지방수호신. 고대의 城市에는 많은 溝河가 있었는데 先秦시대부터 天子가 지내는 8종의 제사 중에 水溝에 대하여 지내는 제사인 水墉이 후세의 성황신앙으로 변하였다. 南北朝시대에 城隍神이란 명칭이 《北齊書》에 처음 보인다. 宋代 때부터 府州縣에서 모두 廟를 세워 제사지냈다.

12) 《국어(國語)》: 책 이름. 周의 左丘明이 作하고 三國時의 吳의 韋昭가 注하였다. 《春秋外傳》 혹은 《外傳》이라고도 불리운다.

13) 괵공(虢公): 虢國의 君으로 周의 屬王의 臣下이다. 淮夷가 洛에 침입했을 때 왕명을 받아 이들을 伐하였으나 승리하지 못하였다.

14) 서아(西阿): 西邊의 曲處.

15) 사천(史嚚): 虢國의 太史.

16) 진시황(秦始皇): 秦의 莊襄王의 아들. 姓은 嬴, 名은 政. 아버지가 죽자 父王의 자리를 물려받았다. 六國을 병합하고 천하를 통일하였다. 북으로는 匈奴를 쫓아내고 남으로는 越을 정벌하였다. 사방을 복속시켜 넓은 疆土를 갖게 되었다. 스스로 자신의 功이 三皇을 덮고 五帝를 능가한다고 하여 始皇帝라고 칭하였다. 刑殺을 오락으로 삼고 忠言을 듣지 않고 焚書坑儒를 하여 천하의 원망을 받았다. 재위 B.C 247~210, 沙丘에서 病死하였다.

17) 노수(弩手): 石弓을 사용하는 兵士.

18) 명제(明帝): 東漢의 2代 皇帝. 재위는 A.D 57~75. 劉莊, 光武의 넷째 아들. 刑理에 밝았으며 儒學을 중히 여겼다. 사신을 天竺國에 보내 佛法을 구하여 와 洛城에 白馬寺를 세우니 이것이 불교가 중국에 傳入된 시초이다.

19) 유요(劉曜): 晉時에 前趙의 主이다. 재위 A.D 318~328. 字는 永明. 文武에 재능이 있었다. 처음에는 漢主 劉聰을 섬겨 相國이 되었다. 그 뒤 스스로 皇帝라고 칭하고 長安에 定都하고 국호를 趙로 고치었다. 그 뒤 洛陽에서 石勒과 싸우다 패하여 죽었다.

20) 부건(苻健): 晉時 前秦의 開國皇帝이다. 재위 A.D 351~355. 字는 建業. 勇力이 있었으며 활쏘기와 말타기에 능했다. 왕이 된 후 晉의 封爵을 칭호로 썼다. 征北大將軍이 되어 長安을 얻은 후 스스로 天王大單于라고 칭하다가 皇帝를 칭하였다. 垂心政事를 하였다고 한다.

21) 두릉(杜稜): 陳의 錢塘人, 字는 雄盛. 처음에는 梁에 入仕하여 공을 여러 번 세워 右衛將軍, 丹陽尹을 지냈고 三帝를 섬겨 右光祿大夫까지 올랐다.

22) 장천(張闡): 宋의 永嘉人. 宣和(A.D 1119~1125)에 進士가 되었다가 紹興(A.D 1131~1162) 중에는 祕書郎으로 천거되었다. 孝宗 즉위 후 工部侍郎, 工部尙書까지 올랐다.

23) 조개(趙槩): 宋人. 少時에는 자력으로 篤學하여 進士급제 후 知制誥, 仁宗 시 樞密使, 參知政事, 太子少師를 역임하였다.

24) 정권(鄭權): 唐의 開封人. 涇原節度使, 劉昌을 보좌하고 있을 때 軍亂이 일어나자 우두머리를 죽인 공으로 參軍이 되었고 行軍司馬, 工部尙書 등을 역임하였다.

25) 진언(秦彦): 唐의 徐州人. 黃巢의 黨에 들어갔다가 패하여 高騈에게 항복하였다. 고변에게 사람을 보내 죽인 뒤 孫儒 등과 함께 揚州를 공격하다가 秦彦이 다른 뜻을 가진 것을 손유가 알고 고변을 죽인 죄를 물어 斬하였다.

26) 조영숙(曹穎叔): 宋, 亳州人, 字는 秀之. 進士에 급제한 후 韓琦와 文彦博이 그 재능을 아껴 추천에 의해 龍圖閣直學士를 연임하였다.

27) 습욱(習郁): 後漢人, 字는 文通. 侍中일 때 峴山에 못을 파고 물고기를 기르며 제방을 높게 쌓았다. 대나무를 심고 芙蓉이 못을 덮을 정도로 많게 하고 매일 이곳에 와 취하여 크게 말하기를 "이곳은 나의 高陽池이다."

28) 시중(侍中): 황제, 丞相 곁에서 奏事, 禮儀 등을 보좌하는 관원. 納言과 직능이 거의 같다.

29) 허유(許攸): 三國시대 魏의 南陽人, 字는 子遠. 初平(A.D 190~193) 중에 袁紹를 좇아 冀州에서 官渡의 일을 하였다. 曹操에 귀부한 뒤 戰功을 세워 오만하여 죽임을 당하였다.

30) 종규(鍾馗): 《切韻》에 이르기를, 鍾馗는 神名이다. 六朝 이전부터 있었던 斬鬼의 역할하는 神이다.

31) 송옥(宋玉): 戰國시대 楚人. 屈原의 제자로 大夫이다. 굴원을 애모하여 九辯으로 그의 뜻을 서술하였다. 또한 《招魂》, 《風賦》, 《高唐賦》, 《神女賦》 등을 지었는데 그의 詞態는 巧麗하여 漢魏六朝의 靡麗한 風의 시조가 되었다.

32) 후예(后羿): 夏의 窮國의 君. 재위는 B.C 2145~2138. 활쏘기와 사냥을 즐겨 政事를 돌보지 않다가 臣下에게 시해당하였다.

33) 낙수(洛水): 옛 이름은 雒水이다. 陝西省의 雒南縣의 家嶺山이 始源이다. 동남으로 흘러 河南省의 경계를 거쳐 盧氏縣과 熊耳山을 지나간다. 洛陽縣을 거쳐 伊水에 합쳐져 黃河로 들어간다.

34) 전천추(田千秋): 漢代의 長陸人. 謹實하고 德을 중히 여겼다. 武帝 때 사관하여 高寢郎이 되었는데 태자의 한을 풀기 위해 황제에게 눈물로 하소연하였다. 大鴻臚富民侯에 봉해졌다.

35) 유영철(劉靈哲): 南齊人. 前軍將軍까지 이르렀다.

36) 죽순(竹筍): 대나무의 싹이다. 氣味는 달고 약간 차가우며 무독하다. 消渴을 치료하고 소변을 통하게 하며 益氣한다. 또한 胸膈을 이롭게 하고 해열시키며 痰을 없앤다.

37) 서효사(徐孝嗣): 南齊人, 字는 始昌. 8세에 작위를 세습하여 枝江縣公, 宋의 孝武 때에는 太尉가 되었고 齊에서는 吳興太守, 尙書令까지 이르렀다. 文學을 좋아하였고 권세에 초연하였다.

38) 솔부(率府): 官署名. 晉時에는 五率府가 있었고 南北朝, 隋, 唐에 이르기까지는 十率府가 있었다. 솔부는 兵仗, 儀衛, 門禁을 담당하였다.

39) 제실(齋室): 齋戒를 하는 방.

40) 교집중(喬執中): 宋의 高郵人. 進士가 된 뒤 須城主簿를 지냈고 王安石의 지시로 《條例》를 編修하였다. 紹聖(A.D1094~1098) 초에는 寶文閣待制까지 올랐다.

41) 기도위(騎都尉)에 임명하였다: 꿈에 神人이 '騎都尉'라고 말한 것은 '祈禱慰'와 同音이다. 즉 타인의 祈禱로써 慰安을 얻게 된다는 뜻이다. 또한 宋代의 騎都尉는 助官, 즉 명예직이니 현직을 잃는다는 뜻이다.

42) 왕연수(王延壽): 後漢人으로 俊才이다. 젊은시절 魯國에 갔다가 《靈光殿賦》를 지었다. 蔡邕도 《靈光殿賦》를 지은 적이 있는데 왕연수의 賦를 보고 매우 기이하게 여겼다. 왕연수는 20여 세에 자신의 글을 모두 불태워 버리고 물에 빠져 죽었다.

43) 진패선(陳覇先): 남북조시대의 陳의 초대황제. 재위는 A.D 557~559, 陳은 A.D 557~589, 5황제가 33년간 통치하였다. 隋에게 멸망되었다.

44) 자영(子嬰): 통일왕조 秦의 3代 皇帝. 재위는 B.C 207~206. 秦始皇의 太子인 扶蘇의 아들. 趙高가 二世를 죽이고 子嬰을 세우며 帝號를 버리고 王이라고 칭하였다. 沛公에게 항복하였고 項籍에게 죽임을 당하였다.

45) 여청동군(女靑童君): 神仙을 수종하는 여자아이.

46) 28수(二十八宿): 하늘에 떠있는 28개의 중요한 별. 동쪽에는 角·亢·氐·房·心·尾·箕, 북쪽에는 斗·牛·女·虛·危·室·壁, 서쪽에는 奎·婁·胃·昴·畢·觜·參, 남쪽에는 井·鬼·柳·星·張·翼·軫이 있다.

47) 독우(督郵): 漢代의 벼슬. 郡守의 보좌관으로써 所屬縣을 순찰하며 근무태도를 조사한다.

48) 범식(范式): 東漢의 金鄕人. 荊州刺史, 廬江太守를 지내며 威名을 떨쳤다.

49) 황보밀(皇甫謐): 晉人, 字는 士安. 20세에 감격하여 공부를 시작하였다. 가난하여 晝耕夜讀하며 많은 典籍과 諸家書를 읽었다. 沈靜寡慾하며 高尙한 뜻이 있었다. 만년에는 風痹를 앓았으나 손에서 책을 놓지 않았다. 詩賦, 頌, 論 등의 많은 저술을 남겼다.

50) 조상(曹爽): 三國시대의 魏人, 字는 昭伯. 明帝 즉위 후 都督中外諸軍事를 연임하였고 太尉 司馬懿와 함께 少主를 보필하라는 遺詔를 받았다. 齊王 曹芳이 즉위하자 侍中에 올랐고 武安侯에 봉해졌다. 蜀을 치기 위해 출병하였으나 실패하였고 사마의의 軍變에 의해 실각당했다.

51) 소갱(蕭鏗): 南齊人, 高帝의 16번째 아들. 宜都王에 봉해졌다. 永明(A.D 483~493) 중에 豫州刺史가 되었다.

52) 시독(侍讀): 임금 앞에서 서책을 강의하는 관리.

53) 고조(高祖): 北魏의 개국황제. 拓跋珪. 재위 A.D 386~409.

54) 혜소(嵇紹): 晉人, 字는 延祖. 武帝 시에 祕書丞, 永興(A.D 304~306) 초에 河間에서 반란이 일어나자 惠帝를 쫓아 陰蕩에서 참전하였다. 활과 칼을 몸으로 막아 혜제를 구하였다.

55) 노원명(盧元明): 後魏人. 群書들을 섭렵하였으며 文義가 있었다. 少時에 中山王 熙가 말하기를 "盧郞은 이 같은 용모를 가졌으니 반드시 《離騷》를 읊을 것이며 美酒를 마실 것이오. 佳器이오." 과연 天

平(A.D 534~537) 초에 尚書右丞 겸 黃門郞이 되었다.

56) 조시(朝市): 朝廷과 市井.

57) 가속(賈餗): 唐, 河南人, 字는 子美. 考功郞, 知制誥를 역임하였다. 文辭가 있었으며 性急하여 衆人의 모함을 받고 죽임을 당하였다.

58) 우집(虞集): 元人, 字는 伯生. 3세부터 독서를 하였고 大德(A.D 1135~1140) 초에 천거에 의하여 儒學教授가 되었다. 文宗朝에는 奎章閣侍書學士가 되어 《經世大典》을 撰修하였다.

59) 석호(石虎): 後趙國의 3대 황제. 재위 A.D 334~349.

60) 정위(廷尉): 형벌을 맡은 관리. 秦漢 때부터 존속하였다.

61) 위중서사인(僞中書舍人): 僞는 거짓된 직위나 나라 앞에 붙인다.

62) 서선(徐善): 五代, 吳의 洪州人. 楊渥이 楊州에서 개국하였던 때에 中書舍人까지 올랐다.

63) 포의유사(布衣游士): 仕官하지 못하고 한미한 신분으로 이곳저곳을 떠도는 선비.

64) 위징(魏徵): 唐의 曲城人, 字는 玄成. 독서를 좋아하였으며 많은 곳을 通涉하였다. 처음에는 道士를 좇았으나 高祖 때에 祕書丞, 太宗 시에는 諫議大夫, 檢校侍中. 《周隋各史》를 찬했으며 左光祿大夫가 되었고 鄭國公에 봉해졌다.

65) 당태종(唐太宗): 唐의 2대 황제, 이름은 李世民. 재위 A.D 626~649. 高祖의 2남으로 총명하고 英武하였으며 文學에도 통하였다. 隋朝末에 고조를 보필하여 太原에서 거병하여 長安을 점령하고 唐朝를 세운 후 천하를 평정하였다. 선위 받아 제위에 오른 후 魏徵, 房玄齡, 杜如晦의 도움으로 천하를 태평케 하니 '貞觀의 治'라고 불렸다.

66) 설수(薛收): 唐人. 12세에 능히 문장을 지었다. 高祖에 귀부하여 秦王府主簿를 지낸 후 天策府記室參軍이 되었고 汾陰縣男으로 봉해졌다.

67) 우세남(虞世南): 唐人, 字는 伯施. 少時에 顧野王으로부터 受學하여 10년을 精思하였다. 隋代에 祕書郞, 唐太宗 시에는 弘文館學士를 지냈으며 永興縣公에 봉해졌다. 德行, 忠直, 博學하여 文詞, 書翰에 대해 태종으로부터 銀靑光祿大夫를 제수받았다.

68) 《고사전(高士傳)》: 晉의 皇甫謐이 撰한 3권. 晉 이전의 高士 72인의 이야기를 적었으나 今本은 96인의 이야기이다. 原書에서 산실된 부분을 후세인이 《太平御覽》에서 인용한 것이다.

69) 환제(桓帝): 東漢의 11대 황제. 재위 A.D 146~167.

70) 곽광(霍光): 漢의 平陽人, 字는 子孟. 武帝 시에 奉朝都尉로 있으며 무제의 신임을 받았다. 무제가 죽은 후 遺詔를 받들어 昭帝를 세우고 大司馬, 大將軍이 되었다. 소제가 죽고 昌邑王을 迎立하였다가 폐하고 宣帝를 迎立하였다. 資性이 端正하고 沈靜詳審하였다.

71) 손호(孫皓): 三國시대의 吳太祖인 孫權의 孫, 字는 元宗. 孫休의 뒤를 이어 3代의 帝位에 올랐다. 性急하고 酒色을 즐겼다. 晉兵이 南下하여 建業이 함락되자 항복하였다. 재위 A.D 264~280.

72) 최부군(崔府君): 唐代의 神人. 《列仙全傳》에 기록된 바에 의하면 '姓은 崔, 名은 珏. 唐의 貞觀(A.D 627~649)연간에 進士가 되었다. 潞州長子縣令을 지내면서 대낮에는 人世의 刑案을 審理하고 밤에는 陰間의 鬼案을 판단함에 정확하여 人鬼가 敬服하여 崔府君이라고 불렸다. 그 뒤 唐明皇으로부터 靈聖護國侯로 봉함을 받았고 송대에는 護國西齊王으로 추존되었다.

73) 여몽(呂蒙): 三國시대 吳의 富陂人. 周瑜와 함께 曹操를 烏林에서 破하고 孫權을 좇아 曹操를 濡須에서 막았다. 奇計를 써 荊州를 취하고 關羽를 사로잡았다. 南郡太守가 되었으며 屏陵候에 봉해졌다.

74) 그 뒤 전선생을~보지 못하였다:

《道德經·五章》에 '천지는 不仁하고 聖人도 不仁하다.(天地不仁 聖人不仁)'이 있다. 하늘은 부모를 살려달라는 孝子의 기도를 들어 주지 않으며 성인도 생명을 달라는 애원에 불응한다. 因果應報의 宇宙律을 私情으로 거스를 수 없기 때문이다. 그러나 간혹 예외도 있었으니 예수가 죽은 나자로를 살린 경우 등이다. 예수, 田선생 모두 살려주려고 먼저 나서지는 않았다. 그리고 뿌린 대로 거두는 우주율의 준엄함을 보이기 위해 더 이상 인정을 베풀지 않았다. 속인의 善行은 때로는 우주율을 어기는 악행이고 聖人의 不仁은 大仁이다.

75) 손사막(孫思邈): 唐의 華原人. 醫學에 精通하고 百家의 說에도 통하였고 老子와 莊子의 설을 자주 말하였고 陰陽推步에 능하였다. 太白山에 살았는데 隋文帝가 불러 國子博士를 제수하였으나 받지 않았다. 唐高宗은 諫議大夫를 제수하였으나 역시 固辭하였다. 저서로는 《千金要方》,《福祿論》,《攝生眞籙》,《銀海精微》 등이 있다.

76) 웅황(雄黃): 黃金石, 石黃이라고도 한다. 氣味는 苦, 平, 寒, 有毒하다. 主治는 寒熱, 鼠瘻惡瘡, 疽痔死肌, 殺精物惡鬼邪鬼白蟲毒, 輕身成神仙, 勝鬼神, 延年益壽.

77) 봉선(封禪): 하늘과 땅에 祭祀를 드리는 것. 山에 封土하고 땅에 禪祭하는 儀式으로 天子만이 행할 자격이 있다.

78) 명당(明堂): 임금이 정치에 대해 묻고 나라의 祭祀를 지내던 집. 《周禮》에 상세히 기재되어 있다.

79) 고죽군(孤竹君): 孤竹國의 2대 왕, 伯夷의 아우이며 叔齊의 형이다. 숙제에게 왕위가 돌아가자 숙제가 백이에게 양보하니 백이는 도피하였고 숙제도 도피하니 가운데 아들이 왕으로 추대되었다.

80) 장공손(張公孫): 元人. 戶部員外郎, 集賢殿大學士를 역임하였다. 書畵, 彈琴, 말타기와 활쏘기에 능했다.

81) 황택(黃澤): 元의 資州人. 태어나면서부터 異質하여 明經과 學道에 뜻을 두어 失傳의 旨를 깊게 생각하여 깨달음을 얻었다. 書院에서 후학을 지도하다가 만년에는 閉門하고 養親하였다. 저서는 《易學濫觴》,《春秋指要》 등이 있다.

82) 유협(劉勰): 南朝梁人, 字는 彦和. 고아였으나 篤志好學하였고 가난하여 결혼하지 않고 佛門에 10여 년 몸을 의탁하기도 하였다. 經論에 널리 통하여 昭明太子의 깊은 존경을 받았다. 《文心雕龍》 50篇을 撰하였다.

83) 현재(玄宰): 眞宰, 참주재자, 法身佛, 하느님.

84) 탁발서(拓跋瑞): 後魏의 景穆帝의 아들. 汝陰王으로 봉해졌고 鎭南將軍이 되어 공을 세웠으나 탐욕과 난폭으로 인하여 관록이 삭감되었다.

85) 유인(劉因): 元代의 容城人, 처음 이름은 駰이다. 至元 중에 右贊善大夫가 되었으며 저서는 《四書集義精要》,《靜修集》 등이 있다. 駰은 은총마, 驥는 천리마이다.

86) 나는 사도(司徒)의~고례(高禮)를 낳았다:

복수에 대해 기독교에서는 용서, 불교에서는 五蘊의 실상을 깨달아 着心을 버리는 放下를 가르쳤지만 유교에서는 응징, 처벌이라는 긍정적 관념을 指訓하였다. 이는 유교의 목표기준인 明明德과 三綱五倫이라는 사회질서의 올바른 확립과 유지에 있기 때문이다. 삼강오륜은 禮의 세분화된 실천덕목이다. 禮는 본시 天經地義라 하여 하늘의 經營과 땅의 正義를 따르는 언행이다. 하늘도 진노하여 천벌을 내리는 것으로 보면 정의에서 벗어난 행동을 묵과하는 것은 우주적 의미의 禮를 어긴 것이다. 그러므로 禮라고 이름진 것은 정의로운 응징은 행하고 부당한 복수는 삼가라는 뜻으로 보아야 한다. 齊景公이 孔子에게 정치를 물으니 답하기를 "發亂反正을 다스리는 요점은 禮敎를 진흥시켜 사람들로 하여금 각자의 본분을 지키게 하여 僭越犯干을 없게 하는 데 있습니다." 또한 《左傳》의 "君子之言 信而

有征"은 응징, 복수의 타당성까지 포함한 것이다.

87) 연연(涓涓): 시냇물이 졸졸 끊이지 않고 흐름.

88) 조규(趙葵): 宋人. 右丞相겸 樞密使를 연임하였고 觀文殿學士, 兩淮宣撫使를 지냈다.

89) 소사(小師): 황제의 咨問役으로 고위의 명예직이다.

90) 남악진인(南嶽眞人): 衡山의 산신.

91) 예악(倪岳): 明人, 字는 舜咨. 天順(A.D 1457~1464)에 進士가 되어 禮部尙書, 吏部尙書에까지 官位
가 올랐다. 저서는 《淸谿漫稿》.

92) 북악산신(北嶽山神): 恒山의 산신.

93) 범조우(范祖禹): 宋人. 進士가 된 후 司馬光의 《自治通鑑》의 편수에 참여하여 祕書正字가 된 후 哲宗
때에는 給事中, 小人의 害政에 대해 상소하였다가 좌천되어 昭州別駕를 지냈다. 《唐鑑》, 《帝學》, 《仁
宗政典》을 저술하여 헌상하였다.

94) 등우(鄧禹): 東漢의 新野人, 字는 仲華. 深沈하여 大度함이 있었다. 光武를 도와 起兵하여 前將軍이
되었고 夏陽에 들어가서는 威聲大震하였다. 光武가 즉위한 뒤 大司徒가 되었고 高密侯로 봉함을 받
았다.

95) 곽상정(郭祥正): 宋의 當塗人. 어렸을 때부터 詩名이 있었다. 進士가 된 뒤 殿中丞, 通判汀州를 지냈
다. 저서는 《靑山集》.

96) 변호(邊鎬): 南唐의 昇州人. 李景이 諸州를 招討할 때 建州를 공격하여 얻었고 湖南의 馬氏를 平定하
여 武安軍節度使가 되었다. 世宗의 명으로 右千牛衛上將軍이 되었는데 活人에 힘을 써 邊菩薩이란
칭송을 들었다.

97) 우승유(牛僧孺): 唐人. 憲宗 시에 御史中丞을 연임하다가 穆宗 때 재상이 되었다. 李宗閔과 結黨하여
뜻이 맞지 않는 사람을 배척하였다. 諡號는 文簡公, 저서는 《幽怪錄》.

98) 《지림(志林)》: 宋의 蘇軾이 撰한 軼聞과 雜事를 기록한 5권. 《東坡志林》이라고도 하며 後人이 재편집
한 부분이 상당히 많다.

99) 소자유(蘇子由): 蘇轍. 宋의 眉山人, 蘇軾의 아우. 嘉祐(A.D 1056~1063) 중에 進士가 되었고 王安石
의 新法의 불편함을 형과 함께 극력 주장하였다. 尙書右丞, 門下侍郎, 徽宗 시에는 大中大夫. 저서는
《詩傳》, 《春秋傳》, 《論語拾遺》, 《老子解》.

100) 송상(宋庠): 宋, 安陸人. 字는 公序. 아우 祁와 함께 문학으로 이름이 있어 二宋이라고 불리었다. 天
聖(A.D 1022~1031) 초에 進士에 1등으로 급제하여 皇祐(A.D 1049~1053) 중에 兵部侍郎, 鄭國公
에 봉하였다. 저서는 《國語補音》.

101) 《소대례(小戴禮)》: 漢代의 戴聖이 편찬한 禮四十九篇. 이 책을 흔히 《禮記》라고 부른다.

102) 허진군(許眞君): 許遜. 晉의 汝南人, 字는 敬之. 弱冠에 仙人 吳猛을 좇아 《三淸法要》를 받고 孝廉이
된 뒤 旌陽令이 되었다가 관직을 그만두고 江湖를 周游하며 道術로써 백성의 재해를 구하였다. 太
康(A.D 280~289) 초에 집채로 들려서 승천하였다. 宋代에 神功妙濟許眞君으로 封해졌다.

103) 양억(楊億): 宋의 浦城人. 太宗 시에 부름을 받아 詩賦를 짓고 祕書省正字가 되었다. 이때 나이가 11
세였다. 眞宗 시에는 知制誥, 翰林學士겸 史館修撰을 지냈다. 才思가 민첩하고 文格이 雄健하였다.
저서는 《武夷集》.

104) 회옥산인(懷玉山人): 懷玉山에서 修道하는 道人. 회옥산은 江西省 玉山縣의 북쪽 140里에 있고 높이
는 400여 丈이다. 輝山이라고도 하는데 頂上에 異光이 있어 밤에도 빛나기 때문이다.

105) 무이군(武夷君): 武夷山에서 居하는 神名. 武夷山은 福建省 崇安縣의 남쪽에 있다.

106) 설선(薛宣): 明代人, 字는 德溫. 永樂(A.D 1403~1424)년간에 進士가 되었고 宣德(A.D 1426~1435) 중에 御史가 되었고 大理正卿을 연임하였다. 禮部侍郎, 翰林院學士까지 이르렀다. 저서는《薛文淸集》.

13. 수명편 壽命篇第十三

壽命長短、智者不惑。然光陰迅邁、則聞道修身之學。聖賢所汲汲敏求者
也。昔文王之母、夢生子壽而昌。

수명(壽命)의 짧고 길음에 대해 지혜로운 사람은 미혹하지 않는다. 세월은
매우 빨리 지나가 버리므로 도(道)를 듣고 몸을 닦는 공부를 해야 한다. 성
현(聖賢)은 이러한 이치(理致)를 애타게 급히 구하는 사람이다. 옛적 문왕(文
王)의 어머니는 꿈에, 낳을 아들이 오래 살며 번창할 것을 알았다.

> 河圖著命曰、太任夢長人感己曰、爾子壽而昌。
>
> 《하도저명(河圖著命)》에 이르기를, 태임(太任)[1]의 꿈에 존귀한 사람이 감응
> 하여 말하기를 "너의 아들은 오래 살며 번창할 것이다."

宇文之母、夢生子壽而貴。

우문(宇文)의 어머니는 꿈에서, 낳을 아들이 오래 살며 귀하게 될 것을 알았다.

> 三國典略曰、宇文永貴母夢老人抱一兒授之曰、賜爾是子、俾壽且貴。及
> 生以永貴名之。
>
> 《삼국전략(三國典略)》에 이르기를, 우문영귀(宇文永貴)[2]의 어머니가 꿈을
> 꾸었다. 한 노인이 한 아기를 감싸고 있다가 주면서 말하기를 "너에게 아
> 들을 주겠다. 매우 오래 살며 또한 귀하게 될 것이다." 아들을 낳고서 이
> 름을 영귀(永貴)로 지었다.

武王九十三而終、乃文考與以三歲。

무왕(武王)은 93세에 죽었다. 이는 문왕(文王)이 살펴 보태 준 3세(歲) 때문이다.

解見宗空篇、九十齡之與注.

풀이는《종공편(宗空篇)》의 '아흔 살을 준 경우.' 54p를 보시라.

龔母八十而卒、乃厥孫祈得五年。

공(龔)의 할머니는 82세에 죽었다. 이것은 그 손자가 기도하여 얻은 5년 때문이다.

宋史曰、龔明之幼孤、鞠於祖母李氏。李嘗曰、吾少時夢綠袍判官曰、汝與七十七歲。徽宗崇寧中、及此數果病。明之焚香禱曰、願減己算五年、益祖母壽。李病果愈、壽八十二而卒。

《송사(宋史)》에 이르기를, 공명지(龔明之)[3]는 어릴 때 고아가 되어 할머니 이씨(李氏)에게서 자랐다. 이씨가 말하기를 "내가 젊을 때 꿈을 꾸었는데 녹색의 도포(道袍)를 입은 판관(判官)이 말하기를, '너에게 77세를 주겠다.'라고 말했으니 나는 77세에 죽을 것이다." 휘종(徽宗)의 숭녕(崇寧 A.D 1102~1106) 중에 이씨는 77세에 큰 병이 들었다. 그러자 공명지가 향을 피우며 기도하기를 "저의 수명에서 5년을 빼어 할머니에게 더하여 주소서." 이씨의 병은 과연 쾌유하였고 82세에 죽었다.

楊大年數至四十七、而告殂。

양대년(楊大年)은 47의 수(數)에 이르러 죽을 것이라는 고(告)함을 들었다.

翰墨全書曰、楊大年年二十七爲翰林學士、晝寢夢懷玉山人來謁、出一牒寫三十七字、大年驚曰、得非天數乎、許添乎。山人命筆添十爲四十七字。至其數果卒。

《한묵전서(翰墨全書)》[4]에 이르기를, 양대년(楊大年)은 27세에 한림학사(翰

林學士)가 되었다. 낮잠을 자다가 꿈을 꾸었다. 회옥산인(懷玉山人)이 찾아와 알현(謁見)하며 한 도첩(度牒)[5]을 꺼내어 37자(三十七字)를 쓰는 것이었다. 양대년이 놀라서 말하기를 "천수(天數)를 얻은 바는 아니지 않습니까? 더함을 허락하소서." 회옥산인(懷玉山人)이 수명에 10(十)을 더해 47자(四十七字)를 붓으로 썼다. 47수(四十七數)에 이르러 과연 죽었다.

劉弘敬壽增二十五、而無恙。

유홍경(劉弘敬)은 수명이 25살이 더해져 근심하지 않게 되었다.

太平廣記曰、劉弘敬字元溥、世居淮淝家富。善相者見之曰、君壽僅二三年當盡。弘敬爲女嫁、用錢求得、維揚四婢。內有一人、名蘭孫有殊色。詢之、係淮西敗將之女、流落無告、其外氏劉也。弘敬乃養爲甥、厚實嫁之。長慶二年春、夢一人靑衣秉簡拜曰、余蘭孫之父也、感君德難報、君壽當盡、余爲君請於帝。後三日復夢、蘭孫父紫衣象簡、侍衛甚嚴、謝弘敬曰、爲君請於帝、許延壽二十五載、富及三代、子孫無禍。後遇善相者、驚曰、君有蔭德、宜享高壽。

《태평광기(太平廣記)》에 이르기를, 유홍경(劉弘敬)은 자(字)가 원부(元溥)인데 대대로 회비(淮淝)에서 살아왔으며 부유했다. 관상(觀相)을 잘 보는 사람이 유홍경에게 말하기를 "그대의 목숨은 겨우 2~3년 밖에 안 남았소." 그러나 유홍경은 괘념(掛念)하지 않고 혼례를 치르고 유양(維揚)에서 계집종 넷을 돈 주고 샀다. 그중 난손(蘭孫)이 자색이 빼어났기에 조용히 난손에게 과거를 물어보니 회서(淮西)에 살던 패장(敗將)의 딸로 몰락하여 의탁할 곳이 없어 유랑하다가 어머니가 유씨(劉氏)여서 유씨인 자신과 연계(聯係)되었음을 알았다. 유홍경은 난손을 가련히 여겨 조카딸로 삼아 키우다가 후실(厚實)하게 시집보냈다. 장경 2년(長慶 A.D 822) 봄에 유홍경이 꿈을 꾸었다. 푸른 옷에 간자(簡子)를 쥔 사람이 말하기를 "저는 난손의 아비입니다. 공(公)이 딸에게 베푸신 은덕은 너무 커 갚기 어렵습니다. 이제 공의 수명은 끝날 때가 되었으니 저는 상제(上帝)에게 공의 연명(延命)을 주청하겠나이다." 3일 후 홍경은 다시 꿈을 꾸었다. 난손의 아버지가 자색 옷에 상아로 된 간자를 쥐고 나타났는데 많은 군사가 주위를 엄숙하게 시위(侍衛)하였다. 유홍경에게 말하기를 "상제께서는 저의 주청을 윤허하시어 공의 수명을 25년 더하셨소. 또한 부귀가 3대에 이르고 자손에게 화가 없게 하셨소." 유홍경이 잠에서 깬 후 그 관상가를 만나니 놀라 말하기를 "그대에게는 음덕(蔭德)이 있군요. 장차 편안히 장수할 것이오."

李子至夢論大衍全數、而壽止四十九。

이자지(李子至)는 꿈에 대연(大衍)의 모든 수(數)를 논하고 수명이 49세에 그쳤다.

> 唐書曰、李適字子至、仕至工部侍郎、卒年四十九。嘗夢與人論大衍數。寤曰、吾壽盡此乎。
>
> 《당서(唐書)》에 이르기를, 이적(李適)[6]은 자(字)가 자지(子至)이다. 관직이 공부시랑(工部侍郎)에 이르렀고 49세에 죽었다. 일찍이 꿈속에서 어떤 사람과 더불어 대연수(大衍數)[7]에 대해 토론하였다. 이자지(李子至)가 잠에서 깨어 말하기를 "나의 수명은 49에 다하리라."

褚彦回夢差卜蓍一策、而壽止四十八。

저언회(褚彦回)는 꿈에 점치는 산(算)가지 한 개를 빼내고 수명이 48세에서 그쳤다.

> 陳書曰、褚彦回少時嘗篤病、夢人以卜蓍一具與之、遂差其一。至四十八、寢疾卒。
>
> 《진서(陳書)》에 이르기를, 저언회(褚彦回)가 젊었을 때 일찍이 깊은 병에 걸렸다. 꿈에 어떤 사람이 점치는 일구(一具)[8]를 주면서 빼내라고 하길래 한 개를 빼내었다. 저언회는 48세에 잠자다가 죽었다.

沈慶之夢絹二疋。

심경지(沈慶之)는 꿈에 비단 두 필(疋)을 보았다.

> 解見財貨篇、壽算有定注。

풀이는 《재화편(財貨篇)》의 '수명(壽命)의 계산은 정한 바가 있다.' 273p를 보시라.

劉之亨夢鯉二頭。

유지형(劉之亨)은 꿈에 잉어 두 마리를 보았다.

南史曰、梁有郡太守劉之亨、嘗夢二人姓李、請乞命。未之解也。明日仲
夏、有遺生鯉二頭、之亨悟曰、必夢中之感、乃放之。是夜又夢來謝云、當
令君延算。

《남사(南史)》에 이르기를, 양유군(梁有郡)의 태수 유지형(劉之亨)은 일찍이 꿈을 꾼 적이 있다. 두 사람이 나타나 말하기를 자신들은 이가(李哥)⁹⁾라고 밝히며 살려주기를 간절히 청하였다. 유지형은 잠에서 깨자 그 이유를 알지 못했는데 잠시 후 한 사람이 중하(仲夏)¹⁰⁾의 보양식이라 하여 잉어 두 마리를 바치길래 그제야 깨달아 말하기를 "이는 꿈속에서 감응한 일이다." 유지형은 즉시 방생(放生)하였다. 그날 밤 유지형의 꿈에 그 두 사람이 나타나 고하기를 "저희를 살려주시어 감사합니다. 마땅히 공(公)의 수명을 연장시켜 드리겠습니다."

王子堇占夢棘、而知爲妖徵。

왕자근(王子堇)은 꿈에 가시를 본 것은 요사(妖邪)한 징조를 안 것으로 점쳤다.

解見字畫篇、蘇棘注。

풀이는 《자획편(字畫篇)》의 '가시나무(棘)를 꿈에 보았다.' 324p를 보시라.

趙直占夢桑、而決其壽數。

조직(趙直)은 뽕나무 꿈을 점쳐서 그 수명의 수(數)를 결정하였다.

益都耆舊傳曰、何祗夢桑生井中。趙直占曰、桑非井中之物、桑字四十八、
君壽恐不過此。祗年四十八而卒。佩觿集曰、丁固夢井中生桑。

《익도기구전(益都耆舊傳)》에 이르기를, 하기(何祇)는 꿈에 우물 안에 뽕나무가 생긴 것을 보았다. 하기가 잠에서 깬 후 조직(趙直)에게 점몽을 청하니 답하기를 "뽕나무는 우물 속에 있을 물체가 아닙니다. 상자(桑字)[11]는 48이니 그대의 수명이 이를 넘기지 못할 것이 두렵소." 과연 하기는 나이 48세에 죽었다.

《패휴집(佩觿集)》에 이르기를, 정고(丁固)는 꿈에 우물 안에 뽕나무가 생긴 것을 보았다.

寶老夢延三紀。

두노인(寶老人)은 꿈에서 삼기(三紀)를 더해 받았다.

宋史曰、寶禹鈞漁陽人、家甚豐、年三十無子。夢亡祖父曰、予無子、壽不永、宜早修行。禹鈞唯諾。後十年復夢告之曰、陰府以汝近年有蔭德、延算三紀、賜五子各榮顯。范文正公述其事。

《송사(宋史)》에 이르기를, 두우균(寶禹鈞)[12]은 어양인(漁陽人)으로 부유하였으나 30세에도 아들이 없었다. 두우균의 꿈에 죽은 할아버지가 말하기를 "너는 아들이 없고 수명도 길지 않으니 이제부터라도 수도(修道)하라." 두우균은 실천할 것을 약속하였다. 두우균은 잠에서 깨자 남을 도우며 근실(勤實)하게 살았는데 10년이 되자 할아버지가 다시 나타나 말하기를 "음부(陰府)에서는 네가 근년에 음덕(蔭德)을 쌓은 것을 알고 산정(算定)하여 수명에 3기(紀)[13]를 더하고 아들 다섯을 주기로 정했다. 아들들은 장차 영현(榮顯)할 것이다." 후일 과연 응험하였고 범문정공(范文正公)이 이 일을 듣고 기록하였다.

徐溥夢有兩于。

서부(徐溥)는 꿈에 우(于)를 둘 가졌다.

謇齋瑣綴錄曰、徐溥謁范文正公廟、少憩假寐、忽夢一人朱冠來曰、君壽還有兩于。覺而思之、以爲二十年也。其後二十二年卒。蓋于字兩十兩一、合爲二十二云。

《건제철록(謇齋瑣綴錄)》에 이르기를, 서부(徐溥)는 범문공(范文公)의 사당(祠

堂)을 배알(拜謁)하였다. 잠깐 쉬는 사이에 졸게 되었는데 홀연히 꾸었다. 붉은 관(冠)을 쓴 한 사람이 찾아와 말하기를 "그대의 수명은 우(于)가 둘이 있게 될 때 끝마치게 될 것이오." 서부가 잠에서 깨어 보니 20년(二十年)인 것 같았다. 그러나 그 후 22년(二十二年)이 되어 죽었다. 모두가 십(十)이 둘, 일(一)이 둘이니 합(合)하면 22(二十二)이다.

查道夢積善、而增齡。

사도(查道)는 꿈을 꾸기를, 좋은 일을 많이 했다 하여 수명이 더해졌다.

宋史曰、查道嘗夢神人謂曰、汝位至正郞、壽五十七而享年六十四者。積善所延也。

《송사(宋史)》에 이르기를, 사도(查道)[14]가 일찍이 꿈을 꾸었는데 신인(神人)이 말하기를 "너의 관위(官位)는 정랑(正郞)에 이를 것이며 수명은 57세인데 64세까지 향유(享有)할 것이다. 이는 좋은 일을 많이 하여 수명이 더해진 것이다."

鄭玄夢歲辰、而合讖。

정현(鄭玄)은 꿈에 세진(歲辰)[15]을 알고 참어(讖語)[16]에 부합되었다.

解見神怪篇、孔子在天之靈注。

풀이는 《신괴편(神怪篇)》의 '공자(孔子)에게는 하늘의 신령함이 있다.' 390p를 보시라.

顔畿齒數未終、而復生之夢有驗。

안기(顔畿)의 수명은 아직 끝나지 않았으므로 다시 살아나는 꿈이 징험하였다.

晉書曰、顔含兄畿、咸寧中得病就醫、遂死於醫家。家人迎喪、旐每繞樹不可解、及還。其婦夢畿曰、吾壽未終、今當復生、可急開棺。其夕母及家人幷夢之、及發棺果有生驗、以手刮棺、指爪盡傷、但氣息甚微。飮哺累月、猶不能語、飲食所須、託之以夢、含侍養十有三年、足不出戶。

《진서(晉書)》에 이르기를, 안함(顔含)의 형 안기(顔畿)는 함녕(咸寧 A.D 275~279) 중에 발병하여 의원(醫院)에 입원하였다가 그곳에서 죽었다. 가족들은 안기의 시신(屍身)을 인수 받아 장지(葬地)에 이르러 매장하려고 했는데 구사기(龜蛇旗)를 나무에 묶어도 매번 풀리지 않아 이상히 여겨 시신을 운반해 집으로 돌아와 집안에 안치하였다. 그날 밤 안기의 아내가 꿈을 꾸었다. 안기가 말하기를 "나는 죽지 않고 살아있으니 빨리 관(棺)을 열고 꺼내주시오." 아침이 되니 온 가족이 같은 꿈을 꾼 것을 알게 되자 가족들은 안기의 관 뚜껑을 뜯어내었는데 안기를 보니 미약하게 숨을 쉬고 있었고 관을 긁느라고 손톱들이 상해 있었다. 가족들이 안기에게 음식을 먹이니 소생하였고 여러 달이 지나니 말은 못하였으나 스스로 먹을 수는 있었다. 안함이 13년간 보살폈는데 외출할 정도는 못되었다. 이는 꿈이 응험한 것이다.

慕容德年算將盡、而禪位之夢可推。

모용덕(慕容德)은 꿈에 수명이 다할 것을 알고 선위(禪位)할 꿈이라고 추측하였다.

晉書曰、慕容德迎兄子超至長安、德夜夢其父曰、汝旣無子、何不超立、超爲太子、不爾惡人生心。寤而告其妻曰、先帝神明所勅、觀此夢意、吾將死矣。乃以超爲皇太子、是月德果亡。

《진서(晉書)》에 이르기를, 모용덕(慕容德)[17]은 형의 아들 모초(慕超)를 장안(長安)으로 초청하였다. 그러자 모용덕의 꿈에 부황(父皇)이 말하기를 "너는 나이가 다한 채 아들이 없는데도 어찌해 모초를 태자로 세우지 않느냐? 그렇지 않으면 악인들이 다른 마음을 낼 것이다." 모용덕이 잠에서 깨어 황후에게 말하기를 "꿈에 선제의 신명(神明)이 짐에게 후계자를 정하라고 명령하셨소. 꿈의 의미를 생각해 보니 짐은 장차 죽을 것이오." 따라서 모초를 황태자로 삼았다. 모용덕은 한 달 후에 과연 죽었다.

宋穎夢亡婦來辭。

송영(宋潁)은 꿈에 죽은 아내가 찾아와 사연을 말하였다.

夢儁曰、後魏、宋潁妻鄧氏亡十五年。忽夢亡妻向潁拜曰、今被處分爲高崇妻、故來辭、流涕而去。數日崇妻卒。

《몽준(夢儁)》에 이르기를, 후위(後魏) 때 송영(宋潁)은 아내 등씨(鄧氏)가 죽은 지 15년이 되었을 때 꿈에 아내를 보았다. 아내가 절을 한 후 말하기를 "지금 소첩이 묻혀있는 땅은 곧 나누어져 고숭(高崇)의 아내가 일부를 차지할 것입니다. 그래서 미리 찾아와 알려 드립니다." 그런 후 아내는 눈물을 흘리며 사라졌다. 송영이 잠에서 깨고 나서 수일 후 과연 고숭의 아내는 죽어 등씨의 묘 곁에 묻혔다.

李妻夢夫君泣別。

이(李)의 아내는 꿈에 남편이 눈물을 흘리며 이별을 하였다.

太平廣記曰、隴西李梢雲、范陽盧君虛婿也、性縱酒。其妻夜夢捕梢雲等十數人、雜以倡妓、號泣別去。驚覺、梢雲是夜夢亦如之、因斂畏、三年無恙。梢雲以夢不驗、復縱恣。明年上巳與李蒙・裴士南・梁襄等十餘人、泛舟曲江、選攜長安名倡、酒酣舟覆、盡溺死。

《태평광기(太平廣記)》에 이르기를, 농서(隴西)의 이소운(李梢雲)은 범양(范陽)의 노군허(盧君虛)의 사위인데 성품이 방탕하고 주색(酒色)을 즐겼다. 그의 아내가 어느 날 밤에 꿈을 꾸었다. 이소운과 창기(倡妓)들을 포함한 10여 명이 서로 붙들고 통곡하면서 큰 소리로 이별을 고하는 것이었다. 놀라서 깨었는데 곁의 이소운도 똑같은 꿈을 꾸었다고 말하였다. 이로 인해 이소운은 두려워하여 매사를 삼가니 탈 없이 3년이 지나갔다. 그러자 이소운은 맞지 않는 꿈이라고 단정하고 예전처럼 방탕하였다. 다음 해 상사일(上巳日)[18]에 이소운은 장안(長安)의 유명한 창기들을 불러와 벗 이몽(李蒙), 배사남(裴士南), 양양(梁襄) 등과 함께 10여 명이 배를 타고 곡강(曲江)에서 놀다가 배가 강 가운데 이르러 취흥이 도도할 때 갑자기 배가 뒤집혀 모두 익사하였다.

婁公夢祿命之籍。

누공(婁公)은 꿈에서 복록(福祿)과 수명(壽命)이 적힌 책을 보았다.

> 宣室志曰、婁師德少臥疾、夢紫衣人來召之、行數里、見路傍廨署、朱門甚
> 高、曰、地府院。師德入其院、吏卒辟易、見一王者、曰、司命主世人祿命之
> 籍也。有書數千幅在案上、傍有綠衣者稱爲按掾、婁師德視己名歷官次
> 第、位至台輔、壽至八十。驚寤疾亦間、後入仕歷官、咸如夢中所見。及爲
> 西涼帥、見黃衣使者來召。師德曰、吾見司命之籍、位壽俱高、何爲遽見
> 召。黃衣人曰、公爲某官、悞殺無辜人、位與壽爲主吏所降。臥疾三日卒。

《선실지(宣室志)》에 이르기를, 누사덕(婁師德)[19]은 젊었을 때 병으로 오래
누워있었다. 누사덕(婁師德)이 꿈을 꾸었다. 자색(紫色)옷을 입은 사람이 찾
아와 부르길래 수십 리를 따라 가니 큰 관청건물에 도착하였다. 매우 높
은 주문(朱門) 위에는 지부원(地府院)이라고 쓰여진 현판이 보였다. 문 안으
로 들어가니 이졸(吏卒)이 누사덕을 데리고 왕 앞에 대령하였다. 왕이 말
하기를 "나는 사명군(司命君)으로 세상 사람들의 수명(壽命)과 복록(福祿)을
주관하고 있다. 네가 왜 이곳에 왔는지 이제 알겠느냐?" 이때 책상 위에
수천 폭의 두루마리가 있었는데 한 관리가 그중 한 권을 펴 누사덕의 이
름을 찾아 사명군 앞에 나와 고하기를 "누사덕은 장차 관직이 태보(台輔)
에 이르고 수명은 80세입니다. 그러니 사자(使者)가 잘못 데려왔습니다."
녹색 옷의 안연(按掾)이 책을 펴서 보여주는데 보니 장차의 관직명과 수명
이 적혀 있었다. 누사덕은 잠에서 깨었고 병 또한 저절로 나았다. 누사덕
은 얼마 후 입사(入仕)하여 여러 관직을 역임하여 서량수(西涼帥)까지 이르
러 보니, 꿈의 내용과 같았다. 어느 날 누사덕이 꿈을 꾸었다. 사자(使者)가
와서 지부원으로 같이 가자고 말을 하였다. 누사덕이 놀래 말하기를 "내
가 과거에 사명군의 책에서 본 바에 의하면 관직과 수명이 많이 남았는데
어찌 벌써 부르시지요?" 답하기를 "공은 지난날 공무를 처결하며 무고(無
辜)한 사람을 죽인 죄가 있어 관직과 수명이 삭감되었소." 누사덕은 잠에
서 깨자 병이 나 3일 후에 죽었다.

呂諲夢地府之官。

여인(呂諲)은 꿈에 지부(地府)의 관리를 보았다.

太平廣記曰、呂諲晝夢地府所、追見判官。諲曰、母老子幼、家無所主、拮告甚切。判官令送王。王問左右、對曰、此人已得一替。問替爲誰、曰、蒯適、諲與妻兄顧沆同宿。旣覺爲沆言之、後數十日、無恙而卒。

《태평광기(太平廣記)》에 이르기를, 여인(呂諲)은 낮잠을 자다가 꿈을 꾸었다. 지부(地府)[20]에 끌려가 판관(判官) 앞에 대령(待令)하였다. 여인은 억울하게 느껴져 호소하기를 "저의 어머니는 늙고 자녀는 어리며 주업(主業)이 없어 빈궁하니 저를 이승으로 돌려 보내주십시오." 그러자 판관은 수긍하며 염라왕(閻羅王)에게 인도하였다. 염라왕이 부관(部官)에게 여인의 생사부(生死簿)를 확인케 하니 답하기를 "괴지(蒯地)에서 여인과 함께 사는 처형(妻兄) 고항(顧沆)을 데려올 것을 잘못 데려 왔습니다." 여인은 잠에서 깨자 고항에게 꿈을 말하였는데 수일 후 고항은 아무 탈 없이 갑자기 죽었다.

栢誓夢太守相迎。

백서(栢誓)는 꿈에 태수(太守)와 서로 만났다.

搜神記曰、栢誓字明期、居豫章。時梅玄龍爲太守、先已病。誓往省之語。玄龍云、吾夜夢君遣人迎我、云二十八日君當拜。二十七日栢忽暴卒、二十八日玄龍卒。

《수신기(搜神記)》에 이르기를, 백서(栢誓)는 자(字)가 명기(明期)인데 예장(豫章)에서 살았다. 이때 매현룡(梅玄龍)이 예장태수(豫章太守)로 재직 중이었는데 그는 일찍부터 병을 앓고 있었다. 백서는 어느 날 밤에 꿈속에서 태수 매현룡을 만나자 꿈을 고하기 위해 관청으로 갔다. 매현룡이 백서에게 먼저 말하기를 "내가 밤에 꿈을 꾸었다. 그대가 사람을 보내 나를 맞이하며 말하기를, '28일에 내가 사람들로부터 절을 받을 것'이라고 했다." 27일이 되자 백서가 갑자기 죽었고 28일에는 매현룡이 죽었다.

王瞻夢吏人奉詔。

왕첨(王瞻)은 꿈에 관리가 조칙(詔勅)을 받들라고 말했다.

稽神錄曰、虔化縣令王瞻、罷任往建業、泊舟秦淮、病甚。夢朱衣執牒至
曰、君命已盡、今奉詔。瞻曰、命不敢辭、但舟中隘狹、欲寬暇之、使得登岸
可也。吏許諾以五日爲期。旣寤卽僦舍、營凶具敎其子、哭踊之節、召六親
爲別、至期登榻而卒。

《계신록(稽神錄)》에 이르기를, 건화현령(虔化縣令) 왕첨(王瞻)은 사직(辭職)하
고 건업(建業)으로 가는 길에 진회(秦淮)에서 배가 정박하였다. 이때 왕첨
은 병이 깊었는데 배 안에서 잠을 자다가 꿈을 꾸었다. 붉은 옷의 신인(神
人)이 첩지(牒紙)를 받들고 와서 고하기를 "그대의 수명은 이제 다했으니
상제(上帝)의 부름을 따르라." 왕첨이 답하기를 "명(命)을 거역하지는 않겠
으나 지금 배가 협곡(峽谷)에 정박 중이므로 하류의 넓은 곳으로 옮긴 후
강변에 내려야만 가능하오." 그러자 신인은 5일의 여유를 주었다. 왕첨은
잠에서 깬 후 귀가하여 빈소(殯所)를 마련하고 상구(喪具)를 갖춘 후 유언
하니 아들은 절의(節義)로워 뛰면서 통곡하였다. 왕첨은 6친(六親)을 불러
작별하고 약속기일에 침상에 올라 죽었다.

此則天命不移、人生前定者也。若夫棺槨塚墓、乃送死厚終之制。而形諸夢
寐者、亦有吉凶之殊焉。是故趙良器夢棺十一、而貴列中書。

이러한 꿈을 보면 천명(天命)은 옮길 수 없고 인생은 앞이 정해져 있음을 알
수 있다. 이 같으니 대저 관곽(棺槨), 무덤, 분묘(墳墓)는 죽은 사람을 좋게 마
무리하여 송별하는 제도이다. 이렇게 여러 형태의 꿈이 있으므로 길흉 또
한 각기 다르게 나타난다. 그러므로 조양기(趙良器)는 꿈에 11구(具)의 관
(棺)을 보고서 중서(中書)가 되어 귀인(貴人)의 반열(班列)에 올랐다.

定命錄曰、趙良器嘗夢有十餘棺、並頭而列、良器從東歷踐其棺、至第
十一棺、破陷其脚。後果歷仕十一職、至中書舍人卒。

《정명록(定命錄)》에 이르기를, 조양기(趙良器)는 일찍이 꿈을 꾼 적이 있다.
10여 개의 관(棺)이 나란히 줄지어 있길래 동쪽에서부터 관위를 밟으며
걷다가 11번째 관 뚜껑을 밟으니 뚜껑이 부서지며 발이 관 안으로 빠졌
다. 조양기는 잠에서 깬 후 여러 관직을 거쳤는데 11번째의 관직 중서사
인(中書舍人)에 이르렀을 때 갑자기 죽었다.

高達夫夢棺寬大、而秩改詹事。

고달부(高達夫)는 넓고 큰 관(棺)을 꿈에서 보고 첨사(詹事)로 직위가 바뀌었다.

定命錄曰、高適字達夫、仕廣陵長史、夢大廳上疊累棺木、從地至屋脊、又見傍有一棺、極爲寬大、身入其中、四面不滿。果歷諸任、改爲詹事、蓋寬慢之官也。

《정명록(定命錄)》에 이르기를, 고적(高適)[21]은 자(字)가 달부(達夫)인데 광릉장사(廣陵長史)로 있을 때 꿈을 꾸었다. 큰 건물 바닥 위에서 서까래까지 관(棺)이 관(棺)이 거듭 겹쳐 쌓여있는데 또한 옆에 매우 크고 넓은 관(棺)이 보여서 고적이 큰 관 안에 들어가 누워 보니 사방이 넉넉하였다. 고적은 잠에서 깬 후 여러 관직을 역임하였는데 마지막으로 첨사(詹事)로 재직할 때가 제일 편하고 오래였다.

夢一棺至堂中、而李公入相。

꿈에 관(棺) 하나가 집 가운데 이르고서 이공(李公)은 재상(宰相)이 되었다.

紀異錄曰、李逢吉有婢、夢一人昇棺至堂後、云、此置在地、不久移入堂中。俄除中書舍人、後入相。

《기이록(紀異錄)》에 이르기를, 이봉길(李逢吉)[22]의 여종이 꿈을 꾸었다. 한 사람이 관(棺)을 머리에 이고 집 뒤에 와서 말하기를 "이것을 땅에 두었다가 오래지 않아 집 가운데 들여놓라." 그 꿈 후 얼마 지나지 않아 이봉길은 중서사인(中書舍人)[23]을 제수받았고 후일에는 재상(宰相)이 되었다.

夢二棺落天上、而索充再遷。

색충(索充)은 하늘에서 두 구(具)의 관(棺)이 떨어지는 꿈을 꾸고서 두 번 추천(推遷)되었다.

晉書曰、索充夢天上有二棺落。充前以問索紞、紞曰、棺者職也、當有京師貴人擧君、二棺者、類再遷也。俄而司徒王戎、書屬太守使擧充、太守先署充功曹、擧孝廉。

《진서(晉書)》에 이르기를, 색충(索充)은 어느 날 하늘에서 두 구(具)의 관(棺)이 앞에 떨어지는 꿈을 꾸었다. 색충이 색담(索紞)에게 해몽을 청하니 답하기를 "관(棺)은 직책을 상징한다. 경사(京師)에 있는 귀인(貴人)이 그대를 두 번 추천하리라." 얼마 되지 않아 사도(司徒) 왕융(王戎)[24]이 색충이 거주하는 군(郡)의 태수(太守)에게 색충을 추천하라는 서신을 보냈다. 그러자 태수는 색충을 제일 먼저 공조(功曹)에 효렴(孝廉)[25]으로 추천하였다.

陽休之夢登冢扳柱、而進位封公。

양휴지(陽休之)는 꿈에 흙더미 위에 올라가 기둥을 잡아당기고서 관위(官位)가 승진하여 공(公)에 봉해졌다.

> 隋書曰、陽休之夢黃河北驛、道從東往西、道南一冢極高大。休之登冢頂、見一銅柱、跌爲蓮花形、休之從西北登柱礎上、以手扳柱、柱乃右轉。休之咒曰、柱轉三匝、吾至三公。柱遂轉三匝而止、後果驗。

《수서(隋書)》에 이르기를, 양휴지(陽休之)[26]가 꿈을 꾸었다. 황하(黃河)의 북쪽에 있는 역(驛)의 도로를 따라서 동에서 서로 가니 남쪽에 매우 높고 큰 흙더미[27]가 보였다. 양휴지가 꼭대기까지 오르니 구리기둥이 세워져 있었는데 기반(基盤)은 연꽃 모양이었고 초석(礎石)들이 받치고 있었다. 서북쪽 초석 위에 올라 손으로 기둥을 쓰다듬듯이 당기니 오른쪽으로 회전하였다. 양휴지가 기둥을 향해 기도하기를 "기둥아! 세 번만 돌아라. 그러면 나는 삼공(三公)에 이르리라." 말이 끝나자 기둥은 저절로 세 번 돌고 그쳤다. 양휴지는 삼공에 이르렀다.

朱照鄰夢造棺弗成、而應擧下第。

주조린(朱照鄰)은 꿈에 관(棺)이 완성되지 않았으므로 과거(科擧)에 응시하여 하위되게 급제하였다.

> 宋史曰、朱照鄰景祐中應擧、夢造棺缺而弗成。是歲上省不及第、晚遇權貴貶出。此造棺弗全之驗也。

《송사(宋史)》에 이르기를, 주조린(朱照鄰)이 경우(景祐 A.D 1034~1038) 중에 꿈을 꾸었다. 관(棺)을 만들었는데 결함이 있어 완전하지 못하였다. 주조린은 잠에서 깬 후 성시(省試)에 응시하여 관리가 되었는데 만년에 권세가의 미움을 받아 파면당했다. 이는 완전치 못한 관을 만든 꿈이 응험한 것이다.

周堅伯夢講道坐陰堂、而嘆其壽盡。

주견백(周堅伯)은 꿈에 명부(冥府)에 앉아서 도(道)를 강의 받고 나서 그 수명이 다하였음을 탄식하였다.

> 後漢書曰、周磐字堅伯、建光元年年七十三歲。朝會集諸生講論終日、因語二子曰、吾日者夢見先師束里先生、與我講於陰堂之奧。豈吾壽之盡乎。其月望日無病卒。
>
> 《후한서(後漢書)》에 이르기를, 주반(周磐)[28]은 자(字)가 견백(堅伯)이고 건광 원년(建光元年 A.D 121)에 73세였다. 조회(朝會)에 여러 학생이 모였는데 종일토록 강론하였다. 그리고 나서 두 아들에게 말하기를 "나는 오늘 꿈을 꾸었다. 스승 속리선생(束里先生)이 명부(冥府)의 깊은 곳에서 나에게 강의하셨다. 그러니 내 목숨이 다하지 않았겠느냐?" 주반은 그달 보름날 병없이 갑자기 죽었다.

李元忠夢執炬入父墓、而兆在光前。

이원충(李元忠)은 꿈에 횃불을 들고 아버지의 묘(墓)에 들어감으로써 선조(先祖)에게 빛이 비추는 징조를 가졌다.

> 事類合壁曰、李元忠將仕、夢手執炬、入其父墓中。夜驚起甚惡之、旦告其受業師、占云、大吉、可謂光照先人也。竟如其言。
>
> 《사류합벽(事類合壁)》에 이르기를, 이원충(李元忠)[29]이 장차 관직에 나아가려 할 때 꿈을 꾸었다. 손에 횃불을 들고 아버지의 묘(墓) 가운데로 들어갔다. 밤에 놀라서 깨어 일어났는데 매우 좋지 않은 기분이었다. 아침에 점사(占師)에게 물어보니 이르기를 "대길하오. 빛이 선조에게 비춘다고 이를 만하오." 결국 그 말처럼 되었다.

至於溫序·李德裕之死也、皆託夢而得歸葬。豈非精爽之未嘗泯滅者哉。

온서(溫序)와 이덕유(李德裕)는 죽은 후 모두가 꿈을 의탁함으로써 고향에 돌아가 묻히게 되었다. 이를 두고 어찌 정신이 맑지 못하여 일찍부터 가물 가물한 자의 꿈의 소치(召致)라고 말할 수 있는가?

袁宏漢紀曰、溫序字次房、護羌校尉死節。世祖詔葬洛陽城旁、長子壽爲鄒平候相。夢序告曰、舊客思鄉、壽即棄官上書歸葬。唐書曰、李德裕既沒、見夢於令狐綯、公辛哀我、使得歸葬。綯語其子滈、滈曰、執政皆憾可乎。既夕又夢、綯懼曰、衛公精爽可畏、不言禍將及。遂告於帝、以喪還。

《원굉한기(袁宏漢紀)》에 이르기를, 온서(溫序)[30]는 자(字)가 차방(次房)인데 호강교위(護羌校尉)가 되어 변방에서 절의(節義)를 지키다가 죽었다. 그러자 세조(世祖)는 가상(嘉尙)히 여겨 온서의 시신을 찾아오게 하여 온서의 장남 온수(溫壽)를 추평후상(鄒平候相)에 임명하였다. 온수가 어느 날 꿈을 꾸었다. 아버지 온서가 나타나 말하기를 "나는 오랜 세월을 타향에서 지내며 고향만 그리워하고 있다." 온수는 잠에서 깨자 관직을 포기하는 상서(上書)를 올리고 아버지의 시신을 고향땅에 옮겨 묻었다.

《당서(唐書)》에 이르기를, 이덕유(李德裕)[31]가 죽은 후의 일이다. 영호도(令狐綯)의 꿈에 이덕유가 나타나 말하기를 "공은 나를 깊이 애도하는구려. 청하니 나를 고향땅에 묻어주시오." 영호도가 잠에서 깬 후 아들 호(滈)에게 꿈을 말하니 호가 답하기를 "이공(李公)께서는 백성들에게 선정(善政)을 베풀어 백성들은 지금도 감복(感服)하고 있습니다. 청을 따르시지요." 그러나 영호도는 여러 날 동안 미루기만 하였다. 그러자 영호도는 똑같은 꿈을 꾸었다. 영호도가 잠에서 깨어 두려워하며 말하기를 "위공(衛公)의 위엄은 두렵다. 따르지 않는다면 장차 화가 미치리라." 영호도는 당일 황제를 배알하여 이덕유의 시신이 고향에 돌아가 묻히게 상주하여 윤허를 받았다.

■ 注疏
────────

1) 태임(太任): 주문왕(周文王)의 어머니. 《烈女傳》에 이르기를, 太任은 摯任의 中女이다. 性端一誠한데 王季와 결혼하여 임신하여서는 나쁜 것을 듣지 않고 胎敎에 힘써 문왕을 낳았다.

2) 우문영귀(宇文永貴): 宇文貴, 北周人. 戰功이 있어 許國公에 封해졌고 官은 太保에까지 이르렀다.

3) 공명지(龔明之): 宋人, 字는 熙中. 효성이 지극하였다. 60세에 鄕貢에 급제하여 高州文學이 되었다. 평생 타인의 단점을 지적하지 않았으며 모습과 말을 꾸미지 않았다. 저서는 《中吳紀聞》, 《宋史新編》.

4) 《한묵전서(翰墨全書)》: 明의 王字가 撰한 12권, 尺牘과 書簡을 쓰는 법에 대해 써 있다. 그 목록을 보면 節序, 慶賀, 冠禮, 婚禮, 喪祭 등으로 되어있다.

5) 도첩(圖牒): 帳簿, 신분증명서. 대개 官府나 단체에서 개인에게 발급하는 品階를 포함한 신분증이다.

6) 이적(李適): 唐의 萬年人. 進士가 된 후 三敎珠英, 工部侍郎을 지냈다.

7) 대연수(大衍數): 《易繫辭傳上》에 이르기를, 大衍의 數는 50이고 그 用은 49이다.

8) 산(算)가지 일구(一具): 一具는 50개의 산가지이나 산가지 한 개는 太極을 의미한다 하여 점칠 때 빼어 놓고 49개를 사용한다.

9) 이가(李哥): 잉어의 鯉는 李와 同音이다.

10) 중하(仲夏): 음력 5월.

11) 상자(桑字): 桑은 十이 세 번 又(又)이 있고 八이 있으니 四十八이다.

12) 두우균(竇禹鈞): 後周人. 詞學으로 이름이 있었다. 太常少卿, 諫議大夫를 연임하였다. 名儒로 이름이 높아 원근에서 문하로 입문하는 자가 많았다. 五子儀, 儼侃 등이 그의 문하에서 등과하였다.

13) 3기(三紀): 《書傳洪範》에 이르기를, 五紀가 있으니 하나는 歲, 둘은 月, 셋은 日, 넷은 星辰, 다섯은 歷數이다. 《西京雜記》에 이르기를, 歲이다. 年歲는 年紀라고 한다. 《國語》에 이르기를, 12년은 歲星이 一周하니 一紀가 된다. 즉 3기는 3년 혹은 36년으로 볼 수 있다.

14) 사도(査道): 宋人, 字는 湛然. 端拱(A.D988~999)에 進士가 되어 眞宗 시에는 龍圖閣待制가 되었다. 성품은 純厚하고 寬恕하였다.

15) 세진(歲辰): 當該年度의 天干과 地支

16) 참어(讖語): 앞날을 예언하는 비밀한 말이나 글귀. 대개 陰陽風水에 이론적 근거를 가지고 있다.

17) 모용덕(慕容德): 南燕의 獻武帝, 字는 元明. 前燕시에 范陽王으로 封함을 받았으나 晉의 隆安(A.D397~401) 중에 四萬戶를 거느리고 稱帝하고 廣固에 定都하였다. 즉위 후 儒學을 장려하여 賢主라는 칭송을 들었다. 재위 A.D 398~4705.

18) 상사일(上巳日): 正月에서 日辰의 地支가 처음으로 巳가 되는 날.

19) 누사덕(婁師德): 唐의 原武人, 字는 宗仁. 德量이 있어 容人함이 있었다. 進士가 된 후 殿中侍御史 겸 河源軍司馬가 되어 吐蕃과 8번 싸워 8번 이겼다. 武后 시에 平章事를 연임하였다.

20) 지부(地府): 저승.

21) 고적(高適): 唐의 渤海人. 성품은 磊落하였으며 節義를 숭상하였다. 50세가 지나 詩를 시작하였으나 才思가 奇縱하였다. 諫議大夫, 代宗 시에는 刑部侍郎을 지냈다.

22) 이봉길(李逢吉): 唐, 隴西人, 字는 虛舟. 進士에 급제한 후 憲宗 시에는 中書門下平章事, 穆宗 시에는 兵部尙書를 지냈다.

23) 한 사람이~중서사인(中書舍人)을 제수받았고: 관(棺)을 머리에 이었음은 承棺이니 이는 同音인 昇官으로 해석하여 관직이 오르는 것이다. 만약 東向 혹은 南向의 집이라면 後堂은 西일 가능성이 높

으니 舍西中이라고 풀이할 수 있으니 바로 中書舍人을 의미한다. 中書舍人은 詔勅의 草案을 작성하고 政事를 參議하는 중요 직책이다.

24) 왕융(王戎): 晉의 琅邪臨沂人. 어려서부터 穎悟하여 神彩가 秀徹하였다. 惠帝 시에 司徒에까지 올랐으며 竹林七賢 중의 하나이다.

25) 효렴(孝廉): 前漢 이래 士를 등용하는 科擧로써 孝와 廉直이 출중한 사람을 뽑는 과거의 일종. 또는 이의 급제자를 말한다.

26) 양휴지(陽休之): 北齊人, 字는 子烈. 풍모는 俊爽하고 勤學하였다. 中書侍郞을 하다가 天統(A.D565~569) 시에는 吏部尙書를 하였다. 저서는 《幽州人物志》와 《文集》.

27) 큰 흙더미: 冢은 山高起者, 무덤(塚), 封土의 뜻을 지닌다. 封土는 제후, 相公의 뜻이니 땅을 하사받기 때문이다.

28) 주반(朱磐): 後漢의 安成人. 陽夏重合令이 되었다가 어머니의 병환 때문에 사임하고 귀향하였다. 어머니가 죽은 뒤 무덤 옆에서 살면서 후학을 지도하니 門徒가 千餘人이 되었다.

29) 이원충(李元忠): 北齊人. 성품이 仁恕하고 孝誠이 있었다. 永安초에 南趙郡太守, 神武 시에는 驃騎大將軍을 지냈고 晉陽縣伯에 封하여졌다.

30) 온서(溫序): 後漢의 祁人이다. 州從事가 되었다가 建武(A.D 25~56) 중에 侍御史를 하다가 護羌校尉가 되었고 苟宇所에 의해 죽임을 당하였다.

31) 이덕유(李德裕): 唐의 贊皇人. 字는 文饒. 젊어서부터 학문에 힘썼으며 節義가 있었다. 敬宗 시에 浙西觀察使, 武宗 시에는 淮南節度使를 하다가 入相하여 蕃鎭의 禍를 잘 무마하였다. 衛國公에 封해졌으나 宣宗 시에 시기하는 자의 모함을 받아 죽었다. 저서는 《次柳舊聞》, 《會昌一品集》.

海鷗

新羅 ·崔致遠

慢隨花浪飄飄然
輕擺毛衣眞水仙
出沒自由塵外境
往來何妨洞中天
稻粱滋味好不識
風月性靈深可憐
想得漆園胡蝶夢
只應如我對君眠

갈매기

신라 ·최치원

꽃물결 따라 이리저리 한가로이 날며
털옷 가볍게 흔드니 물위의 참 신선(神仙)일세.
티끌세상 밖으로 마음껏 드나들 수 있으니
하늘의 선계(仙界)를 왕래한들 누가 방해하랴?
벼,기장 좋은 맛도 알지 못하고
풍월(風月)의 영성(靈性)만 깊이 사랑하네.
아마 칠원(漆園)의 나비 꿈도
단지 내가 그대를 꿈꾸는 것과 같을 것이네.

최치원(崔致遠)

신라 말엽의 학자, 字는 孤雲, 海雲이다. 신라 48대 경문왕 9년(A.D 868)에 당나라에 유학하여 과거에 급제하여 仕官하다가《討黃巢檄文》을 지어 명성을 떨쳤으며 귀국하여 阿湌의 벼슬을 받았으나 사퇴하고 은거하였다. 저서는《桂苑筆耕 集》,《四六集》이 있다. 諡號는 文昌侯이다.

卷之七外篇

14. 봉조편 鳳鳥篇第十四

鳳鳥仁鳥也、德茂丹穴、道光紫庭、蓋與麟龍並靈矣。自鳳而降、總稱凡鳥、而卟夢則有辯焉。周宣夢書曰、鷄爲武吏、有冠距也。夢見雄鷄則憂武吏。

봉황(鳳凰)은 인조(仁鳥)이다. 덕(德)이 단혈(丹穴)[1]에까지 무성하고 도(道)의 광휘(光輝)가 궁정에까지 비출 때 대개 기린(麒麟), 용(龍)과 더불어 그 신령함을 나타낸다. 봉황이 내려온 것을 총칭하여 뭇 새의 범위에 포함시키거나 협몽(卟夢)에서는 다른 새들과 구별하고 있다. 주선(周宣)의 몽서(夢書)에 이르기를, 닭은 무관(武官)이니 벼슬과 발톱이 있기 때문이다. 꿈에 수탉을 본 것은 우수한 무관을 본 것이다.

出藝文類聚第九十一卷中。

출전(出典)은《예문류취제 91권(藝文類聚第九十一卷)》가운데이다.

若然則鶴·鳧爲仙鳥、鷹準爲義鳥、烏爲孝鳥、雉爲介鳥、孔雀爲文鳥、鴻雁爲賓鳥、鵲爲喜鳥、雎鳩鵁·鴿爲有別有序之鳥、鴟·鵩爲妖鳥、不可類推乎。是故夢鳳下溪宅、而齊世祖位禪明帝。

만약에 이와 같다면 학과 물오리는 선조(仙鳥)[2]이고 매는 의조(義鳥)[3]에 준(準)하고 까마귀는 효조(孝鳥)[4]이다. 꿩은 개조(介鳥)[5]이고 공작(孔雀)은 문조(文鳥)[6]이고 기러기는 빈조(賓鳥)[7]이고 까치는 희조(喜鳥)[8]이고 중경새와 비둘기는 유별조(有別鳥)[9]이고 할미새는 유서조(有序鳥)[10]이고 솔개와 올빼미는 요조(妖鳥)[11]이니 미루어 짐작함이 어찌 불가능하다고 하랴? 그러므로 꿈에 봉황(鳳凰)이 시내 옆의 집에 내려옴으로써 제(齊)의 세조(世祖)는 명제(明帝)에게 선위(禪位)하였다.

> 南齊書曰、世祖夢鳳凰從天飛下、靑溪宅齋前、兩翅相去十餘丈、翼下有紫雲氣。

> 《남제서(南齊書)》에 이르기를, 세조(世祖)가 꿈을 꾸었다. 봉황이 하늘에서 날아 내려와 푸른 시내 옆 제각(齋閣) 앞에 앉았는데 양 날개의 거리가 10장(十丈)이 넘었고 날개 밑에는 자색(紫色) 구름 같은 기(氣)가 있었다.[12]

夢鳳止家庭、而段少連官居學士。

꿈에 봉황이 집 뜰에 머물렀으므로 단소련(段少連)은 학사(學士)의 관직에 있게 되었다.

> 宋史曰、段少連開封人。其母鳳止於家庭、而少連生。

> 《송사(宋史)》에 이르기를, 단소련(段少連)[13]은 개봉인(開封人)이다. 그의 어머니가 꿈에 봉황이 집 뜰에 머무는 것을 보고서 단소련을 낳았다.

夢鳳集其身、而娠王遠知也。寶誌識其爲神仙宗伯。

꿈에 봉황들이 몸에 밀려오는 것을 보고서 왕원지(王遠知)를 임신하였다. 보지(寶誌)는 그 아이가 신선(神仙)의 우두머리가 될 것을 알았다.

> 唐書曰、王遠知父曇選爲揚州刺史、母晝寢夢鳳集其身、因有孕。浮屠寶誌謂王曇選曰、生子當爲方士。其後朝廷召見、諡升貞先生、壽百二十六歲。雞跖集曰、王遠知母夢靈鳳集身、因有娠、又聞腹中啼聲。僧寶誌曰、生子當爲神仙宗伯。

> 《당서(唐書)》에 이르기를, 왕원지(王遠知)[14]의 아버지 왕담선(王曇選)이 양주자사(揚州刺史)로 있을 때 그의 처는 낮잠을 자다가 꿈을 꾸었다. 봉황들이 자기 몸에 몰려오는 것을 보고 이로 인해 잉태하였다. 고승(高僧) 보지(寶誌)[15]가 왕담선에게 말하기를 "아들을 낳으면 그는 방사(方士)가 될 것이오." 왕담선은 아들을 낳자 왕원지라고 이름 지었다. 왕원지는 방사가 되

었으며 황제는 왕원지를 불러 승정선생(升貞先生)이라는 도호(道號)를 주었다. 왕원지는 126세까지 살았다.

《계척집(雞跖集)》에 이르기를, 왕원지의 어머니는 꿈에 신령한 봉황들이 몸에 몰려오는 것을 보고 잉태하였는데 또한 배 안에서 우는 소리도 들렸다고 한다. 고승 보지가 말하기를 "그런 아이는 신선의 우두머리가 되리라."

夢鳳集左肩、而生徐孝穆也。寶誌嘆、其爲天上麒麟。

꿈에 봉황이 날아와 왼쪽 어깨에 앉은 후 서효목(徐孝穆)을 낳았다. 보지(寶誌)가 감탄하기를, 천상(天上)의 기린(麒麟)이 이 아이가 되었다.

▲ 기린(麒麟)

陳書曰、徐陵字孝穆也。母臧氏夢五色雲化而爲鳳、集左肩。已而誕陵焉。陵數歲、寶誌手摩其頂曰、天上石麒麟也。

《진서(陳書)》에 이르기를, 서릉(徐陵)은 자(字)가 효목(孝穆)이다. 그의 어머니 장씨(臧氏)가 꿈을 꾸었는데 오색구름이 화하여 봉황이 되어 왼쪽 어깨에 몰려왔다. 이런 후 서릉을 낳았다. 서릉이 3, 4세 때 보지(寶誌)가 서릉의 정수리를 손으로 쓰다듬으며 말하기를 "이 아이는 천상(天上)의 돌기린(麒麟)이다.[16]"

夢吐白鳳、而揚雄甘泉之賦成。

꿈에 흰 봉황을 토하고서 양웅(揚雄)은 감천(甘泉)의 부(賦)를 지었다.

金樓子曰、揚雄作甘泉賦成、夢吐白鳳。西京雜記曰、揚雄夢著太玄、夢吐白鳳。

금루자(金樓子)가 말하기를, 양웅(揚雄)은 《감천부(甘泉賦)》를 지어 완성할 때 꿈에 흰 봉황을 토(吐)하였다.

《서경잡기(西京雜記)》[17]에 이르기를, 양웅(揚雄)이 《태현(太玄)》[18]을 저술(著

述)할 때 꿈에 흰 봉황을 토하였다.

夢接赤鳥、而劉漢太公之祥顯。

꿈에 붉은 까마귀에 닿고서 한(漢)의 유태공(劉太公)의 상서(祥瑞)가 나타났다.

> 帝王世紀曰、豐公家於沛之豐邑中陽里。其妻夢赤鳥若龍、戲己而生執
> 嘉、是爲太公太上皇。

> 《제왕세기(帝王世紀)》에 이르기를, 풍공(豐公)[19]의 집은 패(沛)의 풍읍(豐邑)
> 의 중양리(中陽里)이다. 그의 아내는 꿈에 용처럼 생긴 붉은 까마귀가 자기
> 에게 장난하는 것을 보고서 집가(執嘉)를 낳았다. 이가 바로 태상황(太上皇)
> 이 된 태공(太公)이다.[20]

夢紫鳥下降、而命名爲鸑。

꿈에 자색(紫色) 새가 내려 왔다고 하여 이름을 악(鸑)이라고 지었다.

> 唐書曰、張鸑字文成。爲兒童時、夢紫色大鳥五彩成文、降於家庭。其祖謂
> 之曰、五色赤文鳳也、紫文鸑也、爲鳳之佐。吾兒當以文章、瑞於明廷。因
> 以爲名字。

> 《당서(唐書)》에 이르기를, 장악(張鸑)은 자(字)가 문성(文成)이다. 장악이 어
> 린 아이였을 때 꿈을 꾸었다. 자색인 큰 새와 다섯 색깔의 빛이 나는 무늬
> 를 가진 새가 차례로 뜰에 내려왔다. 그의 할아버지가 말하기를 "다섯 빛
> 깔의 붉은 무늬는 봉(鳳)이고 자색 무늬는 악(鸑)으로 봉(鳳)의 보좌(補佐)이
> 다. 나의 아이는 반드시 앞날에 조정에서 문장이 빼어날 것이다." 그의 할
> 아버지는 이로 인해 이름을 지어 주었다.

夢大鳥飛、而改名爲狲。

꿈에 큰 새가 높이 나는 것을 보고서 이름을 고쳐 충(狲)이라고 하였다.

> 元史曰、字朮魯狲字子羣、鄧之順陽人。父居謙辟掾江西、以家自隨、生狲
> 贛江舟中、釜鳴者三、人以爲異。父沒家益落、狲乃自順陽復往江西、從新

喩蕭克翁學。克翁夜夢大鳥止其所居、翼覆軒前、擧家驚異、視之狒天而去。明日狒至、狒始名思溫字伯和、克翁以夢故爲易其名字。

《원사(元史)》에 이르기를, 패출노충(孛朮魯狒)[21]은 자(字)가 자휘(子翬)이다. 등(鄧) 지방의 순양(順陽) 사람이다. 그의 아버지 패출거겸(孛朮居謙)은 강의 서쪽을 순찰하는 관리였으므로 그의 어머니도 여러 날씩 남편을 따라다니다가 강 위의 배 안에서 패출노충(孛朮魯狒)을 낳았다. 이때 인근 마을의 아궁이들이 크게 세 번 우니 사람들은 이상히 여겼다. 패출노충은 어렸을 적에 아버지가 죽어 가정은 몰락하였어도 순양(順陽)에서 강의 서쪽으로 왕복하면서 신유소극옹(新喩蕭克翁)의 문하에서 수학(修學)하였다. 신유소극옹이 어느 날 밤에 꿈을 꾸었다. 큰 새가 자기 집으로 날아와 지붕에 앉아 날개를 펴 추녀 끝까지 덮은 후 집을 들어 올리자 이상하여 놀래서 바라보니 큰 새는 하늘 높이 날아가 버렸다. 아침이 되어 패출노충이 집에 오니 신유소극옹은 간밤의 꿈을 기이하게 여겨 패출노충에게 충(狒)이라는 새로운 이름을 지어 주었는데 처음 이름은 사온(思溫), 자(字)는 백화(伯和)였다.

夢彩鳥入口、而羅含擅文藻之佳聲。

꿈에 문채(文彩)가 있는 새가 입으로 들어오는 것을 보고 나함(羅含)은 오로지 문사(文辭)를 연수(硏修)하여 아름다운 명성을 얻었다.

晉書曰、羅含晝臥、夢一鳥文彩異常、飛入口中。寤告叔母朱氏、朱曰、鳥有文彩、汝後必有文章。自此藻思日新。

《진서(晉書)》에 이르기를, 나함(羅含)[22]이 낮에 누웠다가 잠들어 꿈을 꾸었다. 한 이상한 문채(文彩)가 있는 새가 날아서 입에 들어왔다. 나함이 잠에서 깨어 숙모 주씨(朱氏)에게 말하니 주씨가 말하기를 "새에게 문채가 있었으니 너는 후일 반드시 문장을 이룰 것이다." 이후로 나함은 나날이 문사(文辭)가 발전하였다.

夢雙鳳集拳、而孫氏遭削桐之凶訊。

꿈에 봉황 두 마리가 주먹에 내려앉는 것을 보고서 손씨(孫氏)는 오동(梧桐) 지팡이를 짚는 흉사(凶事)를 만났다.

集異記曰、有孫氏求官、夢雙鳳集其兩拳。以問卜者、曰、鳳飛梧桐不捿、非竹實不食、卿當大凶、非苴杖則削杖也。後果遭母喪。

《집이기(集異記)》[23]에 이르기를, 손씨(孫氏)가 관직을 구하였는데 꿈에 봉황 두 마리가 양 주먹에 내려앉았다. 꿈을 점복자(占卜者)에게 물으니 말하기를 "봉황은 오동나무가 아니면 깃들지 않고 대나무 열매가 아니면 먹지 않습니다. 경(卿)은 반드시 크게 흉할 것이니 저장(苴杖)[24]이 아니면 삭장(削杖)[25]을 짚게 될 것입니다." 후에 과연 어머니의 상(喪)을 만났다.

夢呑金雞、而産興宗、是爲遼主之兆。

꿈에 금계(金雞)를 삼키고서 흥종(興宗)을 낳았다. 이는 요(遼)의 주군(主君)이 될 징조이다.

遼史曰、聖宗皇后蕭氏、夢金柱擎天、諸子欲上不能、后後至、與僕從皆陞、久之入宮。又夢拂承天太后榻、獲金雞呑之、膚色廣澤勝常。太后驚異曰、是必有奇子。已而生興宗。

《요사(遼史)》에 이르기를, 성종(聖宗)의 황후(皇后)인 소씨(蕭氏)가 꿈을 꾸었다. 금 기둥이 하늘을 떠받치고 있는데 여러 왕자(王子)들이 위로 오르려고 하였으나 오르지 못하였다. 그러나 황후 자신은 노복들에게 명령하여 천궁(天宮)까지 계단을 놓게 해 밟고 올라 천궁에 들었다. 황후는 천궁의 탑상(榻牀)에 앉아서 금계(金雞)를 붙잡아 삼켰는데 그런 후 피부가 평소보다 훨씬 광택해졌다. 황후가 놀래어 잠에서 깨어 말하기를 "나는 반드시 기이한 아들을 갖게 될 것이다." 이런 후 흥종(興宗)[26]을 낳았다.

夢懷玉燕、而孕張說、是爲宰相之徵。

꿈에 옥 제비를 품고 나서 장열(張說)을 잉태하였다. 이는 재상(宰相)이 될 징조이다.

唐書曰、張說字道濟。母夢玉燕自西南飛來、投入懷中、有孕生說。開元中爲中書令、封燕國公。

《당서(唐書)》에 이르기를, 장열(張說)은 자(字)가 도제(道濟)이다. 그의 어머니는 꿈에 옥 제비가 스스로 서남쪽에서 날아와 품 가운데 들어오는 것을 보고 잉태하여 장열을 낳았다. 장열은 개원(開元 A.D 713~741) 중에 중서령(中書令)이 되었고 연국공(燕國公)에 봉해졌다.

夢群鶴、而張氏生九齡。

꿈에 학(鶴)의 무리를 보고서 장씨(張氏)는 구령(九齡)을 낳았다.

唐書曰、張九齡字子壽。母夢九鶴自天而下、飛集於庭、遂名九齡。

《당서(唐書)》에 이르기를, 장구령(張九齡)[27]은 자(字)가 자수(子壽)이다. 그의 어머니는 꿈에 학 아홉 마리가 스스로 하늘로부터 내려와 날아서 뜰에 앉는 것을 보고 잉태하여 장구령이라고 이름을 지었다.

夢翠雞、而施氏生西子。

꿈에 취계(翠雞)를 보고서 시씨(施氏)는 서자(西子)를 낳았다.

翰府名談曰、西子母姓施氏、其母夢有翠雞五色、自空而下、久之化爲鶚而飛去。

《한부명담(翰府名談)》에 이르기를, 서자(西子)[28]의 어머니는 시씨(柴氏)이다. 시씨가 꿈을 꾸었다. 오색빛 취계(翠雞)[29]가 공중에서 내려와 오래 있더니 독수리로 변해 날아갔다. 그런 후 잉태하여 서자(西子)를 낳았다.

夢雁鶴來迎、而康節之數盡。

꿈에 기러기와 학이 찾아와 맞이함으로써 소강절(邵康節)은 수명이 다하였다.

錦繡萬花谷曰、邵康節晝睡、覺而言曰、吾夢旌旗鶴雁、自空而下、導吾神往矣。無以藥相逼也。

《금수만화곡(錦繡萬花谷)》에 이르기를, 소강절(邵康節)이 낮잠을 자다가 깨어 말하기를 "내가 꿈을 꾸니 정기(旌旗), 학, 기러기 등이 스스로 허공으

로부터 내려와 나를 인도하길래 나의 혼백(魂魄)은 그들을 따라갔다."고
하며 약을 가까이 하지 않고 죽음을 맞이하였다.

夢雌鶴飛去、而永叔之女亡。

꿈에 암학(鶴)이 날아가는 것을 보고서 구양영숙(歐陽永叔)의 딸이 죽었다.

> 見聞雜錄曰、歐陽永叔在夷陵、有姜詩廟、潛禱嗣續。家人夢一鶴飛來、自
> 云、雌鶴。果得女甚端麗、至八歲忽夢一鶴飛去、數日女暴卒。

《견문잡록(見聞雜錄)》에 이르기를, 구양영숙(歐陽永叔)[30]은 이릉(夷陵)에 있
을 때 강시묘(姜詩廟)[31]에 놀러가서 발심(發心)하여 후사(後嗣)를 얻게 해달
라고 간절히 기도하였다. 그런 후 아내가 꿈을 꾸었는데 학이 날아와 "저
는 암학입니다."라고 말하였다. 아내는 꿈을 꾸고 잉태하여 딸을 출산하
였다. 딸은 매우 단정하고 아름다웠는데 8세가 되자 아내는 꿈에 학이
날아가 버리는 것을 보았다. 며칠 후 구양영숙의 딸은 갑자기 죽었다.

夢折鸚鵡之翼、而廬陵王因以召還。

꿈에 앵무새의 날개가 부러져 있음으로써 여릉왕(廬陵王)은 이로 인해 소환
되었다.

> 太平廣記曰、唐則天后嘗夢鸚鵡、羽毛甚
> 偉、兩翅俱折。內史狄仁傑曰、鵡者陛下姓
> 也、兩翅折者、陛下二子廬陵相王也、陛下
> 起此王、楊翅全也。

《태평광기(太平廣記)》에 이르기를, 당(唐)의
측천무후(則天武后)가 어느 날 밤에 꿈을 꾸
었다. 깃털이 매우 기이하고 아름다운 앵
무새가 양 날개가 부러진 채 있었다. 측천
무후가 잠에서 깨어 신하들에게 꿈을 말
하니 내사(內史) 적인걸(狄仁傑)이 답하기를
"앵무새의 무(鵡)는 폐하의 성(姓)입니다.[32]

▲ 측천무후(則天武后)

양 날개가 부러져 있음은 폐하의 두 아들, 여릉왕(廬陵王)[33]과 상왕(相王)[34]이 기세가 꺾인 채 있는 것이니 어서 두 왕을 일으키소서. 그러면 양 날개가 완전해질 것입니다."

夢駕仙鶴以遊、而李抱眞終於不悟。

꿈에 선학(仙鶴)을 타고 놀음으로써 이포진(李抱眞)은 끝내 깨닫지 못하였다.

白孔六帖曰、李抱眞好方士、謂不死藥可致、有受季長者爲治丹。且曰、服此當仙去。抱眞表書幕府、益見親信。夜夢駕鶴、乃刻鶴衣羽服、習乘之。後益惑、餌丹二萬丸、不能食且死。醫以豕肪穀漆下之。疾少間、季長曰、得仙何自棄也。益服三千丸卒。

《백공육첩(白孔六帖)》에 이르기를, 이포진(李抱眞)[35]은 신선술(神仙術)을 좋아하여 항상 불사약(不死藥)을 구하더니 방사(方士) 계장(季長)으로부터 외단법(外丹法)을 배웠다. 이포진은 단약(丹藥)을 먹고 신선이 되어 승천하기로 결심하고 입산하여 오두막을 짓고 선계(仙界)에 표서(表書)[36]를 올려 친신(親信)을 보이며 매일 단약을 먹었다. 어느 날 이포진은 꿈에 자신이 우복(羽服) 차림에 학을 타고 승천하였다. 그 후 이포진은 더욱 미혹하여 2만 알쯤 먹었을 때쯤에는 음식을 먹을 수 없게 되어 결국 죽었다. 그러자 의원(醫員)은 이포진의 몸에 돼지비계와 곡식을 짓이겨 바른 후 즉시 땅에 묻었다.[37] 이포진의 전 과정을 지켜 본 계장이 말하기를 "제자 이포진도 신선이 되어 승천하였는데 내가 어찌 포기할 소냐!" 계장도 단약 2만 3천 알을 먹고 죽었다.[38]

夢身跨鵬鳥、而沈晦得大魁之兆。

꿈에 몸이 붕(鵬)새를 탐으로써 심회(沈晦)는 큰 으뜸이 되는 징조를 얻었다.

解見科甲篇、沈晦中魁注。

풀이는 《과갑편(科甲篇)》의 '심회(沈晦)가 장원급제(壯元及第)하다.' 341p를 보시라.

夢身爲蝴蝶、而莊周識物化之原。

꿈에 나비가 됨으로써 장주(莊周)는 물화(物化)의 원인을 알았다.

解見泛喩篇、周夢爲蝴蝶注。

풀이는 《범유편(泛喩篇)》의 '장주(莊周)는 꿈에 나비가 되었다.' 520p를 보시라.

夢雀銜丹書、而文王起爲西伯。

꿈에 공작(孔雀)이 단서(丹書)를 입에 문 것을 보고서 문왕(文王)은 기의(起義)하여 서백(西伯)이 되었다.

帝王世紀曰、文王自程徒都酆、夢赤雀銜丹書入酆、止於其居。

《제왕세기(帝王世紀)》에 이르기를, 문왕(文王)은 이주하여 풍(酆)에 도읍을 정하였다. 그것은 문왕의 꿈에 붉은 공작이 단서(丹書)를 입에 물고 풍(酆)에 들어가 그가 거처해야 할 곳에 멈추었기 때문이다.

夢烏銜長傘、而徐子果以惡終。

꿈에 까마귀가 긴 일산(日傘)을 입에 문 것을 보고서 서자목(徐子木)은 과연 흉하게 죽었다.

劉義慶世說曰、徐子木少時、嘗夢烏從天下、銜長柄傘、樹其庭前。烏復上天、銜傘下、凡樹三傘、竟烏大鳴作惡聲而去。徐後果以惡終。

《유의경세설(劉義慶世說)》에 이르기를, 서자목(徐子木)은 젊은 시절에 한 꿈을 꾸었다. 커다란 까마귀가 입에 긴 자루의 일산(日傘)을 물고서 천하를 종횡(縱橫)하다가 자신의 집 뜰에 있는 나무에 앉았다. 까마귀는 다시 일산을 물고 하늘로 올라갔다가 다시 내려와 나무 위에 앉았는데 이렇게 나무 위에 앉기를 3번 하여 마치자 듣기 싫은 소리로 크게 울부짖은 후에 날아갔다. 서자목은 후일에 과연 흉하게 죽었다.[39]

夢孔雀羽爲衰服、此南齊之所以衰。

꿈에 공작(孔雀)의 깃으로 격복(衰服)을 하였는데 이는 남제(南齊)가 쇠할 징
조이다.

南齊書曰、世祖夢著孔雀羽衣。庾溫曰、雀爵位也、孔雀文彩、衰服也。

《남제서(南齊書)》에 이르기를, 세조(世祖)는 꿈에 공작의 깃으로 옷을 지어
입었다. 유온(庾溫)이 말하기를 "공작(孔雀)의 작(雀)은 작위(爵位)이고 공작
의 문채는 격복(衰服)을 의미합니다."[40]

夢金翅鳥食小龍、此南齊之所以弱也。

꿈에 금시조(金翅鳥)가 작은 용을 먹는 것을 보았는데 이는 남제(南齊)가 약
해질 징조이다.

南齊書曰、南郡王子夏、世祖第二十三子最幼。世祖夢金翅鳥下殿庭、搏
食小龍無數、乃飛上天。永泰元年子夏誅、年甫七歲耳。

《남제서(南齊書)》에 이르기를, 남군왕(南郡王) 자하(子夏)는 세조(世祖)의 23
번째 왕자로써 제일 어렸다. 어느 날 세조가 꿈을 꾸었다. 금시조(金翅鳥)
가 궁전의 뜰에 내려와 뜰에 있던 무수히 많은 작은 용들을 콕콕 찍어 먹
고 나서 하늘로 날아갔다. 영태원년(永泰元年 A.D 498) 자하(子夏)는 일곱
살에 주살(誅殺)되었다.[41]"

◨ 注疏

1) 단혈(丹穴): 山의 이름이다. 《山海經》에 이르기를, 丹穴山의 위에는 金과 玉이 많으며 丹水가 솟아나
    와 남쪽으로 흘러 渤海로 들어간다.
2) 선조(仙鳥): 高高悠悠하게 閑居하며 隱逸한 생활을 함이 仙人과 같아서 붙인 이름.

3) 의조(義鳥): 鳥類 중에서 주인을 위하여 일하고 싸우는 새는 매 종류뿐이다.

4) 효조(孝鳥): 까마귀는 어미가 늙으면 장성한 새끼가 어미에게 먹이를 준다. 이를 返哺之孝라고 한다.

5) 개조(介鳥): 당당한 氣槪를 가지고 무리와 잘 어울리지 않고 각각 살아간다.

6) 문조(文鳥): 화려한 무늬가 있다. 무늬 紋과 글월 文은 같이 쓰인다.

7) 빈조(賓鳥): 손님 새라는 뜻이니 定處 없이 철에 따라 오고간다.

8) 희조(喜鳥): 까치는 행운을 가져다주는 새이다. '까치가 울면 반가운 소식이 있다.'는 속담과 같은 뜻이다.

9) 유별조(有別鳥): 五倫 중에 夫婦有別이 있다. 암수 사이에 서로 경계를 정하고 지키는 分別이 있다.

10) 유서조(有序鳥): 五倫 중에 長幼有序가 있다. 늙은 새와 젊은 새 사이에 상하적인 序列이 있다.

11) 요조(妖鳥): 흉하고 액난을 상징하는 새. 올빼미는 어미를 잡아먹는다고 하여 보는 대로 잡아 죽이는 것이 俗習이다.

12) 봉황(鳳凰)이 하늘에서~기(氣)가 있었다: 세조가 죽자 사촌인 蕭鸞이 世祖의 왕자들을 제치고 즉위하였다. 鸞은 鳳凰의 神佐인데 齋閣 앞에 앉았으니 宗廟 앞에 앉은 것이다. 즉 蕭鸞이 宗廟를 맡게 된다는 뜻이다. 明帝 蕭鸞은 5년간 통치하며 수많은 황족을 죽였는데 명제가 죽자 2년 만에 A.D 502년에 蕭衍에게 멸망되었다. 蕭衍은 南梁의 高祖가 되었으니 이가 梁武帝이다.

13) 단소련(段少連): 宋, 開封人. 성품은 通敏하고 결단함이 흐르는 물 같았고 권세에도 굽히지 않았다. 工部郎中, 龍圖閣直學士를 지냈고 知涇州로 부임하기 전에 죽었다.

14) 왕원지(王遠知): 唐, 琅邪人. 젊었을 때부터 《書傳》에 통하였고 陶弘景으로부터 그의 術을 배웠다. 高祖가 微時에 天命을 비밀히 전하여 주었다. 太宗이 관직을 주려 하였으나 거절하였다.

15) 보지(寶誌): 南朝僧. A.D 418~514. 保志라고도 하며 세상에서는 寶公, 誌公和尙이라고 한다. 金城人, 속성은 朱. 소년 때 출가하여 道林寺의 僧儉에게서 師事하여 禪味를 修習하였다. 劉宋의 泰始(A.D466~471)년간에 도읍을 왕래하며 주거가 일정치 않았는데 때때로 賦詩를 짓기도 하였으며 하는 말은 讖記와 같았다. 저서는 《文字釋訓》30卷, 《十四科頌》14首, 《十二時頌》12二首, 《大乘讚》10首 등이 있고 諡號는 廣濟大師, 慈應惠感大師, 普濟聖師菩薩이다.

16) 기린(麒麟): 仁獸이다. 몸은 사슴인데 소꼬리를 달았고 머리에는 한 개의 뿔이 있다. 숫컷을 麒, 암컷을 麟이라고 말한다.

17) 《서경잡기(西京雜記)》: 책 이름. 6권으로 구성되어 있다. 舊本의 題에는 漢의 劉歆이 撰, 혹은 晉의 葛洪이 撰하였다고 하나 實은 梁의 吳均이 撰하였다. 漢武帝의 前後에 있었던 雜事가 그 내용이다.

18) 《태현(太玄)》:《太玄經》. 漢의 揚雄이 撰한 10권의 책 이름. 晉의 范望이 注하였다. 擬易을 하는 것이 내용으로 玄首, 玄文, 玄數 등으로 나뉘어져 있다. 宋의 司馬光의 《太玄集注》10권, 明의 葉子奇의 《太玄本旨》9권이 있다.

19) 풍공(豐公): 漢高祖 劉邦의 조부.

20) 태공(太公): 漢高祖 劉邦의 아버지.

21) 패출노충(孛尤魯翀): 元人. 선조는 隆安人이었으나 후에 順陽으로 이주하였다. 관위는 江浙行省參知政事에까지 이르렀다. 性命道德에 대해 깊이 연구하였으며 문장은 簡要하고 典雅하였다.

22) 나함(羅含): 晉의 末陽人, 字는 君章. 州主簿가 되었다가 廷尉, 長沙相까지 관위가 올랐다.

23) 《집이기(集異記)》: 唐의 薛用弱이 撰한 한 권. 16조로 구성되어 있으며 唐代의 軼聞과 靈異한 일이 주된 내용이다.

24) 저장(苴杖): 麻竹 지팡이, 흑색 대나무지팡이로 父喪에 짚는다.

25) 삭장(削杖): 오동나무 지팡이로 母喪에 짚는다.

26) 흥종(興宗): 遼의 7대 皇帝. 재위 A.D 1031~1055.

27) 장구령(張九齡): 唐의 曲江人. 玄宗 시에 進士가 되었으며 左拾遺 때 현종의 생일에 《事鑑十章》을 바쳤다. 中書 令에서 宰相이 되었고 曲江男에 封해졌다. 저서는 《曲江集》이 있다.

28) 서자(西子): 《財貨篇》의 274p 注疏 3) 西施를 보시라.

29) 취계(翠雞): 자주호반새, 물총새 혹은 짙은 초록의 닭. 翡翠의 색이 나는 닭.

30) 구양영숙(歐陽永叔): 歐陽脩. A.D 1007~1072. 宋의 廬陵人. 進士甲科에 급제한 뒤 慶曆(A.D 1041~1048) 초에 知諫院, 右正言, 知制誥를 지냈고 參知政事 시에는 韓琦와 同心으로 輔政하였다. 群書를 읽고 《昌黎遺稿》를 얻어 苦心探索하여 文章으로 천하에 이름을 얻었다. 그의 詩文은 韓愈와 李杜의 장점을 갖추었다. 저서는 《新唐書》, 《新五代史》, 《毛詩本義》, 《集古錄》, 《文忠集》, 《居士集》, 《六一詩話》 등이 있다.

31) 강시묘(姜詩廟): 姜詩를 숭배하여 祭祀 드리는 祠堂. 姜詩는 後漢의 廣漢 사람이다. 어머니를 지극한 孝誠으로 섬겨 赤眉賊이 그가 사는 마을을 지나면서 효성에 감동하여 아무런 해를 끼치지 않았다. 그의 아내도 시어머니를 至孝로 섬겼다. 관위는 江陽令에 이르렀다.

32) 앵무새의~성(姓)입니다: 則天武后의 姓은 武 이름은 照이다. 武는 앵무새의 鵡와 同音이다.

33) 여릉왕(廬陵王): 唐의 中宗. 재위 A.D 683~684, A.D 705~710. 唐高宗의 7왕자, 李顯. 폐위되었다가 武則天의 뒤를 이어 다시 등극함.

34) 상왕(相王): 唐, 高宗의 8왕자 李旦의 封號. 중종의 뒤를 이어 睿宗으로 즉위하였다. 재위 A.D 684~690. A.D 710~712.

35) 이포진(李抱眞): 唐人, 字는 太玄. 澤懷二州刺史를 역임하였고 德宗 시에는 領昭義軍을 지냈다. 후일에는 方士의 말을 믿고 外丹法에 심취하였다.

36) 표서(表書): 임금에게 올리는 자신의 뜻을 적은 文書.

37) 돼지비계와~땅에 묻었다: 돼지비계는 肉食과 살찐 몸을 상징하고 穀食은 主食을 의미하니 못 먹었다는 恨을 풀고 잘 먹어 살찐 몸을 가졌다는 생각을 가지고 저승으로 떠나라는 의미이다. 이러한 의식은 類感呪術에 속한다.

38) 제자 이포진도~먹고 죽었다: 李抱眞의 스승인 季長은 이포진이 죽어 땅에 묻히는 것을 보고도 죽었다고 생각 하지 않고 신선이 되었다고 굳게 믿고 자신은 이포진보다 丹藥을 더 먹고 죽었다.

神仙이 되는 방법 중에 제일 많은 예가 尸解法으로 昇天하는 경우이다. 즉 죽은 뒤 일정기간의 假死狀態를 거쳐 不老不死의 純陽氣의 몸을 완성하는 것이다. 예수, 달마, 유크테스와르 등의 道人들이 이러한 地仙의 과정을 거쳤다. 正史와 野史에 丹藥을 먹고 죽은 기록 중에는 成仙을 이해하지 못한 예가 적지 않다. 李抱眞과 季長도 신선이 되었을 가능성을 배제할 수 없다.

39) 커다란 까마귀가 입에~흉(凶)하게 죽었다: 子는 地支의 시작이니 子木은 나무 끝, 즉 자루를 의미한다. 자루는 사람에게 요긴하게 쓰이기 위해 있는데 凶鳥인 까마귀에게 日傘의 자루를 물림을 당하였다. 일산은 고관의 상징이니 官位가 위태로움을 의미하고 凶聲은 凶事를 나타낸다.

40) 공작(孔雀)의 깃으로~의미(意味)합니다: 鳳凰, 孔雀도 때로는 황제를 상징한다. 공작 깃털로 만든 옷이 참새 깃털로 만든 衰服, 즉 喪服처럼 초라한 누런색이라면 이는 황제의 권능이 쇠미해지는 것을 의미한다. 世祖가 죽자 사촌 소란(蕭鸞)이 왕자들을 제치고 登位하였다.

41) 금시조(金翅鳥)가~주살(誅殺)되었다: 세조가 죽자 소란(蕭鸞)이 등위하였는데 그의 이름 鸞은 神鳥로 봉황의 보좌인데 닭 모습에 붉은 털을 하였다. 금시조는 용을 잡아먹고 산다는 큰 새로 양 날개의 넓이가 306만 리이다. 소란은 황제가 되자 세조의 왕자들을 모두 주살하였다. 세조의 꿈에 난이 금시조로 나타난 것이다.

15. 수군편 獸群篇第十五

獸羣以麟爲瑞。昔孔子夢芻兒捶麟、得麟書三卷。

짐승무리 중에서 기린(麒麟)이 상서(祥瑞)롭다. 옛적에 공자(孔子)는 꿈에 풀로 된 아이가 기린을 치는 것을 보고서 《기린서 3권(麒麟書三卷)》[1]을 얻었다.

孝經右契曰、孔子夢芻兒捶麟、傷前左足。兒曰、吾爲赤松子、見一麟如麋。羊頭一角、其末有肉。孔子束薪覆之、麟向孔子蒙其耳、吐書三卷、孔子精而讀之。

《효경(孝經)》[2]의 《우계(右契)》[3]에 이르기를, 공자(孔子)가 꿈을 꾸었다. 풀로 된 아이가 기린을 때려 앞 왼발을 상하게 한 후 외치기를 "나는 적송자(赤松子)[4]와 같은 도력(道力)을 지녔으니 기린도 내 앞에서는 사슴에 불과하다." 공자가 자세히 보니 사슴 머리에 뿔이 하나 돋아 있는 것으로 보아 기린이 확실하였다. 공자가 불쌍히 여겨 나뭇가지들을 묶어 덮어주니 기린은 공자를 향해 고개를 돌리고 귀로 책 3권을 토하였다. 그러자 공자는 즉석에서 그 책들을 정성들여 읽었다.

其後鉏狩獲麟、遂作麟經云。

그 후 서상(鉏商)이 사냥 나가 기린을 잡으니 공자가 이에 따라 《기린경(麒麟經)》을 지어 말하였다.

孔叢子曰、鉏商獲麟、孔子觀之泣、曰、予之於人、猶麟之於獸、出而死、其道窮矣。乃歌曰、唐虞之世麟鳳游、今非其時來何求、麟兮麟兮我心憂。因作春秋焉。

공총자(孔叢子)[5]가 말하기를, 서상(鉏商)[6]이 기린을 잡았다. 공자(孔子)가
이를 바라보고 눈물을 흘리며 말하기를 "나는 사람이어서 안전한데 너는
짐승이어서 밖에 나와 죽게 되었으니 앞길이 궁하구나." 그러고 나서 노
래하기를, "당우(唐虞)의 세상에서는 기린(麒麟)과 봉황(鳳凰)이 함께 놀았
는데 지금은 그 시대가 아닌데 무엇을 구하려 나왔느냐? 기린아! 기린아!
너를 보니 애처롭구나…" 공자는 이 일로 인하여 《춘추(春秋)》[7]를 저작(著
作)하였다.

熊爲伯鯀之神、又爲晉卿之祖。故晉平公黃熊入寢門。

곰은 백곤(伯鯀)[8]의 신(神)이 되며 또한 진(晉)의 공경(公卿)의 조상(祖上)이 된
다. 그러므로 진(晉)의 평공(平公)[9]은 꿈에 누런 곰이 침실 문으로 들어오는
것을 보았다.

解見宗空篇、晉侯夢熊注。

풀이는 《종공편(宗空篇)》의 '진후(晉侯)가 꿈에 곰을 보다.' 55p를 보시라.

趙簡子夢射熊在帝所。

조간자(趙簡子)는 꿈에 황제의 처소에 있는 곰을 활로 쏘았다.

解見天者篇、後裔之昌注。

풀이는 《천자편(天者篇)》의 '후손(後孫)의 번창(繁昌).' 134p를 보시라.

此左遷之言可考也。而苻健之母、夢大熊據戶。

다음의 좌측에 있는 말들도 고려(考慮)함이 가하다. 즉 부건(苻健)의 어머니
는 꿈에 큰 곰이 창 옆에 웅크리고 있는 것을 보았다.

晉書曰、苻健字建業、洪第三子。母羌氏夢大熊據戶而孕。是爲前秦高祖。

《진서(晉書)》에 이르기를, 부건(苻健)은 자(字)가 건업(建業)으로 부홍(苻洪)의
셋째 아들이다. 어머니 강씨(羌氏)는 꿈에 큰 곰이 창 옆에 웅크리고 있는
것을 보고 부건을 잉태하였다. 부건은 전진(前秦)의 고조(高祖)가 되었다.

雷機之父、夢黑熊行天。

뇌기(雷機)의 아버지는 꿈에 검은 곰이 하늘을 나는 것을 보았다.

元史曰、雷機字子樞、父德潤母游氏。初德潤無子、黙禱於神、夢黑熊行
天。遂有娠而生機。

《원사(元史)》에 이르기를, 뇌기(雷機)[10]는 자(字)가 자추(子樞)인데 아버지는
뇌덕윤(雷德潤)이고 어머니는 유씨(游氏)이다. 뇌덕윤은 처음에는 아들이
없어 신(神)에게 묵묵히 기도하였는데 꿈에 검은 곰이 하늘을 나는 것을
보았다. 그리고서 유씨는 임신하여 뇌기를 낳았다.

非小雅所謂、男子之祥乎。虎稟秋殺之氣、山獸之長。

《소아(小雅)》에서 이른 것은 남자만의 상서(祥瑞)가 아니다. 호랑이는 가을
의 숙살(肅殺)의 기품(氣稟)을 지녔으니 산짐승의 왕이다.

風俗通曰、虎者陽物、百獸之長。說文曰、虎爲山獸之君。

《풍속통(風俗通)》[11]에 이르기를, 호랑이는 양물(陽物)이며 백 가지 짐승의
우두머리이다.
《설문(說文)》[12]에 이르기를, 호랑이는 산짐승의 임금이 된다.

暴虐不祥之兆也。故胡亥夢虎齧左驂。

폭학(暴虐)은 상서롭지 못한 징조이다. 그러므로 호해(胡亥)[13]의 꿈에 호랑
이가 좌참(左驂)을 물었다.

史記曰、二世夢白虎齧其左驂殺之。心甚不樂、占夢者曰、涇水爲祟。

《사기(史記)》에 이르기를, 이세(二世)는 꿈에 흰 호랑이가 좌참(左驂)[14]을 물어 죽였다. 이세(二世)는 잠에서 깬 뒤 마음이 매우 불쾌하였다. 점몽자(占夢者)가 말하기를 "경수(涇水)[15]로 인하여 마음의 병을 얻으실 것입니다."

曹爽夢虎銜雷公。

조상(曹爽)은 꿈에 호랑이가 뇌공(雷公)을 무는 것을 보았다.

世語曰、曹爽夢二虎銜雷公、雷公若二升椀、放著庭中。爽惡之以問卜者、靈臺丞馬訓。訓曰、憂兵不出旬日、爽果以兵亡。

《세어(世語)》에 이르기를, 조상(曹爽)이 꿈을 꾸었다. 호랑이 두 마리가 뇌공(雷公)[16]을 무니 뇌공은 두 되들이 주발을 마당에 떨어뜨렸다.[17] 조상은 잠에서 깬 뒤 불쾌하여 영대승(靈臺丞) 마훈(馬訓)에게 해몽을 청하였다. 마훈이 말하기를 "병란(兵亂)으로 근심할 일이 있으니 10일간 외출하지 마십시오." 조상은 과연 병란으로 망하였다.

盜倪因夢白虎而生。

도예문준(盜倪文俊)는 꿈에 흰 호랑이를 보고 태어났다.

草木子曰、沔陽盜倪文俊生於黃陂。母夢白虎入室遂生、及僭號驕恣。母夢白虎死、文俊遂爲下所殺。

초목자(草木子)[18]가 말하기를, 면양(沔陽)에서 거병(擧兵)한 도예문준(盜倪文俊)은 본래 황파(黃陂)에서 출생하였다. 그의 어머니는 꿈에 흰 호랑이가 방으로 들어오는 것을 보고 그를 출산하였다. 도예문준은 잠호(僭號)를 쓰며 교만(驕慢)하고 방자(放恣)하였다. 그의 어머니는 어느 날 꿈에 흰 호랑이가 죽는 것을 보았는데 이로 인해 도예문준은 부하에게 살해되었다.

周令因夢乳虎而病。

주령(周令)은 꿈에 젖꼭지와 호랑이를 봄으로써 병이 들었다.

　　天寶遺事曰、周象好畋、後爲汾陽令。夢一乳虎相逼、驚寤因有病。後有異
　　僧過門、謂鄰叟曰、此居有妖氣。鄰叟告象、召僧禳之、說壇持劍誦呪、忽
　　聞象臥榻下有虎聲、僧以水噀之、象病漸愈。

　　《천보유사(天寶遺事)》에 이르기를, 주상(周象)은 평소 사냥을 즐겼는데 분
　　양령(汾陽令)이 된 후에도 사냥을 좋아하여 어느 날 암호랑이를 활로 쏴 죽
　　였다. 그날 밤 주상은 꿈에 새끼 호랑이들이 어미 호랑이의 젖꼭지를 두
　　고 다투는 것을 보고 놀라고 양심의 가책을 느껴 잠에서 깬 후 발병하여
　　여러 날이 지나도 치유되지 않았다. 어느 날 도승(道僧)이 관부(官府) 앞을
　　지나다가 곁의 인근노인에게 말하기를 "관부 안에 요기(妖氣)가 있소." 노
　　인이 즉시 주상에게 들은 바를 고하니 주상은 도승을 불러 축사(逐邪)하여
　　치병(治病)하기를 청하였다.
　　도승이 단(壇)을 설치한 후 검을 쥐고 주문을 외니 주상이 누워있는 침
　　상 아래에서 호랑이 울음소리가 몇 번 들리고 멈추었다. 그러자 도승이
　　주상에게 물을 뿜고 기도를 마치니 당일부터 주상의 병은 점차 호전되
　　었다.

獅爲毛羣之特。

사자(獅子)는 털 난 무리 중에서 특별함이 된다.

　　張九齡獅子讚曰、得金精之剛、爲毛羣之特。

　　장구령(張九齡)의 《사자찬(獅子讚)》에 이르기를, 사자(獅子)는 금정(金精)의
　　강(剛)함을 얻어서 털 난 무리 중에서 특별함이 되었다.

象本搖光之精。

코끼리는 본시 요광(搖光)의 정(精)이다.

運斗樞曰、搖光散而爲象。

《운두추(運斗樞)》[19]에 이르기를, 요광(搖光)[20]이 흩어져 코끼리가 되었다.

故王敬則夢騎獅子、而位之太尉。

그러므로 왕경칙(王敬則)은 꿈에 사자(獅子)를 올라탐으로써 관위(官位)가 태위(太尉)에까지 이르렀다.

齊書曰、王敬則夢騎五色獅子。明帝卽位、以敬則爲直閤將軍。

《제서(齊書)》에 이르기를, 왕경칙(王敬則)[21]은 꿈에 다섯 빛깔의 사자(獅子)를 올라탔다. 명제(明帝)가 즉위하자 왕경칙을 직각장군(直閤將軍)으로 임명하였다.

張成遜夢得大象、而官居郡守。

장성손(張成遜)은 꿈에 큰 코끼리를 얻고서 군수(郡守)의 관직에 있게 되었다.

晉書曰、張茂字成遜。少時夢得大象、以問占夢晚秋、萬推曰、君當爲大郡、而不善終。問其故、推曰、象者大獸、獸者守也、故知當得大郡、然象以齒焚、爲人所害。果如其言。

《진서(晉書)》에 이르기를, 장무(張茂)는 자(字)가 성손(成遜)이다. 장성손(張成遜)은 젊었을 적 꿈에 큰 코끼리를 얻었는데 상아(象牙)가 불타버렸다. 잠에서 깨어 만추(萬推)에게 해몽을 청하니 답하기를 "그대는 반드시 대군(大郡)의 군수(郡守)가 될 것이나 좋게 마치지는 못하오." 이유를 물으니 답하기를 "코끼리는 큰(大) 짐승이고 짐승 수(獸)는 지킬 수(守)와 동음(同音)이니 마땅히 대군(大郡)의 군수가 되오. 그러나 상아가 불타버렸으니 타인의 해침을 받을 것이오." 장성손은 후일에 과연 그 말대로 되었다.

至於佛祖之生、則應白象之夢焉。

불조(佛祖)의 탄생까지도 흰 코끼리 꿈의 감응이 있었다.

傳燈錄曰、第十祖脇尊者生時、父夢白象入門。

《전등록(傳燈錄)》[22]에 이르기를, 제10조(第十祖)인 협존자(脇尊者)[23]가 태어날 때 그의 아버지는 꿈에 흰 코끼리가 문으로 들어오는 것을 보았다.

馬牛二畜、取象乾坤、而占夢者、或以馬爲火、而卦屬離宮、牛爲陰、而類同廟鬼。故黃平夢舍中馬舞、而火作。

말과 소 두 가축은 하늘과 땅의 기상(氣象)을 취(取)했으므로 점몽자(占夢者)는 말을 화(火)에 속하게 해 이궁(離宮)에 속한 괘(卦)로 정하고 소는 음(陰)에 속하게 하여 소와 말을 함께 묘귀(廟鬼)의 종류로 본다. 그러므로 황평(黃平)은 꿈에 집 가운데서 말이 춤추는 것을 보고서 불이 났다.

晉書曰、黃平夢舍中馬舞、數十人向馬拍手。以問索紞、紞曰、馬者火也、舞爲火氣、向馬拍手、求火人也。平未歸而火大作。

《진서(晉書)》에 이르기를, 황평(黃平)이 꿈을 꾸었다. 집 안에서 말이 춤을 추니 수십 인이 말을 향해 박수를 치는 것이었다. 황평은 잠에서 깬 뒤 색담(索紞)을 찾아가 해몽을 청하였다. 색담이 말하기를 "말은 오행(五行) 중화(火)에 속하고 말이 춤춘 것은 불이 일어남이고 말을 향해 박수치는 사람은 사람들은 불을 끄려는 사람입니다." 황평이 색담의 집을 출발해 귀가하는 중에 황평의 집에서 화재가 발생하였다.

唐祖夢空中馬飛、而事成。

당조(唐祖)는 꿈에 말 탄 장수들이 공중을 나는 것을 보고서 일이 이루어졌다.

紀異錄曰、唐高祖夢甲馬無數、飛滿空中、空中有人曰、是公身之神、言訖飛入帝身。覺而召太宗告曰、吾事成矣。

《기이록(紀異錄)》에 이르기를, 당(唐)의 고조(高祖)가 거병(擧兵)하기 전에 꿈을 꾸었다. 무수히 많은 말 탄 장수들이 공중을 날아다니고 있었는데 하늘이 가득 찰 정도였다. 이때 하늘에서 한 신인(神人)이 말하기를 "이들은 공(公)을 수호하는 신(神)들이오." 말이 끝나자 말 탄 장수들이 날아서 고조의 몸에 들어왔다. 고조가 잠에서 깨어 태종(太宗)을 불러 말하기를 "나의 일은 이루어졌다."

董豐夢乘馬停水、而喪妻。

동풍(董豐)은 꿈에 말을 탄 채 물 가운데 있음으로써 아내가 죽었다.

解見字畫篇、馮昌殺婦注。

풀이는 《자획편(字畫篇)》의 '풍창(馮昌)이 여자를 죽이다.' 313p를 보시라.

劉述夢神馬載兒、而得子。

유술(劉述)은 꿈에 신마(神馬)가 아이를 태우고 있는 것을 보고 아들을 얻었다.

解見神怪篇、名子爲駰注。

풀이는 《신괴편(神怪篇)》의 '이름을 인(駰)으로 하다.' 393p를 보시라.

李伯鄰夢洗馬。

이백린(李伯鄰)은 꿈에 말을 씻었다.

酉陽雜俎曰、威遠軍小將、梅伯成善占夢。有優人李伯鄰遊涇州、乞錢得米百斛、及歸令弟取之、過期不至。夜夢洗白馬。訪伯成占之、伯成曰、白馬反語白米也、君有風水之虞乎。數日音之、渭河舟覆。

《유양잡조(酉陽雜俎)》에 이르기를, 위원군(威遠軍)의 소장(小將) 매백성(梅伯成)은 점몽(占夢)에 능했다. 배우(俳優) 이백린(李伯鄰)은 경주(涇州)에서 공연하여 번 돈으로 쌀 백곡(百斛)을 사서 아우가 받도록 고향으로 가는 선편(船便)에 발송(發送)하였다. 그러나 때가 지나도록 도착하였다는 소식이 없자 이백린은 궁금하여 고심하다가 밤에 꿈을 꾸었다. 자신이 흰말을 끌고 강물에 들어가 흰말을 씻었다. 이백린은 잠에서 깬 후 매백성을 찾아가 해몽을 청하였다. 매백성이 답하기를 "흰말(白馬)은 흰쌀(白米)과 동음(同音)이요,[24] 쌀은 풍랑을 만나 강 속에 빠졌소." 이백린은 수일 후 위하(渭河)에서 선박이 뒤집혔다는 소식을 들었다.

張文成夢乘驢。

장문성(張文成)은 꿈에 노새를 탔다.

> 朝野僉載曰、張鷟字文成。夢著緋乘驢、夢中自怪、我當乘馬、何故衣緋卻乘驢。其年應擧及第、授鴻臚丞、未經考而受五品、此其應也。

《조야첨재(朝野僉載)》에 이르기를, 장작(張鷟)은 자(字)가 문성(文成)이다. 장작이 과거에 급제하기 전에 꿈을 꾸었다. 비단 옷을 입고 나귀를 타고 있었다. 꿈속에서 이를 괴이하게 여겨 "나는 말을 탐이 마땅하거늘 어찌하여 비단 옷에 나귀를 타고 있는가?" 라고 생각하였다. 장작은 꿈에서 깬 후 과거에 급제하여 홍려승(鴻臚丞)[25]을 제수받았으니 이는 고사(考査)도 거치지 않은 오품관(五品官)이었다. 꿈이 응험한 것이다.

張琬夢牛頭流血、而進公位。

장완(張琬)은 꿈에 소머리에서 피 흐르는 것을 보고 공위(公位)에 승진하였다.

> 蜀志曰、張琬夜夢一牛頭在門、流血滂。意甚惡之、問趙直。直曰、牛角及鼻、公字之象、血者、事明也、君位當至三公。

《촉지(蜀志)》[26]에 이르기를, 장완(張琬)[27]이 밤에 꿈을 꾸었다. 소머리가 문(門)에 걸려 있는데 흐르는 피가 큰 비가 내린 것처럼 흥건하였다. 장완은 잠에서 깬 뒤 매우 불쾌하였다. 장완이 조직(趙直)에게 점몽을 청하니 답하기를 "쇠뿔과 코는 공자(公字)의 형상이며, 피는 일이 밝게 드러난다는 뜻이니 그대의 관직은 반드시 삼공(三公)[28]에 이를 것이오."

周繕夢牛尾垂雙、而失財貨。

주선(周繕)은 꿈에 소꼬리 한 쌍이 느려 뜨려져 있는 것을 보고 재화(財貨)를 잃었다.

> 異苑曰、周繕商於江湖。夢一牛有二尾、奔投水中。未幾舟遇風溺。僅以身免。始悟二尾爲失字。

> 《이원(異苑)》에 이르기를, 주선(周繕)은 강호(江湖)에서 장사를 하였다. 꿈에 한 소에 꼬리가 둘이 있는데 꼬리들을 급히 물속에 떨어뜨렸다. 주선은 깬 후 배를 탔는데 바람을 만나 침몰하였으나 겨우 죽음을 면하였다. 주선은 그제야 비로소 소(牛)에 꼬리가 둘(二尾)이 있으면 잃을 실자(失)가 됨을 깨달았다.

陳邑宰夢道聽牛言。

진읍재(陳邑宰)는 꿈에 소가 길에서 하는 말을 들었다.

> 夷堅志曰、山東泰寧、陳知縣夢三牛當道、作人立而言曰、莫殺我。明日果有病、牛狀至。陳叱曰、汝有三牛、何云一牛、其人當愕。即見吏隨驗、果繫三牛。

> 《이견지(夷堅志)》에 이르기를, 산동(山東)의 태령현(泰寧縣)을 다스리는 진읍재(陳邑宰)가 어느 날 꿈을 꾸었다. 소 세 마리가 길을 막으며 모두가 사람처럼 일어서 고하기를 "저희를 죽이지 마세요." 진읍재가 잠에서 깨니 외양간지기가 와서 고하기를 "소 한 마리가 병이 있으니 죽여야 합니다." 진읍재가 꾸짖기를 "너는 세 마리를 죽이려고 하면서 어찌하여 한 마리라고 고하느냐?" 외양간지기가 크게 놀래자 진읍재가 관리를 보내어 확인시키니 과연 소 세 마리를 죽이려고 묶어 놓은 상태였다.

張丞相夢誤斷牛訟。

장승상(張丞相)이 소에 관한 송사(訟事)를 잘못 처단(處斷)했음을 알았다.

解見科甲篇、文懿爲相注。

풀이는《과갑편(科甲篇)》의 '장문의(張文懿)가 재상이 되다.' 343p를 보시라.

若夫坎豕·艮狗·兌羊、亦皆家畜、而夢兆不同。漢景帝夢降赤彘。

이처럼 무릇 감(坎)은 돼지가 되고 간(艮)은 개가 되고 태(兌)는 양이 되므로 모두 역시 가축인데도 꿈의 징조는 같지 않다. 한(漢)의 경제(景帝)는 붉은 돼지가 하강하는 것을 보았다.

> 洞冥記曰、漢景帝夢一赤彘、從雲中直下崇芳閣。帝覺見赤氣如雲霞、來蔽戶牖。因改崇芳爲猗蘭殿。後王夫人生武帝於此殿。

> 《동명기(洞冥記)》[29]에 이르기를, 한(漢)의 경제(景帝)[30]가 꿈을 꾸었다. 한 붉은 돼지가 구름을 타고 하늘을 나르다가 숭방각(崇芳閣)의 위에 이르자 수직으로 하강하여 숭방각에 들어갔다. 경제가 잠에서 깨어 숭방각을 바라보니 붉은 기운이 노을이 숭방각으로 몰려들어 창문과 문까지 덮고 있었다. 경제는 이로 인하여 숭방각을 의란전(猗蘭殿)으로 개명(改名)하니 후일 왕부인(王夫人)이 이곳에서 무제(武帝)를 낳았다.

安祿山夢化黑猪。

안록산(安祿山)은 꿈에 검은 돼지가 되었다.

> 姚汝能集、安祿山事迹曰、祿山夜夢化一黑猪而龍首。或告玄宗、玄宗曰、猪龍也、無能爲者。

> 《요여능집(姚汝能集)》에 있는《안록산사적(安祿山事迹)》에 이르기를, 안록산(安祿山)이 밤에 꿈을 꾸었다. 자신이 용머리를 한 한 마리 검은 돼지가 된 것이다. 어떤 사람이 현종(玄宗)에게 이를 고하자 현종이 말하기를 "돼지 같은 용이니 무능한 자가 될 것이다."

燕王夢豕變龜。

연왕(燕王)은 꿈에 돼지가 거북이로 변한 것을 알았다.

符子曰、邦人有獻燕王大豕者、令宰膳之。豕乃見夢於燕王曰、造化營我以豕形、食以人穢、而仗君之靈、今始得化爲魯津之伯。

부자(符子)가 말하기를 "어떤 백성이 연왕(燕王)에게 큰 돼지를 헌상하니 연왕은 요리사에게 명하여 음식으로 만들어 먹었다. 그날 밤 연왕의 꿈에 돼지가 나타나 말하기를, 저는 본시 장군(仗君)[31]의 영(靈)이었으나 우주조화로 돼지의 몸을 받아 사람에게 먹혀 찌꺼기가 되었습니다. 그래서 이제 자유를 얻어 노(魯)의 나루에 사는 거북이로 재생할 것입니다."

關羽夢猪嚙足。

관우(關羽)는 꿈에 돼지가 그의 다리를 물었다.

白孔六帖曰、魏志云、關羽夢猪其脚。

《백공육첩(白孔六帖)》에 이르기를, 《위지(魏志)》에 쓰여 있기를 "관우(關羽)[32]는 꿈에 돼지가 그의 다리를 물었다."

裴子夢射狗、而得第。

배자(裴子)는 꿈에 개를 쏘고서 급제(及第)하였다.

解見器物篇、挽弓射狗注。

풀이는 《기물편(器物篇)》의 '활을 당겨 개를 쏘다.' 255p를 보시라.

王敦夢犬噬、而喪軀。

왕돈(王敦)은 꿈에 개에게 물림으로써 죽었다.

晉書曰 王敦夢白犬、自天而下嚙之。俄而敦死。

《진서(晉書)》에 이르기를, 왕돈(王敦)은 꿈에 흰 개가 하늘에서 스스로 내려와서 자신(自身)을 물었다.[33] 얼마 지나지 않아서 왕돈은 갑자기 죽었다.

李令夢母猪極大、而得爲屯主。

이령(李令)은 꿈에 극히 큰 어미돼지를 보고서 둔주(屯主)가 되었다.

> 朝野僉載曰、饒陽、李瞿曇字滿選。夜夢一母猪極大。李仙藥占曰、母猪屯
> 主也 君必得屯主。數日如其言。

《조야첨재(朝野僉載)》에 이르기를, 요양(饒陽)에 사는 이구담(李瞿曇)은 자
(字)가 만선(滿選)이다. 이구담이 어느 날 밤에 잠에서 깨어 이선약(李仙藥)
에게 꿈을 말하니 점(占)쳐 말하기를 "어미 돼지는 둔주(㹠主)[34]이니 그대
는 반드시 둔주(屯主)[35]가 되리라." 며칠 후 응험하였다.

許超夢盜羊入獄、而得封城陽。

허초(許超)는 꿈에 도둑 양(羊)이 옥(獄)에 들어가는 것을 보고서 성양(城陽)에
봉(封)해졌다.

> 酉陽雜俎曰、許超夢盜羊入獄。問陽元禎、元禎曰、當得城陽令。後封城
> 陽侯。

《유양잡조(酉陽雜俎)》에 이르기를, 허초(許超)는 꿈에 도둑 양(羊)이 옥(獄)에
들어가는 것을 보았다. 이 꿈을 양원정(陽元禎)에게 물으니 양원정(陽元禎)
이 말하기를 "마땅히 성양령(城陽令)[36]이 될 것이오." 허초는 후일에 성양
후(城陽侯)에 봉해졌다.

吳夫差夢黑犬走嘷、而滅於句踐。

오(吳)의 부차(夫差)는 꿈에 검은 개가 달리며 짖는 것을 보고서 구천(句踐)에
게 멸망당했다.

> 越絕書曰、吳王夫差夜夢三黑狗、嘷以南、嘷以北、炊飯無氣。覺召羣臣
> 言夢、羣臣不能解、乃召公孫聖。聖被召與妻訣曰、以惡夢召我、我豈欺心
> 者、必爲王所殺。於是聖至、以所夢告之。聖曰、吳主敗矣、犬嘷者、宗廟無
> 主、炊飯無氣、不食矣。王果怒殺之。及越兵至、王謂左右曰、吳無道殺公

孫聖、汝可乎之、於是三呼三應、吳爲越所滅。

《월절서(越絶書)》[37]에 이르기를, 오왕(吳王) 부차(夫差)[38]가 밤에 꿈을 꾸었다. 검은 개 세 마리가 남쪽을 향해 짖고 나서 북쪽을 향해 짖는 것이었다. 또한 시루에 불을 때도 연기가 나지 않았다. 오왕은 잠에서 깬 뒤 군신(群臣)을 소집하여 꿈을 말하였으나 아무도 풀이하지 못하자 공손성(公孫聖)을 불렀다. 공손성이 아내에게 비장(悲壯)하게 고하기를 "왕이 악몽을 꾸고 나를 부르는데 내 어찌 마음을 속일 수 있겠소? 왕은 반드시 나를 죽일 것이오." 공손성이 궁궐에 이르니 오왕이 해몽을 청하였다. 공손성이 답하기를 "오국(吳國)은 장차 패망할 것입니다. 개가 짖은 것은 종묘(宗廟)에 주인이 없음이요, 시루에 불을 때도 연기가 나지 않음은 먹을 수 없음입니다." 오왕은 대노하여 공손성을 처형하였다. 그런 뒤 불과 며칠도 안 되어 월국군(越國軍)이 국경을 넘어 침공하였는데 오국군은 월국군에게 대패하였다. 그러자 오왕은 크게 낙망하여 좌우인들에게 말하기를 "짐이 무도(無道)하여 공손성을 죽이고 방심하다가 패망하게 되었도다." 오왕이 하늘을 향해 공손성을 세 번 크게 부르니 응답하는 소리가 세 번 들렸다. 결국 오(吳)는 월(越)에 의해서 패망당했다.

張天錫夢綠犬偪咋、而敗於苻堅。

장천석(張天錫)은 꿈에 녹색개가 달려들어 물리고 나서 부견(苻堅)에게 패하였다.

李産集異傳曰、張天錫在涼州、夢一綠色犬甚長、從南來欲咋天錫、上牀避之。後苻堅遣苟長、著綠色錦袍、從南來攻入門大破之。

《이산집이전(李産集異傳)》에 이르기를, 장천석(張天錫)[39]이 양주(涼州)를 진수(鎭守)하다가 어느 날 밤에 꿈을 꾸었다. 매우 길다란 녹색 개가 남쪽에서 와 물려고 하길래 탑상(楊牀) 위로 피했다. 얼마 후 부견(苻堅)이 장천석을 치기 위해 구장(苟長)에게 군사들을 주었는데 구장은 녹색 비단의 도포를 입고서 남문으로 들어와 성을 대파하였다.

吳近夢白羊、而賢后産於未年。

오근(吳近)은 꿈에 흰 양(羊)을 보고서 미년(未年)에 현후(賢后)를 낳았다.

解見草木篇、吳近夢芍藥注。

풀이는《초목편(草木篇)》의 '오근(吳近)은 꿈에 작약(芍藥)을 보았다.' 495p
를 보시라.

高宗夢白羊、而孝子生於未月。

고종(高宗)은 꿈에 흰 양(羊)을 보고서 미월(未月)에 효자(孝子)를 낳았다.

西湖遊覽志曰、宋高宗夢崔府君之神、以白羊饋之。曰、得孝子。實兆孝宗、
六月六日生也。宋史曰、孝宗秀王之子也。秀王夫人張氏、夢人擁一羊遺之
曰、以此爲識。已而自娠、生帝於秀州、青衫插之官舍、紅光滿室、如日正中。

《서호유람지(西湖遊覽志)》에 이르기를, 송(宋)의 고종(高宗)[40]은 꿈에 신령
(神靈)인 최부군(崔府君)에게 흰 양(羊)을 바쳤다. 최부군이 말하기를 "효자
(孝子)를 얻을 것이오." 이는 효종(孝宗)이 탄생할 징조였다. 얼마 후 6월 6
일 효종이 태어났다.
《송사(宋史)》에 이르기를, 효종(孝宗)은 수왕(秀王)의 아들이다. 수왕(秀王)의
왕후(王后) 장씨(張氏)가 꿈을 꾸었다. 신인(神人)이 양(羊) 한 마리를 안고
와서 주며 말하기를 "이것을 받으면 알게 되리라." 장씨는 잠에서 깬 후
임신되었음을 알았다. 얼마 후 장씨는 수주(秀州)의 청삼목(青衫木)이 있는
관사(官舍)에서 효종을 낳았는데 홍광(紅光)이 실내에 가득하여 태양이 방
한가운데 있는 것 같았다.

黃帝夢驅羊萬羣、而得乎力牧。

황제(黃帝)는 꿈에 만(萬) 무리의 양(羊)을 몰음으로써 역목(力牧)을 얻게 되었다.

解見宗空篇、力牧之夢注。

풀이는《종공편(宗空篇)》의 '역목(力牧)의 꿈.' 46p를 보시라.

李公夢食羊萬數、而驗於異僧。

이공(李公)은 꿈에 양 만 마리를 먹음으로서 이승(異僧)의 징험이 있었다.

稽神錄曰、李德裕召僧問休咎。僧曰、公灾萬里南去。平生當食萬羊、今食
九千五百矣。公曰、吾嘗夢行晉山、有牧羊者十數輩、迎拜曰、此吾所食羊
吾黙識不以告人也。旬日有饋羊五百。公驚曰、吾不食之。僧曰、羊至此、
已爲公有矣。未幾貶潮州司馬、再貶厓州司戶卒。

《계신록(稽神錄)》에 이르기를, 이덕유(李德裕)가 도승(道僧)을 불러 길흉을
물었다. 도승이 답하기를, "공(公)은 지금까지 양 9,500마리를 잡수셨는
데 평생 만 마리를 드신다면 남쪽으로 만 리 떨어진 곳에서 재난을 받으
실 것입니다." 이덕유가 놀라 말하기를, "내가 지난 날 꾼 꿈이 있소. 꿈에
진산(晉山)에 당도하니 양치기 수십 인이 양들을 끌고 나와 영접하며 고하
기를 '저희는 공께서 잡수실 양 9,500마리를 바치나이다.' 지금까지 아무
에게도 그 꿈을 말하지 않았는데 어찌 아시오?" 열흘 뒤 어떤 사람이 이덕
유에게 와서 양 500마리를 바쳤다. 이덕유가 놀래어 "나는 이 양들을 먹
지 않겠다."라고 말하니 곁의 도승이 말하기를 "양들은 이미 공의 소유가
되었으니 드신 것과 다르지 않습니다." 얼마 후 이덕유는 호주사마(湖州司
馬)로 좌천(左遷)되었다가 다시 애주사호(厓州司戶)로 강등된 후 죽었다.

乃若狼稟金精、

따라서 이처럼 이리는 금정(金精)을 품(稟)하였으니,

瑞應圖曰、白狼金精也。

《서응도(瑞應圖)》에 이르기를, 흰 이리는 금정(金精)이다.

以狗爲舅。

이로써 개는 장인(丈人)이 된다.

酉陽雜俎曰、狗、豺狼之舅、豺狼遇狗、輒跪如拜狀。

《유양잡조(酉陽雜俎)》에 이르기를, 개는 승냥이와 이리의 장인(丈人)이다. 승냥이와 이리가 개를 만나면 그때마다 무릎 꿇음이 절하는 형상과도 같다.

鹿涵斗曜、

사슴은 북두칠성(北斗七星)을 머금었으니,

運斗樞曰、搖光散而爲鹿。

《운두추(運斗樞)》에 이르기를, 요광(搖光)이 흩어져 사슴이 되었다.

以羊爲友。故張鋌夢蒼衣人會讌、晉婦夢與黃褐人相婬。此狼之爲妖也。

이로서 양(羊)과 벗이 된다. 그러므로 장연(張鋌)은 푸른 옷 입은 사람과 연회(讌會)를 가졌고 진부(晉婦)는 꿈에 누런 베옷 입은 사람과 더불어 서로 음행(婬行)을 하였다. 이는 이리가 요사(妖邪)로 된 것이다.

宣室志曰、張鋌夢巴侯置酒、邀滄浪君至、其人衣蒼魁岸。鋌驚寤、乃曉見一狼臥於前。蓋所謂滄浪君也。稽神錄曰、晉州神山民、黃張妻忽夢一黃褐人、腰腹甚細、留婬之兩接而去。逐有娠、好食生肉、舐脣咬齒、而性狼淚。生二狼、生卽走、其夫擊殺之。

《선실지(宣室志)》에 이르기를, 장연(張鋌)이 꿈을 꾸었다. 파후(巴侯)가 되어 주연(酒宴)을 베풀고 있는데 창랑군(滄浪君)⁴¹⁾ 찾아와 이르렀다. 뛰어나 보이면서 우람한 체격의 사나이가 푸른 옷을 입고 있었다. 장연은 놀래서 잠에서 깨었는데 새벽이었고 이리 한 마리가 앞에 엎드려 있었다. 이 일을 두고 사람들이 말하기를 "그 이리는 창랑군이다."
《계신록(稽神錄)》에 이르기를, 진주(晉州)의 신산(神山)에 사는 황장(黃張)의 아내가 홀연히 꿈을 꾸었다. 허리가 매우 가늘고 누런 베옷 입은 남자가 방에 들어와 자신의 복부 위에서 음행(婬行)을 하자 접촉한 느낌이 있었다. 황장의 아내는 이로 인해 잉태하여 날고기를 즐겨 먹고 입술을 혀로 핥고 이를 가는 모습이 나날이 이리처럼 변하였으며 성격 또한 포학(暴虐)

해져갔다. 달이 차자 임신부는 이리 두 마리를 낳았는데 달아나려고 하자 황장이 모두 때려 죽였다.

史思明夢鹿死水涸、而命盡須臾。吉士瞻夢鹿皞成堆、而祿遷十一。此鹿之爲兆也。

사사명(史思明)은 꿈에 사슴이 죽자 물이 마르는 것을 보고서 잠깐 사이에 명(命)이 다하였다. 길사첨(吉士瞻)은 꿈에 사슴 가죽이 무더기를 이룬 것을 보고서 녹(祿)이 열하나에서 감소되었다. 이것은 사슴이 그 조짐(兆朕)이 된 것이다.

白孔六帖曰、史思明愛優諢、寢食常在側、優者以其忍恨之。是夜思明驚據牀叱吒、優問故、答曰、我夢羣麓渡水、鹿死而水乾。云何、俄如厦。優相謂曰、胡命盡乎。少選駱悅以兵入。南史曰、吉士瞻夢得一積鹿皮、從而數之、有十一領。及覺喜曰、鹿者祿也、吾當居十一祿乎。自其仕進、所涖已九、及除二郡 心惡之尋卒。

《백공육첩(白孔六帖)》에 이르기를, 사사명(史思明)[42]은 배우(俳優)인 원(諢)을 사랑하여 잠잘 때나 먹을 때나 항상 곁에 두니 이로 인해 원(諢)은 한(恨)을 품고 있었다. 어느 날 사사명은 밤에 자다가 놀라서 깨어 일어나 침상을 딛고서 고함을 질렀다. 곁에서 자던 원이 그 연유를 물으니 답하기를 "내가 꿈을 꾸었다. 사슴이 무리지어 물을 건너다가 갑자기 죽고 물도 말랐다. 이는 도대체 무엇을 의미하는가? 잠시 숨는 것만 못하리라." 원이 고하기를 "그러한 꿈으로 어찌 명(命)이 다했다고 여기십니까?" 잠시 후 소선 낙열(少選駱悅)이 사사명을 죽이기 위해 무기를 들고서 침실로 들어왔다. 《남사(南史)》에 이르기를, 길사첨(吉士瞻)이 어느 날 꿈을 꾸었다. 쌓아놓은 사슴 가죽 더미를 얻어 그 수를 세어보니 11마리 분이었다. 길사첨은 잠에서 깬 후 기뻐하며 말하기를 "사슴 록(鹿)은 봉록 록(祿)이니 나는 장차 11록(祿)을 받게 되리라." 얼마 후 길사첨은 임관(任官)하였는데 처음 받은 녹봉(祿俸)은 두 군(二郡)의 록(祿)을 삭제한 9군(郡)의 록(祿)뿐이었다. 길사첨은 이 일로 불쾌히 여겨 병이 생겨 갑자기 죽었다.

凡爲獸羣者, 不可觸類而占也哉。

이는 대저 짐승무리로서 꿈에 접촉하면 좋지 않은 사례들을 점쳤다.

■ 注疏

1) 《기린서 3권(麒麟書三卷)》:《墨數》에 이르기를, 仲尼의 弟子가 麒麟書를 著作하였다.
2) 《효경(孝經)》: 책 이름. 孔子와 曾子가 孝道와 孝治의 義에 대해 問答한 것을 기록하였다. 古文과 今文의 두 가지 本이 있다. 今文本은 鄭玄이 注하였는데 18章으로 나뉘어져 있다. 古文本은 孔安國이 注하였는데 22章으로 나뉘어져 있다.
3) 《우계(右契)》:《효경위(孝經緯)》의 일종.
4) 적송자(赤松子): 옛 仙人.《索隱》에 이르기를, 적송자는 神農 시의 雨師이다. 불에 들어가도 타지 않았다.《越絶書》에 이르기를, 적송자는 鍾窮隆者로부터 赤石脂 먹는 법을 배웠다. 劉向의《列仙傳》, 葛洪의《神仙傳》, 許觀의《東齋紀事》등에 그에 관한 기록이 있다.
5) 《공총자(孔叢子)》: 3권으로 된 책. 舊本은 孔鮒가 撰하였는데 仲尼, 子高, 子順의 언행이 기록되어 있다. 그 내용을 분류하면 嘉言, 論書, 記義, 小爾雅, 詰墨 등의 21편이다.
6) 조상(鉏商): 春秋시대, 魯의 叔孫氏의 수레꾼. 哀公 14년에 수렵에 따라갔다가 기린을 잡았다.
7) 《춘추(春秋)》: 孔子가 魯史에 의거하여 著作한 책.《漢書藝文志》에 이르기를, 春秋는 古經 11편, 經 11권이다. 대저 春秋에는 23家, 948篇이 있으나 古注는 君王, 史官의 必讀書이다.
8) 백곤(伯鯀): 夏禹의 아버지이다. 堯가 그를 崇伯으로 封하였다.
9) 진(晉)의 평공(平公): 春秋시대, 晉의 悼公子 名은 彪.
10) 뇌기(雷機): 元의 建安人. 延祐(A.D 1314~1320)에 進士가 되었고 朝散大夫에까지 官位가 올랐다.《周易注解》를 저술하였고《雷門易》이라고 불렸다.
11) 《풍속통(風俗通)》:《風俗通義》10권과 附錄 1권으로 구성. 東漢의 應劭가 撰하였다.《典禮》,《白虎通義》등에서 按考하여 流俗을 糾正하였다.
12) 《설문(說文)》:《說文解字》. 漢의 許愼이 撰한 30권. 小篆이 主가 되어 9,353文으로 古文을 重히 하여 540部로 나누었다. 六書의 뜻을 추구하여 小學者의 宗이 되게 하였다. 文字를 說文하여 그 義를 注하여 순서대로 실었다.
13) 호해(胡亥): 秦二世. 재위 B.C 210~207. 始皇帝의 둘째 아들. 시황제가 죽자 李斯, 趙高 등이 長子 扶蘇를 죽이고 호해를 즉위시켰다. 그리고 나서 關東에 도적이 일어나자 조고에 의해 죽임을 당했다.
14) 좌참(左驂): 임금이나 제후의 수레 좌측에 타고서 보필하는 신하.
15) 경수(涇水): 渭水의 支水. 北源은 甘肅省의 固原縣이고 南源은 化平縣의 大關山인데 흘러내려오다가 모두 위수에 합한다. 秦의 수도 咸安을 공략하기 위해서는 위수를 건너야 한다.
16) 뇌공(雷公): 司雷의 神.《雲仙雜記》에 이르기를, 雷는 天鼓이고 그 神은 雷公이다.《論衡》에 이르기를, 雷公은 力士의 모습인데 왼손에는 북을 들고 있고 오른손에는 椎를 들었다.《山海經》에 이르기

를, 雷澤 중에는 雷神이 있는데 몸은 龍이고 머리는 사람이고 자신의 腹을 두드린다. 周秦 이후에는 雷師, 雷公이라고 불렀다.

17) 호랑이가 두 마리가~떨어뜨렸다: 雷公은 社稷을 보호하는 武神이다. 神의 명령을 들어야 할 호랑이가 神을 물었음은 下剋上의 정변에 의하여 사직을 잃게 된다는 뜻이다. 魏主 齊王芳을 받들며 국가의 실권을 쥐고 있던 조상은 평소 제거하려고 했던 司馬懿가 이끄는 특공대의 역습을 받아 실각하였다.

18) 초목자(草木子): 明代의 葉子奇가 저술한 책 이름. 草木子는 그의 號이다. 管窺, 觀物, 原道 등의 8篇으로 구성되어 있다. 그는 본서에서 天文, 地紀, 人事, 物理 등을 일일이 辨析하였다.

19) 《운두추(運斗樞)》: 《春秋緯》의 일종으로 책 이름. 運斗란 北斗星의 운행을 의미한다.

20) 요광(搖光): 瑤光. 招遙라고도 한다. 북두칠성의 第七星.

21) 왕경칙(王敬則): 南齊의 南沙人. 宋을 섬겨 員外郞이 되었는데 이때는 蒼梧王이 暴政하던 때라 高帝의 威名을 듣고 傾心하여 섬겼다. 고제가 즉위하여 尋陽郡公으로 封하였다.

22) 《전등록(傳燈錄)》: 宋의 眞宗. 景德元年(A.D 1004)에 吳의 沙門인 道原이 撰한 30권. 석가불 이래 祖祖의 法脈과 그 法語를 실었다. 《景德傳燈錄》이라고도 하며 그 후 각종 전등록의 嚆矢가 되었다.

23) 협존자(脇尊者): 禪宗의 傳法十祖. 80세에 沙門이 되어 3년 동안 精進修行하여 六神通과 八解脫을 얻었다. 수행 중에 한 번도 옆으로 눕지도 기대지도 않아 脇羅漢, 脇比丘, 長老脇이라고도 불렸다. 그 후 佛陀蜜多를 좇아 부처의 深旨를 공부하여 아울러 羅漢果도 얻었다. 中天竺의 불교가 크게 쇠하자 이를 興起시키고자 중천축에 가서 馬鳴과 對論하니 마명이 문하에 입문하였다.

24) 흰 말~이요: 馬는 ma, 米는 mi나 본서에서는 同音으로 보았다.

25) 홍려승(鴻臚丞): 나귀 驢와 傳言官 臚는 同音이며 馬와 月을 제거하면 같은 자이다. 홍려승은 儀典과 祭禮를 담당한다.

26) 《촉지(蜀志)》: 晉의 陳壽가 撰한 책. 자세한 것은 《山川篇》의 注疏 25) 196p를 참고하시라.

27) 장완(張琬): 三國시대, 蜀의 湘鄕人. 先主를 좇아 蜀에 들어갔으며 諸葛亮으로부터 社稷을 지킬만한 인재라는 찬사를 들었다. 關中에 주둔하고 있으며 府事를 통괄하였고 兵士의 식량을 충족케 하였다. 제갈량의 사후 스스로 大將軍과 錄尙書事를 연임하였으며 安陽亭侯에 봉해졌다.

28) 삼공(三公): 周代에는 太師, 太傅, 太保이고 漢代에는 丞相, 大司馬, 御史大夫 혹은 司馬, 司徒, 司空이다. 사마 대신 太尉를 넣기도 한다.

29) 《동명기(洞冥記)》: 後漢의 郭憲이 撰한 4권. 《漢武洞冥記》, 《別國洞冥記》라고도 한다. 愧誕한 無稽한 이야기들이 대부분이다.

30) 한(漢)의 경제(景帝): 文帝의 長子. 재위 A.D 157~141. 즉위 후 節儉하고 愛民하였다. 諸侯의 封地를 삭감하고 周亞夫에게 命하여 七國을 討破하였다.

31) 장군(仗君): 임금의 儀仗隊將.

32) 관우(關羽): 三國시대, 蜀漢의 解人, 字는 雲長. 수염이 아름다웠으며 膽力이 있었고 《春秋》 읽기를 즐겨했다. 張飛와 함께 先主를 좇음이 형제와도 같았다. 처음에는 下邳를 지키다 先主가 袁紹에게로 가자 曹操를 위해 함께 있기도 하였다. 壽亭侯에 봉해졌고 선주가 西蜀에 定都하자 荊州에 남아 大功을 세웠다. 관우는 麥城의 서쪽으로 달아나다가 매복해 있던 吳軍이 밧줄로 관우의 말을 걸어 쓰러뜨리니 말에서 굴러 떨어져 鉤槍隊에게 생포되었다. 관우는 孫權의 귀부권유를 거절하고 참수되었다.

33) 흰 개가 하늘에서~물었다: 흰 색은 白으로 五行 중 金에 속하여 쇠붙이, 무기의 색이다. 개는 戌이니 軍士, 警備의 뜻을 지닌다. 즉, 적군의 來襲으로 인해 損敗될 것을 예시하였다.

34) 둔주(豚主): 새끼돼지의 어미 혹은 아비.

35) 둔주(屯主): 駐屯軍의 우두머리.

36) 성양령(城陽令): 獄은 城內에 있으니 城 내의 羊이 되고 다시 동음의 陽으로 바꾸어 해석할 수 있다.

37) 《월절서(越絶書)》: 漢의 袁康이 撰한 15권의 책 이름. 원본은 25편인데 5편은 분실되었다. 내용은 《吳越春秋》와 비슷하다.

38) 부차(夫差): 春秋시대, 吳의 7대 왕. 재위 B.C 496~473. 吳王 闔廬가 越王 句踐에게 패해 죽자 부왕의 뒤를 이어 등위한 부차는 越을 공격하여 會稽에서 곤궁케 하자 구천은 항복하고 속국이 되었다. 그 후 부차가 군사를 이끌고 黃池에서 會盟할 때 구천이 吳를 공격하니 오군은 월군과 싸웠으나 대패하였고 부차는 자살하였다. 이로써 오는 멸망당하였다.

39) 장천석(張天錫): 16國시대의 前涼人. 前秦王 苻堅에게 항복하였다가 다시 晉에 귀부하였다. 桓玄 시에 護羌校尉, 涼州刺史를 지냈다.

40) 송(宋)의 고종(高宗): 徽宗의 아홉 번째 아들. 재위 A.D 1127~1129. 처음 康王에 봉해졌다가 徽宗, 欽宗 두 황제가 北에 억류되자 帝位를 이었다. 처음 建康에 도읍하였다가 臨安으로 옮겨 남방의 지역을 확보하였다. 이리하여 이때부터 南宋으로 불린다. 金兵의 여러 번에 걸친 南侵에 金과 화친하였다.

41) 창랑군(滄浪君): 이리의 모습을 한 神.

42) 사사명(史思明): 唐, 寧州人. 勇氣와 才略이 있었다. 安祿山이 반란을 일으켜 立國稱帝하자 史思明은 안록산의 부하장수로서 중추적인 역할을 담당하며 唐과 전투하였는데 안록산의 아들 安慶緖가 아비 안록산을 죽이고 자신에게 귀부하자 안경서를 죽였다. 그러나 사사명도 자신의 아들 史朝義에게 살해되고 사조의는 안록산의 부하 李懷仙에 의해 죽임을 당하였다. 이로써 안록산의 난도 끝났다. 사사명의 꿈 중에서 사슴의 죽음은 無鹿이니 이는 同音의 無祿으로 해석할 수 있고 물 없음은 無水이니 이는 無壽이다. 즉 녹봉과 수명이 없어짐이니 죽음을 의미한다.

16. 용사편 龍蛇篇第十六

龍蛇之夢、載於傳記、可據而譚也。有夢龍而應、降誕之祥者。如漢薄姬夢蒼
龍據腹而生代王。

용과 뱀의 꿈은 전기(傳記)에 실려 있으므로 논하는 데 근거할 만하다. 용꿈
에 응하여 하강하여 태어남은 상서(祥瑞)롭다. 한(漢)의 박희(薄姬)가 꿈에 창
룡(蒼龍)이 배를 감싸 누른 후 대왕(代王)을 낳은 경우이다.

> 史記曰、薄姬夜夢蒼龍據腹。高祖曰、此貴徵也、吾爲汝遂之。一幸生男、
> 是爲代王。

《사기(史記)》에 이르기를, 박희(薄姬)[1]가 밤에 꿈을 꾸었다. 창룡(蒼龍)이 박
희 자신의 배를 감싸 눌렀다. 박희가 잠에서 깨어 고조(高祖)에게 꿈을 말
하니 답하기를 "이는 귀한 징조이니 내가 장차 너의 뜻을 따르리라." 얼마
후 박희가 행운으로 사내아이를 낳으니 이가 대왕(代王)이 되었다.

晉李后夢兩龍枕膝、而生孝武。

진(晉)의 이후(李后)는 꿈에 쌍룡(雙龍)이 무릎을 베고 눕는 것을 보고 효무제
(孝武帝)를 낳았다.

> 晉書曰、李太后數夢、兩龍枕膝、日月入懷。遂生孝武帝、及會稽文孝王、
> 鄱陽長公主。

《진서(晉書)》에 이르기를, 이태후(李太后)는 비슷한 꿈들을 여러 번 꾸었다.
쌍룡(雙龍)이 자신의 무릎을 베고 누워있었으며 또는 해와 달이 품 안으

로 들어왔다. 이러한 꿈들을 꾸고 효무제(孝武帝), 회계(會稽)의 문효왕(文孝王), 파양(鄱陽)의 장공주(長公主)를 낳았다.

濮王夢龍墮衣上、而生英宗。

복왕(濮王)은 꿈에 용이 옷 위에 떨어지는 것을 보고서 영종(英宗)을 낳았다.

> 宋史曰、英宗、濮安懿王第十三子也。初安懿王夢兩龍與日並墮、以衣承之。
>
> 《송사(宋史)》에 이르기를, 영종(英宗)은 복주(濮州)의 안의왕(安懿王)의 13번째 아들이다. 안의왕은 어느 날 꿈에 쌍룡이 해와 함께 떨어지는 것을 옷으로 받았다. 그리고 나서 영종을 낳았다.

黃妃夢龍納懷中、而生度宗。

황비(黃妃)는 꿈에 용이 품 가운데로 들어오는 꿈을 꾸고서 도종(度宗)을 낳았다.

> 宋史曰、度宗、理宗弟之子也。父與芮嗣榮王、帝生於榮王邸。母齊國夫人黃氏、夢神人采衣、一龍納懷中、已而有娠。
>
> 《송사(宋史)》에 이르기를, 도종(度宗)[2]은 이종(理宗)의 아우의 아들이다. 그의 아버지 예(芮)는 이종과 함께 영왕(榮王)의 후사(後嗣)이므로 영왕저(榮王邸)에서 출생하였다. 어머니 제국부인(齊國夫人) 황씨(黃氏)는 꿈에 채색옷을 입은 신인(神人)이 용 한 마리를 안고 와서 품 가운데 넣어주는 꿈을 꾸고서 도종을 임신하였다.

豐公之妻、夢烏如龍、而生太公。

풍공(豐公)의 아내는 꿈에 용처럼 생긴 까마귀를 보고서 태공(太公)을 낳았다.

> 解見鳳鳥篇、夢接赤烏注。
>
> 풀이는 《봉조편(鳳鳥篇)》의 '꿈에 붉은 까마귀와 접촉(接觸)하다.' 429p를

보시라.

魏武之后、夢日化龍、而生文帝。

위(魏)의 무제(武帝)의 후비(后妃)는 꿈에 해가 용으로 변화하는 것을 보고 문제(文帝)를 낳았다.

> 魏書曰、宣武高后夢日化龍、繞身數匝。已而誕生孝文帝。
>
> 《위서(魏書)》에 이르기를, 선무고후(宣武高后)는 꿈에 해가 용으로 변화하여 자신을 여러 겹으로 감싸는 것을 보고 효문제(孝文帝)[3]를 낳았다.

北齊婁后、有四龍之夢。

북제(北齊)의 누후(婁后)는 네 마리 용의 꿈을 꾸었다.

> 北齊書曰、神武婁后孕文襄、則夢一斷龍。孕文宣則、夢大龍、首尾屬天地、開口動目、勢狀驚人。孕孝昭、則夢蠕龍於地。孕武成、則夢龍入於海。
>
> 《북제서(北齊書)》에 이르기를, 신무루후(神武婁后)는 문양(文襄)을 잉태할 때 꿈에 잘라진 용 한 마리를 보았고 문선(文宣)을 잉태할 때 꿈에 큰 용이 머리와 꼬리를 하늘과 땅에 둔 채 입을 벌리고 눈을 굴리는 위세가 사람을 놀라게 하였다. 효소(孝昭)를 잉태할 때는 꿈에 용이 땅에서 꿈틀대는 것을 보았고 무성(武成)을 잉태할 때는 꿈에 용이 바다로 들어가는 것을 보았다.

南齊陳后、有小龍之夢、是也。

남제(南齊)의 진후(陳后)가 작은 용의 꿈을 꾼 것이 이러한 예이다.

> 南齊書曰、南齊武帝、諱賾字宣遠、小諱龍兒。生於建康靑溪宅、其夜陳后、劉昭后同夢、龍據屋上。
>
> 《남제서(南齊書)》에 이르기를, 남제(南齊)의 무제(武帝)의 휘(諱)는 용아(龍兒)였다. 무제(武帝)가 건강(建康)의 청계택(靑溪宅)에서 태어나는 날 밤 진후(陳

后)와 유소후(劉昭后)는 용이 집 위에 올라타고 있는 꿈을 똑같이 꾸었다.

有夢龍而應、尊貴之兆者。如後漢光武、夢乘赤龍上天。

용꿈을 꾸는 것은 존귀하게 될 징조에 감응한 것이다. 이 같은 예는 후한(後漢)의 광무제(光武帝)가 꿈에 적룡(赤龍)을 타고 하늘에 오른 경우이다.

解見天者篇、諸將勸立注。

풀이는《천자편(天者篇)》의 '여러 장수에게서 황제로 추대 받았다.' 131p를 보시라.

南齊太祖、夢乘青龍逐日。

남제(南齊)의 태조(太祖)는 꿈에 청룡(青龍)을 타고 해를 쫓았다.

南齊書曰、太祖年十七、夢乘青龍、西行逐日、日將薄山乃止。覺而懼、家人問占者云、至貴之象也。蘇侃云、青木色、日暮者、宋運衰也。

《남제서(南齊書)》에 이르기를, 태조(太祖)가 17세 때 꿈을 꾸었다. 청룡을 타고 서쪽으로 가며 해를 쫓았다. 해가 산으로 저물려고 하길래 쫓음을 그쳤다. 태조(太祖)는 잠에서 깬 뒤 두려워하며 가인(家人)에게 말하니 가인이 문점(問占)하였다. 답하기를 "이는 지극히 귀하게 되실 상(相)입니다." 소간(蘇侃)[4]이 말하기를 "푸를 청(青)은 나무의 색입니다. 해가 저무는 것은 송운(宋運)이 쇠(衰)하는 것입니다."

劉穆之夢船挾白龍、而受宋武之召。

유목지(劉穆之)는 꿈에 백룡(白龍)이 배를 옆에서 끼는 것을 보고서 송(宋)의 무제(武帝)의 부름을 받았다.

解見山川篇、海峯秀而應召注。

풀이는《산천편(山川篇)》의 '해봉(海峯)이 빼어나 부름을 받았다.' 172p를 보시라.

趙汝愚夢背負白龍、而爲理宗之臣。

조여우(趙汝愚)는 꿈에 백룡(白龍)을 등에 짐으로써 이종(理宗)의 신하가 되었다.

解見天者篇、素服即位注。

풀이는 《천자편(天者篇)》의 '소복(素服)을 입고 즉위하다.' 131p를 보시라.

荀伯玉夢齊帝六龍出腋。

순백옥(荀伯玉)은 꿈에 제제(齊帝)의 겨드랑이에서 여섯 마리의 용이 나오는 것을 보았다.

南齊書曰、宋泰始七年、荀伯玉夢太祖乘船、在廣陵北渚、見上兩腋下、有翅不舒。伯玉問何當舒。上曰、卻後三年。伯玉夢中、自謂是咒師、向上唾咒之、有六咒、六龍出兩腋下、翅皆舒、還而復斂。至元徽五年、太祖謂伯玉曰、卿時乘之夢效矣。

《남제서(南齊書)》에 이르기를, 송(宋)의 태시 7년(泰始 A.D 471) 순백옥(荀伯玉)이 꿈을 꾸었다. 순백옥은 소도성(蕭道成)과 함께 배를 타고 광릉(廣陵) 북쪽의 강을 유람하였다. 순백옥이 소도성을 보니 양 겨드랑이 밑에 날개가 있는데 펴지 못하였다. 순백옥이 묻기를 "주공(主公)! 어떻게 하여야 날개를 펴실 수 있습니까?" 소도성이 답하기를 "3년 후에 펴리라." 순백옥이 스스로 칭하기를 "저는 주술사(呪術師)입니다." 순백옥이 소도성의 양 겨드랑이에 침을 바른 후 주문(呪文)을 한 번 외울 때마다 용이 나왔는데 모두 6마리였다. 용들은 하늘 높이 날아 돌아다니다가 돌아와 소도성 앞에 엎드렸다. 순백옥은 잠에서 깨자마자 소도성에게 꿈을 말하였다. 얼마 후 소도성은 송조(宋朝)의 실권(實權)을 잡았고 이때 순백옥이 소도성을 만나니 소도성이 말하기를 "그대의 때를 탄 꿈이 응험하였도다.[5]" 이때는 원휘 5년(元徽 A.D 477)이었다.

滕雋夢吳程赤龍化形。

등준(滕雋)은 꿈에 오정(吳程)이 적룡(赤龍)으로 변화한 것을 보았다.

吳越備史曰、吳程始勤學。文穆王時、西府院官滕雋、嘗夢程化爲赤龍、望
南方而去。雋因語其夢於人、曰、吳氏子非我所測也。及爲福州始驗。

《오월비사(吳越備史)》에 이르기를, 오정(吳程)은 어려서부터 학문에 근실
(勤實)하였다. 문목왕(文穆王) 때에 서부원관(西府院官) 등준(滕雋)은 어느
날 꿈에 오정이 적룡(赤龍)으로 변화하여 남쪽을 향하여 날아가는 것을
보았다. 등준이 잠에서 깨어 꿈을 사람들에게 말하니 모두 말하기를 "오
씨(吳氏)의 자제(子弟)들은 내가 아니어도 누구도 예측할 수 있소." 얼마
지나지 않아 오정은 복주수령(福州守令)이 되었으니 꿈이 비로소 징험하
였다.

南唐義祖、夢祖身取龍而得烈祖。烈祖夢殿檻繞龍、而得元宗、是也。

남당(南唐)의 의조(義祖)는 꿈에 벗은 몸으로 용을 붙잡아서 열조(烈祖)를 얻
었다. 열조는 꿈에 궁전의 함간(檻杆)을 용이 감싸는 것으로 보고 원종(元宗)
을 얻었다. 이렇게

釣磯立談曰、南唐義祖、夢臨大水、黃龍無數、義祖袒身而入、取一龍而
出。驚寤未幾掠得烈祖、養以爲子。南唐近事曰、南唐烈祖晝寢、夢一黃龍
繞殿檻、鱗甲炳然。旣寤使視前殿、則齊王凭檻而立向背、皆符所夢。烈祖
曰、天意非遇。旬日遂正儲位。齊王則元宗、居藩所封之爵。

《조기입담(釣磯立談)》에 이르기를, 남당(南唐)의 의조(義祖)가 어느 날 꿈을
꾸었다. 큰 물가에 가니 물속에 수많은 황룡(黃龍)이 놀고 있어 옷을 벗고
물에 들어가 한 마리를 잡아가지고 나왔다. 의조는 놀래어 잠에서 깬 후
얼마 지나지 않아 열조(烈祖)를 빼앗아 길러서 아들로 삼았다.
《남당근사(南唐近事)》에 이르기를, 남당(南唐)의 열조(烈祖)가 낮잠을 자다
가 꿈을 꾸었다. 궁전의 함간(檻杆)[6]을 황룡(黃龍) 하나가 감싸고 있는데 등
의 인갑(鱗甲)[7]이 빛이 났다. 열조가 잠에서 깬 후 꿈에 본 그 함간에 가보
니 제왕(齊王)이 함간에 앞으로 기댄 채 있는데 등이 보여 꿈과 부합하였

다. 열조가 경탄하여 말하기를 "이는 하늘의 뜻이지 우연은 아니다." 열조
는 열흘 후 사저(私邸)에 있는 제왕에게 후사(後嗣)로 정하는 칙령을 내리
니 이가 바로 원종(元宗)이다.

至於黃帝氏、夢龍受白圖、

황제씨(黃帝氏)가 꿈에 용으로부터 도형(圖型)을 받은 것과,

> 解見宗空篇、白圖之夢注。
>
> 풀이는《종공편(宗空篇)》의 '백도(白圖)의 꿈.' 46p를 보시라.

王積薪夢龍吐棋經、

왕적신(王積薪)의 꿈에 용이 입으로 기경(棋經)을 토한 것에 이르기까지,

> 棋訣曰、王積薪夢靑龍、吐棋經九部授己、其藝頓精。
>
> 《기결(棋訣)》에 이르기를, 왕적신(王積薪)[8]은 꿈에 청룡(靑龍)이 입으로 기
> 경(棋經) 아홉 부(部)를 토하여 주는 것을 받았다. 왕적신은 잠에서 깬 후
> 바둑의 수가 돈실(頓實)하며 정미로워졌다.

蓋靈妙之理、造化所洩也。西京雜記謂、董仲舒夢蛟龍入懷、而作春秋繁
露、不有繇哉。然亦有夢龍、而非祥者、如郭瑀將終、則夢龍止於屋。

이러한 꿈들은 모두가 영묘(靈妙)한 이치(理致)로서의 조화(造化)가 누설(漏
洩)된 것이다. 《서경잡기(西京雜記)》에 이르기를, 동중서(董仲舒)는 꿈에 교룡
(蛟龍)이 품에 들어옴으로써 《춘추번로(春秋繁露)》를 저작(著作)하였는데 타
인의 학설을 따르지 않았다. 그러나 또한 용꿈은 상서롭지만은 아니 하니
곽우(郭瑀)가 장차 죽으려고 할 때 꿈에 용이 집에 멈추어 있었다.

> 晉書曰、郭瑀夢乘靑龍上天、至屋而止。曰、龍飛止屋、吾其死也。
>
> 《진서(晉書)》에 이르기를, 곽우(郭瑀)[9]는 꿈에 청룡(靑龍)을 타고 하늘에 올

랐다가 내려와 집에서 멈추었다. 곽우가 잠에서 깨어 말하기를 "용이 날다가 집에서 멈추었으니 나는 죽을 것이다.

張文表將敗、則夢龍出於領。

장문표(張文表)가 장차 패하려고 할 때 꿈에 뒷목에서 용이 나왔다.

楚紀曰、張文表武陵人、作亂襲潭州、殺衡州行軍司馬寥簡。將攻長沙、猶豫未定。有小校夢文表龍出領下。文表喜曰、天命也。及敗梟首朗陵。

《초기(楚紀)》에 이르기를, 장문표(張文表)는 무릉인(武陵人)인데 난을 일으켜 담주(潭州)를 습격하여 형주(衡州)의 행군사마(行軍司馬)인 요간(寥簡)을 죽였다. 장문표는 장차 장사(長沙)를 공격하려고 하였으나 시기를 미루기만 하였다. 이때 장문표의 부하장교가 밤에 꿈을 꾸었다. 장문표의 뒷목에서 용이 나오는 것을 보았다.[10] 부하장교가 아침에 장문표를 만나 꿈을 말하니 장문표는 기뻐하며 "천명(天命)이다." 장문표는 진공(進攻)하였다가 패하여 낭릉(朗陵)에서 효수(梟首)되었다.

晉安劉勛、夢乘龍無頭、果應速亡之兆。

진안왕(晉安王) 유훈(劉勛)은 꿈에 용을 탔는데 머리가 없었다. 빨리 망할 징조가 과연 감응한 것이다.

宋史曰、晉安王劉勛、壇潯陽、即帝位。語左右曰、夜夢乘龍上天、俛視不見頭。衆咸失色、莫有對者。著作郎孫毅曰、易稱見羣龍無首吉。衆乃大悅。未幾沈攸之大軍至、焚其宮、獲勛誅之。

《송사(宋史)》에 이르기를, 진안왕(晉安王) 유훈(劉勛)은 심양(潯陽)에 단(壇)을 쌓아 하늘에 고한 후 제위(帝位)에 올랐다. 유훈이 관리들에게 말하기를 "짐이 밤에 꿈을 꾸었다. 용(龍)을 타고 하늘을 오르다가 고개를 숙여보니 용의 머리가 보이지 않았다." 관리들은 모두 얼굴빛을 잃고 의견을 말하지 않았다. 그러자 저작랑(著作郎) 손의(孫毅)가 일부러 거짓으로 고하기를 "역(易)에서 칭하기를 머리 없는 많은 용을 보면 길(吉)하다고 하였습니다." 그제야 관리들은 크게 기뻐하는 체 하였다. 얼마 후 심유(沈攸)가 대군을 이끌고 진공(進攻)해 와 성을 함락시킨 후 궁전을 불태우고 유훈을 생포하여 주살(誅殺)하였다.

孫休·陶母、夢乘龍無尾、果著絶後之徵。

손휴(孫休)와 도씨(陶氏)의 어머니는 꿈에 용을 탔는데 꼬리가 없었다. 과연 후손이 끊어질 징조였다.

> 吳志曰、孫休夢乘龍上天、顧不見尾。果爲帝而無後。陳書曰、陶弘景母夢乘靑龍無尾。弘景果不娶無子。
>
> 《오지(吳志)》에 이르기를, 손휴(孫休)[11]는 꿈에 용을 타고 하늘에 올랐는데 돌아보니 용의 꼬리가 보이지 않았다. 손휴는 황제가 된 후 과연 후사(後嗣)가 없었다.
> 《진서(陳書)》에 이르기를, 도홍경(陶弘景)의 어머니는 꿈에 청룡(靑龍)을 탔는데 꼬리가 없었다. 이 꿈으로 인하여 도홍경을 잉태하여 출산했는데 도홍경은 장성한 후에도 아내를 얻지 않아 자녀가 없었다.

然吳澄之生、鄰嫗夢蜿蜒之物、降於池中、龍乎蛇乎、未可知也。

이렇게 오징(吳澄)이 태어날 때 인근의 노파가 꿈을 꾸었다. 꿈틀거리는 도마뱀 종류가 못 가운데로 내려왔는데 용인지 뱀인지 알 수 없었다.

> 元史曰、吳澄字幼淸、崇仁人。澄生前一夕、鄰嫗夢有物蜿蜒、降其舍旁池中。
>
> 《원사(元史)》에 이르기를, 오징(吳澄)[12]은 자(字)가 유청(幼淸)이고 숭인인(崇仁人)이다. 오징이 태어나기 전 어느 날 밤에 인근에 사는 한 노파가 꿈을 꾸었다. 하늘로부터 꿈틀거리는 도마뱀 종류가 오징의 집 옆 호수로 내려오는 것을 보았다.

夫蛇亦龍類、厥兆不同。故秦文公夢黃蛇亘天。

무릇 뱀 또한 용의 종류도 그 징조가 같지는 않다. 그러므로 진(秦)의 문공

(文公)은 꿈에 황사(黃蛇)가 하늘로부터 몸을 뻗고 있었다.

> 史記曰、秦文公夢黃龍自天下屬地、其口止於鄜衍。文公問史敦、敦曰、此
> 上帝之徵、君其祠之。於是作鄜時、用三牲、祭上帝焉。

《사기(史記)》에 이르기를, 진(秦)의 문공(文公)[13]이 꿈을 꾸었다. 황룡(黃龍)
이 몸을 거꾸로 하여 하늘로부터 땅에 몸을 대고 있는데 입이 부연(鄜衍)
에 닿아있었다. 문공이 잠에서 깨어나 사돈(史敦)에게 해몽을 청하니 답하
기를 "상제(上帝)께서 징험하셨으니 주군(主君)은 상제께 제사(祭祠)하십시
오." 그러자 문공은 부치(鄜時)에 사묘(祠廟)를 세운 후 삼생(三牲)[14]을 바치
며 제사하였다.

晉文公夢大蛇當道。

진(晉)의 문공(文公)은 꿈에 길에서 큰 뱀을 만났다.

> 賈誼書曰、晉文公出田、前驅還曰、前有大蛇、其高若堤、橫道而處。晉文
> 公退而修政、居三日、夢天誅蛇曰、爾何敢當、聖君之路。文公覺令人視
> 之、蛇已魚爛矣。博物志曰、晉文公出、大蛇當道如拱、文公反修德、使吏
> 守蛇。吏夢天殺蛇曰、何敢當晉君道。覺而視蛇、蛇已死。

《가의서(賈誼書)》에 이르기를, 진(晉)의 문공(文公)이 사냥을 나가는데 앞에
가던 군사가 말을 달려와 보고하기를 "크기가 제방(堤防)만한 큰 뱀이 길
을 가로막고 있습니다." 문공은 되돌아가 근신(謹愼)하며 3일을 보내다가
꿈을 꾸었다. 천제(天帝)가 하늘에서 내려와 큰 뱀을 죽이면서 꾸짖기를
"너는 어찌하여 성군(聖君)의 앞길을 막느냐?" 문공이 잠에서 깨어 관리
에게 명하여 큰 뱀을 보고 오게 하니 돌아와 고하기를 "큰 뱀은 이미 썩어
문드러졌습니다."
《박물지(博物志)》에 이르기를, 진(晉)의 문공(文公)이 외출하는데 큰 뱀이 웅
크린 채 길을 막고 있었다. 그러자 문공은 관리에게 뱀을 지키고 있으라
고 명령한 후 돌아와 근신(謹愼)하며 덕을 닦았다. 그 관리가 꿈을 꾸었다.
천제(天帝)가 뱀을 죽이며 말하기를 "너는 어찌하여 진군(晉君)의 길을 막
느냐?" 관리가 잠에서 깨어 달려가 뱀을 보니 뱀은 이미 죽어 있었다.

劉楨夢蛇生足。

유정(劉楨)은 꿈에 뱀에게 발이 생긴 것을 보았다.

> 白孔六帖曰、魏劉楨字公幹。嘗夢蛇生四足、以不敬伏誅。
>
> 《백공육첩(白孔六帖)》에 이르기를, 위(魏)의 유정(劉楨)[15]은 자(字)가 공간(公幹)이다. 유정은 꿈에 뱀에게 4개의 발이 돋는 것을 보았는데[16] 깬 후 불경(不敬)하다 하여 주살(誅殺)당했다.

隋侯夢蛇報珠。

수후(隋侯)는 꿈에 뱀이 구슬로 보은하였다.

> 姓源珠璣曰、隋侯往齊、道逢一蛇、頭有血、以藥傅之去。夜夢脚踏一蛇、驚覺、乃得雙珠。
>
> 《성원주기(姓源珠璣)》에 이르기를, 수후(隋侯)는 제(齊)로 가다가 길에서 뱀 한 마리를 만났다. 뱀의 머리에 피가 흐르길래 약을 붙여주니 떠나갔다. 그날 밤 꿈에 수후는 뱀이 발밑까지 다가오자 놀래서 깨었다. 그런 후 쌍 구슬을 얻었다.

唐琮夢蛇繞身、而作草書。

당종(唐琮)은 꿈에 뱀이 몸을 감쌈으로써 초서(草書)를 창작하였다.

> 晉書曰、唐琮夢蛇繞身。遂效其形、作草蛇之書。
>
> 《진서(晉書)》에 이르기를, 당종(唐琮)은 꿈에 뱀이 몸을 감싸는 것이었다. 당종은 잠에서 깬 뒤 꿈에 본 형태의 효용에 따라 초사(草蛇)의 서체(書體)를 창작하였다.[17]

范延光夢蛇入腹、而蓄異志。

범연광(范延光)은 꿈에 뱀이 배에 들어옴으로써 이지(異志)를 품었다.

五代史曰、范延光爲天平軍節度使、夢大蛇自臍入其腹、半入而掣去之。以問門下術士張生 張生曰、蛇龍類也、龍入腹中、帝者之兆。由是頗蓄異志。

《오대사(五代史)》에 이르기를, 범연광(范延光)[18]은 천평군절도사(天平軍節度使)인데 일찍이 꿈을 꾸었다. 큰 뱀이 자신의 배꼽을 뚫고 뱃속으로 들어오길래 반쯤 들어왔을 때 손으로 잡아 빼어 던져버렸다. 범연광이 잠에서 깨어 문하(門下)의 술사(術士) 장생(張生)에게 해몽을 청하니 답하기를 "뱀은 용의 종류이니 용이 복부로 들어온 것은 황제가 되실 징조입니다.[19]" 범연광은 이런 연유로 이지(異志)를 품었다.

西蜀李雄之生、大蛇見夢於母氏。

서촉(西蜀)의 이웅(李雄)이 태어날 때 그의 어머니의 꿈에 큰 뱀이 나타났다.

晉書曰、李雄母羅氏、夢大蛇繞身。遂有孕十四月而生。後僭帝於蜀。

《진서(晉書)》에 이르기를, 이웅(李雄)의 어머니 나씨(羅氏)는 꿈에 큰 뱀이 몸을 감싸고 나서 잉태하여 14개월 뒤에 이웅을 낳았다. 이웅은 후일에 촉(蜀)에서 황제를 사칭(詐稱)하였다.

南齊遙光之敗、羣蛇見夢於城人。

남제(南齊)의 요광(遙光)이 패할 때 성(城)안의 사람들은 꿈에 많은 뱀을 보았다.

南史曰、齊始安王遙光擧事、四日而敗。城內人皆夢羣蛇、緣城四出。

《남사(南史)》에 이르기를, 제(齊)의 처음 안왕(安王) 요광(遙光)은 거사하여 4일만에 패하였다. 패하기 직전에 성안에 사는 사람들은 모두가 똑같은 꿈을 꾸었다. 즉 성안에 살던 많은 뱀들이 줄지어 사방으로 빠져나가는 것을 보았다.

然詩謂、虺蛇爲女子之祥、豈盡然哉。

《시경(詩經)》에서까지도 이무기와 뱀은 여자의 상서(祥瑞)가 된다고 했으니 이러한 말들이 꿈의 원리를 어찌 모두 설명하지 못했다고 할 수 있으랴?

1) 박희(薄姬): 漢, 吳人. 秦 말에 魏豹가 王이 되자 魏媼은 딸 박희를 魏宮에 들여보냈다. 박희는 漢高祖의 성은을 입어 文帝를 낳았다. 이가 바로 代王이다.

2) 도종(度宗): 宋의 17代 皇帝, 趙禥. 재위 A.D 1264~1274. 景定(A.D 1260~1264) 중에 황태자가 되었다가 理宗이 죽자 즉위하였다. 策定의 과정에 賈似道의 功이 컸다.

3) 효문제(孝文帝): 後魏의 7대 황제 獻文帝의 長子. 재위 A.D 471~499. 至孝하고 활을 잘 쏘았으며 勇力이 있었다. 文治를 크게 잘 하였고 民田을 공평하게 했으며 호적을 정비했다. 廟祠와 明堂을 수리하고 제사를 드렸으며 洛陽으로 천도하고 胡俗을 고쳐 中興明主라는 칭송을 들었다.

4) 소간(蘇侃): 南齊의 武邑人, 字는 休烈. 高帝가 淮陰을 다스릴 때 冠軍錄事參軍, 黃門郞을 역임하였고 新建顯侯에 봉해졌다. 저서는 《文房四譜》, 《續翰林志》.

5) "그대의 때를 탄 꿈이 응험하였도다." : 南北朝시대의 南朝, 劉宋朝末의 조정은 극히 문란하였다. 2대 황제에서 7대 황제에 이르기까지 50년간, 근친간의 왕위 다툼으로 인하여 高祖의 자손 중 1명만 제외하고 57명이 살해되었다. 7代 泰始(A.D 465~471) 때부터 황제는 허수아비에 불과하였고 8代 元徽(A.D 473~477) 때부터 臣僚들이 將帥 蕭道成을 황제로 추대할 계획을 가지고 있어 조정의 모든 實權은 소도성에게 있게 되었다. 《天者篇》의 注疏 3) 139p를 참조하시라.

6) 함간(檻杆): 큰 기둥 사이에 있는 칸막이용의 작은 기둥.

7) 인갑(鱗甲): 매우 단단하고 두꺼운 비늘.

8) 왕적신(王積薪): 唐人. 바둑에 능했다. 明皇幸을 좇아 蜀에 갈 때 깊은 계곡 옆의 집에서 하룻밤 묵게 되었다. 집안에 시어머니와 며느리가 있는데 燈燭도 없었다. 동쪽 방과 서쪽 방에서 시어머니와 며느리가 벽을 사이에 두고 대화로써 바둑을 두는데 한동안 말이 오고간 뒤 시어머니가 말하기를 "내가 北에서 우세하니 아홉 집을 이겼구나." 다음 날 아침 왕적신이 예를 갖추어 며느리에게 물어 가르침을 청하니 공격, 수비, 죽임, 빼앗음 등의 법을 설명하고 "이를 이해한다면 人間世에서는 無敵이 될 것이오."라고 말하였다.

9) 곽우(郭瑀): 晉의 敦煌人, 字는 元瑜. 少時에 郭荷를 섬기고 공부하여 經義에 精通하였으며 才藝가 많았다. 臨松의 석굴에 은거하며 《春秋異說》, 《孝經錯緯》 등을 저술하였다.

10) 장문표의 뒷목에서~보았다: 領은 윗목이니 項과 같은 뜻이다. 項은 항복할 降과 同音이니 패하여 뒷목에 칼을 받고 효수되었다.

11) 손휴(孫休): 三國시대 吳의 景帝, 大帝의 여섯째 아들이다. 琅邪王에 봉해졌다가 孫琳이 亮을 폐하고 손휴를 영립하였다. 재위 A.D 258~264.

12) 오징(吳澄): 元의 崇仁人, 字는 幼淸. 힘을 다해 聖賢의 학문을 공부하여 至大(A.D 1308~1311) 초에는 國子監司業이 되었다가 翰林學士가 되었다. 泰定(A.D 1324~1327) 초에는 講經을 주도했으며 《英宗實錄》을 總修하였다. 저서는 《學基》와 《學統》 2편, 《校正皇極經世書》, 《校正老莊》 등이 있다.

13) 진(秦)의 문공(文公): 春秋시대, 秦의 襄公의 아들. 재위 B.C 766~716.

14) 삼생(三牲): 祭祠에 犧牲物로 쓰이는 3종의 동물. 소, 양, 돼지이다.

15) 유정(劉楨): 三國시대의 魏人, 字는 公幹. 文才가 있어 王粲, 孔融, 陳琳 등과 친하게 지내어 建安七子라고 불렸다. 曹操는 그를 丞相椽屬으로 등용하였다.

16) 뱀에게 4개의~보았는데: 발이 4개인 뱀은 四足蛇라고 부를 수 있다. 이는 同音으로 '賜足死'라고 부를 수 있으니 '죽음을 내릴 만하다.'라고 해석된다.

17) 뱀이 몸을~창작(創作)하였다: 漢字의 書體는 篆·隷·眞·行·草의 五體가 있는데 그중 草書體가 제일

간결하고 곡선적이어서 그 풀이나 뱀 같은 형태에 의하여 命名하여 草蛇體, 草書라고도 부른다.

18) 범연광(范延光): 五代시대 晉의 臨漳人. 檢校太師를 莊宗 시에 지냈고 高祖 시에는 臨淸王에 봉해졌다. 그 뒤 직급이 떨어져 天平軍節度使가 되었다가 太子少師로 관직을 마쳤다.

19) 뱀은 용(龍)의~징조입니다: 龍은 皇帝의 상징이고 배꼽은 臍이니 임금 帝와 同音이다. 그러나 배꼽을 뚫고 반쯤 들어온 뱀을 잡아 빼어버렸으니 異志만 품은 채 王으로 봉함만 받았지 皇帝는 되지 못하였다.

二夢詞

朝鮮 · 休靜

主人夢說客
客夢說主人
今說二夢客
亦是夢中人

이몽사

조선 · 휴정

주인은 나그네에게 꿈을 설(說)하고
나그네는 주인에게 꿈을 설(說)하네.
지금 두 꿈을 설(說)하는 사람들
또한 꿈속의 사람들이네.

휴정(休靜)
조선조 14대 宣祖 때의 고승. A.D 1520~1604. 字는 玄應, 號는 淸虛, 西山, 속성은 崔이다. 성균관에서 공부하다가 지리산에 들어가 중이 되었다. 임진왜란이 일어나자 八道僧兵을 일으켜 대공을 세웠다. 저서는 《禪家龜鑑》, 《淸虛堂集》.

卷之八外篇

17. 구어편 龜魚篇第十七

龜・魚・蠅・蟻之屬、莫不稟氣於陰陽、存形於水土。故抱朴子曰、雞有搏栖
之雄、雉有擅澤之驕、蟻有謙弱之智、蜂有攻寡之計。又曰、周穆王南征、一
軍盡化、君子爲猿鶴、小人爲蟲沙。豈非各從其類哉。昔宋君夢神龜、出使於
河伯。

거북이, 물고기, 파리, 개미의 족속(族屬)도 음양(陰陽)의 기(氣)를 품(稟)하지
않은 것은 없다. 그것들은 물과 흙에서 그 형체를 보존하고 있다. 그러므로
포박자(抱朴子)¹⁾가 말하기를 "닭은 횃대를 붙잡는 웅성(雄性)이 있고, 꿩은
못에서 제 마음대로 하는 교만함이 있다. 개미는 겸약(謙弱)하는 지혜를 지
니고 있으며, 벌은 적은 수의 적을 공격하는 계책을 가지고 있다."
또한 말하기를 "주(周)의 목왕(穆王)²⁾이 남쪽을 정벌할 때 한 군단(軍團)이 모
두, 군자(君子)는 원숭이나 학(鶴)이 되고 소인(小人)은 벌레나 모래가 되었
다." 이를 어찌 각기 그 종류대로 되지 않는다고 할 수 있겠는가?
옛날에 송군(宋君)은 꿈에 신령한 거북이가 나타나 하백(河伯)³⁾의 관리라고
말하였다.

> 莊子曰、宋元君夜半夢人被髮、窺阿門曰、予自宰路之淵爲清江使、河伯之
> 所、魚者余且得予。元君覺使人占之、曰、此神龜也。君曰、漁者有余且乎。
> 左右曰、有。君令余且會朝、得白龜焉、箕圓五尺。君再欲殺之、再欲活之、
> 卜曰、殺龜以卜吉。乃剄龜、七十二鑽而無遺筴。仲尼曰、神龜能見夢於元
> 君、而不能避余且之網、知能七十二鑽而無遺筴、而不能避剄腸之患。

장자(莊子)가 말하기를, 송(宋)의 원군(元君)이 한밤에 꿈을 꾸었다. 머리카

락을 늘어뜨린 사람이 아문(阿門)⁴⁾ 사이로 엿보며 말하기를 "저는 큰길 옆에 있는 못을 다스리는 청강사(淸江使)인데 그곳은 하백(河伯)의 소유입니다. 저는 어부인 여차(余且)에게 붙잡혀 있으니 부디 저의 목숨을 구해주십시오." 원군이 잠에서 깨어 몽점을 치니 풀이하기를 '신령한 거북이이니 함부로 취급하지 마십시오.' 원군이 좌우 사람들에게 어부 중에 여차라는 자가 있느냐고 물으니 있다고 답하였다. 원군의 명에 의해 여차가 불려왔는데 그가 가지고 온 흰 거북이는 둥글고 지름이 5척(尺)이었다. 원군이 거북이를 보고 살릴까? 죽일까? 점치니 죽이는 것이 길(吉)하다는 점괘(占卦)가 나왔다. 그리하여 원군은 거북이를 칼로 갈라 죽였다. 그 후 송곳으로 거북이를 뚫어 72번이나 점을 쳤는데 맞추지 못할 때가 한 번도 없었다. 그 말을 들은 중니(仲尼)⁵⁾가 말하기를 "거북이가 신령하여 원군의 꿈에는 능히 나타났어도 여차의 어망을 피하지는 못하였고 72번 점쳐 모두 적중하였어도 장(腸)이 갈라지는 환란을 피하지는 못하였구나!"

高虜夢神龜、隕命於秦庭。

고로(高虜)는 꿈에 신령한 거북이가 진(秦)의 조정(朝庭)에서 죽는 것을 보았다.

> 晉書曰、高陵人穿井得龜大三尺、背有八卦文。苻堅命太卜穿池、養之食以粟。後死、藏其骨於太廟。其夜廟丞夢高虜龜曰、我出將歸江南、遭時不遇、隕命秦庭。又有人夢中謂虜曰、龜三千六百歲而終、終必妖興、亡國之徵也。未幾堅敗。

《진서(晉書)》에 이르기를, 한 고릉(高陵) 사람이 우물을 파다가 거북이를 잡았다. 크기는 3척(三尺)이고 등에는 팔괘문(八卦文)이 있었다. 왕(王) 부견(苻堅)에게 거북이를 바치니 부견이 태복(太卜)에게 명령하여 못을 파고 거북이를 좁쌀을 먹여 기르도록 하였다. 후에 거북이가 죽자 그 뼈를 태묘(太廟)에 간직하였다. 그날 밤 묘승(廟丞) 고로(高虜)가 꿈을 꾸었다. 거북이가 말하기를 "나는 우물에서 나와 장차 강남(江南)으로 돌아가려 하였으나 때를 만나지 못해 원래의 수명을 다하지 못하고 진(晉)의 조정에서 죽었소." 며칠 후 고로가 꿈을 꾸었다. 신인(神人)이 말하기를 "그 거북이는 3천 6백 세가 원래의 수명인데 중간에 죽었으니 요사(妖邪)가 일어날 징조요. 머지않아 진(秦)은 망할 것이오." 얼마 안 되어 부견은 패망하였다.

劉贊夢金龜、而進文才。

유찬(劉贊)은 꿈에 금 거북이를 보고서 문재(文才)가 진보하였다.

　解見食衣篇、吞金龜注。

　풀이는 《식의편(食衣篇)》의 '금 거북이를 삼키다.' 224p를 보시라.

梅老夢黃龜、而生男子。

매씨노인(梅氏老人)은 꿈에 누런 거북이를 보고서 사내아이를 낳았다.

　錦繡萬花谷曰、梅堯臣字聖兪、生男前一夢、夢道士贈龜一枚。聖兪和永
　叔洗兒詩云、

　夜夢有人衣帔祇
　水邊授我黃龜兒

　明朝我婦忽在蓐、乃生男子實秀眉。

　《금수만화곡(錦繡萬花谷)》에 이르기를, 매요신(梅堯臣)[6]은 자(字)가 성유(聖
　兪)인데 손자가 태어나기 하루 전에 꿈을 꾸었다. 도사(道士)가 거북이 한
　마리를 주길래 매요신이 영숙(永叔)의 세아시(洗兒詩)로써 화답하기를,

　밤 꿈에 어떤 사람이 피아(帔祇)[7]를 입고서
　물가에서 나에게 누런 새끼거북이를 주었다네.

　다음날 아침 며느리가 자리에서 사내아이를 낳았는데 튼튼하고 눈썹이
　빼어났다.

燕王有夜光之報。

연왕(燕王)은 보답으로 밤에 야광주(夜光珠)를 얻었다.

符子曰、邦人獻燕昭王、以大豕者百二十歲、邦人謂之仙豕。羣臣言於昭
王曰、是豕無用。命宰夫膳之。豕死乃見夢於燕王曰、仗君之靈、而化吾生
也、始得爲魯津之伯。後燕王遊於魯津、有赤龜銜夜光而獻之。

부자(符子)가 말하기를, 한 백성이 연(燕)의 소왕(昭王)[8]에게 120살 먹은 큰
돼지를 바치며 "선가(仙家)의 돼지입니다." 신하들이 소왕에게 말하기를
"이 돼지는 쓸모없습니다." 소왕은 돼지를 죽여 음식으로 만들게 하였다.
돼지가 죽은 후 소왕의 꿈에 나타나 말하기를 "저는 장군(仗君)의 혼이 화
생하였으나 돼지여서 고통스럽게 살아왔습니다. 이제 대왕의 은덕으로
비로소 자유를 얻어 노진(魯津)[9]에서 거북으로 태어날 것 입니다." 후일
소왕은 노진에 유람을 갔는데 밤에 붉은 거북이가 야광주(夜光珠)를 입에
물고 나타나 헌상하였다.

韓愈作玄夫之詩。

한유(韓愈)는 현부(玄夫)의 시(詩)를 지었다.

韓昌黎集曰、孟郊字東野、年五十第進士。産三子不數日盡失之、念無後
悲不自勝。韓愈作詩喩之、其略曰、

乃呼大靈龜
騎雲款天門
東野夜得夢
有夫玄衣巾
闖然入其戶
三稱天之言
再拜謝玄夫
收悲以歡忻

《한창려집(韓昌黎集)》[10]에 이르기를, 맹교(孟郊)는 자(字)가 동야(東野)인데
나이 오십에 진사(進士)에 급제하였고 세 아들을 두었으나 불과 수일 만에
모두 잃었다. 맹교(孟郊)는 후사(後嗣)가 없음을 생각하여 슬픔을 누르지

못하였다. 한유(韓愈)가 이를 비유하여 시를 지었으니 간략하게 말하면,

이에 따라 큰 신령한 거북이를 호령(號令)하여
구름 타고 천문(天門)에 이르기도 했네.
동야공(東野公)이 밤에 잠자다 꿈을 꾸니
검은 옷에 검은 두건(頭巾)쓴 어떤 사람이
그 문에 불쑥 머리를 디밀고 들어왔구나.
하늘의 명(命)을 세 번 칭하니
검은 사람에게 두 번 절하여 사례(謝禮)하면서
비탄 거두어 애써 밝은 표정 지으려 하네…

萬畢得名龜、而夢送水中。

만필(萬畢)은 이름 있는 거북이를 얻고서 물 가운데로 보내달라는 꿈을 꾸었다.

> 萬畢傳曰、在江南得名龜、置之家而富。後夢龜曰、遂我水中。不聽殺之。輒身死、家亦不 利。

> 《만필전(萬畢傳)》에 이르기를, 만필(萬畢)은 강남(江南)에 살면서 이름 있는 거북이를 붙잡아 집안에서 키워 부자가 되었다. 어느 날 만필이 꿈을 꾸었다. 거북이가 말하기를 "공(公)은 이제 부자가 되었으니 나를 강으로 돌아가게 해주시오." 만필은 잠에서 깬 후 거북이를 괘씸하게 여겨 죽였다. 그러자 만필도 즉사하고 집안도 불리해졌다.

淳于棼見腐龜、而夢獵山上。

순우분(淳于棼)은 썩은 거북이를 보고서 꿈에 산 위에서 사냥한 이유를 알았다.

> 李公佐南柯太守傳曰、淳于棼夢大獵、於國西靈龜山、山峰埈秀、川澤廣遠、師徒大獵、竟夕而還。及寤尋穴究源、一穴中有一腐龜殻、積雨浸潤、小草叢生其上、卽所獵靈龜山也。

이공좌(李公佐)[11]의 《남가태수전(南柯太守傳)》에 이르기를, 순우분(淳于棼)이 어느 날 꿈을 꾸었다. 나라의 서쪽에 있는 영구산(靈龜山)으로 가서 큰 사냥을 하였다. 산봉우리는 험하며 빼어났고 강과 못은 넓으며 멀리까지 뻗어 있었다. 순우분은 무리와 함께 큰 사냥을 하다가 저녁이 되자 귀가하였는데 깨어보니 꿈이었다. 순우분은 꿈의 원인을 알기 위해 집안을 조사하다가 마당 한구석에서 구멍을 발견하였다. 구멍 안을 들여다보니 빗물에 잠겨 있는 썩은 거북 껍질이 보였는데 껍질 위에는 작은 풀들이 무더기로 자란 채 있었다. 순우분은 그제야 꿈에서 사냥한 영구산은 썩은 거북이 껍질임을 알았다.

然稽諸易象、龜屬離而魚屬巽。其見於夢、豈特詩人衆魚之夢。應豐年已而哉。漢武夢魚求去釣、而獲珠。

이러하니 여러 역상(易象)을 상고(詳考)하여 보면 거북이는 이괘(離卦)[12]에 속하면서도 물고기 종류의 손괘(巽卦)[13]에 속한다. 그 꿈에 나타남이 어찌 특히 시인(詩人)에게만 있는 물고기 무리의 꿈이겠는가? 이러한 꿈은 풍년이 됨에 응하는 것이다. 한(漢)의 무제(武帝)는 꿈에 물고기를 본 뒤 낚시를 빼주고 구슬을 얻었다.

三輔黃圖曰、辛氏三秦記云、昆明池通白鹿原。原人釣魚、綸絶而去、夢於漢武帝、求去其釣。三日帝遊池上、見大魚衝索。帝曰、豈不穀昨所夢耶。乃取釣放之。帝後復遊池濱、得明珠一雙。帝曰、豈昔魚之報耶。

《삼보황도(三輔黃圖)》[14]에 적혀있는 《신씨삼진기(辛氏三秦記)》에 이르기를, 곤명지(昆明池)는 백록원(白鹿原)과 통해 있다. 백록원 사람이 낚시를 했는데 물고기가 낚시를 문 채 줄을 끊고 달아났다. 한(漢)의 무제(武帝)의 꿈에 물고기가 나타나 말하기를 목에 걸린 낚시를 빼어달라고 하는 것이었다. 무제가 3일 뒤 곤명지에서 놀 때 큰 물고기가 낚시를 입에 물고 나타났다. 무제가 말하기를 "내가 어찌 지난 꿈을 잊었겠느냐?" 하며 물고기의 목에 걸린 낚시를 빼어버렸다. 그 후 무제는 다시 못가에서 놀 때 밝은 구슬 한 쌍을 얻었다. 무제가 말하기를 "이를 어찌 전날의 물고기의 보은이 아니라고 할 수 있겠는가?"

胡妻夢魚躍水盆、而生姪。

호씨(胡氏)의 아내는 꿈에 물고기가 항아리에서 뛰어 오르는 것을 보고 조카를 살렸다.

> 宋史曰、胡寅字明仲、安國弟之子也。寅將生、其母以多男欲不擧。安國妻夢大魚躍水盆中。急往取而子之。

> 《송사(宋史)》에 이르기를, 호인(胡寅)[15]은 자(字)가 명중(明仲)이고 호안국(胡安國)의 동생의 아들이다. 호인의 어머니는 아들이 많으므로 호인이 태어나면 버리려고 하였다. 호인의 어머니가 호인을 낳으려고 할 때 호안국의 아내가 꿈을 꾸었다. 큰 물고기가 물 항아리에서 높이 뛰어오르는 것이었다. 잠에서 깨자 급히 달려가 호인을 받아, 기르게 하였다.

太守劉之亨、夢魚乞命。

태수(太守)인 유지형(劉之亨)은 꿈에 물고기가 살려달라고 하였다.

> 解見壽命篇、夢鯉二頭注。

> 풀이는 《수명편(壽命篇)》의 '꿈에 잉어 두 마리를 보다.' 411p를 보시라.

與邑宰阿失里、夢魚禁捕者無異。

이상의 꿈들은 읍재(邑宰) 아실리(阿失里)의 어획(漁獲)을 금지하는 꿈과 다르지 않다.

> 山東通志曰、曹州定陶縣、北有陂澤。居民採蛙鼈蟾生。虜亮正隆二年、女直人阿失里爲邑宰、夢一人綠袍烏帽皂靴、革帶握手板入謁告細、民捕殺其族、乞禁之。失里夢中許諾。明夜復夢。莫知所謂。迨春澤畔、漁人日衆、忽有巨物、長六十七尺、狀若蛟螭、湧波噴雲、岸涾摧陷、人皆驚走、溺死過半、始悟邑宰之夢。

> 《산동통지(山東通志)》에 이르기를, 조주(曹州)의 정도현(定陶縣) 북쪽에는 매우 큰 호수가 있어 주민들은 대합조개, 자라, 두꺼비를 잡는 것을 생업

으로 삼았다. 노량정륭 2년(虜亮正隆 A.D 1157), 여자인 직인(直人)[16] 아실리(阿失里)가 읍재(邑宰)가 되자 꿈을 꾸었다. 한 사람이 푸른 도포, 검은 모자, 검은 가죽띠 차림에 목홀(木笏)을 쥐고 절을 한 후 말하기를 "저는 이곳 호수의 왕입니다. 주민들이 저의 동족을 잡아 죽이고 있으니 금지시키소서." 아실리는 허락하였다. 아실리는 잠에서 깬 후 여러 날이 지나도록 꿈속의 약속을 잊고 있었는데 또다시 같은 꿈을 꾸었다. 그러나 아침이 되었어도 꿈을 기억하지 못하였다. 봄이 되자 어부들이 호숫가에 모여 있는데 갑자기 물 위로 거대한 물체가 불쑥 솟았는데 자세히 보니 키가 6, 7척(尺) 되는 뿔 없는 용이었다. 용이 입과 코로 구름을 뿜으며 파도를 솟구치게 하면서 호반(湖畔)의 언덕을 향해 돌진하여 머리로 받으니 언덕이 무너졌고 사람들은 모두가 놀래어 달아나다가 반 이상이 물에 빠져 죽었다. 아실리는 그제야 비로소 자신이 꿈에 한 약속을 어긴 것을 깨달았다.

而一則延算、一則溺民、則悟不悟之殊爾。乃若昆蟲之屬、厥類實繁青蠅止樊、詩人所刺、故昌邑王賀、夢蠅矢積階。

이러한 행동이 백성의 수명을 연장하기도 하고 백성을 물에 빠뜨리기도 하니, 이는 꿈꾼 자의 깨달음과 깨닫지 못함의 차이에 있다. 그러므로 곤충에 속하는 수많은 푸른 파리들이 계단 위에 쌓여 있는 경우를 시인(詩人)이 풍자(諷刺)하였으니, 그것은 창읍왕(昌邑王) 하(賀)가 꿈에 파리 떼가 계단 위에 쌓여 있는 것을 본 것이다.

漢書曰、昌邑王、賀夢青蠅之矢積、階東西可五六石。以問郎中龔遂、遂曰、階下讒人衆多、願放逐之。賀不用其言、卒至於廢。王充論衡曰、蠅矢積階、王用讒臣之言也。

《한서(漢書)》에 이르기를, 창읍왕(昌邑王) 하(賀)[17]가 꿈을 꾸었다. 푸른 파리 떼가 계단의 동서에 쌓여 있었는데 5, 6석(石)은 되는 것 같았다. 창읍왕이 잠에서 깨어 낭중(郎中) 공수(龔遂)에게 꿈을 말하니 공수가 답하기를 "이는 계단 아래에 참인(讒人)[18]들이 무리지어 있는 것입니다. 속히 쫓아 버리소서." 창읍왕은 그 말을 따르지 않고 있다가 갑자기 폐하여졌다. 왕충(王充)의 《논형(論衡)》에 이르기를, 파리 떼가 계단에 쌓여있는 것은 왕(王)이 참신(讒臣)의 말을 사용하는 것이다.

吏部何晏、夢蠅頭聚鼻。

이부상서(吏部尙書) 하안(何晏)은 꿈에 파리가 머리로부터 코에 몰려왔다.

三國志曰、吏部尙書何晏、夢靑蠅數十、頭來在鼻上、驅之不去。尋伏誅。

《삼국지(三國志)》에 이르기를, 이부상서(吏部尙書) 하안(何晏)[19]이 꿈을 꾸었다. 푸른 파리 수십 마리가 머리로부터 코 위에 앉아서 쫓아도 가지 않는 것이었다. 하안은 이 꿈으로 인해서 죽임을 당하였다.

皆有讖兆焉。蛆蟲則依附而不散、衆庶之象也。故馬后夢飛蟲入膚。

모든 예정된 일에는 징조가 있다. 구더기는 의지하여 붙어서 흩어지지 않으니 이는 무리의 특성을 상징한다. 그러므로 마후(馬后)는 나는 벌레가 피부로 들어왔다.

東觀漢記曰、明帝永平年、有司奏立長秋宮。上未有所言、皇太后曰、馬貴人德冠後宮。遂登至尊。先數日馬后、夢有小飛蟲萬數隨著身、入皮膚中、復飛出。

《동관한기(東觀漢記)》에 이르기를, 명제(明帝), 영평(永平 A.D 58~75)년간에 사부(司部)에서 장추궁(長秋宮)을 건립하라는 상주(上奏)를 하였으나 명제는 결정하지 않았다. 그러자 황태후(皇太后)가 명제에게 청하기를 "마귀인(馬貴人)을 후궁(後宮)으로 책봉하시오." 명제가 그 말을 따르고 장추궁에 거하게 하니 존귀하게 되었다. 이 일이 있기 며칠 전 마귀인이 꿈을 꾸었다. 작은 나는 벌레 수만 마리가 몸에 달라붙어 피부 속으로 들어왔다가 다시 날아가 버렸다.

唐祖夢羣蛆食體。

당조(唐祖)는 꿈에 구더기 무리에게 몸이 먹혔다.

紀異錄曰、唐高祖將擧義師、夜夢身死墜牀下、爲羣蛆所食。智滿禪師曰、公得天下矣。死是斃也、墜牀是下也、陛下至尊之象也。羣蛆所食、億兆趨附也。

《기이록(紀異錄)》에 이르기를, 당(唐)의 고조(高祖)가 장차 대의(大義)의 거병(擧兵)을 계획하다가 밤에 꿈을 꾸었다. 죽어서 몸이 탑상(榻牀) 아래로 떨어져 구더기 무리에게 먹히는 바가 되었다.[20] 고조가 잠에서 깨어 지만선사(智滿禪師)에게 해몽을 청하니 답하기를 "공(公)은 장차 천하를 얻을 것이오. 죽어도 엎드려 죽음이요, 탑상 아래에 떨어져 있으니 아래에 있다는 뜻으로 폐하(陛下)가 된다는 뜻입니다. 이는 지존(至尊)의 상징입니다. 구더기 무리에게 먹힘은 억조창생(億兆蒼生)이 달려와 붙는다는 뜻입니다."

▲ 당고조 이연(唐高祖 李淵)

皆有貴徵焉。至於蟻本螫蟲、亦居王號、奉敕南柯爲郡守而大治。

이상의 꿈들은 모두 희귀한 징조들이다. 본래 무는 벌레인 개미에 이르기까지 왕의 호칭을 가졌으므로 순우분(淳于棼)은 칙령(敕令)을 받들어 남가(南柯)의 군수(郡守)가 되어서 크게 잘 다스렸다.

異聞錄曰、淳于棼飮槐下醉臥、夢二使曰、槐安國奉邀。指古槐入穴中、曰、大槐安國。王曰、南柯郡不埋屈、卿爲守。累年達郡。窹尋古槐下穴明朗、積土壤爲城郭臺殿之狀、有一大蟻、乃王也。一穴直上南枝、南柯郡也。

《이문록(異聞錄)》에 이르기를, 순우분(淳于棼)이 회나무 아래에서 술을 마시고 취하여 누웠다가 잠들어 꿈을 꾸었다. 두 사람이 다가와 고하기를 "저희는 괴안국(槐安國)에서 온 사신입니다. 공(公)을 받들어 모셔가기 위해 찾아왔습니다." 사신들이 가는 대로 오래된 회나무 뿌리 밑의 큰 구멍으로 따라 들어가니 왕궁이 있었다. 사신이 말하기를 "이곳이 괴안국입니다." 괴안국 왕이 순우분에게 말하기를 "남가군(南柯郡)이 무너져 묻히지 않았으니 그대를 남가군의 수령(守令)으로 임명한다." 순우분은 남가군에 부임하여 여러 해 동안 잘 다스렸다. 그러다가 순우분은 잠에서 깨었는데 살펴보니 취하여 잠든 사이에 꿈을 꾼 것이었다. 순우분이 보니 회화나무 뿌리 밑에 큰 구멍이 있었고 구멍 안에는 성곽과 궁전 모양의 개미집이 있으며 큰 개미 한 마리가 왕노릇을 하고 있었다. 그리고 구멍 위에 남쪽으로 뻗은 나뭇가지가 있고 그 아래 개미집이 있는 것으로 보아 그곳이 남가군이 분명하였다.[21]

浮蘆江上、能穴獄而報恩。

강 위에 뜬 갈대를 건진 후 감옥에 갇히자 개미들이 구멍을 파서 은혜를 갚았다.

> 齊諧記曰、當陽董昭之、嘗乘船過錢塘江中、見一蟻著一短蘆、走一頭復迴向一頭、蘆逼邊。昭之曰、此畏死也。欲取著船。船中人曰、此毒螫物、當蹋殺之。昭之憐而止焉。夜夢一人烏衣、從數百人。來謝云、僕不慎墮江、惠君濟活、僕是蟲王、君若有急難之日、當見告語。昭之遇事繫獄、蟻領羣蟻穴獄、昭之遂得免。

《제해기(齊諧記)》[22]에 이르기를, 당양(當陽)에 사는 동소지(董昭之)는 일찍이 배를 타고 전당강(錢塘江)을 건너다가 개미 한 마리가 한 짧은 갈대에 붙어 떠내려가고 있는 것을 보았다. 개미는 살기 위해 갈대의 한쪽으로 달리다가 갈대가 다시 기울면 머리를 돌려 높은 쪽으로 달리는 모습이 무척 가련해 보였다. 동소지는 개미도 죽음을 두려워한다고 생각하고 팔을 뻗어 개미를 쥐어 배에 태웠다. 배에 탄 사람들이 말하기를 "이는 사람을 무는 독충이니 밟아 죽여야 하오." 그러나 동소지는 사람들을 제지하였다. 그날 밤 동소지가 꿈을 꾸었다. 검은 옷의 사람이 뒤에 수백 인을 이끌고 와서 말하기를 "저는 개미의 왕입니다. 복(僕)이 신중하지 못하여 강에 빠져 위급할 때 군(君)께서 살려주시어 감사드립니다. 장차 군께서 급하고 어려운 일을 당하여 저를 부르시면 나타나 돕겠습니다." 그 후 동소지는 흉사를 만나 옥에 갇혔는데 갑자기 개미들이 나타나 땅 밑으로 큰 구멍을 파니 탈출하였다.

此或文士寓言、要亦境所有也。

이를 두고 어떤 사람은 문사(文士)의 우언(寓言)[23]이라고도 하나 요점은 역시 꿈의 경계(境界)에 있다.

1) 포박자(抱朴子): 葛洪의 號, 그가 저술한 책 이름. 晉代의 句容人, 字는 稚川. 少時부터 好學하여 神仙導養法을 공부하였고 玄弟子 鄭隱으로부터 煉丹術을 배웠다. 平賊의 공이 있어 關內侯로 봉함을 받았다. 交趾에서 丹砂가 난다는 말을 듣고 국외까지 나가 구해와 羅浮山에 들어가 煉丹하여 丹藥을 먹고 尸解昇仙하였다. 저서는 《抱朴子》,《神仙傳》 등이 있다.

2) 주(周)의 목왕(穆王): 昭王의 아들. 즉위 후 八駿馬를 타고 西征하여 즐거워 돌아오는 것을 잊었다. 제후들이 徐에 朝貢하니 돌아와 楚로 하여금 徐를 멸하게 하였다. 재위 B.C 1002~947. 一說 B.C 976~922.

3) 하백(河伯): 江河의 神. 人面魚身으로 馮夷, 呂夷, 川后라고도 칭한다.

4) 《아문(阿門): 阿旁曲室의 문. 즉 정문의 곁에 있는 側門이나 부속건물의 문.

5) 중니(仲尼): 孔子.

6) 매요신(梅堯臣): 宋代의 宜城人. 詩에 능하였는데 詩意는 옛날의 淸談이었다. 歐陽脩와 詩友였으며 河南主簿, 鎭安判官, 仁宗 때 都官員外郞을 역임하였다. 저서는 《宛陵集》,《毛詩小傳》,《唐載記》.

7) 피아(帔袄): 소매가 없는 긴 덧저고리.

8) 연(燕)의 소왕(昭王): 戰國시대의 燕王. 名은 平. 燕이 齊를 파하고 즉위하여 禮로써 賢士를 초빙하니 樂毅, 鄒衍이 모두 귀부하였다. 낙의를 上將軍으로 삼아 齊를 伐하고 墨外를 제외한 땅을 얻으니 다시 강해졌다.

9) 노진(魯津): 魯나라의 나루.

10) 《한창려집(韓昌黎集)》: 唐의 韓愈가 撰한 책 40권. 外集 10권, 遺文 1권으로 되어있다. 門人 李漢이 賦, 古詩, 聯句, 律, 詩 등으로 編하였다.

11) 이공좌(李公佐): 唐의 隴西人, 字는 順夢. 進士가 되었다가 元和(A.D 806~820) 중에 江淮從事가 되었다. 會昌(A.D 841~846) 초에 楊府錄事가 되었다가 大中 2년(A.D 848)에 累事에 연좌되어 削官되었다. 傳奇에 대해 많은 저작을 하였다. 저서는 《南柯太守傳》,《謝小娥傳》,《馮媼傳》,《古嶽瀆經四篇》.

12) 이괘(離卦): ☲는 四象 중의 少陰에 속하고 火에 해당된다.

13) 손괘(巽卦): ☴는 四象 중의 少陽에 속하고 風에 해당된다.

14) 《삼보황도(三輔黃圖)》: 책 이름. 6권으로 구성되어 있으며 저자는 不明이다. 그 내용은 漢時의 長安, 古蹟. 周代의 靈臺에 관한 이야기와 三輔의 연혁과 그 治所에 관한 것이다.

15) 호인(胡寅): 宋人, 胡安國의 조카인데 養子가 되었다. 宣和(A.D 1119~1125) 중에 進士가 되었고 官職은 徽猷閣直學士까지 올랐다. 저서는 《論語詳說》.

16) 직인(直人): 正直한 사람.

17) 창읍왕(昌邑王) 하(賀): 劉賀, 漢武帝의 孫. 昭帝가 죽은 후 霍光이 유하를 영립하여 황제로 즉위하게 하였으나 宴樂하고 淫亂하여 27일 만에 廢位되었다.

18) 참인(讒人): 꾸민 말로 남을 해치는 사람.

19) 하안(何晏): 三國시대의 魏의 宛人, 字는 平叔. 少時에 才秀하여 이름이 있었으며 魏公主를 섬겨 侍中尙書까지 관위가 이르렀고 列侯에 封爵을 받았다. 老莊의 말을 좋아하여 夏侯玄 등과 淸談을 즐겼다. 諸文賦를 수십 편 저술하였으나 《論語集解》만이 전한다.

20) 죽어서 몸이~먹히는바 되었다: 엎드려 죽음 斃와 천자, 임금 陛는 동음이다. 탑상 아래에 엎드려 죽어 있으니 陛下라고 불리는 것이다.

21) 순우분(淳于棼)이~분명하였다: 이 이야기는 李公佐가 지은《南柯太守傳》을 略述한 것이다. 南柯一夢이라는 成語가 본 소설에서 기원하였다.

22) 《제해기(齊諧記)》: 南朝宋의 東陽無疑가 撰한 1권. 神怪의 說이 내용이다.

23) 우언(寓言): 말이나 문자에 寄託한 간접적인 표현. 대개 비유, 은유, 풍자 등에 많이 쓰인다.

18. 초목편 草木篇第十八

草木入夢、各以類應。劉向曰、心應棗、肝應榆。周宣夢書曰、松爲人君、夢見
松者、見人君也。又曰、榆爲人君之德、至仁也。夢採榆葉、受賜恩也。夢居榆
樹、得貴官也。

풀과 나무가 꿈에 나타날 때는 각기 그 종류에 따라 감응한다.
유향(劉向)[1] 말하기를 "심장(心臟)은 대추와 감응하고 간장(肝臟)은 느릅나무
와 감응한다."
주(周)의 선왕(宣王)[2]의 《몽서(夢書)》에 이르기를, 소나무는 임금을 상징하
니 꿈에 소나무를 본 사람은 임금을 보게 된다. 또한 느릅나무는 임금의 덕
(德), 지극한 인(仁)을 나타낸다. 꿈에 느릅나무 잎을 따면 은혜를 받게 되고
꿈에 느릅나무 아래에 있으면 귀한 관직을 얻게 된다.

出藝文類聚第八十八券。

《藝文類聚》[3] 제88권에 나와 있다.

又曰、楊爲使者、夢持楊、奉使命也。

또한 이르기를, 메 버들은 사자(使者)의 상징이다. 꿈에 메 버들을 지니면
명(命)을 받들어 일하게 된다.

出藝文類聚第八十九券。

《예문류취(藝文類聚)》 제89권에 나와 있다.

又曰、禾稼爲財、田之所出。夢見禾稼、言財氣生。

또한 이르기를, 벼를 심으면 재물이 되니 논밭에서 생산되는 것은 모두 같다. 꿈에 벼 심는 것을 보는 것은 재기(財氣)가 생(生)한다고 말할 수 있다.

出藝文類聚第八十五券。

《예문류취(藝文類聚)》제85권에 나와 있다.

夫周宣善占夢、其書雖不見其全。茲亦可窺其槪、云、昔太姒夢商棘周梓。

대저 주선왕(周宣王)은 점몽에 능했다고 하나 그의 책에서 점몽의 전부(全部)를 볼 수 없다. 그러나 개괄(槪括)은 엿볼 수 있으니, 이르기를, 옛적에 태사(太姒)는 꿈을 꾼 후 상(商)은 가시나무이고 주(周)는 가래나무인 것을 알았다.

解見宗空篇、松·柏·棫·柞夢注。

풀이는《종공편(宗空篇)》의 '소나무, 잣나무, 무리참나무, 갈참나무의 꿈.' 53p를 보시라.

而國家興亡、卽此乎判矣。丁固夢松、而爲貴兆。

이로써 국가의 흥망을 즉시 판단할 수 있다. 정고(丁固)가 꿈에 소나무를 본 것은 귀하게 될 징조이다.

解見字畫篇、松爲十八公。

풀이는《형모편(形貌篇)》의 '송(松)은 십팔공(十八公)이 된다.' 204p를 보시라.

張宅夢栢、而爲凶徵。

장택(張宅)은 꿈에 잣나무를 보고 나쁜 징조로 여겼다.

解見字畫篇、上山爲凶注。

풀이는《자획편(字畫篇)》의 '사람이 산(山)위에 있으면 흉(凶)이 된다.' 311p를 보시라.

夢楓生腹、志和名動楓宸。

단풍나무가 배에서 생긴 꿈을 꾸고서 장지화(張志和)는 그 이름이 궁궐을 진동시켰다.

唐書曰、張志和字子同、金華人。母夢風生腹上、產志和。初名龜齡、肅宗命待詔翰林、賜名志和。

《당서(唐書)》에 이르기를, 장지화(張志和)는 자(字)가 자동(子同)으로 금화인 (金華人)이다. 그의 어머니가 꿈에 복부 위에 단풍나무가 생긴 것을 보고 나서 장지화를 낳았다. 처음 이름은 구령(龜齡)이었는데 숙종(肅宗)이 명(命)으로 불러 한림(翰林)을 제수(除授)하고 지화(志和)라는 이름을 하사하였다.

夢柳仆地、宗元職居柳牧。

꿈에 넘어진 버드나무를 보고서 유종원(柳宗元)은 유주(柳州)의 목사(牧使)로 임명받았다.

紀異錄曰、柳宗元自永州司馬、召至京師。詣卜者問命曰、余柳姓也、昨夢柳樹仆地、其不祥乎。卜者曰、生則柳樹、仆則柳木、木者牧也、君其牧柳州乎。卒如其言。

《기이록(紀異錄)》에 이르기를, 유종원(柳宗元)은 영주사마(永州司馬)로 있다가 부름을 받아 경사(京師)에 이르렀다. 점복자(占卜者)를 찾아가 운명을 묻기를 "나는 성(姓)이 유(柳)인데 어젯밤 꿈에 버드나무가 땅에 넘어져 있었소. 좋지 않은 일이 아닐까요?" 점복자가 말하기를 "살아있으면 유수(柳樹)요, 넘어져 있으면 유목(柳木)입니다. 나무 목(木)이란 기를 목(牧)과 동음(同音)입니다. 공(公)은 유주목(柳州牧)이 되실 것입니다." 얼마 되지 않아 그 말처럼 되었다.

夢大魚食蒲、知苻生之將廢。

꿈에 큰 물고기가 부들풀을 먹는 것을 보고서 부생(苻生)은 장차 죽을 것을
알았다.

> 晉書曰、苻先世爲西戎酋長。初家蒲地、以蒲爲氏、至洪始改姓苻、以應讖
> 文。洪子健、健子生、自苻生在位、官民苦其殺戮。苻生夢大魚食蒲。後果
> 爲苻堅所殺。

《진서(晉書)》에 이르기를, 부씨(苻氏)는 선대부터 서융(西戎)에서 추장(酋長)
으로 살아왔다. 처음에 집이 부들풀이 많은 못 옆에 있어 포(蒲)를 성씨(姓
氏)로 정하였는데 홍시(洪始 A.D 399~416) 때에 참문(讖文)에 응해서 부(苻)
로 성(姓)을 바꾸었다. 부홍(苻洪)의 아들 부건(苻健)이 제위(帝位)에 오르자
후일 부건의 아들 부생(苻生)⁴⁾이 제위를 계승하였다. 부생은 살륙을 일삼
았는데 이로 인해 관민(官民)이 괴로워하였다. 그 후 부생은 꿈에 큰 물고
기가 부들풀을 먹는 것을 본 후 과연 부견(苻堅)에게 살해되었다.

夢滿江長艾、驗蕭帝之將昌。

꿈에 강에 가득 찬 긴 쑥을 보고 소제(蕭帝)⁵⁾가 앞으로 창성(昌盛)할 징험을
알았다.

> 南齊書曰、紀僧貞夢蒿艾生滿江。驚而白之、太祖曰、詩人采蕭、蕭卽艾
> 也、蕭生斷流、卿勿廣言。斷流者、代劉宋也。

《남제서(南齊書)》에 이르기를, 기승정(紀僧貞)은 꿈에 쑥이 자라 강에 가득
한 것을 보았다. 기승정이 놀란 채 태조(太祖)에게 고하니 답하기를 "시인
(詩人)은 쑥을 채취하며 애(艾)라고 부른다.⁶⁾ 쑥이 생기면 물 흐름이 끊긴
다. 경(卿)은 이야기를 널리 말하지 말라." 물 흐름을 끊는 것은 유송(劉宋)⁷⁾
을 대신한다는 뜻이다.

李夫人夢木果二株。

이부인(李夫人)은 꿈에 모과나무 두 그루를 보았다.

邵氏錄曰、邵康節母李夫人病瘦、醫者投藥。夫人夢坐堂門、左右木果二株、右者已枯、父取藥令覆之。及期生一男一女、男卽康節、女胎已死。

《소씨록(邵氏錄)》에 이르기를, 소강절(邵康節)의 어머니 이부인(李夫人)은 병으로 몸이 쇠약하여 의원(醫員)이 주는 약을 먹으며 지냈다. 어느 날 이부인이 꿈을 꾸었다. 집에 앉아서 보니 대문 밖 좌우에 모과나무 두 그루가 있는데 오른쪽의 것은 이미 말라 있었다. 이때 아버지가 싱싱한 모과를 딴 후 약으로 사용하기 위해 덮어 두라고 명령하였다. 이로써 잉태하여 기일이 되어 일남일녀를 낳았는데 여아는 이미 죽어 있었고 남아가 소강절이다.

劉巢林夢石榴兩樹。

유소림(劉巢林)은 꿈에 석류나무 두 그루를 보았다.

夷堅志曰、南城劉巢林、篤行君子也。夜夢至一所、兩石榴樹下、獲錢一窖、凡千緡自念平生無妄想、何以至此。未幾戴尋思、招之館敎子姪、歲俸千緡。入齋見庭前、兩石榴樹、宛然如夢。凡十年登戊戌科第。

《이견지(夷堅志)》에 이르기를, 남성(南城)에 사는 유소림(劉巢林)은 언행이 독실(篤實)한 군자이다. 유소림이 밤에 꿈을 꾸었다. 어느 한곳에 이르니 두 그루의 석류나무 밑에 돈 무더기가 놓여 있는데 천 닢 정도였다. 유소림이 스스로 생각하기를 "나는 평생을 망상(妄想)하지 않고 지냈는데 어찌 이런 곳까지 왔단 말인가?" 유소림은 잠에서 깬 뒤 얼마 되지 않아 향당(鄕堂)[8]에서 논의 끝에 추대되어 서당(書堂)에서 조카와 아이들을 가르쳤는데 연말이 되자 세봉(歲俸)[9]을 받았는데 세어보니 천 닢(千葉)이었다. 그런 후 유소림이 서당의 뒤에 있는 제각(齋閣)으로 처음 가보니 뜰 앞에 석류나무 두 그루가 있는 것이 완연(宛然)히 꿈과 같았다. 유소림은 10년 후 무술년(戊戌年), 과거에 급제하였다.

紹宗夢蒜。

모용소종(慕容紹宗)은 꿈에 백발(白髮)을 보았다.

事類合壁曰、慕容紹宗數有凶夢、每惡之。私謂左右曰、吾數年以來、恒夢

有蒜髮、昨忽夢盡、蒜者算也、其蒜盡乎。未幾與劉豐、臨堰乘艦、有暴風
斷纜、艦徑飄敵城、紹宗度不能免、投水卒。

《사류합벽(事類合璧)》에 이르기를, 모용소종(慕容紹宗)[10]은 여러 차례 흉몽
을 꾸었는데 그때마다 언짢아하였다. 어느 날 모용소종이 사석(私席)에서
좌우 사람들에게 밝은 표정으로 말하기를 "나는 여러 해 동안 꿈을 꾸면
언제나 산발(蒜髮)[11]이었으나 어젯밤 꿈에는 산발이 없었소. 마늘 산(蒜)은
계산 산(算)이니 이는 장차 세어 볼 산발이 다하였다는 징조요." 얼마 후 모
용소종과 유풍(劉豐)은 둑에 정박해 있는 큰 배에 탔는데 갑자기 폭풍이 불
어 배를 매어 놓은 줄을 끊으니 배는 적성(敵城)까지 떠내려가기 시작하였
다. 그러자 모용소종은 적에게 포로가 되기 싫어 강물에 투신자살하였다.

申母夢芝。

신(申)의 어머니는 꿈에 영지(靈芝)를 보았다.

　唐書曰、申采芝洛陽人。其母楊氏、夢吞芝而孕、故名。玄宗夜夢湖南、有
　白雲居士。召至京師、言論契合。還山未幾昇仙。

《당서(唐書)》에 이르기를, 신채지(申采芝)는 낙양인(洛陽人)인데 그의 어머
니 양씨(楊氏)가 꿈에 영지(靈芝)[12]를 삼키고서 잉태하였으므로 채지(采芝)
라고 이름 지었다. 신채지는 성장하여 방사(方士)가 되었는데 도호(道號)를
백운거사(白雲居士)라고 하였다. 현종(玄宗)이 밤에 꿈을 꾸었는데 호남(湖
南)에 가서 백운거사를 보았다. 현종은 잠에서 깬 후 백운거사를 초빙하였
는데 담론하니 현종의 뜻에 부합하였다. 신채지는 산으로 돌아가 얼마 후
승선(昇仙)하였다.

明皇夢藤花。

명황(明皇)은 꿈에 등꽃을 보았다.

　解見食衣篇、夢餐藤蕋。

　풀이는 《식의편(食衣篇)》의 '꿈에 등예(藤蕋)를 먹다.' 226p를 보시라.

吳近夢芍藥。

오근(吳近)은 꿈에 작약(芍藥)을 보았다.

> 宋史曰、高宗皇后吳氏、武翼郎吳近之女。近嘗夢至一亭、扁曰、

> 侍康旁植芍藥
> 獨放一花花下白羊一

> 近寤而異之。后以乙未歲生、年十四、高宗爲康王時、被選入宮。此侍康之
> 徵也。

《송사(宋史)》에 이르기를, 고종(高宗)의 황후 오씨(皇后 吳氏)는 무익랑(武翼郎) 오근(吳近)의 딸이다. 오근은 일찍이 한 꿈을 꾼 적이 있다. 오근이 한 정각(亭閣)에 갔는데 편액(扁額)에 쓰여 있기를,

> 강(康)을 모시려고 옆에 작약(芍藥)을 심었더니
> 한 꽃만 홀로 피었는데 꽃 밑에 흰 양이 있구나.[13]

오근은 잠에서 깬 뒤 이상히 여겼다. 을미년(乙未年)에 딸을 낳았는데 14세가 되자, 고종(高宗)이 등극하기 전 강왕(康王)이었을 때 강왕의 비(妃)로 뽑혀 입궁하니 강(康)을 모시는 응험을 하였다.

劉浩夢籬下粟。

유호(劉浩)는 꿈에 울타리 밑에 좁쌀이 있다고 들었다.

> 晉書曰、劉浩事祖母極孝家貧。夢人謂曰、西籬下有粟。寤而掘之、得粟
> 十五鍾。銘曰、七年粟百石以賜孝子劉浩。自是食之、七歲方盡。

《진서(晉書)》에 이르기를, 유호(劉浩)는 가난하면서도 할머니를 극진히 섬겨 효성을 다하였다. 어느 날 밤에 유호가 꿈을 꾸었다. 신인(神人)이 말하기를 "서쪽 울타리 밑에 좁쌀이 있다." 유호가 잠에서 깨어 파보니 15종(鍾)[14]이나 되는 막대한 양이었다. 또한 비석에 새겨 있기를 "효자 유호에게 7년간 먹을 좁쌀 백 석(百石)을 하사한다." 유호와 할머니가 좁쌀을 먹

기 시작하여 7년이 되니 없게 되었다.

蔡茂夢殿上禾。

채무(蔡茂)는 꿈에 대궐 위에 벼가 있는 것을 보았다.

解見字畫篇、失禾爲秩注。

풀이는《자획편(字畫篇)》의 '잃을 실(失)과 벼 화(禾)를 합하면 차례 질(秩)이 된다.' 312p를 보시라.

劉靈哲夢竹笋、而病母可痊。

유영철(劉靈哲)은 꿈에 죽순을 보고 어머니의 병을 낫게 할 수 있었다.

解見神怪篇、夢黃衣老注。

풀이는《신괴편(神怪篇)》의 '누런 옷을 입은 노인.' 371p를 보시라.

張之純夢嘉果、而賢嗣遂誕。

장지순(張之純)이 꿈에 아름다운 과일을 보니 현량(賢良)한 후사(後嗣)가 태어났다.

解見神怪篇、孔子在天之靈注。

풀이는《신괴편(神怪篇)》의 '공자(孔子)에게는 하늘의 영(靈)이 있다.' 390p를 보시라.

爾朱兆興兵、盡拔馬藺之草。

이주조(爾朱兆)는 뇌양이 풀을 모두 뽑고 나서 거병(擧兵)하였다.

魏書曰、爾朱兆興兵、夢其亡父登一高堆、堆旁之地、悉皆耕熟、唯有馬藺

草株猶在。父問何故不拔。左右云、堅不可拔。父願兆令下拔之、隨手所
至、無不盡去。

《위서(魏書)》에 이르기를, 이주조(爾朱兆)[15]가 거병하기 전에 꿈을 꾸었다.
죽은 아버지가 높은 흙무더기 위에 올라가 있는데 주위는 모두 경작하여
익은 곡식들이고 아버지의 발밑만은 뇌양이 풀들만이 뿌리박고 있었다.
아버지가 이주조에게 묻기를 "어찌하여 내 발밑의 풀들을 뽑지 않았느
냐?" 이주조의 좌우인이 답하기를 "견고하여 뽑을 수 없었습니다." 아버
지가 고개를 돌려 이주조에게 직접 뽑도록 명령하니 이주조가 손에 닿는
대로 뽑았는데 뽑히지 않는 풀이 없었다.

劉昌言下第、夢飛入刺桐之花。

유창언(劉昌言)은 꿈에서 날아서 가시오동꽃 속에 들어간 뒤 하위(下位)로
급제하였다.

青箱雜記曰、泉州劉昌言、作下第詩云

唯有夜來胡蝶夢
翩翩飛入刺桐花

《청상잡기(青箱雜記)》에 이르기를, 천주(泉州)의 유창언(劉昌言)은 과거에
응시하여 꿈 꾼 내용을 시로 지어 제출하고 하위로 급제하였다. 그 시에
이르기를,

오직 밤에만 꿈에 나비가 되어
펄럭펄럭 날아서 가시오동꽃 속에 들어가네.'

陰貴人夢食瓜甚美、而種自蓬萊。

음귀인(陰貴人)은 꿈에서 참외를 먹었는데 매우 맛있었다. 그러한 종류는
봉래산(蓬萊山)에서 왔기 때문이다.

拾遺記曰、漢明帝陰貴人、夢食瓜甚美、時燉煌異瓜種、名穿陰。父老云、

有道士從蓬萊得此瓜種、食之不飢。

《습유기(拾遺記)》에 이르기를, 한(漢)의 명제(明帝) 때 음귀인(陰貴人)은 꿈에 참외를 먹었는데 매우 맛있었다. 그것은 당시에 돈황(燉煌)에 나는 이종(異種)의 참외로 이름이 천음(穿陰)이다. 돈황의 부로(父老)가 말하기를 "어느 도사가 봉래산(蓬萊山)[16]에서 천음을 가져와 돈황에 심었는데 먹으면 배고 프지 않게 된다."

宋孝子夢得瓜奉母、而事傳魏國。

송(宋)씨 효자(孝子)가 꿈에서 참외를 얻어 어머니를 봉양(奉養)하니 그 사실이 위(魏)나라에 전해졌다.

夢儁曰、後魏宋瓊母病、冬月思瓜。瓊夢見人與瓜、覺得之手中。時稱孝感。

《몽준(夢儁)》에 이르기를, 후위(後魏)의 송경(宋瓊)[17]의 어머니가 병이 들었는데 겨울철인데도 참외를 먹고 싶어 했다. 송경의 꿈에 한 사람이 참외를 주었는데 깨어보니 실제로 자신이 손안에 쥐고 있었다. 당시 사람들은 효성에 하늘이 감응했다고 칭송했다.

符堅夢菜城、而難乎爲將。

부견(符堅)은 꿈에 나물이 성(城) 내에 난 것을 보고 장래에 어려울 것을 알았다.

太平廣記曰、符堅將欲南伐、夢滿城生菜。其后曰、菜多難爲將也。

《태평광기(太平廣記)》에 이르기를, 부견(符堅)이 장차 남쪽을 정벌하려고 하였다. 부견은 꿈에 성(城)에 가득하도록 나물이 생긴 것을 보았다. 왕후가 말하기를 "나물은 미래에 어려움이 있을 징조입니다."

王戎夢桑椹、而相繼遭喪。

왕융(王戎)은 꿈에서 오디를 보고서 연속하여 상(喪)을 만나게 되었다.

異苑曰、王戎夢有人以七枚椹子與之、著衣襟中。旣覺得之、占曰、椹桑子也、自後男女大小凡七喪。

《이원(異苑)》에 이르기를, 왕융(王戎)이 꿈을 꾸었다. 어떤 사람이 오디 일곱 개를 주길래 옷섶 안에 간직하였는데 잠에서 깨어보니 실제로 있었다. 점을 쳐보니 이르기를 "오디(椹)는 뽕 열매(桑子)입니다.[18]" 이후 남녀의 크고 작은 상(喪)을 일곱 번 치를 것입니다." 과연 응험하였다.

何生夢桐木爲像、而鄰産最良。

하생(何生)은 꿈을 꾸고 오동나무로 상(像)을 만들었는데 이는 인근에서 생산되는 제일 좋은 나무였다.

貞祥記曰、何敬叔少奉法、作一檀像未有木。先夢一沙門云、縣後何家桐甚良。覺如夢求之果得。

《정상기(貞祥記)》에 이르기를, 하경숙(何敬叔)이 젊었을 때 봉법(奉法)[19]하고자 하나의 단상(檀像)[20]을 만들려고 하였으나 목재가 없었다. 하경숙이 꿈을 꾸었다. 한 중이 말하기를 "현청(縣廳)의 뒤에 사는 하가(何家)에 매우 좋은 오동나무가 있소." 깬 뒤에 꿈에서처럼 구하니 과연 구할 수 있었다.

張尋夢竹節生庭、而暴貴不久。

장심(張尋)은 꿈에서 뜰에 대나무 한 그루가 생긴 것을 보고 나서 갑자기 된 귀(貴)함이 오래가지 못하였다.

異苑曰、張尋夢庭生一竹節。問竺法度云、當暴貴但不得久。果如其言。

《이원(異苑)》에 이르기를, 장심(張尋)은 꿈에 뜰에 대나무 한 그루[21]가 생긴 것을 보고 축법도(竺法度)[22]에게 물었다. 답하기를 "갑자기 된 귀함은 오래 갈 수 없을 뿐이오." 과연 그 말과 같았다.

雖云、植物之無情、亦見夢占之有象。

비록 식물에게는 감정이 없다고 하나 이렇게 몽점(夢占)에서는 형상으로써 징조를 나타낸다.

■ 注疏

1) 유향(劉向): 漢의 楚元王 劉交의 4세손, 字는 子政 本名은 更生. 通達能文하였으며 文章은 簡易하고 순수하며 威儀가 없었다. 經術에 깊이 생각하여 낮에는 書傳을 吟誦하고 밤에는 星宿을 관찰하느라 아침까지 잠을 자지 않았다. 宣帝 시에는 諫大夫, 給事中, 郞中, 元帝 시에 中壘校尉를 역임하였다. 저서는 《洪範五行傳》, 《列女傳》, 《列仙傳》.

2) 주(周)의 선왕(宣王): 周의 11代 王. 재위 B.C 828~782. 厲王의 아들, 名은 靜. 衰廢했던 文武를 다시 盛하게 하였으며 秦仲을 시켜 西戎을 정벌하였고 尹吉甫로 하여금 玁允을 치게 하였고 召虎에게 淮夷를 平定하게 하였다. 이렇게 하여 周室이 中興하게 되었다.

3) 《예문류취(藝文類聚)》: 唐의 歐陽詢 등이 奉敕하여 撰한 100권. 類事와 詩文이 그 내용이다.

4) 부생(苻生): 五胡十九國시대의 前秦의 2대 황제. 재위는 A.D 355~357.

5) 소제(蕭帝): 南齊의 太祖인 蕭道成. 그는 劉宋의 부하장수였다가 선위 받아 南齊(A.D 479~502)를 창업하였다.

6) 시인(詩人)은~부른다: 詩人은 時人으로, 艾는 장애 碍로 音借할 수 있다.

7) 유송(劉宋): 南北朝시대에 東晉의 장수인 劉裕가 선위 받아 세운 왕조 A.D 420~479. 五代 이후 趙匡胤이 세운 趙宋과 구별하기 위한 명칭이다.

8) 향당(鄕堂): 마을의 議會.

9) 세봉(歲俸): 年俸.

10) 모용소종(慕容紹宗): 北齊人. 元象(A.D 523~539) 초에 公爵이 되었고 尙書左僕射가 되어 侯景을 破하였고 西魏를 伐하고 물에 빠져 죽었다.

11) 산발(蒜髮): 蒜은 마늘뿌리이므로 백발로 해석한다. 해몽하면 散發, 즉 풀어져 떨어져 나간다는 뜻이다. 그리고 산발이 다했음은 算了이니 계산할 수명을 마쳤다는 뜻이다.

12) 영지(靈芝): 《本草綱目》에 이르기를, 《尔雅》에 이르기를 "菌芝이다." 一歲三花의 瑞草이다. 혹자가 말하기를 "剛處에 나는 것을 菌, 柔處에 나는 것을 芝라고 한다. 옛적에 四皓는 芝를 채취하였으며 신선이 이를 먹는다." 《別錄》에 이르기를, 靑芝는 泰山에서 생하고 赤芝는 霍山, 黃芝는 嵩山, 白芝는 華山, 黑芝는 常山, 紫芝는 高華山에서 생하는데 모두 6~8월에 채취한다. 이상의 六芝는 成仙의 要藥이다.

13) 한 꽃만~흰 양(羊)이 있구나: 꽃은 女兒이고 홀로 되었다고 함은 홀로 榮貴해짐이고 흰 양(羊)이 있음은 양의 해(未年)에 태어남이다.

14) 15종(種): 155斗, 150섬이다.

15) 이주조(爾朱兆): 後魏人. 어렸을 때부터 驍勇하고 弓馬에 능했으며 맹수를 때려잡을 만큼 민첩하였다. 平遠將軍이 되자 晉陽에 웅거하여 元曄을 황제로 옹립하고 洛陽을 공타하여 莊帝를 붙잡았으나

高歡이 거병하여 이주조군을 전멸시키니 자살하였다.

16) 봉래산(蓬萊山): 海中의 仙山.《史記·封禪書》에 이르기를, 蓬萊山, 方丈山, 瀛州山은 渤海 중에 있는 三神山이다. 이곳에는 仙人과 不死藥이 있으며 이곳에 사는 새와 짐승은 모두 흰색이고 黃金과 白銀으로 지은 궁궐이 있다.

17) 송경(宋瓊): 後魏, 列人人, 字는 普賢. 孝子이다.

18) 오디(椹)는 뽕 열매(桑子)입니다: 오디는 桑椹子이다. 뽕나무 桑은 葬禮치를 喪과 동음이다. 아들 子는 놈 者와 동음이니 喪者로 풀이할 수 있고 桑은 네 획인 木에 한 번씩 더하니 3번이면 7번이 된다.

19) 봉법(奉法): 祈禱儀式.

20) 단상(檀像): 祭檀과 佛像 혹은 神像.

21) 대나무 한 그루: 대나무는 나무 중에서 제일 빨리 자라므로 폭귀를 의미하고 마디는 막힘이니 좌절이다.

22) 축법도(竺法度): 南朝시대의 승려. 生卒年은 미상이다. 그의 아버지 때 漢土에 와서 南康郡에서 출생하였다. 출가하여 曇摩耶舍의 제자가 되었다. 대승경전은 읽지 않고 十方佛은 없다고 말하며 주로 胡語만을 사용하였으나 京師의 여러 절이 그의 異法에 미혹되었다.

19. 시보편 施報篇第十九

施報幽明之常理也。善惡旣積、慶殃有餘、形聲所存、影響不貳。故普曠惠於
窅冥者、必蒙顯佑、加慘毒於無罪者、自受陰誅。昔魏顆嫁父妾、而老人結
草於道衢。

베풀면 보답 받게 됨은 어둠이 밝게 나타나는 떳떳한 이치이다. 선악이 가
득 쌓이면 경사와 재앙이 되어 나타나니 이로써 보면 형태와 소리는 공존
하고 그림자와 울림은 결코 둘이 아님을 알 수 있다. 그러므로 보이지 않는
곳에서 널리 혜택을 베푼 자는 숨은 일이 반드시 도움을 받아 드러나게 된
다. 또한 죄 없는 자에게 참혹하게 한 자는 스스로 보이지 않는 벌을 받게
된다. 옛적에 위과(魏顆)가 아버지의 첩을 개가(改嫁)시키니 첩의 아버지는
네거리에 풀을 묶어 위과에게 은혜를 갚았다.

> 解見宗空篇、魏顆夢老人。
>
> 풀이는《종공편(宗空篇)》의 '위과(魏顆)는 꿈에 노인을 보았다.' 62p를 보
> 시라.

李珏濟貧人、而仙府書名於石壁。

이각(李珏)이 빈민들을 구제하니 선부(仙府)에서 그 이름을 석벽에 써주었다.

> 一統志曰、唐李珏廣陵人。以販糴爲業、事父母孝、好濟貧乏。時丞相李
> 珏、節制淮南、夢入洞府、見石壁金書、有李珏姓名、方自喜。有三仙童云、
> 此乃江陽部民李珏爾、非公名也。

《일통지(一統志)》에 이르기를, 당(唐)의 이각(李珏)은 광릉인(廣陵人)인데 곡물을 판매하였다. 부모를 효(孝)로써 섬기며 빈궁한 사람들을 구제하기를 좋아했다. 이때 승상(丞相) 이각(李珏)이 회남(淮南)을 절제(節制)하다가 꿈을 꾸었다. 동부(洞府)[1]에 들어가니 석벽에 자신의 이름인 이각(李珏)이 금서(金書)로 쓰여 있었다. 이승상(李丞相)이 기뻐하자 선동(仙童) 셋이 말하기를 "이는 강양부(江陽部)의 백성 이각(李珏)이지 공의 이름은 아닙니다."

陳妻酹古冢以茶、而獲貫錢十萬。

진씨(陳氏)의 아내는 오래된 무덤에 기도하며 차를 올린 후 10만 전(萬錢)의 돈 꾸러미를 획득하였다.

> 異苑曰、剡縣陳務妻少寡、與二子同居、好飲茶。家有古冢、每飲輒先祀之。夜夢人致謝云、吾雖潛伏朽壤、豈忘翳桑之報。及曉於庭中、獲錢十萬、似久埋者、惟貫新耳。
>
> 《이원(異苑)》에 이르기를, 염현(剡縣)의 진무(陳務)의 아내는 젊었을 때부터 과부(寡婦)가 되어 두 아들과 함께 살면서 차 마시는 것을 좋아했다. 그런데 집안에 오래된 무덤이 있어 차 마시기 전에는 항상 무덤에 차를 올리고 기도하였다. 진무의 아내가 어느 날 밤에 꿈을 꾸었다. 한 사람이 나타나 말하기를 "나는 비록 썩은 흙더미 속에 묻혀있으나 어찌 예상지보(翳桑之報)[2]를 잊을 수 있겠소?" 손가락으로 마당 한쪽을 가리킨 후 사라졌다. 진씨의 아내는 잠에서 깨자 마당에서 10만 전(萬錢)의 돈 꾸러미를 캐었는데 오랫동안 매장되어 있었으나 오히려 새것 같았다.

周婢拔髑髏之刺、而得金鐶一雙。

주씨(周氏)의 여종은 해골에 박힌 가시를 뽑고 금팔찌 한 쌍을 갖게 되었다.

> 述征記曰、陳留周氏婢、入山採樵。夢一女子曰、吾眼中生刺、乞拔當厚報。此婢乃於朽棺中、見髑髏、草生眼中、乃拔之。卽於其處、得金鐶一雙。六帖曰、刺出眼中、還獲金鐶之報。
>
> 《술정기(述征記)》에 이르기를, 진류(陳留)에 사는 주씨(周氏)의 계집종이 산

에서 땔나무를 하던 중 깜박 졸다가 꿈을 꾸었다. 한 여자가 말하기를 "내 눈에 가시가 박혀 있으니 뽑아다오. 후하게 갚겠다." 계집종이 둘러보니 낡은 관(棺) 안에 해골이 있는데 눈 가운데 가시풀이 돋아 있었다. 가시 풀을 뽑자 관 안에 금팔찌 한 쌍이 있어 가졌다.

《백공육첩(白孔六帖)》에 이르기를, 눈 가운데의 가시를 뽑고서 보답으로 금팔찌를 얻었다.

此豈覬利於渺漠迂談、以惑俗者哉。乃若趙氏之冤、搏膺請帝。

이를 어찌, 이익을 얻기 위하여 아득하여 알 수 없는 돌려놓은 이야기를 넘겨다보고서 이로써 세상을 어지럽힌다고 하겠는가? 이 같은 예는 조씨(趙氏)가 원한이 맺혀 가슴을 치며 상제(上帝)께 주청한 경우이다.

左傳曰、晉侯殺趙同趙括及疾。夢大厲鬼被髮、搏膺而踊曰、殺余孫不義、余得請於帝矣。

《좌전(左傳)》에 이르기를, 진후(晉侯)가 조동(趙同)과 조괄(趙括)을 죽이고서 밤에 꿈을 꾸었다. 커다란 여귀(厲鬼)가 나타나 말하기를 "너는 나의 자손들을 불의(不義)하게 죽였으니 나는 상제(上帝)께 주청하여 너를 벌주게 하리라." 진후는 잠에서 깨자 병이 생겼다.

良夫之酷、被髮叫天。

양부(良夫)는 혹형(酷刑)을 받고서 머리를 풀어 헤치고 하늘에 호소하였다.

解見宗空篇、衛莊夢良夫注。

풀이는 《종공편(宗空篇)》의 '위(衛)의 장공(莊公)이 양부(良夫)의 꿈을 꾸다.' 58p를 보시라.

姚萇害苻堅、而率鬼相攻。

요장(姚萇)은 부견(苻堅)을 해치고서 귀병(鬼兵)을 거느린 귀상(鬼相)의 공격을 받았다.

晉書曰、姚萇疾篤、夢苻堅將天官使者、鬼兵數百、突入營中。萇懼走入宮、宮人迎萇刺鬼、誤中萇陰。鬼相謂曰、正中死處。拔矛出血石餘。寤而驚悸、遂患陰腫、醫刺之、出血如夢。

《진서(晉書)》에 이르기를, 요장(姚萇)[3]은 깊은 병이 들었는데 꿈을 꾸었다. 부견(苻堅)이 천관사자(天官使者)인 귀상(鬼相)과 귀병(鬼兵) 수백을 거느리고 진영 가운데로 돌진하였다. 요장이 두려워서 궁성을 향해 달아나니 귀병들이 쫓아왔다. 이때 궁인(宮人)이 창으로 귀병을 찌른다며 잘못해 요장의 음부(陰部)[4]를 찌르니 피가 한 섬이나 흘렀다. 뒤따라온 귀상이 말하기를 "몸의 정중앙이니 죽으리라." 요장은 놀래서 잠이 깨었다. 그런 뒤부터 요장은 음종(陰腫)이 생겼는데 의원(醫員)이 칼로 째니 분출하는 피가 꿈과 같았다.

陶繼斬樂伎、而訴天得理。

도계(陶繼)가 낙기(樂伎)를 참수(斬首)하니 낙기는 하늘에 호소하여 바른 이치대로 할 수 있었다.

> 述征記曰、陶繼爲秣陵令、枉殺樂伎。後夢伎來曰、訴天得理、今來相取。遂跳入口中、繼須臾而死。

《술정기(述征記)》에 이르기를, 도계(陶繼)는 말릉령(秣陵令)으로 있을 때 낙기(樂伎)에게 죄가 없는데도 주살하였다. 후일 도계가 재상이 되었을 때 꿈을 꾸었다. 낙기가 나타나 말하기를 "나는 하늘에 호소하여 이제야 바른 이치대로 할 수 있게 되어 상공(相公)의 목숨을 가져가려 하오." 말을 끝내자 뛰어서 도계의 입속으로 들어가니 도계는 즉시 죽었다.

漢靈帝殺宋后、而上天震怒。

한(漢)의 영제(靈帝)가 송후(宋后)를 죽이니 상천(上天)이 진노하였다.

> 後漢書曰、靈帝夢見桓帝怒曰、宋皇后有何罪過、而聽用邪孽、使絶其命。渤海王悝、旣已自貶、又受誅斃、今宋氏及悝、自訴於天、上帝震怒、罪在難救、夢殊明察。帝覺問羽林左監許永。永對曰、昔晉侯失刑、亦夢大厲、

被髮屬地、天道明察、鬼神難誣、宜幷改葬、以安冤魂。帝弗從、尋亦崩焉。

《후한서(後漢書)》에 이르기를, 영제(靈帝)[5]의 꿈에 환제(桓帝)가 나타나 노하여 말하기를 "송황후(宋皇后)는 어떤 죄과(罪過)이길래 그 잘못됨을 들어 그 명(命)을 끊었느냐? 그리고 발해왕(渤海王) 이(悝)는 죄를 자인(自認)하였는데도 왜 벌주어 죽였느냐? 지금 송황후와 발해왕이 상제(上帝)께 억울함을 호소하니 상제께서 진노하시어 너를 주벌(誅罰)하려고 하신다. 네 죄를 내가 구하기 어려우니 깊게 살펴 반성하라." 영제는 잠에서 깬 후 우림좌감(羽林左監) 허영(許永)에게 꿈을 말하였다. 허영이 고하기를 "옛적에 진후(晉侯)가 잘못 형벌을 내린 뒤 꿈에 여귀(厲鬼)가 머리카락을 늘어뜨린채 나타나니 진후는 놀래어 죽었습니다. 천도(天道)의 살핌은 밝고 귀신은 속이기 어려우니 모두 다시 후하게 장례를 치러 원혼을 평안하게 해주소서." 그러나 영제는 허영의 말을 따르지 않았고 얼마 후 갑자기 죽었다.

宋廢帝殺宮女、而佞倖肆殃。

송(宋)의 폐제(廢帝)는 궁녀를 죽이고서 아첨배로부터 앙화(殃禍)를 당하였다.

> 宋書曰、前廢帝好遊華林園竹林堂、使夫人裸身相逐、有一夫人不從、命斬之。夜夢有後堂、有一女子罵曰、帝悖虐不道、明年不及熱矣。帝寤而怒於宮中求得、似所夢者一人戮之。其夕復夢、所戮女罵曰、汝誅殺我、已訴上帝矣。未幾果爲壽寂之等所弒。

《송서(宋書)》에 이르기를, 전(前)의 폐제(廢帝)[6]는 화림원(華林園)의 죽림당(竹林堂)에서 놀기를 즐겼다. 어느 날 궁녀들에게 벌거벗게 하고 서로 쫓으며 놀게 하였다. 그러나 한 궁녀가 한사코 옷을 벗지 않자 참수하였다. 그날 밤 폐제가 꿈을 꾸었다. 후당(後堂)에서 놀고 있는데 참수된 궁녀가 나타나 욕하기를 "황제는 패악(悖惡)하고 무도(無道)하구나! 내년까지 살지는 못하리라." 폐제는 잠에서 깨자 분한 마음을 풀지 못하여 참수된 궁녀와 비슷한 용모의 궁녀를 찾아내 죽였다. 그리고 그날 밤 또 꿈을 꾸었다. 낮에 죽임을 당한 궁녀가 나타나 말하기를 "나는 아무런 죄가 없는데도 너는 나를 주살(誅殺)하였다. 나는 원통함을 이미 상제(上帝)께 호소하였으니 너 또한 죽임을 당하리라!" 폐제는 얼마 되지 않아 과연 수적(壽寂)의 무리에게 시해(弑害)되었다.

高昂殺奴京兆、而膏血淋漓。

고앙(高昂)이 노경조(奴京兆)를 죽이니 꿈에 그에게서 핏덩이가 뚝뚝 떨어졌다.

北史曰、高昂爲軍司大都督、與周文帝戰、敗於芒陰死之。先是昂使奴京兆侯西軍、京兆於侍婢强取、昂佩刀以行、昂執殺之。京兆曰、三度救公大急、何忍以小事賜殺。夜夢京兆以血塗己、血流淋漓。窹而怒使折其二脛。時劉桃棒在渤海、亦夢京兆、言訴得理、將公付賊、及戰果及難。

《북사(北史)》에 이르기를, 고앙(高昂)은 군사대도독(軍司大都督)이 되어 주(周)의 문제(文帝)와 전쟁하여 망음(芒陰)에서 패하여 죽었다. 이런 일이 있기 전, 고앙(高昂)은 노경조(奴京兆)를 서군후(西軍侯)로 임명하였는데 어느 날 노경조가 고앙의 시비(侍婢)[7]를 강간하였다. 이를 안 고앙은 진노하여 노경조를 붙잡아 패도(佩刀)로 베어 죽이려고 하였다. 노경조가 고앙에게 말하기를 "저는 세 번이나 공(公)의 위급함을 구했는데 어찌하여 작은 죄로 죽이려고 하십니까?" 그러나 고앙은 노경조를 베어 죽였고 그날 밤에 꿈을 꾸었다. 노경조가 서 있었는데 온 몸이 피로 덮인 채 핏덩이가 뚝뚝 떨어지고 있었다. 고앙은 잠에서 깬 후 진노하여 노경조의 시신에서 정강이뼈 둘을 꺾어 버렸다. 이때 유도봉(劉桃棒)이 발해(渤海)의 군수(軍首)로 있으며 꿈을 꾸었다. 노경조가 나타나 말하기를 "나는 상제(上帝)께 호소하여 바른 이치대로 원한을 풀게 되었습니다. 장차 고앙은 패전하여 죽을 것이고 공(公)도 전과(戰果)를 얻기 어려우니 주(周)에게 귀부(歸附)하소서."

陳悅殺賀拔岳、而精神恍惚。

진열(陳悅)은 하발악(賀拔岳)을 죽이고서 정신이 흐리고 멍해졌다.

北史曰、陳悅殺賀拔岳後、精神恍惚、不復如常。每睡卽夢岳語曰、我兄欲何處去、隨逐不相離。因此彌不自安、而致敗。

《북사(北史)》에 이르기를, 진열(陳悅)은 하발악(賀拔岳)[8]을 죽인 후 정신이
흐리고 멍하여져서 평소처럼 회복되지 못하였다. 매번 잠들 때마다 꿈에
하발악이 나타나 말하기를 "나의 형이 네가 어디를 가든 따라다녀 떨어지
지 않을 것이다." 진열은 이러한 일로 인하여 크게 불안해하다가 폐인이
되었다.

徐溫發朱瑾之尸、因得病改葬。

서온(徐溫)은 주근(朱瑾)의 시신을 파내어 버리고서 병을 얻자 이장(移葬)하
였다.

> 五代史曰、朱瑾之死也、尸之廣陵北門、路人私瘞之。是時民多病瘧、皆取
> 其墓上土服之、云病輒愈、更益新土、漸成高墳。徐溫等惡之、發其尸投於
> 雷公塘。其後溫病、夢瑾挽弓射之。溫懼網其骨葬塘側、立祠其上。

《오대사(五代史)》에 이르기를, 주근(朱瑾)[9]이 죽자 그 시신을 광릉북문(廣陵
北門)에 버리니 행인이 이를 매장하였다. 이때 백성들은 학질(瘧疾)[10]을 많
이 앓고 있어 그 묘지 위에 있는 흙을 먹었는데 번번이 낳았다. 그러고 나
서 그 위에 다시 새 흙을 덮으니 무덤이 점점 높게 되었다. 그러자 서온(徐
溫)[11]이 이를 싫어하여 주근의 시체를 파내어 뇌공당(雷公塘)에 버렸는데
이로 인해 온병(溫病)[12]에 걸렸다. 서온이 꿈을 꾸었다. 주근이 활을 당겨
화살을 쏘는 것이었다. 서온은 잠에서 깬 뒤 두려워서 주근의 뼈를 거두
어 뇌공당의 옆에 장사지내고 그 위에 사당(祠堂)을 세웠다.

張湊收杲卿之髮、因見夢而立祠。

장주(張湊)는 안고경(顏杲卿)의 머리카락을 거둔 후 이로 인해 꿈을 꾸고서
사당(祠堂)을 세웠다.

> 唐書曰、顏杲卿被殺、徇首於衢莫敢收。有張湊者得其髮、持謁於上皇。是
> 夕見夢於帝。寤爲立祠以祭之。

《당서(唐書)》에 이르기를, 안고경(顔杲卿)[13]은 죽임을 당해 그 머리가 길 네 거리에 전시되었는데 아무도 그 머리를 거두려 하지 않았다. 장주(張湊)라는 사람이 있었는데 안고경의 머리카락을 거두어 지니고 가서 황제를 알현코자 했다. 그날 밤 장주는 꿈에 황제를 보았고 잠에서 깬 뒤 안고경의 사당(祠堂)을 세워 제례(祭禮)하게 되었다.

彭妻嗜殺、而死於不義之奴。

팽총(彭寵)은 아내 우기(尤嗜)를 죽이고 불의(不義)한 노예에게 죽임을 당했다.

漢書曰、光武建武初、漁陽太守彭寵叛、自稱燕王、寵妻尤嗜殺戮、左右憂危不自保。寵妾數爲惡夢、心亦疑懼。未幾寵奴子密等三人、因寵臥牀縛斬之、幷其妻頭出城降。帝封子密爲不義侯。

《한서(漢書)》에 이르기를, 광무건무(光武建武 A.D 25~56) 초에 어양태수(漁陽太守) 팽총(彭寵)[14]이 반란을 일으켜 스스로 연왕(燕王)을 칭하며 반대하는 아내 우기(尤嗜)를 죽였다. 그러자 팽총의 부하관리들은 황제의 대군이 정토(征討)하기 위해 진공(進攻)해 올 것을 예상하여 액난(厄難)으로부터 보전하지 못할 것을 걱정하였다. 또한 팽총의 첩들도 성공을 의심하여 악몽에 시달리며 두려워하였다. 과연 예상했던 대로 대군이 진군해 와 성을 에워싸니 팽총의 노예 자밀(子密) 등의 3인은 팽총이 침대에 누워있을 때 달려들어 묶고서 베어 죽였다. 자밀은 팽총과 그 아내의 수급(首級) 둘을 들고서 관군진영으로 나가서 항복하였다. 그러자 황제는 자밀을 불의후(不義侯)에 봉하였다.

胡篤誣夫、而亡於不育之孕。

호독(胡篤)은 지아비를 무고(誣告)했으므로 태아(胎兒)를 낳아 키우지도 못하고 죽었다.

金史曰、耶律庶成爲妻胡篤所誣、以罪奪官。庶成嘗爲林牙夢、善卜者胡呂古卜曰、官止林牙、因妻得罪。及置於理、法當離婚、胡篤適有孕至斯。不産而死、剖視之、其子以手抱心。識者謂誣夫之報。

《금사(金史)》에 이르기를, 야율서성(耶律庶成)[15]은 아내인 호독(胡篤)의 무고(誣告)로 인하여 벌을 받아 임아(林牙)의 직책에서 파면되었다. 일찍이 야율서성이 임아가 되었을 때 어느 날 꿈을 꾸어 점몽에 능하다는 호려고복(胡呂古卜)에게 물으니 답하기를 "공(公)의 관직은 임아에서 그칠 것이오. 부인으로 인해 파면될 것이오." 야율서성은 결국 파면되었고 이치를 따른다면 이혼이 당연하나 아내 호독이 임신 중이어서 출산까지 기다리기로 하였다. 아내는 출산하지 못하고 죽었는데 부검(剖檢)해 보니 사내아기가 손으로 심장을 감싸고 있었다. 지식 있는 자가 말하기를 "그녀는 지아비를 무고(誣告)한 과보를 받았다."

商仲堪葬水漂之槨。

상중감(商仲堪)은 물 위에 떠도는 관(棺)을 장사(葬事)지내 주었다.

夢儁曰、商仲堪在丹徒、夢一人曰、君有濟物之心、其能移我高燥處、則恩及枯骨矣。明日果一棺逐水至、仲堪取而葬之高岡、其夕夢人來謝。

《몽준(夢儁)》에 이르기를, 상중감(商仲堪)이 단도(丹徒)에 있을 때 꿈에 한 사람이 말하기를 "그대에게는 타인을 구제(救濟)하려는 마음이 있소. 나를 높고 건조한 곳으로 옮겨 은덕이 마른 뼈에게까지 이르게 해주시오." 다음 날 과연 관(棺) 하나가 강물에 떠내려왔다. 상중감이 관을 열어보니 꿈에 본 그 사람의 시신이었다. 상중감이 시신을 옮겨 높은 언덕에 장사(葬事)하니 그날 밤 꿈에 그 사람이 나타나 감사해 하였다.

鄒潤父埋西土之尸。

추윤부(鄒潤父)는 서쪽 흙에 있는 시신을 묻어주었다.

解見字畫篇、西土瓦注。

풀이는《자획편(字畫篇)》의 '서쪽 흙에 있는 기와.' 322p를 보시라.

周簿喪於土囊、而二盜莫匿。

주부(周簿)는 흙 항아리에 의해 살해당했으나 도둑들은 숨지 못하였다.

> 爲善書曰、冀州舘陶縣、周主簿、唐顯慶中奉使臨渝、將佐二人從往。周之
> 錢帛稍多、二人乃以土囊壓殺之、盜其錢帛。至歲暮、周妻夢夫被殺之狀、
> 及所盜藏匿之處。乃訴之官司、得實錢帛、尙在二人皆挫死。

《위선서(爲善書)》에 이르기를, 기주(冀州)의 관도현(舘陶縣)의 주주부(周主簿)
는 당(唐), 현경(顯慶 A.D 656~660) 중에 봉사(奉使)가 되어 유주(渝州)를 향하
여 시종 둘과 함께 길을 가고 있었다. 시종들은 주봉사(周奉使)가 돈과 비단
을 많이 지니고 있는 것을 알고 강탈하기로 모의하였다. 시종들은 주봉사
가 휴식할 때 큰 항아리로 눌러 죽인 후 돈과 비단을 가지고 달아났다. 연
말쯤에 주봉사의 아내가 꿈을 꾸었다. 지아비의 시신이 있는 장소와 도난
당한 물건이 숨겨져 있는 곳과 범인들을 보았다. 아내는 관청에 고소하여
돈과 비단을 모두 찾고 범인 두 사람을 붙잡아 주살(誅殺)되게 하였다.

劉昌瘞其枯骨、而衆鬼謝恩。

유창(劉昌)이 그 오래된 뼈들을 땅에 묻어주니 여러 귀신들은 그 은혜에 감
사해 하였다.

> 唐書曰、劉昌城平涼、當劫盟後、將士骸骨不藏、昌始命瘞之。夕夢衆鬼詣
> 昌稱謝、昌具以聞。德宗下詔哀痛、出衣數百、稱官爲具斂。

《당서(唐書)》에 이르기를, 유창(劉昌)[16]이 맹약(盟約)이 깨진 후 양주성(涼州
城)을 평정했을 초기에는 장교와 사병들의 해골이 땅에 묻혀 있지 않아 유
창이 처음으로 명령하여 이들을 묻어주었다. 유창이 밤에 꿈을 꾸니 많은
귀신들이 나타나 깊이 감사해 하며 하소연하니 유창은 이들의 말을 모두
경청하였다. 유창은 잠에서 깬 후 덕종(德宗)께 상주하였는데 덕종은 보고
를 받고 애통해 하며 칙령(勅令)을 내려 남은 해골 수백 구 모두에게 옷을
입히고 관직을 주며 염(斂)하였다.

城陽王報祖仁之讐。

성양왕(城陽王)은 구조인(寇祖仁)을 복수해준 것에 대해 보은하였다.

魏書曰、城陽王徽投洛陽令寇祖仁。祖仁聞爾朱兆捕徽、乃斬首送之。兆
夢徽曰、我有金二百斤馬一匹、在祖仁之家、卿可取之。兆乃懸祖仁首於
樹、以石墜足、鞭之求金馬。祖仁死、時人以爲立報。

《위서(魏書)》에 이르기를, 성양왕(城陽王) 휘(徽)는 낙양령(洛陽令) 구조인(寇
祖仁)에게 투항하였다. 그러나 구조인은 이주조(爾朱兆)가 성양왕을 체포
하려고 한다는 소문을 듣고 성양왕의 목을 베어 이주조에게 보냈다. 이
주조의 꿈에 성양왕이 나타나 말하기를 "내 소유의 금 2백 근과 말 한 필
이 구조인의 집에 있으니 경(卿)이 가지라." 이주조가 낙양을 함락시킨 후
구조인을 죽여 목을 나뭇가지에 걸고서 석벽을 발로 차니 무너진 안에
금과 말채찍이 있었다. 구조인이 죽은 것을 두고 사람들은 응보라고 말
하였다.

周文王許君禮之葬。

주(周)의 문왕(文王)은 군왕(君王)의 예(禮)로서 장례를 치르기로 허락하였다.

賈誼新書曰、文王夢人登城呼曰、我東北阤之枯骨也、速以人君葬我。文
王曰、諾。及覺召吏令、以人君禮葬。吏曰、以大夫葬之。文王曰、吾已夢中
許之。民聞之曰、我君不以夢故背枯骨、況生人乎。

《가의신서(賈誼新書)》에 이르기를, 문왕(文王)이 꿈을 꾸었다. 한 사람이 성
벽 위에 올라 외치기를 "폐하께 청합니다. 저는 동북쪽 먼 마을 밖에서 뒹
구는 마른 뼈입니다. 속히 군왕(君王)의 예(禮)에 맞게 장사(葬事)를 치러주
소서." 문왕이 답하기를 "허락하노라." 문왕은 잠에서 깨자 관리를 불러
꿈을 말하고 마른 뼈를 찾아 군왕의 장례를 행하게 하였다. 관리가 고하
기를 "대부(大夫)의 장(葬)으로 하소서." 문왕이 말하기를 "꿈속에서 이미
약속하였다." 문왕은 마른 뼈를 군왕의 예로 장사하였다. 이를 들은 백성
들이 감탄하여 "우리 임금은 꿈속의 일인데도 마른 뼈를 배신하지 않았는
데 살아있는 사람한테야!"

如斯類者、蓋未暇累計也。至於昆蟲之渺微、亦皆禀命於洪造。如董君渡蟻。

이 같은 종류의 꿈들은 모두가 한가롭게 통계된 것만은 아니다. 미세한 곤충들에 이르기까지 역시 모두가 조물주(造物主)로부터 품성(稟性)을 명령받았다. 동군(董君)이 개미를 물에서 건져 준 일이 이와 같은 예이다.

解見龜魚篇、浮蘆江上注。

풀이는《구어편(龜魚篇)》의 '강(江) 위에 떠있는 갈대.' 486p를 보시라.

方父焚蛇。

방(方)의 아버지는 뱀을 불태웠다.

孤樹袖談曰、方孝孺未生時、父卜日葬其祖。夜夢朱衣人跪曰、聞作先大人之藏於某山、吾九族居此數百年、望緩三日、吾當避之。明日開壙、得赤蛇千餘頭、其一長數丈、孝孺父縱火焚之。後數日孝孺生、狀類蛇、舌有兩尖、能餂入鼻中。後赤其九族。

《고수수담(孤樹袖談)》에 이르기를, 방효유(方孝孺)[17]가 출생하기 전의 일이다. 방효유의 아버지는 부친이 죽자 매장일을 결정하였는데 전날 밤 꿈을 꾸었다. 붉은 옷의 사람이 무릎 꿇고 고하기를 "공(公)은 내일 부친을 산에 장사(葬事)지내려고 하는데 그 묘 터는 저의 9족(族)이 수백 년간 살아온 곳입니다. 3일만 기다려주시면 저희는 반드시 다른 곳으로 떠나겠습니다." 방효유의 아버지는 잠에서 깨자 묘터로 가서 매장하기위해 땅을 팠다. 그러자 붉은 뱀이 천여 마리나 있었고 그중 하나는 길이가 여러 장(丈)이었다. 그러자 나무에 불을 붙여 뱀들을 모두 태워 죽였다. 며칠 후 방효유가 태어났는데 얼굴이 뱀과 비슷하였고 혀끝이 둘로 갈라져 핥을 때는 콧속까지 들어갔다. 그리고 그의 후손 9족은 모두 몸이 붉었다.

劉之亨放魚。

유지형(劉之亨)은 물고기를 놓아 주었다.

解見壽命篇、夢鯉二頭注。

풀이는《수명편(壽命篇)》의 '꿈에 잉어 두 마리를 보다.' 411p를 보시라.

裴安祖活雉。

배안조(裴安祖)는 꿩을 살려주었다.

解見食衣篇、繡衣拜謝注。

풀이는《식의편(食衣篇)》의 '수(繡)놓은 옷 입은 사람이 절하다.' 241p를
보시라.

老僧哺鴝

늙은 중이 구욕새에게 먹이를 주었다.

仙傳拾遺曰、唐幷州石壁寺、鴝巢其楹、生二雛。老僧每以餘食就巢哺之、
羽翼將成、忽墜之死、僧收瘞之。夜夢二小兒告曰、某等先有少罪、遂受鴝
身。今聞法師經、得受人身、託生寺側某村某姓某家、十月當誕。僧依期往
詢其家、果生雙甫月、僧呼兩鴝、兒連聲並應。

《선전습유(仙傳拾遺)》에 이르기를, 당(唐)때 정주(幷州)의 석벽사(石壁寺)에
는 구욕새의 둥지가 기둥에 있었다. 새끼 두 마리가 생겼는데 늙은 중은
남은 밥을 매일 둥지에 넣어줘 먹게 하였다. 날개가 거의 자랄 무렵 두 마
리가 갑자기 떨어져 죽으니 늙은 중이 거두어 묻어 주었다. 늙은 중이 밤
에 꿈을 꾸었다. 두 아이가 말하기를 "저희는 과거에 작은 죄를 지어서 구
욕새의 몸을 받았습니다. 그러나 저희는 법사(法師)님의 독경(讀經)소리를
듣고 업(業)이 다하여 사람의 몸을 받아 절 옆의 모마을(某村)의 모성(某姓),
모가(某家)에 시월에 꼭 태어날 것입니다." 늙은 중은 기일이 되기를 기다
려 그 집을 물어서 찾아갔다. 과연 쌍둥이 사내아기가 있는데 큰 달 같았
다. 늙은 중이 "구욕새 둘아!" 하고 부르니 연달아 소리를 내며 응하였다.

李令瘞羊。

이령(李令)은 양(羊)을 땅에 묻었다.

報應錄曰、唐火井令李某、過本縣押司錄事私第宿焉、主人將設讌、欲刲
羊有胎、李夢素衣夫人引二子、拜訴乞命。李寤不測其由、再寢再夢、夫人
曰、某已死、某前身卽押司錄事妻、有女婢方妊二子、因笞殺之、給夫云、
女婢盜金釵幷金盒、今死已還寃債、其金釵金盒在堂西棋斗內。李驚起問
主人、刲白羊有雙羔、遂語前夢、乃尋棋斗內、果得舊失二物、卽取所刲羊
瘞之。

《보응록(報應錄)》에 이르기를, 당(唐)의 화정령(火井令) 이모(李某)는 그 현
(縣)을 순찰하다가 압사록사(押司錄事)의 집에서 묵게 되었다. 압사록사는
어느 날 연회를 하려고 새끼 밴 양을 죽이려고 계획하였다. 이령(李令)이
꿈을 꾸었다. 소복 입은 여인 이 두 아들을 데리고 나타나 살려달라고 청
하였다. 이령은 잠에서 깬 후 그 연유를 짐작할 수 도 없었다. 그날 밤 이
령이 다시 꿈을 꾸었다. 그 여인이 다시 고하기를 "저는 오늘 죽은 새끼
밴 양입니다. 저의 전신(前身)은 압사록사의 아내인데 여종이 압사록사의
쌍둥이를 임신하자 질투하여 몽둥이로 쳐서 죽이고 나서 압사록사에게
는 여종이 금비녀와 금합(金盒)을 훔치고서 부인하길래 심문하다가 죽였
다고 거짓으로 고하였습니다. 그리하여 저는 원한을 끼친 응보를 받아 새
끼 밴 양으로 죽임을 당한 것입니다. 금비녀와 금합은 후당(後堂)의 서쪽
에 있는 장기알통 속에 제가 숨겨 놓았습니다." 이령이 놀라서 깨어 아침
이 되자 압사록사에게 물으니 주방(廚房)으로 안내하여 죽은 양과 배를 가
르고 꺼낸 새끼 양 두 마리를 보여주었으며 장기알통 속에는 금비녀와 금
합이 들어 있음이 과연 꿈과 같았다. 이령은 어미 양과 새끼 양들을 땅에
묻어 주었다.

金仙咒蛛。

금강선(金剛仙)이 거미에게 주문(咒文)을 외웠다.

太平廣記曰、金剛仙西域僧也、居淸遠峽、能梵音咒物。有老蛛爲恠、金剛
仙蛛咒使脫化。夜夢老人捧布謝曰、我卽蛛也、獻師爲福田之衣。及覺而
布已在側、精巧非世間繭所製、爲衣不上塵垢。

《태평광기(太平廣記)》에 이르기를, 금강선(金剛仙)은 서역승(西域僧)이다. 청원협(清遠峽)에 살았는데 범음주(梵音呪)에 능하여 물체를 마음대로 할 수 있었다. 이 때 늙은 거미가 괴이한 짓을 하길래 금강선이 주문을 외워 거미의 몸을 벗어나게 하고 나서 밤에 꿈을 꾸었다. 한 노인이 베를 받들고 감사하여 말하기를 "저는 바로 거미입니다. 대사께 바쳐서 복을 짓는 옷이 되었으면 합니다." 깨어보니 베는 이미 옆에 있는데 정교하기가 세간에서 짠 것은 아닌 것 같았다. 그 베로 옷을 만들어 입으니 옷 위에 먼지와 때가 끼지 않았다.

桓邈救鴨。

환막(桓邈)은 오리를 구(救)하였다.

幽明錄曰、桓邈爲汝南、郡人齋四烏鴨作禮。夢四烏衣請命。覺忽見鴨將殺、遂救之、買肉以代。還夢四人來謝。

《유명록(幽明錄)》에 이르기를, 환막(桓邈)이 여남(汝南)에 갔을 때 군(郡) 사람들이 검은 오리 네 마리를 잡아서 제례(祭禮)를 행하려 하였다. 환막은 밤에 꿈을 꾸었는데 검은 옷을 입은 네 사람이 살려달라고 청하는 것이었다. 환막이 잠에서 깨어 문득 보니 사람들이 검은 오리를 죽이려던 참이었다. 환막은 검은 오리를 구해주고 고기를 사서 대용케 하였다. 그날 밤 환막의 꿈에 지난 밤 꿈의 네 사람이 나타나 감사해 하였다.

厥有感報、祥眚可徵。而况於人鬼屈伸之間、精魂變化之際乎。故曰、天網不漏、人心難欺。陽明盛者、神啓其衷、陰濁多者、鬼瞰其戶形、諸夢寐、不有靈驗哉。

그 감통(感通)하여 보응함은 상서(祥瑞)와 흉사(凶事)로서 징험한다. 하물며 사람과 귀신의 움직이는 사이와 정혼(精魂)의 변화의 사이에 있어서야! 그러므로 하늘의 그물은 새지 않고 사람의 마음은 속이기 어렵다. 떳떳하게 밝음이 성한 자는 신(神)이 정도(正道)를 계시하지만 어두운 혼탁이 많은 자는 귀신이 그자의 나타내 보이지 않는 언동까지 감시하여 꿈을 꿀 때나 깨어 있는 어떠한 상황에서도 영험을 나타내지 않는다.

■ 注疏 ─────────

1) 동부(洞府): 仙界.

2) 예상지보(翳桑之報): 春秋시대, 晉의 靈公이 翳桑에 갔을 때 그곳 盾田에 나갔다가 굶어죽게 된 사람을 보고 음식을 주어 살리었다. 그 뒤 어느 날 영공이 다시 그 둔전에 갔다가 숨어 있던 甲兵이 영공을 죽이려고 창으로 찌르려는 순간 어떤 사람이 나타나 창을 막고 물리쳤다. 영공이 그에게 事由를 묻자 "저는 翳桑에서 굶어죽게 되었을 때 公의 도움으로 살아난 사람입니다." 영공이 이름을 묻자 대답도 하지 않고 떠나갔다.

3) 요장(姚萇): 後秦의 개국 황제. 재위 A.D 384~393. 少時부터 聰哲하고 權略이 있었다. 兄이 죽자 여러 아우를 거느리고 苻堅에게 항복하여 揚武將軍을 제수받고 큰 공을 여러 번 세웠다. 慕容泓이 苻견에게 叛起하자 모용홍과 싸워 패하여 渭北으로 피하였다. 如馬牧을 좇다가 盟主가 되자 스스로 秦王을 칭하였다.

4) 음부(陰部): 前陰은 性器이고 後陰은 肛門이다.

5) 영제(靈帝): 東漢의 12代 皇帝. 재위 A.D 168~189. 章帝의 玄孫, 名은 宏. 桓帝의 뒤를 이어 즉위하였다. 환관 曹節 등을 신임하여 陳蕃, 竇武 등을 죽였다. 中平 A.D184~189 초에 黃巾賊이 일어나 衰亂하여졌다. 재위 A.D 168~189.

6) 전(前)의 폐제(廢帝): 남북조시대의 劉宋의 6대 황제 劉子業. 재위 A.D 464~465. 즉위하자 조부의 동생과 그의 아들들을 모두 죽이고 숙부 6명도 죽이려 하였다. 많은 궁녀들을 두고 姪行에 탐닉하다가 살해되었다.

7) 시비(侍婢): 시중을 드는 계집종.

8) 하발악(賀拔岳): 後魏人, 字는 阿斗泥. 爾朱榮 휘하의 都督이 되었다가 孝莊을 세우는 데 공이 있어 樊城鄕男으로 賜爵되었다. 武衛將軍이 되었고 万俟醜奴를 토벌하였다. 후에 齊神武로부터 害를 받았다.

9) 주근(朱瑾): 唐人. 補君校로서 兗州節度使 齊克讓의 사위이다. 僖宗즉위후 泰寧軍節度使가 되어 朱全忠을 공격하였으나 패하였다. 楊行密의 表奏로 諸道行營副道統이 되었으나 徐溫과 그의 아들 知訓이 專政하니 知訓을 죽이고 자살하였다.

10) 학질(瘧疾): 일정한 시간에 주기적으로 發熱, 惡寒이 발생하는 전염성 질환. 말라리아, 급성간염 등이 학질의 범위에 들어간다.

11) 서온(徐溫): 五代, 吳의 海州人, 字는 敦美. 楊行密을 좇아 도적이 되었다가 吳가 건국하자 右衙指揮使가 되었다가 隆演이 즉위한 뒤 專政하였다. 大丞相을 연임하였다.

12) 온병(溫病): 돌림병. 콜레라, 장티프스, 유행성독감 등으로 發熱, 惡寒, 泄瀉를 수반한다.

13) 안고경(顔呆卿): 唐人. 처음에는 蔭調로 遂州司法參軍이 되었다가 營田判官이 되었다. 계책을 써서 安祿山의 假子, 李欽湊를 죽이고 高邈을 잡아 京師에 보냈다. 御史中丞이 되었다가 안록산의 공격을 받고 사로잡혔으나 회유를 거절하고 죽임을 당했다.

14) 팽총(彭寵): 後漢人, 字는 伯通. 更始 A.D 23~25 중에 漁陽太守가 되었다가 후에 光武帝에 귀부하여 建忠侯로 봉함을 받았다. 그 功을 自負하여 불만을 가져 반란을 일으켰다가 노복에 의해 죽임을 당하였다.

15) 야율서성(耶律庶成): 遼人, 字는 喜隱. 遼漢文字에 통하였고 詩에 능했다. 重熙(A.D 1032~1055) 초에 補牌印郎君을 지냈고 樞密直學士를 연임하였다. 어떤 일로 관직을 잃었다가 淸寧(A.D 1055~1064) 중에 復官되었다.

16) 유창(劉昌): 唐, 開封人, 字는 公明. 安祿山의 亂을 平定하는 데 공이 있어 檢校尙書右僕射를 지냈고

南川郡王에 봉해졌다.

17) 방효유(方孝孺): 明代人. 洪武(A.D 1368~1398) 때 漢中府教授를 제수받고 建文帝 때는 侍講學士였는데 燕王이 군사들을 이끌고 入京하여 등극하여 방효유에게 詔文을 쓰라고 명령하니 울며 붓을 던지고 거절하였다. 이로 인해 방효유를 포함한 종족, 친우 수백 인이 誅罰당하였다. 저서는《侯成集》. 학자들은 그를 正學先生이라고 불렀다.

20. 범유편 泛喩篇第二十

泛喩不如切思、博評不如約說。夢寐所兆、事涉微茫、非約說而切思、將移神而蕩志。故衛玠昧於夢想者、寡切思之功、而樂廣善於剖析者、獲約說之旨也。

넓게 비유(比喩)함은 생각을 끊음만 같지 못하고 넓게 평론함은 간략하게 설명함과 같지 못하다. 꿈의 징조는 광대하면서도 미세한 일들이 포괄(包括)적으로 나타난 것이니 간략치 못한 학설로써 생각을 끊으려 하면 장차 정신이 이산(移散)되어 의지(意志)가 탕산(蕩散)되고 말 것이다. 그러므로 위개(衛玠)처럼 몽상(夢想)에 빠진 자를 낙광(樂廣)은 해부 수술하여 생각을 끊는 노고를 감해줌으로써 간략한 설명의 뜻을 터득케 하였다.

晉書曰、衛玠問樂廣曰、夢何所成。廣曰、夢是想。玠曰、形神不接而夢、豈是想也。思之經日不得、遂成疾、廣乃命駕往、剖析之卽愈。廣嘆曰、此賢胷中、必有膏肓之疾。

《진서(晉書)》에 이르기를, 위개(衛玠)가 낙광(樂廣)[1]에게 묻기를 "꿈은 어떻게 하여 이루어집니까?" 낙광이 답하기를 "꿈은 생각이다." 위개가 묻기를 "형체와 정신이 서로 이어지지 못하여 꿈을 꾸는 것인데 어찌하여 생각이라고 말씀하십니까?" 위개는 이로부터 여러 날을 종일토록 깊게 생각하였어도 이치를 깨닫지 못하자 마침내 중병을 이루었다. 낙광은 위개의 소식을 듣고 마차를 타고 가 위개를 해부 수술하여 즉시 낫게 하였다. 그런 후 낙광이 탄식하기를 "위개는 등의 한 가운데 고황(膏肓)[2]에 병이 있었구나!"

莊子曰、方其夢也、不知其夢也、覺而後知其夢也。此語夫夢覺者也、而非所
以語夫夢夢覺覺者也。知夢夢而覺覺、則達於死生之故、明於終始之端、夢
亦覺也、覺亦夢也。夢亦覺也者、如莊子夢爲胡蝶、梁世子夢爲魚鳥是也。

장자(莊子)가 말하기를, 꿈을 꾸고 있을 때는 그것이 꿈인지 모르나 잠에서
깬 후에 꿈임을 안다. 이 말은 대저 꿈꾼 것을 알았다는 것이지 꿈속에서
꿈인 줄 알고 깨어있으면서 깨어있음을 알았다는 뜻은 아니다. 꿈속에서
그것이 꿈인 줄 알면 깨어있으면서 깨어있음을 알게 되므로 생사(生死)를
통달(通達)하게 되어 사물(事物)의 시종(始終)의 양 끝에 대해 개명(開明)하게
된다. 꿈 역시 깨어있음이고 깨어있음 역시 꿈이다. 깨어있음 역시 꿈이라
함은 장자(莊子)가 꿈에 나비로 된 것과 양(梁)의 세자(世子)가 꿈에 물고기와
새로 된 것과 같다.

> 莊子齊物篇曰、昔者莊周夢胡蝶、翩翩然蝴蝶也、自喩適志、與不知周也。
> 俄然覺則遽遽周也。不知周知夢爲蝴蝶與、胡蝶之夢爲周與、周與胡蝶則
> 必有分矣。此之爲物化。梁書曰、忠莊世子云、吾嘗夢爲魚、因化爲鳥。當
> 其夢也、何樂如之。及其覺也、何憂斯類。

> 《장자제물편(莊子齊物篇)》에 이르기를, 오래전에 나, 장주(莊周)는 꿈에 나
> 비가 되어 펄럭펄럭하며 날았는데 유유자적(悠悠自適)하여 내가 장주인 것
> 을 몰랐다. 그러나 잠에서 깨니 내가 장주인 것을 알자 혼란하였다. 장주
> 와 나비 사이에는 반드시 구분이 있건만 장주가 꿈에 나비가 되었는지 나
> 비가 꿈에 장주가 되었는지 나는 지금 알 수가 없구나. 이를 물화(物化)라
> 고 이른다.
> 《양서(梁書)》에 이르기를, 충장세자(忠莊世子)가 말하기를 "내가 일찍이 꿈
> 속에서 물고기가 되었다가 다시 새로 변했다." 그것이 꿈이라 하여도 꿈
> 속에서 물고기, 새의 즐거움과 어찌 같지 않을 수 있으랴? 꿈에서 깬 후에
> 는 어찌 물고기, 새의 근심을 할 수 있겠는가?'

覺亦夢也者、如太史芻狗之夢、周宣芻狗之占是也。

깨어 있음 또한 꿈이다. 태사(太史)가 꾼 추구(芻狗)의 꿈이 이 같고 주선(周
宣)이 추구의 꿈을 해몽한 것이 바로 이것이다.

魏志曰、周宣字孔和。太史問宣、夢見芻狗、宣曰、得飲食。他日又問、夢見芻狗、曰、當墮車折脚。他日又問、夢見芻狗、曰、有火災。太史曰、三問皆非夢、卽試君耳、何以皆驗。曰、神靈祐吾與夢無異。

《위지(魏志)》에 이르기를, 주선(周宣)[3]은 자(字)가 공화(孔和)이다. 어느 날 태사(太史)가 꿈에 추구(芻狗)[4]를 본 일에 대해 주선에게 해몽을 청하니 답하기를 "음식을 얻을 것입니다." 과연 그러하였다. 다른 날 태사가 주선에게 꿈에 추구를 본 일을 물으니 "반드시 수레에서 떨어져 다리가 부러지실 것입니다." 과연 그렇게 되었다. 여러 날 뒤에 태사가 또 다시 주선에게 꿈에 추구를 본 일을 물으니 "화재가 날 것입니다." 과연 태사의 말과 같았다. 그러자 태사가 주선에게 말하기를 "내가 세 번 물어본 것은 그대를 시험하기 위함이지 한 번도 꿈을 꾸지 않았소. 그런데도 어찌하여 응험하였소?" 답하기를 "신령이 저를 도왔으므로 응답과 사실이 다르지 않은 것입니다."

若夫盧少年受邯鄲之枕、功成壽終、而黃粱未熟。

노소년(盧少年)은 한단(邯鄲)에서 베개를 받아 베고 잠들어 꿈에 성공하여 수명을 마칠 때까지도 누런 기장은 덜 익었다.

一統志曰、唐開元中、道士呂翁息於邯鄲邸舍。過少年盧生、自嘆貧困、時主人方炊黃粱。翁以枕授生曰、枕吾枕、當令子榮適如意。生枕之、夢自枕竅中入、至其家娶崔氏女甚麗、明年擧進士、官至中書令、年八十卒。及寤顧翁在旁、主人炊黃粱未熟。謝曰、此先生所以窒吾欲也。

《일통지(一統志)》에 이르기를, 당(唐)의 개원(開元 A.D 713~741)년간의 일이다. 도사(道士) 여옹(呂翁)은 한단(邯鄲)의 초가에 살며 한가롭게 지내고 있었는데 어느 날 한 젊은이가 잠시 쉬어가기를 청하였다. 이때는 여옹이 누런 기장으로 막 밥을 짓는 순간이었다. 젊은이는 자신을 노생(盧生)이라고 말하며 빈곤을 탄식하였다. 그러자 여옹이 베개를 주며 말하기를 "이 베개를 베고 자면 너의 뜻대로 부귀영화를 얻으리라." 노생은 베개를 베자 잠이 들었는데 꿈을 꾸었다. 베개의 구멍 가운데로 들어가니 자기의 집에 이르렀다. 그런 후 아름다운 최씨 처녀(崔氏處女)에게 장가들었고 다음 해에는 진사시(進士試)에 급제하여 사관(仕官)하여 중서령(中書令)에까지 관직이 올라서 88세가 되자 죽었다. 깨어보니 꿈이어서 크게 놀래어 둘러보니 여옹이 누런 기장밥을 짓고 있는데 아직도 익지 않은 상태였다. 노생은 감탄하여 말하기를 "이는 선생께서 저의 허욕(虛慾)을 깨우쳐 주신 것입니다."[5]

楊國忠得龜茲之枕、通仙渡海、而玄境可遊。

양국충(楊國忠)은 구자국(龜茲國)의 베개를 받아 베고서 선술(仙術)에 통하여 바다를 건너 현경(玄境)에서 노닐었다.

天寶遺事曰、龜茲國貢一枕、色如瑪瑙溫潤如玉、枕則夢遊十洲三島、名爲遊仙枕。後賜楊國忠。李白詩曰、

此留琥珀枕
還有夢來時

《천보유사(天寶遺事)》에 이르기를, 구자국(龜茲國)[6]에서 베개 하나를 천자(天子)에게 바쳤다. 색은 마노(瑪瑙)[7]와 같은데 따뜻하며 매끄럽기는 옥과 같았다. 천자가 이 베개를 베고 잠이 들었는데 꿈에 십주삼도(十洲三島)[8]에서 노닐었다. 유선침(遊仙枕)이라고 이름을 지었는데 후에 양국충(楊國忠)[9]에게 하사하였다. 이백(李白)은 시(詩)에 이르기를,

호박침(琥珀枕)[10]을 베고 잠이 드니
지난 꿈에 왔던 곳에 다시 돌아왔네.

則是宇宙一枕也、進退榮枯、由枕竅出入者也。王起所謂、夢裏瀛輪終未眞。豈不誠然乎哉。

즉 이것은 우주(宇宙)가 하나의 베개 속에 있다는 뜻이다. 나아감, 물러남, 번영함, 쇠락함이 베개구멍에 출입한 사람에게서 연유한 것이다. 왕기(王起)가 말하기를 "꿈속에서 영주산(瀛洲山)에 갔다고 하여도 완전한 진실은 못 된다네." 이를 어찌 성실치 못한 말이라고 하랴?

南部新書曰、王起太和中末第、流落河朔爲從事、多怨朝廷之執政者。有
詩云、勸君不容誇頭角、夢裏瀛輪總未眞。

《남부신서(南部新書)》에 이르기를, 왕기(王起)는 태화(太和 A.D 827~835) 중
에 과거에 또 낙방하자 크게 상심하여 하삭(河朔)[11]을 유랑하는 것을 업
(業)으로 삼았다. 왕기가 조정의 집권자들을 원망하면서 시를 짓기를,

그대에게 권(勸)하노니 두각(頭角)[12]을 과시(誇示)할 필요는 없네.
꿈속에서 영주산(瀛洲山)[13]에 갔다 하여도 완전한 진실은 못된다네.

嗟夫、夢之成也、又非可以一竅求矣。靈樞經曰、淫邪襲內、必發於夢。則瀉
其有餘、補其不足、而夢可已也。

아- 꿈의 이루어짐이여! 이 같으니 성몽(成夢)의 원리를 한쪽 이론에서만 구
해서는 안 된다. 《영추경(靈樞經)》에 이르기를, 음사(淫邪)가 몸 안에 침범하
면 반드시 꿈을 꾸게 된다. 그리되면 그 남음을 덜고 모자람에 더하면 꿈을
꾸지 않게 된다.

靈樞經曰、黃帝問淫邪泮衍奈何。岐伯曰、正邪從外襲內、而未有定舍。反
淫於臟、不得定處、與營衛俱行、而與魂魄飛揚、使人臥不得、臥而喜夢。
氣淫於腑、則有餘於外、不足於內。氣淫於臟、則有餘於內、不足於外。有
餘者瀉地、不足者補之、而夢可立已。詳見感變篇、氣盛氣虛之夢。

《영추경(靈樞經)》에 이르기를, 황제(黃帝)가 묻기를 "음사(淫邪)가 반연(泮
衍)[14]하게 됨은 어찌하여서인가?" 기백(岐伯)[15]이 말하기를 "정기(正氣)와
사기(邪氣)가 밖으로부터 좇아서 안으로 침범하여 안정되게 자리 잡지 못
하였기 때문입니다. 이때 반대로 장(臟)[16]에 음기(淫氣)가 있으면서 머물
곳을 얻지 못한 채 영기(營氣)[17]와 위기(衛氣)[18]가 함께 행(行)하게 되면 이
로써 혼(魂)과 백(魄)이 비양(飛揚)하게 되어 사람이 누워도 잠들지 못하고
잠을 자면서 자주 꿈을 꾸게 됩니다. 부(腑)[19]에 음기(淫氣)가 있게 되면 밖
은 남게 되고 안은 부족하여집니다. 장(臟)에 음기(淫氣)가 있게 되면 안은
남게 되고 밖은 부족하게 됩니다. 그 남음을 덜고 모자람에 더하면 꿈을
꾸지 않게 됩니다."

자세한 것은《감변편(感變篇)》의 '기성기허(氣盛氣虛)한 꿈.' 109p, 110p를
보시라.

內經曰、少陰之厥、令人妄夢。鍼刺違時、令人善夢。則合之五診、而脉可知也。

《내경(內經)》에 이르기를, 소음지궐(少陰之厥)은 사람에게 망령된 꿈을 꾸게
한다. 때를 어기어 놓는 침(鍼)은 사람에게 꿈을 자주 꾸게 한다. 그러므로
다섯 진찰법을 통합하여야만 그 맥(脉)을 알 수 있다.

內經方盛衰論曰、少陰之厥、令人妄夢。其極至迷、三陽絶、三陰微。是以
聖人持診之道、先後陰陽、不失人情、道甚明察也。內經診要經絡論曰、秋
刺夏分病不已、令人益嗜臥、又且善夢。

《내경(內經)》의《방성쇠론(方盛衰論)》에 이르기를, 소음지궐(少陰之厥)[20]은
사람에게 망령(妄靈)된 꿈을 꾸게 한다. 그 극단의 지미(至微)함을 말하면
삼양(三陽)[21]은 끊어지고 삼음(三陰)[22]이 미약하게 남아있는 상태라고 할
수 있다. 그러므로 성인(聖人)이 진찰하는 도(道)는 음(陰)과 양(陽)의 앞과
뒤를 판별하고 그 사람의 정황을 파악하는 데 실수하지 않는다. 그러므로
매우 밝게 살피는 도(道)라고 하는 것이다.
《내경(內經)》의《진요경락론(診要經絡論)》에 이르기를, 여름부터 지니고 있
었던 병에 대해 가을에 침을 놓아 고치지 못하면 병자는 눕기를 더욱 좋
아하게 되고 또는 자주 꿈을 꾸게 된다.

至於鯉湖仙廟、祈夢有徵、蓋川嶽之靈、知人休咎。故託夢、而洩其幾朕爾。

이호선묘(鯉湖仙廟)에 가서 기도하면 꿈에 징험을 얻는다. 모든 큰 강과 산
악의 신령은 사람의 화복을 안다. 그러므로 신령은 꿈에 의탁하여 천기(天
機)를 누설하여 조짐(兆朕)을 보여준다.

一統志曰、何姑廟在仙遊縣東北、九鯉湖上、祀何氏九仙。每大比歲、郡中
士子祈夢於此、輒有靈驗。

《일통지(一統志)》에 이르기를, 하고묘(何姑廟)[23]는 선유현(仙遊縣)의 동북쪽

구리호(九鯉湖) 위에 있는데 하씨구선(何氏九仙)에게도 함께 제사(祭祀)를 드리는 곳이다. 매번 오는 대비세(大比歲)[24] 때에 군내(郡內)의 사대부의 아들들은 하고묘에 가서 꿈속에서 뵙게 해달라고 기도한다. 그러면 반드시 현몽(現夢)한다고 한다.

而融高之草可以占夢。豈非蓍筴之類、通於人心者乎。

그러므로 융고초(融高草)로써도 몽점을 칠 수 있다. 그런데도 어찌 산(算)가지의 종류가 사람의 마음과 통하지 못한다고 하겠는가?

壬子年拾遺記曰、融高西有夢草。莖似蓍、懷之以占夢、則知禍福。

《임자년습유기(壬子年拾遺記)》에 이르기를, 융고초(融高草)[25]는 서역(西域)에 있는 몽초(夢草)이다. 줄기는 젓가락과 비슷하다. 몽점을 치기 위해 품고서 자면 화와 복을 알 수 있다.

然元魏詔誅沙門、以明帝金人之夢、出於虛妄。

이상과 같은데도 북위(北魏)의 황제는 명제(明帝)의 금인(金人)의 꿈이 허망하다 하여 조칙(詔勅)을 내려 사문(沙門)을 주륙(誅戮)하였다.

魏書曰、世祖誅戮沙門詔曰、昔後漢荒君、信惑邪僞、妄假睡夢、事胡妖鬼、以亂天常、自古九州之中無此也。夸誕大言、不本人情、叔季之勢、莫不眩焉。由是正教不行、禮義大壞、鬼道熾盛、視王法蔑如也。自此以來、代經禍亂、天罰亟行、生民死盡、皆由於此。朕承天緖、除僞定眞、盪除胡神、滅其蹤迹、有司宣言刺史、諸有歷代僞物、及佛像胡經、盡皆擊碎焚燒、沙門無少長悉坑之。是歲太平眞君七年三月也。

《위서(魏書)》에 이르기를, 세조(世祖)[26]가 사문(沙門)을 주륙(誅戮)하기 위한 조칙(詔勅)을 공표하였다. 이에 이르기를 "예전에 후한(後漢)의 황군(荒君)[27]이 삿됨과 거짓에 미혹된 채 잠자다가 망령된 꿈을 꾸고서 오랑캐의 요귀를 섬기어 천상(天常)을 어지럽히니 구주(九州)에서 이에 비교될만한 큰일이 없었다. 과탄(誇誕)한 말들은 인정(人情)에 근본을 두지 않았으니 숙계지세(叔季之世)[28]에 이보다 더한 혼란은 없었다. 이에 예의는 크게 무너졌으며 귀도(鬼道)가 치성(熾盛)하여 왕법(王法)을 업신여겼다. 스스로 이렇게 된 이후 화란이 대를 이었고 천벌이 신속하니 백성은 목숨이 끊어질 위험에까지 이르렀다. 이러한 모든 화란은 오랑캐의 요귀를 섬긴 데서 연유된 것이다. 짐은 천서(天緒)[29]를 이었으므로 거짓을 없애고 진실을 정립하기 위하여 오랑캐의 신(神)을 소탕하여 그 발자국까지 없애려고 한다. 조정의 담당사부(擔當司府)와 자사(刺史)에게 선포하노니 역대의 거짓된 물건들과 불상(佛像), 오랑캐의 경서(經書)들을 때려 부수고 불에 태우라. 사문(沙門)은 노소를 가리지 말고 모두 구덩이에 밀어 넣어 묻어라." 이 해가 태평진군 7년(太平眞君 A.D 446) 3월이다.

此固闢邪之確論、要非占夢之圓機。不然則周之盛時、文治大興、何以得吉夢而拜受。

이렇게 견고하게 막혀있으며 삿된 확신에 찬 이론은 점몽(占夢)의 원기(圓機)에 어긋남을 알아야 한다. 그렇지 않다면 주(周)의 번성 시에 문치(文治)가 크게 일어났는데 이때에 어찌하여 길몽(吉夢)을 절하며 받았겠는가?

解見吉事篇、詔夢之詞注。

풀이는《길사편(吉事篇)》의 '꿈에 관한 이론들을 말하다.' 101p를 보시라.

金之世祖、華言未譜。何以卜夢寐、而興師也耶。

금(金)의 세조(世祖)는 알지 못하는데도 장담하였다. 그가 점몽을 하지 않고서 어찌 군사를 일으킬 수 있으랴?

金史五行志曰、初金之興、世祖與敵戰、嘗以夢寐卜其勝負。

《금사오행지(金史五行志)》[30]에 이르기를, 처음 금(金)이 흥성할 때, 세조(世祖)[31]는 적과 전쟁하기 전에 꿈으로 그 승부를 점치고는 하였다.

自衛國嬖人、讒逐太叔、而占夢之術、始不可憑。

위(衛)의 총신(寵臣)은 태숙유(太叔遺)를 참소(讒訴)하여 쫓아냈다. 이로써 보면 거짓된 점몽술(占夢術)에 의지해서는 안 된다.

左傳曰、衛莊公占夢、嬖人求酒於太叔遺不得。與卜人共讒造於公、乃逐遺、遺奔晉。

《좌전(左傳)》에 이르기를, 위(衛)의 장공(莊公)의 총신(寵臣)이 태숙유(太叔遺)[32]를 방문하여 술을 청하였으나 거절당하자 총신은 점사(占師)와 짜고 기회를 보았다. 어느 날 장공이 점사에게 해몽을 청하니 점사는 해몽을 빙자하여 태숙유를 참소(讒訴)[33]하였다. 장공이 해몽을 믿고 태숙유를 처벌하려고 하자 태숙유는 진(晉)으로 도피하였다.

自安虜立祠、援夢以欺帝。

안로(安虜)는 스스로 사당(祠堂)을 세운 후 꿈을 빙자하여 황제를 속였다.

唐書曰、安祿山起軍擊契丹、還奏夢李靖·李勣、求食於臣、乃立祠北郡、芝生於梁。其詭誕敢言、不疑如此。

《당서(唐書)》에 이르기를, 안록산(安祿山)이 군사를 일으켜 거란(契丹)을 치고 귀환여 황제에게 고하기를 "신(臣)의 꿈에 이정(李靖)[34]과 이적(李勣)이 나타나 신에게 식량을 구하였습니다. 그리하여 두 사람을 위해 북군(北郡)에 사당(祠堂)을 건립하니 들보에 영지(靈芝)가 돋아났습니다." 그 궤탄(詭誕)[35]한 건방진 말을 의심하지 않을 수 없다.

楊妻生子、引夢以欺夫。

양(楊)의 아내는 아들을 낳고 나서 꿈을 빙자하여 지아비를 속였다.

天寶遺事曰、楊國忠出使於浙江、其妻思念至甚、荏苒成疾。忽晝寢夢與交、因而有孕、後生男名胐。及國忠歸、其妻具述夢中之事。國忠曰、此蓋夫妻想念情感所致。時人無不譏誚。

《천보유사(天寶遺事)》에 이르기를, 양국충(楊國忠)이 왕명(王命)으로 절강(浙江)에 나가 있었을 때 그의 아내는 지아비를 생각하는 마음이 매우 깊었는데 세월이 흐르자 병이 되었다. 양국충의 아내는 홀연히 낮잠에 들었다가 꿈에 양국충과 성교하였다. 이로 인하여 임신하여 후에 아들을 낳아 이름을 양굴(楊胐)이라고 지었다. 양국충이 집에 돌아오자 아내는 꿈에 있었던 일을 모두 설명하였다. 양국충이 말하기를 "이 모두가 지아비와 아내가 서로 생각하며 그 정(情)이 감통(感通)한 소치(所致)이다." 시인(時人)들로서 이를 꾸짖지 않는 사람은 없었다.

而夢始不可占矣。非乎。豈夢之不效哉。吾之迻逸旨也。其夢乎、其覺乎、吾不自覺也、是亦夢也矣。後之君子試覽逸旨、而耳吾曩夢。

이러한 일이 있음으로 해서 사람들은 꿈으로 점을 칠 수 없다고 말하기 시작하였다. 아니다! 어찌 꿈이 징험하지 않을 수 있는가?

나는《몽점일지(夢占逸旨)》를 저술하였다. 이 사실은 꿈속의 일인지 깨어 있으면서 한 일인지 나는 알지 못하겠으니 이 또한 꿈속의 일이라고 할 수 있다. 후세의 군자(君子)들은 과거세(過去世)의 나의 몽서(夢書)인《몽점일지(夢占逸旨)》를 넌지시 눈으로 읽으며 귀로도 들어보시라!

漢書景王后傳曰、耳曩者所夢。師古注云、耳嘗聽聞而記之也。

《한서(漢書)》의《경왕후전(景王后傳)》에 이르기를, 귀로 전인(前人)들의 꿈을 들었다.
《사고주(師古注)》[36]에 이르기를, 귀로 일찍이 들은 바를 기록하였다.

■ 注疏

1) 낙광(樂廣): 晉의 淸陽人, 字는 彦輔. 성품은 沖約하며 遠識함이 있었다. 秀才가 된 후 太子舍人을 역임하였다. 尙書左僕射를 연임하였고 功과 명예를 추구하지 않았다.

2) 고황(膏肓): 제4 胸椎아래에서 兩傍으로 3寸에 각각 위치한다.《靈光賦》에는 '膏肓은 背脊痛과 風勞와 一切諸病을 치료한다. 孫思邈이 말하기를, 時人들은 어두워 고황혈을 알아보지 못한다. 痼疾病에 대하여 用心의 方便을 지니고 灸하면 낫지 못하는 병은 없다.'

3) 주선(周宣): 三國시대, 魏의 樂安人, 字는 孔和. 中郎을 지냈으며 占夢에 능하였다.

4) 추구(芻狗): 짚이나 풀로 만든 개. 祭祠에 쓰인다.

5) 당(唐)의 개원(開元)년간의~깨우쳐 주신 것입니다: 唐의 沈旣濟가 저술한《枕中記》가 원본이다. 唐

代에 呂洞賓은 과거에 여러 차례 낙방하였는데 64세 때에도 또 낙방하였다. 여동빈은 長安의 주점에서 仙人 鍾離權이 "누런 기장쌀이 익기도 전에 꿈 한 번에 華胥에 이르렀구나.(黃粱猶未熟, 一夢到華胥.)"라는 詩를 보이자 크게 깨달아 종이권을 스승으로 삼아 仙道를 수련하여 신선이 되었다. 이 고사를 改作한 것이 《枕中記》이고 이로 인해 "黃粱一夢"이라는 成語가 있게 되었다.

6) 구자국(龜茲國): 新疆省의 庫車와 沙雅 두 縣 사이에 있었던 나라. 漢의 西域 36국 중의 하나. 《唐書》에는 丘茲, 《西域記》에는 屈支로 기록되어 있다. 그 왕은 延城에서 다스린다.

7) 마노(瑪瑙): 石英의 한 종류로 윤이 나고 빛과 무늬가 고와 장식품, 보석 등으로 쓰인다.

8) 십주삼도(十洲三島): 十洲는 十界 혹은 천하를 말한다. 즉 聲聞·緣覺·菩薩·佛의 悟界와 地獄·餓鬼·畜生·修羅·人間·天上의 迷界이다. 三島는 신선이 산다는 蓬萊山·方丈山·瀛洲山이다.

9) 양국충(楊國忠): 唐, 楊貴妃의 오빠. 玄宗 시에 御史官宰相이 되어 專橫하며 安祿山과 함께 玄宗의 신임을 얻기 위해 反目하였다. 안록산의 난 때 玄宗을 모시고 蜀으로 피하였으나 陳玄禮의 軍士에게 피살되었다.

10) 호박침(琥珀枕): 호박은 松脂가 땅속에서 산소, 수소, 탄소와 화합하여 굳어진 礦物인데 황색 투명하여 장식품으로 쓰인다. 枕은 베개.

11) 하삭(河朔): 황하의 북쪽 지방.

12) 두각(頭角): 다른 사람에 비하여 뛰어남.

13) 영주산(瀛洲山): 東海 중에 있다고 하는 三神山 중의 하나. 神仙이 살며 不老草가 있다고 한다.

14) 반연(泮衍): 널리 넓게 물처럼 가득함.

15) 기백(岐伯): 黃帝의 신하. 《路史》에 의하면, 黃帝가 岐伯과 雷公에게 醫學에 대해 물은 말을 後人이 모아 經으로 著作하였다.

16) 장(臟): 五臟. 즉 肝臟·脾臟·心臟·肺臟·腎臟.

17) 영기(營氣): 《靈樞衛氣篇》에 이르기를 '經氣가 經에 行하는 것을 營氣라고 한다.' 《邪客篇》에 이르기를 '營氣라 함은 津液이 분비되어 脈에 注하여 穴로 化하여 四肢에 榮하고 안으로는 五臟과 六腑에 注하는 것을 말한다.'

18) 위기(衛氣): 《靈樞衛氣篇》에 이르기를 '그 浮氣가 經에 循하지 못하는 것을 衛氣라고 한다.' 《本藏篇》에 이르기를 '衛氣란 分肉을 溫하게 하고 皮膚와 肥腠를 充한다.'

19) 부(腑): 六腑. 즉 膽·胃·大腸·小腸·三焦·膀胱.

20) 소음지궐(少陰之厥): 少陰의 氣가 逆上하는 것.

21) 삼양(三陽): 太陽·陽明·少陽.

22) 삼음(三陰): 太陰·厥陰·少陰.

23) 하고묘(何姑廟): 女仙 何仙姑를 숭배하여 祭祀하는 사당. 하선고는 唐代의 靈陵女人이고 名은 瓊이다. 14, 5세에 꿈에 神人으로부터 雲母를 먹는 법을 배웠고 다시 異人으로부터 복숭아를 받아먹고서 배고픔을 모르고 山頂을 왕래하는 데 나는 것 같았다. 景龍(A.D 707~710) 중에 仙去하였다. 八仙 중의 한 분이다.

24) 대비세(大比歲): 조정에서 천하의 사람 수, 재물을 조사하는 해. 3년마다 한 번 있다.

25) 융고초(融高草): 明代의 李時珍이 편집한 최대의 藥材書인 《本草綱目》에 수록된 1,882종에는 융고초라는 명칭이 없다.

26) 세조(世祖): 北魏의 3대 황제. 재위 A.D 423~452. 피살되었다.

27) 후한(後漢)의 황군(荒君): 《神怪篇第十二》의 注疏 18) 明帝 402p를 보시라.

28) 숙계지세(叔季之世): 끝 세상, 말세.

29) 천서(天緖): 天子의 혈통.

30) 《금사오행지(金史五行志)》:《金史》. 元의 托克托 등이 撰하였다. 135권으로 구성되었는데 本紀 19, 志 39, 表 4, 列傳 73이다.《遼史》에 비해 상세하다.

31) 세조(世祖): 金國의 世祖. 完顏劾里鉢, 景祖의 둘째 아들. 節度使로 있을 때 治蹟이 있어 天會(A.D 1123~1137) 중에 帝로 追尊되었다.

32) 태숙유(太叔遺): 衛의 文公의 아들, 太叔儀의 후손이다. 太叔은 複姓이다.

33) 참소(讒訴): 해치기 위해 꾸민 말로 고함.

34) 이정(李靖): 唐의 三原人, 字는 藥師. 書史와 兵法에 通하였다. 幼少 시에 장인 韓擒虎가 이정에 대해 말하기를 "孫子, 吳子와 대화할 만한 사람이다. 어느 누가 李靖을 알아볼 수 있을까!" 高祖 시에 行軍總管, 太宗 시에는 刑部尙書 겸 檢校中書令이 되어 돌궐을 破하고 定楊을 회복하였으며 頡利를 사로잡았다. 代國公에 봉해졌고 尙書右僕射가 되었으며 다시 衛國公에 봉해졌다. 후인이 그의 論兵에 관한 말을 모아《李衛公問對》를 저술하였다.

35) 궤탄(詭誕): 논리에 맞지 않는 과장된 거짓말.

36) 《사고주(師古注)》: 唐代의 顏師古가 注한《漢書》. 수십 인이 注하였다고 하나 안사고의 注本이 현존하는데,《地理志》와《藝文志》의 注가 그의 대표작이다.

應用篇^{응용편}

◈ 天文

1) 하늘

2) 해

3) 달, 별

◈ 地理

1) 바다, 강, 우물

2) 산, 평야, 흙, 불

3) 나무, 풀, 꽃

4) 궁궐, 성, 누대

5) 칙간(厠間)

◆ 人事

◇ 身分

1) 임금, 고관

2) 평민, 노비

3) 여자

4) 아이

◇ 生活

5) 신체, 질병, 동작

6) 음식, 약

11) 이부자리

◆ 文藝

1) 시, 문장, 글자, 그림

2) 책, 붓

3) 악기, 음악, 가무(歌舞)

◆ 處世

1) 즉위, 과거급제, 승진

3) 만남, 결혼, 동반(同伴)

◆ 神佛

1) 천제(天帝), 부처, 신령, 신선

2) 조상, 선현(先賢)

3) 잡귀, 원귀

4) 불교, 선도(仙道), 제기(祭器)

◈ 獸虫

1) 신수(神獸)

2) 짐승

3) 조류

5) 곤충

◆ 동작과 감정

* 꿈의 원인이 인체의 부조화인 경우

◈ 형태

索引

□

ㅂ

ㅅ

ㅍ

ㅎ

참고문헌

◈ 古典및 原書

◎ 啓玄子王氷, 黃帝內經(서울: 高文社, 1972)

◎ 羅貫中, 增像全圖三國志演義(上海: 錦章圖書局, 1912)

◎ 杜甫, 杜甫趙次公先後輯校(上海: 上海古籍出版社, 1994)

◎ 馬書田, 中國佛教諸神(北京: 團結出版社, 1994)

◎ 馬書田, 華夏諸神(北京: 北京燕山出版社, 1990)

◎ 馬元臺·張隱庵合註, 黃帝內經素問靈樞合編(臺北: 臺聯國風出版社, 中華民國57年)

◎ 范騋, 水鏡神相(臺灣 新竹市: 竹林書局, 1974)

◎ 范鎭, 東齋記事(北京: 中華書局, 1997)

◎ 謝觀原, 東洋醫學大辭典(서울: 杏林書院, 1954)

◎ 徐鉉·張師正, 稽神錄·括異志(北京: 中華書局, 1996)

◎ 蘇軾, 東坡志林(北京: 中華書局, 1997)

◎ 孫光憲, 北夢瑣言(北京: 中華書局, 1997)

◎ 孫永都·孟昭星, 簡明古代職官辭典(北京: 北京圖書舘出版社, 1987)

◎ 楊伯峻, 列子集繹, (北京: 中華書局, 1997)

◎ 嚴北溟·嚴捷撰, 列子譯註(上海: 上海古籍出版社, 1995)

◎ 葉子奇, 草木子(北京: 中華書局, 1997)

◎ 吳處厚, 青箱雜記(北京: 中華書局, 1997)

◎ 王濤(外), 中國成語大辭典(上海: 上海辭書出版社, 1999)

◎ 王守謙, 左傳全譯(貴州: 貴州人民出版社, 1990)

◎ 兪鹿年, 中國官制大辭典(哈尔濱: 黑龍江人民出版社, 1998)

◎ 劉餗, 隋唐嘉話(北京: 中華書局, 1997)

◎ 劉志文, 中國民間信神俗(廣州: 廣東旅游出版社, 1997)

◎ 李駒, 黃帝八十一難經纂圖解(北京: 人民衛生出版社, 1997)

◎ 李叔還, 道教大辭典(杭州: 浙江古籍出版社, 1990)

◎ 李時珍, 本草綱目1~4卷(北京: 人民衛生出版社, 1975)

◎ 李養正, 道教手冊(鄭州: 中州古籍出版社, 1993)

◎ 林尹·高明, 中文大辭典 1~10卷 (臺北: 中國文化大學出版部, 民國74년)

◎ 慈怡, 佛光大辭典 1~8卷(高雄: 佛光出版社, 1989)

◎ 張鷟, 朝野僉載(北京: 中華書局, 1997)

◎ 陳鼓應, 老子注譯及評介(北京: 中華書局, 1996)

◎ 陳茂同, 歷代職官沿革史(上海: 華東師範大學出版社, 1988)

◎ 趙汝适, 諸蕃志(北京: 中華書局, 1996)

◎ 陳永正, 中國方術大辭典(廣州: 中山大學出版社, 1991)

◎ 鍾華, 史記人名索引(北京: 中華書局, 1977)

◎ 許浚, 東醫寶鑑(서울: 南山堂, 1977)

◎ 黃海德·李剛, 簡明道教辭典(成都: 四川大學出版社, 1991)

◆ 國內書

◎ 김영수, 中國歷代政權情報表(서울: 도서출판창해, 2005)

◎ 金學主·張基槿譯, 列子·管子(서울: 大洋書籍, 1972)

◎ 南晩星 譯, 史記列傳(서울: 乙酉文化史, 1985)

◎ 盧在德, 中國故事(서울: 創元社, 1964)

◎ 無盡藏譯解, 金剛般若波羅密經(서울: 國淸會, 1996)

◎ 申佶求, 申氏本草學各論(서울: 壽文社, 1973)

◎ 안동림 역주, 莊子(서울: 현암사, 1993)

◎ 李民樹 譯, 禮記(서울: 蕙園出版社, 2001)

◎ 李鉉淙, 東洋年表(서울: 探求堂, 1993)

◎ 張基槿·金錫浩 譯, 老子·莊子(서울: 三省出版社, 1997)

◎ 鄭承碩 編, 佛典解說辭典(서울: 民族社, 1991)

◎ 鄭仁在 譯, 中國哲學史(서울: 螢雪出版社, 1990)

◎ 趙鍾業, 漢文通釋(서울: 螢雪出版社, 1987)

◎ 重山學會, 周易과 世界(서울: 東信出版社, 1990)

◎ 韓東錫, 宇宙變化의 原理(서울: 杏林出版社, 1989)

◎ 韓圭性, 易學原理講話(서울: 東方文化, 1994)

◎ 黃仁譯, 이야기中國史1~9卷(서울: 時代精神, 1992)

후기(後記)

역자(譯者)는 1980년대야말로 인류문화사에 있어 대변혁기라고 단정한다. 전파매체와 교통의 발달로 동양문화가 서구(西歐)를 태풍처럼 덮쳐버렸기 때문이다. 또한 노스트라다무스의 예언대로 신비주의(神祕主義)의 붐이 세계적으로 일어나 이제 동양문화와 신비주의는 상식화의 단계로 접어들고 있다. 선현의 말씀에 후천세계는 원시반본(原始返本)하는 시대라고 했는데 해가 갈수록 이를 실감한다.

역자는 10대 때부터 진리탐구와 동양학 연구에 뜻을 세워 오늘날까지 나름대로 어느 정도는 노력하며 살아왔다. 동양학의 어느 한 분야를 이룬 바는 없으나 감히 어느 정도 접하였다고 생각되는 분야는 동양의학, 불교, 노장철학(老莊哲學), 선도(仙道), 역학(易學)이다. 역학 중에서는 관상과 해몽에 관한 관심을 가져 문헌을 수집하였는데, 그중 해몽에 관한 고전원서(古典原書)는 40년간 거의 구하지 못하였다. 역학 중에 몽학(夢學)에 관한 서적이 동양의 만 년 역사상 문헌상 23종뿐이고 현존하는 서적은 불과 3, 4종에 불과하니 참으로 불가사의(不可思議)하다고 말하지 아니할 수 없다. 즉《주공몽해(周公夢解)》,《돈황몽서(敦煌夢書)》,《몽점일지(夢占逸旨)》가 전부이다.

《주공몽해(周公夢解)》는 저자와 시기가 불분명한 소책자의 해몽서인데 7언가결(七言歌訣)로 이루어져 있으며 꿈에 관한 이론과 실존인의 명칭이 전무(全無)하니 학술서라고 하기에는 부족하다.

《돈황몽서(敦煌夢書)》는 근대에 돈황에서 발굴된 몽서로 7언가결로 이루어지지 않은 점만 제외하고 전자와 다를 바 없다.

이로 보면 이론과 실존인물의 명칭까지 수록한 《몽점일지(夢占逸旨)》야말로 몽학(夢學)에 있어 학술적 가치를 지닌 유일무이(唯一無二)한 존재라고 아니할 수 없다. 그리고 본서는 초간(初刊) 이래 445년 만에 동양권에서 한국에서 최초로 번역되었다는 점에서도 한국어역주본(韓國語譯注本)이 출간된 의미는 충분하다고 본다.

역자는 1994년 8월 서점에서 본서를 본 순간 번역을 해야 한다는 강한 영감(靈感)을 느꼈고, 1997년 3월부터 번역에 착수하여 2007년 12월 초에 교정까지 마쳤다. 중간에 4년 있었던 공백기를 빼면 7년간 매일 6시간 씩 번역에 몰두하였고 번역기간의 60%는 주소(注疏)를 다는 데 소비하였으며 원문에 방점(旁點)을 다는 데만도 5개월이 걸렸다.

그동안 있었던 신기한 일을 말하고 싶다.

집필을 해보니 두 시간 책상 앞에 앉았어도 머리와 눈이 아파 장차의 계획을 어떻게 이룰지 걱정하였다. 그러나 우연히 오래된 천연광석안경을 구하게 되어 착용하자 그날부터 두통과 안통(眼痛)은 사라졌다. 남은 것은 육체적인 피로감뿐이었는데 7개월째에는 역자가 20대 초반부터 연구해왔던 희귀한 약재를 30년 만에 우연히 구하게 되어 복용함으로써 피로에서 벗어나 집필에 몰두할 수 있게 되었다.

또한 역자는 그동안 해몽의 주소(注疏)를 다는 데 있어, 여러 해 동안 궁리하여도 남제(南齊) 세조(世祖)의 꿈에 대해서는 주소(注疏)를 달지 못하였다. 2007년 8월 어느 날 새벽꿈에 난새(鸞鳥)를 보았다. 그러고 나서 그날 문헌을 조사하다가 세조의 뒤를 이은 명제(明帝)의 이름이 소란(蕭鸞)인 것을 알고 일련(一連)의 상서(祥瑞)가 천우신조(天佑神助)라고 확신하였다. 자세한 것은 외편의 《봉조편(鳳鳥篇第14)》 426p를 보시라.

인간의 능력은 크게 정신능력과 육체능력의 둘로 나눌 수 있다. 두 능력은 상호간 밀접한 관계에 있으면서 별개이기도 하다.

정신능력의 근원지는 현대의학적인 견해로는 '뇌'이고 사고(思考)와 감정

(感情)의 발원처이며 생체현상(生體現象)을 통제하는 본부이기도 하다. 그러나 뇌에 관한 연구는 지금까지 기초단계에 불과하였다. 아직도 인간의 정신능력 중에 원인규명을 못하는 분야가 많기 때문이다. 즉, 초능력에 관한 분야이다. 그리하여 일부 선진국에서는 인간의 정신능력의 본원지인 뇌에 관한 연구를 국가정책으로 정하였다. "뇌 연구10년법(Decade of Brain)", "뇌의 세기법 (Century of the Brain)" 등이 바로 이러한 예이다.

과거에는 인간의 정신능력을 IQ로만 측정하더니 10년 전부터는 EQ가 추가되었고, 최근의 서구에서는 영능지수(靈能知數), 일명 SQ(Spirituality Quotient)를 추가해야 한다는 이론이 관계학계에서부터 제기되는 것은 최첨단 신학문(新學問)인 뇌과학(腦科學)의 연구추세의 일파(一波)로서 매우 바람직하다고 아니할 수 없다.

영능(靈能) 중에서 대표적인 것은 예지력(豫知力)이고, 불교에서는 이것을 3명6통(三命六通) 중의 천안통(天眼通)이라고 한다. 진정한 천안통은 각자(覺者)라면 언제나 발현되고 보통인의 예지력은 대부분 수면(睡眠) 중에 꿈에서 발현된다. 꿈의 예지기능은 무의식이 우주의식(宇宙意識)과 수면 중에 제일 잘 통하기 때문이다.

그렇다면 어찌하여 깨어 있을 때는 예지력이 잘 나타나지 않는가?

사견(邪見)이 본유(本有)의 천심(天心)의 발현을 막고 있기 때문이다. 사견이란 《금강경·대승정종분(金剛經·大乘正宗分)》에서 설(設)하는 아상(我相), 인상(人相), 중생상(衆生相), 수자상(壽者相)의 4상(四相)이며, 베이컨(Francis Bacon, A.D 1561~1626)이 말하는 종족(種族), 동굴(洞窟), 시장(市場), 극장(劇場)의 4우상(四偶像)이다.

즉 대각(大覺)을 하지 못한 중생의 모든 생각은 대부분 사견(邪見)에 불과하다. 그러므로 예지력이 높은 사람일수록 견해가 진리(眞理)에 가까운 사람이라고 말할 수 있다. 단, 접신(接神)된 사람의 경우는 예지력이 본인의 것이 아니므로 진리와는 무관하다.

역자는 독자들에게 바람이 있다.

본서를 정독하시어 꿈의 실체와 의미를 정확히 인식하여 천인상관(天人相

關)의 생활을 영위하는 지침(指針)으로 삼으시라는 것이다. 그리고 더 나아가 가시(可視)와 인식(認識)의 좁은 세계를 벗어나 우주의 영지(靈智)와 우주의 무한능력을 터득하는 방법으로서의 꿈을 택하라는 점이다.

우리는 흔히 희망을 '꿈' 이라는 단어로 표현한다.

꿈의 'ㅁ' 은 Dream, Om의 'm' 과 같은 진동음이다. 즉 꿈은 우리의 전 세포를 환희로 떨리게 하기 위해 진재(眞宰)가 진재(眞宰)의 분신인 인간에게 부여한 행복의 열쇠라고 규정지을 수 있다.

《Upanisad》에서는 Om은 창조주 Brahman의 다른 이름이며 Brahman 자체이며 Om을 발성하는 순간은 창조주와 하나가 된다고 하였다.

꿈은 무한한 창조력이며 현재이며 보고 만지고 인식할 수 있는 삼라만상(森羅萬象) 자체이며, 태초부터 있었으나 물질화되지 않은 채 물질화되기를 기다리고 있는 우주원질(宇宙原質) 그 자체이다. 우리는 열쇠이자 창고이며 보물인 꿈을 염원(念願)이라는 열쇠삼아 꺼내어 가질 수 있는 자격이 있다.

인간은 우주(宇宙)에 의해 창조된 우주이며
우주를 창조해나가고 있는 우주이므로!

마음이 부처이고 몸이 부처이므로! (心卽是佛 身卽是佛).

사람이 곧 하늘이므로! (人乃天).

끝으로, 출간에 성심을 베푸신 방성열 대표님과 타식, 교정에 헌신적인 노력을 아끼지 않은 한미숙님께 깊이 감사 드린다.

2023년 10월 17일
김재두

몽점일지(夢占逸旨)

초판 발행 2023년 10월 20일

지은이 진사원
옮긴이 김재두
타이핑 한미숙
펴낸이 방성열
펴낸곳 다산글방

출판등록 제313-2003-00328호
주소 서울특별시 마포구 동교로 36
전화 02-338-3630
팩스 02-338-3690
이메일 dasanpublish@daum.net
   iebookblog@naver.com
홈페이지 www.iebook.co.kr

ⓒ 김재두, 2023, Printed in Korea

ISBN 979-11-6078-290-5 03180